Helmut Lukesch

Psychologie des Lernens
und Lehrens

W0187773

Psychologie
in der Lehrerausbildung

Band 2

Helmut Lukesch

Psychologie des Lernens und Lehrens

S. Roderer Verlag, Regensburg 2001

Die Deutsche Bibliothek - CIP-Einheitsaufnahme

Ein Titeldatensatz für diese Publikation ist bei Der
Deutschen Bibliothek erhältlich.

ISBN 3-89783-277-1

© Alle Rechte, insbesondere das Recht der Vervielfältigung und
Verbreitung sowie der Übersetzung vorbehalten. Kein Teil des
Werkes darf in irgendeiner Form (durch Fotokopie, Mikrofilm oder
ein anderes Verfahren) ohne schriftliche Genehmigung des Verlages
reproduziert oder unter Verwendung elektronischer Systeme
verarbeitet werden.

1. Auflage
2001 Roderer Verlag; Regensburg

Vorwort

Die Psychologie des Lernens und des Lehrens gehört zum unverzichtbaren Bestand der Ausbildung für Psychologen und Lehramtsstudierende. Hier werden die Grundlagen für die wichtigsten Anpassungsmechanismen an eine nicht notwendigerweise fest definierte Umwelt beschrieben, durch die auch der Erwerb der jeweiligen Kultur, in der eine Person lebt, möglich ist. Darüber hinaus scheint es eine spezifisch menschliche Eigenheit zu sein, durch problemlösendes Denken lernen zu können, wie man neue und bisher nicht bekannte Situationen meistert.

Betrachtet man rückblickend die Hauptströmungen der Lernpsychologie, so war diese bis in die 70er Jahre vor allem durch das behavioristische Paradigma geprägt. Klassische Lehrbücher wie die von Hilgard und Bower (1970) oder von Foppa (1968) waren dafür typisch. Konkrete therapeutische oder auch schulische Anwendungsbereiche wurden vor allem in den verschiedenen verhaltensmodifikatorischen Vorgehensweisen gesehen (Adameit et al., 1978). Aufgebrochen wurde diese Phalanx an Denkfiguren durch die Arbeiten von Bandura (1963; 1971), in denen kognitive Konzepte eine zentrale Rolle erhalten haben. Gekoppelt mit einer humanistischen Denktradition haben diese Überlegungen im deutschen Sprachraum vor allem durch die weit verbreiteten Werke von Tausch und Tausch (1990) Anerkennung gefunden. Dies war denn auch der Wissensbestand, der lange Zeit gerade für die Ausbildung von Lehramtsstudierenden als zentral und hinreichend angesehen wurde und der hier auch angehandelt wird.

Fast unbemerkt blieb, dass mit diesen Theorien weder die zentrale Tätigkeit von Lehrpersonen - nämlich das Lehren, verstanden als die Anwendung von Methoden zur intentionalen Anregung von Lernprozessen - noch die Haupttätigkeit von Schülern und Schülerinnen - nämlich der Wissens- und Fertigkeitserwerb - nur am Rande erfasst wurde. Diese Situation hat sich aber seit den 80er Jahren wesentlich gewandelt. Man könnte geradezu von einer Renaissance der Gedächtnistheorien sprechen, die nach dem bahnbrechenden Werk von Ebbinghaus (1885) zwar immer in der Allgemeinen Psychologie präsent waren, im Anwendungskontext aber nur am Rande beachtet wurden. Die heute weit verbreite und neuropsychologisch begründete Ansicht über verschiedene Gedächtniskomponenten hat es erlaubt, dass nun ein einheitlicher Rahmen für die Einordnung unterschiedlicher Lernprozesse möglich ist. Prozesse des Wissenserwerbs und Ansichten über die Wissensrepräsentation sind heute zu einem zentralen Forschungsgebiet geworden. Dem zugrunde liegen Ansichten über die Repräsentation des Wissens im menschlichen Gedächtnis sowie den Prozessen der Begriffsbildung und des Problemlösens.

Mit dem vorliegenden Buch wird eine Zusammenführung dieser verschiedenen Gebiete der Lern-, Gedächtnis- und Denkpsychologie versucht, die eine Grundlage für Anwendungen (im Sinne einer Instruktionspsychologie) in verschiedensten Bereichen darstellen können. Auf die entwicklungspsychologischen Seiten wird dabei ebenfalls eingegangen. Anwendungsaspekten wurde immer wieder Rechnung zu tragen versucht. Nicht vergessen wurde eine kritische Auseinandersetzung mit m.E. unhaltbaren Ansichten, die nahe legen wollen, dass der Schlüssel zum leichten Lernen gefunden sei und es nur einer kurzen Ausbildung bedürfe, um sich dieses Wissen anzueignen. Ein besonderes Anliegen war es, auch die Ergebnisse der älteren Gedächtnispsychologie zumindest anzudeuten.

Der Fundus des Wissbaren ist allerdings so stark angestiegen, dass er kaum mehr überschaubar ist. Notgedrungen kann deshalb mit dem vorliegenden Buch nur eine Einführung in die zahlreichen Themen der Lern- und Lehrpsychologie gegeben werden, die an beliebigen Stellen vertieft werden kann und soll.

Dem Buch mag man seine Entstehung aus Vorlesungen ansehen. Den Anforderungen des akademischen Alltags entsprechend, gehen manche Unterkapitel auf Vorträge und kleinere Publikationen des Verfassers zurück, vielleicht ist damit die Ausführlichkeit einzelner Ausführungen zu erklären, eventuell auch zu entschuldigen. Ein Forschungsfreisemester im Sommer 2001 fern von universitären Lehrverpflichtungen hat mir Gelegenheit zu einer umfassenden Überarbeitung all dieser Beiträge gegeben.

Nicht zuletzt darf ich allen danken, die am Entstehen des Buches mitgearbeitet haben. Dieser Dank gilt zuerst Frau Helga Mader und Frau Marlis Reindl, die für alle Sekretariatsarbeiten verantwortlich waren. Heike Enz, Marie Fuchs, Karen Wöhrmann und Michael Berner haben mich als studentische Hilfskräfte bei der Ergänzung des Literaturverzeichnisses und beim Korrekturlesen wesentlich unterstützt. Auch allen meinen Studenten und Studentinnen darf ich für ihre Anregungen und Fragen in den Vorlesungen herzlich danken.

Letztlich kann man den Lesern nur wünschen, dass die behandelten Fragen zum Nachdenken über theoretische Positionen wie auch über entsprechende Umsetzungsmöglichkeiten in den vielen psychologischen Praxisfeldern anregen mögen.

Regensburg, November 2001   *Prof. Dr. Helmut Lukesch*

Inhaltsverzeichnis

1. Einleitung

1.1 Lernphänomene

Wenn man das Verhalten und Erleben von Menschen beobachtet und beschreibt, so sticht eine große Variabilität der Verhaltensweisen ins Auge. Besonders deutlich wird dies, wenn man z.B. in kulturvergleichender Weise Sprachen, moralische Kodices, aber auch die Art und Weise, wie Gegenstände wahrgenommen, interpretiert und gemerkt werden, betrachtet. Selbstverständlich besteht auch eine beträchtliche Variabilität der Verhaltensweisen, wenn man sich auch nur auf eine kulturelle Gemeinschaft beschränkt: Gewohnheiten, Einstellungen, Wertungen, Wissen und Können sind innerhalb einer gewissen Spielbreite individuell höchst unterschiedlich ausgebildet.

Einen Teil dieser Unterschiede ist man alltagspsychologisch gewohnt, auf Lernprozesse zurückzuführen. Da jeder Mensch unterschiedlichen Erfahrungen ausgesetzt ist, ist es nicht verwunderlich, wenn sich diese in unterschiedlichen Verhaltensweisen manifestieren. Der alltagssprachliche Gebrauch des Begriffes „Lernen" deckt dabei eine ganze Reihe verschiedenster Phänomene ab.

> Man sagt, es habe „Lernen" stattgefunden, wenn ein Baby zur Freude seiner Eltern mit ca. einem Jahr die ersten Worte zu sprechen beginnt, wenn ein Schüler Vokabeln memoriert und diese später richtig hersagt oder wenn ein Kind auf eine heiße Herdplatte greift und dies später nicht mehr (so oft) macht. Aber auch das Finden einer neuen Lösung bei einem mathematischen Problem wird als Lernen bezeichnet.

Auf der anderen Seite gibt es offensichtlich Verhaltensweisen, die nach dem alltäglichen Sprachgebrauch nicht unter den Lernbegriff fallen, z.B. wenn sich ein Neugeborenes mit seiner Hand so fest an einen hingehaltenen Finger hält, dass man es daran in die Höhe heben kann, wenn ein Kind hinfällt und zu weinen beginnt oder wenn sich ein Hund zig-mal im Kreis dreht, bevor er sich zum Schlafen hinlegt.

Man könnte geneigt sein, die Variabilität in den beobachtbaren Verhaltensweisen und -änderungen durch zwei Bedingungsklassen (und deren Zusammenwirken) zu erklären, nämlich auf solche, die als *gelernt* bzw. als *nicht gelernt* gelten. Zu den letzteren zählen (Hilgard & Bower, 1970, S. 16f):

(1) angeborene Reaktionstendenzen (unbedingte Reflexe, Taxis, Tropismen, Automatismen, Instinkthandlungen / Erbkoordinationen),

(2) Reifungsvorgänge (maturation),

(3) Prägungsvorgänge (imprinting) und

(4) vorübergehende organismische Zustände (z.B. Verhaltensveränderungen aufgrund von Ermüdung, Gewöhnung oder Drogenkonsum).

Andere Klassifikationen stellen darauf ab, dass Verhaltensweisen und deren Variabilitäten zwischen Menschen entweder erlernt oder angeboren sind (vgl. Abb. 1.1).

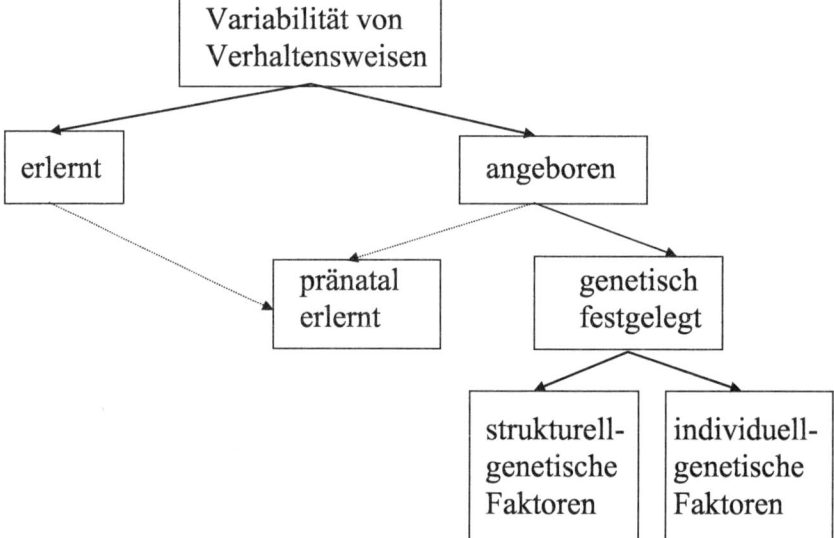

Abbildung 1.1: Bedingungen für die Variabilität von Verhaltensweisen

Die Bezeichnung „angeboren" wird oft voreilig mit „vererbt" gleichgesetzt. Unter *angeboren* fallen aber sowohl *pränatal erworbene* Verhaltensweisen sowie Merkmale und Verhaltensweisen, die durch *genetisch festgelegte* Programme ausgebildet wurden. Schenk-Danzinger (1980, S. 33) unterscheidet im letzteren Bereich noch zwischen strukturell-genetischen Faktoren, welche die Entwicklung zum Menschen an sich bedingen (z.B. Disposition zum Spracherwerb) und individuell-genetischen Faktoren, die bei jedem Individuum zu einer anderen Merkmalsausprägung führen (z.B. hinsichtlich der körperlichen Erscheinung [Haarfarbe, Größe] oder hinsichtlich von Persönlichkeitsmerkmalen [Intelligenz, nichtkognitive Begabungen, Temperamentseigenschaften]). Die konkrete Ausbildung einer Verhaltensdisposition ist dabei immer als Ergebnis des Zusammenwirkens, d.h. einer Interaktion, von genetischen Faktoren und von Umweltanregungen zu sehen.

Die Entstehung von Dispositionsunterschieden aufgrund genetisch festgelegter Potenzen und aufgrund der Fähigkeit, aus Umwelterfahrungen zu lernen, schließen einander nicht aus. Vielmehr kann man von einer Verschränkung beider Bereiche ausgehen: Durch genetische Strukturen und deren Ausformung (= Reifung) werden Lernprozesse möglich (vgl. z.B. das Konzept der kritischen Phase beim Spracherwerb, die z.B. bei sog. „homini ferres" in nicht reparierbarer Weise versäumt wurde); andererseits wiederum beschränken individuell genetische Dispositionen die individuellen Grenzen eines Lernprozesses.

Ein interessantes Beispiel für das Zusammenwirken von Umwelteinflüssen (im Sinne unterschiedlicher Erfahrungen) und Erbgegebenheiten stammt von Money und Ehrhardt (1972). Diese berichten von einem eineiigen männlichen Zwillingspaar; einer dieser Zwillinge wurde durch einen ärztlichen Kunstfehler am Penis stark verletzt, so dass bei ihm mit 17 Monaten eine chirurgische Geschlechtsumwandlung durchgeführt werden musste. Schon ein Jahr später wurde er bzw. sie als „eitler, braver, ordentlicher und weniger wild" als sein / ihr Bruder eingestuft. Für diese Verhaltensunterschiede konnten laut Money weder genetische noch hormonelle Einflüsse verantwortlich gemacht werden (letztere treten in diesem Lebensalter noch nicht in geschlechtsspezifischer Weise auf). Bei ihm / ihr sei vielmehr durch Lernprozesse (unterschiedliche soziale Rückmeldungen aus der Umwelt als bei seinem / ihrem Bruder) die soziale Geschlechtsrolle in die Richtung „weiblich" programmiert worden. Dieses Beispiel für die durchschlagende Bedeutung von Lernprozessen hat nur einen Fehler: Es ist falsch. Trotz Kastration konnte aus dem Buben kein Mädchen gemacht werden. Im Gegenteil: Wie der New Yorker Journalist John Colapinto (2000) eruierte, ist nach einer langen und schier unglaublichen Leidensgeschichte aus dem Mädchen wieder ein Bub bzw. ein Mann geworden, der in der Zwischenzeit sogar verheiratet ist (Gloger, 2001; http://www.stern.de/10.09.2001). Offensichtlich scheint in diesem Bereich Lernprozessen doch eine deutliche Grenze gesetzt zu sein.

Lernen ist eine (zumeist „sinnvolle") Anpassungsform an die Umwelt, die vor allem flexibler ist als andere Anpassungsmodi, die nicht unter den Lernbegriff fallen (z.B. stellt das reflexartige und nicht gelernte Zurückziehen der Hand, wenn ein starker Schmerz erfahren wird, eine äußerst nützliche, wenn auch relativ starre Anpassungsleistung an die Umwelt dar). Umwelt braucht für einen lernfähigen Organismus, der sein Verhalten aufgrund gemachter Erfahrungen modifizieren kann, nicht fest definiert zu sein, um das Überleben zu sichern. Anders ist dies bei Organismen, deren Verhalten im wesentlichen durch Reflexe, Instinkte und andere mehr oder minder feste Verhaltensprogramme gesteuert wird. Erbkoordinationen (= Instinkthandlungen) laufen mehr oder minder starr ab. Nur aufgrund der phylogenetischen „Erfahrung" (d.h. der stammesgeschichtlichen Ausschaltung weniger gut passender Verhaltensprogramme) erscheinen sie einem Beobachter als sinnvoll oder zweckgerichtet (vgl. Kap. 1.4.1). Bei einer Veränderung der Lebensbedingungen kann aber die auf Erbkoordinationen beruhende Passung eines Organismus mit einer spezifischen Umwelt schnell verloren gehen (man denke an den Igel, dessen Schutzmechanismus bei einer wahrgenommenen Gefährdung im Einrollen in seinen Stachelpanzer besteht, was ihn allerdings wenig vor den Problemen des heutigen Straßenverkehrs schützt).

1.2 Definitionen von „Lernen"

Bei den meisten Vorschlägen, wie man „Lernen" am besten definieren könne, wird betont, dass darunter *relativ überdauernde Verhaltensveränderungen aufgrund von Erfahrungen* zu verstehen seien. Dabei wurden früher häufig „Black-box"-Modelle des Lernens entworfen (vgl. Abb. 1.2), d.h. solche, die keine Angaben über die beim Lernen ablaufenden internen Prozesse machen (Guthrie, 1955; Jörger, 1976, S. 15), sondern sich auf eine Beschreibung von Reiz-Reaktionsverbindungen beschränken. Da zumindest seit den 60er Jahren in der Psychologie von einer „kognitiven Wende" gesprochen wird, hat sich auch dies wieder geändert und die Prozesse zwischen Informationsaufnahme, -verarbeitung und -wiedergabe werden verstärkt nachzubilden versucht („White-box"-Modelle).

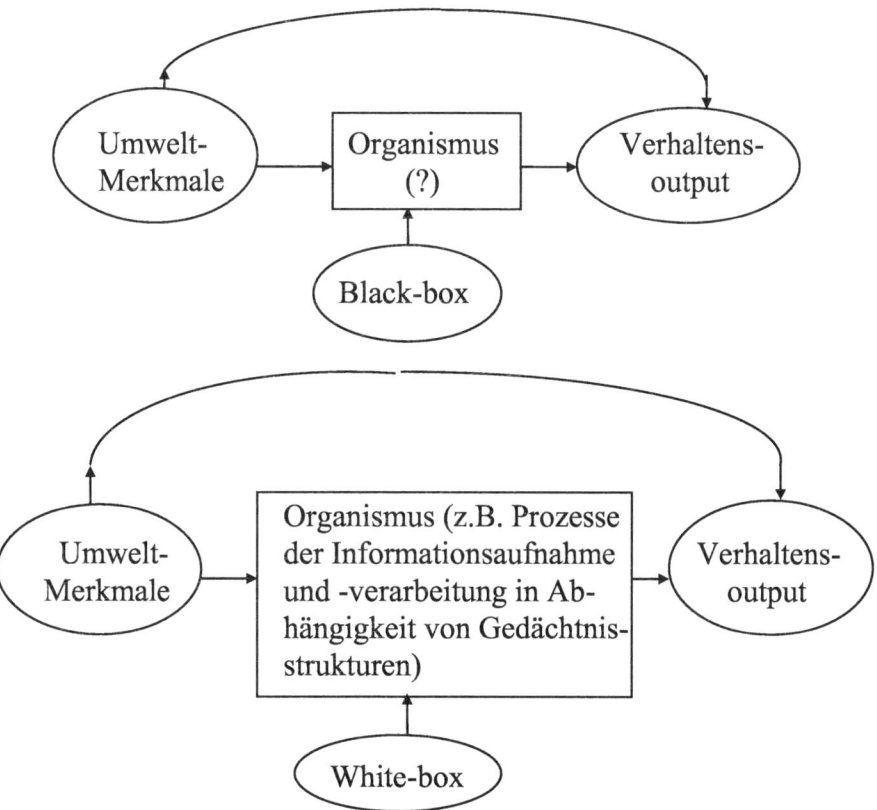

Abbildung 1.2: Von „Black-box-" zu „White-box-"Modellen des Lernens

1.2.1 Verhaltensorientierte Lerndefinitionen

Der Begriff des Lernens wird in der Psychologie in einem weiteren Sinn als „Verhaltensveränderung" gebraucht. Dieses an Verhaltensänderungen festgemachte Verständnis stand lange Zeit und in sehr einseitiger Weise im Mittelpunkt psychologischen Forschens. Dabei wurde auch abgegrenzt, welche Verhaltensveränderungen nicht unter den Lernbegriff fallen. Die klassische verhaltensorientierte Definition von „Lernen" stammt von Hilgard und Bower (1970, S. 16), die festlegen:

> Lernen ist der Vorgang, durch den eine Aktivität im Gefolge von Reaktionen des Organismus auf eine Umweltsituation entsteht oder verändert wird. Dies gilt jedoch nur, wenn sich die Art der Aktivitätsänderung nicht auf der Grundlage angeborener Reaktionstendenzen, von Reifung oder von zeitweiligen organismischen Zuständen (z.B. Ermüdung, Drogen) erklären lässt.

Durch die letztgenannte Definition werden bestimmte Verhaltensbereiche von der Behandlung in lerntheoretischem Zusammenhang ausgeschlossen. Lernen wird also als Verhaltensänderung bestimmter Art verstanden, als Verhaltensänderung minus
- ererbte Verhaltensweisen, wie Instinkte und Reflexe,
- Ermüdung, sensorischer Adaption, Änderung der Motivationslage,
- physiologischer Einflüsse, Intoxikationen, Pharmakaeinwirkungen, Verletzungen,
- Reifung bzw. Alterung.

Diesen Definitionsvorschlag kann man als beobachtungsnah klassifizieren, da er den Lernbegriff an dem (beobachtbaren) Vorgang der Verhaltensänderung festmacht. Wenn damit nur die Änderung motorischer Vollzüge gemeint wäre, dann wäre diese Definition sicherlich zu eng. Bekanntlich ist es in der Psychologie aber üblich, von einem sehr weiteren Verhaltensbegriff auszugehen. Dabei sind unter Verhalten nicht nur die beobachtbaren motorischen (sprachlichen) Verhaltensweisen gemeint, sondern auch interne Zustände, Gefühle oder Änderungen in der kognitiven Struktur. Wenn also von diesem weiten Verhaltensbegriff ausgegangen wird, der nicht nur Performanz-, sondern auch Kompetenzmerkmale mit einschließt, erscheint diese Lerndefinition als annehmbar.

Explizit kommt ein solches Verständnis in dem Definitionsvorschlag von Bergius (1971, S. 9 f.) zum Ausdruck, der meinte, „Lernen ist der Sammelname für Vorgänge, Prozesse oder nicht unmittelbar beobachtbare Veränderungen im Organismus, die durch ‚Erfahrungen' entstehen und zu Veränderungen des Verhaltens führen." Lernen erscheint in dieser Definition als ein *theoretischer Begriff*, der nicht gleichgesetzt werden kann mit den beobachtbaren Phänomenen, sondern der zur Erklärung von Beobachtungstatsachen angenommen wird.

Theoretische Begriffe: intervenierende Variable und hypothetische Konstrukte

Bekanntlich kann man bei theoretischen Begriffen zwischen *intervenierenden Variablen* und *hypothetischen Konstrukten* unterscheiden (McCorquodale & Meehl, 1948). Beides sind theoretische Begriffe, der Unterschied zwischen beiden ist semantischer Art (Bunge, 1967, S. 93), hypothetische Begriffe beziehen sich auf einen realen Referenten (z.B. auf Dinge, Eigenschaften oder Relationen), während intervenierende Variablen keinen weiteren Referenten außer dem System als ganzes aufweisen.
- Lernen i.S. einer intervenierenden Variable wäre z.B. eine Erklärung von Verhaltensänderungen durch Übung, wobei Übung selbst als *Beobachtungsbegriff* verstanden wird (definiert etwa über die Anzahl der Wiederholungen einer Silbenreihe).
- Als Beispiel eines hypothetischen Konstrukts, das über Beobachtbares hinausgeht bzw. mittels Erfahrungstatsachen nur indirekt geprüft werden kann, kann man etwa lerntheoretische Annahme zur Wissensrepräsentation über kognitive Strukturen (z.B. Vorstellungen über sog. semantische Netzwerke) und deren Änderung

---

Wie Lernen abläuft, d.h. welche Prozesse darunter zu vers[
eine Lerndefinition selbst nicht erklärt. Dies zu erläutern,
theorie bzw. besser der Lerntheori*en* (vgl. hierzu etwa Ka[
genen Definitionen sind nur als grobe Bereichsangaben zu
davon auszugehen, dass die Vielzahl der Lernphänomene
zess (Lernvorgang) zu subsumieren sind, sondern dass ve
und deshalb Lerntheorien jeweils einem Teilbereich der Ph
sind, also nur bestimmte Teilmengen von Verhaltensverän(
und erklären können, andere aber wieder nicht. In diesem S
us (1971, S. 11 f) von verschiedenen Lerntypen gesproche
chen Lernphänomenen als zugrunde liegend gedacht werden

MADAME

---

[1] In diesem Sinne ist auch der Klassifikationsversuch von Gagné (1969) zu verstehen, bei dem zwischen acht verschiedenen Lerntypen unterschieden wird, nämlich (1) Signallernen, (2) Reiz-Reaktions-Lernen, (3) Kettenbildung, (4) sprachliche Assoziation, (5) multiple Diskrimination, (6) Begriffslernen, (7) Regellernen und (8) Problemlösen. Diese Klassifikation wird hier nicht übernommen, da sie u.E. keine konsistente Einteilung darstellt.

Lernen wird auch keineswegs ausschließlich als bewusstes und nicht nur als absichtlich in Gang gesetztes und gehaltenes Geschehen aufgefasst (wie z.B. das Vokabellernen in einem Fremdsprachenkurs). Selbst innerhalb der Kognitionspsychologie als der Wissenschaft, die sich definitionsgemäß mit der menschlichen Informationsverarbeitung befasst (Wessels, 1984, S. 14), wird davon ausgegangen, dass viele Verarbeitungsprozesse ohne Zutun des Bewusstseins (also quasi automatisch) ablaufen.

Bisweilen wird auch betont, dass - im Unterschied zum Alltagsverständnis oder der im pädagogischen Kontext verwendeten Begrifflichkeit - der Begriff „Lernen" in einem wertneutralen Sinn zu verstehen sei, d.h. sowohl sozial erwünschte wie auch sozial nicht erwünschte Verhaltensweisen werden gelernt.

1.2.2 Lernen als kognitiver Prozess

In kognitiver Sichtweise kann Lernen als ein Prozess des Wissenserwerbs aufgefasst werden, wobei gemäß aktueller Gedächtniskonzeptionen unterschiedliche Wissensbereiche konzipiert werden (vgl. Kap. 2.5). Dieser Prozess ist ohne die Fähigkeit zur gedächtnismäßigen Speicherung von ontogenetisch erworbener Erfahrung (Information) nicht denkbar (vgl. hierzu sowohl den als mehrstufig konzipierten Informationsverarbeitungsprozess [Drei-Speicher-Konzeption, vgl. Kap. 2] wie auch insbesondere die Modellvorstellung über das Langzeitgedächtnis, vgl. Kap. 2.5). Lernen wird hier als ein Prozess der Informationsverarbeitung aufgefasst, zu dem die Schritte der Informationsaufnahme, -bearbeitung, -speicherung und -wiedergabe gehören. Diese Themen werden heute zumeist unter der Bezeichnung „Kognitive Psychologie" abgehandelt (Anderson, 1988; Wessels, 1984). Es lässt sich demnach festhalten:

Lernen ist der Prozess, durch den deklaratives (z.B. Begriffe, Schemata, Regeln) und prozedurales Wissen (das sind Fertigkeiten psychomotorischer und kognitiver Art, z.B. Autofahren oder Problemlöseheurismen) über die Welt sowohl aufgrund externer Anregungen wie auch durch die Eigenaktivität des Lerners (Denken) entsteht.

Offensichtlich hatte die etwa 50-jährige Orientierung am behavioristischen Paradigma die Psychologen lange daran gehindert zu sehen, dass zentrale Fragen menschlichen Lernens (Erwerb von Kenntnissen und anderen Kompetenzen) im Fach nicht behandelt werden. Ein wesentlicher Anstoß zu einer gemeinsamen Theoriebildung ist dabei von unerwarteter Seite gekommen, nämlich von Seiten der Neuropsychologie. Die Entdeckung, dass unterschiedliche Systeme des menschlichen Gehirns bei unterschiedlichen Aufgabenklassen beteiligt sind, hat zu einem hypothetischen Gesamtmodell des menschlichen Gedächtnisses geführt (Squire, 1994; Markowitsch, 1994; vgl. Kap. 2.5.1), wobei die inhaltliche Füllung durch unterschiedliche Lernprozesse zu beschreiben und zu erklären ist.

Zu dem Thema des Lernens gehört auch der dazu inverse Prozess, nämlich das Verlernen oder das Vergessen. Eine Lerntheorie sollte deshalb nicht nur erklären, wie eine neue Verhaltensweise, neues Wissen, eine neue Einsicht etc. entsteht, sondern auch, wie diese wieder verschwinden können; dies zu erklären ist Gegenstand der sog. Vergessenstheorien (vgl. Kap. 3). Allerdings ist wieder nicht jedes Verschwinden einer Reaktion oder Reaktionsdisposition mit Vergessen (Verlernen) gleichzusetzen, u.U. können auch organismische Veränderungen zu einer Leistungseinbuße führen, die unter günstigen Umständen wieder rückgängig gemacht werden kann.

Die Themen, die innerhalb der Lernpsychologie behandelt werden, sind zudem auch in den anderen Gebieten der Psychologie präsent; wenn z.B. innerhalb der Lernpsychologie von Problemlösen die Rede ist, so spricht man in anderem Kontext von Denken, Intelligenz oder von Kreativität. Z.T. liegen aber innerhalb der Psychologie unterschiedliche Herangehensweisen oder methodische Traditionen vor, z.B. eher ein statisch und ordnend-klassifizierendes Vorgehen im Fall von Intelligenztheorien oder eine eher prozessurale und dynamische Sichtweise im Fall der Anschauungen über Informationsverarbeitungs- oder Problemlösungsprozesse.

Denken wird beispielsweise definiert als „interpretierende und ordnungsstiftende Verarbeitung von Information" (Bergius, 1994, S. 148). Durch Denkprozesse werden Wahrnehmungen bedeutungshaltig gemacht, von einem gegebenen Kontext abgehoben und mit anderen Gedächtnisinhalten in Verbindung gesetzt. Im Alltag erscheint Denken auch als gezieltes Produzieren von Vorstellungen und Erinnerungen, als Analysieren, Abstrahieren, Schlussfolgern und Problemlösen, aber auch ungezielt als freies Assoziieren oder als Tagträumen. „Zur Abhebung von der Wahrnehmung wird Denken als ein Sekundärprozess beschrieben, der in Raum und Zeit beweglicher und flexibler als Wahrnehmungsprozesse ist" (a.a.O, S. 150). Jeder bewusstseinsnahe Lernprozess setzt demnach Denkprozesse voraus.

Lernen ist letztendlich - genauso wie Denken - ohne einen Träger von Informationen nicht vorstellbar, d.h. die Befunde der Gedächtnisforschung sind untrennbarer Bestandteil der Lernpsychologie.

1.3 Lehren und Lernen

„Lehren" bedeutet in Anlehnung an den Lernbegriff, gezielt Erfahrungen für Lernende herbeizuführen, die wiederum solche Lernprozesse (Veränderungen) in den Lernenden auslösen, deren Ergebnisse intendierten Lehrzielen entsprechen. Lehren bezieht sich immer auf eine Summe von Aktivitäten eines Lehrenden (z.B. Vortragen, Fragen stellen, Übungen durchführen lassen, Verstärkungen herbeiführen, Materialien bereitstellen, Impulse setzen, Beispiele finden lassen, Aufmerksamkeitslenkung durch Hinweise bzw. durch die Gestaltung eines Vortrages vornehmen, Rückmeldungen geben). Unterrichten (= Instruktionstätigkeiten i.e.S.) stellt eine Teilmenge der Lehrtätigkeiten dar.

Dieser Lehrende ist im institutionellen Kontext der Schule eine Lehrperson. Die Lehrfunktion kann aber auch von einem anderen Lehrmedium übernommen werden (z.B. einem über den Computer dargebotenen Lehrprogramm).

Ob diese Aktivitäten die beabsichtigten Lehrziele (im Sinne von Dispositionsänderungen bei den Lernenden) auch zur Folge haben (d.h. ob Lehren eine hinreichende Bedingung für die Erreichung intendierter Veränderungen im Dispositionsgefüge eines Lernenden darstellt), bleibt offen.[2] Ebenso muss Lehren auch nicht notwendige Bedingung für solche Veränderungen sein: Kinder oder Erwachsene können sich selbst kompetent machen, so die Umstände günstig sind.

Es ist vermutlich sinnvoll, *direkte* von *indirekten Formen des Lehrens* zu differenzieren. Angeregt bzw. variierend weitergeführt ist diese Unterscheidung durch die Kategorisierung des Interaktionsverhaltens von Lehrern nach Flanders (1970). Dieser unterscheidet im Rahmen seiner Beobachtungskategorien indirekte Lehreräußerungen (Lehrer akzeptiert Gefühle, er lobt und ermutigt, er verwendet Gedanken der Schüler) von direkten (Fragen stellen, Lehrervortrag halten, kritisieren und rechtfertigen). In dieser Tradition sind eine Reihe von Studien zur Effektivität sog. direkter Instruktion entstanden (Lukesch, 1994, S. 88 ff). Bei den direkten Lehrformen werden die Lehraktivitäten von dem Lehrenden selbst ausgeführt (s.o.), bei indirekten Lehrformen wird eine Lernumgebung bereitgestellt, die ihrerseits bestimmte Lernprozesse anregen soll (z.B. Gestaltung der Lernatmosphäre, ausgewählte Medien als Informationsträger zur Verfügung stellen, Lernergruppen nach unterschiedlichen Wissensvoraussetzungen zusammenstellen, Selbstkontrollmöglichkeiten in einen Lernprozess einbauen, Anwen-

---

[2] Vgl. hierzu den Erziehungsbegriff von Brezinka (1978, S. 45), für den der Versuchscharakter erzieherischer Handlungen konstitutiv ist. Die Problematik eines Verständnisses von „Erziehung" im Sinne eines Wirkungsbegriffes wird hier ebenfalls erläutert.

dungsmöglichkeiten des Gelernten erproben lassen). In einem institutionell geplanten Lehrprozess schließen sich direkte sowie indirekte Lehrformen nicht aus,
sondern es ist geradezu ein Kompetenzmerkmal von LehrerInnen, phasenweise
und themenbezogen beide Lehrformen miteinander zu kombinieren.

Während die Untersuchung von Lernprozessen in der Psychologie eine lange
Tradition besitzt, ist eine Theorie des Lehrens nur in Umrissen erkennbar. Hingegen sind zahlreiche technologische Regelhaftigkeiten[3] bekannt (vgl. hierzu die
Untersuchungen zur Effektivität von LehrerInnen [Lukesch, 1995, S. 241 ff]), die
durch lange Erfahrung im Unterrichten in Schulen (im Sinne einer sog. Praxeolo-
gie erzieherischen Handelns) sowie durch unterschiedlichste theoretische Positionen (z.B. behavioristische Lerntheorien, humanistische Psychologie, soziale
Interaktionstheorien) nahegelegt wurden.

Lerntheorien, deren Wert für die Erklärung von Verhaltensänderungen nachgewiesen ist, sind zwar nicht mit Lehrtheorien gleichzusetzen. Sie können aber
für den Entwurf einer effektiven Lehrtechnologie verwendet werden (bezüglich
der einschlägigen wissenschaftstheoretischen Aspekte vgl. die Möglichkeit der
Umformung einer nomologischen Aussage, die nomopragmatische Elemente enthält, zu einer technologischen Regel [Bunge, 1967, S. 345; Lukesch, 1979]). Im
gegebenen Kontext soll daher immer versucht werden, pädagogisch (oder therapeutisch) bedeutsame Umsetzungsmöglichkeiten aus den Lerntheorien herauszu-
stellen, um so zu einem Fundus bewährter technologischer Regeln zu gelangen.

Wenn man danach frägt, woher das Wissen über empfohlene unterrichtliche
Methoden stammt, so wird man in den meisten Fällen auf das im Laufe der Geschichte der Pädagogik akkumulierte Erfahrungswissen stoßen, das - im Unterschied zu anderen anwendungsorientierten Disziplinen, wie z.B. der Medizin -
selten oder nur partiell mit Grundlagentheorien begründet werden kann. Allerdings ist auch dieses Erfahrungswissen immer ein Versuch des Findens von Redundanz, von Regelmäßigkeit, von Invarianz in einem Meer des Chaos, trägt also
den Kern einer Theorie in sich. Andererseits können Theorien aus den Grundla-
gendisziplinen für die Entwicklung praktikabler Methoden anregend sein, selbst
wenn die Beziehung zwischen Grundlagentheorie und Anwendung komplex ist.

---

[3] Die wesentlichen Bestandteile einer technologischen Regel werden in Lukesch (1995, S. 26f)
dargestellt. Hier sei nur darauf verwiesen, dass eine wissenschaftliche technologische Regel eine Handlungsempfehlung zur Erreichung eines Zieles angesichts einer bestimmten Ausgangs-
lage darstellt, für die Effizienznachweise vorliegen und die mit dem Korpus des rationalen
Wissens vereinbar ist (Perrez & Patry, 1982).

Für eine technologische Regel ist es auch nicht Bedingung, dass sie durch eine Theorie begründet ist. Die nachgewiesene Effizienz einer solchen Handlungsempfehlung kann aber Anstoß für eine theoretische Problemstellung sein, durch die erklärt werden soll, warum gerade diese Maßnahmen zur Erreichung eines bestimmten Zieles besser geeignet sind als andere. Zur Zeit scheinen günstige Bedingungen für eine anregende Wechselwirkung zwischen grundlagentheoretischer Entwicklung und Anwendbarkeit im pädagogischen Kontext zu bestehen.

1.4 Von „Lernen" abgegrenzte Verhaltensweisen und Anpassungsmodi

Im Verlauf der Evolutionsgeschichte sind Lern- und Denkprozesse als ein Modus der Anpassung an die Umwelt immer bedeutender geworden (Dethier & Stellar, 1961). Das heißt aber nicht, dass nicht noch andere Arten der Verhaltenssteuerung vorhanden sind, auch wenn diese üblicherweise nicht unter den Lernbegriff subsumiert werden (Hilgard & Bower, 1970, S. 16). Diese sollen im folgenden kurz illustriert werden.

1.4.1 Angeborene Reaktionstendenzen

Ein Organismus kommt mit einem mehr oder minder reichhaltigen Verhaltensrepertoire auf die Welt. Dieses ermöglicht eine erste und grundlegende Anpassung an die Außenwelt.

(1) Unbedingte Reflexe
Unter einem unbedingten Reflex versteht man eine stets gleichbleibende (stereotype) Reaktion des Organismus auf einen bestimmten sensiblen Reiz (Thews et al., 1980, S. 507; vgl. Abb. 1.3). Diese Reaktionen sind nicht gelernt, sondern angeboren; sie vollziehen sich schnell und automatisch. Beispiele hierfür sind der Speichelfluss beim Kauen, die Pupillenkontraktion bei Beleuchtungswechsel, der Lidschlussreflex, der Patellar- und Achillessehnenreflex, der Babinski- (auch Fußsohlen- oder Großzehenreflex genannt), der Mororeflex (Umklammerungs-reflex bei Erschrecken) oder der Saug-Such-Reflex beim Säugling. Unbedingte Reflexe sind eine notwendige Vorbedingung für das sog. „Klassische Konditionieren" (vgl. Kap. 7.2).

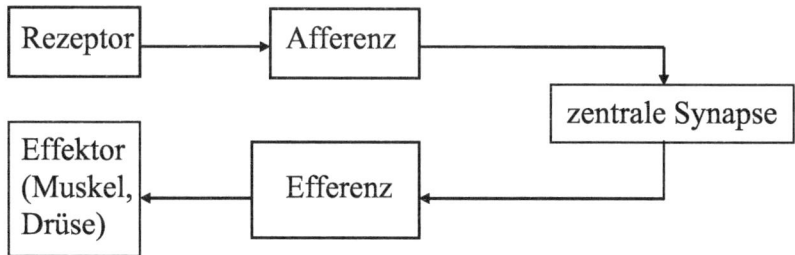

Abbildung 1.3: Schema eines Reflexbogens (Thews et al., 1980, S. 509)

Exkurs: Reflexe

Bei den einfachen Skelettmuskulaturreflexen wird von einem monosynaptischen Reflexbogen ausgegangen. Dieser besteht aus einem dehnungsempfindlichen Rezeptor im Muskel, einer afferenten Nervenfaser, einer Synapse (im Rückenmark), einer efferenten Faser und einem Effektor (Muskel). Erfolgt eine plötzliche Dehnung des Muskels (z.B. ein Schlag mit dem Reflexhammer auf die Muskelsehne), so werden die Dehnungsrezeptoren (Muskelspindeln) gereizt. Die Erregungen werden über afferente Bahnen (Ia-Faser) durch die hintere Wurzel in das Rückenmark geleitet. An der motorischen Vorderhornzelle (α-Motoneuron) erfolgt die synaptische Umschaltung auf die efferente Bahn (α-Motoaxon). Die Nervenimpulse erreichen schließlich nach Überleitung in den motorischen Endplatten die Muskelfaser und veranlassen diese zu einer Einzelzuckung.

Von *propriozeptiven* und *Eigenreflexen* spricht man, wenn sich Rezeptor und Effektor in demselben Organ befinden. Typisch ist für diese die einmalige Umschaltung, die kurze Reflexzeit (20-50 ms), die praktische Unermüdbarkeit, außerdem verlaufen diese motorischen Reaktionen unabhängig von der Stärke des auslösenden Reizes. Allerdings sind auch eine Reihe von zusätzlichen Rückmeldeschleifen vorhanden, welche den Reflexvorgang steuern.

Bei den sog. *Fremdreflexen* befinden sich Effektor und Rezeptor in verschiedenen Organen (z.B. Zurückziehen der Hand von einem heißen Gegenstand, noch bevor der Hitzeschmerz bewusst wird und eine willkürliche Reaktion möglich ist).

(2) Taxis, Tropismen

Unter Taxis ist eine einfache Form des Verhaltens zu verstehen, die definiert ist als die Bewegung eines frei beweglichen Organismus hin oder weg von einer Reizquelle. Der Begriff ist äquivalent mit Tropismus (Loeb, 1973), wobei bei letzterem eher die Orientierung zu einer Reizquelle im Vordergrund steht (z.B. der Drang der Motte zum Licht).

Als Beispiel hierfür kann die Verhaltenssteuerung bei der Meeresschnecke Hermissenda crassicornis gelten (Alkon, 1983): (1) Diese verhält sich tagsüber phototaktisch, d.h. sie bewegt sich zum Licht. Der Überlebenswert dieser Reaktion besteht darin, dass Hydropolypen, die von ihr abgeweidet werden, sich nahe an der Wasseroberfläche befinden. (2) Bei Turbulenzen im Wasser erfolgt eine reflexhafte Herabsetzung der Bewegungsgeschwindigkeit und eine Vergrößerung der Haftfläche des „Fußes" der Schnecke. Auch diese Instinkthandlung besitzt einen hohen

Überlebenswert, denn wegen der rauen See wäre das Tier gefährdet; durch das Abwandern in die Meerestiefe sowie eine feste Verankerung schützt sich die Schnecke vor Verletzungen.

(3) Automatismen

Die Körper- und Gliedmaßenbewegungen von Wirbeltieren sind rhythmisch und koordiniert, ohne dass dies gelernt werden müsste (Beispiele: Schlängelbewegung beim Aal, Flossenbewegungen bei Fischen, Armbewegungen beim Menschen, Gangarten beim Pferd).

Erich von Holst (1938) konnte zeigen, dass das zentrale Nervensystem (bei Fischen) die rhythmischen Erregungen ohne Einfluss äußerer Reize produziert (auch bei Rückenmarkdurchtrennung bleibt z.B. der Flossenrhythmus erhalten, wobei ein Zwang zum Gleichtakt besteht, der durch Überlagerung der Eigenrhythmen der einzelnen Flossen zustande kommt). Es bestehen also selbständige reizproduzierende Zentren, die sich gegenseitig beeinflussen.

(4) Instinkthandlungen, Erbkoordination

Instinkthandlungen sind angeborene, artspezifische Verhaltensweisen, die auf bestimmte Schlüsselreize (s.u. AAM, z.B. Kindchenschema) hin und bei Vorliegen einer Appetenzlage ausgelöst werden. Ein Organismus verfügt darüber, sobald ein gewisses Reifestadium vorhanden ist, ohne dass diese Verhaltensweisen gelernt worden sind. Beispiele sind der Netzbau der Spinnen, die Sprache der Bienen, die Laichwanderungen bei Fischen, der Vogelzug, der Nestbau der Vögel, das Territorial-, Balz-, Paarungs- und Brutpflegeverhalten von Säugetieren oder das Drehen und Treten vor dem Schlafen bei Hunden und Katzen.

Instinktreste sind auch beim Menschen vorhanden, z.B. gehören viele Gesten und Gebärden dazu, deren sich auch Blinde bedienen, ohne sie je gesehen zu haben (aber eventuell auch die Bevorzugung von Nischen und Plätzen, in denen man mit dem Rücken zur Wand sitzen kann - vermutlich ein Verhaltensrest aus der Vergangenheit des Menschen als Höhlenbewohner; eventuell auch die Ausbildung einer hierarchischen sozialen Ordnung; Lächeln - Zähnefletschen [eig. Drohgebärde, man zeigt seine Waffen, ohne sie einzusetzen]).

Am Anfang einer Instinkthandlung steht immer ein Drang oder ein Trieb, d.h. eine körperlich bedingte innere Bereitschaft oder Stimmung zum Handeln. Es hat den Anschein, als ob der Organismus (das Tier) aktiv und zielstrebig eine Situation aufsuchen würde, in der diejenigen Reize auftreten, welche die Instinkthandlung auslösen. Dieses triebbedingte Verhalten kann ausgelöst werden durch
- innere Zustände (Hunger),
- Hormone (Sexualverhalten) oder

- durch zentralnervöse Rhythmen (Vogelzug).

Man nennt dieses triebbedingte Verhalten *Appetenzverhalten*.

> Als Beispiel kann die Fanghandlung bei einem Frosch angeführt werden. Ein solches Tier, das längere Zeit gehungert hat, richtet beim Umherstreifen seinen Körper nach beweglichen Objekten einer bestimmten Größe aus. Man hat den Eindruck, es suche zielgerichtet nach einer Beute. Beim Anblick eines Beutetieres (z.B. einer Fliege) richtet es seinen Körper nach dem Tier aus, bei einem sich bewegenden Objekt korrigiert der Frosch die Zielwendung nach (Orientierungsbewegung oder Taxis). Ist das Beutetier in Schussweite, dann zögert er kurz und seine Zunge schnellt heraus. Wenn sich die Beute in dieser Zeit bewegt, so schlägt die Zunge daneben, der Zungenschlag kann nicht nachkorrigiert werden. Der Zungenschlag ist die eigentliche Instinktkomponente. Sie ist in ihrem Ablauf erblich festgelegt, artspezifisch (keine Variation innerhalb einer Art) und unabhängig von Lernprozessen. Diese Instinktbewegung (Erbkoordination) ist für eine Art genauso typisch wie die Ausbildung von Gestaltmerkmalen.

Eine Instinkthandlung wird durch einen *Schlüsselreiz* (bei einem Sozialpartner spricht man von einem Auslöser, z.B. Kindchenschema) ausgelöst. Dabei sind nicht beliebige Merkmale Auslöser, sondern nur bestimmte (für die Fanghandlung des Frosches ist beispielsweise nur Größe und Bewegung des Objektes wesentlich). Man kann annehmen, dass im Nervensystem eines Tieres ein Mechanismus existiert, der nach Auftreten des Schlüsselreizes die Endhandlung auslöst (angeborener auslösender Mechanismus, abgekürzt AAM). Das vollständige Schema einer Instinkthandlung ist demnach in folgendem Ablauf zu sehen (vgl. Abb. 1.4):

Abbildung 1.4: Ablaufschema einer Instinkthandlung

> Eine hungrige blutsaugende Zecke, welche auf Gräsern, Bäumen und Sträuchern auf Beutetiere wartet, lässt sich nur dann fallen, wenn sie den für Säugetiere kennzeichnenden Geruch von Buttersäure wahrnimmt. Das Stechen der Zecke wird ausgelöst durch einen Wärmereiz von ca. 37 Grad und dem Geruch von Buttersäure. Trotz der Einfachheit der Schlüsselreizkombination tritt in der Natur faktisch kein Irrtum auf, denn diese Reiz-Kombination kommt normalerweise nur bei Säugetieren vor.

Häufig sind Instinkthandlungen komplizierter als die bislang angeführten Beispiele. Sie bestehen aus einer Kette von Einzelhandlungen, wobei die eine Handlung Auslöser für das Verhalten des anderen Partners ist usw. (vgl. hierzu z.B. das Paarungsverhalten des Stichlings). Tinbergen (1964) nimmt an, dass die Ordnung der Handlungskette einer Ordnung im ZNS entspricht. Z.B. wirken Hormone auf das höchste für Fortpflanzung zuständige Zentrum ein, nämlich das Wanderzentrum, und lösen den Laichzug aus. Erreicht der Stichling ein passendes Biotop, so wirken dessen Merkmale auf einen AAM, der das bisher blockierte Revierzentrum freigibt. Jetzt erst sprechen auch die untergeordneten Zentren für Nestbau, Balzen, Kämpfen und Brutpflege an. Der Nachweis von einzelnen Instinktzentren wurde von Erich von Holst (1937) geführt, der über die Implantation von Mikrolektroden in das Stammhirn und die nachfolgende elektrische Reizung unterschiedliche Verhaltensweisen (bei Hühnern) auslöste.

Nicht immer laufen Instinkthandlungen in zweckmäßiger und sinnvoller Weise ab. In besonderen Situationen werden Handlungen beobachtet, die einem augenblicklichen Handlungsziel nicht entsprechen *(Übersprungshandlungen)*.

Kämpfende Haushähne können z.B. plötzlich anfangen, auf den Boden zu picken, obwohl kein Futter vorhanden ist. Typisch ist für diese Reaktionen, dass sich bei Triebkonflikten (Angriff und Flucht) oder bei großer Triebstärke ohne auslösenden Schlüsselreiz die für eine Instinkthandlung bereitgestellte „Energie" in einer anderen Instinkthandlung entlädt (sehr häufig auch in Selbstpflegehandlungen).

Für Instinktverhaltensweisen ist auch das Phänomen der *Schwellenerniedrigung* (bzw. der sog. *Leerlaufhandlung*) nachgewiesen:

Konrad Lorenz (1966) berichtet von einem im Zimmer gehaltenen Jungstar, der immer mit der Hand gefüttert wurde. Wenn man ihn einige Zeit hungern ließ, so halluzinierte er plötzlich im Zimmer nicht vorhandene Fliegen. Er jagte ihnen nach und führte die gesamte Fanghandlung bis zu den Schluckbewegungen durch. Wird also eine Instinkthandlung längere Zeit nicht ausgelöst, so erniedrigt sich die Reizschwelle für ihre Auslösung. Im Extremfall läuft bei hohem Erregungsstau die Instinkthandlung auch ohne Schlüsselreiz ab.

Gerade Leerlaufhandlungen zeigen, dass die Instinkthandlungen nicht unbedingt sinnvolle Reaktionen auf Umweltreize sind, sondern uneinsichtige, erblich festgelegte Verhaltensformen. Das eigentliche Triebziel ist nicht das Erreichen eines bestimmten Zustandes (z.B. Sättigung), sondern der ungehemmte Ablauf der Erbkoordination. Allerdings sind diese Verhaltensweisen aufgrund phylogenetischer Selektionsprozesse in der Regel sinnvoll, d.h. sie besitzen einen hohen Überlebenswert für die jeweilige Art und die ihr zugehörenden Individuen.

1.4.2 Prägung (imprinting)

Es ist umstritten, ob Prägungsvorgänge zu den Lernprozessen zu zählen sind oder eher zum Bereich der Instinkthandlungen. Der Begriff wurde von Konrad Lorenz (1935) vorgeschlagen. Der Vorgang selbst ist seit langem bekannt. Bereits ein gewisser Spalding schrieb 1873:

> Wenn Küken in einem Brutkasten zur Welt kommen, dann folgen sie jedem sich bewegenden Objekt. Und, wenn sie nur durch ihr Sehvermögen allein geleitet werden, dann scheinen sie nicht stärker geneigt zu sein, einer Henne nachzulaufen, einer Ente oder einem Menschen. Uneingeweihte Beobachter glaubten, dass ich über eine Art okkulte Kraft verfügen müsste, als sie sahen, dass ein ein Tage altes Küken mir nachlief oder ältere mir eine Meile weit folgten oder auf den Ton meiner Pfeife antworteten. Alles, was ich getan hatte, war aber ihnen zu erlauben, mir zu folgen.

Seit damals ist bekannt, dass diese Prägung nur während einer sog. *kritischen Periode* im Leben eines Küken geschehen kann. Bei Enten, die aus dem Ei geschlüpft sind, ist diese Möglichkeit zwischen 12 und 24 Std. gegeben. Sie können dann auf ein (fast) beliebiges Muttertier geprägt werden, dem sie dann folgen. Das Objekt muss nur einige wesentliche Merkmale eines echten Muttertieres aufweisen (in diesem Fall Bewegung und Lautgebung). Wird diese Periode versäumt, dann ist die Reaktion auf ein unbekanntes Wesen nicht das Nachfolgen, sondern Angst und Furcht. In der natürlichen Lebenssituation ist es aber zumeist das Muttertier, auf das die Jungen geprägt werden. Prägung scheint nur in Phasen gesteigerter Emotionalität zustande zu kommen. Auffallend an dem Prägungsvorgang ist

(a) seine rasche Genese (nach Ramsay & Hess [1954] genügen 10 Minuten bei Entenküken),
(b) die hohe Löschungsresistenz und Irreversibilität sowie
(c) die Lokalisierung in einer sensiblen Periode der Entwicklung.

Nach den Untersuchungen von Hess (1958) beschränkt sich der Prägungsvorgang nicht nur auf das Folgeverhalten, sondern erstreckt sich auch auf Verhaltensweisen, die zur Zeit der Prägung noch gar nicht ausgereift sind, wie z.B. das geschlechtliche Werbeverhalten. Die Fixierung erfolgt meist nicht auf ein individuelles Objekt, sondern auf eine Klasse einander mehr oder minder ähnlicher Objekte, z.B. auf Menschen im allgemeinen.

Hess (1958) prägte einen jungen Hahn auf Menschen, dabei wurde dieser einen Monat lang von Exemplaren seiner Species ferngehalten. Danach kam er in einen ganz normalen Hühnerhof. Es konnte beobachtet werden, dass sogar noch fünf Jahre später das geschlechtliche Werbeverhalten *nie* gegenüber Hennen ausgeführt wurde, sondern ausschließlich gegenüber Menschen.

Lorenz (1966) glaubt noch darüber hinausgehen zu können und will auch bei Menschen einen gleichen Mechanismus bei der Entstehung abweichenden Sexualverhaltens annehmen (z.B. bei fetischistischer Fixierung des Sexualverhaltens). Es liegt eventuell auch nahe, die von Siegmund Freud beschriebenen traumatischen Fixierungen als Prägungsvorgänge aufzufassen. Analoga dafür gibt es auch im Tierreich (z.B. starke Tendenz zum Hamstern bei Ratten, die in den ersten beiden Lebenswochen in Hungerperioden aufwuchsen).

1.4.3 Reifung (maturation)

Man kann mit „Reifung" diejenigen Verhaltensänderungen bezeichnen, die aufgrund physiologischer Veränderungsprozesse möglich werden.[4] Von Reifung spricht man, wenn spezifische organische Veränderungen spezifische Fähigkeiten möglich machen, ohne dass für deren Ausbildung vorhergegangene Lernvorgänge notwendig gewesen wären (z.B. Markscheidenbildung beim Säugling als Voraussetzung für koordinierte Bewegungen).

Ein klassisches Experiment hierzu wurde von Carmichael (1926) durchgeführt. Er sammelte die Eier von Fröschen und Salamandern und beobachtete im Labor ihre Entwicklung. Bevor die Larven schwimmen konnten, teilte er die Tiere in zwei Gruppen: die eine konnte sich unter normalen Bedingungen entwickeln, die andere bekam in das Wasser einen Zusatz, der jede muskuläre Aktivität verhinderte, ohne aber auf das körperliche Wachstum Einfluss zu nehmen (Chloretone im Verhältnis 4 : 10 000). Dann wartete er ab, bis die Tiere der Kontrollgruppe schwimmen konnten. Zu diesem Zeitpunkt nahm er die Tiere seiner Experimentalgruppe aus dem verseuchten Wasser und beobachtete, was geschah. In den ersten 12 Minuten reagierten diese Tiere auf externe Stimulation nicht. Dann erfolgte auf Nadelstiche

---

[4] „Reifung ist jener Anteil, den das organische Wachstum zur Entwicklung beiträgt. Sie vollzieht sich als ein Teil unseres biologischen Erbes in festgelegten, nicht umkehrbaren Aufeinanderfolgen" (Schenk-Danzinger, 1980, S. 26).

hin eine Kopfbewegung, während der nächsten 18 Minuten traten immer mehr koordinierte Schwimmbewegungen auf und nach 30 Minuten konnten alle Tiere der Experimentalgruppe so gut schwimmen wie die der Kontrollgruppe, welche bereits 5 Tage Zeit gehabt hatten, das Schwimmen zu üben.

Um zu überprüfen, ob die 30-minütige Verzögerung durch die fehlende Übung zu erklären sei oder als Nachwirkung der Intoxikation, unternahm er noch ein zweites Experiment. Zuerst ging er wie üblich vor. Nach der 30-minütigen Wartezeit konnten die Tiere der Experimentalgruppe schwimmen. Nach weiteren 36 Stunden wurden sie wieder in die Lösung gegeben und die Bewegungen hörten auf. Nach 24 Stunden wurden sie wieder in das Wasser gegeben. Auch jetzt brauchte es wieder 30 Minuten, bis die Tiere schwimmen konnten. D.h. die Fähigkeit zu schwimmen ist ohne Übung entstanden, die Zwischenperiode kann als Nachwirkung von der Chemikalie interpretiert werden.

Eher fragwürdig sind die bei Menschen hierzu gesammelten Erfahrungen. Nach Dennis (1940) wurde bei den Hopi-Indianern ein Wickelbrett verwendet, das ca. 30 cm breit und 80 cm lang ist. Auf dieses werden die Kinder festgebunden. Hopi-Mütter, die dieses Brett verwenden, haben es ab der Geburt des Kindes bis einschließlich neun Monate in Gebrauch. Nur für die kurzen Wickelzeiten werden die Kinder losgebunden. Wenn frühe Aktivität einen Einfluss auf das Erlernen des Gehens hätte, dann müssten sich die Kinder, die nach der Wickelbrett-Methode großgezogen werden, von den anderen wesentlich unterscheiden. Dennis befragte 63 Mütter, welche die Brett-Methode verwendet hatten und 42 mit der „amerikanischen" Wickelmethode. Es stellten sich beinahe keine Unterschiede in bezug auf das berichtete Alter heraus, ab dem die Mütter vom ersten Gehen des Kindes erzählten (aM_{Brett} = 14,98 Monate; $aM_{amerikanische\ Methode}$ =15,07 Monate). Man könnte daraus schließen, dass die Behinderung zum frühen Zeitpunkt keinen Einfluss auf die Reifungsvorgänge hat, die das Gehen ermöglichen. Allerdings sind die retrospektiven Mütterberichte zu subjektiv, um als valider Beleg gelten zu können.

Reifen und Lernen sind auch auf das engste miteinander verknüpft. Fertigkeiten, die durch Reifungsvorgänge möglich werden, werden sofort nach ihrem Auftreten durch Lernprozesse vervollkommnet. Ein Kind, das z.B. das Stehen gelernt hat, übt das Stehen, bis es diese Bewegung und das darauffolgende Sich-wieder-Hinsetzen bis zur Vollkommenheit beherrscht (Funktionsübung).

Das Reifungskonzept muss schließlich noch durch das Konzept sog. kritischer Perioden ergänzt werden. Es scheint in der Entwicklung Phasen zu geben, in denen aufgrund reifungsmäßiger Bereitschaften die Entwicklung besonders stürmisch vorangeht. Wenn die sich eröffnenden Möglichkeiten nicht genutzt werden, so kann dies z.T. irreversible Einbußen oder zumindest nur sehr schwer korrigierbare Schäden hervorrufen.

> Als Beispiele für die Existenz einer solchen sensiblen Phase scheint für die Bindungsfähigkeit nach René Spitz (1945) die Zeit vom sechsten zum neunten Monat zu sein. Wird in dieser Zeit nicht eine enge Bindung ermöglicht (z.B. aufgrund einer Eltern-Kind-Trennung), können nur schwerst reparierbare Schäden am Kind entstehen.
>
> Als weiteres Beispiel können blindgeborene Kinder angesehen werden, die später aufgrund einer Operation wieder sehen gelernt haben. Diese können das Tiefensehen nicht mehr richtig erlernen, wenn die Operation nach der Jugendzeit erfolgte. Sie orientieren sich sicherer an ihrem Tastsinn (bei diesem Beispiel ist aber auch die neuronale Ausbildung des Sehzentrums zu bedenken, die wiederum reizabhängig ist).

Reifungsprozesse sind die Voraussetzung für nachfolgende Lernprozesse. Reifungsvoraussetzungen für Entwicklungsprozesse bestehen vor allem hinsichtlich der neuronalen, der körperlichen und der motorischen Entwicklung (z.B. Myelinisierung der Nervenbahnen, Synapsenbildung), aber auch hinsichtlich der Sprachentwicklung, der Entwicklung der Wahrnehmung, des Gedächtnisses und des Denkens, der emotionalen und sozialen Entwicklung.

1.4.4 Vorübergehende organismische Zustände

(1) Ermüdung
Leistungsverhalten, das oft hintereinander ausgeführt wird, vermindert sich. Es kommt zu einer Leistungsabnahme. Diese Verhaltensveränderung wird naheliegender Weise nicht als Lernphänomen verstanden, sondern ist Folge von Ermüdung oder Erschöpfung. Im übrigen verändern sich dabei nicht nur motorische Vollzüge, sondern auch Wahrnehmungsleistungen (z.B. Halluzinationen nach zwölfstündiger Autofahrt).

(2) Gewöhnung / Habituation
Eine laut tickende Uhr wird bald nicht mehr bemerkt. Auch hierbei handelt es sich nicht um ein Lernphänomen, sondern um sensorische Adaptationsprozesse (Habituation ist auch an Gerüche in einem Labor oder an den Lärm in einer Fabrik möglich). Habituation bedeutet, dass eine Handlungs- oder Wahrnehmungs-

bereitschaft umso mehr abnimmt, je öfter sich ein Reiz wiederholt - dieser verliert seine auslösende Kraft.

(3) Drogenkonsum

Auch nach Drogenkonsum (z.B. Alkohol) schließen sich Verhaltensänderungen an. Diese Veränderungen werden naheliegender Weise ebenfalls nicht als Lernprozesse bezeichnet.

1.5 Lernen und Gedächtnis

Wenn gesagt wird, der Mensch sei ein „lernfähiges Wesen", so setzt dies das Vorhandensein eines Gedächtnisses voraus, anders gesagt, „Gedächtnis ist phänomenal nicht zu trennen von Lernen" (Sinz, 1975, S. 16) und „unter Gedächtnis verstehen wir die lernabhängige Speicherung ontogenetisch erworbener Information, die sich phylogenetischen neuronalen Strukturen selektiv artgemäß einfügt und zu beliebigen Zeitpunkten abgerufen, d.h. für ein situationsangepasstes Verhalten verfügbar gemacht werden kann" (a.a.O.). Ohne diese Fähigkeit, Wahrgenommenes zu behalten, also zu Erlerntem zu machen, wäre das Erkennen der Welt nicht möglich. Auch alle Prozesse, die unter dem Stichwort des Planens und des problemlösenden Denkens behandelt werden (vgl. Kap. 9) bedürfen einer Wissensbasis, eben eines Gedächtnisses. Durch die Nutzung der im Gedächtnis gespeicherten Information wird aus einem passiven Informationsspeicher ein aktives Werkzeug für Erkenntnis. Im übrigen sind informationsverarbeitende Fähigkeiten nicht auf höhere Lebewesen beschränkt, sondern bereits einzellige Lebewesen (Amöben und Pantoffeltierchen) vermögen zu lernen und Gelerntes zu behalten.

Auf Gedächtnisphänomene wurde seit Aristoteles hingewiesen.[5] Es ist in der Tat erstaunlich, welche Vielfalt von Information wir mit uns herumtragen und mit welcher Schnelligkeit wir manchmal auf diese Information zurückgreifen können (z.B. erinnern wir uns bisweilen in Sekundenschnelle an ein Gesicht, das wir vielleicht vor Monaten nur einmal kurz gesehen haben).

Im historischen Rückblick zu erwähnen ist William James (1890, S. 643), der eine überraschend moderne Gedächtniskonzeption entwarf. Er beschrieb den Gedächtnisprozess als eine Sequenz von Stadien, beginnend mit dem ersten, das ähnlich der Bildung eines Nachbildes aufzufassen ist, gefolgt von dem Eintritt des Gedächtnisinhaltes in ein sog. primary memory (heute: Kurzzeitgedächtnis), dem Strom des Bewusstseins, und schließlich dem Übergang in das secondary memory (heute: Langzeitgedächtnis). Für die Erinnerung hält William James

---

[5] Aristoteles (384 - 322 v. Chr.) nahm in seiner Schrift über „Gedächtnis und Erinnerung" drei Assoziationsgesetze an, nämlich raum-zeitliche Kontiguität (z.B. Tisch - Stuhl), Ähnlichkeit (z.B. Kate - Hütte, Ratte - Maus) und Kontrast (z.B. heiß - kalt). Im Grunde wird dabei schon über die Ebene der Assoziationspsychologie hinausgegangen, da Ähnlichkeit und Kontrast komplexe Weiterverarbeitungen von Informationen darstellen, wie sie in den sog. Gestaltgesetzen angesprochen sind.

zwei Faktoren für verantwortlich: (1) einen physiologischen Faktor, der eine fundamentale Eigenschaft des Nervensystems sein soll, wobei eine große interindividuelle Variabilität zugestanden wird, und (2) den Reichtum des organisierend-assoziativen Netzwerkes, in das die Erinnerungen eingebettet sind (heute: semantische Netzwerke bzw. Schematheorien; vgl. Kap. 2.5.3). Außerdem hat James auf die Rolle der selektiven Aufmerksamkeit und die Bedeutung von Wiederholungsstrategien für den Wissenserwerb hingewiesen. Somit sind auch die Fragen über die biologischen Grundlagen des Gedächtnisses bereits im vorigen Jahrhundert gestellt und - soweit die damaligen Methoden es erlaubten (Introspektion und Hausverstand) - auch einer relativ aktuellen Beantwortung zugeführt worden.

1.6 Assoziation als Grundlage von Lernen und Denken

Von den Urahnen der Psychologie wurden die zu diskutierenden Lern-, Denk-
und Gedächtnisphänomene unter dem Stichwort „Vorstellungen" behandelt und
die Verbindung verschiedener Vorstellungen untereinander als „Assoziationen"
bezeichnet. Als „Vorstellung" bezeichnet man die Tatsache, dass die Inhalte früherer Wahrnehmungen neuerlich bewusst werden können, ohne dass dafür Sin-
nesreize vorhanden sind. John Locke (1632 - 1704) hat 1690 den Begriff „Assoziation" (*neulateinisch* Vergesellschaftung) als erster gebraucht, um die Verbindung zweier Bewusstseinsinhalte durch den Vergleich mit einer „Gesellschaft"
zu illustrieren: Wenn mehrere psychische Inhalte (Empfindungen, Gedanken,
Vorstellungen usw.) einmal gleichzeitig bewusst waren (d.h. die Bedingung der
raum-zeitlichen Kontiguität gegeben war), so haben sie die Tendenz, immer in
derselben Gesellschaft zu bleiben; tritt ein Gesellschafter ins Bewusstsein, so
folgen die anderen nach (Rohracher, 1988, S. 282). Z.B. löst ein bekannter Ort
Vorstellungen von früheren Erlebnissen aus; hört man am Telephon die Stimme
eines Bekannten, so tritt auch sein Bild vor das geistige Auge; Orte aus der Kindheit sind oft mit bestimmten Gerüchen assoziiert und umgekehrt rufen bestimmte
Gerüche die Erinnerung an Personen etc. hervor.[6]

Es ist zwar eine unleugbare Tatsache, dass solche assoziativen Verbindungen
zwischen Vorstellungen, Vorstellungen und Gefühlen oder Vorstellungen und
Verhaltensweisen bestehen, ob sie jedoch ausreichen, um die alleinige theoretische Grundlage für die Lehr-, Lern- und Gedächtnisforschung abzugeben, ist zu
bezweifeln. Zu Beginn des 19. und auch noch zu Anfang des 20. Jahrhunderts
waren aber spekulative Systeme über die Wirksamkeit assoziativer Verbindungen
weit verbreitet.

So hat Johann Friedrich Herbart (1776 - 1841) ein System der Vorstellungs-
mechanik entwickelt, welches nicht nur Gedächtnisphänomene, sondern auch das
gesamte menschliche Denken erklären sollte. Ernst Mach (1838 - 1916) ging

---

[6] Vgl. hierzu auch die Formulierung des Lerngesetzes, von dem Edwin R. Guthrie (1886 - 1959)
annahm, dass es alle Lernvorgänge erklären könne: „Eine Kombination von Reizen, die mit einer Bewegung einhergehen, pflegt beim erneuten Auftreten diese Bewegung nach sich zu ziehen" (zit. n. Hilgard & Bower, 1975, S. 95f).

Das gleiche Prinzip wurde für neuropsychologische Prozesse von William James (1842 -
1910) formuliert: „Wenn zwei elementare Hirnprozesse gleichzeitig oder in unmittelbarer Auf-
einanderfolge aktiv gewesen sind, dann tendiert der eine bei seinem Wiederauftreten dahin,
dass er seine Erregung auf den anderen überträgt" (James, 1890, S. 566).

noch weiter, er meinte, das ganze „Seelenleben" sei auf Empfindungen und Assoziationen zurückzuführen. Auch Sigmund Freud (1856 - 1939) ist letztlich als Anhänger dieser Art der Psychologie anzusehen.[7]

Diese psychologische Richtung wurde als „Assoziations-" oder „Elementen-Psychologie" bezeichnet, weil die Theoretiker das ganze psychische Geschehen aus den Empfindungen als den letzten Elementen zusammengesetzt sahen, die durch Assoziationen miteinander verbunden sind (Rohracher, 1988, S. 237). Die Ausführungen dieser Theoretiker waren anfangs weitgehend spekulativ. Empirisch untermauert wurden ihre Theorien durch Einzelbeobachtungen, gewonnen aus der Selbstbeobachtung, zumeist episodischer Art und ohne systematische Überprüfung.

Ein ganz wesentlicher Schritt vorwärts wurde vor mehr als 100 Jahren getan, als Hermann Ebbinghaus (1850 - 1909) seine Untersuchungen über das Gedächtnis begann (Ebbinghaus, 1885). Auf der einen Seite war er wesentlich zurückhaltender, was den Aufbau eines theoretischen Systems betraf, andererseits hat er sich bemüht, eine empirisch überprüfbare Grundlage für die von den Assoziationstheoretikern gebrauchten Begriffe wie z.B. „Assoziationsstärke" zu schaffen. Seine Methoden und auch seine Resultate sind z.T. noch heute gültig und in Verwendung. Das von Ebbinghaus geschaffene experimentelle Paradigma (sinnarme Silben als Lernmaterial, Differenz aus Erst- und Wiederlernen als Maß für das Behalten) hat die Gedächtnisforschung weitgehend beeinflusst.

Aber schon Ebbinghaus (1885) hatte erkannt, dass von seinen Trigrammen nicht alle gleichermaßen „bedeutungslos" waren, z.B. ist es von dem Trigramm MAL ausgehend sehr viel leichter, eine semantisch sinnvolle Verbindung zu dem Begriff MALER zu bilden und dieses Wort ist dann leichter zu merken als etwa das Trigramm TUK, von dem aus nicht so leicht eine semantisch bedeutungshaltige Verbindung gefunden werden kann. Er selbst trachtete danach, sich bei seinen Versuchen gegen die implizite Anwendung solcher Merkstrategien abzuschirmen, andere Vpn setzten hingegen bewusst Methoden zur sinnvollen Strukturierung von an sich bedeutungsarmen Merkinhalten ein. Um solche Strategien

---

[7] In den „Studien über Hysterie" wurde von Breuer und Freud (1895) in konsequenter Orientierung an den damaligen psychologischen Modellvorstellungen die Methode der *freien Assoziation* zum Aufspüren von verdrängten, d.h. dem Bewusstsein nicht mehr zugänglichen Erlebnissen angewandt; dieses Verfahren wurde später von Freud (1900) auch als Mittel zur Deutung von Träumen bzw. von Fehlleistungen eingesetzt. Andere Methoden zur Erfassung assoziativer Verbindungen (z.B. die gebundene Assoziation, die durch vorgegebene Wörter ausgelöst wurden) folgten später im experimentellen (Kent & Rosanoff, 1910) und klinischen Bereich (Jung, 1911) nach.

in den Griff zu bekommen, wurden später auch Skalen der Bedeutsamkeit konstruiert (Archer, 1960; Glaze, 1928; Noble, 1952), wobei von der Häufigkeit der Wörter, die zu einem Trigramm assoziiert wurden, Gebrauch gemacht wurde.

Beispiel (Rohracher, 1988, S. 285f)

Als ein Beispiel von Untersuchungen, die in Ebbinghaus' Tradition anzusiedeln ist, kann etwa an die Studien von Adolf Jost (1897) erinnert werden, deren Ergebnisse in den sog. Jost'schen Sätzen formuliert sind:

1. Jost'scher Satz: „Sind zwei Assoziationen von gleicher Stärke, aber verschiedenem Alter, so fällt die ältere in der Zeit weniger ab" (andere Formulierung für die Vergessenskurve).
2. Jost'scher Satz: „Sind zwei Assoziationen von gleicher Stärke, aber verschiedenem Alter, so hat für die ältere eine Neuwiederholung größeren Wert" (d.h. alte Assoziationen werden durch Wiederholungen mehr gestärkt als neue).

Mit letzterem Gesetz lässt sich die Erfahrung festhalten, dass massierte Übung weniger effektiv ist als verteiltes Lernen. Als Bestätigung für diese Regularität kann ein Versuch mit sinnlosen Silbenpaaren gewertet werden, bei dem z.B. an drei Tagen acht Wiederholungen, an sechs Tagen vier Wiederholungen oder an zwölf aufeinanderfolgenden Tagen täglich zwei Wiederholungen durchgeführt wurden (d.h. pro Bedingung war die Anzahl der Wiederholungen der Silbenreihe immer gleich). Die Rate der „Treffer" betrug in Abhängigkeit von diesen Bedingungen aber 18, 39 bzw. 53 %!

Mit diesen Versuchen wurde aber der Boden einer rein assoziationspsychologischen Analyse verlassen, raum-zeitliche Kontiguität und Wiederholung sind nicht mehr die einzigen Prinzipien der Vergesellschaftung von Vorstellungen. Dass heute eine Reihe zusätzlicher Fragestellungen bearbeitet wird (z.B. nicht nur Fragen des „episodischen Gedächtnisses", sondern auch des „semantischen Gedächtnisses" ⇒ Wissensstrukturen), machen die Bemühungen von Ebbinghaus keineswegs wertlos, im Gegenteil, seine Resultate indizieren so etwas wie die Grundleistung des kognitiven Apparates.

Die Denktätigkeit besteht nach assoziationistischer Auffassung darin, dass sich Gedächtnisinhalte aufgrund assoziativer Verknüpfung wechselseitig aufrufen. Beim assoziationistischen (= mechanischem) Vokabellernen wird also ein Wort mit einem anderen verknüpft, u. zw. so lange, bis das eine sicher das andere nach sich zieht und umgekehrt. An eine Anreicherung dieser Beziehung durch semantisch sinnvolle Ergänzungen (= Elaborationen) ist hierbei nicht gedacht (vgl. hierzu aber die Versuche, solche Beziehungen als Lernstrategien systematisch zu nutzen; Kap. 5).

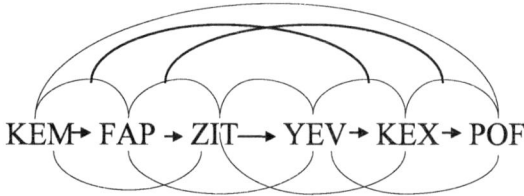

Abbildung 1.5: Beispielhafte assoziative Verbindungen zwischen den Gliedern einer Reihe von sinnlosen Silben (Hull, 1935, zit. n. Hofstätter, 1967, S. 32)

Ein rein assoziationistischer Denkverlauf wäre dann aber nichts anderes als eine (eventuell wenig geordnete) Aneinanderreihung von Inhalten ohne jeglichen Bezug zu einer gestellten Aufgabe, wobei aber vielfältige Erregungsausbreitungen für möglich gehalten werden (z.B. überspringende, rückwirkende, vorwärtsgerichtete und rückwärtsgerichtete Assoziationen; vgl. Abb. 1.5).

Allerdings wurde bereits von G. E. Müller (1850 - 1934) eine Konstellationstheorie des geordneten Denkablaufes vertreten (vgl. Abb. 1.6), gemäß der sich Assoziationen nicht ziellos (bzw. nur nach den Assoziationsgesetzes) ausbreiten, sondern „durch die ‚Konstellationswirkung' des psychischen Gesamtzustandes in eine bestimmte Richtung gelenkt" werden (Dörner, 1976, S. 104).

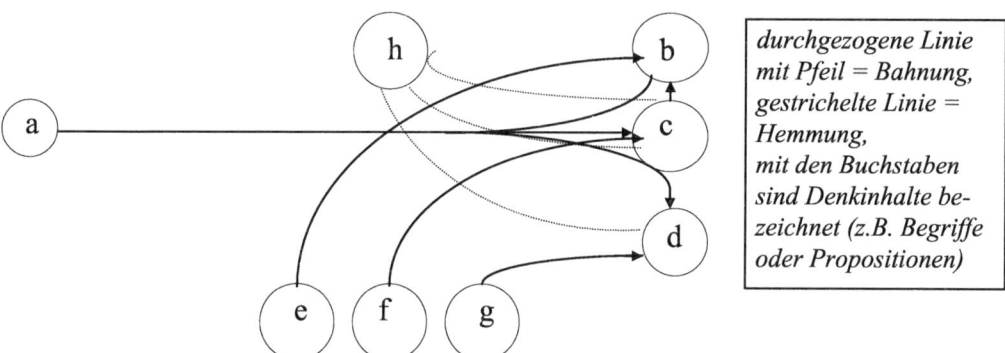

Abbildung 1.6: Veranschaulichung der Konstellationstheorie der Assoziationsausbreitung nach Dörner (1976, S. 104)

Nach dieser Konstellationstheorie der Assoziationsausbreitung kann eine von a ausgehende Aktivierung die Aktivierung von b, c oder d bewirken. Dies aber nur unter den Voraussetzungen, dass nicht gleichzeitig eine Hemmung durch h erfolgt bzw. dass im Falle der vermuteten Aktivierung von b zugleich eine Aktivierung durch e erfolgt. Dörner (1976, S. 105) meint, als Elementarprozesse des Assoziationismus die Vorgänge „aktivieren", „hemmen", „verknüpfen" und „entknüpfen" als hinreichend für die Beschreibung von Denkprozessen annehmen zu können.

Dass beliebige psychische Inhalte allein durch ihre raum-zeitliche Nähe miteinander eine Beziehung eingehen können und dass dadurch Beliebiges zusammengekleistert werden kann (vgl. z.B. Begriffsbildung, Kap. 8), ist ein äußerst einfaches und deshalb so faszinierendes Funktionsprinzip.

2. Informationsaufnahme- und Informationsverarbeitungsprozesse - Mehr-Speicher-Modell des Gedächtnisses

Bevor Informationen (= Reize, Erfahrungen) langfristig gespeichert werden können, müssen sie vom Organismus zuerst aufgenommen und verarbeitet werden. Die Prozesse, die zwischen der sensorischen Reizaufnahme sowie der nachfolgenden Reizverarbeitung und -speicherung liegen, werden im Rahmen der Wahrnehmungspsychologie differenziert beschrieben (Zimbardo, 1995; Anderson, 1988). Auch die Ergebnisse der Gedächtnisforschung führten dazu, dass man bei dem Vorgang der Aufnahme und des Speicherns von Information verschiedene Stadien oder Stufen annahm (vgl. Abb. 2.1):

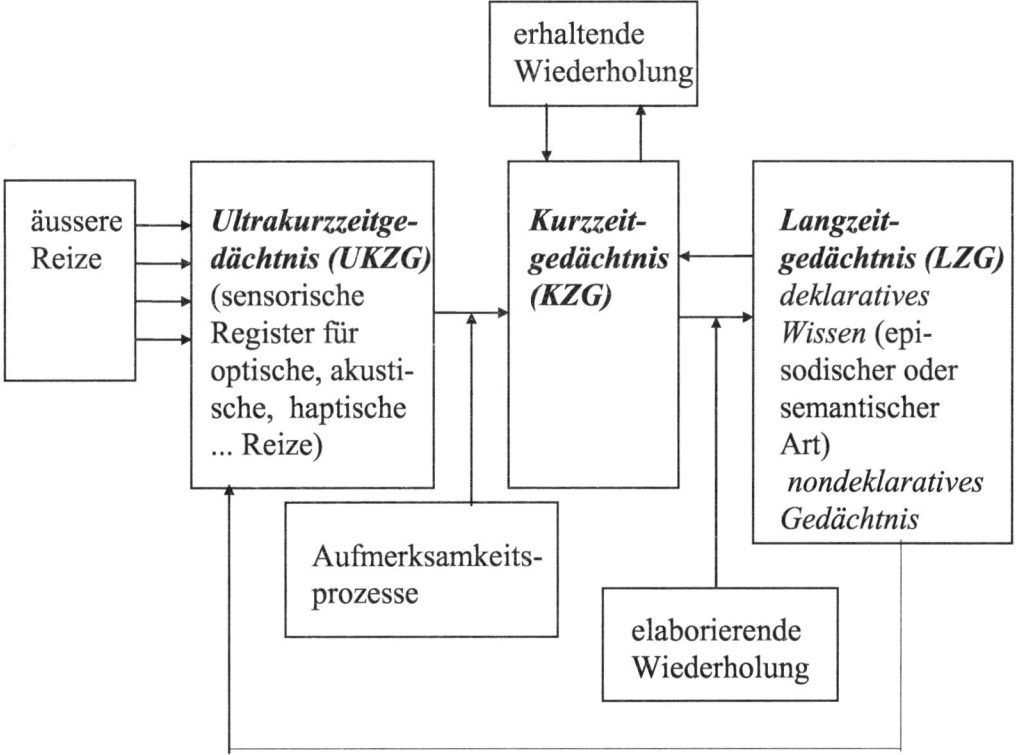

Abbildung 2.1: Mehrspeicherkonzeption für die Prozesse der Informationsaufnahme in das Gedächtnissystem (ergänzt nach Broadbent, 1958; Atkinson & Shiffrin, 1968)

Obwohl heute die Annahme einer starren und linearen Abfolge der Informationsverarbeitungsprozesse kritisiert wird, scheint es zumindest aus didaktischen
Gründen angezeigt, weiterhin drei funktionelle Gedächtnistypen bzw. Stadien der
Informationsverarbeitung zu unterscheiden, wobei der Informationsfluss zwar in
eine Richtung (vom UKZG zum LZG), aber nicht unabhängig von den Inhalten
des LZG erfolgt. D.h. die Informationsverarbeitung[1] steht unter dem Einfluss
übergeordneter Kontrollprozesse (z.B. dem Erkennen von Informationseinheiten,
von Begriffen, der Superzeichenbildung etc.). Unterschieden werden dabei:

1. Ultrakurzzeitgedächtnis (UKZG) oder sensorischer Informationsspeicher (sensory memory), dieser sensorische Informationsspeicher ist sozusagen die
   Schnittstelle zur Außenwelt;
2. Kurzzeitgedächtnis (KZG) oder Kurzzeitspeicher (short-term-memory, primary
   memory), auch Arbeitsspeicher genannt;
3. Langzeitspeicher (LZG) oder Langzeitgedächtnis (secondary memory, long-
   term-memory).

Diese Speicher besitzen unterschiedliche Eigenschaften (vgl. Tab. 2.1.).

---

[1] Auf die wahrnehmungspsychologischen Aspekte, die notwendigerweise mit allen Gedächtniskonzeptionen verbunden sind, soll im Folgenden nicht eingegangen werden. Hierzu gibt es um-
fassende einführende Literatur (z.B. Wimmer & Perner, 1979; Zimbardo, 1995).

Tabelle 2.1: Kenngrößen der verschiedenen Speicher für verbales Material (Craik & Lockhart, 1972, S. 672)

Merkmal	*Sensorisches Register (UKZG)*	*Kurzzeit- gedächtnis (KZG)*	*Langzeit- gedächtnis (LZG)*
Eingang von Information	präattentiv	erfordert Aufmerksamkeit	Wiederholung (rehearsal)
Aufrechterhaltung von Information	nicht möglich	dauerhafte Aufmerksamkeit Wiederholung	Wiederholung (repetition) Organisation
Art der Informations- darstellung	Kopie des Inputs	phonemisch eventuell visuell evtl. semantisch	weitgehend semantisch, aber auch auditiv und visuell
Kapazität	relativ groß	klein	ohne bekannte Begrenzung
Informations- verlust	Zerfall	Verdrängung ev. Zerfall	vermutlich kein Verlust, aber Verlust der Zugänglichkeit oder der Unterscheid- barkeit durch Interfe- renz
Spurdauer	¼ - 2 Sekunden	bis zu 30 Sekunden	Minuten bis Jahre
Suche	Ablesen	automatisch, Items im Bewusstsein	Suchhinweise, vermutlich Suchstrategien

2.1 Ultrakurzzeitgedächtnis (UKZG)

Die Sinnesorgane stellen die Schnittstelle des Organismus zur Außenwelt dar. Wie in Abbildung 2.1 angedeutet, gelangen externe physikalische Reize unterschiedlichster Qualität (Atome, Moleküle, Druck, Stoß, Temperatur, Schwingungen) an die Rezeptoren, um im Laufe eines komplexen Informationsverarbeitungsprozesses zu bedeutungshaltigen Wahrnehmungen zu werden. Die Reizverteilungen am Rezeptor (Sinnesorgan) werden als Potentialveränderungen in die entsprechenden Areale der Hirnrinde geleitet. Dort bestehen die elektrochemischen Kreisprozesse für ca. 100 - 500 ms. Dies ist länger als die Refraktärzeit des Rezeptors (d.h. die Zeit, die zwischen den einzelnen von einer Sinneszelle ausgesandten Impulsen liegt). Damit ermöglicht das UKZG eine kontinuierliche Außenweltwahrnehmung trotz einer diskontinuierlichen Reizleitung.

Der Zugang zu dem UKZG ist aufmerksamkeitsunabhängig. Die Information wird kurzfristig und ohne Veränderung gespeichert, aber durch weitere Information aus demselben Register überschrieben. Eine Frage ist, wie viele solcher sensorischen Register zu unterscheiden sind. Im Grunde wäre davon auszugehen, dass für jeden Sinneskanal ein eigenes Register besteht (Atkinson & Shiffrin, 1968). Für den Menschen am besten untersucht ist die Informationsverarbeitung aufgrund optischer Reize (*ikonisches Gedächtnis*), aber auch zur Verarbeitung auditiv (*echoisches Gedächtnis*) oder haptisch (*taktiles Gedächtnis*) dargebotener Information sind entsprechende Untersuchungen vorhanden.

2.1.1 Ikonisches Gedächtnis

Damit wird das Phänomen der Existenz eines eigenständigen visuellen sensorischen Gedächtnisses bezeichnet. Diese Tatsache selbst wurde durch von Helmholtz (1871) experimentell nachgewiesen (positives Nachbild). Das klassische Experiment zu seinem Nachweis stammt von Sperling (1960).

Seit langem ist bekannt, dass die menschliche Kapazität beim Reproduzieren von Einheiten, die visuell dargeboten werden, zwischen 4 und 7 liegt. Sind die Einheiten völlig unähnlich, dann übersteigt die Reproduktionskapazität visuell dargebotener Stimuli selten 4 Einheiten (vgl. Abb. 2.2).

Anzahl der
reproduzierten
Buchstaben

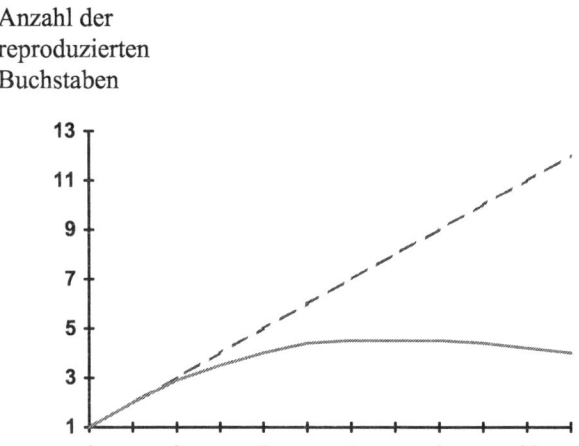

Anzahl der dargebotenen Buchstaben

Abbildung 2.2: Beziehung zwischen der Anzahl der dargebotenen und der richtig reproduzierten Elemente

Diese geringe Kapazität kann auf zwei Ursachen beruhen: (1) die sensorische Aufnahmekapazität ist von vorne herein beschränkt oder (2) die sensorische Aufnahmekapazität ist wesentlich größer, besteht aber nur kurze Zeit und fällt deshalb vor oder während der Reproduktion auf die genannten wenigen Einheiten zusammen.

Diese Frage wurde durch Untersuchungen von Sperling (1960) zugunsten der zweiten Alternative entschieden. Bei diesem Versuch wurden den Vpn ein weißes Blatt mit einem Punkt vorgegeben, der zu fixieren ist (vgl. Abb. 2.3). Dann werden auf das Blatt elementare Zeichen projiziert (z.B. 9 Buchstaben während 50 ms). Als nächstes folgt eine variable Zeitspanne (Versuchsbedingung). Letztlich erscheint wieder der weiße Rahmen. Es sind jetzt die Elemente zu benennen, die vorher angeboten wurden (*Methode der Ganzwiedergabe*). Im allgemeinen werden bei diesem Vorgehen ca. 4 bis 5 Buchstaben korrekt aufgezählt (s.o.).

Versuchsablauf

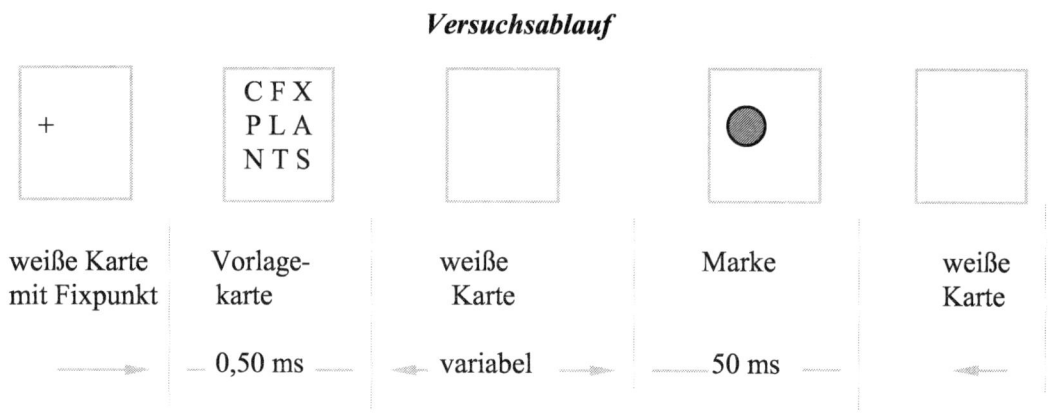

| weiße Karte mit Fixpunkt | Vorlage- karte | weiße Karte | Marke | weiße Karte |

0,50 ms ⸺ variabel ⸺ 50 ms

Zeitverlauf der Darbietungsfolge

Abbildung 2.3: Versuchsablauf bei Maskierungsversuchen

Anzahl der prinzipiell reproduktionsfähigen dargebotenen Lerneinheiten

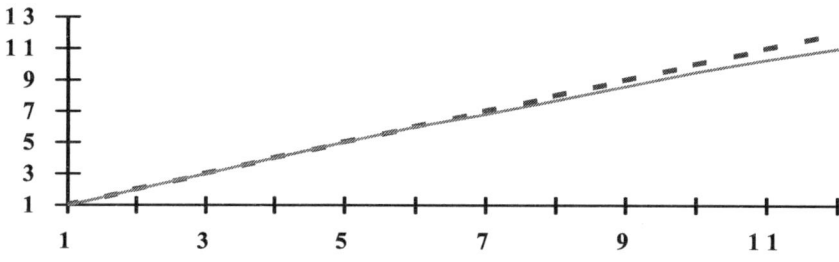

Anzahl der dargebotenen Einheiten (Buchstaben)

Abbildung 2.4: Untersuchungsablauf bei den Versuchen von Sperling (1960) zum Nachweis des Ultrakurzzeitgedächtnisses (Ergebnisse nach der Methode der Teilwiedergabe)

Die anschließende Frage war, ob diese begrenzte Gedächtnisspanne genau durch die Anzahl der von der Vp wahrgenommenen Items bestimmt ist. Dabei wurde von den Vpn verlangt, sich an eine der drei Reihen zu erinnern; welche, wurde z.B. über einen Ton indiziert (hoher, mittlerer, tiefer Ton für die erste, zweite oder dritte Reihe; *Methode der Teilwiedergabe*). Die Vpn hatten gleich lang Gelegenheit, die Vorlagetafel anzuschauen (50 ms) und sie wussten nicht im Voraus, welche Zeile sie reproduzieren sollten. Wenn nun die begrenzte Kapazität durch Zerfallsprozesse bedingt ist und ursprünglich sehr viel größer war, dann muss sich das in einer relativen Unabhängigkeit der Reproduktionsleistung von der wiederzugebenden Zeile erweisen (vgl. Abb. 2.4).

Genau dies tritt ein, d.h. die Leistung ist für alle neun Elemente nahezu unabhängig von der Zeile; die Information wird also fast vollständig im Gedächtnis bewahrt. Bei einer zeitlichen Verzögerung des Wiedergabesignals über 500 ms hinaus werden wieder wesentlich weniger Buchstaben erinnert (ähnlich wie bei Ganzwiedergabe). Daraus ist zu schließen, dass die Information im ikonischen Gedächtnis bis ca. 500 ms vollständig verfügbar ist, danach verblasst sie (vgl. Abb. 2.5).

reproduzierbare
Zeichen (%)

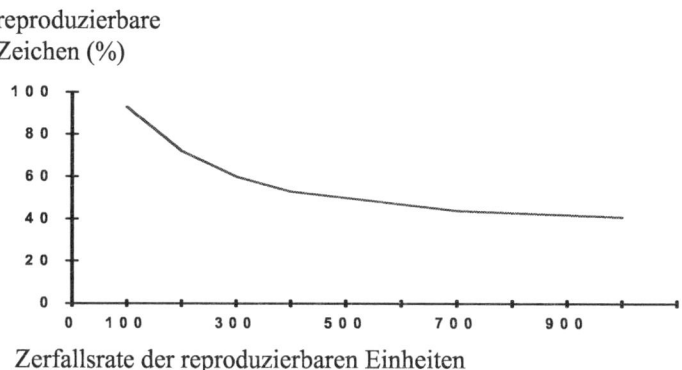

Zerfallsrate der reproduzierbaren Einheiten

Abbildung 2.5: Zeitcharakteristik des ikonischen Ultrakurzzeitgedächtnisses

Die Inhalte können außerdem nicht nur durch das Verstreichen der Zeit, sondern auch durch Maskierung gelöscht werden (Averbach & Coriell, 1961): Wenn bei einem solchen Experiment ein Kreis verwendet wird, der nachfolgend kurzfristig dargeboten wird und einen Buchstaben umschließt, dann wird bei einer unmittelbar folgenden Reproduktion gerade dieses Item gelöscht (vgl. Abb. 2.3). Damit ist belegt, dass nachfolgende Reize innerhalb der kritischen Zeit Einheiten löschen, die sich im UKZG befinden. Sperling (a.a.O.) meint, die Information wird für kurze Zeit als visuelles Bild gespeichert (d.h. als „Ikon"; die Bezeichnung „ikonisches Gedächtnis" wird von Neisser [1974] verwendet).

Der sensorische Speicher soll unverarbeitete Informationen enthalten, u.zw. solche über einfache physikalische Merkmale (Größe, Position, Helligkeit, Farbe ...). Man spricht deshalb auch von „präperzeptioneller oder präkategorialer" Information (bei dem Experiment von Sperling, a.a.O., war es beispielsweise nicht möglich, dass bei gemischter Vorgabe von Buchstaben und Zahlen die Vpn nur die Zahlen selegierten). Die nachfolgenden Gedächtnisspeicher sollen hingegen schon verarbeitete Information enthalten („kategoriale" Information, z.B. die Namen von Buchstaben, die Bedeutung von Wörtern oder die Identität von Objekten ...). Eventuell spielen aber auch schon hier erste Prozesse einer Datenanalyse eine Rolle (Merikle [1980]: Unterscheidung von Buchstaben und Zahlen).

2.1.2 Echoisches Gedächtnis

Auch für die auditive Speicherung wird ein spezifisches sensorisches Register angenommen, das der Spurensicherung für die nachfolgende Merkmalsanalyse dient. Auch hier ergaben sich ähnliche Befunde wie bei dem visuellen Speicher (bei Teilwiedergabe hohe Trefferquoten, bei Ganzwiedergabe Reduktion auf 4 - 5 Einheiten; Darwin, Turvey & Crowder, 1972). Bei einem zeitlichen Abstand von über ca. 2 Sek. erfolgt ein drastischer Abfall auch bei der Teilwiedergabemethode, d.h. dieses Speichersystem hat einen etwas längeren Bestand als das visuelle. Ein Maskierungseffekt ist im auditiven Bereich innerhalb einer Zeitspanne von 100 ms zwischen zwei sukzessiv dargebotenen Tönen ebenfalls nachweisbar (Massaro, 1972; vgl. hierzu auch die Ergebnisse zum sog. Suffix-Effekt von Crowder, 1976).

2.1.3 Taktiles Gedächtnis

Einen analogen Beleg haben Bliss et al. (1966) für die Verarbeitung haptisch dargebotener Information vorgelegt (leicht bessere Wiedergabeleistungen bei Teilwiedergabe in einem 0,8 Sekunden-Intervall). Einen Suffix-Effekt (Leistungsminderung, wenn als Hinweisreiz einmal ein akustisches bzw. ein haptisches Signal gegeben wird) demonstrierten Watkins und Watkins (1974).

2.1.4 Funktionen des UKZG

Das kurzzeitige Fixieren einer Reizvorlage ermöglicht die weitere Extraktion von Merkmalen und ihre Nutzung für den einsetzenden Erkennungsprozess (Merkmalsanalyse und Mustererkennung, die wiederum datengetrieben oder konzeptuell gesteuert sein können). Die dafür zur Verfügung stehende Zeitspanne ermöglicht eine Auswahl von Reizeinflüssen nach deren Ordnung oder Bewertung in einem relevanten Kontext. Die Erfassung eines dargebotenen Objektes selbst ist auf dieser Stufe der Informationsverarbeitung präkategorial (vorbegrifflich).

Der sensorische Informationsspeicher bewirkt eine kontinuierliche Wahrnehmung trotz diskontinuierlicher Reizaufnahme. Der Übergang vom UKZG zum KZG entspricht einem Filter (vgl. Kap. 2.2.2), der vor einer Überbelastung mit Informationen schützt.

2.2 Aufmerksamkeitsprozesse

Zwischen den hereinkommenden Reizen und der weiteren Verarbeitung im KZG ist die Betrachtung von Aufmerksamkeitsprozessen wichtig. Es ist seit langem bekannt (James, 1890, S. 409), dass nur einer begrenzten Anzahl von Tätigkeiten gleichzeitig Aufmerksamkeit gewidmet werden kann („Enge des Bewusstseins"). Nur sehr stark routinisierte Tätigkeiten können parallel durchgeführt werden.[2]

> Dieses Phänomen lässt sich auch für den Bereich der visuellen Wahrnehmung demonstrieren. Neisser und Becklen (1975) ließen ihren Vpn zwei übereinandergeblendete Filme, bei denen zwei Spiele (ein Ball- und ein Schlagspiel) dargestellt wurden, anschauen. Den Vpn fiel es leicht, eines der Spiele zu verfolgen und das andere auszublenden. Von dem zweiten Spiel erfassten sie in der Regel *nicht* den Inhalt, sie wussten nur, dass noch etwas ablief. Wenn die Filme so dargeboten wurden, dass jeweils nur ein Auge einen Film sah (dichotisches Sehen), so verstärkte sich der Selektivitätseffekt: Von dem nicht beachteten Spiel war so gut wie nichts mehr vorhanden.

Eine Frage ist, wie können verschiedene Tätigkeiten kontrolliert werden oder anders formuliert, ist die Aufmerksamkeitszuwendung (a) als serieller Prozess mit schnellem Wechsel zwischen den einzelnen Informationen oder (b) als paralleler Prozess aufzufassen (vgl. hierzu die Ausführungen zur automatisierten vs. kontrollierten Informationsverarbeitung, Kap. 2.2.4).

Der Übergang vom sensorischen Register zum Kurzzeitgedächtnis wird mit unterschiedlichen Modellen zu erklären versucht (Wessels, 1984; van der Molen, 1996):

  (1) Filter-Modell (Broadbent, 1958),
  (2) Verdünnungs- oder Abschwächungsmodell (Treisman, 1964),
  (3) Späte-Selektionsmodell (Deutsch & Deutsch, 1963),

---

[2] Z.B. gehen und sich mit jemand unterhalten; bei einem Vortrag merkt man im allgemeinen nicht, dass der Sessel hart ist oder dass draußen die Sonne scheint; bei einem Partygespräch wird trotz eines hohen Lärmpegels einem Sprecher zugehört, andere Reize werden abgeschirmt (Cherry, 1953; vgl. auch die aktuelle Diskussion zur Nutzung von Handys während des Autofahrens). Allerdings kann man auch umschwenken, z.B. wenn man seinen Namen von einem anderen Sprecher hört.

 Auch für die Gruppe klinisch depressiver Patienten werden Aufmerksamkeitsdefizite durch die gleichzeitige Beschäftigung mit depressiven Denkinhalten zu erklären versucht (Ellis & Ashbrook, 1988; Ingram & Smith, 1984).

(4) Modell der flexiblen Ressourcen-Allokation (Kahnemann, 1973),
(5) Aufmerksamkeitsmodell mit multiplen Ressourcen.

Das „Cocktail-Party-Phänomen"

Cherry (1953) illustriert am Beispiel des „Cocktail-Party-Phänomens" die Fähigkeit zur selektiven auditiven Aufmerksamkeitszuwendung. Wie kann man die Leistung, unter dem Stimmgewirr vieler Menschen eine bestimmte Stimme herauszuhören, erklären?
    Möglich wäre die Verwendung folgender Informationen:
(a) Richtung, aus der die Stimmen kommen,
(b) Lippenlesen, Gebärden,
(c) unterschiedliche sprechende Stimmen (mittlere Tonhöhen, mittlere Sprechgeschwindigkeiten, männlich oder weiblich etc.),
(d) unterschiedliche Betonung,
(e) Übergangswahrscheinlichkeiten (Thema, dynamische Eigenheiten der Stimme, Syntax ...).
    Eine Möglichkeit zur experimentellen Analyse dieses Phänomens besteht darin, jedem Ohr (über Kopfhörer) eine andere Botschaft zukommen zu lassen. Die Vpn können dabei ohne großer Schwierigkeit einer Botschaft folgen. Das Richtungshören spielt dabei keine Rolle. Die Vpn können auch willkürlich von einem Ohr auf das andere umschalten. Von der Botschaft auf dem anderen Ohr ist hingegen so gut wie nichts vorhanden, z.B. wird nicht einmal erkannt, wenn die „verschattete" Botschaft in einer anderen Sprache gesprochen wird. Erkennbar waren noch die Unterscheidungen in männliche und weibliche Sprecher oder auch die Tatsache, dass eine Stimme auf einem Band nach rückwärts abgespult wurde. Offenbar richteten die Vpn ihre Aufmerksamkeit nur auf physikalische Eigenschaften der nicht nachgesprochenen Botschaft, nicht aber auf semantische (selbst bei 35maliger Wiederholung eines Wortes wird dies bei Verschattung nicht erkannt; Moray, 1959).
    Andererseits hat Norman (1969) auf das sog. *„Was-sagten-Sie-gerade-Phänomen"* hingewiesen. D.h. wenn einem jemand, dem man gerade nicht zugehört hat, eine Frage stellt, so ist die erste Reaktion zumeist zu fragen, „Was sagten Sie gerade?" Aber während der andere dies wiederholt, kann man die Antwort von selbst in das Gedächtnis zurückholen (dies könnte allerdings als ein Echoeffekt des UKZG angesehen werden).

2.2.1 Filter-Modell

Broadbent (1958) versucht die Ergebnisse der Untersuchungen von Cherry (1953) im Rahmen einer Multi-Speicher-Theorie zu erklären. Das kognitive Verarbeitungssystem arbeitet dabei mit einem einzigen Kommunikationskanal, der zudem ein begrenztes Fassungsvermögen aufweist und die Information sequentiell verarbeitet. Durch einen Selektionsfilter wird *eine* Information ausgewählt und aus dem Gesamt des Informationsangebots weiter verarbeitet. Nur die Information aus dem ausgewählten Kanal wird in den Kurzzeitspeicher überführt und semantisch analysiert. Das Filtern von Information geschieht auf der Basis genereller physikalischer Eigenschaften (physikalische Kriterien waren daher in dem Experiment von Cherry [1953] noch präsent, eine semantische Analyse fand aber nicht statt).

Im Falle selektiver Aufmerksamkeit (man will z.B. zwei Unterhaltungen folgen) wechselt man zwischen zwei Eingangskanälen hin und her. Es entsteht zwar der Eindruck, man würde gleichzeitig zwei Informationen verarbeiten, in Wirklichkeit wird aber in einer Zeiteinheit die Aufmerksamkeit nur auf eine Information gelenkt. Der selektive Filter blockiert nach Broadbent (1958) nicht gewünschte Inputs, während gewünschte durchgelassen werden.[3] Bei Notwendigkeit wird auf einen anderen Informationskanal umgeschaltet. Zusätzlich ist ein Speichersystem vorhanden, das einen Informationsverlust von gerade Vergangenem in dem nicht gewählten Kanal festhält (vgl. das „Was-sagten-Sie-gerade-Phänomen").

Nicht erklärbar ist mit diesem Modell das von Neisser und Becklen (1975) demonstrierte Phänomen der Trennung visueller Information (s.o.). Hier hatten die Vpn nämlich keine physikalischen Merkmale zur Unterscheidung der Informationsstränge zur Verfügung.

Die Annahme einer Selektion, die allein auf sensorischen Analysen basiert, ließ sich allerdings nicht durchgehend halten, vielmehr geht es auch um die Analyse von Bedeutungen, aufgrund derer Selektionen getroffen werden.

---

[3] Van der Heijden (1996, S. 27) verweist allerdings auf die Möglichkeit, dass die visuelle Informationsfilterung bereits im Auge geschieht. Während zwischen Auge und Gehirn nur ca. 2 Millionen retinaler Ganglionzellen vermitteln, sind im Cortext selbst hundert Mal mehr Neurone für die visuelle Informationsverarbeitung zuständig. Das Gehirn scheint also maßgeschneidert zu sein für die Verarbeitung der begrenzten Information, die durch das Sinnesorgan „Auge" weitergeleitet wird, und bedarf keines Schutzes durch einen Filter.

2.2.2 Verdünnungs- oder Abschwächungsmodell

Treisman (1964) instruierte ihre Vpn beim dichotischen Zuhören, die dem einen Ohr vorgesprochene Information nachzusprechen. Als die Vpn dies machten, wurde mit zeitlicher Verzögerung dem anderen Ohr die gleiche Information vorgespielt. Die Vpn erkannten, dass es sich um denselben Inhalt handelte (gleiche Resultate, wenn auf dem zweiten Ohr die identische Information in einer anderen Sprache, die vom Hörer beherrscht wurde, gegeben wurde). Nach Moray (1959) wird auch der eigene Name, der dem zweiten Ohr vorgespielt wird, trotz „Verschattung" erkannt („Effekt des eigenen Namens").

Diese Befunde widersprechen dem Filter-Modell, das impliziert, dass Menschen zwar die physikalischen Merkmale, nicht aber semantische Eigenschaften in den nicht nachgesprochenen Botschaften verarbeiten. Um diese Befunde zu klären, konstruierte Treisman (1964) ein sog. Verdünnungs- oder Abschwächungs-Modell, bei dem davon ausgegangen wird, dass die eingehenden Botschaften einer Reihe von Überprüfungen ausgesetzt werden:

(1) Zuerst werden die physikalischen Eigenschaften analysiert,

(2) dann werden Muster von Silben und bestimmten Wörtern überprüft und

(3) schließlich die Wortbedeutungen.

Die irrelevante Botschaft wird auf dem niedrigsten Niveau, das für eine Unterscheidung hinreichend ist, verarbeitet (d.h. bei bloßen verbalen Unterschieden ist eine frühe Unterscheidung nicht möglich). Nicht immer werden alle drei Tests durchgeführt. Die Analyse ist dann beendet, wenn eine Unterscheidung zwischen den beiden Botschaften möglich ist (z.B. bei Botschaften von Mann und Frau genügt eine Analyse auf physikalischem Niveau). Im Unterschied zum Filter-Modell wird postuliert:

(1) Die Selektion erfolgt nicht im Sinne eines Alles-oder-Nichts-Vorganges (Umstellung des Filters), sondern in Form eines Abschwächungsprozesses („attenuation"). Informationen aus allen Kanälen werden analysiert und in den Kurzzeitspeicher weitergeleitet, aber aufgrund des begrenzten Fassungsvermögens wird die Information abgeschwächt und reduziert. Die nicht bemerkte Information wird nicht völlig weggefiltert, sondern nur weniger vollständig verarbeitet als die Information, auf die sich die Aufmerksamkeit richtet.

(2) Die Selektion von Aufmerksamkeit wird auf der Grundlage verschiedener Analysen, einschließlich semantischer Art, vorgenommen. Die Analysen, welche die Selektion der Aufmerksamkeit steuern, werden „präattentive Analysen" genannt. Diese können wesentlich komplexer sein als die physikalischen Unter-

scheidungen, die im Filter-Modell angenommen werden (Neisser, 1974).[4] Die Reizidentifikation erfolgt durch die Aktivierung lexikalischer Einheiten (sog. „Logogene"), die durch unterschiedliche Schwellen gekennzeichnet sind. Logogene mit niedriger Schwelle (wie z.B. der eigene Name oder ein Wort, das in einem Kontext bereits voraktiviert wurde) können auch bei „gedämpften Input" identifiziert werden.

2.2.3 Späte-Selektions-Modell

Der Nachteil des Abschwächungs-Modells liegt in seiner Komplexität, u.zw. muss neben dem bereits komplexen Verarbeitungs-Modell der Multi-Speicher-Theorie noch ein komplexer Aufmerksamkeitsmechanismus auf den frühen Stufen der Informationsverarbeitung angenommen werden. Eine vielleicht einfachere und stimmigere Erklärung könnte sein, dass die Selektion erst auf einer späteren Stufe der Analyse vollzogen wird (Deutsch & Deutsch, 1963). Alle eingehenden Informationen werden erkannt, die Selektion erfolgt auf der Stufe des Kurzzeitgedächtnisses (nur die „beachteten" Reize haben Zugang zu den weiteren Stufen, z.B. zum LZG).

Lewis (1970) ließ nach der Methode des dichotischen Hörens am zweiten Ohr kurz vor der zu wiederholenden Botschaft z.T. Synonyme von Wörtern, die dem ersten Ohr vorgespielt wurden, einspielen. Die Verschattungs-Latenz bei diesen Wörtern war wesentlich größer als bei solchen, die keinerlei semantische Beziehungen zu den dem ersten Ohr vorgespielten Wörtern aufwiesen. Offensichtlich werden eingehende Informationen erst der Aufmerksamkeit entzogen, wenn die Mustererkennung bereits durchgeführt wurde.

Bei der Frage, an welcher Stelle der Informationsverarbeitung eine Selektion stattfindet, wird eine Sequenz von Stufen unterstellt: sensorisches Gedächtnis - Merkmalsanalyse - Mustererkennung - Kurzzeitgedächtnis. Diese Konzeption bezieht im Grunde nur die datengesteuerte Informationsverarbeitung („bottom-up"-Prozesse) mit ein, nicht aber eine konzeptionell gesteuerte („top-down"-Prozesse). Auf der anderen Seite ist deutlich, dass konzeptionelle und semantische Analysen die Verarbeitung eingehender Informationen beeinflussen. Beide

---

[4] Nach Neisser (1976) werden aufgrund bereits vorhandener Schemata Informationen aufgenommen, indem sie diese Information antizipieren. Die nichtbeachtete Information wird in der Folge gar nicht aufgenommen und es bedarf deshalb auch keines Aufmerksamkeitsfilters.

können außerdem zugleich auftreten. Dies bedeutet, dass semantische Analysen auf allen Verarbeitungsphasen auftreten können. Die Frage, ob eine Selektion vor oder nach den semantischen Analysen stattfindet, ist also unangemessen.

2.2.4 Modell der flexiblen Ressourcen-Allokation

Es existiert eine Vielzahl an Experimenten, in denen die Bedeutung scheinbar unbeachteter Stimuli bzw. die simultane Verarbeitung gleichzeitig dargebotener Stimuli nachgewiesen wurde (Lachman et al., 1979). Dies führte zu der Vermutung, dass Aufmerksamkeit auf verschiedene Informationsquellen verteilt werden kann und die Verarbeitung nicht nach dem Alles-oder-Nichts-Prinzip erfolgen muss.

Beispiel

Wenn etwa ein Schulanfänger allgemeine Lernschwierigkeiten hat, so könnte man eventuell irrtümlich annehmen, er verfüge nur über eine sehr niedrige Lernkapazität; die nachfolgenden Prozesse könnten dann sein: Senkung der Anforderungen - Übertragung einer niedrigen Leistungserwartung an den Schüler - Änderungen im Selbstkonzept des Schülers in eine negative Richtung. Eventuell ist der Schüler aber nicht in der Lage, seine Ressourcen sinnvoll zu verteilen, um leicht und schnell zu lernen (vgl. hierzu auch die Selbstzentrierungsthese von Wine [1971] im Falle von Leistungsangst).

Eventuell müsste man den Lerner dazu veranlassen, mehr Ressourcen zur Verfügung zu stellen (motivationale Aufgabe) oder bestimmte Prozesse zu routinisieren, so dass die kognitiven Beanspruchungen geringer werden. Gerade Personen, die eine gewisse Expertise für sich in einem Gebiet beanspruchen können, sind oft nicht in der Lage, sich in die Situation eines Anfängers hineinzuversetzen, der mit den frühen Stadien des Begriffsverständnisses Probleme hat (z.B. kann man zu Beginn des Fremdsprachenlernens nicht erwarten, dass ein Text laut gelesen wird und dann Fragen zu seinem Inhalt beantwortet werden, weil die ganze Aufmerksamkeitskapazität mit der Artikulation der vorgegebenen Wörter ausgelastet ist).

Für das schulische Lernen hat dieses Modell eine weitere einfache Konsequenz: Nur Routinetätigkeiten können parallel durchgeführt werden; liegt eine anspruchsvolle Aufgabe vor, so stellen selbst kleinste Informationen aus aufgabenirrelevanten Kanälen (z.B. Hintergrundmusik) eine Beeinträchtigung des Lernens dar.

Grundüberzeugung bei diesem Modell (Kahnemann, 1973) ist, dass der Mensch über einen begrenzten Pool kognitiver Ressourcen verfügt, der bei der Informationsverarbeitung eingesetzt wird. Ist eine Aufgabe schwierig, so brauchen wir den größten Teil unserer Verarbeitungskapazitäten - für die Ausführung einer alternativen Aufgabe bleiben also wenige Ressourcen übrig. Z.B. kann man beim Autofahren auf der Autobahn problemlos auch ein anspruchsvolles Gespräch führen, im Stadtverkehr ist dies schon schwieriger. Läuft plötzlich ein Kind auf die Strasse, so ist die Durchführung von zwei Aufgaben (Reden und Autosteuern) unmöglich.

Die „Ressourcenpolitik" einer Vp oder ihr internes Kontrollsystem kann durch willkürliche Absichten oder bestehende Dispositionen gesteuert werden. (1) Dispositionen beziehen sich darauf, dass bestimmten Reizgegebenheiten automatisch Aufmerksamkeit zugewendet wird (z.B. einem sich bewegenden Reiz wird bevorzugt Aufmerksamkeit gewidmet, auch alle sog. kollativen Reizeigenschaften i.S. von Berlyne [1960] sind hier zu nennen[5]). (2) Augenblickliche Absichten können Reiz-Gegebenheiten betreffen (nur das hören, was dem linken Ohr zugespielt wird) oder sich auf Reaktions-Gegebenheiten beziehen (nur bestimmte Handlungen ausführen). (3) Hinzu kommen eine Bewertung der Aufgabenanforderung und eine nachfolgende Mobilisierung von Anstrengung. (4) Letztlich ist auch noch der momentan vorhandene Erregungszustand zu bedenken (geringe Erregung verhindert die Einstellung auf eine Aufgabe, zu hohe beeinträchtigt die Aufmerksamkeitsleistung durch Einengung, schlechte Differenzierung oder erhöhte Labilität der Aufmerksamkeit).

Das Modell macht folgende Vorhersagen:

(1) Man kann zwei Aufgaben ohne Interferenz durchführen, wenn die Anforderungen aus beiden zusammen nicht die begrenzte Verarbeitungskapazität überschreiten.

(2) Die Ausführung einer Tätigkeit beeinträchtigt die einer anderen, wenn dafür mehr Kapazität verlangt wird, als für beide zur Verfügung steht.

(3) Der Einsatz der Verarbeitungskapazität erfolgt in flexibler und intentionaler Weise, dabei aber so ökonomisch wie möglich.

Im Rahmen des Modells der flexiblen Ressourcenallokation ist auch auf den Unterschied zwischen kontrollierter und automatischer Informationsverarbeitung

---

[5] Dies macht auch in biologischer Hinsicht Sinn; man denke etwa an den Fall eines in ein Buch vertieften Lesers, der nicht mehr hören würde, wenn in der Nähe jemand „Feuer!" schreit. Es muss also ein „Notzugang" zur bewussten begrifflichen Erkennung offen bleiben (Wimmer & Perner, 1979, S, 159).

hinzuweisen. Automatisierte, d.h. unbewusst ablaufende Prozesse der Informationsverarbeitung sind von wesentlich größerer Kapazität als bewusst ablaufende Prozesse (parallele Informationsverarbeitung). Kontrollierte, d.h. bewusste Informationsverarbeitung ist hinsichtlich Verarbeitungskapazität und -geschwindigkeit eingeschränkt, erlaubt jedoch eine willkürliche Abgrenzung gegenüber anderen (ablenkenden) Reizen. Durch kontrolliert ablaufende Prozesse kann man sich auch auf verschiedene Reizkonfigurationen einstellen bzw. das im Focus der Aufmerksamkeit stehende Objekt flexibel wechseln.[6]

Die Vorteile des Modells der flexiblen Ressourcen-Allokation liegen im Folgenden:

(1) Selektive Aufmerksamkeit kann entweder im frühen oder in späteren Stadien der Informationsverarbeitung auftreten (frühe Selektion, wenn die verschattete Aufgabe schwer ist, späte, wenn sie leicht ist oder wenn genügend Ressourcen zur Verfügung stehen). Die selektive Aufmerksamkeit wird also nicht mehr an einen bestimmten Punkt der Informationsverarbeitung festgemacht. Der Zeitpunkt hängt ab von (a) den Schwierigkeiten der primären Aufgabe, (b) dem Umfang der verfügbaren Ressourcen und (c) der Allokationspolitik der Vp.

(2) Die Informationsverarbeitung muss sich nicht mehr nach festgelegten Sequenzen richten (angefangen von sensorischen Analysen, aufhörend mit semantischen). Es ist sowohl eine datengetriebene, wie auch eine konzeptuell gesteuerte Verarbeitung möglich.

(3) Das Modell wird auch Selektionen gegenüber externen und internen Stimuli gerecht. Wenn z.B. bei einer Erinnerungsaufgabe das Bewusstsein von vielen Möglichkeiten abgeschirmt wird, so ist dies durch die Modelle der frühen oder späten Selektion nicht erklärbar, sehr wohl aber mit der flexiblen Ressourcen-Allokation.

---

[6] Von Hasher und Zacks (1979) wurde die Unterscheidung automatisches vs. Anstrengung erforderndes Enkodieren („automatic vs. effortful") eingeführt. Automatisches Lernen ist Resultante von Anlage und Übung. Bei älteren Personen scheinen z.B. automatische Enkodierungsprozesse nicht beeinträchtigt, hingegen aber anstrengungserfordernde.

Depressive Personen scheinen ebenfalls nicht bei automatisierten Informationsverarbeitungsprozessen beeinträchtigt zu sein, aber bei solchen, die kontrolliert ablaufen sollten; dies insbesondere dann, wenn diese Prozesse eine aktive Anstrengung („effort") benötigen (Deijen et al., 1993).

Anwendung

Für den Lehr-/Lernprozess ist generell der Hinweis wesentlich, dass ohne entsprechende Aufmerksamkeitserregung ankommende Information vermutlich nicht weiterverarbeitet wird. Für die Erregung von Aufmerksamkeit sind wichtig (Gage & Berliner, 1996, S. 281):
(a) Stimuluseigenschaften (z.B. ein lautes Geräusch),
(b) explizite Hinweise (z.B. Aufforderungsreize: „dies ist der wesentliche Gesichtspunkt, um den es geht"), denn ein Mittel zur Aufmerksamkeitssteuerung ist die Sprache,
(c) motivational-emotionale Aspekte und
(d) kognitive Diskrepanzen, Inkongruenzen (vgl. Berlyne, 1969), unerwartete Ereignisse, wobei mittlere Diskrepanzen vorzuziehen sind.

2.2.5 Aufmerksamkeitsmodell mit multiplen Ressourcen

Die Theorie Kahnemans (1973) geht von der Annahme aus, dass es sich bei der der Aufmerksamkeit zugrunde liegenden „Energie" um ein eindimensionales Konstrukt handelt. Sanders (1986) stellte viele Studien zusammen, bei denen eine Erstaufgabe (z.B. Kopfrechnen) nicht durch eine Zweitaufgabe (z.B. Nachführen eines Musters mittels eines Stiftes auf einer Platte) beeinträchtigt wird. Allport et al. (1972) zeigten, dass Vpn gleichzeitig kontinuierlich gesprochener Sprache zuhören und komplexe visuelle Szenen zur Kenntnis nehmen können. Ebenso konnte gezeigt werden, dass es spezifische Interferenzen gibt (etwa wird eine räumliche Aufgabe stärker durch einen räumlichen Outputmodus [Hinzeigen] beeinträchtigt als durch einen verbalen [Reden], während für verbale Aufgaben das Umgekehrte gilt [Brooks, 1968]).

Aufgrund dieser Befunde wurde die Hypothese multipler Ressourcen, die einer Aufmerksamkeitsleistung zugrunde liegen können, formuliert. Diskutiert werden dabei zwei Steuersysteme (van der Molen, 1996, S. 361), wobei das eine die Kapazität für die Aufrechterhaltung einer globalen Umweltrepräsentation zuweist („arousal") und das zweite („Aktivierung") für die seriellen Operationen der Informationsverarbeitung zuständig ist.

Eine interessante Modellvorstellung wird in diesem Zusammenhang von Wimmer und Perner (1979, S. 159) erarbeitet: Im Falle des dichotischen Hörens könnte es demnach so sein, dass auf der untersten Stufe ein kapazitätsunbe-schränkter Laut- und Worterkennungsmechanismus die Sinnesdaten aus beiden Informationskanälen analysiert. Beschränkt soll hingegen der Mechanismus der inhaltlichen und syntaktischen Erwartungsbildung und -überprüfung sein, der sich nur auf den zu beachtenden Kanal bezieht, denn nur für diesen werden die entsprechenden Erwartungen gebildet, wird Nichtgesagtes erschlossen und ein Zusammenhang konstruiert. Die nicht beachteten Inhalte treten nur dann ins Be-wusstsein, wenn sie von besonderer emotionaler Bedeutung sind (vgl. hierzu den oben dargestellten Effekt des Erkennens des eigenen Namens; Moray, 1959).

Interessant sind in diesem Zusammenhang Experimente von MacKay (1973), der beim dichotischen Hören dem zu beachtenden Kanal Sätze mit Homonymen (z.B. ‚Bank‘) vorspielte und auf dem anderen Ohr einen Hinweis gab, wie dieses Wort zu interpretieren sei (entweder ‚Geld‘ oder ‚Fluss‘). Im Erinnerungstest wurden die Sätze nach der in dem nicht beachteten Kanal gegebenen Information wieder-erkannt.

Nach dieser Konzeption der beschränkten erwartungsgeleiteten Informationsver-arbeitung ist vor allem die Schnelligkeit, mit der Erwartungen gebildet und über-prüft werden, für die beschränkte Informationsverarbeitung wesentlich. Damit wird wieder ein Zusammenhang hergestellt mit dem Wissen, das in einem Be-reich vorhanden ist, und der Übung, mit der in diesem Bereich Informationsver-arbeitungsprozesse stattgefunden haben (vgl. hierzu übungsabhängige Doppeltä-tigkeiten, wie z.B. Schreibmaschine schreiben und zugleich ein Gespräch füh-ren).

2.3 Kurzzeitgedächtnis[7]

Das KZG beinhaltet die kurzfristig verfügbare Information, es gilt allgemein als der aktive Teil des Gedächtnissystems. In fast jedem technischen Informations-verarbeitungssystem gibt es eine solche temporäre Speicher- und Verarbeitungs-einrichtung (Arbeitsspeicher, Arbeitsgedächtnis = AG). Diese Puffer sind immer als Schnittstellen nach außen (oder auch nach innen) notwendig, wenn sich Mo-dus und Geschwindigkeit der Informationsverarbeitung in unterschiedlichen Sys-temen unterscheiden (Waugh & Norman, 1965). Im Folgenden sollen grundle-gende Kapazitäts- und Verarbeitungsaspekte des KZG dargestellt werden.

2.3.1 Gedächtnisspanne

Bereits Ebbinghaus (1885) hatte festgestellt, dass er bei einmaligem Durchlesen eine Reihe von 7 Silben richtig reproduzieren konnte. Dieses Ergebnis wurde oftmals wiederholt (Miller, 1956), wobei als interindividuelle Differenzen ± 2 Einheiten vorkommen. Die oberen Werte sind aber Maximalwerte.

Solche Ergebnisse kommen bei Untersuchungen zur sog. *statischen Gedächt-nisspanne* zustande. Bei diesen Experimenten weiß die Vp, wie viele Elemente auf sie zukommen und sie weiß, dass sie alle Elemente, die dargeboten werden, reproduzieren soll. Die Resultate sind etwas schlechter, wenn die Vp nicht weiß, wie lange die zu lernende Reihe ist. Man fordert die Vp dabei auf, sich möglichst viele Glieder einer dargebotenen Reihe zu merken (*gleitende Gedächtnisspanne*).

2.3.2 Akustische, optische oder semantische Kodierung im KZG?

Wenn Buchstaben visuell dargeboten und nach 15 Sek. schriftlich wiedergegeben werden sollen, so tritt in englischen Untersuchungen häufig eine Verwechslung von T und C, A und H oder B und G auf. D.h. visuell sehr unterschiedliche, aber lautlich ähnliche Einheiten werden vertauscht (Conrad, 1964). Vermutlich findet eine sprachliche Umkodierung visuell dargebotener Lerneinheiten statt. Das Um-gekehrte trifft hingegen nicht zu (Norman & Lindsay, 1972). Eine alternative

---

[7] Über diagnostische Methoden zur Prüfung von Komponenten des Kurz- und Langzeitgedächt-nisses informiert Calabrese (1994).

Erklärung könnte sein: Das Vergessen wird durch zyklisches Aktualisieren zu verhindern versucht; dieses erfolgt primär nach der Lautgestalt und nicht nach der optischen Gestalt.

Tabelle 2.2: Versuchsanordnung von Posner et al. (1969) für den Nachweis visueller Kodierung im KZG

Bedingung	*Beispiel*	*verlangte Reaktion*
1. visuelle (und namentliche) Gleichheit	AA	„gleich"
2. nur namentliche Gleichheit	Aa	„gleich"
3. visuelle und namentliche Ungleichheit	Ab	„verschieden"
	AB	„verschieden"

Damit ist aber nicht ausgeschlossen, dass auch eine Kodierung nach visuellen Attributen stattfindet. Posner und Keele (1967) haben aufgrund von Reaktionszeitexperimenten auf die Bedeutung visueller Merkmale aufmerksam gemacht (vgl. Tab. 2.2). Wird ein Buchstabe dargeboten und kurz darauf ein zweiter, wobei die Vpn zu entscheiden haben, ob die Buchstaben „gleich" oder „verschieden" sind, so treten die kürzesten Reaktionszeiten bei visueller Gleichheit (z.B. „A" und „A") auf, die längsten bei namentlicher Gleichheit (z.B. „A" und „a"). Daraus ist zu schließen, dass sowohl visuelle als auch akustische Merkmale verarbeitet und zur Unterscheidung verwendet werden müssen. Die Unterschiede bleiben auch bestehen, wenn zwischen der Erst- und Zweitdarbietung eine Maske vorgegeben wird, durch welche der Inhalt des sensorischen Speichers gelöscht wird (Posner et al., 1969).

Wird aber die Darbietungszeit zwischen erstem und zweitem Buchstaben vergrößert, z.B. bis auf zwei Sekunden, so ist die Entscheidungszeit für das Urteil gleich bzw. ungleich zwischen namentlicher (Aa) und identischer Paarung (AA) nicht mehr unterschiedlich (Posner, 1969). Daraus könnte man schließen, dass sich die gespeicherte Information sehr schnell in einen abstrakten Code umwandelt, der keine visuellen Details mehr enthält.

Auch eine Kodierung nach semantischen Kriterien ist letztendlich nicht ausgeschlossen (Shulman, 1972).

2.3.3 Positionseffekte als Beleg für die Existenz von KZG und LZG

Bei serialen Lernanforderungen (z.B. 30 sinnlose Silben lernen) treten Positionseffekte auf (Murdock, 1962). Sowohl bei den ersten wie auch den letzten Silben
ist eine höhere Reproduktionswahrscheinlichkeit im Vergleich zu den mittleren
Items gegeben (vgl. Abb. 2.6 a und b). Der Recency-Effekt ist dabei stärker als
der Primacy-Effekt. Die Positionseffekte sind unabhängig von der Länge der Silbenreihe.

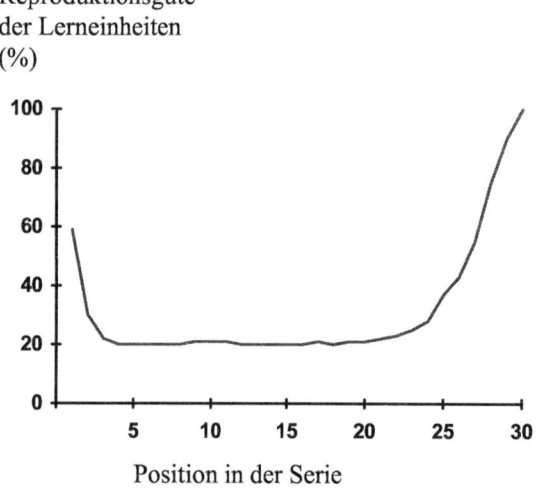

Abbildung 2.6 a: Positionseffekte allgemein (Murdock, 1962)

Reproduktions-
quote (%)

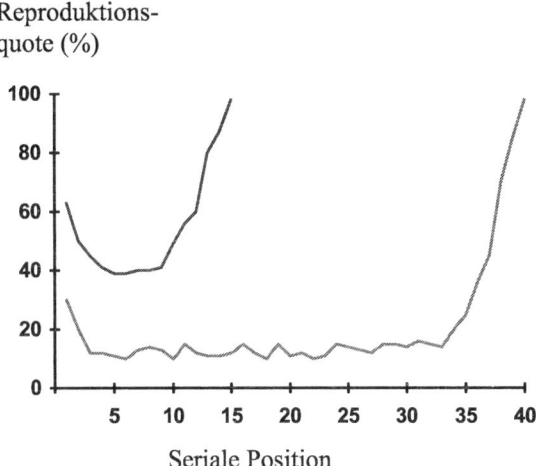

Seriale Position

Abbildung 2.6 b: Positionseffekte bei unterschiedlicher Reihenlänge (Murdock, 1962)

Zu erklären könnte dieser Effekt mit der Überlagerung von Langzeit- und Kurzzeitgedächtniswirkungen sein: Zu Beginn der Darbietung ist ein mehr oder minder leerer Kurzzeitspeicher vorhanden, die Silben können öfter wiederholt und daher mit größerer Wahrscheinlichkeit in den Langzeitspeicher transferiert werden. Werden aber mehr als ca. 7 Items dargeboten, ist die Kapazität des KZG erschöpft, es muss ein Item ausgeschieden werden. Neue Items bleiben nur mehr kürzer im KZG, können also weniger oft wiederholt werden, da immer neue Items dargeboten werden, und werden deshalb langzeitlich weniger gut gemerkt. Hinsichtlich der letzten Items kann angenommen werden, dass sie sich noch im KZG befinden und von dort aus abgerufen werden können. Der Primacy-Effekt ist somit auf den Informationsabruf aus dem LZG zurückzuführen, der Recency-Effekt auf die aktuell im KZG sich befindlichen Items.

Diesen Recency-Effekt durch das KZG kann man zum Verschwinden bringen, wenn man nach der Darbietung des letzten Items eine anstrengende Tätigkeit ausführt: Lässt man z.B. in Dreierschritten rückwärts zählen, so fällt die bessere Behaltensleistung für die letzte Lerneinheit weg (Postman & Phillips, 1965). Dieser Effekt ist wiederum unabhängig von der Länge der zu erlernenden Sequenz.

Die an sich gut bestätigte Annahme, dass KZG und LZG separierbare Einheiten im Zuge der Informationsverarbeitung darstellen und dabei quasi seriell arbeiten, wird zumindest in einem klinischen Fallbericht von Shallice und Warrington (1970) in Zweifel gezogen. Diese konnten bei dem Patienten K.F., der in Folge eines Motorradunfalls eine linksseitige Hirnverletzung erlitten hatte, zeigen, dass seine KZG-Fähigkeit stark beeinträchtigt war (die Gedächtnisspanne für Wörter betrug nur eine Einheit), dass aber seine verbale LZG-Fähigkeit (Lernen von Paar-Assoziationen) normal war. Dies legt die Annahme einer parallelen Informationsverarbeitung nahe, durch die Inhalte gleichzeitig in das KZG wie auch in das LZG überführt werden können.

2.3.4 Exkurs: Die Geschwindigkeit der Informationsverarbeitung - Sternberg-Paradigma

Posner und Boies (1971) bezeichnen die Verarbeitungskapazität als wichtigen Teilbereich der Aufmerksamkeitsfunktion. Diese umfasst als individuenspezifische Parameter (1) die Informationsverarbeitungsgeschwindigkeit und (2) die Fähigkeit zu automatischer oder kontrollierter Informationsverarbeitung (vgl. Kap. 2.2.4).

Case, Kurland und Goldberg (1982) fanden eine hohe negative Korrelation von -.74 zwischen Reaktionszeit und Gedächtnisleistung bei 3- bis 4-jährigen Kindern, diese Beziehung blieb auch dann bestehen (r = -.35), wenn das Alter auspartialisiert wurde. Auch für Oswald und Roth (1978) stellt die Informationsverarbeitungsgeschwindigkeit, bezeichnet als „kognitive Leistungsgeschwindigkeit", eine Basisvariable kognitiver Prozesse dar. Diese setzt sich konzeptionell aus einer motorischen und einer kognitiven Komponente zusammen.

Um diese beiden Komponenten trennen zu können, wurde das sog. Sternberg-Paradigma (Sternberg, 1975) entwickelt, das seinerseits wieder auf die Subtraktions-Methode von Donders (1868) zurückgeht.[8] Dabei wurden ursprünglich die Reaktionszeiten dreier Aufgaben miteinander verglichen, wobei die folgende alle mentalen Operationen wie die erste erfordert, darüber hinaus aber noch eine zu-

---

[8] Das hinter dieser Herangehensweise stehende Problem ist alt und grundsätzlicher Art: Unterschiede in den Reaktionszeiten (RZ) sind seit Bessels (1822) bekannt („persönliche Gleichung" nach Robinson [1830]). J. Müller (1834) wie auch Helmholtz (1850) sahen die RZ als Resultante zentraler („kognitiver") Prozesse an, da ihrer Meinung nach die periphere Nervenleitgeschwindigkeit im Vergleich dazu vernachlässigenswert gering war. Jastrow (1890, zit. n. Meyer, 1994, S. 26) begründete, warum die Reaktionszeit Aufschluss über das menschliche Denken geben könne: „Wenn - wie allgemein angenommen - die Informationsverarbeitung menschlicher Gehirne hoch strukturiert ist, so sollten sich verschiedene Pfade durch diese Struktur auch in unterschiedlichen Reaktionszeiten manifestieren." Damit ist das Paradigma der Sichtweise des Menschen als informationsverarbeitendes System formuliert - eine Sichtweise, die durch das Aufkommen des Behaviorismus zurückgedrängt und erst in den 60er Jahren wieder aktuell wurde. Die RZ ist heute ein wichtiges methodisches Mittel, um u.a. über die Angemessenheit verschiedener mentaler Repräsentationsmodelle zu entscheiden (vgl. Kap. 2.5.2).

sätzliche (vgl. Tab. 2.3): Die Aufgabe vom Typ A enthielt einen Reiz (z.B. Licht), auf den eine Reaktion (z.B. Knopfdruck) erfolgen sollte (einfache Reaktionszeit). Bei der Aufgabe vom Typ B wurden mehrere Reize einzeln präsentiert und jedem Reiz wurde eine Reaktion zugeordnet (Mehrfachreaktion). Bei Aufgaben vom Typ C wurden mehrere Stimuli präsentiert, aber nur auf einen sollte eine Reaktion erfolgen.

Die Differenz in den Reaktionszeiten wird als Dauer der zusätzlich notwendigen kognitiven Verarbeitung interpretiert. Wenn in Typ-C-Aufgaben eine Reizkategorisierung gefordert ist und in Typ-A-Aufgaben nicht, dann sollte die Differenz indikativ für die Dauer der Reizkategorisierung sein (d.h. die Reizkategorisierungszeit ist $RZ_C - RZ_A$), entsprechend sollte die Differenz zwischen B- und C-Aufgaben auf den Zeitbedarf bei der Antwortauswahl schließen lassen (d.h. Antwortauswahlzeit ist $RZ_B - RZ_C$).[9]

Tabelle 2.3: Aufgabentypen nach Donders (1869)

Typ	Anzahl der Reize	Anzahl der geforderten Reaktionen	Beteiligte Prozesse
A	1	1	Einfachreaktion
B	>1	>1	Reizkategorisierung, Antwortauswahl, Einfachreaktion
C	>1	1	Reizkategorisierung, Einfachreaktion

---

[9] Bekanntlich wurde diese einfache Methode durch Lange (1888) in Frage gestellt. Er unterscheidet zwischen muskulärer und sensorieller Einstellung: Während bei den A-Aufgaben quasi mit einem „gebahnten Reflex" auf den Reiz geantwortet wird, kommen bei den B- und C-Aufgaben Überlegungen über die Richtigkeit der ausgewählten Reaktion hinzu; der Reaktionsprozess kompliziert sich also und es wäre falsch, dies als Effekt einer zusätzlich geforderten Reizdiskrimination zu interpretieren.

Sternberg (1969) hat dabei vier Stadien der Informationsverarbeitung postuliert: (1) Identifikation eines Stimulus, (2) serielles mentales Durchmustern der gespeicherten Vergleichsinhalte („memory-scanning"), (3) Ja / Nein-Entscheidung, ob der Stimulus der Musterreihe angehört oder nicht, und (4) Transformation der Entscheidung in die entsprechende motorische Reaktion.[10]

In der originalen Untersuchungsanordnung wurden von Sternberg den Vpn zuerst Musterzahlen gezeigt, die sie sich merken sollten. Die Musterreihe war aus einer, zwei, drei oder mehreren Zahlen zusammengesetzt. Eine Zahl wurde als Teststimulus präsentiert. Die Aufgabe der Vp bestand darin zu entscheiden, ob dieser Stimulus zu der Musterreihe gehört oder nicht; bei „gleich" war eine Taste A, bei „ungleich" eine Taste B zu drücken. Die Zunahme der Reaktionszeit erwies sich als lineare Funktion der Länge der Musterreihe: Jede zusätzliche Zahl in der Musterreihe verlängerte die Reaktionszeit um ca. 38 Millisekunden bei einem Ordinatenschnittpunkt von 400 ms (z.B. war die mittlere Reaktionszeit bei zwei Zahlen 472 ms, bei drei Zahlen 510 ms und bei vier Zahlen 548 ms). Die lineare Beziehung zwischen der Reaktionszeit und der Anzahl zu erinnernder Items interpretierte Sternberg als Hinweis auf einen internen, seriellen und umfassenden Prozeß des mentalen Durchmusterns im visuellen Kurzzeitgedächtnis.[11]

Dieser Zusammenhang zwischen Anzahl der zu vergleichenden Reize der Musterreihe und der Reaktionszeit kann als eine Geradenfunktion dargestellt werden (vgl. Abb. 2.7):

$$RT = a \cdot S + Y$$

RT = Reaktionszeit,
S = Setgröße, d.h. Anzahl der zu behaltenden Zahlen,
a = Steigung,
Y = Ordinatenabstand

---

[10] Die Befunde sollen sowohl für KZG-Aufgaben wie auch für LZG-Aufgaben gelten. Im ersteren Fall wird den Vpn kurzfristig eine Liste mit den positiven Reizen präsentiert (die dann zu erkennen sind), im zweiten Fall haben die Vpn genügend Zeit, diese Liste so lange zu memorieren, bis sie vollständig beherrscht wird (Sternberg, 1975, S. 3).

[11] Zur Problematisierung der kontraintuitiven Annahme Sternbergs, dass der Vergleichsprozess seriell und exhaustiv sein soll vgl. Meyer (1994); allerdings kann Sternberg Daten vorlegen, wonach der Suchprozess beim Finden einer Lösung nicht einfach abgebrochen wird.

Die Steigung der Regressionsgeraden (a) wird als Maß für die kognitive Verarbeitungszeit interpretiert, der Abstand auf der Ordinatenachse (Y) zum Nullpunkt als Maß für die Geschwindigkeit aller anderen Stadien der Informationsverarbeitung (Reizwahrnehmung, Entscheidungsprozesse, motorische Antwortorganisation, motorische Reaktion).

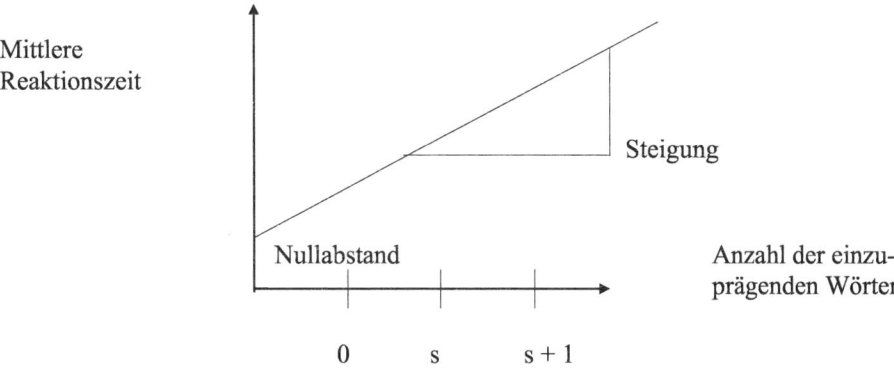

Abbildung 2.7: Beziehung zwischen Reaktionszeit und Itemanzahl der Vergleichsreihe (Sternberg, 1975, S. 431)

Ein Beispiel über unterschiedliche Leistungen zwischen Gesunden und Depressiven enthält Abbildung 2.8.

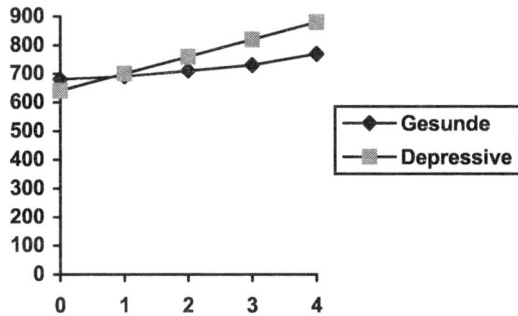

Abbildung 2.8: Reaktionszeitfunktion nach dem Sternberg-Paradigma bei Depressiven und Gesunden (Ordinate: Reaktionszeit in ms, Abszisse: Anzahl der zu vergleichenden Stimuli; Daten nach Eder-Sommer, 1995, S. 58)

Wie man sieht, ist die Steigung der Geraden bei den depressiven Vpn steiler als bei den Gesunden, d.h. der mentale Prozess des Durchmusterns nimmt bei ihnen in Abhängigkeit von den gestellten Anforderungen mehr Zeit in Anspruch, ein Beleg für die allgemeine Verlangsamung psychischer Prozesse bei Depressiven. Gleichsinnige Befunde liegen für ältere Personen, Alkoholiker und andere klinische Gruppen vor (Sternberg, 1975, S. 9). Durch Training lässt sich nur der Ordinatenabstand verringern, der Geradenanstieg bleibt aber gleich.

Es existieren allerdings auch Befunde, die der Sternbergschen Theorie widersprechen. Nach Meyer (1994) ist z.B. die Bearbeitung von Durchstreichaufgaben eher durch paralleles - genauer durch „Gestalt-paralleles" - Vorgehen zu erklären.

Auch Neisser (1974, zit. n. Meyer, a.a.O., S. 21) berichtet Befunde, die für eine parallele Bearbeitung sprechen: Er gab seinen Vpn eine mit Buchstaben gefüllte Matrix vor, die reihenweise nach einem bestimmten Zielbuchstaben durchsucht werden sollte. Sobald der Buchstabe gefunden war, sollte eine Taste gedrückt werden. Seine Vpn konnten bis zu 10 Zielbuchstaben suchen, ohne dass sie in der RZ langsamer wurden; dies ist eher durch ein paralleles Arbeiten als durch serielles erklärlich.

2.3.5 KZG oder Arbeitsgedächtnis (AG)

Das KZG ermöglicht es, Informationen über eine bestimmte Zeitspanne präsent zu halten. Wiederholungs- bzw. Iterationsmechanismen dienen dabei der befristeten Spurensicherung. Das KZG füllt dabei eine Reihe von Funktionen aus:

Im Kurzzeitspeicher wird eine Extraktion von Merkmalen aus dem topographischen Simultanangebot des UKZG vorgenommen. Prozesse im KZG bilden damit den Übergang vom präkategorialen Immediatspeicher zum kategorialen (klassifizierenden) Gedächtnis. Das KZG kann zwischen Kodierungsformen wechseln (z.B. bildhaft, phonologisch, semantisch). Mit der Codeform wird über Schlüsselreize zur Aktivierung von Langzeitinhalten des Gedächtnisses entschieden.

Im KZG stattfindende Prozesse ermöglichen zudem die Informationsübertragung in das LZG, dafür sind (mehrfache) einfache oder elaborierende Wiederholungen wesentlich. Vom Kurzzeitspeicher können Suchprozesse im LZG ausgelöst werden (um die in das KZG gelangten Informationen zu verarbeiten). Der im Langzeitgedächtnis ausgelöste Suchprozess aktiviert gespeicherte Informationen, die dann im KZG wirksam werden und auch der Rekonstruktion teilweise verlorener Information dienen (Beispiel: Telephonnummer). Der Vergessensprozess besitzt auch eine aktive Komponente. Zielsetzungen, z.B. bei kognitiven Leistungen, beeinflussen die Zeitcharakteristik des Vergessensprozesses wesentlich.

Allerdings variieren die theoretischen Vorstellungen über den Aufbau und die Struktur des KZG sehr deutlich.

Nach dem Modell von Atkinson und Shiffrin (1968) besteht der Puffer des KZG aus einer der Gedächtnisspanne entsprechenden Anzahl von „Halteplätzen" (slots). Durch neue Informationen werden diese allmählich belegt. Ist der Puffer voll, so gelangt die am meisten memorierte Information in das LZG oder die Information geht verloren. Für Atkinson und Shiffrin (1968) war das KZG zugleich das AG einer Person. Durch Kontrollprozesse wird dabei der Informationsfluss im Gedächtnissystem gesteuert. Als Kontrollprozesse werden unterschieden: (1) *Kodierungsprozeduren*, wobei Kodierung dabei das Hinzufügen zusätzlicher Informationen aus dem LZG an die aufgenommene Information im KZG bedeutet, (2) *Wiederholungsoperationen* für den Übergang von neuer Information aus dem KZG in das LZG und (3) *Abruf- und Suchstrategien* zur Aktivierung relevanter Information im LZG. Diese Prozesse können so lange ohne gegenseitige Störung verlaufen, wie die Kapazität des KZG nicht überschritten wird, danach muss sozusagen „ausgehandelt" werden, welche Prozesse in welcher Reihenfolge bearbeitet werden.

Ein in Richtung eines Arbeitsgedächtnisses (= AG) ausgefeiltes System des KZG wurde von Baddeley und Hitch (1974; Hitch & Baddeley, 1976; Baddeley, 1981) erarbeitet. Danach ist das KZG kein einfacher Zwischenspeicher, sondern ein modular aufgebautes System, das getrennte, aber interaktive Subsysteme umfasst. Es besteht (1) aus einer modalitätsunspezifischen zentralen Exekutive als Kontrolleinheit sowie (2) der modalitätsspezifisch arbeitenden artikulatorischen Schleife („articulatory loop") und (3) einem weiteren modalitätsspezifischen Speicher für visuell-räumliche Vorstellungen („visuo-spatial scratch pad").

(1) Die *zentrale Exekutive* soll vor allem ein kapazitätsbegrenztes supervisorisches Aufmerksamkeitssystem sein, das für die Kontrolle von Störreizen zuständig ist. Es tritt beispielsweise bei Planungs- und Entscheidungsprozessen in Aktion oder bei automatisch ablaufenden Verarbeitungsvorgängen, die in die Irre zu gehen drohen. Dieses und die anderen Systeme arbeiten so lange unabhängig voneinander, wie die weiteren Subsysteme nicht überlastet werden. Ist dies der Fall, muss die zentrale Exekutive Speicherprozesse mit übernehmen, wobei die Verarbeitungskapazität dieser Einheit, d.h. die dort ablaufenden Problemlöse- und Entscheidungsprozesse, reduziert wird.

Diese gegenseitige Beeinflussung wurde häufig mit der sog. Technik der Gedächtnisauslastung untersucht. Vpn müssen sich dabei eine variierende Reihe akustisch dargebotener Konsonanten, Vokale oder Silben so lange merken, bis sie eine Rechenaufgabe bewältigt haben (Baeriswil, 1989). Die Konsequenzen einer solchen Mehrfachbelastung bei beschränkter Kapazität könnten unterschiedlicher Art sein: (a) Entweder es werden mehr Fehler bei der Denkaufgabe gemacht, die Merkaufgabe wird aber optimal bewältigt, (b) es geschieht genau das Umgekehrte (mehr Fehler bei der Merkaufgabe bei optimaler Lösung der Rechenaufgabe) oder (c) die Verarbeitungszeit für die Rechenaufgabe nimmt zu.

In einer Teilstudie von Baeriswil (a.a.O.) zeigte sich, dass bei einer dazwischengeschalteten einfachen und verbal vorgegebenen Rechenleistung der Prozentanteil der richtig wiedergegebenen Konsonanten einer 6er Reihe bei 21 % lag, in einer 5er Reihe bei 33 % und in einer 4er Reihe bei 60 %. Im Vergleich zum Brown-Petersen-Paradigma ist hier durch die Rechenaufgabe mit einer Präsentationszeit von 8 Sekunden eine größere Beeinträchtigung vorhanden. Zudem stieg die Lösungszeit für die Rechenaufgabe von 0,72 Sekunden (wenn ein Konsonant zu merken war) auf 0,99 Sekunden (wenn sechs Konsonanten zu merken waren) an.

(2) Die *artikulatorische Schleife* wurde als eigenständiges sprachspezifisches Speichersystem konzipiert. Dieses besitzt eine beschränkte Kapazität von etwa drei Einheiten und basiert auf akustischen Repräsentationen. Empirischer Hintergrund waren experimentelle Befunde zum sog. *phonologischen Ähnlichkeitseffekt*, zum *Effekt der artikulatorischen Unterdrückung* und zum *Wortlängeneffekt*.

Conrad (1964, vgl. Kap. 2.3.2) stellte fest, dass bei der Wiedergabe ähnlich lautender Buchstaben mehr Fehler gemacht werden als bei der Wiedergabe verschieden lautender Buchstaben. Murray (1968) fand zusätzlich, dass dieser Effekt der phonologischen Ähnlichkeit verschwand, wenn visuell präsentiertes Behaltensmaterial von der Vp nicht artikuliert werden durfte. Ohne diese Restriktion wird auch visuell aufgenommenes sprachliches Material ebenso artikulatorisch verarbeitet wie auditiv aufgenommenes. Zudem stellten Baddeley et al. (1975) fest, dass mehr zweisilbige Wörter als fünfsilbige kurzfristig behalten werden konnten, ebenso beeinflusste die Sprechdauer die Behaltensleistung (gleichsilbige Wörter mit kurzer oder gedehnter Aussprache wurden unterschiedlich gut behalten). Auch dieser Wortlängeneffekt verschwindet, wenn man die Artikulation unterdrückt. All dies stützt die Annahme einer zeitlich beschränkt bestehenden artikulatorischen Schleife, die ähnlich einer geschlossenen Tonbandschleife funktioniert. So lange diese Schleife nicht überlastet wird, kann das Behaltensmaterial problemlos memoriert werden.

Zudem existieren klinische Befunde (Squire et al., 1993, S. 456), nach denen selektive Defizite hinsichtlich der verbalen Komponente des KZG vorhanden sein können, die sich auch auf das langzeitige Lernen auswirken, wenn der Erwerb neuer Inhalte eine phonologische Verarbeitung voraussetzt.

Aufgrund zusätzlicher Befunde differenzierte Baddeley (1986) das System der artikulatorischen Schleife noch weiter aus, indem er von (a) einem „inneren Ohr" und (b) einer „inneren Stimme" sprach. Dem „inneren Ohr" entspricht eine Art akustisches Bild, das bei visueller Aufnahme ohne artikulatorische Weiterverarbeitung entsteht (phonologischer Speicher). Die „innere Stimme" kommt entweder durch subvokales Sprechen zustande oder durch eine auditive Reizaufnahme (artikulatorischer Speicher). Für den Leselernprozess konnte die besondere Bedeutung des subvokalen Artikulierens nachgewiesen werden, das beim geübten Leser zugunsten der Bedeutung des phonologischen Speichers an Bedeutung verliert. Im Falle eines schwierigen Textes steigt aber auch der geübte Leser wieder auf das artikulierende Lesen um. So vermittelte Bee-Göttsche (1993) 5- und 6-jährigen Kindern Repetierstrategien zur Verbesserung der artikulatorischen Schleife. Dies wieder hatte positive Effekte auf die phonemische Bewusstheit zur Folge.

(3) Der *visuell-räumliche Speicher* („visuo-spatial scratch pad") geht auf Untersuchungen über die Repräsentation visueller Vorstellungen zurück.

Shephard und Metzler (1971) ließen Vpn dreidimensionale Figuren mit identischen oder gedreht dargebotenen Vorlagen vergleichen. Sie konnten eine lineare Beziehung zwischen der Zeit zur Beurteilung von Identität oder Verschiedenheit und der Anzahl der mentalen Rotationen finden, die für dieses Urteil notwendig war. Baddeley, Grant, Wight und Thomson (1975) konnten beispielsweise zeigen, dass deutliche Interferenzen bestehen zwischen bildlichem Vorstellen und einer räumlichen Aufgabe („Folge während der Aufgabe einem Lichtpunkt!"), nicht aber zwischen einer räumlichen und einer verbalen Aufgabe. Dies legt eine Abtrennung eines zusätzlichen visuell-räumlichen Speichers nahe.

2.4 Wiederholungs- und Kodierungsprozesse als Übergangsmechanismen zum LZG

Im Kurzzeitgedächtnis (Arbeitsspeicher) würde die Information verblassen, wenn man sie nicht wiederholte. Die Wiederholung ermöglicht eventuell (z.B. wegen automatisch ablaufender Elaborationsprozesse) auch einen Übertrag in das Langzeitgedächtnis. Ob eine bloße erhaltende Wiederholung (primäres Wiederholen, maintenance rehearsal) für längerfristiges Speichern allein hinreicht oder ob auch eine elaborative Wiederholung (sekundäres Wiederholen, elaborative rehearsal) hinzukommen muss, soll weiter unten besprochen werden (Craik & Lockhart, 1972). Eine Frage ist auch, ob Enkodierung ein automatischer Vorgang ist oder ob sie von der Situation induziert und vom Pb kontrolliert wird. Vermutlich treten beide Vorgänge auf (ein Wort kann automatisch einen visuellen Code, einen phonologischen Code oder einen konativen Code im semantischen Gedächtnis aktivieren; diese oder andere Codes können vom Pb auch bewusst eingesetzt werden).

2.4.1 Erhaltende (primäre) Wiederholung

Broadbent (1958) hat darauf hingewiesen, dass die Beschäftigung der Vp im Behaltensintervall von Bedeutung ist. Wendet die Vp z.B. spontan stille Wiederholungen an (Rehearsal-Hypothese hinsichtlich des Überganges von Inhalten aus dem KZG in das LZG), so wird weniger vergessen. Je mehr die Vp durch Aufgaben im Behaltensintervall in Anspruch genommen wird (z.B. Rückwärtszählen von einer vorgegebenen Zahl in Dreierschritten), desto geringer ist die Chance zu stillen Wiederholungen und desto eher geht ein ein- oder mehrmalig dargebotener Lernstoff verloren (vgl. Abb. 2.9).

Nach den Ergebnissen mit dem sog. Brown-Peterson-Paradigma (Brown, 1958; Peterson & Peterson, 1959) ist bekannt, dass die Reproduktionswahrscheinlichkeit von Trigrammen bei einmaliger Darbietung von dem Abstand zwischen Darbietung und Prüfphase abhängt (eine Memorierung wurde dabei verhindert, indem die Vpn von einer vorgegebenen Zahl in Dreierschritten laut rückwärts zählen mussten). Je kürzer das Intervall ist, desto mehr kann wiedergegeben werden (die Grenze bildet die Gedächtnisspanne). Auch wenn man die Reproduktionsphase verlängert, so führt dies nicht zu einer Erhöhung der Repro-

duktionsleistung (vgl. Abb. 2.10). Dies ist ein Beleg für einen Spurenzerfallspro-
zess, der für das kurzfristige Vergessen verantwortlich gemacht werden kann.

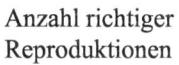

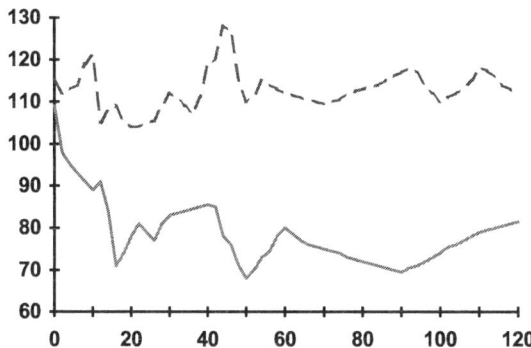

Zeit zwischen Darbietung und Prüfung in Sekunden

Abbildung 2.9: Anfangsteil einer Vergessenskurve; gestrichelte Linie: Zeit zwischen Lernen und Reproduktion unausgefüllt, durchgezogene
Linie: Zwischenzeit mit Gesprächen ausgefüllt (Plank, 1954)

Allerdings liegen auch Belege für einen Interferenzprozess im KZG vor (Keppel
& Underwood [1962]: mit der Anzahl der Einzelversuche zunehmende Verschlechterung der Merkleistung, wodurch sich „ältere" Items erholen bei gleichzeitig geringerer Verfügbarkeit der zuletzt dargebotenen Itemtriaden), die im Sinne einer proaktiven Hemmung interpretiert werden. Diesem Interferenzprozess
wird für das Vergessen ein bisweilen sogar größerer Effekt als dem Spurenzerfall
zugeschrieben (zusammenfassend vgl. Arbinger, 1984, S. 72; Klimesch, 1979).

Relative Reproduktions-
häufigkeit

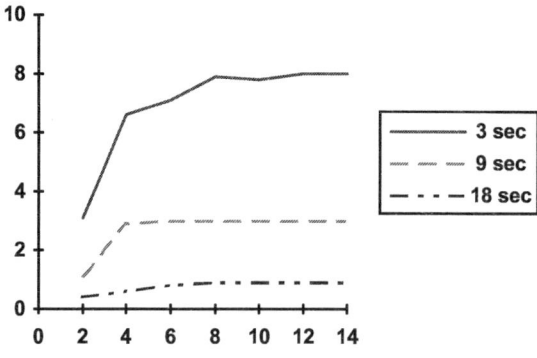

zugestandene Reproduktionszeit (in sec)

Abbildung 2.10: Ergebnisse nach dem Brown-Peterson-Paradigma: Reproduktionswahrscheinlichkeit für einzelne Elemente in Abhängigkeit
vom Zeitpunkt der Wiedergabe (3-, 9- und 18-Sekunden-Inter-
vall)

2.4.2 Isolierungs-Effekt (von Restorff-Effekt)

Wolfgang Köhler und Hedwig von Restorff (1933, 1937) haben belegt, dass immer dann, wenn in einer Merkreihe herausfallende Elemente eingebaut sind (z.B.
in einer Silbenreihe eine Zahl oder in eine Reihe mit römischen Ziffern ein geo-
metrisches Muster), dieses andersartige Glied besser gemerkt wird als die übrigen.

Dargeboten wurden acht Reihen zu je fünf Gliedern. Jede Reihe bestand aus
vier gleichartigen Elementen, an jeder zweiten Stelle war ein andersartiges Element eingefügt (vgl. Tab. 2.4). Die Reihen wurden im Abstand von 10 Minuten
über eine Gedächtnistrommel gezeigt. Nach der Darbietung mussten die behaltenen Glieder unmittelbar wiedergegeben werden (free recall, Methode der behaltenen Glieder). Die restliche Zeit bis zum Ende des 10-Minuten-Intervalls war
mit dem Vorlesen einer spannenden Geschichte ausgefüllt. Nach der achten Reihe (d.h. nach 80 Minuten) wurden 15 Minuten Pause eingelegt und die Vpn aufgefordert, alles wiederzugeben, was sie von den acht Reihen behalten hatten.

Tabelle 2.4: Reizvorlagen für die Experimente von Hedwig von Restorff (1937)

1.	2.	3.	...	8. Reihe
Z	Z	Z	Z	
M	M	S	M	
Z	Z	Z	Z	
Z	Z	Z	Z	
Z	Z	Z	Z	

Z = Ziffer, M = Muster, S = Silbe

Die Ergebnisse (vgl. Tab. 2.5) zeigen deutlich, dass Glieder in Isolierungs-stellung wesentlich besser behalten werden als in Häufungsstellung.

Tabelle 2.5: Relative Häufigkeit der richtig reproduzierten Glieder in I- und H-Stellung

| Reizmaterial | Darbietungshäufigkeit | |
	gehäuft (H)	isoliert (I)
Muster	63	90
Silben	50	85
Durchschnitt	*57*	*87*

Die Resultate wurden durch weitere Untersuchungen von Ilse Müller (1938) und Siegel (1943) bestätigt. Als Erklärung könnte darauf verwiesen werden, dass seltene Ereignisse intensiver enkodiert werden als häufigere (vgl. hierzu auch den gestaltpsychologischen Figur-Hintergrund-Effekt).

Eine naheliegende lernpsychologische Anwendung dieses Befundes liegt darin, wichtige Teile einer Aussage hervorzuheben (z.B. im Tafelbild, durch Unterstreichungen, andere Farbe, andere Schrift kennzeichnen). Davon sollte aber nicht abundant Gebrauch gemacht werden, da sonst der Isolierungs-Effekt verloren geht.

2.4.3 Interferenz- oder Hemmungserscheinungen

Das Einprägen eines vorgegebenen Materials ist kein vom übrigen Verhaltensablauf isolierter Vorgang. Jeder Lernvorgang ist vielmehr in einer Serie von Lernvollzügen eingebettet, die sich gegenseitig beeinflussen. So kann etwa die Aneignung eines neuen Stoffes dadurch erleichtert werden, weil früher bereits „ähnliche Inhalte" gelernt wurden (vgl. hierzu die Rolle des Wissens beim Lernen). Diese „Erfahrung" kann in manchen Fällen aber auch hinderlich sein, wie an verschiedenen Beispielen gezeigt werden kann. D.h. ein Lernstoff kann mit anderen in Konflikt geraten oder mit diesen interferieren (Überlagerungen / Interferenzen können in positiver wie negativer Hinsicht auftreten).

2.4.3.1 Assoziative Hemmung

Die zwischen Gedächtnisinhalten bestehenden Verbindungen können bisweilen sehr störend wirken. Dies merkt man dann, wenn beispielsweise eine Verbindung zwischen zwei Inhalten zugunsten einer neuen Verbindung zerstört werden soll. Wenn beispielsweise der Name eines Bekannten mit einer bestimmten Telephonnummer sehr stark verbunden ist und er erhält eine neue Nummer, so fällt einem zu dem Namen immer die alte Nummer ein. Man merkt sich die neue Telephonnummer schwerer als diejenige eines Freundes, der erst neu eine Nummer erhalten hat. Bisweilen soll es auch Merkschwierigkeiten geben, wenn man den neuen Namen einer Frau nach ihrer Heirat erinnern will, u.zw. nicht nur aus affektiven Gründen.

Eingelagerte Assoziationen erschweren Verbindungen der mit ihnen assoziierten Inhalte mit einem neuen Inhalt. Diese „assoziative Hemmung" wurde von G.E. Müller und Franz Schumann (1899) experimentell anhand von Reihen mit sinnlosen Silben nachgewiesen. Ebbinghaus hat diese Art von Schwierigkeit als „reproduktive Hemmung" bezeichnet.

2.4.3.2 Ähnlichkeitshemmung (Ranschburg-Hemmung)

Unabhängig vom Zeitabstand, der zwischen den zu lernenden Silbenreihen einge-schaltet ist, und der Intensität der Einprägungsarbeit, können Hemmungseffekte aufgrund bestimmter Eigentümlichkeiten des Lernmaterials entstehen. So ver-glich der ungarische Psychologe Paul Ranschburg (1905) die Wirkung ähnlicher und unähnlicher Silbenreihen. Bei den ähnlichen Silbenreihen bestand die Ähn-lichkeit darin, dass die Konsonanten gleich blieben und nur der in der Mitte ste-hende Vokal ausgetauscht wurde, bei den unähnlichen Reihen wurden alle drei Buchstaben verändert. Es zeigte sich, dass die unähnlichen Reihen ohne Schwie-rigkeiten erlernt und wiedergegeben werden konnten, während bei den ähnlichen Reihen „Erlernen, dauerndes Behalten und sicheres Reproduzieren an die Un-möglichkeit grenzt" (Ranschburg, 1911, S. 23). Sollte es sich hier nur um ein Diskriminationsproblem handeln, so müsste dies durch eine spezifische Enkodie-rung lösbar sein.

2.4.3.3 Pro- und retroaktive Hemmung im KZG

Zur Untersuchung der retroaktiven Hemmung wird häufig ein Versuchsplan mit drei Phasen verwendet:
   Phase 1: Den Vpn wird eine Liste mit Paar-Assoziationen (Liste A - B) darge-boten, die gelernt werden soll.
   Phase 2: Den Vpn wird eine zweite Liste vorgelegt, wobei das Reizglied mit einem anderen Reaktionsglied gepaart ist (Liste A - D).
   Phase 3: Die Vpn sollen das ursprüngliche Paar wiedergeben bzw. auf den ers-ten Teil des Paares mit der zuerst gelernten Reaktion antworten (Paare aus der Liste A - B).
   In der Regel reduziert die zweite Lernanforderung die Merkleistung in Bezug auf die erste Liste. Interpretiert wurde das Ergebnis als eine Störung der Persave-rationstendenzen (Rohracher, 1958, S. 262ff). Perseverationen (mehr oder minder automatisch ablaufende innere und unwillkürliche Wiederholungen) würden zu einer Konsolidierung der Silbenassoziationen führen. Durch die Inanspruchnah-me beim Erlernen der zweiten Reihe werden die Perseverationstendenzen ge-schwächt (vgl. hierzu die physiologische Konsolidierungstheorie; vgl. Kap. 3.1).
   Zur Bedeutung des Zeitpunktes, zu dem die zweite Liste gelernt wird, ist zu bemerken: Wird eine zweite Liste (interpoliertes Lernen) nach einer kurzen Pause nach Abschluss der ersten Lernarbeit in Angriff genommen, so tritt kein eindeu-

tiger Effekt in Abhängigkeit von der Pausenlänge zwischen dem Lernen der beiden Listen auf. In einem Experiment von Elfriede Hofmann (1952) wurden nach einer Pause von 2, 5, 10, 20, 30, 60 und 90 Sekunden jeweils etwa ein Drittel der Silben des Kontrollversuches wiedergegeben. Bei einer Pausenlänge von 120 bzw. 240 Sekunden stieg die Trefferzahl auf jeweils 56 %. Auch die Pausendauer, nach der die Prüfung der ersten Liste erfolgt, besitzt keinen eindeutigen Effekt. Betrachtet man längere Zeitabstände zwischen dem Erlernen der ersten Liste und dem Zeitpunkt der Prüfung, so lassen sich ebenfalls keine eindeutig interpretierbaren Effekte feststellen (Postman & Alper, 1946).

Will man das Phänomen der proaktiven Hemmung demonstrieren, so verfährt man wie oben, lässt aber die Liste A - D reproduzieren. Im Vergleich zu einer Kontrollbedingung ohne Vorgabe der Phase 1 fällt auch hier die Reproduktionsleistung in der Experimentalgruppe schlechter aus.

Interferenzeffekte sind auch im Rahmen von Netzwerkmodellen, die aber dem LZG zuzurechnen sind, interpretierbar (Anderson, 1988, S. 148f).

2.4.3.4 Ekphorische Hemmung

Rohracher (1972) verweist auf das Phänomen, dass dann, wenn kurz vor einer Reproduktion etwas Neues gelernt wird, die Reproduktionsrate des früher Gelernten im Vergleich zu einer Kontrollgruppe wesentlich geringer ist. Die störenden Faktoren sind hier nicht wie bei der retroaktiven Hemmung postmentale Erregungen, die eine Störung bei der Einprägung bewirken, sondern es liegt eine Störung hinsichtlich der Wiedergabe vor, u.zw. weil von den eben gelernten Inhalten noch postmentale Erregungsprozesse ausgehen, welche die Aufgabe des Wiedergebens beeinträchtigen. Im Anschluss an einen Terminus von Semon (1908) nennt Rohracher dieses Phänomen ekphorische Hemmung, weil das „Ekphorieren" von Gedächtnisresiduen behindert wird.

Experimentelle Grundlage ist u.a. eine Untersuchung von Elfriede Hofmann (1953): Diese hatte fünf Paare sinnloser Silben lernen lassen bis zum vollständigen Behalten. Nach 20 Minuten fand eine Prüfung statt. Als experimentelle Bedingung wurde 5, 10, 30, 60 und 240 Sekunden vorher eine zweite gleich lange Reihe gelernt. Im Vergleich zu einer Kontrollgruppe schnitten die Vpn der Versuchsgruppe wesentlich schlechter ab: Gemessen an der Leistung der KG erreichten sie bei 5 Sekunden 25 % der Treffer der Kontrollgruppe, bei 10 Sekunden 18 %, bei 30 Sekunden 43 %, bei 60 Sekunden 43 % und nach 240 Sekunden 32 %.

2.4.3.5 Gleichzeitigkeitshemmung

Bereits aus den verschiedenen Modellen über die Rolle der Aufmerksamkeit geht hervor, dass (je nach den zur Verfügung stehenden Ressourcen und den Aufgabenanforderungen) zwei gleichzeitig durchgeführte Tätigkeiten sich gegenseitig behindern können (z.B. Lesen und Radiohören).

2.4.3.6 Affektive Hemmung

Affektive Komponenten, welche beim Lernen oder Vergessen mitbeteiligt sind, wurden bislang nicht beachtet. Dies heißt aber keineswegs, dass diese Erlebnisqualitäten nicht auch von Bedeutung für das Lernen und Behalten sein könnten. Nach Hofstätter (1957, S. 113) gibt es eine u-förmige Beziehung zwischen dem Gefühlston und dem Grad des Behaltens, u. zw. in dem Sinn, dass neutrale Erlebnisse am wenigsten lang behalten werden, unangenehme bereits länger und angenehme am längsten.

> Ein hierfür typisches Experiment stammt von Meltzer (1930, zit. n. Bock, 1980, S. 283): Er ließ Studenten unmittelbar nach den Weihnachtsferien Erlebnisse aufschreiben und auf der Dimension angenehm / unangenehm beurteilen. Nach sechs Wochen nahm er eine Behaltensprüfung vor, nach deren Ergebnis die angenehmen Erlebnisse besser erinnert wurden als die unangenehmen und diese wieder besser als die neutralen.

Nicht damit in Einklang stehen sowohl Befunde, nach denen es nur auf die Emotionsstärke und nicht auf deren Qualität ankommt, sowie solche, bei denen eine schlechtere kurzfristige Behaltensleistung bei hoher Erregung, aber eine bessere langfristige bei ebenfalls hoher Erregung nachgewiesen wurden. Von Bock (1980) werden diese Unterschiede im Rahmen einer physiologischen Konsolidierungstheorie erklärt.

2.4.3.7 Schockhemmung

Wird man massiven Schrecksituationen ausgesetzt (und die Frage eines Lehrers könnte eine solche Schrecksituation sein), so führt dies u.U. zu vollständigem Vergessen der unmittelbar vorangegangenen Ereignisse. In Extremfällen (z.B.

nach Unfällen) ist eine retrograde Amnesie zu beobachten. Die Erinnerungslücken werden zwar mit der Zeit wieder geschlossen, allerdings oft mit selbst produzierten Einheiten (Konfabulationen).

Duncan (1949) und Russell (1949) fanden, dass Elektroschocks dann zu deutlichen Behaltensverlusten führen, wenn es sich bei den gelernten Aktivitäten um schwierige Reaktionsfolgen handelt. Werden die Schocks zwischen die einzelnen Lerndurchgänge eingefügt, so bleibt jeglicher Lernfortschritt aus (Gerald, 1963).

In einem am Wiener Psychologischen Institut von August Brosch (1953) durchgeführten Versuch wurde an 395 Schulkindern die Wirksamkeit affektiver Erlebnisse auf das Behalten demonstriert. Es wurde ein Märchen vorgelesen, in welchem ein Waldgeist einem gefangenen Kind die Freiheit versprach, wenn es sich 6 Wörter merken könnte.

Im ersten Teil des Versuches mussten die Kinder nach dem Vorlesen der Geschichte einfach die sechs Schlüsselwörter aufschreiben. Im zweiten Teil des Versuches, der vier Wochen später stattfand, wurden dieselben Kinder wieder aufgefordert, sich sechs Wörter zu merken. Nach dem Vorlesen der Geschichte stürzte diesmal eine Hilfsperson des Versuchsleiters in die Klasse und rief mit aufgeregter Stimme: „Im Nebenhaus brennt es, die Klasse muss geräumt werden." Die Schüler liefen auf den Gang, wobei ihnen mitgeteilt wurde, das Feuer sei bereits gelöscht, sie könnten wieder in ihre Klasse zurück. Dort hatten sie unmittelbar wieder die sechs Schlüsselwörter aufzuschreiben. Im Durchschnitt ergab sich eine Merkleistung von 1,3 Wörtern, während es bei dem ersten Versuch 3,5 Wörter waren (vgl. Tab. 2.6).

Tabelle 2.6: Einfluss von Schreckerlebnissen auf die Reproduktion unmittelbar vorher gelernter Inhalte (es waren 6 Wörter zu lernen, pro Bedingung 80 - 100 Vpn, Angabe von Mittelwerten; Brosch, 1950)

	Altersgruppen (in Jahren)			
	7	*8*	*9*	*10*
Ohne Unterbrechung	2,03	3,25	4,01	4,74
Mit Unterbrechung	0,48	1,10	1,50	2,25

Befunde aus der forensischen Psychologie weisen auf ähnliche Prozesse hin, wenn es um Aussagen geht, die ein Zeuge in einem Zustand affektiver Erregung beobachtet hat. Zur Erklärung dieser Effekte kann eine Zerstörung oder zumindest Beeinträchtigung der physiologischen Gedächtnisspur angenommen werden. Es ist auch zu überprüfen, inwieweit eine Ähnlichkeit zu anderen Gedächtnistransformationen besteht, die unter dem Einfluss affektiver Einstellungen und Werthaltungen zustande kommen (vgl. Bartlett, 1932, s.u.).

2.4.4 Kodierungsprozesse

Was letztendlich im LZG gespeichert wird, hängt wesentlich von ablaufenden Kodierungsprozessen ab. Diese stehen in Wechselwirkung mit bereits bestehenden Strukturen oder Wissensbeständen des LZG (vgl. hierzu die Unterscheidung in „top-down"- und „bottom-up"-Prozesse). Diese Prozesse der Strukturierung des Gedächtnismaterials sind zu Beginn der Erforschung des Gedächtnisses als Störvariable aufgefasst worden, da sie sozusagen die „reine" Kapazität des Merkens verfälschen. In der Zwischenzeit wird ihnen wegen der Nähe zu den alltäglichen Gedächtnisleistungen eine wesentliche Bedeutung zugeschrieben.

Bereits Bartlett (1932) stellte fest (vgl. Kap. 2.6.2.5), dass Verfälschungen und Auslassungen beim Erinnern nicht zufällig auftreten, sondern vom Vorwissen einer Person abhängig sind. Bei seinen Experimenten wurden z.B. europäische Vpn mit einer indianischen Geschichte konfrontiert, die mit den europäischen Erwartungen nicht vereinbar war. Bei der Wiedergabe traten typische Veränderungen auf, die den vorgegebenen Inhalt in einer den kulturellen Vorstellungen entsprechenden Weise anpassten. Besonders, wenn lange Gedächtnisintervalle gegeben waren, wurden die Verfälschungen deutlich. Bartlett sieht deshalb den Erinnerungsprozess als einen Rekonstruktionsvorgang an, den wir im Rahmen unserer Erfahrungen vornehmen. Die Erinnerung erfolgt nach sog. Schemata, wobei ein Schema eine „aktive Organisation vergangener Reaktionen oder Erfahrungen" darstellt, die Ereignisse werden neu erschaffen nach der Maßgabe dessen, was gewöhnlich war oder was eigentlich hätte sein sollen.

Die Vorgänge der Extraktion und Speicherung von Attributen einer Lernepisode kann man unter dem Begriff der Kodierung zusammenfassen. Damit meint man in ganz allgemeiner Form, dass zwischen der externen Welt und der gedächtnismässigen Repräsentation dieser Welt bestimmte Prozesse stattfinden, welche die externen Informationen in interne übersetzen. Durch *elaborative Ko-*

dierung werden vereinzelte Elemente mit Bedeutungen angereichert oder getrennte Elemente zu einem Ganzen verbunden. Hierbei wird einer gegebenen Information etwas hinzugefügt, was bereits gut bekannt ist (vgl. auch Kap. 5 über Mnemotechniken). Durch reduktive Kodierung werden Informationseinheiten miteinander verbunden, so dass sie unter dem Label des neu gebildeten Superzeichens abgerufen werden können.

2.4.4.1 Chunking

Der Umfang des unmittelbaren Gedächtnisses ist auf 7 plus, minus 2 Einheiten (Miller, 1956) begrenzt, d.h. es können nicht alle Informationen gleichzeitig verarbeitet werden. Miller (a.a.O.) verwies aber darauf, dass eine Recodierung (Neuverschlüsselung) von Informationseinheiten zu neuen Einheiten (chunks) erfolgen kann, wodurch die Kapazität des KZG wesentlich gesteigert wird. Ein Beispiel für eine solche *Klumpenbildung* ist die Umkodierung von Binärzeichen nach dem Oktalcode. Es ist auf Anhieb unmöglich, sich eine Binärziffernfolge von 21 Zeichen zu merken. Durch Umkodierung können diese Informationen aber in sieben Einheiten untergebracht werden (vgl. Tab. 2.7). Dieses Verfahren kann auch auf größere Einheiten bezogen werden (z.B. statt zwei Zahlen können auch fünf Zahlen zu einer neuen Einheit zusammengefasst werden).

Tabelle 2.7: Neuverschlüsselung von Sequenzen von Binärzahlen (Miller, 1956)

011	010	011	100	110	100	111
3	2	3	4	6	4	7

000 = 0	010 = 2	100 = 4	110 = 6
001 = 1	011 = 3	101 = 5	111 = 7

Diese Methode der Klumpenbildung kann erfolgreich sein, weil sie die begrenzte Kapazität des KZG effizient ausnützt. Smith (1954) brachte seinen Vpn bei, Binärzahlen in einen Oktalcode umzuformen (5 bis 10 Minuten Lernzeit). In der Tat konnten dann höhere Behaltensleistungen gemessen werden, allerdings nicht so große, wie theoretisch erwartet. Vermutlich hatte die Lernzeit für eine automatische Recodierung nicht gereicht. Er machte dann gemäß der Ebbinghausschen Tradition Selbstversuche, wobei er Binärzahlen auf bis zu 5:1 Chunks zu recodieren lernte. Nach diesem intensiven Lerndurchgang entsprach seine Fähigkeit relativ gut den theoretisch vorhergesagten Werten (Norman, 1969, S. 108). Er konnte nach dem Training 12 Oktalziffern erinnern, bei einem Verhältnis von 2:1 entsprach dies 24 Binärziffern, bei 3:1 36 Binärziffern und bei 5:1 etwa 40 Binärziffern.

Demnach ist die Methode der Recodierung äußerst leistungsfähig, um den Informationsbetrag, den man sich merken kann, zu erhöhen. Ähnlich wird auch die Sprache benutzt, um Ereignisse zu kodieren. Die Bildung von Chunks ist eine gute Methode, um den Flaschenhals der Informationsverarbeitung zu erweitern. Besonders linguistische Recodierungen sind effizient.

Einen Anwendungsfall der Zusammenfassung von Information zu größeren Einheiten stellen Untersuchungen zum unmittelbaren Gedächtnis beim Schach heraus. Chase und Simon (1973) überprüften die Fähigkeit, sich bestimmte Schachpositionen zu merken, an verschieden kompetenten Gruppen: (1) Großmeister, (2) Spitzenspieler, (3) Anfänger. Gibt man eine Spielstellung aus einer Schachpartie vor, so ist die Reproduktionsleistung bezüglich der einzelnen Figuren von Großmeistern ungleich höher als von den anderen Spielern (nach de Groot [1965] können sich Schachmeister die Position von 20 Figuren merken, wenn sie das Brett 5 Sekunden lang betrachtet haben). Die Frage, ob die Gedächtniskapazität dieser Leute größer ist, muss aber verneint werden, denn bei zufälligen Spielpositionen ist die Reproduktionsleistung von Großmeistern sogar schlechter als die der beiden anderen Gruppen (vgl. Abb. 2.11). Ihre Erfahrungen und ihr Leistungsvorteil bezogen sich auf eingeübte Positionen, also auf langzeitlich erworbenes Vorwissen. Die vorgegebenen Positionen werden nicht als Einzelpositionen wiedererinnert, sondern als typische Konstellationen (Superzeichen). Auch bei der Wiedergabe erfolgte der Abruf der einzelnen Figuren gruppenweise, d.h. sie erinnerten sich klumpenweise an die Positionen der Vorlage. Experten verfügen also über spezielle Fertigkeiten zum schnellen Wahrnehmen, Einprägen und Wiedererkennen, weil sie ein intensives Wissen über Muster beim Schach besitzen, das sie für ihr Handeln nutzbar machen können.

Anzahl wiedergegebener
Figuren (a)

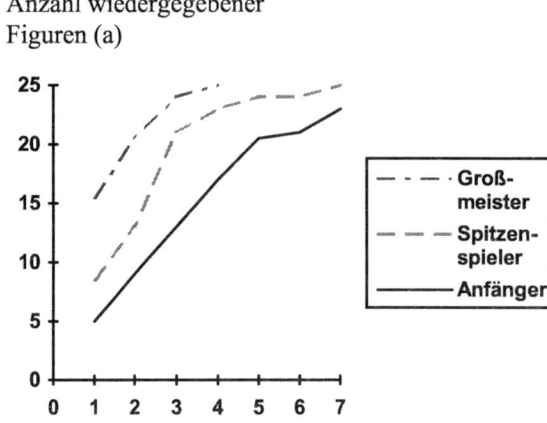

Versuche

Anzahl wiedergegebener
Figuren (b)

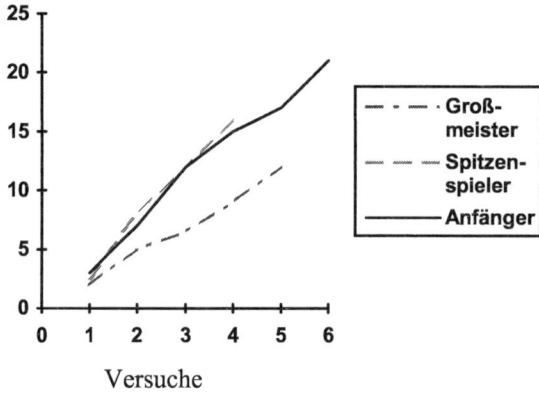

Versuche

Abbildung 2.11: Unmittelbares Gedächtnis beim Schach (Chase & Simon, 1973), (a) Wiedergabeleistung bei sinnvollen Schachstellungen, (b) Wiedergabeleistung bei randomisierter Stellung

Der Einfluss von Expertise auf die Gedächtnisleistung vermag sogar die im allgemeinen gut dokumentierten Leistungsunterschiede zugunsten der Erwachsenen umkehren: Kinder, die Experten beim Schach sind, können sich bei kurzfristig dargebotenen Schachpositionen wesentlich mehr merken als erwachsene Anfänger (Chi, 1978). Ebenso zeigen die Experimente von Chiesi et al. (1979), dass Experten (es wurde der Inhaltsbereich Baseball ausgewählt) in dem Bereich ihrer Expertise Begriffe leichter erkennen können, dass sie weniger Information für ihr

Urteil brauchen bzw. dass sie sich letztlich mehr merken können (vgl. hierzu auch die zahlreichen weiteren Untersuchungen über Unterschiede zwischen sog. Novizen und Experten, in denen die überragende Rolle des langzeitlichen Wissens in vielen Gebieten - wie Physik, Medizin, Ökonomie, Informatik - deutlich wird).

Allgemein heißt dies, Menschen versuchen, Reize bzw. Reizkonfigurationen entsprechend früher gelernter Klassifikationen zu kategorisieren. Welche Informationseinheiten gebildet werden, hängt von ihrem Wissen, d.h. den ausgebildeten Strukturen im Langzeitgedächtnis, ab. Die Annahme, die Gedächtnisspur im KZG sei ein bloßes Abbild oder eine Kopie der dargebotenen Information, ist somit eine Fiktion. Vorwissen erleichtert die Verarbeitung und das Merken und führt langzeitlich zu einer effizienteren Informationsselektion.

2.4.4.2 Stimulusselektion

Es liegt ebenso nahe, dass eine Person nur bestimmte Aspekte einer Information selegiert oder unter Verwendung umfassender Konzepte integriert (recodiert). Damit wird der Umfang der zu verarbeitenden Information vermindert und zum anderen der Informationsabruf erleichtert. Eine Vp soll z.B. folgende Konsonantentrigramme lernen und mit Zahlen beantworten:

KRT	-	2
BWT	-	4
ZWN	-	1
TRN	-	3

Es wäre nicht sinnvoll, wenn die nicht integrierten, formal ähnlichen Trigramme als Einheiten enkodiert würden. Optimal wäre das Vorgehen, wenn die Vpn nur den ersten Buchstaben und die dazugehörige Antwort (Zahl) lernt, da der Anfangsbuchstabe eindeutig die richtige Zahl erkennen lässt (Stimulusselektion).

Wie kann nun festgestellt werden, ob eine Vp bestimmte Komponenten eines Reizes selegiert und enkodiert hat? Postman und Greenblom (1967) verwendeten zur Untersuchung dieser Frage sechs leichte und sechs schwere Trigramme, die mit Zahlen zu lernen waren. Die Schwierigkeit wurde nach dem Grad der Aussprechbarkeit bestimmt. Nach der Lernphase wurde den Vpn entweder der Anfangsbuchstabe, der mittlere oder der letzte vorgegeben, auf den sie mit der zugehörigen Zahl und den anderen Buchstaben antworten sollten. Die Autoren beschränkten ihre Aussagen auf solche Fälle, bei denen die richtige Antwort, aber kein anderes Glied des Trigrammes richtig wiedergegeben werden konnte. Die Ergebnisse zeigten:

- Stimulusselektion scheint hauptsächlich bei relativ schwierigen Trigrammen aufzutreten.

- Es zeigten sich auch deutliche Positionseffekte, d.h. der erste Buchstabe wird relativ häufig als Reiz selegiert, der mittlere am seltensten.

- Leichte, relativ integrierte Stimuli scheinen als Einheiten enkodiert zu werden, während nichtintegrierte Reize in Komponenten zerfallen, wobei die Selektion positionsgebunden erfolgt.

2.4.4.3 Clustering / Kategorisieren / subjektive Organisation

Bousfield (1953) gab seinen Vpn Listen mit 60 Wörtern vor, von denen jeweils 15 vier verschiedenen taxonomischen Bereichen zugeordnet werden können (Tiere, Vornamen, Berufe, Gemüsesorten). Die Wörter wurden in Zufallsfolge dargeboten und sollten in beliebiger Folge reproduziert werden (free recall). Es zeigte sich, dass die Vpn die Wörter in einer geordneten Folge reproduzierten, u. zw. wurden die Wörter einer Kategorie in Gruppen wiedergegeben. Diese Tendenz, Wörter einer Kategorie aufeinanderfolgend zu reproduzieren, wird als *Clustering* bezeichnet. Es lässt sich dabei sowohl eine Zusammenfassung nach (1) Oberbegriffen feststellen *(kategoriales Gruppieren)* wie auch nach (2) assoziativen Verbindungen *(assoziatives Gruppieren)*. Weitere Gruppierungen können nach gemeinsamen (3) phonologischen Attributen erfolgen (Reh, Zeh, Weh), ebenso nach (4) gleichen Anfangsbuchstaben.

Kategorisierungsphänomene hängen wiederum mit dem Konzept der reduktiven Kodierung zusammen. Wenn die Anzahl der dargebotenen Informationen die Verarbeitungskapazität des Gedächtnisses übersteigt, können mehrere Informationen unter einem jeweils gleichen Attribut enkodiert werden. Sodann müssen nur mehr die relevanten Attribute aktiv im Gedächtnis gehalten werden. Übersteigt die Anzahl der Attribute der Kategorien die Kapazität des Gedächtnisses, können sie auf einem höheren Kodierungsniveau durch ein gemeinsames Attribut repräsentiert werden. Mandler (1968) schließt aus seinen Untersuchungen, dass die Zahl der Informationen pro Einheit aus 5 + 1 Wörtern oder Kategorien bestehen kann. Ein hierarchisches Kodierungssystem kann wiederum aus maximal 5 Kodierungsstufen bestehen. Thompson et al. (1972) zeigten, dass Pbn, die kategorisierbares Material in höherem Ausmaß organisierten, bessere Reproduktionsleistungen aufwiesen als Vpn, die weniger stark organisierten.

Kategorisierungsversuche treten auch bei schlecht geordnetem Lernmaterial auf: Tulving (1962) ließ 16 unverbundene Substantive in 16 Lerndurchgängen lernen. Obwohl die Reihenfolge der Wörter in jedem Lerndurchgang verändert worden war, zeigte sich bei den einzelnen Reproduktionsdurchgängen eine zunehmende Ordnung der Reproduktionsfolge. Diese Tendenz nennt er *subjektive Organisation*. Mit zunehmender Organisation steigt auch hier die Reproduktionsleistung an. Auch hinter diesem Phänomen lässt sich vermuten, dass die Vpn eine (in diesem Falle subjektive) Struktur entwickelt haben und bei der Reproduktion verwenden.

Gruppierungsprozesse sind nicht auf kategorisierbare Wortlisten beschränkt. Auch einfachste Lernmaterialien (Buchstaben-, Zahlenfolgen) werden nicht als isolierte Elemente, sondern als größere Einheiten verarbeitet, z.B. werden bei der akustischen Darbietung von KBQWKR, wenn zwischen Q und W eine kleine Pause gemacht wird, KBQ und WKR als eigene Gruppen perzipiert. Andere Möglichkeiten der Gruppierung sind solche nach unterschiedlicher Färbung oder Größe.

Andererseits stellten Bower und Winzenz (1969) fest, dass der Lernzuwachs bei Zahlenfolgen, die von Durchgang zu Durchgang neu gruppiert werden, praktisch null ist (z.B. 1. Durchgang: 17 683 9452 7; 2. Durchgang: 176 839 4527). Eine praktische Anwendung aus letzterem Befund könnte sein, dass man bei einem Lehrprozess darauf achten sollte, immer die gleichen Klassifikationen zu benutzen.

2.4.4.4 Dual-Code-Theorie

Die inhärent höhere Gedächtniswirkung von Bildern ist seit langer Zeit bekannt (man denke an die Hinweise zur Loci-Methode bei Cicero), wurde aber nicht zum Anlass für Modell- und Theoriebildung genommen. Higbee (1979) referiert z.B. erste systematische Studien zum Ende des 19. Jahrhunderts, die einen klaren Bildüberlegenheitseffekt demonstrieren:

Danach hat bereits Kirkpatrick (1884) bei verschiedenen Schüler- und Studentengruppen die Merkleistung hinsichtlich von 10 Wörtern versus der von 10 Bildern verglichen. Die unmittelbare Wiedergabe bei der Vorlage von Bildern war nur geringfügig besser als bei der von Wörtern, drei Tage später konnten in der Bildbedingung im Schnitt noch 6,29 Bilder, aber nur mehr 0,91 Wörter genannt werden.

Von Bower (1972) stammen viele Untersuchungen, welche die Überlegenheit bildlicher Kodierung deutlich machen. In einem dieser Experimente zum Paar-

Assoziations-Lernen wurden den Vpn fünf Listen mit jeweils 20 Paaren konkreter Wörter gegeben (z.B. Hund - Fahrrad); die Experimentalgruppe war angewiesen, sich diese Wörter in einer bildhaften Szene und mit interaktiver Verbindung vorzustellen. Der Kontrollgruppe wurde keine spezielle Anweisung gegeben. Die Ergebnisse zeigen bei einem „Cued-recall-Test" sowohl unmittelbar wie auch verzögert einen deutlichen Bildüberlegenheitseffekt (vgl. Abb. 2.12).

**Prozentanteil
richtig erinnerter Wörte**

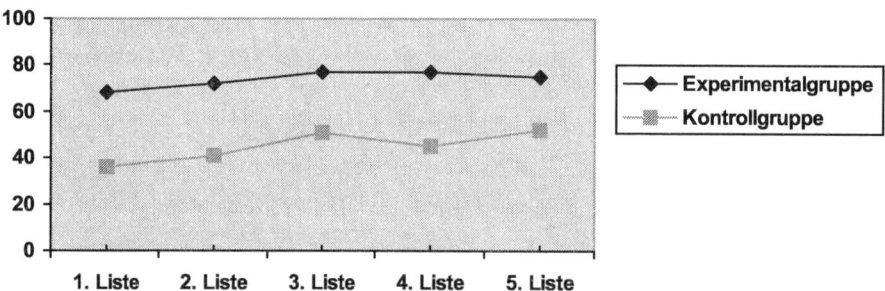

Abbildung 2.12: Bildüberlegenheitseffekt beim Paar-Assoziationslernen von konkreten Wörtern unmittelbar nach der Lernphase (Bower, 1972, S. 67)

Erst Paivio (1971) entwickelte systematisch ein Erklärungsmodell für diesen Effekt; in diesem wird von zwei Kodierungssystemen Gebrauch gemacht, einem bildhaften und einem verbalen. Das bildhafte System verarbeitet und speichert nichtverbale Information in Form von Vorstellungsbildern (der Bildbegriff ist dabei weit zu fassen, d.h. es kann sich dabei auch um taktile, auditive oder um beliebig andere Information handeln), das verbale System ist für die Speicherung sprachlicher Information zuständig.

Für die Möglichkeit einer räumlichen Wissensrepräsentation visueller Information sprechen u.a. eine Reihe von Untersuchungen über mentale Operationen mit räumlichen Vorstellungsbildern. Shepard und Metzler (1971) legten z.B. ihren Vpn Paare zweidimensionaler Bilder von dreidimensionalen Gegenständen vor. Aufgabe der Vpn war es zu entscheiden, ob die Gegenstände identisch (aber gedreht bzw. gekippt) oder unterschiedlich waren. Je öfter die Vpn mental die Gegenstände drehen mussten, um Gleichheit oder Verschiedenheit feststellen zu können, desto größer waren die Reaktionszeiten für die Entscheidung. Dies bestätigt die Vermutung, dass der mentale Vergleich analog zu dem bei einer realen Rotation abläuft.

Diese „Bild"-Information wird in analoger Weise repräsentiert (vgl. hierzu auch die unterschiedlichen Reaktionszeiten, die bei kongruenten / inkongruenten bildhaften oder verbalen Vorlagen zur Auflösungen der Inkongruenzen vorhanden sind; Paivio, 1975; ähnlich auch Bower, 1972). Auch der Umgang mit dieser Information entspricht weitgehend den Prozessen, die bei der Wahrnehmung ablaufen. Für dieses System wird eine parallele Informationsverarbeitung angenommen, d.h. die verschiedenen Einheiten werden gleichzeitig verarbeitet. Im verbalen System werden linguistische Einheiten hingegen hintereinander (sequentiell) verarbeitet. Die sensorische Modalität der Eingangsinformation (gelesene oder gehörte Spracheinheiten) ist dabei sekundär. Die beiden Systeme können voneinander unabhängig arbeiten, aber auch aufeinander bezogen sein (vgl. Abb. 2.13).

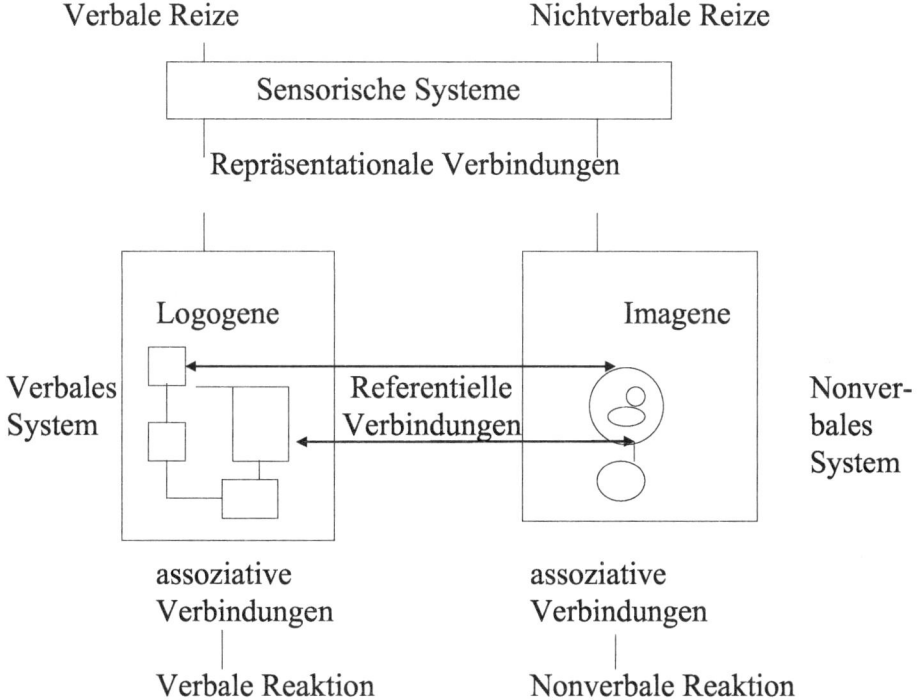

Abbildung 2.13: Struktur des verbalen und nonverbalen symbolischen Systems, einschließlich referentieller Verbindungen zwischen den Subsystemen und assoziativer Verbindungen innerhalb der beiden Subsysteme (Paivio, 1986, S. 67)

Für die Verbindung der beiden Systeme nimmt Paivio (1972) drei mögliche Stadien der Informationsverarbeitung an:

(1) Auf der untersten *repräsentationalen* Ebene löst nichtverbale Information Vorstellungsbilder aus und verbale Information eine verbale Repräsentation. Auf dieser Ebene arbeiten beide Systeme unabhängig voneinander.

(2) Auf der nächsten, der *referentiellen* Ebene wird das eine System durch das jeweils andere aktiviert: Ein Wort kann ein Vorstellungsbild auslösen, ein Bild kann verbal bezeichnet werden. Durch „referentielles Enkodieren" werden also Worte in visuelle Bilder des Bezeichneten und umgekehrt Bilder in Worte umgewandelt (Paivio, 1971). Dabei wird keine Eins-zu-Eins-Relation zwischen beiden Systemen angenommen. Ein Wort kann verschiedene Vorstellungsbilder auslösen, ebenso kann bereits die Vorgabe verschiedener sprachlicher Bezeichnungen die Verarbeitung von Wahrnehmungsereignissen beeinflussen (Jörg, 1978). Semantische Attribute der Reizinformation werden bevorzugt enkodiert (z.B. FRUCHT = nicht menschlich, essbar, wächst aus der Erde, wird häufig zum Nachtisch gereicht). Aspekte der Darbietungssituation (z.B. das Wort steht im oberen rechten Quadranten einer Reizvorlage) werden erst dann im Gedächtnissystem markiert, wenn die Darbietungszeit die Speicherung solcher Merkmale zulässt.

(3) Auf der *assoziativen* Ebene werden innerhalb jedes Systems Verbindungen zu anderen Einheiten hergestellt (z.B. Wortassoziationen, Bildassoziationen).

Tabelle 2.8: Beteiligung des bildhaften und des verbalen Kodierungssystems an der Verarbeitung verschiedener Materialien (Paivio, 1971, S. 179)

Material	*bildhafte Kodierung*	*verbale Kodierung*
Bilder	+ + +	+ +
konkrete Wörter	+	+ + +
abstrakte Wörter		+ + +

Aus dieser Theorie lassen sich bestimmte Vorhersagen ableiten:

Das imaginale System ist inhärent gedächtniswirksamer als das verbale. Bilder werden spontan dual kodiert (*Bildüberlegenheitseffekt*), Wörter eher dann, wenn sie sich auf Konkretes beziehen. Aber auch hier kann willentlich eine duale Enkodierung versucht werden.

Je höher die Konkretheit einer Information ist, desto besser wird diese Information behalten. Dies lässt sich daraus erklären, dass für Bilder und Wörter, die Konkretes bezeichnen, zusätzlich eine bildhafte Kodierung möglich ist, für Wörter, die sich auf abstrakte Gegebenheiten beziehen, jedoch nicht. Eine verbale Kodierung ist in allen drei Fällen möglich, für Bilder eventuell etwas schlechter als für Wörter. Die unterschiedlich intensive Beteiligung der beiden Kodierungssysteme bewirkt eine intensivere Verarbeitung bildhaften Materials (Paivio, 1971, S. 201). Gedächtnisleistungen für den Inhalt einer Passage verbessern sich bereits bedeutend, wenn vor der Darbietung des Textes ein Bild gezeigt wird, das die im Text beschriebenen Ereignisse darstellt.

Diese Dual-Code-Theorie wird auch durch neuropsychologische Befunde gestützt, nach denen eine Spezialisierung der beiden Gehirnhälften für die Verarbeitung verbalen Materials (linke Hemisphäre) bzw. für bildhaftes Material (rechte Hemisphäre) angenommen wird. Diese Unterscheidung ist aber nicht absolut zu sehen, da durch die Verbindung beider Gehirnhälften Information automatisch auch der anderen Seite zur Verarbeitung zur Verfügung gestellt wird.

Auch Befunde zur Kodierung paarweiser Relationen (*Mediationsvorgänge*) passen zur Dual-Code-Theorie. Wenn man im Anschluss an Untersuchungen mit sinnlosen Silben (als Reize und als Reaktionen) Vpn befragt, wie sie die Paare gelernt hätten, so stellt sich heraus, dass

1. ein Großteil der Paare mit verbalen Mediatoren gelernt wird,

2. sinnlose Silben oft in Worteinheiten transformiert werden, zwischen denen dann Relationen hergestellt werden (z.B. BAC - FIH = BACHFISCH),

3. in der Regel die Häufigkeit, mit der solche Mediatoren verwendet werden, mit dem Bedeutungsgehalt der Silben zunimmt,

4. Itempaare, die mit solchen Mediatoren gelernt werden, in der Regel schneller erworben und besser reproduziert werden (Eselsbrücken) und

5. verbale Mediatoren unterschiedlich effektiv sind (Rohwer, 1973). Soll z.B. die Verbindung KUH - BALL gelernt werden, so lassen sich folgende Verbalisationen bilden: (a) die KUH und der BALL, (b) die laufende KUH verfolgt den springenden BALL, (c) die laufende KUH hinter dem springenden BALL. Eine Verbindung mit Verben (b) ist effektiver als eine mit Präpositionen (c) und diese wieder als eine mit Konjunktionen (a). Vermutlich können mit Verben als Media-

toren engere und sinnvollere Verknüpfungen hergestellt werden als mit anderen Wörtern.

Auch aus den Experimenten zum Paar-Assoziations-Lernen kann auf die Effizienz der Verwendung von nonverbalen Mediationsprozessen geschlossen werden (Bower, 1972, S. 67). Wenn z.B. das Paar HAUS-BLEISTIFT gelernt werden soll, so kann der Pb ein Vorstellungsbild entwickeln, das die durch die Wörter bezeichneten Objekte in einen räumlich-interaktiven Zusammenhang bringt. Je konkreter Stimulus- und Response-Wort sind, desto leichter entsteht ein Vorstellungsbild. Der größte Behaltenseffekt zeigt sich, wenn beide Gegenstände (Bilder) miteinander räumlich oder handlungsmäßig interagieren. Die bildhafte Vorstellung beider Objekte - ohne Zusammenhang - hat hingegen schlechtere Behaltensleistungen zur Folge als das bloße Memorieren beider Begriffe. Bei abstrakten Begriffen sind verbale Mediatoren wirksamer, bei konkreten bildhafte (Paivio & Foth, 1970).

Die Kritik an der Dual-Code-Theorie hat allerdings alternative Deutungsmöglichkeiten aufgezeigt (Pylyshyn, 1973[12]). Es kann als offene Frage gelten,

- ob tatsächlich zwei (und nur zwei) getrennte Codierungssysteme (bildhaft vs. verbal),

- ein übergeordnetes propositionales System (Anderson, 1978), das modalitätsneutral ist (wobei es schwierig ist sich vorzustellen, wie z.B. eine Melodie propositional gespeichert sein soll[13]), oder

- mehrere nebeneinander existierende Codierungssysteme bestehen (von denen einige wieder modalitätsspezifisch sein können, daneben aber auch modalitätsunspezifische zugelassen sind).

---

[12] „Wir können also annehmen, dass sich die Repräsentation von allem denkbaren Bildartigem mindestens dadurch unterscheidet, dass sie nur so viel Information enthält, wie durch eine endliche Anzahl von Propositionen beschrieben werden kann. Diese Reduktion lässt sich außerdem nicht sinnvoll durch eine einfache physische Beschränkung, wie z.B. durch begrenztes Auflösungsvermögen erklären ... jede Repräsentation mit den oben erwähnten Eigenschaften (ist) *viel eher eine Beschreibung der Szene als ein Bild davon.* Eine Beschreibung ist propositional, sie enthält eine endliche Informationsmenge, sie kann sowohl abstrakte als auch konkrete Aspekte enthalten, und ... sie enthält Größen (Symbole für Objekte, Attribute und Relationen), welche die Ergebnisse, und nicht die Eingangsgrößen der Wahrnehmungsprozesse darstellen" (Pylyshyn, 1973, S. 11).

[13] Wäre dies einfach möglich, dann wäre die Repräsentation, die ein Blinder von der Farbe oder ein Tauber von Tönen entwickelt, identisch mit derjenigen eines sehenden und hörenden Menschen.

2.4.4.5 Enkodierungstiefe

Craik und Lockhart (1972, S. 673) kritisieren die Vorstellung eines Mehrspeichersystems. Nach ihrer Ansicht kann das Mehrspeichersystem nicht die höchst unterschiedlichen Ergebnisse bezüglich der Speicherkapazität des KZG erklären (vier bis neun Items je nach Art der dargebotenen Information, bis zu 20 Items, wenn es um ganze Sätze geht). Die Möglichkeit des Chunking wird nicht als adäquate Erklärung akzeptiert, da dies die Berücksichtigung unterschiedlichster Codes (physikalisch bis semantisch) im KZG implizierte.

Das von Craik und Lockhart (1972) konzipierte Einspeichermodell des Gedächtnisses (wie auch das ACT-Modell von Anderson [1983], vgl. Kap. 2.5.4.1) basiert auf der Annahme, dass es neben dem LZG keine weiteren separaten Speichereinheiten gibt. Allerdings werden verschiedene Ebenen der initialen Kodierung und Verarbeitung von Information angenommen. Das KZG ist dabei der aktuell aktivierte Teil des LZG.

Nach dem Verarbeitungsebenenansatz von Craik und Lockhart (1972) sind Produkte des Enkodierungsprozesses nach ihrer Tiefe zu unterscheiden: „Oberflächlich" bedeutet, dass die Enkodierung nach sensorischen, äußerlichen (assoziativen) Merkmalen erfolgt, „tief" heißt, die Enkodierung wird nach semantischen Merkmalen vorgenommen. Tiefer verarbeitete Information wird besser erinnert und besser wiedererkannt als nur oberflächlich verarbeitete.

Tabelle 2.9: Angenommene Verarbeitungsstufen in dem Modell von Craik & Tulving (1975, S. 272)

Verarbeitungsstufen	Frage, nachdem tachisto-skopisch ein Wort dargeboten wurde	Ja / Nein Beispiele
strukturell	Erscheint das Wort in Großbuchstaben?	TISCH / tisch
phonetisch	Reimt sich das Wort mit Liebe?	Hiebe / Mond
kategorial-begrifflich	Bezeichnet das Wort einen Fisch?	Hai / Hase
semantisch	Passt das Wort in den folgenden Satz: Er traf ein (e, en) ... in der Strasse?	Freund / Wolke

Craik (1973) stellte seinen Vpn in einem Experiment zwei Sekunden, bevor ein Wort kurzzeitig gezeigt wurde, eine von fünf Fragen, die danach so schnell wie möglich beantwortet werden sollte: (1) Wird ein Wort dargeboten? (2) Ist das Wort in Groß- oder in Kleinbuchstaben geschrieben? (3) Reimt sich das Wort mit ... ? (4) Gehört das Wort zur folgenden Kategorie ... ? (5) Passt das Wort in den folgenden Satz ... ? Annahme war, dass durch diese Fragen jeweils eine unterschiedlich tiefe Verarbeitung angeregt wird. Dies hat sich insofern bestätigt, als die Antwortlatenzen mit dem intendierten Verarbeitungsniveau zunehmen. Zudem schwankte das Ausmaß der erinnerten Wörter zwischen 22 und 90 %.

Craik und Tulving (1975) modifizierten dieses Konzept, indem sie von Verarbeitungs*breite,* statt von Verarbeitungs*tiefe* sprechen. Damit ist intendiert, dass Informationen nebeneinander verarbeitet werden können. Je mehr Elaborationen vorkommen, desto besser ist die Behaltensleistung.

2.4.4.6 Mentale Modelle und die Kodierung von Texten

Bei der Verarbeitung längerer Texte wird ebenfalls auf vorhandenes Wissen zurückgegriffen. Bietet man z.B. schwer verständliche Texte, so können durch bildliche Zusatzinformation (Kontextinformation) die Behaltensleistungen wesentlich verbessert werden (Bransford & Johnson, 1972). Nicht passende Information wird kaum kodiert und entsprechend leicht vergessen (vgl. hierzu auch den Begriff des *Schemas*). Ebenso kann es zu typischen Verfälschungen kommen, um die Unterschiede zwischen einer aktuellen Information und gut gespeichertem Wissen im LZG stimmig zu machen. Text und Hintergrundwissen sind beide notwendig, um die Bedeutung einer Geschichte zu verstehen (und zu behalten).

In dem klassischen Experiment von Bransford und Johnson (1962) wurde den Vpn eine Geschichte vorgelesen, wobei einem Teil der Vpn ein Bild als Kontextinformation gegeben wurde und einer weiteren Gruppe ein teilweises sinnvolles Kontextbild (vgl. Abb. 2.14). Die Geschichte lautete folgendermaßen:

Wenn die Ballons platzten, könnte der Klang nicht hindringen, da alles zu weit vom richtigen Stockwerk entfernt wäre. Ein geschlossenes Fenster würde den Klang ebenfalls abhalten, da die meisten Gebäude gut isoliert sind. Da der ganze Vorgang von einem ständigen elektrischen Stromfluss abhängt, würde ein Bruch in der Mitte des Drahtes ebenfalls Probleme nach sich ziehen. Natürlich könnte der Junge brüllen, die menschliche Stimme ist aber nicht laut genug, um so weit zu reichen. Ein weiteres Problem besteht darin, dass eine Saite des Instruments reißen könnte. Dann wäre die Botschaft ohne Begleitung. Klar ist, dass eine geringe Entfernung die günstigste Situation darstellte. Dann würden weniger Probleme auftreten. Bei einem Kontakt Auge in Auge könnten am allerwenigsten Dinge schief gehen.

Abbildung 2.14: Bilder als Kontextbedingungen in der Untersuchung von Bransford und Johnson (1962)

Die Ergebnisse zeigen erwartungsgemäß, dass Vpn ohne Kontextinformation die schlechtesten Verstehens- und Behaltensleistungen zeigen. Auch ein nur partiell sinnvoller Kontext (vgl. Abbildung 2.14, rechte Seite) verbessert die Leistung wenig, eine den Textsinn erfüllende Zeichnung hingegen deutlich. Wenn diese sinnvollen Interpretationsmöglichkeiten erst im Nachhinein zur Verfügung gestellt werden, so verbessert sich die Merkleistung ebenfalls kaum. Dies heißt, dass bereits beim Lesen oder Hören eines Textes die wesentlichen Kodierungsleistungen ablaufen. Die Bedeutung eines Textes wird aktiv mit Hilfe langzeitlicher Wissensstrukturen konstruiert, d.h. es wird ein für diese Situation passendes mentales Modell benutzt. Dabei ist auch die Möglichkeit nicht auszuschließen, dass dieser konzeptgeleitete Prozess zu einer sinnwidrigen Verfälschung einkommender Informationen (Wahrnehmungsdaten) führen kann.

Bei der Verarbeitung von Texten lässt sich aber noch ein anderes Phänomen beobachten. Angenommen, man lese folgenden Abschnitt (Sanford & Garrod, 1981; zit. n. Schnotz, 1988): „Hans war auf dem Weg zur Schule. Er machte sich Sorgen wegen der Mathematikstunde. Er hatte Angst, er würde die Klasse nicht unter Kontrolle halten können." Der letzte Satz erscheint als irritierend, offensichtlich geht der Leser anfänglich davon aus, dass Hans ein Schüler sei, und nicht – wie aus dem letzten Satz vermutbar – ein Lehrer. Diese Irritation lässt sich damit erklären, dass sehr schnell eine Situation konstruiert wurde, in deren Rahmen die Sätze interpretiert werden konnten. Der letzte Satz macht aber deutlich, dass diese anfänglich konstruierte Situation nicht haltbar ist. Die Situation muss nun neu konstruiert werden, daher die Irritation.

Aus diesem Beispiel wird klar, dass die Konstruktion der Bedeutung der Aussage nicht sukzessiv mit der sequentiell aufgenommenen Information einhergeht, sondern dass relativ rasch eine mögliche Annahme über die Gesamtsituation konstruiert wurde, in deren Rahmen die Informationen interpretiert wurden. Es wird also von einem mentalen Modell ausgegangen, das zur Informationsverarbeitung verwendet wird.

Johnson-Laird (1983) unterscheidet physikalische von konzeptionellen Modellen. Die ersteren beziehen sich auf die wahrgenommene physikalische Umwelt (beziehungsmäßig, örtlich, zeitlich, kinematisch, dynamisch, bildhaft), die letzteren können abstrakte Konzepte repräsentieren (monadisch, relational, metasprachlich, mengentheoretisch). Zentral ist dabei die strukturelle Identität zwischen internem Modell und den externen Gegebenheiten. Deshalb zählen Lüer et al. (1995, S.100) diese mentalen Modelle zu Formen der analogen Repräsentationen im Gedächtnis.

Mentale Modelle spielen sowohl beim Arbeitsgedächtnis eine Rolle als auch beim Langzeitgedächtnis. Sollen z.B. Syllogismen gelöst, Texte verstanden oder räumliche Aufgaben gelöst werden, so wird jeweils ein mentales Modell für die Aufgabenbearbeitung im Arbeitsgedächtnis unter Verwendung langzeitlich gespeicherter Strukturen konstruiert (das natürlich nicht immer korrekt sein muss).

Wenn es gelingt, für eine Situation oder eine Aufgabe ein mentales Modell zu konstruieren, dann ist es so, dass dieses besser erinnert wird als eine propositionale Repräsentation, d.h. dass mentalen Modellen auch ein langzeitlicher Aspekt zugeschrieben werden muss. Mentale Modelle würden nach der Interpretation von Johnson-Laird (1983) Elaborationen auf einem tieferen Verarbeitungsniveau darstellen.

2.4.4.7 Repräsentation komplexen Wissens - das Modell des Textverstehens von Kintsch und van Dijk (1978)

In dem zu besprechenden Textverarbeitungsmodell wird zwischen einem Arbeitsgedächtnis („control system" = AG) und dem KZG als Halteplatz für Informationen unterschieden. Die Verarbeitungsprozesse laufen im AG ab, das KZG ist dabei ein kapazitätslimitiertes Subsystem des AG.

Das Modell ist propositional (und nicht als semantisches Netzwerk) aufgebaut[14], d.h. Grundeinheit der semantischen Analyse ist die Proposition. Jede Proposition besteht aus einem Prädikat (Verben, Adjektive) und einer Reihe von Argumenten (Substantive oder andere Propositionen). Die Bedeutungsstruktur eines Textes wird als eine erste Liste von Propositionen dargestellt. Die Kohärenz eines Textes wird dadurch gesichert, dass sich die Argumente in den Propositionen überlappen. Sollte dies einmal nicht der Fall sein, wird durch Such- und Inferenzprozesse Kohärenz hergestellt. In dem Modell wird sodann von einer zyklischen Verarbeitung dieser Propositionen ausgegangen. Diese Anzahl variiert nach dem Bekanntheitsgrad des Materials und den zur Verfügung stehenden Ressourcen.

Der Erfahrung, dass man im Alltag nicht isolierte Einheiten, sondern sinnhaltige Strukturen lernt, wird in dem zu besprechenden Modell entsprochen. Dabei wird auch darauf aufmerksam gemacht, dass zwischen der Aufnahme eines gelesenen oder gesprochenen Textinputs und seiner kognitiven Repräsentation eine Reihe von informationsreduzierenden (und u.U. auch informationserweiternden) Prozessen stattfinden; diese müssen nicht bei jedem Rezipienten gleich ausfallen. Wenn daher bei einer darauf bezogenen Gedächtnisanforderung unterschiedliche Geschichten wiedergegeben werden (vgl. Kap. 3.2.5 zur Verzerrungstheorie des Vergessens), so kann dies bereits durch unterschiedliche Resultate beim Enkodieren einer Information bedingt sein. Beim Lesen oder beim Lernen langer Texte ist von Prozessen der Informationsreduktion auszugehen.

Zuerst wird eine Textbasis nach mehreren Verarbeitungsstufen (graphemische Analyse, Wortidentifikation, syntaktisch-semantische Analyse von Wortabfolgen, zwischengeschaltete linguistische Analyse) durch eine Vielzahl von Propositio-

---

[14] Allerdings können beide Darstellungsweisen ineinander überführt werden (Kintsch & van Dijk, 1978, S. 367). Welche Repräsentation bevorzugt wird, hängt von forschungspraktischen Überlegungen ab.

nen dargestellt (= Mikrostruktur). In das Gedächtnis werden aber nur Teile der Mikrostruktur eines Textes und auch der darauf basierenden Elaborationen (d.h. der durch den Text angeregten Schlußfolgerungen, einschließlich der durch den Text angeregten Vorstellungsbilder) aufgenommen - es werden sog. Makrostrukturen aufgebaut.

Ihre Konstruktion vollzieht der Lerner mittels sog. Makrooperatoren (van Dijk, 1977; Kintsch & van Dijk, 1978). Diese sind geeignet, gegebene Mikrostrukturen (= Einzelaussagen) so zusammenzufassen, dass ein Kondensat eines Textes entsteht. Welche Mikrostrukturen zusammengefasst werden, hängt vom Leser ab, von seinem Vorwissen, seiner Verarbeitungskapazität oder seiner Perspektive, mit der er an einen Text herangeht. Makrostrukturen sichern die Kohärenz eines Textes, indem durch interpretative Prozesse Mehrdeutigkeiten oder Unvollständigkeiten auf Satzebene aufgelöst werden. Beim Erinnerungsprozess kann das gespeicherte Textkondensat zum Teil wieder entfaltet werden.

In dem Modell van Dijks (1981) wird von einem Netzwerkmodell des Gedächtnisses ausgegangen. Mehrere Propositionen betrachtet er als semantischen Organisationseinheiten zugehörig (sog. FACTs). Diese können sich auf Zustände, Ereignisse, Prozesse oder Handlungen beziehen. FACTs werden aufgrund vorhandener Schemata interpretiert. Schemata beziehen sich auf typische Zusammenhänge in bestimmten Realitätsbereichen (vgl. z.B. das Restaurant-Skript). Schemata steuern die Informationsaufnahme, indem sie Leerstellen bereitstellen, die dann erfahrungsgeleitet gefüllt werden können.

Nach diesem Modell können in einem postulierten semantischen Kurzzeitspeicher ca. 15 FACTs bzw. 50 Propositionen verarbeitet werden. Aufgrund gegebener Mikrostrukturen wird eine hypothetische Makrostruktur angenommen, die aber auch falsifiziert werden kann (ein Textteil kann z.B. als Bedingung, Folge, Merkmal etc. angesehen werden, beim weiteren Lesen kann sich dies aber als unangemessen herausstellen), d.h. der Inhalt wird unter einer anderen Makrostruktur im Langzeitgedächtnis abgelegt.

Es werden sowohl Prozesse (a) der horizontalen als auch der (b) vertikalen Verarbeitung angenommen. Mit *horizontal* ist eine semantische Transformation auf derselben Ebene gemeint (z.B. Ersetzen einer Aussage durch eine bedeutungsgleiche andere, Umstellung von Propositionen, Rekombination von Propositionen). Bei einer *vertikalen* Verarbeitung findet ein Ebenenwechsel statt, bei dem sich das Abstraktionsniveau ändert. Durch die Anwendung von Makrooperationen werden Mikropropositionen zu Makropropositionen verdichtet. Auf diese können dann wieder weitere Makrooperationen angewandt werden (Prinzip der Rekursivität).

In dem Modell werden zwei Tilgungs- und zwei Ersetzungs-Operatoren unterschieden:

(1a) *Weglassen:* Ein Leser kann einen Teil einer Proposition weglassen, wenn sie weder direkt noch indirekt eine wichtige Interpretationsbedingung für eine andere Proposition ist, so wird z.B. die Mikrostruktur „er betrat einen kleinen Laden" zu der Makrostruktur „er betrat einen Laden". Durch diese Reduktion einmaliger Bestandteile eines Sachverhaltes geht Information verloren.

(1b) *Selektion:* Damit ist die Auswahl einer Makroproposition gemeint, die eine Sequenz von Propositionen vertreten kann, die dann selbst wegfallen kann, z.B. die Mikrostrukturen „er nahm die Streichhölzer, zündete die Pfeife an und rauchte" werden zur Makrostruktur „er rauchte". Die Details der Handlung sind durch die Makrostruktur impliziert.

(2a) *Generalisation:* Mehrere Propositionen werden durch eine begrifflich übergeordnete ersetzt, z.B. „Der Vater spülte Geschirr. Die Mutter schrieb an ihrem neuen Buch. Die Tochter strich die Fensterrahmen und der Sohn strickte" wird zur Makrostruktur „Die ganze (etwas merkwürdige) Familie war beschäftigt". Die Detailinformationen gehen hier wieder verloren.

(2b) *Konstruktion:* Eine Folge von Propositionen wird durch eine ersetzt, die nicht bereits im Text vorhanden ist, z.B. die Mikrostruktur „Er nahm die Streichhölzer, zündete sie an und blies dicke Wolken aus" wird zur Makrostruktur „Er rauchte". Hier ist die ursprüngliche Information rekonstruierbar.

Indikatoren für Makrostrukturen sind sog. „topic indicators", die im voraus - oder im nachhinein eine gedankliche Einheit begrenzen oder ihr einen bestimmten Stellenwert zuschreiben. Solche können sein:

(1) globale Ausdrücke („Thema soll sein ..."),

(2) Zusammenfassungsindikatoren („kurz gesagt, ..."),

(3) Themenwechselindikatoren („Nun zu Punkt xy"),

(4) Konjunktionen („einerseits - andererseits"),

(5) Relevanzindikatoren („am wichtigsten ist"),

(6) Aufmerksamkeitsmarker („Weißt du?", „Rate mal ...").

Die Makrooperatoren können auch mehrmals hintereinander zur Anwendung kommen. Als deren Resultat entsteht ein Textkondensat auf unterschiedlichen Ebenen. Die globalste Ebene ist das Thema des Textes. Dieser Prozess geht nicht automatisch vonstatten, sondern ist unterschiedlich je nach Interesse des Lernenden, seinem Vorwissen, dem Kontext, den Texteigentümlichkeiten etc. Durch solche Prozesse ist es erklärlich, dass oft nur mehr sehr grobe Handlungsschema (oberste Makrostrukturen) im Gedächtnis hängen bleiben, wenn man sich z.B.

nach längerer Zeit an den Inhalt eines Filmes oder eines Romans zu erinnern sucht.

Anwendungsaspekte

Eine lernwirksame pädagogische Konsequenz aus diesem Modell ist es, Abschnitte in einem Text finden zu lassen, Zusammenfassungen anzufertigen, Titel für eine Geschichte oder anderes zu erarbeiten. Diese Strukturen sind am dauerhaftesten im Langzeitgedächtnis gespeichert.

Pflugradt (1985, S. 20) diskutiert die Bildung von Makrostrukturen in Zusammenhang mit Mapping-Techniken (vgl. Kap. 5.4.4.3). Auch bei diesen soll ein Text nicht vollständig abgebildet werden, sondern es soll „das Wesentliche" eines Textes dargestellt werden. Die dargestellten Makrooperatoren könnten Mittel zur Informationsextraktion sein.

Für das Lehren bedeutet dies, dass die entscheidende Voraussetzung für jedes längerfristige Behalten in dem möglichst tiefgehenden Verstehen des Lernstoffes besteht. Wenn dem Schüler nicht die Bedeutungsstruktur des Lernstoffes erschlossen wird, so hat dies relativ schnelles Vergessen zur Folge. Dies heißt z.B., dass eine verbale Darstellung nur dann den Schülern angemessen ist, wenn sie über alle *aussagenkonstituierenden Begriffe* verfügen. Selbst unter diesen Voraussetzungen stellt der „Verbalismus" eine relativ ungünstige Darbietungsform dar. Zu berücksichtigen ist, dass alle Aktivitäten, welche ein tiefergehendes Verständnis fördern, die Gedächtnisleistung steigern (vgl. Kap. 3.5), z.B.

- bildliches Vorstellen des sprachlich Dargebotenen,
- Wiedergeben des Inhaltes mit eigenen Worten,
- Zusammenfassungen erarbeiten,
- Wiedergabe durch die Schüler in geeigneten Formen (Rollenspiel, Modell, Skizze, Zeichnung).

Ergänzend zu den informationsreduzierenden Makrooperatoren gibt es auch deren Umkehrung, nämlich sog. *Rekonstruktionsoperatoren*, durch deren Anwendung die Informationen nach Abruf aus dem Langzeitgedächtnis wieder erweitert werden können. Diese sind:

(1) *Spezifizierung* (für Selektion und Konstruktion) von normalen Merkmalen, Bedingungen, Teilereignissen oder Folgen von Handlungen und Ereignissen,

(2) *Hinzufügen* (für Weglassen) von Details nach Plausibilität und

(3) *Partikularisierung* (für Generalisation) zu Teilbegriffen, d.h. Zerlegung in Einzelteile.

Diese Rekonstruktionsprozesse werden durch Schemata kontrolliert, d.h. es werden die für diese Schemata relevanten Einzelheiten rekonstruiert. Auch dabei sind Fehler nicht auszuschließen, da durchaus falsche Inferenzen und Elaborationen im Hinblick auf den ursprünglichen Text erzeugt werden können.

2.4.4.8 Intentionales vs. inzidentelles Lernen

Über inzidentelles Lernen liegt eine Vielzahl von Befunden vor. Poppelreuter hat bereits 1912 (zit. n. Rohracher, 1972, S. 149) belegt, dass man eine Silbenreihe anders liest, wenn man aufgefordert ist, sich diese zu merken, oder wenn man sie ohne Lernabsicht nur lesen will. Die Befunde sagen zum einen aus, dass Lernen zwar auch ohne Lernabsicht stattfinden kann (Stokes & Pankowski, 1988; Konopak et al., 1987), dass diese Lernsituation aber im Vergleich zu einer absichtsvollen oder instruierten weniger effektiv ist (Noldy et al., 1990; Klauer, 1981).

Tabelle 2.10: Reproduktionsleistungen bei inzidenteller oder intentionaler Instruktion (Murphy & Brown, 1975)

Instruktion	Reproduktionsleistung
Intentionale Instruktion	22 %
Inzidentelle Instruktion	
- Beachtung der Farben (oberflächliche Verarbeitung)	18 %
- Beachtung semantischer Merkmale (tiefe Verarbeitung)	41 %

Ein Beispiel für die höhere Lernwirksamkeit intentionalen Lernens kann einer Untersuchung von Murphy und Brown (1975) mit Vorschulkindern entnommen werden (vgl. Tab. 2.10). Wie sich hier zeigte, wird durch den Hinweis, sinnvolle Beziehungen zwischen den zu lernenden Inhalten zu stiften („tiefe" Enkodierung), die Merkleistung stärker erhöht als durch den Hinweis auf eine nachfolgende Prüfung (intentionales Lernen).

Ähnliche experimentelle Befunde über inzidentelle Lerneffekte sind auch für die Alltagssituation des Fernsehens erarbeitet worden (Metzger, 1988; Winterhoff-Spurk, 1983). Nur Strittmatter et al. (1988) fanden keine schlechteren Behaltensleistungen bei einer als informell bezeichneten Lernsituation als unter einer Behaltensinstruktion. Allerdings wurde dieses Ergebnis kritisiert (Bock et al., 1992), da keine Kontrolle der kognitiven Aktivitäten der Probanden in der inzidentellen Lernsituation erfolgte.

Bock et al. (1992) ziehen zur Erklärung des besseren Merkens bei einer geplanten Lernsituation mit Massenmedien nicht die Unterscheidung nach der Lernabsicht heran, sondern das Levels-of-processing-Modell von Craik und Lockhardt (1972); sie folgen damit den von diesen Autoren vorgezeichneten Interpretationen. Danach ist weniger der Aspekt des absichtsvollen oder inzidentellen Lernens wesentlich, sondern vielmehr die durch das Material automatisch stimulierte oder von dem Lerner selbst initiierte Tiefe der Verarbeitung (z.B. nach formalen oder semantischen Kriterien, s.o.). In der Tat konnte gezeigt werden, dass bei einer *formalen* Aufgabenstellung (Zählung der „Unds" in einem Beitrag über einen Film) signifikant weniger behalten wird als bei einer *semantischen* Aufgabe (erhaltene Information untereinander verbinden) oder einer *Behaltens*instruktion.

Ähnlich sind auch die Befunde von Bower (1972, S. 68 f) zu werten, bei denen einmal in einer inzidentellen Lernsituation die Vpn angewiesen waren, die Lebhaftigkeit der mit Wörtern verbundenen Bilder zu bewerten, während in der intentionalen Lernsituation ein nachfolgender Behaltenstest angekündigt war. Die Anweisung, die Lebendigkeit von Bildern zu bewerten (und die zwangsweise damit verbundenen bildhaften Elaborationen) führten zu dem gleichen Lerneffekt wie die intentionale Lernanweisung (71 vs. 77 % richtige Lösungen in einem „cued-recall-Test").

Die Überlegenheit einer tieferen Verarbeitung in einer ungeplanten Lernsituation durch elaborative Fragen bei Texten zeigten auch Woloshyn et al. (1990).

2.5 Langzeitgedächtnis

2.5.1 Systeme des Langzeitgedächtnisses

Das LZG bzw. die Gedächtnissysteme des LZG, die für die längerfristige Bewahrung von Erfahrungen zuständig sind, sind Träger der gesamten verhaltensrelevanten Information eines Menschen. Die gespeicherte Information umfasst Daten, die für die Erkennung von Umweltzuständen notwendig sind; ebenso ist in ihm das Wissen enthalten, das zur Steuerung von Aktivitäten in der Umwelt notwendig ist; das LZG fungiert auch als aktiver Prozessor und Erzeuger von informationsverarbeitenden Strukturen. Die Hauptfunktion des LZG liegt in der dauerhaften Abbildung von Informationen, d.h. in der zeitstabilen und möglichst störungsresistenten Einlagerung von Informationen. Dieses Wissen kann unter gegebenen Umständen bewusst aktiviert oder indirekt erschlossen werden. Das im LZG gespeicherte Wissen ist sowohl Folge von Lernen wie auch Voraussetzung für alle Lern-, Denk- und Problemlösungsprozesse (Mandl et al., 1986, S. 145).

Die Leistungsfähigkeit des LZG kann man anhand der Frage prüfen, ob es ein vollständiges Vergessen von Inhalten gibt, die einmal im LZG gespeichert sind. Nach der Alltagserfahrung sind viele Informationen, die man einmal gewusst hat, nicht mehr erinnerbar. Untersuchungen belegen aber, dass Spuren des Gelernten weiterhin vorhanden sind:

Auf diese Tatsache hat bereits Ebbinghaus (1911) hingewiesen. Bei seinen ersten Untersuchungen hatte er auch einige Stanzen aus Byrons Don Juan gelernt, diese Stanzen lernte er 17 Jahre später nochmals. Dabei stellte er eine 20 %-ige Lernersparnis für das wiederholte Lernen gegenüber dem erstmaligen Lernen fest.

Burtt (1937) berichtet von ähnlichen Resultaten: Er las seinem 15 Monate alten Sohn täglich drei Passagen von 20 Zeilen aus Sophokles im griechischen Original vor. Alle drei Monate änderte er die Passagen. Als sein Sohn drei Jahre alt war, hatte dieser also insgesamt 21 solche Abschnitte täglich dargeboten bekommen. Im Alter von 8 1/2 Jahren ließ Burtt seinen Sohn z.T. die alten und z.T. neue Passagen aus Sophokles lernen. Er fand heraus, dass die neuen Abschnitte im Durchschnitt 435 mal wiederholt werden mussten, bis sie richtig aufgesagt werden konnten, bei den bereits bekannten waren es im Schnitt nur (!) 317 Wiederholungen. Die Ersparnis gegenüber dem Erstlernen betrug also ca. 27 %.

Mit wesentlich weniger heroischen Experimenten hat auch Nelson (1971, 1978) die erleichternde Wirkung des Wiederlernens bei vergessen geglaubten Inhalten demonstriert.

Unter Hypnose werden ebenfalls z.T. erstaunliche Gedächtnisphänomene berichtet: True (1949) befragte 50 in Hypnose versetzte Vpn nach dem Wochentag, auf den ihr 4., 7. und 10. Geburtstag gefallen war. In ca. 90 % der Fälle erhielt er korrekte Antworten, während im Wachzustand nur 14 % richtige Antworten gegeben werden konnten, was genau der Zufallserwartung entspricht (= ca. 1/7).

Auf subhumaner Ebene ist bekannt, dass bedingte Reflexe ebenfalls noch nach langer Zeit bei Tieren nachgewiesen werden können: bei einem Schaf noch nach 14 Jahren (Liddell, 1944), bei einem Hund noch nach 16 Jahren (Hilgard & Marquis, 1940) oder bei Tauben noch nach viereinhalb Jahren (Skinner, 1950).

Eindrucksvoll sind auch die Fallbeispiele über *hypermnestische Phänomene*, die im Rahmen neuropathologischer Ereignisse auftreten können. Sacks (1994, S. 181) berichtet von einer älteren Patientin, die plötzlich das Gefühl hatte, in ihrem Kopf spiele ein Radio irische Melodien, die sie aus ihrer Kindheit gut kannte. Mittels EEG-Befund ließ sich absichern, dass immer dann, wenn die Patientin die Melodien hörte, im Bereich des Schläfenlappens starke Aktivitäten nachweisbar waren. Ursächlich konnte dies auf eine Thrombose in diesem Bereich zurückgeführt werden. Die spontane Aktivierung dieser sehr alten und nicht mehr bewussten Gedächtnisspur hörte mit der Auflösung des Gerinnsels langsam wieder auf. Ähnliche Effekte werden auch in den Reizungsexperimenten von Penfield (1959) berichtet.

Obwohl jeder Mensch subjektiv die Erfahrung gemacht hat, dass selbst gut gelernte Inhalte vollständig vergessen sind, scheinen diese Befunde dafür zu sprechen, dass es ein vollständiges Vergessen nicht gibt (zu den einzelnen Vergessenstheorien vgl. Kap. 3).

Das LZG wird heute weder als eine einheitliche Struktur, noch als einheitliche Funktion angesehen. Unter der Bezeichnung LZG werden als Grobstrukturen *deklaratives* und *nondeklaratives (implizites) Gedächtnis* unterschieden (Squire, 1994; Squire et al., 1993; Anderson, 1983; vgl. Abb. 2.15). Die Unterscheidung scheint durch klinische Beobachtungen, experimentelle Läsionsstudien an Tiermodellen, anatomische und letztlich auch durch biochemische Untersuchungen begründbar zu sein (Markowitsch, 1994; Seitz, 1995).

Ohne auf neuroanatomische und neurophysiologische Befunde eingehen zu wollen, sei beispielsweise darauf verwiesen, dass amnestische Patienten Aufgaben des Wiedererinnerns („recall") oder des Wiedererkennens („recognition") nicht bewäl-

tigen können (= deklaratives Gedächtnis), während andere Erinnerungs- und Lernleistungen (Fertigkeiten motorischer, wahrnehmungsmäßiger oder kognitiver Art =
non-deklaratives Gedächtnis) unproblematisch sind (Squire, 1994). Ebenso sind
bei diesen Patienten KZG-Fähigkeiten vorhanden (unbeschädigte Gedächtnisspanne), aber die langzeitliche Abspeicherung dieser Inhalte gelingt nicht (Squire et al.,
1993)

Zudem wurde gezeigt, dass amnestische Patienten die gleichen Trainingserfol-
ge bezüglich der Fähigkeit aufweisen, Unsinnswörter zu lesen oder Wortfolgen in
einem künstlichen grammatikalischen System zu erkennen, wie normale Kontrollpersonen. Auch bei „Priming"-Experimenten (s.u.) erzielen sie die gleichen Leistungen wie normale Vpn. Wäre Priming von deklarativen Gedächtnisleistungen
abhängig, so müssten beide Fähigkeiten gleichermaßen beeinträchtigt sein.

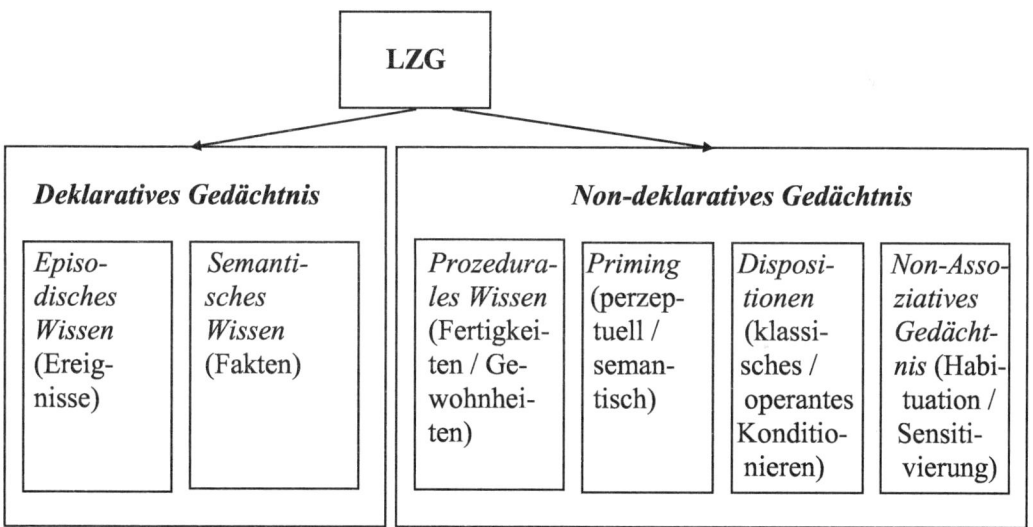

Abbildung 2.15: Vermutete Grobstrukturen des LZG (Markowitsch, 1994;
Squire, 1994; Squire et al., 1993)

Die Inhalte des deklarativen Gedächtnisses (Allgemeinwissen, Weltwissen)[15]
sind bewusstseinsfähig und ermöglichen es dem Individuum, seine Welt zu interpretieren. Von dem deklarativen Wissen nimmt man an, dass es in organisierter

---

[15] Auf die bisweilen vorfindbare Unterscheidung in ein LZG für jüngst erworbene Informationen
und eines für weiter zurückliegende Ereignisse i.S. eines Altgedächtnisses (Calabrese, 1994, S.
36) soll hier nicht eingegangen werden.

Form gespeichert ist, wobei aufeinander bezogene Wissenseinheiten miteinander verbunden gedacht werden.

Die nicht bewusstseinsfähigen Gedächtnisfähigkeiten wurden früher unter dem Sammelbegriff des prozeduralen Wissens zusammengefasst. Allerdings hat sich herausgestellt, dass diese Fähigkeiten heterogen sind (auch hinsichtlich ihrer biologischen Basis) und nur die Gemeinsamkeit aufweisen, dass sie nicht (oder nur bedingt) bewusstseinsfähig sind, deshalb wurde als neutrale Bezeichnung „nondeklaratives Gedächtnis" (Squire, 1994) vorgeschlagen (bisweilen findet sich auch der Terminus „implizites Gedächtnis", z.B. bei Schacter [1987]).

Das *prozedurale Wissen* („skill memory") umfasst alle Handlungsprogramme, die der Steuerung von motorischen, wahrnehmungsmäßigen und kognitiven Fertigkeiten (z.B. Skifahren, Wahrnehmung von Gesichtern, Rechenoperationen) zugrunde liegen (vgl. Kap. 2.5.4).

Priming („vorwärmen", vorbereiten) bezieht sich auf die erhöhte Wahrscheinlichkeit, einen Reiz wiederzugeben oder wiederzuerkennen, wenn davor ein assoziativ damit verbundener Gedächtnisinhalt aktiviert worden ist (assoziative Aktivierung). Ein typisches Priming-Experiment besteht z.B. darin, Vpn zuerst eine Reihe von Wörtern (Bildern, Zeichnungen von Linien) zu zeigen. In einem zweiten Teil des Experiments wird dann verlangt, neue und alte Wörter zu benennen bzw. zu entscheiden, ob das Wort bereits gezeigt wurde. Dies gelingt in der Regel für die alten Wörter signifikant schneller als für die neuen (Tulving & Schacter, 1990). Diese erhöhte Wiedererkennenswahrscheinlichkeit liegt nicht bewusst bzw. verbalisierbar vor, sie ist in der Regel eng kontextbezogen und kann über lange Zeit nachgewiesen werden. Effekte von Priming lassen sich auch nachweisen, wenn günstige Bedingungen für einen deklarativen Wissenserwerb (z.B. Elaborationen) ausgeschaltet sind. Priming-Effekte können z.T. lange anhalten (2 Stunden bis 7 Tage; Squire et al., 1993, S. 480).

Auch *klassische und operante Konditionierungen* (vgl. Kap. 7.2 und 7.3) laufen ohne Zutun des Bewusstseins ab (selbst bei amnestischen Personen).

Habituation bezieht sich auf die abnehmende Reaktionsbereitschaft bei Aussetzung gegenüber einem gleichen Reiz (z.B. das nicht mehr bewusste Wahrnehmen des Geräusches eines tickenden Weckers) und *Sensitivierung* (als Gegenteil von Habituation) auf die besondere Wahrnehmung eines spezifischen Reizes (z.B. Sensibilisierung der Eltern gegenüber den Schlafgeräuschen eines Babys).

Unter dem Begriff des *deklarativen Wissens* ist zusätzlich die Unterscheidung zwischen *episodischem* und *semantischem Gedächtnis*[16] zu subsumieren (Tulving, 1972). Das episodische Gedächtnis bezieht sich auf zeitlich datierte, räumlich lokalisierte und persönlich erfahrene Ereignisse oder Episoden. Episoden sind autobiographischer Natur, sie wurden von der Person selbst erlebt (z.B. erfordert die Suche einer Antwort, was habe ich vergangenes Jahr zu Ostern gemacht, episodisches Wissen). In diesem Sinne sind Lernexperimente in der Tradition von Ebbinghaus (1885) mit sinnarmen Material (vgl. Kap. 2.5.1) für das Funktionieren des episodischen Gedächtnisses indikativ, nicht aber für das semantische Gedächtnis. Während das episodische Wissen sehr störungsanfällig sein soll (z.B. wegen mangelnder Vernetzung), ist das semantische Wissen wesentlich störungsresistenter. Allerdings kann man auch annehmen, dass neues episodisches Wissen mit bereits vorhandenem verbunden wird.

Inhalte des semantischen Gedächtnisses beziehen sich auf Bedeutungen (insbesondere Bedeutungen von „Ganzheiten"), die nicht unmittelbar erlebt werden müssen (z.B. Formel für Salzsäure, Hauptstadt von Italien, Rechenoperation $a^2 - b^2$). Das semantische Gedächtnis entspricht dem organisierten Wissen eines Menschen (z.B. über Worte und andere semantische Symbole, über deren Bedeutung und Referenten, aber auch im Sinne des Weltwissens allgemein; Kintsch, 1980). Diese Art von Wissen ist *generativ,* d.h. es erlaubt den Abruf von Informationen, die niemals abgespeichert wurden, sondern die erschlossen werden können (z.B. die Tatsache, dass Herr XY einen Vater und eine Mutter hatte). Solche Schlussfolgerungen müssten im Rahmen der Modelle des semantischen Gedächtnisses darstellbar sein.

Craik (1977) kritisierte daran, dass diese Unterscheidung besser durch ein Kontinuum als durch eine Dichotomie beschreibbar sei. Auf episodischem Niveau würden Details spezifischer Ereignisse und fortlaufend abstraktere Inhalte bis hin zu rein semantischen erfahren. Wickelgren (1981) meint sogar, dass die Erinnerung an eine Episode ohne Bezug zu allgemeiner Information nicht möglich sei.

---

[16] Auch hier scheint es so zu sein, dass amnestische Patienten augenfällige Probleme hinsichtlich des episodischen Wissens aufweisen, semantisches Wissen jedoch nach vielen Wiederholungen erwerben können (Squire et al., 1993, S. 459). Die Schwierigkeiten beim Erwerb semantischen Wissens werden wieder durch die Probleme mit dem episodischen Gedächtnis erklärt: Normale Vpn können Wiederholungen durch den Rückgriff auf episodisches Wissen durchführen, genau dies gelingt amnestischen Patienten nicht.

2.5.2 Episodisches Gedächtnis/Vergessenskurve[17]

(1) Allgemeiner Verlauf der Vergessenskurve

Die Vergessenskurve kann als eine erste Charakteristik für den Erhalt von (e-pisodischer) Information im LZG angesehen werden. Bereits Ebbinghaus (1885) hatte einen typischen Verlauf hinsichtlich des Anteils an behaltenem Material in Abhängigkeit von der Zeit festgestellt. Das Ausmaß des Vergessens ist dabei am Anfang sehr groß und nimmt mit der Zeit ab. Nach 20 Minuten ist noch ca. 58 % der Gelernten präsent, nach 6 Tagen nur noch 25 % (vgl. Abb. 2.16).

% Ersparnis an Lernarbeit

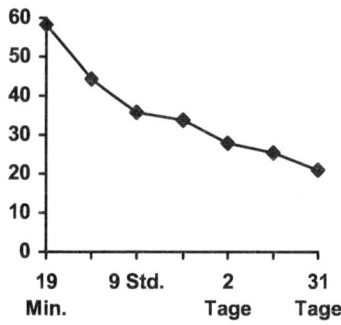

Zeit zwischen Erst- und Zweitlernen

Abbildung 2.16: Verlauf der Vergessenskurve nach Daten von Ebbinghaus (1885, S. 85)

Um diese Abhängigkeiten genau zu untersuchen, lernte Ebbinghaus 1228 13-silbige Reihen, bis er sie jeweils zweimal richtig reproduzieren konnte, sodann prüfte er nach unterschiedlich langen Intervallen, wie groß die Arbeitsersparnis im Vergleich zum Erstlernen betrug. Aufgrund dieser Ergebnisse formulierte er

---

[17] Als Beispiele episodischer Information werden hier ausgewählte Ergebnisse der älteren Ge-dächtnisforschung zusammengestellt. Da in der Tradition von Ebbinghaus mit möglichst sinn-armen Silben gearbeitet werden sollte, ist die Vorbedingung gegeben, dass Beziehungen se-mantischer Art sich kaum auf die Befunde auswirken dürften. Dies entspricht auch der Zuord-nung, die Klimesch (1991, S. 31) vornimmt, wenn er eine Gedächtnisleistung (z.B. Wörter wiedererkennen), die sich auf „zeitlich-kontextuelle Information" bezieht, als episodische Ge-dächtnisaufgabe bezeichnet. Diese Zuordnung kann aber auch kritisiert werden.

das sog. Ebbinghaussche Gesetz: „Die Quotienten aus Behaltenem und Verges-
senem verhielten sich umgekehrt wie die Logarithmen der Zeiten" (Ebbinghaus,
1885, S. 17).[18]

(2) Abhängigkeit der Vergessenskurve vom verwendeten Lernmaterial
Die Form der Vergessenskurve mit einem steilen Anfangsabfall und einem a-
symptotischen Verlauf scheint generelle Gültigkeit zu besitzen. Es bestehen aber
deutliche Unterschiede in Abhängigkeit von dem verwendeten *Material*:
Sinnlose Silbenreihen werden schneller vergessen als ein sinnvoller Text (es
macht allerdings nicht viel aus, ob anstelle der sinnlosen Silben isolierte Wörter
oder Zahlen verwendet werden, vgl. hierzu die Ausführungen über elaborative
Kodierung).

Auch hierzu hatte Ebbinghaus Selbstversuche mit Stanzen aus Byrons Don Juan
im englischen Original gemacht. Für das Erlernen von sechs Stanzen brauchte er
hintereinander 52 Wiederholungen, d.h. für das Erlernen einer ca. 9, „die ausser-
ordentliche Begünstigung, welche der Einprägung der Reihen durch die vereinig-
ten Bande des Sinnes, des Rhythmus, des Reims und der Zugehörigkeit zu einer
einzigen Sprache" eigen ist, erleichtert das Lernen auf 1/10 im Vergleich zu gleich
langen Reihen mit sinnlosen Silben. Nach Davis und Moore (1935) wird sinnhal-
tiges Material auch langzeitlich um ca. 30 % besser behalten als sinnarme Silben.

Auch wenn man einzelne Inhaltsbereiche unterscheidet, wie dies in der Studie
von Homolka (1953) mit der Unterscheidung in Farben, Formen und Zahlen-
Buchstaben-Kombinationen geschehen ist, ergeben sich unterschiedliche Verläufe (vgl. Abb. 2.17). Der Kurvenverlauf ist flacher und die Kurven fallen nicht so
steil ab. Vermutlich ist das unterschiedliche Niveau der Kurven auf die unterschiedliche Sinnhaftigkeit des verwendeten Materials zurückzuführen.

---

[18] Mathematisch formuliert, hat Ebbinghaus diese Abhängigkeit in folgender Funktion ausgedrückt:
$$b / v = k / (\log t)^c$$
Dabei ist t die Zeit in Minuten seit dem Ende des Lernens, gerechnet von einer Minute vor
Beendigung des Lernens, b ist die Arbeitsersparnis (d.h. das von dem ersten Lernen Behaltene,
ausgedrückt in der für dieses erste Lernen nötig gewesenen Zeit), c und k sind Konstanten (c =
1,25, k = 1,84).
$$b = 100 \times k / (\log t)^c + k$$
$$v = 100 - b \ (= \text{Komplement zur ersparten Arbeit bzw. Maß für das bereits Vergessene})$$

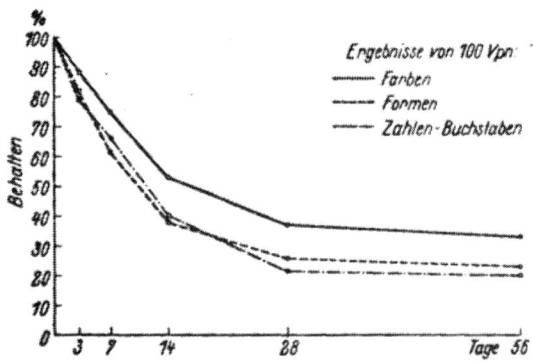

Abbildung 2.17: Vergessenskurven für Farben, Formen und Zahl-Buchstaben-Kombinationen innerhalb von 56 Tagen (Homolka, zit. n. Rohracher, 1972, S. 137)

Auch motorische Fertigkeiten werden unter experimenteller Kontrolle wesentlich besser behalten als erlernte Reihen isolierter Elemente; dem entspricht auch die Erfahrung, dass solche Fertigkeiten, selbst wenn sie Jahre zuvor erworben wurden (Radfahren, Schlittschuhlaufen, Spielen eines Musikinstrumentes), auch bei jahrelangem Nichtüben wesentlich leichter wiedererlernt werden als z.B. ein Gedicht. Diese Befunde sind im Rahmen des prozeduralen Wissensspeichers näher zu besprechen.

(3) Der Verlauf der Vergessenskurve hängt stark von der *verwendeten Prüfmethode* ab.

Nach der Methode des Wiedererkennens treten nicht so starke Vergessenseffekte auf wie bei der Methode der seriellen Reproduktion. Ebenso führt die freie Reproduktion zu besseren Ergebnissen als die serielle. Das Wiedererlernen liegt zwischen Wiedererkennen und freier Reproduktion.

Diese Tatsachen sind seit langem bekannt. Henri (1902, zit. n. Rohracher, 1972, S. 141) hat z.B. festgestellt, dass von 49 in 7 Siebenerreihen einmal dargebotenen Wörtern 33 % reproduziert werden konnten, aber 94 % wiedererkannt wurden. Andere Studien bestätigten, dass die längerfristige Vergessenskurve für das Wiedererkennen quasi parallel zur Kurve des Reproduzierens verläuft, aber auf einem um 40 % höheren Niveau des Erkennens (vgl. auch Tab. 2.11).

Wessels (1984, S. 196) geht davon aus, dass es sich beim Wiedererkennen und der freien Wiedergabe um prinzipiell die gleichen Prozesse handelt, die mit einem Modell des Generierens und Wiedererkennens beschrieben werden können. Bei der Methode der freien Wiedergabe müssen zuerst potentiell passende Möglichkeiten im LZG gesucht werden, dann kann aufgrund von Zusatzinformation entschieden werden, welches der gesuchte Inhalt ist. Beim Wiedererkennen ist der Vp der Prozess des Generierens bereits abgenommen und sie muss nur aufgrund von Kontextinformation entscheiden, ob das Item stimmt. Wird Information organisiert oder angereichert (z.B. durch Elaborationen), so wird der Prozess des Generierens positiv beeinflusst, nicht-elaborierendes Wiederholen verbessert hingegen das Wiedererkennen.

Tabelle 2.11: Reproduktionsleistungen (durchschnittliche Anzahl richtig wiedererkannter oder reproduzierter Elemente) nach der Methode des Wiedererkennens und bei freier Produktion (nach Miler, 1960)

Zeit zwischen Einprägung und Prüfung	Methode des Wiedererkennens	Methode der freien Reproduktion
5 Sekunden	7,9	5,0
1 Stunde	7,9	4,2
6 Stunden	6,5	3,2
24 Stunden	6,6	3,3
4 Tage	6,0	2,6
14 Tage	4,6	0,8

(4) Zur Bedeutung der Anzahl der Wiederholungen

Auch hier stammt das wesentliche Ergebnis bereits von Ebbinghaus[19], der das Behalten als Funktion der Anzahl der Wiederholungen herausstellte (vgl. Abb.

---

[19] Ebbinghaus (1885, S. 78): „für je drei Wiederholungen, die ich heute auf die Einprägung einer Reihe mehr verwandte, erspare ich 24 Stunden beim Wiederlernen ... ungefähr eine Wiederholung".

2.18). Durch zusätzliche Wiederholungen steigt die Wahrscheinlichkeit, dass ein Gedächtnisinhalt in das LZG übertragen wird.

Ersparnis gegenüber
dem Erstlernen (in Sekunden)

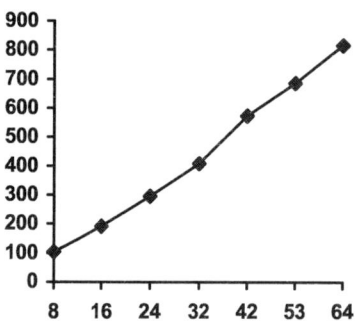

Anzahl der Wiederholungen
beim ersten Lernen

Abbildung 2.18: Behalten als Funktion der Anzahl der Wiederholungen am Beispiel des Lernens einer 16-silbigen Reihe (Ebbinghaus, 1885, S. 77)

Nach Hellyer (1962) können bei einmaliger Darbietung einer Konsonantengruppe nach 3 Sekunden etwa 89 % richtig reproduziert werden, bei achtmaliger Darbietung und Wiederholung sind es aber 99 %. Bei häufigerer Darbietung ist der Vergessensanteil auch nach weiteren kurzen Abständen geringer (vgl. Abb. 2.19).

Bei zusätzlichem Lernen vermindert sich die Ersparnis bei späterem Neulernen (Ebbinghaus, 1885). Zögert man die Wiedergabe hinaus, so setzt ein rascher Verfall der Merkleistung ein (bei einmaliger Darbietung einer Konsonantengruppe werden nach 9 Sekunden nur mehr 38 % der Konsonanten richtig erinnert), dies entspricht den Befunden zu dem sog. Brown-Peterson-Paradigma. Aus diesen Untersuchungen kann geschlossen werden, dass die Dauer des KZG etwa 2 bis 3 Sekunden beträgt (Ausnahme: erhaltende Wiederholungen).

% richtig wiedergegebener
Elemente

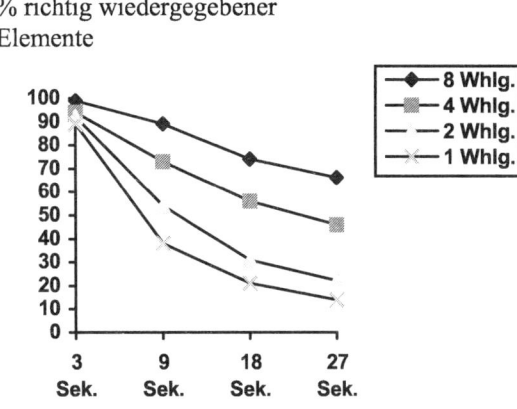

Prüfabstand

Abbildung 2.19: Beziehung zwischen der Darbietungshäufigkeit von Konsonantengruppen und dem Prüfabstand vom Erstlernen (Hellyer, 1962)

(5) Überlernen

Luh (1922) bezeichnete die Anzahl der Wiederholungen, die zu einmaligem richtigen Wiedergeben führen, als 100 %-iges Lernen. Für zusätzliches Lernen prägte er den Ausdruck „Überlernen". In Analogie dazu wird gelegentlich auch von „Unterlernen" gesprochen. Sind zur einmalig richtigen Reproduktion z.B. 15 Durchgänge notwendig und es werden zusätzlich 10 Wiederholungen vorgenommen, so beträgt der Lerngrad 166 %.

Ebbinghaus (1885, S. 77 f) benötigte zum Erlernen einer 12-silbigen Reihe 17 Wiederholungen, zum Wiederlernen nach 24 Stunden waren 12 Wiederholungen notwendig. Eine andere Silbenreihe wiederholte er viermal so oft als zur Beherrschung tatsächlich notwendig gewesen wäre (d.h. 68-mal). 24 Stunden später benötigte er nur mehr sieben Wiederholungen, um die Liste fehlerfrei aufsagen zu können, die Ersparnis gegenüber dem Erstlernen betrug also ca. 41 %.

Der Vergessensgradient verläuft umso steiler, je geringer die Darbietungshäufigkeit ist (vgl. auch Abb. 2.10). Die Wirkung des Überlernens ist anfänglich annähernd der Anzahl der Wiederholungen proportional, wird aber dann immer schwächer und geht asymptotisch auf Null zu.

(6) Verteilte oder massierte Übung

Lernmaterial, das in verteilten Übungsphasen eingelernt wurde, wird nicht so schnell vergessen als solches, das ohne Pausen massiert gelernt werden musste. Auch bei einer Erhöhung der Darbietungsrate fallen die Behaltensleistungen schlechter aus. Der bessere Behaltenseffekt tritt in zweifacher Form ein:

(a) bei einer *Verteilung des Merkstoffes auf längere Zeit* (geringerer Merkstoffumfang pro Lerndurchgang). Jost (1897) zeigte, dass bei Konstanthaltung der Wiederholungszahl (je 24 Wiederholungen insgesamt) die Verteilung über längere Zeit bessere Behaltenseffekte bringt (3, 6, 12 Tage), in der dritten Gruppe war die Treffzahl ca. dreimal so groß wie in der ersten (vgl. Tab. 2.12). Nach Wreschner (1910; zit. n. Rohracher, 1972, S. 120) gilt dies sogar bei kurzfristigen Pausen; werden zwischen den Wiederholungen einer Silbenreihe einminütige Pausen eingeschoben, so ist die Einprägung wesentlich besser als bei pausenlosem Hintereinanderwiederholen.

Tabelle 2.12: Verteilung von Wiederholungen und Erinnerungsleistungen (Jost, 1897; zit. n. Rohracher, 1972, S. 119)

Verteilung der Übungen	*Trefferquoten*
3 Tage, pro Tag 8 Wiederholungen	18 %
4 Tage, pro Tag 6 Wiederholungen	39 %
12 Tage, pro Tag 2 Wiederholungen	53 %

(b) bei *Verteilung der Lernmenge*: Nach Ebbinghaus (1885) steigt die benötigte Wiederholungszahl überproportional zur Lernmenge, d.h. wenn man für das Merken von sechs Silben nur einen Lerndurchgang bis zur fehlerfreien Wiedergabe braucht, so sind es für 12 Silben nicht zwei Lerndurchgänge, sondern etwa 16, bei 24 Silben sind es sogar schon 44 Wiederholungen (vgl. Abb. 2.20).

Anzahl der zum ersten fehlerfreien
Wiedergeben notwendigen Wiederholungen

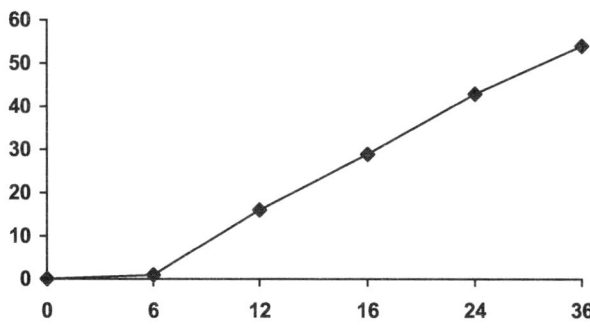

Länge der Silbenreihe

Abbildung 2.20: Beziehung zwischen Länge einer Silbenreihe und der zum Erlernen notwendigen Anzahl an Wiederholungen (Ebbinghaus, 1885, S. 64)

Generell hängt die Beantwortung dieser Frage aber von der allgemein angewandten Lernstrategie ab. Verteilte Übung ist immer vorteilhafter, je später der Prüftermin ist (Hovland, 1940). Dies gilt nicht nur für verbales Material, sondern auch für motorische Fertigkeiten (zu Pursuit-Motor-Aufgaben vgl. Denny, Frisbey & Weaver, 1955).

(7) Beteiligte Sinnesgebiete

Die Forderung nach einer Beteiligung möglichst vieler Sinnesgebiete beim Lernen geht bereits aus dem Satz von Johann Amos Comenius hervor: „Omnes - omnia - omnium" (= allen alles durch alles [gem. sind die Sinnesgebiete] lehren). Letztlich beruht auch das Prinzip der Anschaulichkeit im Unterricht auf dieser Einsicht.

Aufgrund älterer Untersuchungen hat man angenommen, dass die Art der Sinneswahrnehmung, mit deren Hilfe ein Eindruck aufgenommen wird, für das Behalten nicht gleichgültig ist. Es bestehen hier große individuelle Unterschiede. Manche Menschen behalten angeblich das am besten, was sie gelesen haben, andere, was sie hörten, wieder andere das, was sie sich nachsprechend eingeprägt hatten. Man hat diese Ergebnisse auch dahingehend zusammengefasst, dass es verschiedene Vorstellungstypen gäbe, u.zw. einen (a) visuellen, (b) akustischen und (c) motorischen Vorstellungstyp. Dies hat man auch für den Unterricht umzusetzen versucht, indem man die Darbietungsart des Lernstoffes den Eigentümlichkeiten des Lernens anzupassen versuchte. Die Resultate waren aber nicht überwältigend, vermutlich, weil jeder Schüler weiß, auf welche Art er am besten lernen kann. Die Ergebnisse müsste man auch in Beziehung setzen zu den internen Kodierungsprozessen, die individuell verschieden vor sich gehen. Grob gesagt, ist aber eine Kombination akustischer, optischer und motorischer Eindrücke für das Behalten günstiger. Die Unterscheidung in diese drei Lerntypen stimmt so nicht.

Eine Untersuchung von Port (1932) hat die Bedeutung des Einprägungswertes verschiedener Beteiligung von Wahrnehmungsfunktionen deutlich gemacht:
- das Diktatschreiben nahm hier die erste Stelle ein (Hören, Motorik, Sehen),
- fast gleichartig waren die Ergebnisse beim zuhörenden Lesen (akustische und optische Reize),
- an dritter Stelle folgt Lautlesen (akustisch, optisch und sprechmotorisch),
- an fünfter Stelle das Nachsprechen (akustisch-sprechmotorisch),
- an letzter Stelle das Zuhören (nur akustisch).
- Das Abschreiben (zwei optische und ein motorischer Eindruck) steht zwischen Lesen und Lautlesen, braucht aber wesentlich mehr Zeit.

Auch nach Paivios (1971) „dual code"-Theory können Inhalte sowohl bildhaft als auch semantisch gespeichert werden. Allerdings stehen dem auch andere Ansichten gegenüber, z.B. Engelmanns „multi code theory" (1990), nach der auch motorische Kodierungen möglich sind.

(8) Gedächtnis für unterschiedliche Inhalte

1880 sandte Francis Galton an eine große Zahl von Leuten die Aufforderung, sich an ihren Frühstückstisch zu erinnern und zu beschreiben, was sie dabei beobachteten (Galton, 1907). Es ergab sich, dass eine Reihe von Menschen sich an alle Details erinnerte und sie deutlich und farbig vor sich sahen. Andere schildern kaum derartige Bilder. Zu dieser Gruppe gehörten vor allem die Mitglieder der Royal Society. Damit sei nicht gesagt, dass sich diese Menschen schlechter erinnern konnten. Aber an die Stelle von anschaulichen Vorstellungen waren bei ihnen Worte und Begriffe getreten. Die Fähigkeit, bildhafte Vorstellungen zu entwickeln, bezeichnete Galton als „Geschenk der Natur". Weitere vorwissenschaftliche Erfahrungen zeigen, dass sich manche Menschen besonders gut an Gesichter erinnern, aber schlecht an Namen. Andere Menschen sollen sich wiederum gut an numerische Inhalte, aber schlecht an verbale Inhalte erinnern können. Diese vorwissenschaftlichen Beobachtungen werfen die Frage auf, ob es sich bei dem psychischen Phänomen, das wir als Gedächtnis bezeichnen, tatsächlich um eine einheitliche Fähigkeit handelt oder um eine Vielzahl von unabhängigen Fähigkeiten.

Ein Antwortversuch innerhalb einer klassifizierenden Vorgehensweise in der Psychologie war, Gedächtnisleistungen zu erheben und mit Hilfe einer faktorenanalytischen Methode auf verschiedene Grunddimensionen hin zu untersuchen. Nach Guilford (1959) soll es so acht Gedächtnisfaktoren für unterschiedliches Material geben:

(a) Visuelles Gedächtnis: optisch dargebotenes Material soll wiedererkannt oder reproduziert werden,
(b) Akustisches Gedächtnis,
(c) Gedächtnisspanne: unmittelbare Wiedergabe einer Reihe von symbolischen Elementen nach einer Darbietung,
(d) Gedächtnis für Ideen: nicht wörtliche Wiedergabe von vorher aufgenommenen gedanklichen Zusammenhängen,
(e) Mechanisches Gedächtnis (rote memory): Einheiten, die aus sinnlosen Verbindungen bestehen, sollen erinnert werden,
(f) Sinnvolles Gedächtnis: sinnvoll verbundene Materialeinheiten sind wiederzugeben,
(g) Raumgedächtnis: räumliche Anordnung von Objekten,
(h) Zeitgedächtnis: Reihenfolge von Ereignissen ist zu reproduzieren.

Katzenberger (1965) kommt aufgrund einer Studie mit Schülern auf fünf Gedächtnisfaktoren:

(a) Sinnvolles Gedächtnis,
(b) Zahlengedächtnis,
(c) Gedächtnis für längerfristiges Behalten,
(d) Gedächtnis für Wiedererkennen, u.zw. (da) für Bilder, (db) sinnlose Silben und (dc) Wörter (Zahlen),
(e) Gedächtnis für Reproduzieren, (ea) Wörter und Bezeichnungen von optisch dargebotenen Gegenständen und (eb) sinnlose Silben.

Auch aufgrund von Fragebogenstudien lassen sich unterschiedliche Faktoren des Sich-Erinnerns unterscheiden (Schäufele et al., 1991). Diese Ergebnisse und ihre Interpretation als eigenständige Gedächtnisfähigkeiten sind nicht unumstritten; vor allem geben sie nur eine faktorenanalytisch gewonnene Gruppierung von Oberflächenphänomenen wieder, die in ein Prozessmodell der Informationsverarbeitung eingebettet werden müssten. In diesen Faktoren spiegeln sich vermutlich vor allem die Vorerfahrungen bzw. das Vorwissen im Umgang mit spezifischen Inhalten und die dabei ausgebildeten Lern- und Gedächtnisstrategien wider.

2.5.3 Semantisches Gedächtnis

Über die Speicherung von Begriffen im semantischen Gedächtnis sind verschiedene Modellvorstellungen entwickelt worden. Begriffe sind aber nie allein gespeichert, sondern zu Wissensstrukturen miteinander verbunden. Der Übergang von Begriffs- zu Wissensmodellen ist denn auch fließend.

2.5.3.1 Netzwerk-Modelle für Begriffe und Aussagen im Semantischen Gedächtnis

Sowohl in den Netzwerk- als auch in den z.T. logisch äquivalenten Merkmalsmodellen („feature"-Modelle) sind Begriffe in Form von Attributen und Verknüpfungsregeln abgebildet. Der Begriff „Wasser" könnte beispielsweise durch die Konjunktion der Merkmale {flüssig + farblos + geruchlos + geschmacklos} dargestellt sein.

Die ersten waren Collins und Quilian (1969), die ein hierarchisch strukturiertes Netzwerk zur Repräsentation von Begriffen vorgeschlagen haben. In diesem Netzwerk wird angenommen, dass die Speicherung von Eigenschaften dem Prinzip der „kognitiven Ökonomie" folgt, d.h. Attribute werden stets auf der höchstmöglichen hierarchischen Ebene gespeichert (vgl. Abb. 2.21). Die einzelnen Begriffe sind direkt abgebildet, dies hat zur Folge, dass das Wissen, dass ein Rotkehlchen ein Vogel ist, direkt abgerufen werden kann (ohne Verarbeitung von Merkmalen nach Ähnlichkeitskriterien). Lernprozesse bestehen darin, dass einem solchen Netz neue „Maschen" angefügt werden.

Mit solchen Netzwerken lassen sich bestimmte Denkleistungen simulieren (z.B. vernünftige Fragen stellen, assoziieren zu frei vorgegebenen Reizworten ...). Diese Leistungen sind so denkbar, dass etwa bestimmte Knoten des Netzes ausgewählt werden, um für die weitere Informationsverarbeitung zur Verfügung zu stehen. Diese ausgewählten Knotenpunkte würden das Kurzzeitgedächtnis (vgl. Kap. 2.3) darstellen. Der interpretative Prozess besteht darin, dass die Umgebung der Knotenpunkte abgesucht wird (z.B. Prüfung, ob ein bestimmter Knoten Element des Umfeldes eines anderen Knotens ist ..., Aufgreifen eines Knotens, der durch eine bestimmte Relation mit einem anderen verknüpft ist). Es können nach der sog. *Tintenfischhypothese* (Dörner, 1976, S. 37) immer fünf bis neun Einzelinformationen gleichzeitig bearbeitet werden.

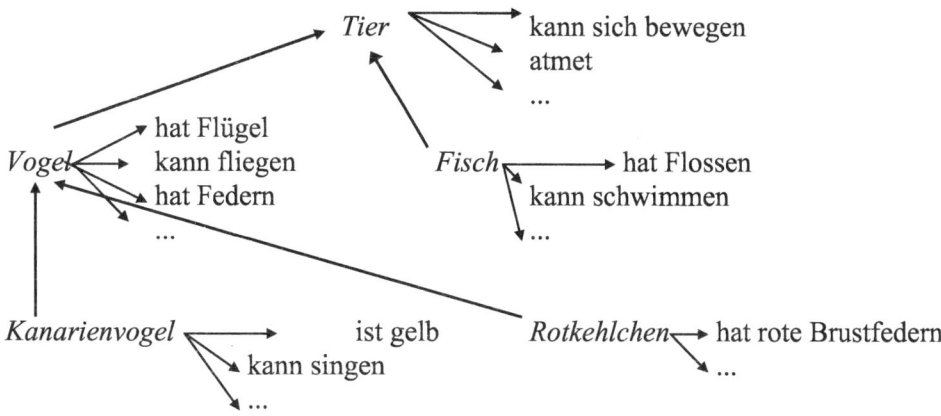

Abbildung 2.21: Repräsentation von Begriffen und ihren Attributen nach Collins und Quilian (1969)

Aktivierungsprozesse („spreading-activation theory") dienen dem Auffinden von begrifflichen Bezügen im semantischen Netzwerk.[20] Jedem Knoten (jeder kognitiven Einheit) ist ein Stärkewert zugeordnet, der von seiner Verwendungshäufigkeit bzw. der Anzahl der assoziativen Beziehungen zu anderen Wortknoten abhängig ist. Da stärkere Wortknoten zahlreichere Verbindungen zu bereits aktivierten Wortknoten haben als schwächere, werden zu Beginn einer Erinnerungsreihe die stärkeren Wortknoten zuerst aktiviert und dann die schwächeren. Die Ausbreitung einer Aktivierung wird als begrenzt angenommen, d.h. diese kommt nach einer gewissen Entfernung vom Ausgangspunkt zum Stillstand. Zusätzlich wird von Collins und Loftus (1975) noch ein Dämpfungsprozess („attenuation") angenommen, gemäß dem sich der Fluss der Aktivierung in Abhängigkeit von der Deutlichkeit („strength") der Verbindungen fortlaufend vermindert. Durch diese angenommene Dämpfung haben die vom Ausgangspunkt der Aktivierung

---

[20] Wie seit langem bekannt, lässt sich auch im subjektiven Erleben dieses Phänomen nachvollziehen: Von Willwoll (1926, zit. n. Rohracher, 1965, S. 329) stammen Erlebnisprotokolle von Versuchen, bei denen man einer Vp zwei Reizworte anbietet (z.B. mutig und unbedacht), Aufgabe der Vp ist es, einen übergeordneten Begriff zu finden. Hierbei sei es so, als „strömen von beiden Seiten (den Worten) Bedeutungsmomente zusammen, aber die Bedeutung eines jeden einzelnen ist doch wieder eine Sphäre für sich ...".

weiter entfernten Knoten eine geringere Chance, aktiviert (d.h. erinnert) zu werden.

Das Modell erlaubt verschiedene prüfbare Vorhersagen. Die Verifikation der Aussage „ein Kanarienvogel kann fliegen" sollte langsamer erfolgen als die Verifikation der Aussage „ein Kanarienvogel ist gelb". D.h. Fragen über die Attribute von Objekten müssten umso schneller beantwortet werden, je weniger Ebenen zur Beantwortung durchschritten werden müssen. Dies trifft für das obige Beispiel tatsächlich zu: Nach vorliegenden Ergebnissen nimmt die Reaktionszeit bei Bewegung von einem Knoten zu dem nächst höheren um ca. 75 ms zu; diese zusätzliche Zeit wird benötigt, um das Zutreffen der Eigenschaften zu verifizieren.

Wird allerdings die assoziative Nähe zwischen Objekt und Attribut kontrolliert, dann hat die Anzahl der hierarchischen Stufen, die dem Prinzip der kognitiven Ökonomie nach durchlaufen werden müssten, keinen Einfluss mehr auf die Reaktionszeiten (Conrad, 1972). Auch dies kann man wieder erklären, wenn man zulässt, dass im Lernprozess einmal erworbene Assoziationen erhalten bleiben, selbst wenn man die attributive Zuordnung auf einen in der Hierarchie höher angeordneten Begriff überträgt („Hühner legen Eier", „Vögel legen Eier").

Kintsch (1982, S. 250) kritisiert an dem Modell, dass es einseitig auf die Speichereffizienz abgestellt ist (z.B. ist es nach diesem Modell sparsamer, die Tatsache, dass Sonnenblumen Samen haben, auf der übergeordneten Ebene Pflanze zu speichern, als auf der Ebene Sonnenblume). Für den Wissensabruf kann es aber sparsamer sein, die Attribute auch auf der untergeordneten Begriffsebene direkt zur Verfügung zu haben, als die Begriffshierarchie nach oben durchlaufen zu müssen. Allerdings setzt das Modell nicht notwendigerweise voraus, dass das Prinzip der kognitiven Ökonomie völlig durchgehalten wird (wie es z.B. für eine Computersimulation sinnvoll wäre[21]), vielmehr könnten Attribute auf unterschiedlichen Ebenen mehrfach gespeichert sein (Collins & Loftus, 1975, S. 409); dies könnte wieder in Abhängigkeit von individuellen Lernerfahrungen unterschiedlich sein.

Andere Befunde haben deutlich gemacht, dass Verifikationszeiten stark von der *semantischen Distanz* zwischen Subjekt und Prädikat abhängig sind (Schaef-

---

[21] Die Nachbildung einer menschlichen Leistung mit einem Computersystem kann die psychologische Theoriebildung wesentlich anregen, indes bedeutet dies aber keineswegs, dass das menschliche Gehirn auch so funktioniert wie ein Computer. Dennett (1984) hat hierzu das eingängige Bild eines Rades zur Charakterisierung kognitiver Modelle geschaffen - mit einem Rad kann man sicherlich Fortbewegung erreichen, ein Rad eignet sich aber nicht als Modell zur Darstellung der Fortbewegung von Säugetieren.

fer & Wallace, 1969; Rips et al., 1973[22]): Positive Urteile fallen am leichtesten, wenn diese Distanz gering ist („ein Spatz ist ein Vogel" - „eine Henne ist ein Vogel"), negative Urteile aber, wenn sie groß ist („ein Huhn ist ein Auto" - „ein Huhn ist ein Säugetier"). Dies hat Collins und Loftus (1975) zu einem revidierten Modell (vgl. Abb. 2.22), das nach dem Prinzip der semantischen Relationen und nicht mehr nach einem hierarchischen Prinzip strukturiert ist, geführt (Wessels, 1984, S. 258). Die Länge der Linien symbolisiert dabei die semantische Entfernung zwischen den Begriffen oder Eigenschaften. Je mehr Eigenschaften zwei Begriffe gemeinsam haben, desto enger sind diese Begriffe miteinander verbunden, d.h. dass verschiedene Fahrzeuge oder Farben enger untereinander verbunden sind als mit anderen Begriffen. Die Begriffsnamen sind in einem lexikalischen Netzwerk (oder Wörterbuch) nach phonemischen und orthographischen Eigenschaften geordnet. Jeder lexikalische Eintrag ist mit einem semantischen Knoten verbunden. Man kann sowohl nach semantischen, nach lexikalischen als auch nach beiden Merkmalen suchen (z.B. nach Wörtern, die so ähnlich wie „Hund" klingen oder alle Namen von Hunderassen).

Diese Modelle tragen auch der Tatsache Rechnung, dass Begriffe nicht voneinander unabhängig gespeichert (bzw. auch definiert) sind (zu den Modellannahmen im einzelnen vgl. Collins & Loftus [1975], S. 411 ff.; hier finden sich auch Argumente bezüglich der Überführbarkeit des Prototypenmodells in ein Netzwerkmodell bzw. der Kompatibilität mit dem Prototypenmodell sensu Wittgenstein, s.u.).

Ein Experiment, dessen Ergebnisse im Sinne dieser Modellannahmen gedeutet werden kann, stammt von Freedman und Loftus (1971). Vpn sollten z.B. entweder eine Obstfrucht nennen, die mit „A" beginnt oder die „rot" ist. Wird „Obst" vor dem Buchstaben oder der Farbe genannt, so sind die Reaktionszeiten kürzer als wenn zuerst Buchstabe oder Farbe erwähnt werden. Möglicherweise wird durch das „priming" von Obst eine Aktivierungswelle ausgelöst, die eng damit assoziierte Gegenstände (Banane, Apfel, Kirsche ...) aktiviert, von denen dann der passende ausgewählt werden kann (nämlich derjenige, der sich mit der von „A" ausgehenden Aktivierungswelle überschneidet); wird hingegen zuerst „A" erwähnt, so werden die damit assoziierten anderen Buchstabenkonzepte aktiviert, von denen nur weniger enge Beziehungen zu den Kategorien von Obst bestehen.

---

[22] Diese entwickelten in Konkurrenz zu dem Modell von Collins und Loftus (1975) ein Modell des semantischen Raumes, in dem Begriffe als Punkte in einem mehrdimensionalen semantischen Raum eingeordnet sind.

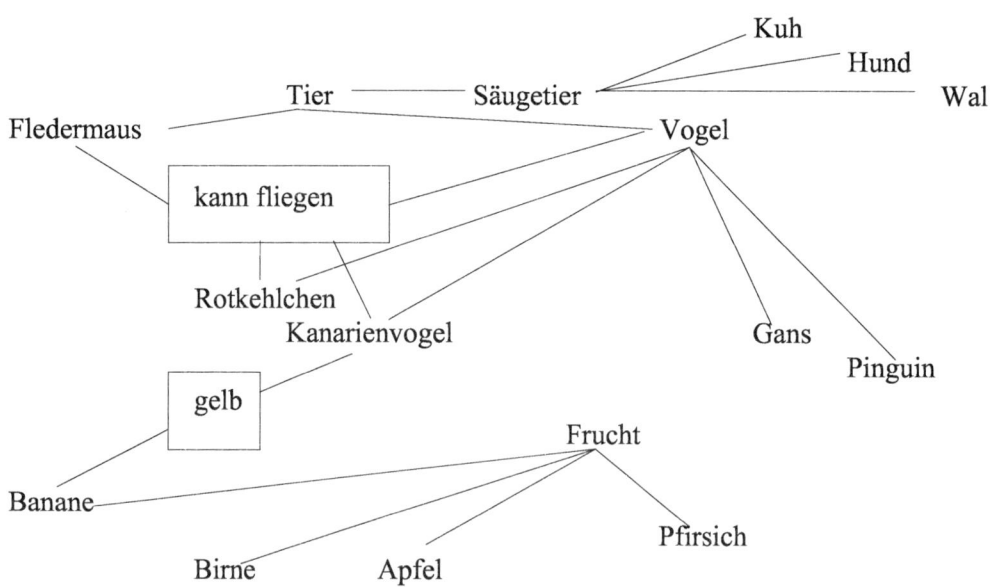

Abbildung 2.22: Modell der Speicherung von Begriffen nach semantischen Relationen (ein anderes Beispiel geben Collins & Loftus [1975], S. 412)

Begriffe können miteinander enger oder weiter verbunden sein; Aufschluss darüber kann man über Skalierungs- oder Assoziationsversuche erhalten. Ausgehend von den Knoten im Netzwerk kann sich ein Suchprozess nach der Stärke der Verbindungswege entfalten. Die Stärke kann wieder durch die Häufigkeit der Nutzung bestimmt sein; es ist aber auch darstellbar, dass der Grad an „criteriality" (= Typikalität) eine Rolle spielt. Nachdem ein Begriffsknoten aktiviert wurde, dehnt sich die Aktivierung auf benachbarte Begriffe aus. Bei der Entscheidung, ob ein „Wal ein Säugetier ist", würden die beiden Knoten „Wal" und „Säugetier" aktiviert, die Aktivierungswege im Netzwerk werden sich einmal überschneiden; dabei muss entschieden werden, wie die Schnittpunkte zu bewerten sind (z.B. „isa" = is a oder „isnota" = is not a Linien). Sind keine direkten „isa"- oder „isnota"-Linien gespeichert, dann kann eine Entscheidung über Schlussfolgerungsprozesse erfolgen. D.h. Repräsentationsmodelle sind zugleich auch immer Informationsverarbeitungsmodelle.

Interessant und im Rahmen dieses Modells erklärbar sind auch sog. *semantische Instruktionseffekte* (auch *„priming"-Effekt* oder *assoziative Aktivierung* genannt): Weist man Vpn an zu entscheiden, ob ein vorgegebenes Wort lexikalisch korrekt ist, so kann z.B. eine Entscheidung über „Brott" schneller gefällt werden, wenn vorher das Wort „Butter" zu identifizieren war, als wenn vorher das Wort „Pflegerin" beurteilt hätte werden müssen (Meyer & Schvanefeldt, 1971; zit. n. Wessels, 1984, S. 260). Durch die Aktivierung des Knoten „Butter" ist das in dem Netzwerk näher liegende Wort „Brot" bereits aktiviert, während dies bei dem Wort „Pflegerin" nicht der Fall ist.

In dem Bahnungsexperiment von Ratcliff und McKoon (1981) mussten die Vpn zuerst bestimmte Sätze auswendig lernen (z.B., „Der Arzt hasste das Buch"). Dann wurden den Vpn Worterkennungsaufgaben gestellt, wobei zu entscheiden war, ob ein Wort in den gelernten Sätzen vorkam (z.B. „Buch"). Wenn vor dem Zielreiz ein anderes Substantiv aus den gelernten Sätzen dargeboten wurde (z.B. „Arzt"), so verringerte sich die Wiedererkennungszeit. Die Stärke dieses Bahnungseffekts hängt auch von der verstrichenen Zeit zwischen der Darbietung des assoziierten Wortes und dem Zielwort ab, die Wiedererkennungszeit verringert sich zwischen 50 und 300 Millisekunden.

Für Wiedererkennungsleistungen scheint somit die Aktivierung durch assoziierte Begriffe eine erleichternde Bedingung zu sein, je stärker diese Aktivierung, desto schneller ist der Zugriff im Langzeitgedächtnis.

2.5.3.2 Propositionale Netzwerke

Netzwerkmodelle sind auch dazu entwickelt worden, um komplexe Gegebenheiten (z.B. Sprache und in der Folge komplexes Sachwissen, Wahrnehmungen, Ereignisse und Handlungen) abzubilden. Das von Norman und Rumelhart (1978) entwickelte Modell eines *aktiven strukturellen Netzwerkes* ist hierfür ein Beispiel. „Aktiv" bedeutet, dass die Struktur zugleich Datenspeicher wie auch Prozess ist.

Das Netz wird wieder bestehend aus Knoten konzipiert, die durch Relationen miteinander verbunden sind. Die Relationen sind bezeichnet und gerichtet. Die sog. Casus-Grammatik Fillmores (1968) hat die Modellbildung angeregt. Hierbei steht das Verb im Mittelpunkt der Satzanalyse, ihm werden - ähnlich wie einem Atom - verschiedene Valenzen zugeschrieben (Agens, Objekt, Rezipient, Instrument, Lokalisierung, Ursache ...). Ein gegebener Komplex von Relationen kann wieder zusammengefasst und benannt werden (Begriffsbildung). Dabei muss zuerst ein Parser (= grammatikalischer Analysator) alltagssprachliche Sätze zu Propositionen in kanonisierter Form verarbeiten. Beispielsweise kann der Satz, „Robert spielt mit dem Computer", wie folgt dargestellt werden:

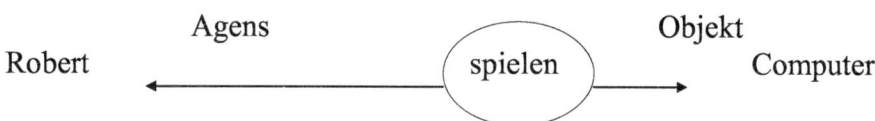

Das Prädikat für „spielen" kann folgende Begriffe umfassen:

spielen [Agens, Objekt, Ort, Anfangszeit, Schlusszeit ...]

Ein Prädikat ist die allgemeine Spezifizierung einer Funktion (z.B. P [a,b,c] oder P [Bereich$_1$, Bereich$_2$, Bereich$_3$]; P = Name des Prädikats, a,b,c sind Argumente, Bereiche sind die Mengen der zulässigen Werte für das i-te Argument). Prädikate der natürlichen (und der künstlichen) Sprache haben obligatorische und fakultative Argumente sowie Argumentbereiche. Z.B. erfordert das Verb „geben" einen Gebenden (Aktor), ein Objekt und einen Empfänger; das Instrument, mit dem ein Objekt gegeben wird, ist hingegen fakultativ, d.h. es muss nicht angegeben werden.

Setzt man in ein Prädikat an die Stelle der Variablen (a, b, c) zulässige Konstanten (Begriffe) ein, so entsteht daraus eine (eventuell wahre) Proposition. Eine Proposition ist die kleinste Bedeutungseinheit, die als selbständige Aussage stehen kann. Setzt man z.B. in das Prädikat F(x) Konstanten ein [z.B. F = groß und x = Haus], so wird daraus die Aussage (Proposition), „Das Haus ist groß"; die Funktion R(x,y) könnte mit folgender Bedeutung versehen werden: R = lieben, x = Alf, y = Katharina, setzt man diese Konstanten in die Funktion aus, so wird daraus die (wahrheitsfähige) Aussage „Alf liebt Katharina".

Eine Proposition kann aber auch als Begriff dienen. Auf diese Weise können immer komplexere Strukturen konstruiert werden.

Der Satz, „Mary sagte Helen, dass sie John einen Dollar gegeben habe", kann wie folgt dargestellt werden (a.a.O., S. 58):

sagen [Agens, Empfänger, Zeit, Objekt] (= Prädikatstruktur von „sagen")

sagen [(Mary) , (Helen) , Zeit, geben[(Mary) ,(John) , (Dollar) , Zeit] (= Proposition)

Daraus ergibt sich das in Abbildung 2.23 dargestellte Netzdiagramm:

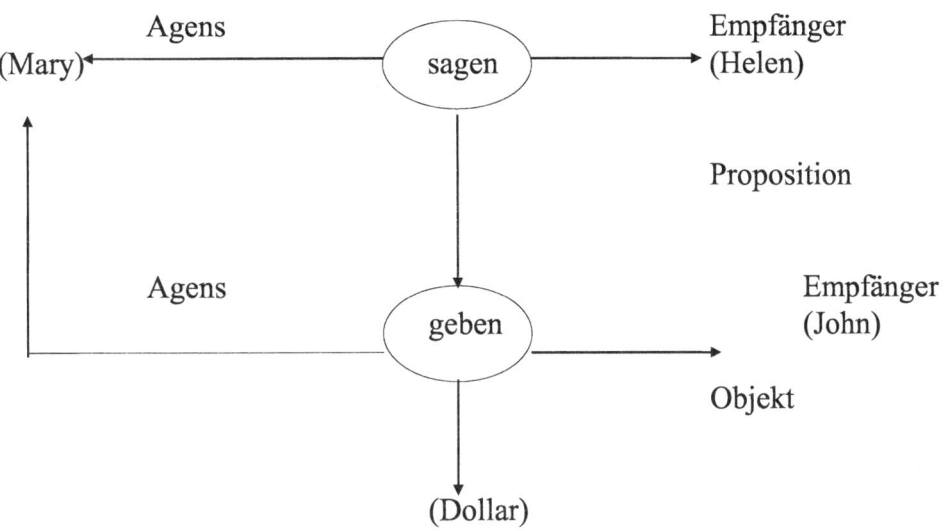

Abbildung 2.23: Strukturelles Netzdiagramm für die Proposition „Mary sagte Helen, dass sie John einen Dollar gegeben habe" (Norman & Rumelhart, 1978, S. 58)

Um neue Propositionen in das Modell integrieren zu können, müssen Verben und Elemente in einfachere Bestandteile (sog. Primitiva) zerlegt werden. Z.B. enthält GEBEN das Bedeutungselement der Übertragung von Besitz (POSS). Wenn also a ein Objekt o HAT und es einem b GIBT, so muss das Modell die Besitzverhältnisse derart korrigieren, dass die POSS-Beziehung zwischen a und o gelöscht wird sowie zwischen b und o neu hergestellt wird. Für Verben gehen die Autoren z.B. von vier elementaren Bedeutungsklassen aus, sie unterscheiden Bedeutungselemente (1) des Zustandes (z.B. räumliche Anordnung, abgekürzt LOC, oder Besitz, abgekürzt POSS, (2) der Zustandsänderung (definiert durch unterschiedliche räumliche Lokalisation), (3) der Ursache und (4) der Handlung.

Dieses Modell ist nicht nur *generativ* (d.h. in seinem Rahmen kann Wissen erschlossen werden), sondern auch *konstruktiv* (es können neue Begriffe gebildet werden).

Exkurs: *Schemata und Skripts*

Um größere Informationen darzustellen, sind Netzwerkmodelle zumindest unhandlich. Um hier eine leichter zu handhabende Hierarchieebene zur Verfügung zu haben, sind die etwas schillernden Konzepte der Schemata und Skripts eingeführt worden.

Mit *Schema* ist eine Einheit der kognitiven Organisation gemeint, bei der thematisch zusammenhängende Informationen zu einem begrifflichen Teilsystem zusammengefasst sind. Schemata sind einerseits erfahrungsbasiert und sie steuern andererseits die Informationsaufnahme und -verarbeitung. Schemata sind hierarchisch organisiert und ein Schema kann in ein anderes eingebettet sein. Diese Auffassung ist auf allen Ebenen des Textverständnisses anwendbar, z.B. entspricht jeder Knoten eines semantischen Netzwerkes mit den zugehörigen spezifischen Relationen einem Schema. Schemata umfassen demnach die grundlegenden Merkmale sowie die Strukturen der Beziehungen, die ein Objekt ausmachen. Sie enthalten Leerstellen für Attribute, die durch entsprechende Werte zu spezifizieren sind. Für ein Auto könnte folgende Schemarepräsentation gegeben sein:

Auto
Oberbegriff: motorisiertes Fortbewegungsmittel
Treibstoff: Benzin, Diesel
Material: Metall, Kunststoff
Funktion: Fortbewegung
Bestandteile: Räder, Motor, Lenkrad, Schaltung, Sitzplätze
Größe: 2 bis ... m
...

Schemata sollten Schlussfolgerungen über Sachverhalte erleichtern. Wenn man weiß, dass ein Gegenstand ein Auto ist, so sind damit eine Reihe anderer Gegebenheiten impliziert (z.B. dass ein Auto im allgemeinen zur schnelleren Fortbewegung geeignet ist als ein Fahrrad, dass man nur mit einem aufgetankten Auto fahren kann usw.). Die einzelnen Merkmale sind jedoch nicht immer zwingend, z.B. kann ein Auto ein festes Dach oder ein Stoffdach haben, es bleibt immer ein Auto.

Das in Schemata gespeicherte Wissen erleichtert in gewisser Weise das Denken und Schlussfolgern. Im Einzelfall kann es aber auch Erinnerungen verfälschen, da die gespeicherte Information an bereits vorhandene Schemata angeglichen wird und selektiv das vergessen oder nicht gemerkt wird, was mit einem

Schema nicht kompatibel ist. Bekannt sind dies auch die Wirkungen von Stereotypen, die angereichert durch entsprechende emotionale Komponenten zu Vorurteilen über soziale Gruppen werden können.

Der Begriff des *Skripts* wurde von Schank und Abelson (1977) in Anlehnung an Minskys *Frame*-Theorie entwickelt (Minsky, 1975). Auch dessen Überlegungen entstanden im Zusammenhang mit Forschungen zur künstlichen Intelligenz, z.B. über das Problem, einen Computer so zu programmieren, dass er Texte verstehen und Fragen dazu in sinnvoller Weise beantworten kann. Dabei wurden relativ festgelegte allgemeine Vorwissensinformationen mit typischen Besetzungen und variablen Belegungsmöglichkeiten kombiniert. Dies wurde als Abbild von begrifflichen Netzwerken angesehen, ohne allerdings formal definiert zu werden (letzterer Schritt wurde u.a. von Rumelhart [1975] vollzogen).

Minsky (1975) unterschied für seine Theorie „frames" (Rahmen), die als generelle Informationen im semantischen Gedächtnis vorhanden sind, und „slots" (Freistellen, Lücken), die mit Detail-Information geschlossen werden können. Hinsichtlich dieser slots existieren unterschiedliche Erwartungen, je nachdem zu welchem frame sie gehören: Zu dem frame „Schwimmbad" gehören Schwimmbecken, Umkleidekabinen, Duschen etc., zu dem frame „Freibad" gehört eine Wiese, ein Teich etc. Auch frames sind hierarchisch in Subframes und übergeordnete Frames gegliedert. Frames enthalten nicht die definitorisch notwendigen Konstituenten eines Konzepts, sondern die typischen. Auf den unteren Hierarchieebenen sind die (Erfahrungs-)Daten nur mehr lose zugeordnet.

Mit dem *Skript*begriff (zu verstehen i.S. eines Drehbuchs; Schank & Abelson, 1977) ist ein Eintrag in das semantische Gedächtnis gemeint, der eine reguläre Ereignisfolge in einer bestimmten Situation oder in einem bestimmten Kontext (z.B. Bahnhof, Arzt, Restaurant; eine synonyme Bezeichnung dafür ist auch „Ereignisschema") umfasst. Es werden situationale, personale und instrumentelle Skripts unterscheiden. Ein Skript kann bestimmte Rollen umfassen (z.B. Arzt, Sprechstundenhilfe, Masseur) und auch Verzweigungen für speziellere Unterskripts enthalten (Varianten, sog. „tracks", z.B. Arzt im Krankenhaus, Facharzt). Das in Skripts gespeicherte Wissen dient der Orientierung in häufig vorkommenden Situationen. Die Erfahrungen einer Person sind in Form tausender Skripts gespeichert; sprachliche Formulierungen verweisen auf diese Skripts, deshalb ist Sprache auch dann verstehbar, wenn das sprachlich Formulierte unvollständig, ungenau oder mehrdeutig ist.

Das Restaurant-Skript könnte wie folgt repräsentiert sein (Schank & Abelson, 1977; zit. n. Wimmer & Perner, 1979, S. 142 f)):

Skript: Restaurant		
Variante: Schnellimbiss aus Sicht des Gastes		
Bestandteile: Tisch, Sessel Speisekarte, Speisen, Küche, Geld	*Rollen:* G = Gast, K = Kellner, C = Koch E = Eigentümer	
Eingangsbedingungen: G ist hungrig G hat Geld	*Resultate:* G ist nicht hungrig G ist (möglicherweise) zufrieden G hat weniger Geld, E hat mehr Geld	
Szene 1: G sucht Platz G geht ins Restaurant, G schaut Tische an, G entscheidet, wo er sitzen will, G geht zum Tisch, G setzt sich		
Szene 2: G bestellt Speise		
Wenn Speisekarte auf dem Tisch G nimmt Karte	Wenn Kellner Speisekarte bringt	Wenn Gast um Speisekarte bitten muß G gibt K ein Zeichen K geht zu G G verlangt Speisekarte von K K geht zur Speisekarte K nimmt Speisekarte
K geht zum Tisch K gibt G Karte		
G informiert sich über Speisen G entscheidet sich für Speise Y G gibt K Zeichen K geht zu G G sagt zu K: „Ich will Y." K geht zu C K sagt zu C: „Ich brauche Y."		
C sagt zu K: „Kein Y." K geht zu G K sagt zu G: „Kein Y."	C bereitet Y zu	
Szene 3: Servieren und Essen C gibt K Speise Y K bringt Speise Y zu G G isst Y (von hier zurück zu Szene 2, um mehr zu bestellen, oder zu Szene 4)		
Szene 4: G bezahlt		
Nicht-Bezahl-Pfad G geht aus dem Restaurant	Bezahl-Pfad G fragt K um Rechnung, K geht zu G, K gibt G die Rechnung G gibt K Geld entsprechend der Rechnung G gibt K Trinkgeld entsprechend Zufriedenheit G geht aus dem Restaurant	

Die in den Skripts kodierten Abläufe von Ereignissen dienen dazu, sprachliche Informationen realen Ereignisverläufen zuordnen zu können. Hört man etwa in einer Geschichte einzelne Sätze, so wird nach einem Skript gesucht, in dessen Rahmen die Sätze Sinn machen (Skriptverifikation).

Schank (a.a.O.) unterscheidet dabei 12 verschiedene „Primitive Actions", die er als Operationen mit einer Kunstsprache benennt:

PTRANS: Veränderung des Ortes eines Objektes.
PROPEL: Physikalische Kraft auf ein Objekt ausüben.
MOVE: Bewegung eines Körperteils.
GRASP: Ergreifen eines Objektes.
INGEST: Ein Objekt in den eigenen Körper überführen (z.B. Essen).
EXPEL: Umkehrung von INGEST.
ATTEND: Ein Sinnesorgan auf einen Stimulus richten.
MTRANS: Übertragen von Informationen (1) zwischen Menschen, aber auch (2) innerhalb eines Menschen (z.B. Erinnern).
MBUILD: Gewinnung neuer Information aus alten Informationen (entscheiden, in Gedanken erörtern, vorstellen, antizipieren).
ATRANS: Veränderung eines abstrakten Bezuges wie „Besitz".
SPEAK: Sprechen, singen etc.
DO: Etwas tun.

Skriptbestandteile können unterschiedlich normiert sein: In der Regel ist es z.B. verpflichtend, in einem Restaurant vor dem Gehen zu zahlen, nicht verpflichtend ist es aber, ob man an einem Tisch oder an der Bar seinen Platz aussucht, ein Getränk, ein Essen oder beides bestellt usw. Andere Skripts könnten Überschneidungen aufweisen, während andere Bestandteile nicht sinnvoll wären, z.B. kann man auch zu Hause etwas essen, es wäre aber merkwürdig, wenn man danach seine Geldbörse zücken und bezahlen wollte.

Bei der Wiedergabe von Handlungen scheint es so zu sein, dass diese nach erlernten Skritps organisiert wird; z.B. werden Handlungsbestandteile einer Geschichte, die nicht dem normalen Verlauf entsprechen (etwa in einem Restaurant zuerst bezahlen und dann erst bestellen), bei der Wiedergabe in die normierte Reihenfolge gebracht (Bower, Black & Turner, 1979).

2.5.3.3 Merkmalsmodelle

Hier sind Begriffe nicht als Ganzheiten, sondern durch eine Kombination von Merkmalen repräsentiert. Jedes einzelne Merkmal ist notwendig und diese sind in ihrer Verknüpfung (Konjunktion, Disjunktion, Negation) hinreichend für die Bestimmung der Kategorienzugehörigkeit (Katz & Fodor, 1963). Z.B. ist der Begriff „Vater" definiert durch die konjunktiv verbundenen Eigenschaften „männlich" und „hat Kinder".[23]

Die semantische Distanz zwischen zwei Begriffen könnte durch die Anzahl der sich überlappenden Merkmale bestimmt werden.

Jedes Mitglied einer Kategorie muss allen definierenden Merkmalen der Kategorie und deren logischer Verbindung genügen, deshalb ist auch jedes Mitglied einer Kategorie ein gleich gutes Beispiel für diese. In der Folge müsste eine Trennung unterschiedlicher Kategorien immer scharf und logisch sein; in diesen Modellen gibt es keine Grade der Zugehörigkeit zu einem Begriff.

Bei vielen Begriffen der natürlichen Sprache sind die Grenzen zwischen Begriffen bisweilen aber unscharf und variabel (wodurch unterscheidet sich ein „Strom" von einem „Fluss", ist ein „Onkel" auch ein „Vater"?). Außerdem sind die Grenzlinien zwischen den Kategorien manchmal auch variabel und in Abhängigkeit vom Kontext festgelegt (Labov, 1973: Tassen, Schüsseln, Vasen).

Abbildung 2.24: Benennung von Objekten nach Umgebungsbedingungen (Labov, 1973)

Ein Begriff kann unterschiedlich strukturiert sein: er kann groß oder schmal sein, gut oder schlecht definiert, kurzfristig stabil, längerfristig dynamisch und verän-

---

[23] Nahe liegender Weise wählt jeder Experimentator das für seine Studien geeignete Material (in diesem Fall eben Begriffe, für welche die klassische Art der Begriffsdefinition möglich ist). Für diese Art der Begriffsbestimmung z.B. Farbnamen heranzuziehen, wäre wohl nicht möglich.

derlich (vgl. z.B. den Begriff „Hund" bei Kindern, der eventuell alle Vierbeiner umfasst [*Übergeneralisierung*], im Laufe ontogenetischer Lernerfahrungen aber auf die Standardintension reduziert und differenziert wird). Ebenso kann es zu *Überdiskriminationen* kommen (Grimm, 1982, S. 546), z.B. wenn ein Kind mit „Sessel" nur einen ganz bestimmten meint oder wenn nur bestimmte Mitglieder einer Kategorie als dieser zugehörig erachtet werden (z.B. bei Kindergartenkindern standardmäßige Zuordnung von Kleid, Hemd und Jacke zur Kategorie Kleidung und relativ seltene Zuordnung von Hut, Handschuh etc. zu dieser Kategorie). Allerdings lässt sich dieser Befund wieder als möglicher Beleg für die Prototypentheorie heranziehen.

Auch wurden im Rahmen der Prototypentheorie (s.u.) Belege dafür gesammelt, dass Kategorien auch über nicht-notwendige Merkmale repräsentiert werden können. Ein Beleg dafür, dass Kategorien zumindest nicht immer über notwendige Merkmale repräsentiert sein müssen, liegt in dem Nachweis, dass Vpn auch dann zu Kategorisierungen in der Lage sind, wenn die zu kategorisierenden Objekte keine gemeinsame Merkmalskombination aufweisen (vgl. hierzu die Punktmuster-Experimente von Posner & Keele [1970], bei denen die Vpn ein prototypisches Punktmuster und danach solche mit geringer bzw. großer Verzerrung zur Festlegung der Begriffsgrenzen vorgelegt bekamen; neue Punktmuster konnten bei sehr variabler Vorgabe besser identifiziert werden als bei geringer Variablität).

Nach Rips et al. (1973) entspricht die semantische Distanz zwischen Begriffen der Anzahl der Überlappungen zwischen den entsprechenden Merkmalen. Die Reaktionszeit bei Verifikationsexperimenten wäre dann durch einen zweistufigen Entscheidungsprozess zu erklären: Zuerst wird die semantische Distanz bestimmt; fällt diese sehr hoch oder sehr gering aus, so erfolgt Zustimmung oder Ablehnung; für den Mittelbereich muss eine zusätzliche Verarbeitung erfolgen, die sich in Form von Vergleichsprozessen abspielt. Dabei wird von der Unterscheidung zwischen sog. „definierenden" und „charakteristischen" Attributen Gebrauch gemacht. D.h. in dem Merkmalsmodell sind zu jedem Begriff definierende oder weniger zentrale Attribute gespeichert. Die Entscheidung, ob z.B. ein Rotkehlchen ein Vogel ist, setzt einen Vergleich der Attribute voraus. Wenn dieser Vergleich bezüglich der definierenden Attribute positiv ausfällt, dann kann die Frage schnell beantwortet werden. Im Unterschied zu einem Netzwerkmodell ist die Inklusionsbeziehung aber nicht direkt als „isa"-Relation gespeichert, sondern wird geschlussfolgert. Geht es um den Vergleich eines weniger zentralen Kategorienmitglieds mit der Kategorie selbst, so müssen auch noch die charakteristischen Merkmale verarbeitet werden. Auf diese Weise können in diesem Modell auch Typikalitätseffekte erklärt werden.

Problematisch ist allerdings die Erfahrung, dass Begriffe nicht immer eindeutig über „definierende" Merkmale zu bestimmen sind (vgl. unten das Prototypenkonzept). Selbst wenn es logisch möglich wäre, Begriffe über Merkmalslisten eindeutig zu definieren, bleibt es eine offene Frage, ob Menschen Begriffe in dieser Weise repräsentiert haben.

2.5.3.4 Prototypen-Modell

Diese Sichtweise über natürliche Begriffe ist auf Wittgenstein (1953) zurückzuführen, der von Prototypen und Familienähnlichkeiten sprach. Z.B. wodurch sollte der Begriff des „Spiels" gekennzeichnet sein? Offenkundig ist es nicht möglich, diesen Begriff durch die Verwendung bestimmter Materialien, der Anzahl der beteiligten Personen, dem Vorkommen von Verlierern und Siegern oder durch das Merkmal gemeinsamen Spaßes zu definieren (Athleten sollen die Olympischen „Spiele" nur bedingt Freude bereiten).

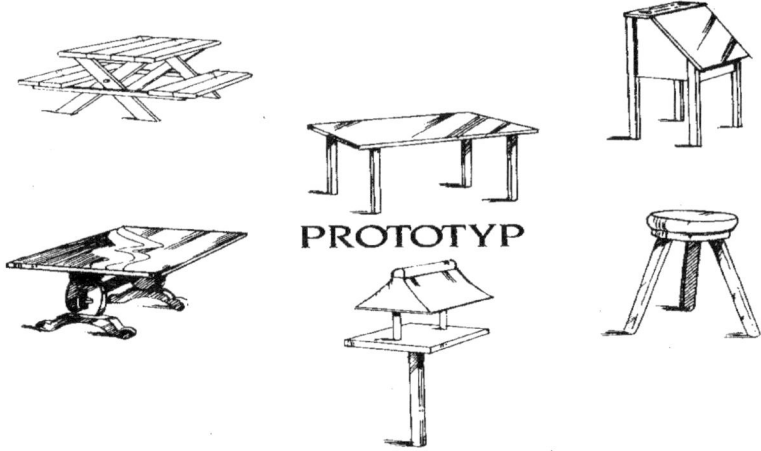

Abbildung 2.25: Beispiel von Prototyp und Familienähnlichkeit (Banyard et al., 1995, S. 134)

Begriffe der Umgangssprache sind in der Regel nicht sehr scharf definiert, d.h. manche Beispiele sind für eine Kategorie typischer als andere (eine Taube ist z.B.

ein typischer Vogel, ein Huhn oder ein Pinguin hingegen nicht). Die Zuordnung eines Beispiels zu einer Kategorie ist nach dieser Ansicht (im Unterschied zu den Merkmalsmodellen) kein Alles- oder Nichts-Vorgang, sondern eine Frage des Mehr oder Minder. Die Objekte, die zu einer Kategorie gehören, zeichnen sich durch Merkmale aus, die eine relativ hohe Auftretenswahrscheinlichkeit haben, die aber nicht zwingend vorhanden sein müssen (z.B. können Vögel im allgemeinen singen und fliegen, aber keineswegs alle Vögel können fliegen oder singen).

Exemplare einer Kategorie (z.B. die der Kategorie Möbel: Sessel, Tisch, Kommode) sind sich ähnlich wie die Mitglieder einer Familie. Familienmitglieder sind zu erkennen, obwohl es oft kein einziges Merkmal gibt, das bei allen Familienmitgliedern gleich ausgeprägt ist. Vor allem natürliche Kategorien sollen prototypisch repräsentiert sein. Diese Annahme kann über Reaktionszeitexperimente geprüft und bestätigt werden:

Experimentell werden den Vpn z.B. mehrere Stimuli vorgegeben, die zwei Kategorien zugeordnet werden sollen (Reed, 1972). Der Prototyp soll eine hypothetische Konstruktion des typischst möglichen Beispiels einer Kategorie sein. Der Prototyp jeder Kategorie wird aus den Durchschnittswerten hinsichtlich der wesentlichen Merkmale jeder Kategorie (bei Schemagesichtern, z.B. Länder der Nase, des Mundes, Augenabstand etc.) bestimmt. Die Zuordnung des so gebildeten Prototypen gelingt besser als die der weniger prototypischen Exemplare. Dieses Ergebnis sieht Reed (1972) als Bestätigung dafür an, dass die Bedeutung von Begriffen über Prototypen repräsentiert ist.

Die für einen Begriff zentralen Merkmale müssen nicht immer vorhanden sein, um die Zuordnung eines Beispiels zu einem Begriff zu erlauben; außerdem sind die Zuordnungen kontextabhängig (vgl. hierzu Abb. 2.24 mit den Erkennungsexperimenten über die Zuordnung eines Gegenstandes zur Kategorie „Tasse" oder „Vase" von Labov, 1973).

Prototypen können aus durchschnittlichen Ausprägungen von Merkmalen bei bekannten Exemplaren einer Kategorie entwickelt werden. Der Grad der Ähnlichkeit zum Prototypen bestimmt den Grad der Zugehörigkeit zur Kategorie. Das typischste Mitglied einer Kategorie ist der Prototyp, der im Zentrum einer Kategorie steht (die Prototypen für eine Emotion könnte z.B. „Freude" oder „Ärger" sein, die weniger zentralen Emotionen „Überraschung"). Den Grad der Ähnlichkeit eines Exemplars zum Prototypen einer Kategorie nennt Rosch (1973) die *Typikalität eines Exemplars*. Nach dieser Vorstellung ist ein Begriff durch einen Prototypen und entsprechende Transformationsregeln, die zu den anderen Familienmitgliedern führen, bestimmt. Die Abstufungen im Grad der Typikalität (Anzahl der notwendigen Transformationen) sind intraindividuell in hohem Maße reliabel und interindividuell konsistent (Rosch, 1973, 1974).

Prototyp und Schema scheinen einander entsprechende Begriffe zu sein, denn auch Schemata sind nicht durch einen festen Merkmalssatz definiert.

2.5.3.5 Exemplar-Modell

In Exemplar-Modellen wird nicht von einer Generalisation eines Begriffs ausgegangen, hier sind nur einzelne Exemplare einer Kategorie im Gedächtnis gespeichert (Medin & Schaffer, 1978).

> Wenn ein Gegenstand klassifiziert werden soll, wirkt er als Schlüsselreiz zum Abruf ähnlicher Exemplare. Der Abruf erfolgt umso leichter, je ähnlicher vorgegebenes und gespeichertes Material sind. Die Ähnlichkeit wird über eine multiplikative Verknüpfung der einzelnen Attribute bestimmt.
> Ein Gegenstand wird dann als Mitglied einer Begriffsklasse klassifiziert, wenn er den Abruf einer kritischen Menge von Exemplaren dieser Begriffsklasse nach sich zieht, und zwar bevor eine kritische Menge von Exemplaren einer konkurrierenden Begriffsklasse abgerufen wurde.
> Das bedeutet: Für die Kategorisierung von unterschiedlichen Exemplaren einer Begriffsklasse wird unterschiedliche Information über den Begriff abgerufen. Eine universale Repräsentation für die gesamte Begriffsklasse gibt es nicht. (Schrameier, 1990, S. 1)

Kritisch für diese Ansicht scheinen die Befunde zu sein, nach denen bereits bei dem Merken eines Einzelexemplars sehr viele Abstraktionen einsetzen. Eine Lösung könnte sein, dass man verschiedene Phasen der Begriffsrepräsentation unterscheidet, wobei in den früheren eher eine an einem Exemplar orientierte Speicherung erfolgt, in den späteren Phasen aber eine an den gemeinsamen Merkmalen orientierte (Elio & Anderson, 1981).

2.5.3.6 Begriffsrepräsentation und Denken

Schrameier (1990, S. 68 ff.) diskutiert in ihrer Arbeit den Erklärungswert der verschiedenen Repräsentationsformen für Denkprozesse. Die Unterschiede können dabei in Anlehnung an Smith und Medin (1981) wie folgt kenntlich gemacht werden (vgl. Tab. 2.13):

Tabelle 2.13: Vergleich von verschiedenen Modellen der Begriffsrepräsentation (Smith & Medin, 1981)

	Repräsentationsform		
	exemplarisch	*prototypisch*	*merkmalsorientiert*
Gibt es eine universale Beschreibung für alle Kategorienmitglieder?	nein	ja	ja
Sind die in der Beschreibung spezifizierten Merkmale bei allen Kategorienmitgliedern in gleicher Weise ausgeprägt?	nein	nein	ja

Bei der prototypischen Repräsentationsform sind zwar allgemeine Beschreibungen gegeben, diese treffen aber in unterschiedlichem Umfang auf die einzelnen Kategorienmitglieder zu.

Im Exemplarmodell ist eine Klassifikation singulärer Eigenschaften („rot", „weich" ...) nicht möglich. Farben müssten in Form von z.B. roten Gegenständen (ein „rotes Kleid") gespeichert sein, der Begriff von Farben ist in diesem Modell nicht darstellbar. Im Prototypenmodell können Merkmale der Kategorienmitglieder mit einer ihrer Häufigkeit entsprechenden Gewichtung in den Prototypen eingehen. Das Merkmal „rot" kann, wenn es im Vergleich zu anderen Merkmalen durchgängig auftritt (sozusagen als „gemeinsamer Nenner"), für einen Prototypen stehen. Schrameier (1992, S. 70) gibt allerdings zu bedenken, dass singuläre Eigenschaften nicht unbedingt prototypisch repräsentiert sein müssen, es könnte nämlich vorkommen, dass mit den sigulären Eigenschaften konsistent korrelierte Merkmale auftreten (z.B. weich und weiß), so dass der Prototyp nicht auf einen einzigen Bedeutungskern beschränkt ist.

Für den Bereich des schlussfolgernden Denkens diskutiert Schrameier (1992, S. 72) ein mathematisches Beispiel von Euklid (Beweis, dass es unendlich viele Primzahlen gibt), welche die Überlegenheit eines Merkmalsmodells mit scharfen Begriffen verdeutlichen. Mit einer prototypischen Repräsentation (bei der die Kategorienzugehörigkeit graduell abgestuft und kontextabhängig ist) lässt sich ein solcher Schluss nicht ziehen.

Andererseits werden bei Denkprozessen, die auf mentalen Modellen über Ereignisse bestehen, keine scharf definierten Begriffe vorausgesetzt. Sollen Schlüsse aus solchen Modellen gezogen werden, so sind dafür prototypisch repräsentierte Begriffe hinreichend. Aufgrund der mit dieser Repräsentation einhergehenden Unschärfe sind solche Schlussfolgerungen aber nur auf der Ebene plausibler Vermutungen anzusiedeln, während es der klassischen Repräsentationsform vorbehalten bleibt, „die Möglichkeit zu der revolutionären Fähigkeit zu eröffnen, Sachverhalte, die unbekannt sind, mit Gewissheit zu erschließen" (a.a.O., S. 79).

2.5.4 Prozedurales Wissen

Die Unterscheidung zwischen deklarativem und prozeduralem Wissen wurde von Ryle (1949) eingeführt, um Unterschiede im Wissen bezüglich Fakten, Begriffen oder Sachverhalten und Handlungswissen (Wissen um Operationen und Prozeduren) zu kennzeichnen. Mit Fertigkeiten sind Handlungsketten gemeint, die in einer bestimmten Reihenfolge in einer gegebenen Situation ausgeführt werden, z.B. Fahrradfahren, Maschinenschreiben, Klavierspielen. Neben diesen Beispielen für psychomotorische Fertigkeiten gibt es auch kognitive Fertigkeiten, wie z.B. die Ausführung einer Rechenaufgabe. Für beide Arten von Fertigkeiten kann man gleiche Lernverläufe annehmen.

Eine für den Alltag wichtige Aufgliederung von Fertigkeiten (*skills*) durch Birren (1964) umfasst folgende Bereiche:
(1) Fortbewegungsfertigkeiten (Gehen, Laufen, Springen),
(2) Fertigkeit zur Abdeckung persönlicher Notwendigkeiten (Essen, Ankleiden, Waschen),
(3) Kommunikationsfertigkeiten (Sprechen, Lesen, Schreiben),
(4) Haushaltsfertigkeiten (Waschen, Kochen, Nähen, Einkaufen),
(5) Musikalische Fertigkeiten,
(6) Freizeitfertigkeiten (Sport, Gartenarbeit, Basteln).
Diese Einteilung ist keineswegs erschöpfend, sondern ergänzungsfähig (vgl. z.B. die Unterscheidung von Mathey [1984] in sensumotorische Fähigkeiten, verkehrsbezogene Fähigkeiten, berufsbezogene Fähigkeiten, soziale Fähigkeiten[24]).

Das diesen Fertigkeiten unterliegende Wissen wird prozedurales Wissen genannt, d.h. anstatt von Fertigkeiten wird von Prozeduren gesprochen (Anderson, 1983). Prozedurales Wissen steuert eine Handlung in der Regel automatisch und ist nicht bewusst (z.B. Fahrradfahren, Sprechen). Je stärker eine Fertigkeit eingeübt ist, desto mehr entzieht sie sich dem bewussten Zugang (vgl. hierzu auch die Erfahrung, dass das Wissen eines Experten, wenn dieser als Lehrer eingesetzt

---

[24] Für die Entwicklung sozialer Fertigkeiten hält Argyle (1972) folgende Aspekte für wesentlich: (1) Zielgerichtetheit einer interaktionistischen Fertigkeit, (2) selektive Wahrnehmung relevanter Schlüsselreize (welche sind für ein zu erreichendes Handlungsziel wichtig?), (3) Konzeption eines angemessenen Handlungsplanes, (4) Auslösung motorischer oder sonstiger Handlungsmuster, (5) Rückkoppelung mit Korrekturhandlung (die Schlüsselreize, die bei Ausführung der Handlungsmuster empfangen werden, führen zu Handlungskorrekturen zur besseren Erreichung des intendierten Handlungszieles).

wird, eventuell wegen anderer, globalerer Schemata, Verfügung über Superzeichen, zu einer Überforderung der Lerner = Novizen führen kann). Die bewusstseinskontrollierte Ausführung einer Handlung kann eine Leistung verschlechtern (sog. *Tausendfüsslerproblem*).

Bereits in früheren Konzeptionen wurde der stufenweise Erwerb von Fertigkeiten, ausgehend von einem verbalisierbaren Regelwissen, angesprochen. So unterscheidet Scharmann (1956) folgende vier Stufen beim Fertigkeitserwerb:

1. Es wird gewusst, wie etwas gemacht wird, ohne dass es selbst ausgeführt werden kann.

2. Das Gewusste wird praktisch eingeübt.

3. Die geforderte Tätigkeit wird gekonnt (d.h. es wird ein qualitativ einwandfreies Arbeitsergebnis erzielt), allerdings ohne Berücksichtigung von Zeitlimits.

4. Die Tätigkeit wird beherrscht, es werden qualitativ und quantitativ akzeptable Ergebnisse erzielt.

Diese und andere Vorstellungen über den Fertigkeitserwerb wurden später aus Gründen der Simulierbarkeit dieser Leistungen auf Computern in verfeinerter Form beschrieben.

2.5.4.1 Das ACT*-Modell von Anderson (1983)

Von Anderson (1982, 1983) wurde das sog. *ACT*-Modell*[25] entwickelt, mit dem alle höheren kognitiven Funktionen (Wahrnehmung, Sprache und Problemlösen) nach einem einheitlichen Prozessmodell erklärt werden können sollen[26]. Es werden dabei drei Gedächtnissysteme unterschieden (vgl. Abb. 2.26).

---

[25] ACT = adaptive control of thought, der „*" indiziert die Unterscheidung von den Vorläufermodellen.

[26] Später hat Anderson (1993) auch diese Theorie wieder revidiert (ACT-R). Die Veränderungen beziehen sich vor allem darauf, dass die bereichsspezifischen Prozeduren auf der Basis von Beispielen, die als deklarative Repräsentationen vorliegen, erzeugt werden. Zudem wird der Kompositionsmechanismus durch die Annahme ersetzt, dass deklarativ enkodierte Beispiele als Analogien für die Erzeugung komplexerer Prozesse genutzt werden. Das bedeutet, dass mit zunehmender Übung erfolgreiche Prozeduren durch effizientere ersetzt werden, die aus dem deklarativen Wissen erzeugt werden. Unter der Bedingung, dass also ein Beispiel für die vereinfachte Ausführung einer Prozedur im Langzeitgedächtnis vorhanden ist oder extern vorgegeben wird, kann ein qualitativer Wechsel in der Bearbeitungsstrategie erfolgen.

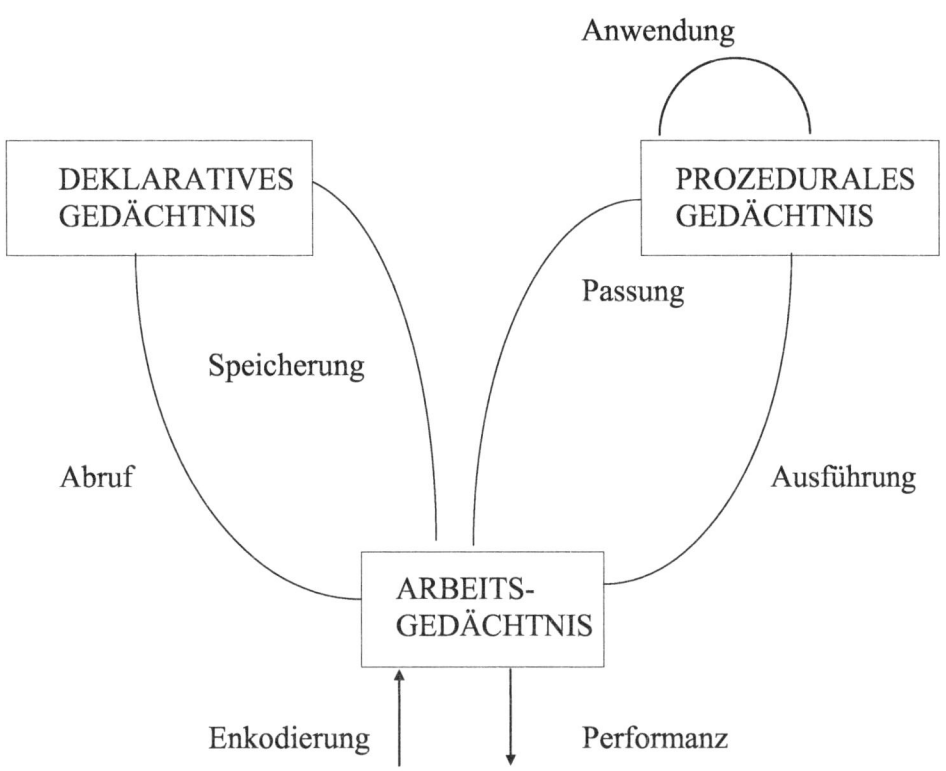

Abbildung 2.26: ACT*-Modell von Anderson (1983)

(1) Im *deklarativen Gedächtnis* ist Wissen in Form von Propositionen, Reihenfolgen oder räumlichen Bildern gespeichert. Die propositionale Form trägt der Tatsache Rechnung, dass Informationen nicht in der Originalform in das Gedächtnis überführt werden, sondern in abstrahierender Weise, d.h. nach ihrem Sinngehalt (vgl. auch das Modell des Satzverstehens von Kintsch & van Dijk, 1978; Kap. 2.4.4.7). Reihenfolgen werden vermutlich nicht voll ausformuliert gespeichert, sondern als Information über die Reihenfolgen selbst (z.B. wenn es der Fall ist, dass A vor B kommt und B vor C kommt, so wird nicht noch zusätzlich die Proposition A kommt vor C gespeichert, sondern aus dem Wissen um eine Reihenfolge erschlossen). Bilder werden nach dem Modell der hierarchisch verschachtelten Repräsentation von Palmer (1977) gespeichert (bekanntlich kann man relativ genaues Wissen über die relative Position von Objekten besitzen, auch wenn man über deren genaues Aussehen nichts sagen kann, z.B. kann man

sich zwar ein Zebra vorstellen, nicht aber - im Unterschied zu einer gegebenen Wahrnehmung - sagen, wie viele Streifen es hat).

(2) Im *prozeduralen Gedächtnis* sind Prozeduren als Wenn-dann-Verknüpfungen gespeichert (z.B. „Wenn Du den Plural eines Wortes bilden willst, dann füge ein 'e' an das Wort"; dieses Beispiel zeigt, dass diese Prozedur unvollständig ist und in dieser Form zwar oft, aber nicht immer zu einem richtigen Ergebnis führt). Für die Anwendung von Prozeduren muss es Selektionsmechanismen geben, die über die Prüfung von Bedingungskomponenten hinausgehen. Im ACT*-Modell wird angenommen, dass die Bedingungskomponente von Prozeduren dem Bewusstsein nicht zugänglich ist.

(3) Im *Arbeitsgedächtnis* sind alle Informationen, die dem Bewusstsein im Moment zugänglich sind, aktiviert (z.B. Sinneseindrücke, die gerade enkodiert werden; Wissen, das aus dem deklarativen Gedächtnis abgerufen wird; Handlungskomponenten von Prozeduren).

Für den Wissenserwerb in beiden Gedächtnissystemen werden unterschiedliche Prozesscharakteristiken angenommen; im deklarativen Gedächtnis ist der Lernvorgang direkt und abrupt (die kognitiven Einheiten im Arbeitsspeicher werden zu Spuren im LZG), im prozeduralen Gedächtnis verläuft der Lernvorgang indirekt und über die allmähliche Schwächung alter bzw. Stärkung neuer Prozeduren (vgl. z.B. das Umlernen auf einer Schreibmaschine), d.h. Prozeduren können erst nach langem Üben erworben werden. Allmählich werden dabei neue Prozeduren entwickelt, die dann die Stärke der alten erreichen oder übertreffen.

Der Abruf deklarativen Wissens ist auf vielfältige Weise möglich. Aus dem prozeduralen Gedächtnis ist die Richtung des Abrufes vorgegeben, wenn die Information im Arbeitsgedächtnis der Bedingungskomponente einer Prozedur genügt, wird das Handlungswissen abgerufen, Umgekehrtes ist nicht möglich. D.h. ausgehend von einer Handlung, kann zumeist nicht Wissen abgefragt werden. Das macht es auch z.B. einem Fahr- oder Klavierlehrer schwer, für einen Schüler genau zu spezifizieren, welche Einzelhandlungen notwendig sind, um ein Handlungsergebnis zu erreichen. Man denke an folgendes Beispiel:

Es soll das Wissen repräsentiert werden, wie eine bestimmte Pluralform in der deutschen Sprache gebildet wird, z.B. für das Wort „Tanne". Die Information im Arbeitsgedächtnis erfüllt die Bedingungskomponente der Prozedur unter folgenden Bedingungen:

WENN Du den Plural eines Wortes bilden willst;
UND das Wort endet auf „e"
DANN füge ein „n" an das Wort.

Wenn aber, ausgehend von der Handlungskomponente Wissen erfragt werden soll, z.B. „Warum bildest Du die Pluralform dieses Wortes mit 'n'?", kann die Bedingungskomponente der Prozedur in der Regel nicht in das Bewusstsein gerufen werden (außer man besitzt deklaratives Wissen über linguistische Strukturen).

Die Bedingungskomponente ist im obigen Beispiel vollständig erfüllt. Warum werden aber nicht andere Prozeduren ausgeführt? Über die *Auswahl konkurrierender Prozeduren* kann aufgrund von fünf Prinzipien entschieden werden:

1. *Spezifität:* Von zwei konkurrierenden Prozeduren wird diejenige bevorzugt, deren Bedingungskomponente spezifischer ist.

2. *Grad der Passung:* Es müssen nicht immer alle Sachverhalte, die in der Bedingungskomponente spezifiziert sind, gegeben sein. Es kommen aber eher die Prozeduren zur Anwendung, die einen größeren Grad der Passung mit dem bestehenden Sachverhalt besitzen.

3. *Zieldominanz:* Das Zielelement ist vom Prinzip des Grades der Passung ausgenommen. Eine Prozedur kann nur dann aktiviert werden, wenn das momentan verfolgte Ziel mit dem Zielelement der Bedingungskomponente übereinstimmt (die meisten Menschen konjugieren nicht automatisch bei Reizvorgabe; für andere Bereiche der geistigen Tätigkeit stimmt dies wieder nicht: Z.B. werden fast alle Menschen, wenn ihnen ein Wort gezeigt wird, nicht umhin können, das Wort auch zu lesen).

4. *Datengebundenheit:* Ein Datenelement kann nicht gleichzeitig in zwei kognitive Muster eingepasst werden. Auch das Phänomen der funktionalen Gebundenheit kann hier angeführt werden (vgl. Kap. 9.4.2): Die Partyaufgabe, eine Kerze anzuzünden und an der Wand zu befestigen, u.zw. mit Hilfe einer Streichholzschachtel und einer Reißzwecke, kann schwer gelöst werden, wenn die Zündhölzer in der Schachtel sind. Werden Schachtel, Zündhölzer etc. getrennt vorgegeben, wird viel häufiger die Lösung gefunden. Die Datengebundenheit ist im Fall der funktionalen Gebundenheit nicht so strikt, dass nicht doch noch Problemlösungen gefunden werden könnten.

5. *Stärke der Prozedur:* Jede erfolgreiche Anwendung führt zur Stärkung der Prozedur; Misserfolge bewirken eine Schwächung. Eine häufig erfolgreich angewandte Prozedur wird einer schwächeren vorgezogen.

Die Automatisierung einer Fertigkeit (und die damit einhergehende kognitive Entlastung, d.h. es ist keine kognitive Steuerung mehr notwendig) zeigt sich darin, dass mit zunehmender Übung eine zur Fertigkeit gewordene Handlung anderes Verhalten, das gleichzeitig abläuft, nicht mehr stört (z.B. Autofahren und Gespräche zu führen ist für einen Anfänger schwierig, für einen Könner eher leicht, außer er kommt in eine brenzlige Fahrsituation).

Spelke, Hirst und Neisser (1976) führten eine Untersuchung durch, bei der die Vpn die Aufgaben hatten, einen Text zu lesen und zu verstehen sowie zugleich Worte, die ihnen diktiert wurden, aufzuschreiben. Dies gelang anfangs sehr schwer; die Vpn mussten sehr langsam lesen, um auf die Diktatworte zu hören. Nach einer sechswöchigen Übungsphase hatten sie aber ihr normales Lesetempo trotz der Diktatworte wieder erreicht. Auch das Leseverständnis war so wie in einem Vortest. Für die Diktatwörter bestand hingegen so gut wie keine Erinnerung, d.h. die Fähigkeit, diese Wörter zu hören und niederzuschreiben war völlig automatisiert.

Für den Erwerb von (kognitiven) Fertigkeiten wurde von Anderson (1983) ein Stufenmodell erarbeitet (vgl. Abb. 2.27).

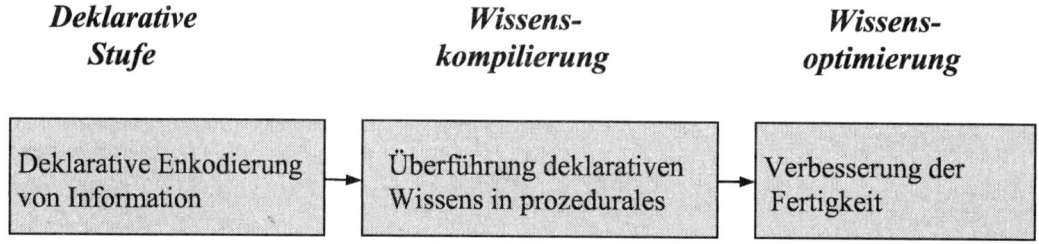

Abbildung 2.27: Stufen des Kompetenzerwerbs nach Anderson (1983)

Stufe 1: Hierbei wird eine Regel für die Fertigkeitsausführung gelernt, d.h. neue Informationen durchlaufen zunächst eine deklarative Enkodierungsstufe.[27] Diese Regel ist eine genaue Beschreibung der zu lernenden Prozedur. Der Lerner muss auf dieser kognitiven Stufe ein Wissen über den genauen Ablauf der Fertigkeit und ihre Ausführung erwerben. Diese Regel ist dann als Wissen über Sachverhalte in deklarativer Form im Gedächtnis repräsentiert (Autofahren: wie Gang einlegen, Kupplungspedal auslassen etc.). Die Wissensstrukturen für Fertigkeiten

---

[27] Im Allgemeinen wird man von einem Lehrer (oder in einem Lehrbuch) ein Regelsystem sprachlich oder auch über ein Beispiel präsentiert bekommen. Miller et al. (1973, S. 81) sprechen dabei von einem Plan oder der Skizze einer Strategie (z.B. um ein Flugzeug landen zu können), deren Repräsentation (bzw. dessen Aneignung als deklaratives Wissen) aber keineswegs ausreicht, um die Handlungen auch korrekt durchführen zu können.

werden von Anderson als sog. Produktionssysteme[28] beschrieben. Dabei besteht eine Produktion aus einem Bedingungsteil (WENN) und einem Aktionsteil (DANN). Eine allgemeine Mittel-Ziel-Produktion lautet z.B. (Anderson, 1988, S. 219):

WENN das Ziel lautet, einen Zustand X zu erreichen,

UND M eine Methode ist, um den Zustand X zu erreichen,

DANN stelle das Teilziel auf, M anzuwenden.

Von Schrameier (1990, S. 48) wird mit Hilfe des ACT*-Modells versucht, sog. Typikalitätsbefunde, d.h. unterschiedliche Verifikationszeiten in Abhängigkeit von der Typikalität eines Kategorienexemplars, zu erklären. Sie geht davon aus, dass die Identifikationsfunktion von Begriffen prozedural, das Wissen über taxonomische Beziehungen und die Kernbedeutung eines Begriffes hingegen deklarativ gespeichert sind. Für die prozedurale Speicherung der Identifikationsfunktion des Begriffes *Möbel* entwirft sie folgendes Produktionssystem:

WENN ein Gegenstand in der Wohnung steht;

UND beweglich ist;

UND das Wohnen bequemer macht;

UND aus Holz ist;

UND von Menschen gefertigt wurde;

UND ...

DANN ist er ein Möbel.

Aufgrund der Entscheidungsregeln kann die Identifikation ausgeführt werden, auch wenn die Passung mit den Bedingungskomponenten nicht vollständig ist. Die Identifikation erfolgt aber umso schneller, je besser die Passung ist. Diese Passung entspricht wiederum der Typikalität eines Begriffsbeispieles. Da die Identifikation auch von Kontextbedingungen abhängig ist, sind Inkonsistenzen bei der Beurteilung der Kategorienzugehörigkeit zu erklären. Wäre hingegen die Kategorienzu-

---

[28] Die ersten Produktionssysteme wurden von Newell (1973) und Klar (1973) entwickelt. Produktionssysteme sind eng an Computersimulationen angelehnt. Sie bestehen als Computerprogramm, das auf einer Sprache basiert, die aus Regeln („productions") und Bedingungen für die Anwendung der einzelnen Regeln besteht. Die Regeln befinden sich in einem „production memory", wobei Informationen mit einem „working memory" ausgetauscht werden; letzteres dient als Schnittstelle zur Außenwelt und zum „production memory." Produktionssysteme beanspruchen, Modelle kognitiver Prozesse zu sein (das „production memory" wird als Entsprechung zum LZG gesehen und das „working memory" zum KZG bzw. Arbeitsgedächtnis). Produktionssysteme können auch als „lernfähig" konzipiert werden, z.B. indem einfachere Regeln zu komplexeren zusammengefasst werden. Produktionssysteme wurden hauptsächlich für die Verarbeitung von sprachlichen Einheiten und zur Mustererkennung konzipiert (Oesterreich, 1994, S. 6).

gehörigkeit einzig durch einen Vergleich mit dem Prototyp einer Kategorie zu entscheiden, so müssten die Vergleiche immer gleich schnell ausfallen.

Diese Produktionssysteme sind vor allem für eine Modellierung von Abläufen durch Computer wesentlich. Die neue Situation (d.h. das Ergebnis der Produktion), geht dann in den WENN-Teil als Bedingung für die Ausführung weiterer Aktionen ein. Typisch für dieses Modell sind wiederum Miniaturisierung (Zerlegung von Handlungen in kleine Teilkomponenten) und Linearisierung (ein Schritt wird nach dem anderen abgearbeitet).

Stufe 2: In der zweiten (*assoziativen*) *Phase* werden die Fehler im anfänglichen Verständnis entdeckt und ausgemerzt. Sodann werden die Verbindungen zwischen den Elementen, die zur Ausführung einer Prozedur notwendig sind, verstärkt. D.h. die deklarative Regel für die Fertigkeit wird in eine prozedurale Form überführt (Vorgang der Wissenskompilation[29]). Man braucht sich die Regel nicht immer zu vergegenwärtigen, die verbale Selbstregulation verschwindet. Die Handlungsausführung wird immer flüssiger. Das deklarative Wissen bleibt zwar noch verfügbar, die Handlungsausführung wird aber von dem prozeduralen Wissen bestimmt. Auf der zweiten Stufe des Fertigkeitserwerbs werden die Prozesse der *Prozeduralisierung* und der *Komposition* unterschieden.

Der Übergang vom deklarativen Wissen in prozedurales wird als Bildung spezifischer Produktionen aufgefasst, in die dieses deklarative Wissen eingeht (als Teile, d.h. Propositionen, des WENN-Teiles). Das deklarative Wissen ist fortan implizit in diesen Produktionsregeln enthalten. Das Arbeitsgedächtnis wird dadurch um jene Information entlastet, die sonst aus dem LZG aktiviert werden musste. Diese Prozeduralisierung ist Folge der wiederholten Anwendung einer Produktionsregel.

Die Fertigkeitsausführung wird zusätzlich durch einen *Kompositionsprozess* geglättet. Damit ist die Zusammenfügung mehrerer hintereinander geschalteter Produktionen zu einer einfachen Produktion gemeint. Das Wissen wird dadurch in einem Stück angewendet und beschleunigt die Fertigkeitsausführung. Auch hierdurch wird der Zeitbedarf für kognitive Aktivitäten erheblich reduziert.

Stufe 3: Auf dieser Stufe der Automatisierung (Wissensoptimierung), der sog. *autonomen Phase*, wird die Ausbildung der Prozedur für die Fertigkeitsausfüh-

---

[29] Hierzu zu zählen ist auch die Übersetzung eines Handlungsplanes in einzelne Muskeltätigkeiten. Für einen Lehrer ist dieses Wissen implizit und meist unartikulierbar. Ein Schüler muss sich selbst die Erfahrungen schaffen, aufgrund deren er weiß, dass eine Regel zur Handlungsausführung korrekt erfüllt ist.

rung weiter verfeinert. Es verschwindet das (interne) Hersagen der Regel für die Fertigkeit, das deklarative Wissen tritt vollständig zurück, der Lerner ist gewöhnlich gar nicht mehr in der Lage, dieses Wissen zu verbalisieren. Durch häufiges Üben steigen Schnelligkeit und Genauigkeit einer Prozedur. Diese Schnelligkeitszunahme ist anfänglich sehr hoch, verflacht dann aber (dies entspricht dem häufig bestätigten sog. *Potenzgesetz der Übung*; Blackburn, 1936[30]). Außerdem erfolgt mit zunehmender Optimierung eine Reduktion der benötigten Gedächtniskapazität für die Fertigkeitsausführung.

Für den Erwerb von Fertigkeiten sind auch noch Lernprozesse im Sinne von Generalisierung, Diskrimination und Verstärkung wesentlich. Im ersten Fall werden die Anwendungsbedingungen von Produktionen erweitert auf zusätzliche Fälle, im zweiten Fall durch Zusatzbedingungen spezifiziert, mit dem dritten Stichwort ist gemeint, dass falsche Regeln eliminiert und erfolgreich angewandte bekräftigt werden.

Eine Besonderheit bei dem Erlernen von Fertigkeiten stellt der sog. *Reminiszenzeffekt* dar: Ist man dabei, eine Fertigkeit zu lernen, so kann man nach einer Pause feststellen, dass man diese Fertigkeit besser beherrscht als vorher, es hat quasi eine „Leistungssteigerung ohne Lernen" stattgefunden. Experimentell sind solche Nachweise mit dem sog. Pursuit-Rotor durchgeführt worden (auf einer kreisenden Scheibe soll eine Vp einer Bewegung folgen). Dieser Reminiszenzeffekt nimmt mit der Pausendauer zu (überprüft wurden Pausen mit 1/2 bis 5 Minuten), er wird jedoch gehemmt, wenn nach der Übungsperiode eine andere, ähnliche Tätigkeit durchgeführt wird (Irion, 1949; zit. n. Rohracher, 1972, S. 147).

Es gibt aber sicher auch einen Fertigkeitserwerb, der nicht mit deklarativem Regelwissen beginnt, der ohne Erinnerung an die Lernepisoden vor sich geht und bei dem man nicht einmal weiß, dass man etwas gelernt hat, z.B. der Spracherwerb oder das Lernen des Gehens in der frühen Kindheit (in einer Tanzschule mag dies dann anders sein).

Fertigkeiten können auch ausgehend von einzelnen Beispielen gelernt werden, wobei es fraglich ist, ob aus den Beispielen eine Zwischenstufe deklarativer Regeln erworben wird, die dann wieder in den Hintergrund treten, oder ob die Fer-

---

[30] Diese Potenzfunktion hat die Form $p = a + b^x$, wobei a und b Konstanten sind und mit x das Ausmaß der Übung quantifiziert wird. Logarithmiert man beide Seiten, so erhält man die folgende lineare Gleichung $\log (p - a) = x \log b$. Irvy (1993, S. 324) verweist darauf, dass dieses Potenzgesetz nicht allein für den Erwerb motorischer Fertigkeiten gelte, zugleich kritisiert er aber, dass auch andere Funktionen diese Beziehung (z.T. sogar besser) beschreiben können.

tigkeit durch die schrittweise Präsentation weiterer Beispiele kontinuierlich eingeübt wird.

Zudem gibt es auch Befunde, nach denen amnestische Patienten prozedurales Wissen erwerben können, ohne die Fähigkeit zum Erwerb von deklarativem Wissen zu besitzen (Broadbent, 1989).

Auch an einen Fertigkeitserwerb aufgrund einfacher Verstärkungsprozesse (vgl. Kap. 5.3) ist zu denken.

Will man jemandem das Fahrradfahren beibringen (dieses Beispiel stammt von Polyani [1958]), so kann man mit einfachen Regeln versuchen, dem Lernenden das Balancieren beizubringen (z.B. „Drehen Sie den Lenker in die Richtung, in die Sie zu fallen beginnen."). Hingegen wird kaum jemand den Lernprozess durch eine Erklärung des dahinterstehenden physikalischen Prinzips anzuleiten versuchen. Dieser Fertigkeitserwerb kann aber auch völlig ohne sprachliche Unterstützung vor sich gehen, nämlich indem man neben dem Rad herläuft und den Lernenden so lange stützt, bis er begriffen hat, wie man das Gleichgewicht hält (dies ist ein nach den Prinzipien des instrumentellen Lernens ablaufender Shaping-Prozess).

Es kann als sicher angenommen werden, dass diese Art des Fertigkeitserwerbs in späteren Lebensabschnitten erhalten bleibt (Wissen ohne Worte) - das Stufenmodell von Anderson (s.o.) wird dieser Art des Lernens von Fertigkeiten nicht gerecht. Dies betrifft vor allem die vielfältigen Rückmeldungen, die beim Vollzug einer Handlung auftreten und die dem Lernenden eine ständige Regulationsleistung abfordern.

2.5.4.2 Exkurs: Das Netz erinnerbaren Handelns (NEH)

Von Oesterreich (1994) wurde ein nichtsprachliches Gedächtnismodell entwickelt, das teilweise von den bereits vorgestellten Konzepten Gebrauch macht (z.B. Netzwerkstruktur, Aktivierungsannahmen), zum Teil darüber hinaus geht. Unterschieden werden dabei in Anlehnung an die Berliner Handlungstheorie (Hacker, 1986) folgende grundlegende Einheiten:

Handlungen: Eine Handlung ist ein Ausschnitt aus einem Aktivitätsfluss, an dessen Anfang und Ende eine Entscheidung über die Richtung des Aktivitätsflusses getroffen wird, z.B. „Kaffe kochen" (Oesterreich, 1994, S. 30). Handlungen werden jedoch im NEH nicht als die grundlegenden Gedächtniseinheiten verwendet, sondern sie werden „nach unten" in einzelne Operationen aufgebrochen.

Operationen: „Eine Operation ist eine Aktivität, deren Absicht für die sie ausführende Person darin besteht und die unmittelbar darin resultiert, dass mit der Aktivität Verhältnisse äußerer Gegenstände zueinander und / oder die äußeren Gegenstände selbst verändert werden ... Eine Operation endet an den Stellen im Aktivitätsfluss, an denen es im Rahmen früherer Aktivitäten der Person vorgekommen ist, dass der Aktivitätsfluss in eine andere Richtung fortgesetzt wurde" (a.a.O., S. 32).

Operative Konstellationen: Eine Person befindet sich in einer bestimmten Umwelt, die nach Gibson (1982) Angebote enthält, mit ihr umzugehen. Diese Angebote („affordances") strukturieren die Wahrnehmung. „Eine 'operative Konstellation' ist gekennzeichnet durch die Merkmalskonfigurationen der in einem bestimmten Zeitpunkt vorfindbaren Umweltgegebenheiten, die prinzipiell in bezug auf mögliche Operationen der Person wahrnehmbar sind" (a.a.O., S. 35).

Operative Situation: „Eine 'operative Situation' ist gekennzeichnet durch wahrnehmbare äußere Umstände, die für die Ausführung einer bestimmten Operation von Bedeutung sind" (a.a.O.).

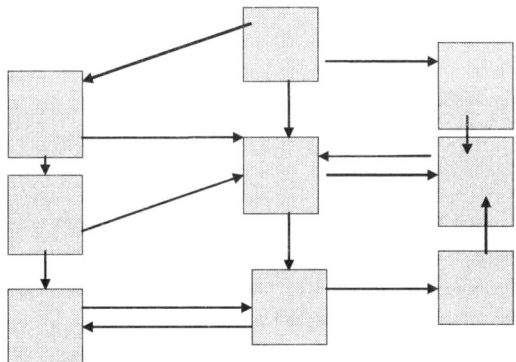

Abbildung 2.28: NEH-Struktur in Anlehnung an Oesterreicher (1994, S. 37); die Quadrate symbolisieren Situationen und die Pfeile Operationen, die Strichstärke entspricht der Deutlichkeit der erinnerbaren Operationen

Das NEH-Modell ist so aufgebaut (vgl. Abb. 2.28), dass erinnerbare Operationen als Verbindungen (ähnlich wie eine Relation) zwischen Situationen aufgefasst werden. Durch eine Operation wird eine Situation in eine andere überführt, d.h. die erinnerbaren Operationen sind gerichtet und sie können unterschiedlich deutlich sein (je häufiger eine äußere Operation ausgeführt wurde oder je weniger

Zeit seitdem vergangen ist, desto deutlicher ist die Spur). Die für die Ausführung einer Operation notwendigen Motorikschemata werden als hoch automatisiert angesehen und nicht gesondert thematisiert.

Eine Handlungsvorstellung enthält, mit welcher Operation eine angezielte Situation hergestellt und an welcher operativen Situation angeknüpft werden kann. Eine Handlungsvorstellung setzt eine *Zielvorstellung* voraus; diese entspricht einem Zielknoten im NEH. Dabei wird zugestanden, dass die Zielvorstellungen auch vage oder im NEH noch nicht implementiert sein können (zur Behandlung dieser Frage wird wieder ein Resonanzprozess angenommen, der von Ähnlichkeiten zu vorhandenen Zielvorstellungen ausgeht). Handlungsvorstellungen werden durch *Resonanz-* und *Aktivierungsprozesse* generiert.

(1) Die Vorstellung eines Resonanzprozesses ist der Akustik entnommen; ähnlich wie ein Klang durch einen Sonator bestimmte, in einem abgeschlossenen Raum befindliche Resonatoren zum Mitschwingen bringt und einer davon am stärksten resoniert, wird eine Zielvorstellung im NEH früher erfahrene Situationen aktivieren, die der aktuellen ähnlich sind; die am stärksten respondierende ist dann die gesuchte. Dieser Prozess ist dabei weder sequentiell noch hierarchisch, er setzt auch keine vollständige Übereinstimmung zwischen aktueller operativer Situation und erinnerter voraus.

(2) Die zu einem Knoten im NEH hinführenden Spuren entsprechen den Operationen, durch die eine erinnerte Situation als herstellbar erscheint. Die von einem Knoten wegführenden Spuren geben die Operationen an, mit denen Situationen in andere verändert werden können. Diese Wege (Spuren-Knoten-Abfolgen) können komplex sein; die Pfade geben an, von welchen Situationen aus die dem Knoten X entsprechende Situation hergestellt werden kann. Der Aktivierungsprozess geht aus von einem Knoten und fließt dann parallel entlang aller Pfade in das Umfeld. Alle dabei erreichten Knoten werden aktiviert. Für die Aktivierungsausbreitung wird ein Dämpfungsprozess in Abhängigkeit von der Deutlichkeit der vorhandenen Spuren angenommen (vgl. hierzu auch das Modell von Collins & Loftus, 1975). Es sind je nach Fragestellung sowohl *Rückwärtsaktivierungen* möglich (dabei geht es um die Frage, wie eine Situation X herstellbar ist) wie auch *Vorwärtsaktivierungen* (wenn es z.B. um die Frage geht, wie eine Situation beseitigt werden kann). Soweit von einer gegebenen Struktur ausgegangen wird, entspricht dies einem Problemlöseverfahren bei Interpolationsproblemen (vgl. Kap. 9); es werden allerdings auch Überlegungen zu dialektischen Problemsituationen mit unklaren Zielvorstellungen angestellt (a.a.O., S. 265).

Als Ergebnis dieser Prozesse entsteht eine Handlungsvorstellung als Pfad zwischen Ausgangs- und Zielknoten. Dieser Pfad ist „potenziert", d.h. die Person kann sich die Situationen und Operationen vorstellen und den Pfad in Gedanken durchgehen. Bei der Handlungsausführung aktiviert die potenzierte Spur die mit den Operationen verbundene Motorikschemata. Dabei werden Rückkoppelungsprozesse angenommen, mit denen geprüft wird, ob die hergestellte Situation dem erinnerten Knoten im NEH hinreichend ähnlich ist. Der Prozess der Handlungsausführung wird von Oesterreich (1994, S. 138) durch acht Teilprozesse gekennzeichnet:

(1) Bestimmung des Zielknotens,
(2) Aktivierungsprozess,
(3) Bestimmung des Startknotens und der Startsituation (Resonanzprozess),
(4) Pfad-Potenzierung,
(5) Zuwendung zur Startsituation,
(6) Initiierung einer Operation,
(7) Ausführung einer Operation,
(8) Rückkoppelung des Ergebnisses einer Operation.

Oesterreich (a.a.O., S. 99 f) ordnet die NEH-Strukturen in bestehende Gedächtniskonzeptionen so ein, dass er in ihnen deklaratives (Handlungs-) Wissen sieht. Die dabei implizierten Motorikschemata gehören zu dem Bereich des prozeduralen Wissens, wobei die motorischen Ausführungsprozesse aber nicht mehr zum NEH-Modell gehören.

2.5.4.3 Multimodale Gedächtnistheorie

Engelkamp und Krumnacker (1980) haben einen Gedächtniseffekt entdeckt, der später als „Tu-Effekt" bezeichnet wurde: Das Behalten von Verb-Objekt-Phrasen (z.B. „Computer einschalten") wird durch die symbolische Ausführung der bezeichneten Handlung verbessert, die Ausführung mit realen Objekten verstärkt den Behaltenseffekt weiter (Engelkamp & Zimmer, 1983).

Dies u. a. m. veranlassten Engelkamp (1990) in Erweiterung des Modells von Paivio (vgl. Kap. 2.4.4.4) zur Konzeption einer multimodalen Gedächtnistheorie, in deren Rahmen auch eine motorische Repräsentation eingeführt wird. Das motorische Gedächtnissystem wird in bezug auf Behaltensleistungen dem visuell-bildhaften System als überlegen angesehen, das seinerseits wieder dem verbalen System überlegen ist.

Engelkamp (1990, S. 9) geht von der Annahme aus, dass es verschiedene Teilsysteme im Gedächtnis gibt, die auf die Verarbeitung und Speicherung jeweils besonderer Informationen spezialisiert sind. Zur Begründung verweist er auf gängige hirnphysiologische Befunde (visuelle Informationsverarbeitung im Occipitallappen, Verarbeitung akustischer Information im Temporallappen, Planung motorischer Handlungen im Frontallappen, linkshemisphärische Sprachverarbeitung etc.). Dabei wird von einer groben Zweiteilung der Gedächtnissysteme ausgegangen: es werden solche unterschieden, die für Verarbeitung und Speicherung (1a) sinnesspezifischer Informationen (mit beliebigen Teilsystemen zur Verarbeitung visueller, akustischer, olfaktorischer etc. Eindrücke) und solche, (1b) die für motorische Informationen zuständig sind; als orthogonal hierzu werden Gedächtnissysteme zur Verarbeitung (2a) sprachlicher und (2b) nichtsprachlicher Information angenommen. Des Weiteren wird sowohl die Möglichkeit einer modalitätsspezifischen (z.B. olfaktorisch-nonverbal, motorisch-verbal) wie auch einer modalitätsunspezifischen Verarbeitung (semantisch-begrifflich bzw. konzeptuelles System) ausgegangen. Letztere hat erstere zur Grundlage. Für den Prozess des (episodischen) Erinnerns können sowohl konzeptuelle Informationen genutzt werden als auch modalitätsspezifische.

Das Gedächtnis wird als mehrfach geschichtet aufgebaut angenommen; es ist aus kategorialem und aus sensomotorischem (genauer: sensorischem und motorischem) Wissen aufgebaut (vgl. Abb. 2.29).

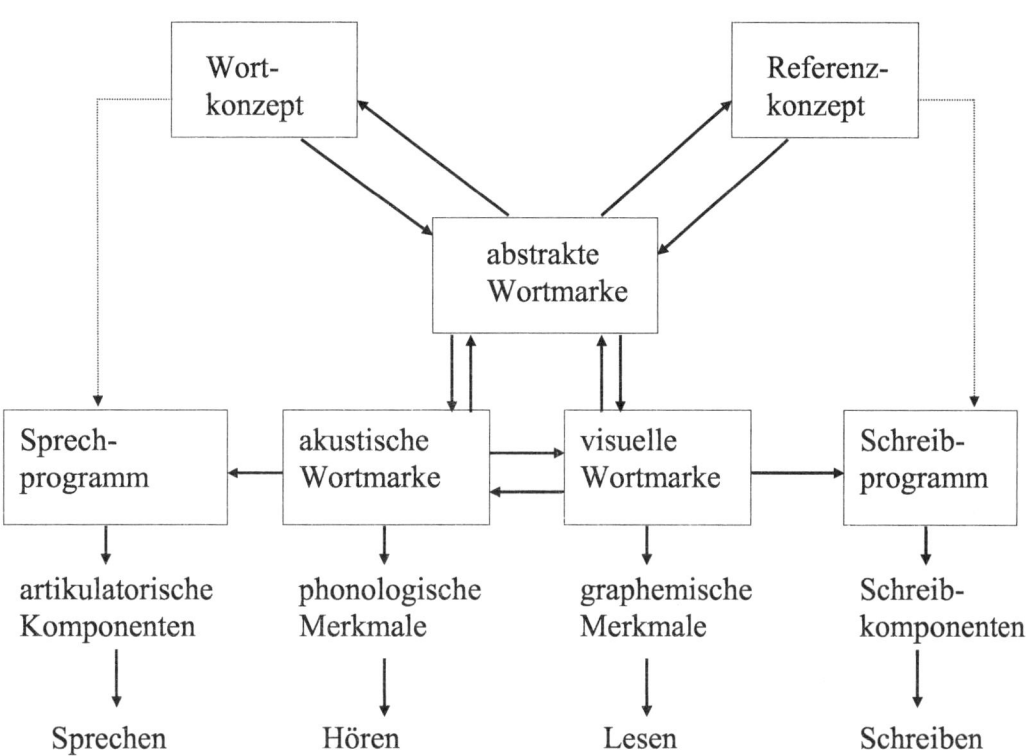

Abbildung 2.29: Repräsentations- und Aktivierungsannahmen hinsichtlich des verbalen sensu-motorischen Systems (nach Engelkamp, 1991, S. 59, 60 und 470)

Die grundlegenden Einheiten des sensorischen Wissens nennt Engelkamp (1990, S. 56) *Marken.* Episodische Marken repräsentieren eine individuelle sensorische Erfahrung, generalisierte Marken die „durchschnittlichen"[31] sensorischen Erfahrungen von Objekten und Ereignissen. Unterhalb der Marken liegen sensorische Merkmale, welche die Bausteine der Marken bilden. Marken können sich überlappen, u.zw. in dem Ausmaß, in dem sie sich auf gleiche Merkmale beziehen. In dem speziellen Fall von *Wortmarken* werden noch getrennt akustische und visuelle Wortmarken unterschieden; die akustischen Wortmarken beruhen auf lautli-

---

[31] Die Bezeichnung „durchschnittlich" ist sicher erklärungsbedürftig, da Durchschnittsbildungen je nach der zugrunde liegenden Datenqualität nach Modus, Median oder arithmetischem Mittel vorgenommen werden können (vgl. hierzu auch Modelle der Begriffsrepräsentation).

chen Merkmalen (Phoneme), die visuellen auf bildhaften (Grapheme). Zudem wird eine modalitätsfreie (abstrakte) Wortmarke postuliert, welche die modalitätsspezifischen integriert. Auf dieser Ebene sind weitere spezifische Informationen gespeichert (z.B. Information über die Wortklasse, Worthäufigkeitsinformation). Wortmarken sind also dreifach in dem System repräsentiert. Sie beziehen sich dabei sowohl auf ein „Wortkonzept" (i.S. der Repräsentation der semantischen Bedeutung einer Wortmarke) und auf ein „Referenzkonzept" (dies sind Repräsentationen der nonverbalen Referenten einer Wortmarke, wohl auch eines Wortkonzepts).

Mit *Programmen* werden die Einheiten des motorischen Wissens bezeichnet. Auch diese können in episodischer oder in generalisierter Form vorliegen. Die darunter liegenden Bestandteile der Programme sind die Innervationskommandos für Muskeln. Programme überlappen sich dann, wenn sie gemeinsame Komponenten besitzen. Auch hier sind bei Wörtern verschiedene motorische Programme zu unterscheiden (Sprech- und Schreibprogramme), deren Aktivierung die Aktivation der modalitätsspezifischen sensorischen Wortmarken voraussetzt.

Marken und Programme indizieren wiederum Konzepte, wobei sich das verbale sensumotorische System auf Wortkonzepte bezieht, das nonverbale sensumotorische System auf Referenzkonzepte. Die Grundstruktur des multimodalen Gedächtnissystems ist in Abbildung 2.30 dargestellt.

Das Repräsentationssystem besteht u.a. aus „Wortmarken" (Substantive, Verben), „statischen Bildmarken" (Bildern von Objekten), „dynamischen Bildmarken" (Bildern von Vorgängen, auch vom eigenen Handeln) und „motorischen Programmen" (Ausführungsprogramme für das Handeln). Die gleiche Struktur des sensorischen Wissens wird auch in bezug auf Geräusche („Geräuschmarken"), olfaktorische Eindrücke („Geschmacksmarken") etc. angenommen. Bedeutungen sind als „Konzepte" auf einer getrennten Ebene repräsentiert. Konzepte können wieder zu übergeordneten zusammengefasst werden. Für Konzepte wird eine propositionale Struktur angenommen (Anderson & Bower, 1973).

Ohne auf die durch diese Theorie nahegelegten Informationsverarbeitungsprozesse einzugehen, sei betont, dass hier die Annahme gemacht wird, dass das Behalten ein Nebenprodukt der Verarbeitungsprozesse ist und nicht willentlich beeinflusst werden kann. Je nachdem, welcher Verarbeitungsprozess gestartet wird, wird Behalten leichter oder schwerer fallen. „Die Behaltenswirksamkeit dieser Prozesse selbst kann man nicht willkürlich beeinflussen. Sie ist eine inhärente Eigenschaft der Prozesse" (Engelkamp, 1991, S. 467). Im Besonderen wird in Ergänzung der Dual-code-Theorie (Paivio, 1986) bzw. des Modells der Verarbeitungstiefe (Craik & Lockhart, 1972) auf die Gedächtniswirksamkeit von motorischen Prozessen hingewiesen.

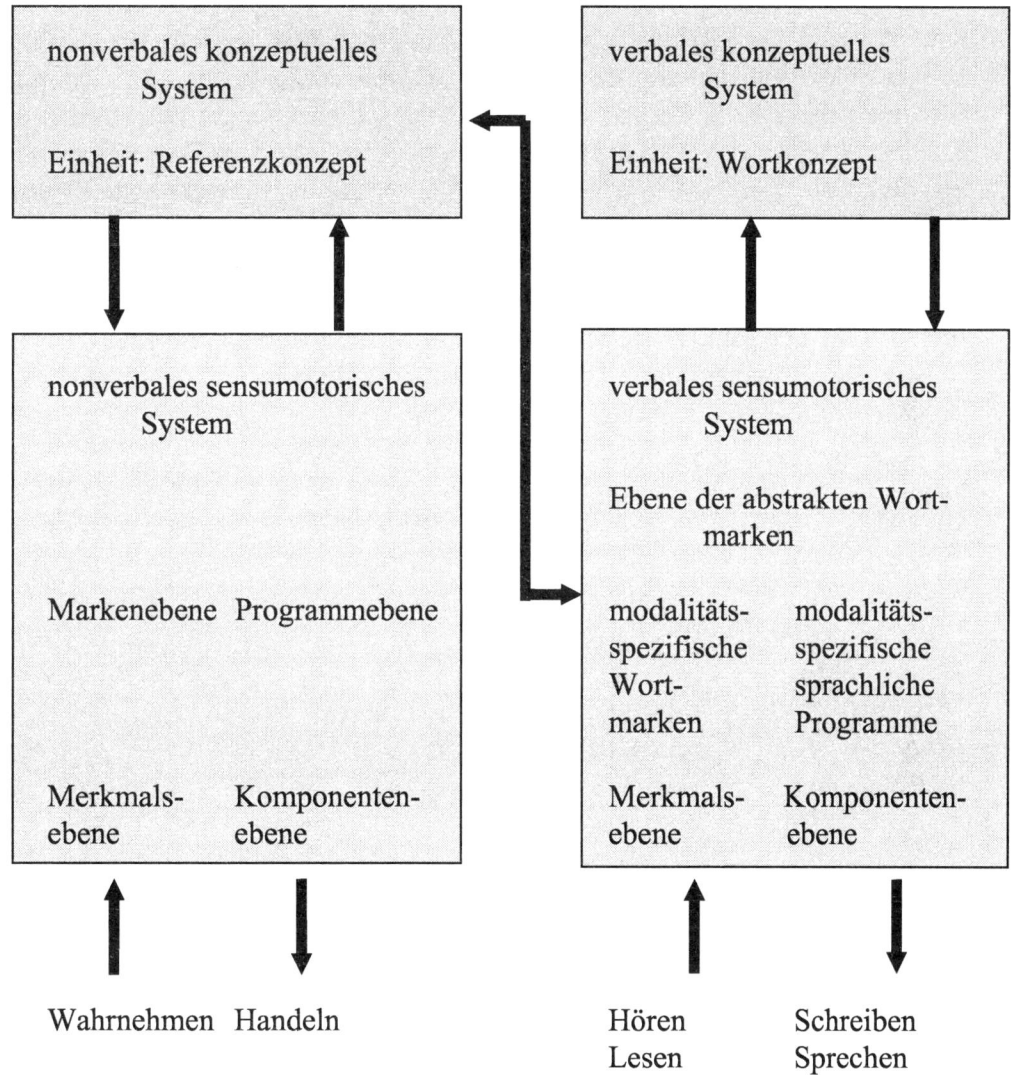

Abbildung 2.30: Grundstruktur des multimodalen Gedächtnissystems von Engelkamp (1990, S. 62)

2.5.4.4 Exkurs: Das Frame-Konzept zur Darstellung interner Repräsentationen von Bewegungen

Seiler (1995, S. 169ff) verwendet das Frame-Konzept von Minsky (1975), um Wissen über Bewegungen darzustellen. Wissen wird hier in Form von frames (Rahmen) dargestellt. Diese sind (a) hierarchisch strukturiert und (b) dynamisch angelegt. Dies bedeutet, dass Wissensbestandteile aus einem Frame durch vielfältige Relationen mit solchen aus anderen Frames aus höheren oder niedrigeren Ebenen verbunden sind. Die einzelnen Wissensbestandteile lassen sich Slots (Leerstellen) zuordnen, die in einem gegebenen Kontext inhaltlich spezifiziert werden. Slots können fakultative oder obligatorische Bestimmungsstücke eines Frames sein. Sie können auch nach Bedeutsamkeit differenziert sein.

Seiler unterscheidet dabei fünf Wissenskonzeptkategorien, die jeweils zu einer Bewegungshandlung gehören.

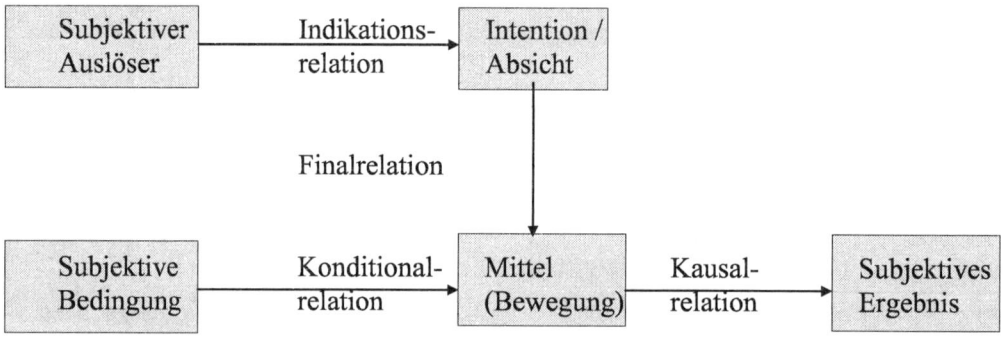

Diese können als Slots in einem Frame aufgefasst werden:

Intention: Die mit einer Handlung verfolgte Absicht, die gleichzeitig die Bezeichnung oder das Thema eines Frames darstellt.

Mittel: Jede Intention wird durch bestimmte Mittel (Bewegungen) zu erreichen versucht, welche obligatorische Bestimmungsstücke eines Frames darstellen. Mittel oder untergeordnete Pläne weisen ihrerseits wieder eine Framestruktur auf.

Auslöser: Viele Intentionen, vor allem Korrekturintentionen bei Abweichungen von einem fehlerfreien (Bewegungs-)Ablauf, werden nur aktualisiert, wenn bestimmte Indikatoren oder ein Anlass vorliegen. Diese fakultativen Bestimmungsstücke treten oft in Form von Empfindungen oder Gefühlen auf.

Bedingungen: Die Ausführung eines (übergeordneten) Plans kann an bestimmte situative Voraussetzungen oder Bedingungen gebunden sein, durch sie also verursacht werden, oder durch die Bedingungen beeinflusst werden.

Ergebnis: Die Intentionsrealisierung bzw. deren Verfehlung führt zu Ergebnissen, wobei der oder die Handelnde in der Regel subjektive Wahrscheinlichkeiten zugrunde legt und unterschiedliche Reichweiten berücksichtigt.

Zwischen den Slots verschiedener Frames bestehen verschiedene und modifizierbare Beziehungen. Z.B. können Teilbewegungen im Laufe eines Lernprozesses zu komplexeren Zielen zusammengefasst werden. Die Mittel höherer Ebenen bilden die Intentionen für untergeordnete Ebenen. Damit ergibt sich eine Handlungsstruktur. Ergebnisse eines Frames können die Funktion des Auslösers für einen anderen Frame übernehmen oder geänderte Bedingungen darstellen. Diese Aufbereitung des Frame-Konzepts konnte erfolgreich zu Erfassung von Intentions-Mittel-Wissen bei motorischem Lernen eingesetzt werden. Damit ist auch ein Trainingsinstrument gegeben, mit dem Lücken in relevanten Wissensstrukturen entdeckt werden können.

3. Vergessen und Erinnern

„Der Gedankenstrom fließt unaufhörlich, doch der größte Teil
verschwindet im uferlosen Abgrund des Vergessens" (William
James, 1890, S. 643).

3.1 Zur physiologischen Natur des Gedächtnisprozesses

Als Resultat der Prozesse der Informationsaufnahme und -verarbeitung muss eine
Veränderung im Gehirn eintreten, die als Träger der Gedächtnisinhalte angesehen
werden kann. Diese Ansicht wird in der Psychologie mit unterschiedlicher Ausgestaltung seit Ende des 19. Jahrhunderts vertreten (z.B. von William James,
Theodor Meynert, Theodor Ziehen, Georg Elias Müller).

Über die physiologische Natur der gebildeten Engramme (= Gedächtnisspu-
ren) bestehen zumindest zwei konkurrierende Klassen von Modellvorstellungen:
(a) Langfristig gespeicherte Gedächtnisinhalte können entweder als Eiweißmoleküle gedacht werden, die diffus über die Gehirnrinde gespeichert sind (Hologrammhypothese des LZG nach Pribram, 1978), oder (b) sie sind als wiederholt
auftretendes neuronales Erregungsmuster aufgrund früherer Bahnungsprozesse
repräsentiert.[1] Beide Modellvorstellungen sind allerdings noch weit davon entfernt, alle bekannten psychischen Gedächtnisphänomene auch abzubilden.[2]

Der Beginn des Gedächtnisprozesses geht in beiden Fällen von einem sensorischen Speicher (UKZG) aus. Die physiologische Grundlage des UKZG wird als
kurzfristig bestehende elektrische Potentialverteilung in der Gehirnrinde gedacht.

---

[1] Wie so häufig, so sind auch diese Vorstellungen über die materielle Natur des Gedächtnisprozesses schon wesentlich früher vermutet worden. Der Wiener Psychiater Theodor Meynert (zit.
n. Rohracher, 1965, S. 308) hat z.B. eine „Theorie der ausgeschliffenen Bahnen" aufgestellt,
nach der immer dann, wenn in verschiedenen Hirnteilen gleichzeitig Erregungen bestehen, die
verbindenden Faserstränge „durchlässiger" gemacht werden (man sprach von einer „Ausschlei-
fung" dieser Bahnen).

[2] Es ist prinzipiell zu diskutieren, ob es im Rahmen der Psychologie Sinn macht, sich über theoretische Vorstellungen bezüglich des physiologischen Pendants von Gedächtnisleistungen Gedanken zu machen. Die funktionelle Beschreibung der Gedächtnisleistungen ist zunächst unabhängig von einer mechanischen Theorie zu sehen. Andererseits bleibt es eine immer wieder genähr-
te Hoffnung, dass psychologische und neurophysiologische Befunde durch eine einheitliche
Theorie erklärt werden können.

Diese Erregungsmuster bestehen einige Zeit und zirkulieren in sog. „reverberatorischen Neuronenkreisen" (Rohracher, 1939; Eccles, 1975). Nach einer Zeit ungestörter Zirkulation (Konsolidierungsphase) kommt es (a) entweder zu einer dauerhaften Veränderung an den synaptischen Verbindungen der Neuronen (Neuron A ändert seine erregende oder hemmende Wirkung auf Neuron B[3]; vgl. Theorie der neuronalen Netzwerke, Kap. 3.1.2) oder (b) zu einer Bildung von Eiweißmolekülen (= Molekulartheorie des Gedächtnisses, Kap. 3.1.1). Beiden Theorien ist noch gemeinsam, dass das Gedächtnis als Leistung des gesamten Cortex angesehen wird.

3.1.1 Molekulartheorie des Gedächtnisses

Auf der Suche nach dem Engramm, der dauerhaften Gedächtnisspur, wurde in den 50er Jahren durch den schwedischen Biochemiker Holger Hydén die Arbeitshypothese entwickelt, wonach in der RNS des Gehirns das Individualgedächtnis einer Person kodiert sein soll. Diese Hypothese wurde durch Versuche gestützt, nach denen sich in den Hirnzellen von Ratten, die einen komplizierten Balanceakt gelernt hatten, RNS mit neuartiger Nukleotidsequenz finden ließ, die sich von der von Kontrolltieren unterschied (Hydén, 1959). Zudem stellte sich heraus, dass auch eine Zunahme der sensorischen Erfahrungen die RNS-Synthese in den Nervenzellen beträchtlich anregt (wieder überprüft an den Gehirnen von Ratten, die einen komplizierten Verhaltensablauf lernen mussten).

Ausgehend von der Erfahrung, dass im Laufe des Lebens die Fähigkeit, Neues zu lernen, mit der RNS-Versorgung in den Gehirnzellen korreliert ist (Zunahme vom dritten bis zum 40. Lebensjahr, Abnahme ab dem 60. Lebensjahr), wurde geriatrischen Patienten mit verminderten Merk- und Gedächtnisleistungen RNS-Extrakt injiziert, womit eine Verbesserung der Merkleistung verbunden war. Der Effekt war aber nicht dauerhaft, sondern nach Behandlungsende sank die Lernleistung wieder auf das vorherige Niveau ab (Leukel, 1968).

---

[3] Zu berücksichtigen ist, dass jedes der 100 Milliarden Neuronen des menschlichen Gehirns mit ca. 1.000 bis 10.000 anderen verbunden ist (Müller et al., 1995) und alle Neuronen untereinander über drei Zwischenneuronen miteinander verschaltet sind. Daraus ergeben sich für den Cortex ca. 10 Billionen synaptische Verbindungen. Der angedeutete Prozess lässt sich deshalb nicht in detaillierter Weise wiedergeben, sondern kann nur als abstrahiertes Modell dargestellt werden. Zu weiteren Details vgl. Klimesch (1995).

Allerdings distanzierte sich Hydén später von der Vorstellung einer ontogenetischen Kodierung von Gedächtnisinhalten durch einzelne Eiweißmoleküle und interpretierte die Neubildung von RNS als eine Reaktion, die zwischen der sensorischen Informationsaufnahme und einer dauerhaften Netzwerkkodierung vermittelt.

Dennoch war damit diese Hypothese nicht aus der Welt geschafft. Andere Experimentatoren untersuchten den Einfluss, den eine Störung der RNS- und Eiweißsynthese auf Lernprozesse hat. Z.B. konditionierte Agranoff (zit. n. Sinz, 1981) Goldfische darauf, nach dem Aufleuchten eines Lämpchens in den Teil eines Beckens zu schwimmen, in dem keine elektrische Stimulation stattfand. Wurde in das Gehirn solcher Tiere jedoch kurz vor oder nach dem Erlernen dieser bedingten Reaktion eine Substanz injiziert, welche die Eiweißsynthese blockiert (es wurde das Antibiotikum Puromycin verwendet, in anderen Studien Azetoxycyclohexmid), so wird der Lern- bzw. Konsolidierungsprozess gestört und der Konditionierungsvorgang wird vergessen. Wartet man jedoch mit der Injektion eine halbe Stunde, so ist der Lernprozess nur leicht beeinträchtigt und nach einer Stunde gar nicht mehr. Auch der inverse Vorgang einer pharmakologischen Verbesserung der Gedächtnisleistung (durch Picrotoxin, Strychnin, Magnesiumpemolin) ließ sich belegen.

Für eine molekulare Grundlage von Lernen sprachen auch die bekannten Versuche von McConnell (1962). Dieser konditionierte Strudelwürmer darauf, auf einen Lichtreiz mit einer Körperkontraktion zu reagieren. Wenn ca. 250 mal ein Lichtreiz mit einem Stromstoß gepaart wird, so reagieren die Tiere bereits auf den Lichtreiz allein. McConnell, Jacobson und Kimble (1959) nahmen solche Planarien, die gelernt hatten, auf einen Lichtreiz zu kontrahieren, und schnitten sie in der Mitte auseinander. Beide Hälften der Tiere konnten sich regenerieren. Sodann wurde die Frage untersucht, ob eine der beiden Hälften etwas von der konditionierten Reaktion behalten hat bzw. ob das „Kopfende" mehr behalten hat als das „Schwanzende". Die konditionierte Reaktion wurde von beiden „neuen" Tieren gezeigt, eine bessere Leistung des einen oder anderen Teiles trat nicht auf. Daraus könnte man eine Stützung für die Annahme finden, dass Gedächtnisinhalte nicht an einem spezifischen Ort im ZNS gespeichert werden, sondern verstreut über das ganze ZNS (Hologrammhypothese).

Auch die sog. Kannibalismusexperimente McConnells (1962) sind zu erwähnen: Gut trainierte Würmer wurden in Stücke zerhackt und an untrainierte Würmer verfüttert. Diese mussten ebenfalls die konditionierte Reaktion erwerben. Dabei stellte sich heraus, dass sie viel schneller lernten als andere Kontrolltiere. Daraus könnte die Vermutung abgeleitet werden, dass Lernerfahrungen von einem Organismus auf einen anderen übertragen werden können, weil die Lerninhalte in chemischer Form (Proteine) gespeichert sind. Diese Ergebnisse sind allerdings umstritten, weil Kontraktionsreaktionen der Planarien auch spontan erfolgen, ein Versuchsleitereffekt (!) also nicht auszuschließen ist.

Untersuchungen von Ungar (1967) weisen aber in eine ähnliche Richtung. Ratten wurden von ihm dressiert, dunkle Räume zu vermeiden (eine Verhaltensweise, die eigentlich gegen die instinktiv angelegte Reaktion gerichtet ist). Nach der erfolgreichen Konditionierung wurden diese Tiere getötet und ein aus den Gehirnen der Tiere hergestellter Extrakt anderen Tieren injiziert. Diese ohne Dunkelangst verhielten sich danach so, als ob sie selbst und nicht ihre Vorgänger konditioniert worden wären. Man glaubte auch, eine spezifische Molekülverbindung aus dem Gehirnextrakt der trainierten Ratten isoliert zu haben, die materieller Träger der spezifischen Information, „Meide die Dunkelheit!", sein sollte (der dafür gebildete Kunstname war „Skotophobin"; um dieses zu analysieren war es notwendig, 4000 Ratten zu konditionieren und dann zu dekapitieren).

Die Ergebnisse konnten von anderen Forschern z.T. repliziert werden (Jacobson et al., 1965). Babich et al. (1965) konnten z.B. zeigen, dass sich Ratten, denen man die RNS von anderen Ratten injiziert hatte, deren Annäherung an einen Fressnapf mit einem Klick-Geräusch verstärkt worden war, im Vergleich zu Kontrolltieren signifikant häufiger dem Fressnapf zuwandten. In der extremen Formulierung wäre die Gedächtnisspur hier als eine Art Kassettenrecordermolekül gespeichert, wobei diese Gedächtnisspur unabhängig von neuronalen Verknüpfungen ist.

Aber nach einer Gemeinschaftspublikation von 23 Forschern im Jahre 1966 wurden wieder Zweifel an der Interpretation laut, dass es sich bei dem Engramm um spezifische Eiweißmoleküle handeln soll. Diese Untersuchungsrichtung wurde danach nicht mehr fortgesetzt, vermutlich da es schwer ist, Kontraktionsbewegungen bei Planarien zu objektivieren (frühere positive Ergebnisse sind eventuell auf Pygmalion-Effekte zurückzuführen).

Nach Ungars Interpretationen ist allerdings auch ein Weg zur Bahnungstheorie gegeben: Das Scotophobin könnte als eine Art Erkennungsmolekül dienen und bewirken, dass Neuronen, die zum selben Pfad bzw. neuronalen Ensemble gehören, erkannt werden und entsprechende Verbindungen bilden. Spezielle Moleküle fungieren hier also quasi zur Kodierung von Zellensembles und bewirken, dass neuronale Impulse in bestimmte Bahnen geleitet werden, die ihrerseits die neue Information darstellen.

3.1.2 Informationsspeicherung in natürlichen und künstlichen neuronalen Netzwerken

3.1.2.1 Neuroinformatische Grundlagen

Von Hebb (1949) wird eine zeitbezogene Organisation des Gedächtnisses vertreten (kurz- und langzeitiges Gedächtnis). Von ihm stammt die Vorstellung, dass die Plastizität des Nervensystems Gedächtnis und Lernen ermöglicht. Ein den Aufmerksamkeitsfilter passierender Wahrnehmungsinhalt entspricht einer spezifischen Erregungskonstellation in einem neuronalen Zellensemble. Dieses Erregungsmuster wird in einem reverberatorischen Kreisverband von Neuronen (gleichsam als Wiederhall) aufrecht erhalten (vgl. Abb. 3.1). Die Information gelangt an einem Punkt in den Kreis und zirkuliert dort für eine bestimmte Zeit. Entweder geht danach die Information gänzlich verloren oder sie wird in das LZG transportiert. Diese Vorstellung wurde aber auch von anderen vertreten, z.B. hat Rohracher (1939, zit. n. Rohracher, 1968, S. 122) eine „Theorie der spezifischen Erregungskonstellation" ausgearbeitet, nach der Erregungskonstellationen elektro-chemische Veränderungen in den Ganglien bewirken, welche die Grundlage des Gedächtnisses bilden.

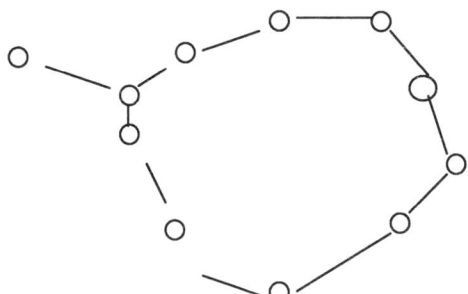

Abbildung 3.1: Schematisierte Darstellung eines reverberatorischen Kreises nach Hebb (1949)

Die Spezifität eines Gedächtnisinhalts wird durch den Ort des Zellensembles sowie durch Frequenz- und Rhythmuseigenschaften der kreisenden Erregung bestimmt (Birbaumer & Schmidt, 1989, S. 548).[4] Bleibt die Zirkulation lange genug und ungestört aufrecht (Gegenbeispiel: retrograde Amnesie), so kommt es zu dauerhaften synaptischen Veränderungen (Freisetzung oder Hemmung der Freisetzung von Neurotransmittern in den synaptischen Spalt). Der Konsolidierungsprozess kann in Abhängigkeit von der Komplexität des Lerninhaltes bis zu zwei Stunden dauern (vgl. hierzu aber auch die zusätzlich während des Schlafes ablaufenden Konsolidierungsprozesse, Kap. 5.1); ein Beleg für diese Konsolidierungsprozesse kann man in dem Phänomen der retrograden Amnesie sehen, das nach Unfällen (mit commotio bzw. contusio cerebri) oder nach Elektroschocks (z.B. zur Behandlung bei Depressionen eingesetzt) auftritt.

Lernen beruht demnach auf physiologischen Veränderungen von Nervenzellen bzw. deren Verbindungsstärken. Wenn zwei Neuronen gleichzeitig aktiviert sind, so wird ihre Verbindung gestärkt. Im Gehirn entspricht dies einer Veränderung an den Synapsen - diese werden bei häufiger Benutzung des nachgeschalteten Neurons effizienter bzw. sie degenerieren bei seltenem Gebrauch. Diese *synaptische Plastizität* wird als ein Korrelat von Lernen und Vergessen angesehen.

Die Neuroinformatik selbst beginnt mit der Arbeit von McCulloch und Pitts (1943), von denen physiologische neuronale Netzwerke auf der Basis binärer Schwellenwerte konzipiert wurden. Diese Vorstellungen wurden von Rosenblatt (1962) auf künstliche neuronale Netzwerke übertragen (Perzeptron-Modell), die in der Lage waren, einfache Mustererkennungsprozesse durchzuführen. Das Perzeptron bestand aus einer Eingabe- und einer Ausgabeschicht (ohne „verborgene" Zwischenschicht). Es kann lernen, zu einem bestimmten Eingabemuster ein Zielmuster zu assoziieren („Musterassoziator"). Das Interesse an dieser Forschungsrichtung schwand vorübergehend, als Minsky und Papert (1969) nachwiesen, dass das Perzeptron nicht in der Lage sei, einfache logische Operationen zu erlernen. Allerdings haben die Autoren dies unzulässigerweise auf alle Formen neuronaler Netzwerke verallgemeinert; durch die Konzeption mehrschichtiger neuronaler Strukturen sind solche Operationen aber sehr wohl zu modellieren. Mit einem Beitrag von Hopfeld (1982) begann die Renaissance der Untersuchung neuronaler Netzwerke. Er stellte einen Zusammenhang zwischen Konzepten der Theoretischen Physik (Spinglas-Theorie) und neuronalen Netzwerken her, der sich sehr befruchtend auf diese Forschungsrichtung auswirkte.

---

[4] Die Frage, in welchem Gehirnareal denn nun die Gedächtnisleistung lokalisiert sei, lässt sich nicht beantworten. Lashley (1950) wollte durch seine Läsionsstudien den Ort der Engramme feststellen. Es zeigte sich aber, dass der Verlust an Gedächtnisleistung nicht von dem Ort der Zerstörung neuronaler Substanz abhängig war, sondern nur von deren Größe. Zu weiterführenden Überlegungen vgl. Klimesch (1995).

Neuronale oder konnektionistische Netzwerke (auch als PDP-Modelle[5] bezeichnet) sind ein Versuch, die Parallelität biologischer Informationsverarbeitung nachzubilden. Sie bestehen aus (1) *Neuronen* (eig. „units", bisweilen auch als „nodes" bezeichnet, d.h. einfachste Verarbeitungseinheiten, die einen Eingabewert in einen Ausgabewert verwandeln[6]), (2) *Neuronenverbindungen* („connections" = Verbindungen; entweder gerichtet oder ungerichtet, mit festen oder variablen Gewichten; das Vorzeichen des Gewichts gibt an, ob es sich um exzitatorische oder inhibitorische Verbindungen handelt) und einer (3) *Netzstruktur* (das Netz wird aus verschiedenen Schichten [Layers] zusammengesetzt gedacht, bestehend aus einer Eingangsschicht, einer oder mehreren verborgenen Schichten zur Informationsverarbeitung und einer Ausgangsschicht). Als Regelungsmechanismus wird noch ein (4) minimaler bzw. auch ein maximaler *Schwellenwert* angenommen, der die Neuronenaktivität steuert (z.B. wenn die Gesamtaktivität aller Neuronen zu einem bestimmten Zeitpunkt sehr hoch ist, werden die Schwellen für die Aktivierung von Neuronen höher gesetzt, damit geht die Gesamtaktivität zurück, das System vermeidet hiermit epilepsieanfallähnliche Aufschaukelungseffekte; andererseits, wenn eine Aktivierung einer Einheit nicht stark genug ausfällt, so erfolgt keine Weiterleitung an eine andere Einheit = die Aktivierung bleibt unterschwellig).

Neuronale Netzwerke stellen konnektionistische Modelle dar, die kaum Annahmen über Regelmechanismen enthalten (ein Vektor mit Eingabeknoten ist mit einem Vektor von Ausgabeknoten über ein Netzwerk „verborgener" Knoten verbunden). Konnektionistische Modelle sind aber „lernfähig", durch sog. „backpropagation" kann z.B. die Abweichung der realisierten Ausgabeknoten von dem „richtigen" Ausgabevektor an das verborgene Netzwerk rückgemeldet werden und dort zu Anpassungen führen (Johnson-Laird, 1989, S. 186 ff). Dabei wird das Gewicht zwischen den Units und der damit verbundene Ablauf des Aktivierungs-

---

[5] PDP-Modelle (= Parallel Distributed Processing) oder auch als neurocomputationale Modelle (Schwartz, 1990) bezeichnet. Einen einführenden Überblick zu neuronalen Netzen findet man unter http://www.math.uni-münster.de/math/inst/info/Professoren/Lippe/lehre/skripte/wwwnn-script/index.htlm [12.09.2001].

[6] Auch hier scheint es wieder so zu sein, dass die wesentlichen „Einheiten" nicht in einzelnen Neuronen, sondern in sog. „kortikalen Modulen" zu sehen sind. Das von Klimesch (1995, S. 12f) entwickelte Modell ist vor allem auch in der Lage zu erklären, warum Prozesse schneller ablaufen, wenn mehr Information beim Lernenden bereits vorhanden ist. Andere Modelle (auch das ACT*-Modell vgl. Kap. 2.5.4.1) führen zu der paradoxen und der Alltagserfahrung widersprechenden Konsequenz, nach der die Verarbeitungsprozesse länger dauern müssten, je mehr Information in dem relevanten Netzwerk gespeichert ist, weil hier mehrere Pfade zu prüfen sind.

flusses verändert. Entsprechend konstruierte konnektionistische Netzwerke können auch unvollständige Muster „erkennen" (d.h. einen unvollständigen Eingabevektor in den vollständigen Ausgabevektor umwandeln) und aus geeigneten Beispielen Prototypen extrahieren.

3.1.2.2 Gehirn und Computer

Die Entwicklung von Computern hat von Anfang an eine Analogie zwischen Rechner und Gehirn nahegelegt. Alan Turing hat in den 30er Jahren gezeigt, dass ein Prozessor und ein Speicher jede Rechenprozedur durchführen können. Analog hierzu ist das menschliche Denken als Symbolmanipulation vorstellbar bzw. umgekehrt sollten Maschinen intelligente Leistungen zustande bringen. Die eigentliche Leistung einer Turing-Maschine wird erst dadurch möglich, dass der Maschine exakte, formale Anweisungen (Software) gegeben werden.

Bei der klassischen Computeranalogie wird die Symbolverarbeitung traditioneller Von-Neumann-Rechner auf das menschliche Denken übertragen.[7] Im Gegensatz hierzu operieren neuronale Netzwerke auf einer subsymbolischen Ebene. Diese Vorstellung, die aus der Analyse physiologischer Gegebenheiten vom Menschen auf die Modellierung von Erkennensprozessen übertragen wurde, eröffnet eine neue Sichtweise (nicht nur zum Verständnis der Funktionsweise des Gehirns, sondern auch zur Entwicklung neuer Rechnertypen). Symbole zur Beschreibung der Umwelt werden in der subsymbolischen Informationsverarbeitung auf der Basis einfacher Verarbeitungseinheiten in kleinste Strukturen zerlegt. Eine eigenständige zentrale Kontrollinstanz zur Steuerung des Verarbeitungsprozesses gibt es nicht.

Die auf Von-Neumann-Rechner implementierten Programme können aufgrund der hohen Rechnergeschwindigkeit numerische Leistungen erbringen, die dem Menschen nicht möglich sind. Andererseits ist das menschliche Gehirn zu Leistungen fähig, die noch von keinem Rechner erreicht werden (z.B. Prozesse beim Gesichtererkennen, Verstehen gesprochener oder geschriebener Sprache). Ursächlich für diese unterschiedliche Leistungsfähigkeit scheint die verschiedene Bauart des Gehirns im Vergleich zu den Von-Neumann-Rechnern zu sein. Das menschliche Gehirn besteht aus etwa 10^{11} Neuronen und aus etwa 10^{13} - 10^{15}

---

[7] Man beachte aber die von Dennett (1984) geprägte Metapher des „kognitiven Rades", um die gegenwärtige Unzulänglichkeit dieses Vergleichs zu charakterisieren (vgl. Fußnote 17 in Kap. 2.5.3.1).

Verbindungen zwischen den Nervenzellen. Ein einzelnes Neuron kann einen Input von 10000 bis 80000 Synapsen erhalten und seinen Output an mehrere hundert andere Neurone weitergeben (Müller, Reinhardt & Strickland, 1995, S. 10).

Tabelle 3.1: Vergleich von Eigenschaften zwischen seriellen Computern und neuronalen Netzwerken (Wieding & Schönle, 1991, S. 418)

Aspekte	*Konventionelle Datenverarbeitung*	*neuronale Netze, menschliches Gehirn*
Architektur	Ein-/Mehrprozessorsystem mit Zugriff auf lokal definierten Speicherplatz	Multiple uniforme Verarbeitungselemente mit veränderlicher Konnektivität, Information wird verteilt repräsentiert
Charakteristika der Informationsverarbeitung	sequentiell, synchron, digital, lokal	parallel, asynchron, analog (-digital), verteilt/global
Erwerb von Information	Konstruierbarkeit: Vorgabe von Daten und Programmen (Algorithmen bzw. Regeln)	Selbstorganisation und Lernfähigkeit, z.B. Verallgemeinerung = Extraktion von Regel-Wissen aus Beispielen
Ort der Informationsrepräsentation	Programme und Daten in Speichern	Konnektivität der Verarbeitungselemente
Eigenschaften und Leistungen der Verarbeitung	algorithmisch definierbare Datenverarbeitung mit hoher Präzision, geringe Fehlertoleranz	Erkennung von Mustern und Ähnlichkeiten; Selbstorganisation; hohe Toleranz

171

Einige wesentliche Unterschiede zwischen Von-Neumann-Rechnern und neuronalen Netzwerken (bzw. den auf dieser Philosophie aufgebauten Rechnern) sind in Tabelle 3.1 enthalten.

Herkömmliche Computer verfügen in der Regel über einen Prozessor sowie 32 (64) Verbindungen zwischen der CPU und dem Speicher. Während die Daten vom Computer wesentlich schneller als vom menschlichen Gehirn verarbeitet werden können, ist das Gehirn durch seine parallele Datenverarbeitung wesentlich leistungsstärker. Allerdings sind heute auch Parallelrechner in der Entwicklung; diese arbeiten noch relativ grobmaschig (d.h. wenige, aber sehr leistungsfähige Prozessoren). Sog. Transputersysteme bis hin zur „connection machine" mit 2^{16} Zellen sind in der Erprobung. Es werden aber auch für DOS-Rechner Coprozessorkarten angeboten, die bis zu 2,5 Millionen Zellen mit 10 Millionen Interconnections pro Sekunde simulieren können (Wieding & Schönle, 1991, S. 418).

3.1.2.3 Modellierungsleistungen neuronaler Netzwerke

Neuronale Netzwerke sind in zweierlei Hinsicht interessant: (1) Ihre Konzeption kann auf Computer übertragen werden, die eventuell menschenähnliche Leistungen bzw. Leistungen auf menschenähnliche Weise (z.B. geringe Anfälligkeit bei Störung einzelner Komponenten, Fehlerverträglichkeit, Kompensationsmöglichkeiten bei Ausfall einzelner Komponenten) vollbringen. (2) Mit ihnen kann man u.U. besser erklären, wie das menschliche Gehirn arbeitet (z.B. Gedächtnis, Vergessensprozesse, Funktion von Träumen, Funktionsfähigkeit trotz Verletzungen, Spracherkennung, optische Mustererkennung; beispielhafte neuronale Netzwerktheorien aus dem Bereich der visuellen Informationsverarbeitung finden sich bei Schneider [1994]). Die Informationsspeicherung erfolgt nicht in den Nervenzellen, sondern besteht in den Verbindungen der Nervenzellen untereinander. Das Engramm (die Gedächtnisspur) besteht in räumlich-zeitlichen Erregungsmustern innerhalb einer Netzwerkstruktur.

Neuronale Netzwerke sind lernfähig, d.h. sie können sich Informationen selbstständig einprägen und ihr Reaktionsverhalten selbständig ändern; sie können also ihr Verhalten an die Umwelt in Abhängigkeit von der Interaktion mit der Umwelt adaptieren. Dies geschieht durch den Auf- oder Abbau von Verbindungen, der Änderung bestehender Gewichte zwischen den Neuronen oder durch die Änderung von Verarbeitungseinheiten in den verborgenen Schichten. Aufgrund der Fähigkeit zur Selbstorganisation sind die Vorgänge in einem neuronalen Netz nicht mehr vollständig rekonstruierbar (hingegen sind bei einem konventionellen Rechner - zumindest im Prinzip - die Algorithmen streng determiniert).

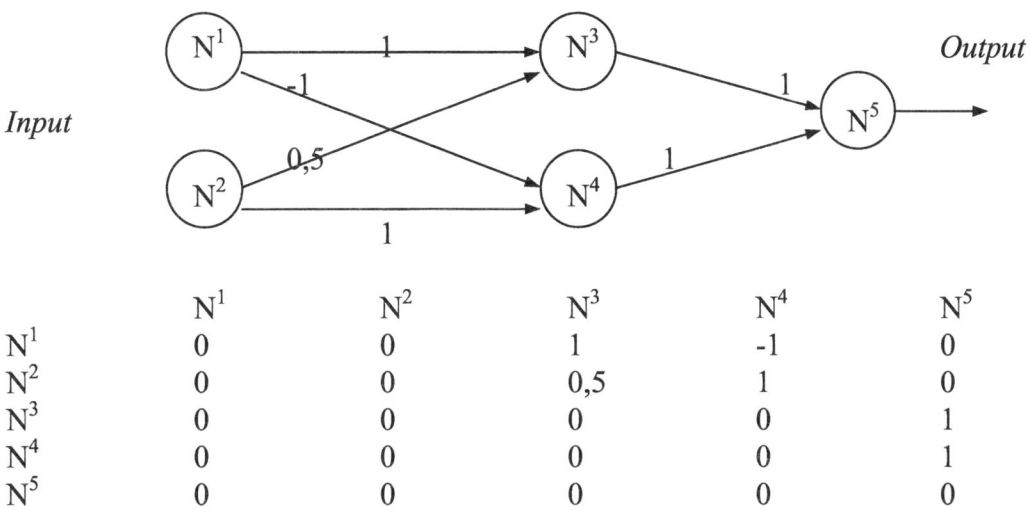

	N^1	N^2	N^3	N^4	N^5
N^1	0	0	1	-1	0
N^2	0	0	0,5	1	0
N^3	0	0	0	0	1
N^4	0	0	0	0	1
N^5	0	0	0	0	0

Abbildung 3.2: Netzwerk mit fünf Knoten ($N^1 - N^5$), Darstellung der Stärke von synaptischen Verbindungen zwischen Neuronen durch bewertete Graphen und in einer Konnektionsmatrix (Wieding & Schönle, 1991, S. 417)

Der Lernvorgang kann dabei auf zwei verschiedene Weisen abgebildet werden: Beim „überwachten Lernen" werden ein Eingangsmuster und die dazugehörigen Ausgangsmuster dargeboten. Das Netzwerk berechnet einen bestimmten Output, der mit dem geforderten Output verglichen wird. Anschließend werden die Gewichte der Netzstruktur so verändert, dass ein dem geforderten Output ähnliches Muster erhalten wird. Beim „unüberwachten" oder „selbstüberwachten" Lernen wird dem Netz lediglich ein Muster vorgegeben und es soll selbst Trends oder Regeln im Input herausfinden. Die Veränderung der Gewichte erfolgt mittels (unterschiedlicher) Lernregeln.[8]

---

[8] Nach der Hebb-Regel wächst die synaptische Stärke in Abhängigkeit von der Stärke eines eingehenden Signals und der Aktivität der betreffenden Zelle, das Netz organisiert sich selbständig. Nach der Delta-Regel (abgeleitet aus der Hebbschen Lernregel, auch „Regel mit Lehrer" genannt) wird von einem Konvergenzverhalten ausgegangen. Dabei wird nach dem Prinzip der Backpropagation der Unterschied von einem Zielmuster zu einem produzierten Muster festgestellt und die Fehler zwischen dem tatsächlichen und dem gewünschten Output-Muster werden auf die verdeckten Schichten so aufgeteilt, dass das Fehlersignal einer Einheit umso größer ist,

Damit ist nicht gesagt, dass alle bekannten Lern- und Vergessensphänomene bereits modellierbar wären. Zwar kann die seltene Benutzung eines Verbindungsmusters zum Vergessen führen, aber wie können damit Befunde erklärt werden, nach denen scheinbar längst vergessene Information, z.B. aufgrund entzündlicher Prozesse im Gehirn (Sacks, 1994, S. 179) oder experimenteller Reizung (Penfield, 1967), wieder sehr deutlich werden kann? Warum werden subjektiv wichtige Sachverhalte besser gemerkt als weniger wichtige? Wie kann der Aufmerksamkeitsprozess und die willentliche Steuerung des Lernvorganges in das Modell einbezogen werden? All dies sind Fragen, die letztendlich zeigen, dass es derzeit noch eine Utopie ist, die Gesamtheit menschlichen Lernens in diesem Modell abbilden zu wollen.

---

je stärker sie am produzierten Output beteiligt ist. Entsprechend werden die Gewichte nach dem Fehlerausmaß angehoben oder abgesenkt. Nach der „Regel mit Bewerter" werden einem Netz nicht die Veränderungen vorgeschrieben, sondern nur die Netzleistungen als gut oder schlecht bewertet (Wieding & Schönle, 1991, S. 417).

3.2 Vergessen im Langzeitgedächtnis

Es ist wohl für die meisten Menschen eine zumeist leidvolle Erfahrung, dass man über Gelerntes nicht beliebig lange verfügen kann. Wie aber ist das Vergessen zu erklären? Es sind im wesentlichen fünf Theorien (vgl. Abb. 3.3), die für eine Erklärung herangezogen werden können.

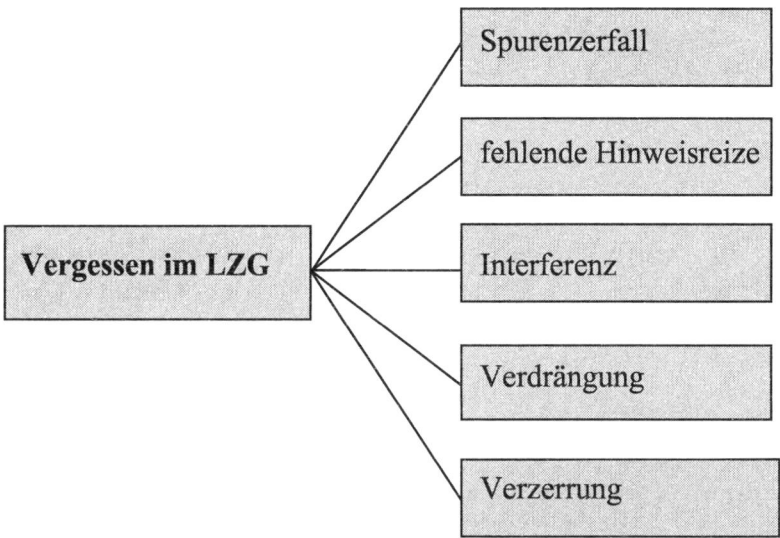

Abbildung 3.3: Überblick über Vergessenstheorien im LZG

3.2.1 Spurenzerfallstheorie

Ausgangspunkt hierbei ist, dass es im LZG eine Gedächtnisspur (Engramm, vgl. Kap. 3.1) gibt, die im Laufe der Zeit zerfällt. Dieser Prozess ist abhängig von der verstrichenen Zeit seit der letzten Aktualisierung des Lerninhaltes. Ist diese Spur völlig verwischt, so gibt es keine Möglichkeit mehr, den Gedächtnisinhalt abzurufen.

Eine gute Passung ist zur neuronalen Netzwerktheorie gegeben, nach der durch Nichtgebrauch die Erregungsmuster, die einen bestimmten Gedächtnisinhalt repräsentieren, immer schwächer werden. Aber diese Annahme könnte auch mit der inzwischen stark kritisierten Molekulartheorie der Engramme in Überein-

175

stimmung gebracht werden; hier würde dann die Gedächtnisspur aufgrund von Stoffwechselvorgängen im Gehirn zerfallen.

Im Rahmen der Spurenzerfalltheorie wurde z.B. geprüft, ob durch eine Beschleunigung von Stoffwechselprozessen auch der Vergessensprozess schneller voranschreitet. Gleitman und Rozin (1971; zit. n. Gleitman, 1991, S. 279) konditionierten Goldfische darauf, eine bestimmte Ecke des Bassins zu vermeiden. Bei einem Teil der Fische wurde dann die Temperatur des Wassers erhöht und somit eine Beschleunigung des Stoffwechsels angeregt. Die Erinnerungsleistung ging im Vergleich zu den Kontrolltieren tatsächlich signifikant zurück. Allerdings kann man gegen die Interpretation dieses Befundes als Spurenzerfall einwenden, dass durch erhöhte Aktivität mehr Bewegungen gemacht werden und somit auch die Chance zu Interferenzen größer war.

Während es für den Spurenzerfall im UKZG und KZG eine Reihe von Belegen gibt, sind für den Spurenzerfall im LZG viele gegenteilige Befunde vorhanden (vgl. Kap. 2.5). Es ist also sinnvoller, Vergessen im LZG in anderer Weise als durch Spurenzerfall erklären zu wollen. Spurenzerfall in der Folge neurophysiologischer Schädigungen (Hirnverletzung, Korsakoff-Syndrom) ist aber möglich.

3.2.2 Theorie der fehlenden Hinweisreize

Nach der Spurenzerfallstheorie müsste als Gedächtnisinhalt genau das zur Verfügung stehen, was nicht zerstört wurde. Allerdings zeigt die Alltagserfahrung[9], dass mehr an Wissen zur Verfügung steht als abrufbar ist. Offensichtlich ist ein Teil der einmal gelernten Information zwar noch vorhanden, aber nicht einfach bewusst erinnerbar. Man muss also zwischen Verfügbarkeit und Zugänglichkeit von Gedächtnisinhalten im LZG unterscheiden; Tulving (1974) hat in gleicher Weise zwischen spurabhängigem und hinweisabhängigem Vergessen differenziert (trace- vs. cue-dependent forgetting). Prinzipiell *verfügbar* ist ein Inhalt, dessen Gedächtnisspur im LZG noch vorhanden ist, *zugänglich* ist ein Inhalt aber nur dann, wenn ein Reproduktionshinweis vorhanden ist, durch den der Inhalt erschlossen werden kann. Im Grunde handelt es sich nach dieser Ansicht nicht um echtes Vergessen, sondern um eine „Findestörung", d.h. temporär ist der Zugriff zur gesuchten Information gestört.

---

[9] Dieses Phänomen der zeitweilig nicht mehr verfügbaren oder zugänglichen Gedächtnisinhalte ist auch in der älteren Literatur als sog. „Poetzl-Phänomen" bekannt (Poetzl, 1917).

Aus diesem Grunde sind Wiedererkennensleistungen (recognition) auch wesentlich einfacher und leichter als freie Erinnerungsleistungen (recall).

Die beträchtliche Wiedererkennensleistung bei Bildern wurde u.a. von Standing et al. (1970) demonstriert. Sie zeigten ihren Vpn 2560 Farbdias kurz hintereinander. Bei der Vorlage gezeigter und nicht gezeigter Dias wurde eine Wiedererkennensleistung von ca. 90 % gefunden.

Beim freien Reproduzieren kann als Hintergrund wiederum auf die Theorie der semantischen Netzwerke verwiesen werden (Anderson & Bower, 1972). Danach werden die zu lernenden Begriffe als Knoten angesehen, die mit unterschiedlicher Stärke miteinander verknüpft sind. Die mit einem Hinweisreiz besonders eng verbundenen Begriffe werden zuerst genannt, sodann verläuft der Erinnerungsprozess nach der Assoziationsstärke zu den anderen Begriffen. Wird keine Verknüpfung gefunden, so ist der Inhalt nicht mehr zugänglich, obwohl eventuell noch vorhanden. Vergessen bedeutet hier also, dass der Inhalt im Moment nicht verfügbar ist; wäre aber ein geeigneter Hinweisreiz vorhanden, so könnte man sich den Inhalt wieder erschließen. Wessels (1984, S. 179 f.) meint dazu, „diese Ergebnisse haben wichtige praktische Implikationen. Sie legen die Vermutung nahe, dass man in der Lage ist, durch den Einsatz von Lernmethoden, die wirksame Abrufreize enthalten, das Auftreten der retroaktiven Hemmung zu minimieren. Mnemonische Systeme ... tun genau das."

Beim Einprägen von Material werden im Übrigen auch zusätzliche Aspekte als Einheit mitcodiert *(Encodierungsspezifität)*. Auch diese Zusatzaspekte können wieder als Hinweisreize beim Abruf von Information aus dem Langzeitgedächtnis verwendet werden. Andererseits: Wörter, die im Zusammenhang mit Erinnerungshilfen gemerkt werden, sind zwar im ursprünglichen Kontext verfügbar, können aber nicht identifiziert werden, wenn mehrere Alternativen zur Wahl stehen oder der Kontext fehlt (Klimesch, 1979, S. 121).

Tulving und Osler (1968) ließen ihre Vpn 24 Wörter lernen. Ein Teil der Wörter war mit schwach assoziierten Hinweisreizen gepaart (z.B. STADT - schmutzig), ein Teil mit stark assoziierten (z.B. STADT - Dorf). In der Reproduktionsbedingung wurden einmal keine Hinweisreize gegeben, einmal ein schwach und einmal ein stark assoziierter. Die Reproduktionsleistungen waren dann am höchsten, wenn jeweils der gelernte Hinweisreiz mit dem verwendeten übereinstimmt (d.h. nicht die Assoziationsstärke, sondern die kodierte Zusatzinformation verbesserte die Erinnerungsleistung).

Brown und McNeill (1966) verweisen auf das Phänomen des „Auf-der Zunge-Liegens" (tip of the tongue = TOT-Phänomen). Dieses besteht in der Unfähigkeit, sich an ein Wort zu erinnern, das einem durchaus bekannt scheint. Einen solchen Zustand riefen sie hervor, indem sie ihren Vpn aus einem Lexikon Definitionen von relativ ungebräuchlichen Wörtern vorlasen und diese baten, das Wort zu nennen (Beispiel: „eine Person, die auf einem Gebiet Überragendes leistet" = Koryphäe). In einem solchen Zustand tritt gewöhnlich eine gewisse Unruhe ein, die mit großer Erleichterung endet, wenn das Wort gefunden wurde. Oft kommen die Personen auf das gesuchte Wort, wenn man ihnen Fragen stellt, d.h. Hinweisreize gibt; z.B. wie viele Silben enthält das Zielwort (hierauf erfolgte in 47 % aller Fälle die richtige Antwort) oder wie lautet der Anfangsbuchstabe (51 % richtige Antworten). Die Autoren schließen daraus, dass es ein Wortgedächtnis gibt, das ein „Wörterbuch" enthält, in welchem auch äußere Merkmale von Wörtern (Länge, Anfang, Endung) enthalten sind. Es wird der geringste Informationsbetrag gelernt, der die Benutzung der Wörter erlaubt. Werden nur einige Merkmale eines Wortes gelernt, so kann man u.U. das Wort zwar wiedererkennen, aber nicht in jedem Fall rekonstruieren.

3.2.3 Interferenztheorie des Vergessens

Mit Interferenz ist die Überlagerung eines gelernten Inhaltes durch einen anderen gemeint bzw. die „Erschwerung oder Verhinderung der Reproduktion von Gelerntem durch nicht dazugehörige Inhalte" (Dorsch et al., 1994, S. 361). Zu Beginn der Gedächtnisforschung sind eine Reihe von Interferenzphänomenen beschrieben worden.

3.2.3.1 Retroaktive Interferenz im LZG

Mit der retroaktiven Hemmung ist gemeint, dass das Erlernen neuen Materials eine hemmende Wirkung auf bereits gelernte Inhalte haben kann (vgl. Tab. 3.2). Dieses Phänomen wurde von Müller und Pilzecker (1900) zuerst untersucht und als retroaktive Hemmung bezeichnet.

Tabelle 3.2: Experimentelle Paradigmata zur retro- und proaktiven Hemmung (Klimesch, 1979, S. 117)

		Erlernen von		**Test**	
Retroaktive Hemmung	**EG**	Liste 1	Liste 2	Liste 2	Erlernen von Liste 2 hemmt Merkleistung für Liste 1
	KG	Liste 1	-	Liste 1	
Proaktive Hemmung	**EG**	Liste 1	Liste 2	Liste 2	Erlernen von Liste 1 hemmt Merkleistung für Liste 2
	KG		Liste 2	Liste 2	

Auf diesem Phänomen beruht auch die Interferenztheorie des Vergessens. Danach wird gelerntes Material nur dann vergessen, wenn es durch anderes, neu gelerntes Material überlagert wird. Die Zeit als solches, die zwischen Lernen und Reproduktion liegt, bewirkt nichts. Aber je länger der Zeitabstand zwischen Lernen und Gedächtnisabruf, desto größer ist die Chance, dass Inhalte, die mit dem Gelernten interferieren, ins Gedächtnis kommen. Man kann diesen Vorgang in Analogie zu einem rostenden Nagel sehen. Auch hier ist nicht die Zeit der Wirkmechanismus, aber je mehr Zeit vergeht, desto größer ist die Chance, dass Wasser auf den Nagel kommt und der Eisennagel oxydiert. Ähnlich würden Prozesse und Ereignisse, die während des Behaltensintervalls ablaufen, Vergessen erzeugen.

Georg Elias Müller und A. Pilzecker (1890) ließen drei Gruppen von Vpn eine Reihe mit sinnlosen Silbenpaaren lernen. Diese wurden 12 mal im trochäischen Rhythmus vorgelesen.
Grp I: lernte nach 17 Sekunden eine zweite Silbenreihe,
Grp II: lernte nach 360 Sekunden eine zweite Reihe,
Grp III: Kontrollgruppe, die keine weitere Silbenreihe lernen musste.
Nach 1,3 Sekunden erfolgte die Behaltensprüfung nach der Treffermethode. D.h. es wurde immer die erste Silbe vorgelesen und die Vpn mussten mit der zweiten antworten. Die Trefferzahlen betrugen in Gruppe I 28 %, in Gruppe II 49 % und in Gruppe III 48 %. D.h. je größer der zeitliche Abstand zu einer zweiten zu lernenden Reihe ist, desto geringer ist die retroaktive Hemmung.

Ein weiterer Hinweis für die Bedeutung nachfolgender Aktivitäten auf das Behalten des zuvor Gelernten stammt von Rosa Heine (1914). Silbenreihen, die vor dem Schlafengehen gelernt wurden, werden trotz schlechterer Bedingungen (Ermüdung durch die Tagesarbeit) besser behalten als im Laufe des Tages gelernte Reihen. Dieser Effekt wurde in späteren Untersuchungen bestätigt. Jenkins und Dallenbach (1924) hatten zu diesem Zweck zwei Studenten in ihrem Labor untergebracht, um die Tätigkeit der beiden genau kontrollieren zu können. Es mussten ebenfalls Listen mit sinnlosen Silben gelernt werden, z.T. am Vormittag, z.T. kurz vor dem Schlafengehen. Geprüft wurde 1, 2, 4 und 8 Stunden nach dem Lernen (free recall) (vgl. Abb. 3.4). Wie man sieht, nehmen also die Unterschiede zwischen Schlaf- und Wachzustand zu, je mehr sich die Pause zwischen Lern- und Reproduktionsphase vergrößert.

Anzahl der frei reproduzierten
Silben

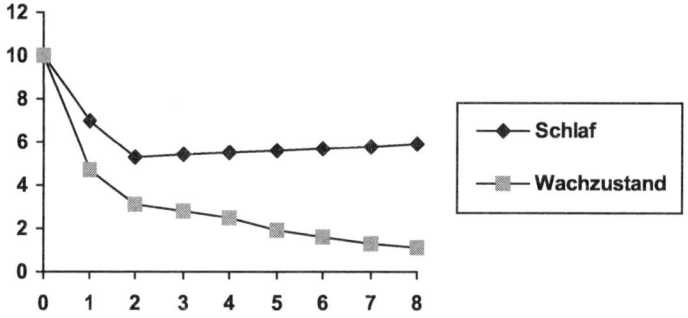

Abstand in Stunden zwischen Erstlernen und Prüfphase

Abbildung 3.4: Ausmaß des Behaltens nach unterschiedlich langen Schlaf- oder Wachphasen als Beleg für retroaktive Hemmung (Jenkins & Dallenbach, 1924)

Die Ergebnisse zeigen, dass nachfolgender Schlaf die Ergebnisse insgesamt verbessert, wobei nach 8 Stunden Schlaf sogar bessere Reproduktionsleistungen erbracht werden als zwei Stunden nach dem Lernen. Ähnliche Ergebnisse fand auch van Ormer (1941, 1932).

3.2.3.2 Proaktive Hemmung im LZG

Für das Behalten spielen ebenso Ereignisse, die dem Lernen vorausgegangen sind, eine Rolle. Diese Ereignisse können eine proaktive Hemmung erzeugen, d.h. ein neu zu lernender Inhalt kann durch zuvor Gelerntes gestört werden.

Withely (1927, S. 489) hatte bereits den Eindruck gewonnen, dass die Aktivierung einer bestimmten Begriffssphäre die Einprägung einer Wortreihe auch dann stört, wenn sie vorher erfolgt. Dabei aktivierte er durch Fragen und Gespräche bei der Vp einen bestimmten Wissensbereich vor oder nach dem Lernen einer Wortliste von 18 Wörtern aus demselben oder einem anderen Bereich. Es zeigte sich, dass die Einprägung durch die vorausgehende Aktivierung kongruenter Wissenssphären viel stärker gestört wurde als durch divergente Inhaltsbereiche. Diese vorwärts wirkende Hemmung sollte somit stärker sein als die rückwirkende. Die stärkste Störwirkung trat auf, wenn kurz vor der Reproduktion ein Gespräch über denselben Wissensbereich stattfand, dem die Worte der Lernreihe angehörten.

Ilse Müller (1938, 180 f.) hat dies mit exakteren Methoden bestätigt. Zwei Versuchspersonengruppen mussten folgende Reihen lernen: (1) Gruppe A: 3 Zahlen und 6 Figuren, (2) Gruppe B: 6 Zahlen und 3 Figuren. Im Anschluss daran mussten beide Gruppen eine ähnliche Reihe lernen, bestehend aus jeweils 3 Zahlen, Silben und Figuren. Die Reproduktionsleistungen nach einem 20 Minuten Intervall, das mit einem Vortrag ausgefüllt war, betrugen für die selten vorkommenden Glieder der ersten Reihe 76 bzw. 77 % bzw. 43 und 46 % für die gehäuft vorgekommenen Glieder der ersten Reihe. Dadurch wäre erwiesen, dass die vorausgehende Beschäftigung mit einem bestimmten Material die Einprägung desselben Materials in einem darauffolgenden Lernprozess stört.

Auch eine Zusammenfassung verschiedener Studien durch Underwood (1957, S. 53) zeigt, dass innerhalb desselben Materialbereiches (Reihen mit sinnlosen Silben) die langfristige vorherige Beschäftigung mit diesem Material zu geringeren Behaltenseffekten führt: Personen, die keinerlei Erfahrung mit dem Lernen sinnloser Silben gemacht haben, können im Schnitt nach einem 24-Stunden-Intervall von einer erlernten Reihe ca. 75 % wiedergeben. Vpn, die vorher ca. 20 solche Listen gelernt hatten, konnten nach 24 Stunden nur mehr ca. 15 % richtig wiedergeben. Bereits Ebbinghaus stellte diesen Effekt auch bei sich fest, auch er konnte ca. 35 % eines solchen Materials wiedergeben.

Die hier beschriebene Hemmung führte manche Autoren zu der Überlegung, dass der Hauptgrund für das Vergessen bei Erwachsenen in dem Vorhandensein alter Erfahrungen liegt. Die oft erstaunliche Fähigkeit von Kindern, Details von neuen Ereignissen zu behalten, könnte auf ihre kürzere Lebenszeit und somit auf ein geringeres Ausmaß an proaktiver Hemmung zurückzuführen sein. Wenn Kinder die Fähigkeit zur Reproduktion von Details verlieren, sei dies ein Zeichen, dass sie erwachsen werden.

Die proaktiven Inhibitionseffekte sind im Allgemeinen geringer als die retroaktiven. Allerdings wird die proaktive Hemmung umso stärker, je intensiver die vorangegangene Lernphase war (Keppel & Underwood, 1962).

3.2.4 Verdrängung

Nach diesem psychoanalytischen Konzept von Siegmund Freud (1856 - 1939) können manche Informationen angstauslösende oder sogar traumatische Aspekte beinhalten. Diese werden durch einen Verdrängungsprozess (als eine Methode der Angstabwehr) aktiv vom Bewusstsein fern gehalten (zum Verdrängungsmechanismus und anderen Angstabwehrmechanismen vgl. Lukesch, 1995, S. 197ff). Es gibt danach also so etwas wie *motiviertes Vergessen* von angstbesetzten Inhalten (Extremfälle könnten sog. hysterische Amnesien sein). Die Konzeption Freuds ist auch insofern sehr modern, als die Effektivität des Verfahrens, das er zur Aufdeckung dieser verschütteten Inhalte einsetzte (nämlich die Methode der freien Assoziation), ein Netzwerkmodell des Gedächtnisses impliziert.

Empirische Beispiele bestätigen, dass angstbesetzte Wörter in Paar-Assoziationsversuchen in der Tat schlechter gelernt werden; bekannt sind auch Befunde, nach denen unangenehme Erlebnisse weniger gut erinnert werden als positive, aber immerhin noch besser als neutrale (Hofstätter, 1967).

Auf einen dem Verdrängen gegenläufigen Prozess hat Bluma Zeigarnik (1927) aufmerksam gemacht; danach werden unerledigte Arbeiten besser behalten als erledigte *(Zeigarnik-Effekt)*. Unterbrochene Arbeiten sollen Spannungen erzeugen und nach Vollendung streben. Dieser Effekt scheint aber nur beim Erinnern von Aufgaben aufzutreten, die ohne Stress und Angst durchgeführt wurden. Wenn von den unerledigten Aufgaben eine Bedrohung ausgeht, so werden diese schlechter behalten als die erledigten, d.h. hier könnte wieder von Verdrängung gesprochen werden (Alper, 1952). Maria Ovsianskina (1928) hat außerdem einen motivationalen Effekt unerledigter Arbeiten nachgewiesen, die Wiederaufnahmetendenzen sind bei erledigten Aufgaben geringer als bei unerledigten.

Dieser Prozess kann naheliegender Weise aber nur für einen kleinen Teil des Vergessensvorganges herangezogen werden.

3.2.5 Verzerrung

Nach dieser Position sind Gedächtnisinhalte sowohl während ihrer Entstehung als auch während der Speicherphase nicht bloße Abbildungen von Erfahrungen (etwa vergleichbar einer Fotographie oder einer Tonbandaufnahme). Vielmehr werden Umweltaspekte aufgrund einer Wechselwirkung zwischen bereits vorhandenen Gedächtnisinhalten und neuen Informationen (Top-down- und Bottom-up-Prozesse) erworben, wobei dieses Ergebnis nicht stabil bleibt, sondern sich weiter verändert. Z.B. werden Gedächtnisinhalte aufgrund allgemeiner Wissensschemata rekonstruiert und eventuell auftretende Lücken werden aufgrund nicht bewusster Schlüsse geschlossen (etwa derart: was hätte mit hoher Wahrscheinlichkeit in dieser Situation geschehen können).

Beispiel

Ein Beispiel für solche Verzerrungseffekte ist einer frühen Studie von Carmichael, Hogan et al. (1932) zu entnehmen. Diese legten Vpn Gegenstände mit unterschiedlichen Bezeichnungen vor und ließen diese dann aus dem Gedächtnis wiedergeben. Wie erwartet, war die Zeichnung der jeweiligen verbalen Bezeichnung ähnlicher gemacht worden (bei der Benennung mit „Brille" tendierte der Verbindungsteil in Richtung einer Biegung, bei der Bezeichnung des Gegenstandes als Hantel wurde der Verbindungsteil verlängert wiedergegeben).

Nach Bartlett (1932) werden Informationen im LZG so lange verändert, bis sie griffigen Schemata entsprechen. Auch der Erinnerungsprozess rekonstruiert schemageleitet früher Gehörtes. Je länger der Abstand zwischen Lern- und Wiedergabephase ist, desto eher entspricht das Erinnerte einem Schema und nicht den erlebten Tatsachen. Ein klassisches Experiment hierzu bestand darin, den Vpn eine Geschichte vorzugeben, die sowohl indianische als auch europäische Elemente enthielt.

„Krieg der Geister"
(Bartlett, 1932, zit. n. Baddeley, 1972, S. 28)

Eines Nachts gingen zwei junge Männer aus Egulac hinunter an den Fluss, um Seehunde zu jagen, und während sie dort waren, wurde es neblig und still. Dann hörten sie Kriegsschreie, und sie dachten: „Vielleicht findet hier ein Kriegsfest statt." Sie flüchteten zum Ufer und versteckten sich hinter einem Baumstamm. Plötzlich kamen Kanus heran, sie hörten das Geräusch von Paddeln und sahen ein Kanu auf sich zukommen. Fünf Männer saßen in dem Kanu und sagten: „Was meint ihr? Wir wollen Euch mitnehmen, den Fluss hinauffahren und gegen den dort lebenden Stamm Krieg führen."

Einer der jungen Männer antwortete: „Ich habe keine Pfeile!"

„Pfeile sind im Kanu", kam die Antwort.

„Ich werde nicht mit Euch kommen. Vielleicht werde ich getötet. Meine Verwandten wissen nicht, wohin ich gegangen bin."

„Aber Du", sagte er und wandte sich an den anderen jungen Mann, „kannst mit ihnen gehen."

Also fuhr einer der jungen Männer mit, und der andere ging zurück nach Hause.

Und die Krieger fuhren weiter den Fluss hinauf bis zu einer Stadt auf der anderen Seite von Kalama. Die Menschen kamen herunter zum Wasser, und sie begannen zu kämpfen, und viele wurden getötet. Auf einmal hörte der junge Mann einen der Krieger sagen: „Schnell, lasst uns nach Hause fahren, der Indianer dort ist getroffen worden." Da dachte er: „Oh, diese Krieger sind Geister." Er fühlte sich unverletzt, aber sie sagten ihm, er sei erschossen worden.

Also fuhren die Kanus zurück nach Egulac, und der junge Mann ging an Land und zu seinem Haus, wo er ein Feuer anzündete. Und er erzählte es allen und sagte: „Hört her, ich habe die Geister begleitet, und wir zogen in den Kampf. Viele der Unsren wurden getötet, und viele von denen, die uns angriffen, wurden getötet. Sie sagten, ich sei getroffen worden, und ich fühle mich unverletzt."

Er erzählte dies alles und dann verstummte er. Als die Sonne aufging, fiel er zu Boden. Eine schwarze Masse kam aus seinem Mund. Sein Gesicht verzerrte sich. Die Menschen sprangen auf und schrieen. Er war tot.

Nach verschieden langen Intervallen forderte er seine Vpn auf, die Geschichte zu reproduzieren. Dabei zeigte sich ein systematischer Verlust an Information im Vergleich zur Originalgeschichte: Es werden Einzelheiten vergessen, aber auch Sachverhalte, die nicht in die Schemata der Vpn passten (d.h. Weiße erzählten andere Details als Indianer; die Feststellung, „... dann wurde es nebelig und still", müsste für den europäischen Kulturkreis in etwa übersetzt werden, „... und die Turmuhr schlug zwölf Mal"; ein Weißer erinnert dieses Detail so gut wie nie, für einen Indianer ist dies aber ein klarer Hinweis, dass die Geisterstunde angebrochen ist), bestimmte Aussagen werden akzentuiert oder es werden Sachverhalte erzählt, die in der Geschichte nicht enthalten waren.

Diese Verzerrungsfaktoren können darauf zurückgeführt werden, dass man die Geschichte bereits beim Zuhören mit seinem eigenen Wissen in Übereinstimmung zu bringen versucht. Bei der Wiedergabe wird zunehmend stärker auf die vorhandenen Schemata gesetzt, um die Geschichte zu rekonstruieren (vgl. aber auch das Modell des Textverstehens von Kintsch & van Dijk, 1978, Kap. 2.4.4.7). Diese Schemata sind (als „top-down"-Prozesse) nützlich, um sich in der Umwelt zu Recht zu finden, gleichzeitig können sie aber in die Irre führen, da sie gemachte Erfahrungen aktiv verändern.

Eine andere Variante dieser Vergessenstheorie macht von den sog. Gestaltgesetzen Gebrauch. Bei der Erinnerung an bzw. der Wiedergabe von geometrischen Figuren werden diese tendenziell verändert wiedererinnert: Als Gesetze werden die Tendenz zur Prägnanz einer Form (gute Gestalt), die Tendenz eine offene Form zu schließen (Gesetz der Geschlossenheit) und die Tendenz, Gleichgewicht herzustellen (Tendenz zur Symmetrie), genannt. Diesen Tendenzen werden physiologisch determinierte Prozesse im Gehirn zugrunde liegend gedacht. Die empirische Basis dieser Annahmen weist aber teilweise in andere Richtungen. So konnte Perkins (1935) bei der sukzessiven Wiedergabe einer Reizfigur die Tendenz zur Symmetrie bestätigen. Hingegen war in den Versuchen von Hebb und Foord (1945) keine eindeutige Richtung bei der Veränderung der Erinnerung an einen Reiz vorhanden (hin bzw. weg von Geschlossenheit).

3.3 Erinnerungsprozess

Die kognitiven Anforderungen, die gestellt werden, wenn man sich an einen gelernten Inhalt wieder erinnern soll, sind in einem von Wimmer (1977) entwickelten Modell sehr anschaulich dargestellt (vgl. Abb. 3.5). Diese Abfolge wurde
bereits von Miller, Galanter und Pribram (1960) betont, wobei sie davon ausgehen, dass die Vpn in einem Lernexperiment zuerst einen Plan entwickeln, der die
Wiedergabe der Lernwörter in der richtigen Reihenfolge erlaubt, und einen weiteren, der eine Strategie zur Erstellung des Wiedererinnerungsplanes enthält. Ohne solche Pläne wird so gut wie nichts behalten (= Lernintention, wobei es aber
auch das Phänomen des inzidentellen Lernens gibt, das aber wieder mit der Anwendung von Verarbeitungsstrategien erklärt wird, vgl. Kap. 2.4.4.8).

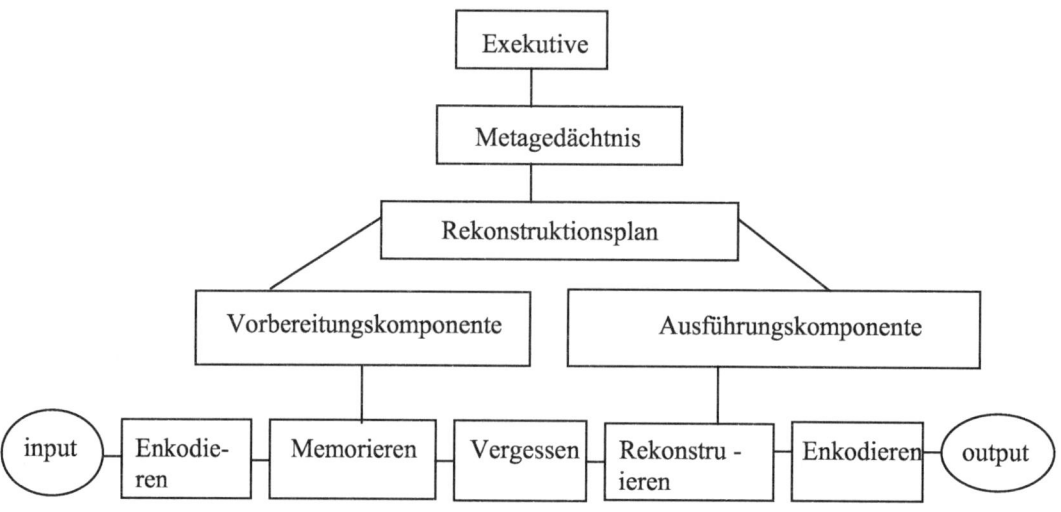

Abbildung 3.5: Funktionseinheiten des kognitiven Systems beim absichtlichen
Merken und Erinnern (Wimmer, 1977, S. 15)

Für das absichtliche Merken sind eine Reihe mentaler Vorgänge wichtig (Wimmer, a.a.O.). Mit dem *Rekonstruktionsplan* ist die geistige Vorwegnahme der
Rekonstruktion des Merkinhalts und eine geeignet erscheinende Vorbereitung auf
die Rekonstruktion gemeint. Man kann annehmen, dass der Rekonstruktionsplan
aus zwei Komponenten besteht, u. zw. aus (a) einer *Vorbereitungskomponente*

und (b) einer *Ausführungskomponente*. Die Vorbereitungskomponente kann wieder in verschiedene Einzeltätigkeiten zerlegt werden. Zusammenfassend können diese als Memorieren bezeichnet werden (als Möglichkeiten bieten sich hier an: Aufbau einer hierarchischen Struktur, Anlegen eines „Stichwortzettels", Verwendung unterschiedlich „tiefer" Enkodierung; vgl. Kap. 5).

Die Bearbeitung des Informationsinputs beginnt bereits eine Stufe früher mit der Dekodierung des Informationsinputs. Dabei werden unter Einbeziehung des im LZG gespeicherten Wissens die aufgenommenen Reize einer ersten Bearbeitung unterworfen. Der Informationsinput umfasst neben der Informationsdarbietung auch Angaben über die zu erwartende Gedächtnisanforderung („Metainformation", z.B. Wissen über die Art der kommenden Prüfung).

Nach dem Memorieren setzt der *Vergessensprozess* ein, d.h. die Aufmerksamkeit wird von der dekodierten und memorierten (eventuell strukturierten) Information abgezogen; durch Interferenzprozesse sowie weitere Möglichkeiten des Vergessens (vgl. Kap. 3.2) geht ein Teil des gespeicherten Wissens bzw. der Zugang hierzu verloren.

Wird nun eine Gedächtnisanforderung gestellt, so wird mittels verschiedener *Rekonstruktionstechniken* versucht, die ursprünglich memorierte Information wiederzugewinnen. Dabei muss unterschieden werden zwischen einem tatsächlichen Informationsverlust und einem eventuell vorhandenen unzulänglichen Zugriff auf die Information. Die Wirkung effizienter Rekonstruktionstechniken beruht darauf, dass Gedächtnisinhalte durch äußere oder innere Hilfen wieder zugänglich gemacht werden (z.B. Merkwörter). Das *Rekonstruieren* selbst stellt die Ausführungskomponente des Rekonstruktionsplanes dar.

Die Verwendung solcher Rekonstruktionspläne ist wiederum die Funktion des sog. *Metagedächtnisses*. Das Metagedächtnis enthält das Wissen um
(a) die Leistungsfähigkeit des Gedächtnisses,
(b) die Funktionsweise des Gedächtnisses und
(c) Techniken zur Steigerung der Leistungsfähigkeit des Gedächtnisses.

Gerade hinsichtlich des Metagedächtnisses bestehen bedeutsame entwicklungspsychologische Unterschiede (Flavell, Friedrichs & Hoyt, 1970; vgl. Kap. 4.1). Nur wenn aufgrund des im Metagedächtnis gespeicherten Wissens die Aufgabenschwierigkeit adäquat eingeschätzt wird, werden die entsprechenden Kodierungs- und Rekonstruktionspläne überhaupt eingesetzt. Sind z.B. Gedächtnisanforderungen bekannt, so kann aufgrund eines guten metakognitiven Wissens ein optimaler Vorbereitungs- und Rekonstruktionsplan (z.B. Anfertigen von Notizen, Erarbeitung einer Begriffslandschaft, Ordnung des zu Lernenden nach hierarchisch geordneten Kategorien) in der Lernphase entwickelt werden.

Aus entwicklungspsychologischen Untersuchungen ist z.B. bekannt, dass geringere Leistungen jüngerer (siebenjähriger) Kinder im Vergleich zu älteren (etwa zehnjährigen) durch mangelndes Wissen im Metagedächtnis und entsprechende Anwendungsdefizite erklärbar sind: In bezug auf hierarchische Rekonstruktionspläne wurde von Tornquist und Wimmer (1977) belegt, dass die Kenntnis solcher Techniken eine notwendige Voraussetzung für deren Anwendung ist, es wäre also falsch, von einer impliziten Kenntnis und Anwendung dieser Techniken auszugehen. Allerdings ist auch die Realisierung dieser Strategie bei den jüngeren Kindern weniger effektiv (Heimlich & Wimmer, 1977), eventuell weil diese die Vollständigkeit der Hierarchisierung weniger überprüfen. Die Gedächtnisleistung jüngerer Kinder kann aber bedeutsam verbessert werden, wenn sie systematisch angeleitet werden, diese Strategie zu verwenden.

Unter *Exekutive* wird in dem Modell die oberste Steuerungsinstanz verstanden (= Person des Lerners), welche den Ablauf der einzelnen Funktionsbereiche überwacht. Der Lerner prüft z.B., ob die situationalen Voraussetzungen gegeben sind, wählt entsprechende Unterprogramme aus und entscheidet aufgrund der Ergebnisse über den weiteren Verlauf des Prozesses (z.B. müssen die Produkte des Rekonstruktionsvorganges im Hinblick auf ein Akzeptanzkriterium beurteilt werden). Ausgehend von diesem Modell scheinen vor allem kognitive Techniken, durch die ein Merkstoff einer gut verfügbaren externen Struktur angehängt wird *oder* durch die eine interne Struktur (z.B. eine Hierarchie) aufgefunden wird *oder* durch die weitere Assoziationen (Elaborationen) zugefügt werden, die Merkleistung zu verbessern (vgl. Kap. 5).

4. Entwicklungspsychologische Aspekte der Gedächtnisforschung

4.1 Gedächtnis bei Kindern und Jugendlichen

Bereits bei sechs bis acht Wochen alten Kindern sind Gedächtnisleistungen nachweisbar. Zum Nachweis dieser Tatsache wird so vorgegangen, dass man ein Bild so lange Zeit zeigt, bis sich das Kind daran habituiert hat. Wenn dann nach 24 Stunden dieses vertraute Bild in einer Reihe anderer gezeigt wird, so wird es im allgemeinen länger betrachtet. Bereits eine Betrachtungszeit von zwei Minuten bewirkt ein Wiedererkennen nach zwei Wochen bei dem vier Monate alten Kind (Cohen & Gelber, 1975).

Fantz (1964) hat bei fünf Monate alten Kindern eine Präferenz für neue Inhalte nachgewiesen: Dabei wurde den Kindern zuerst ein Paar von Bildern vorgegeben und in einem nachfolgenden Durchgang ein bereits bekanntes und ein neues Bild; letzteres wurde länger betrachtet als das bereits bekannte. Auch diese Präferenz ist nur möglich, wenn eine Erinnerung an die Bilder vorhanden ist.

Schon bei einjährigen Kindern kommt es zudem zu Kategorisierungsleistungen (Ross, 1980): Gibt man Exemplare einer Kategorie vor (z.B. Früchte), so werden diese in einer Prüfphase im Vergleich zu Exemplaren einer neuen Kategorie weniger lang betrachtet.

Wenn man allerdings retrospektiv Erlebnisse aus der Kindheit abrufen will, so ist bekannt, dass Ereignisse vor dem 3. Lebensjahr nicht erinnert werden (sog. „frühkindliche Amnesie"). Nach der psychoanalytischen Interpretation werden diese Inhalte verdrängt und sind deshalb nicht mehr zugänglich. Aktuelle Interpretationen stellen allerdings auf eine neuropsychologische Interpretation ab, danach sind die Hirnstrukturen, die für das deklarative Gedächtnis relevant sind, noch nicht entwickelt und es kann deshalb zu keinen bewussten Erinnerungen kommen (Squire et al., 1993, S. 465).

4.1.1 Gedächtnisphänomene bei Kindern und Jugendlichen

Im einzelnen sind folgende Gedächtnisphänomene bei Kindern bekannt:

(1) Beim Wiedererkennen bedeutungshaltiger Bilder zeigen bereits 4- bis 5-jährige Kinder beeindruckend hohe Leistungen. Brown und Scott (1971) fanden bei einer Serie mit 50 Bildern eine Trefferrate von 98 % bei einer Rate von falschem Alarm von nur 1 %. Der Leistungsanstieg ist zwischen 4 und 10 Jahren relativ gering, dies ist aber bedingt durch die hohe Ausgangsleistung der jungen Kinder. Bei schwierigeren Aufgaben kann jedoch eine Steigerung zwischen 5 und 16 Jahren gefunden werden (höhere Trefferraten zwischen 80 bis 90 % bei gleichzeitig geringerer falscher Alarmrate 3 bis 10 %; Fajnsztejn-Pollack, 1973).

(2) Beim freien Reproduzieren kann allerdings eine bedeutsame Steigerung hinsichtlich der Zahl der reproduzierten Items zwischen Vorschul- und Erwachsenenalter gefunden werden. Neimark et al. (1971) fanden etwa, dass 6-Jährige 9 Items reproduzierten, 19-Jährige 22 Items. Bei serialer Darbietung beschränken sich die Unterschiede auf die Items der Anfangs- und Mittelposition, während bei den Enditems keine Unterschiede auftraten (Cole et al., 1971). In Übereinstimmung damit stehen Ergebnisse, wonach 11-jährige Kinder mehr Lerndurchgänge bis zur vollständigen Reproduktion einer Wortliste benötigen als 20-jährige Vpn (Walen, 1971). Auch bei kategorisierbarem Gedächtnismaterial lässt sich ein deutlicher Alterseffekt nachweisen (Hasselhorn & Lindner-Müller, 1995).

(3) Bei serialen Lernanforderungen ist ebenfalls eine beträchtliche Leistungssteigerung mit dem Alter gegeben. Bei Jensen und Rohwer (1961) brauchten 5-Jährige ca. 9 Lerndurchgänge bis zur korrekten serialen Reproduktion, 17-Jährige nur ca. 3.

(4) Beim Lernen von Texten (freie Wiedergabe von Geschichten, nicht aber bei Rekognitionsaufgaben) lassen sich ebenfalls deutliche Alterstrends ausmachen (Visé, 1996; Körkel, 1987; Christie & Schumacher, 1975).

Howe (1991) gab Kindergartenkindern und Zweitklässlern eine Geschichte über eine Geburtstagsfeier in einem McDonalds-Restaurant mit 16 Propositionen vor. Ein Teil der Kinder hörte die Geschichte einmal, ein anderer so lange, bis sie perfekt wiedergegeben werden konnte. Unter beiden Bedingungen berichteten die Kindergartenkinder bedeutsam weniger Propositionen als die Zweitklässler (unmittelbar, nach zwei und nach neun Tagen).

(5) Die Geschwindigkeit der Informationsverarbeitung nimmt während der Kindheit zu, im höheren Alter jedoch wieder ab (Dempster, 1985). Chi (1977) konnte z.b. den Unterschied in der Wiedererkennensleistung von Gesichtern zwischen Erwachsenen reduzieren, indem sie die Präsentationszeit für die Bilder bei den Erwachsenen halbierte und so die langsamere Informationsverarbeitung bei Kindern ausglich.

4.1.2 Erklärungsmöglichkeiten

Es ist nun zu fragen, durch welche Komponenten des Gedächtnisses diese Steigerungen mit dem Alter bedingt sind (Wimmer, 1977; Weinert, 1979).

4.1.2.1 Unterschiede in der Leistungsfähigkeit des Kurzzeit- bzw. Arbeitsgedächtnisses (Gedächtnisspanne, Informationsverarbeitungsgeschwindigkeit, Hemmungseffizienz)

Nach Weinert (1979, S. 69) wurde in der Entwicklungspsychologie lange Zeit eine zunehmende strukturelle Leistungsfähigkeit des Kurzzeit- bzw. Arbeitsgedächtnisses behauptet: Die *Gedächtnisspanne* bei 2-jährigen Kindern beträgt etwa 2 Items, bei Erwachsenen 7 Einheiten (Dempster, 1981). Schumann-Hengsteler (1996, S. 80) ergänzt dabei, dass sich Kapazitätssteigerungen auch im Jugendalter finden lassen. Aufgrund der Daten von Dempster (1981) nimmt zwischen dem 12. Lebensjahr und dem Erwachsenenalter die Gedächtnisspanne für Zahlen um ein Item zu, für Buchstaben sogar um zwei Items; die Unterschiede werden noch deutlicher, wenn Transformationen hinzukommen (z.B. Zahlenreihe rückwärts sprechen).

Allerdings wurde diese Position von Case (1978) insofern modifiziert, als er einerseits feststellen mußte, dass sich die Informationsverarbeitungskapazität des Gedächtnisses vom 5. Lebensjahr ab nicht mehr wesentlich verändert; das Arbeitsgedächtnis verbessere sich aber insofern, als durch zunehmend automatisch ablaufende Operationen vermehrt Aufmerksamkeit zur Verfügung steht. Ebenso ist es denkbar, dass sich die Anzahl der Informationen pro Informationseinheit (wissensabhängige Superzeichen, Chunk-Bildung) im Laufe der Entwicklung vermehrt (Reese, 1979, S. 94).

Zudem ist in diesem Kontext auf die Zunahme der *Informationsverarbeitungsgeschwindigkeit* zu verweisen. Hale (1990) untersuchte die Reaktionszeiten bei einfachen Zuordnungsaufgaben; dabei unterschieden sich 15-Jährige nicht von Erwachsenen, die 10-Jährigen waren allerdings 1,8 mal langsamer als die 15-Jährigen und die 12-Jährigen 1,5 mal. Kail (1995) bestätigte dies für eine Vielzahl von Aufgaben, welche mit kognitiver Verarbeitungsgeschwindigkeit zu tun haben (u.a. Sternberg-Paradigma, mentale Rotation, einfaches Kopfrechnen); er fand allgemein einen exponentiellen Verlauf mit den größten Veränderungen zwischen 7 und 12 Jahren, aber mit weiteren, wenn auch sich abflachenden Zuwächsen zwischen 12 und 16 Jahren.[1]

Schumann-Hengsteler (1996) betont noch einen dritten Faktor, der im Sinne optimierter Verarbeitungskapazität interpretiert werden kann, nämlich die sich verbessernde *Hemmungseffizienz*. Damit ist die Fähigkeit gemeint, aufgabenirrelevante Informationen auszuschalten, so dass alle verfügbaren Ressourcen für die relevanten Teile einer Aufgabe zur Verfügung stehen. Auch hierzu soll es lineare Zuwächse bis in das junge Erwachsenenalter geben.

4.1.2.2 Unterschiede im Entscheidungsprozess

Es könnte angenommen werden, dass jüngere Kinder ein konservativeres Akzeptierungskriterium als ältere verwenden. Demnach würden jüngere bei gleicher Rekonstruktionsleistung weniger reproduzieren als ältere. Diese Hypothese kann aufgrund des Verhältnisses zwischen Treffer-Rate und Falscher-Alarm-Rate geprüft werden. Ältere Kinder mit gleicher Rekonstruktionsleistung müssten demnach eine Erhöhung der Trefferrate und eine Erhöhung der Rate des falschen Alarms zeigen. Dies ist jedoch nicht der Fall (s.o.). Denn mit steigendem Alter steigt die Trefferrate und sinkt die Falsche-Alarm-Rate.

4.1.2.3 Unterschiede im Rekonstruieren

Hinsichtlich der systematischen und effektiven Verwendung von Rekonstruktionsplänen scheinen gesicherte Altersunterschiede zu bestehen. Von Kobasigawa (1974) wurde in der Darbietungsphase jedes Item als Instanz einer bestimmten

---

[1] Die interpretative Rückführung dieser Effekte auf Hirnreifungsprozesse (weiterhin stattfindende Myelinisierung der Nervenbahnen und Optimierung der synaptischen Dichte durch Ausdünnung im Bereich des Frontallappens) wird von Schumann-Hengsteler (1996) allerdings als spekulativ bewertet.

Kategorie vorgegeben. Die in der Rekonstruktionsphase benutzbaren Kategorien wurden von ca. 30 % der 6-Jährigen, jedoch von fast allen 11-Jährigen spontan verwendet. Die dennoch bestehenden Leistungsunterschiede zwischen den jüngeren und älteren Anwendern eines Rekonstruktionsplanes werden damit in Verbindung gebracht, dass jüngere Kinder Probleme haben, während des Rekonstruktionsprozesses ihre Aufmerksamkeit sowohl auf die Ebenen der Hierarchie wie auf die Anzahl der Items pro Kategorie adäquat zu verteilen.

Indirekte Evidenz kann auch einer Untersuchung von Buschke (1974) entnommen werden. Er verglich 9-jährige Kinder mit Erwachsenen und fand nur geringe Unterschiede im totalen Verlust einmal reproduzierter Items. Jedoch war eine große Überlegenheit der Erwachsenen im Ausmaß und in der Konsistenz der aufeinander folgenden Reproduktionen gegeben. D.h. Unterschiede gehen nicht auf das Ausmaß der behaltenen Information zurück, sondern sie bestehen hinsichtlich einer konsistenten Rekonstruktion.

In einer Studie von Heimlich und Wimmer (1977), in die 5-jährige, 10-jährige und erwachsene Vpn einbezogen waren, wurden die Effekte des spontanen Kategorisierens bzw. der spontanen Verwendung eines hierarchischen Rekonstruktionsplanes mit den Effekten induzierten Kategorisierens und eines induzierten hierarchischen Rekonstruktionsplanes erfasst. Die Studie macht deutlich, dass so gut wie kein Vorschulkind, aber ca. die Hälfte der 10-Jährigen sowie fast alle erwachsenen Vpn einen hierarchischen Rekonstruktionsplan anwenden. Mit der Anwendung eines hierarchischen Rekonstruktionsplanes geht auch eine Verbesserung der Merkleistung einher. Die Leistungsunterschiede zwischen den 5- und den 10-Jährigen sind aber nicht vollständig durch die Anwendung eines hierarchischen Rekonstruktionsplanes erklärbar.

Insgesamt kann man als gesichert annehmen, dass die Altersunterschiede im Reproduzieren zumindest z.T. aus Unterschieden im Rekonstruieren resultieren. Diese bestehen (1) wesentlich im Benutzen von semantischen Relationen zwischen den Items und (2) im Ausnutzen von semantischen Relationen zwischen internal oder external zugänglichen semantischen Einheiten (z.B. Kategorien) und Items.

4.1.2.4 Unterschiede im Vergessensprozess

Zur Vergessensrate liegen Untersuchungen sowohl für den kurzzeitigen Bereich (ca. 1 Min.) (KZS) wie auch den langzeitigen vor.

Belmont (1967) fand keine Unterschiede zwischen 8- und 20-Jährigen hinsichtlich des Identifizierens von bestimmten Helligkeitsgraden bei Abständen von 4 bis 20 Sec. Berch und Evans (1973) konnten bei einer kontinuierlichen Wiedererkennungsaufgabe mit Zahlen keine Unterschiede zwischen 6- und 9-Jährigen finden. Hansen (1965) fand ebenfalls keine Unterschiede zwischen 5- und 10-Jährigen hinsichtlich des Auffindens der Position eines Items in einer Serie.

In gleiche Richtung weisen Untersuchungen zum langzeitigen Vergessen. Fajnsztejn-Pollack (1973) konnte zwischen 5- und 16-Jährigen keine Unterschiede im Wiedererkennen bedeutungshaltiger Bilder nach 3 bis 49 Wochen nach der Darbietung finden. Nelson (1971) bestätigte diesen Befund an nicht bedeutungshaltigem Material. Dies gilt auch für PAL-Aufgaben nach 7 Tagen (Amster et al., 1970).

4.1.2.5 Unterschiede im Enkodieren

Man nimmt an (Craick & Lockhart, 1972), dass die Tiefe der Enkodierung mit der Länge des Behaltens und damit mit dem Ausmaß des Reproduzierens gekoppelt ist. Hinsichtlich von Altersunterschieden könnte man die Hypothese vertreten, dass jüngere Kinder nach sensorischen Merkmalen enkodieren, ältere nach semantischen. Allerdings scheint dies nach den vorliegenden Befunden nicht der Fall zu sein. Vor allem auf Grund von Verwechslungsfehlern bei Wiedererkennungsaufgaben scheint man nicht auf vorwiegend sensorisches Enkodieren bei jüngeren Kindern schließen zu können.

Es ist eine gesicherte Tatsache, dass das Enkodieren semantischer Beziehungen zwischen Items einen enorm positiven Effekt auf das Reproduzieren von Response-Items in PAL-Aufgaben hat. Für Alltagssituationen dürfte auch feststehen, dass jüngere Kinder wegen einer weniger ausgebildeten semantisch-kognitiven Struktur in einem geringeren Ausmaß zum Enkodieren semantischer Beziehungen neigen als Erwachsene (Bjorklund, 1987). Vorschulkinder sind zwar in relativ hohem Ausmaß fähig, kategoriale Zusammengehörigkeiten von Items zu erkennen, spontan wird diese kategoriale Zusammengehörigkeit aber selten enkodiert.

Von Heineken (1980, Versuch I) wurden Gedächtnisleistungen 3- bis 4-jähriger Kinder mit denen 5- bis 6-jähriger verglichen. In einer Versuchsbedingung wurde eine tiefere semantische Verarbeitung durch die Frage, „Wo hast Du das schon einmal gesehen?", provoziert. Eine weitere Versuchsbedingung bezog sich auf die farbliche Strukturierung von Merkitems aus jeweils gleichen inhaltlichen Bereichen. Unter beiden Bedingungen profitierten die jüngeren Kinder von diesen Anregungen, die älteren hingegen nicht. D.h. jüngere Kinder erbringen bessere Leistungen, wenn sie angeregt werden, sich kognitiv mit dem Material auseinander zu setzen (entweder durch elaborative Prozesse oder durch die Enkodierung kategorialer Zugehörigkeiten), ältere arbeiten im Hinblick auf diese Kriterien aber fast optimal.

Von Bruner et al. (1966) wird auf drei verschiedene Formen der Repräsentation von Wissen bei Kindern verwiesen (vgl. Kap. 8.4.1): (a) bei der *enaktiven Form* wird gespeichert, welche eigenen Handlungen mit Umgebungsobjekten durchgeführt werden können (vgl. hierzu das präoperatorische Stadium bis zu 1 ½ Jahren nach Piaget & Inhelder, 1974), (b) bei der *ikonischen Form* werden in statischer und ganzheitlicher Weise bildhafte Abbildungen der Umwelt gespeichert (präoperative Phase: das Kind kann keine Transformationen, Umwandlungen und deren Ergebnisse repräsentieren) und erst auf der (c) *symbolischen Stufe* (operatives Stadium ab ca. 7 Jahren) wird in abstrakter Weise das Weltwissen repräsentiert. Interessant ist, dass sich allein aufgrund der kognitiven Entwicklung die Repräsentation früher gelernter Bilder verbessert (Piaget & Inhelder, 1974).

4.1.2.6 Unterschiede hinsichtlich der Verwendung von Gedächtnisstrategien

Als Gedächtnis- oder Memorisierungsstrategie bezeichnet man (die potentiell bewusst und intentional eingesetzten) Aktivitäten bei einer Gedächtnisaufgabe, die während oder nach der Darbietungsphase als Mittel für das Ziel der zeitlich nachfolgenden Reproduktion verwendet werden (Kail, 1979, S. 79). Diese Aktivitäten sind stark von der Darbietungssituation und der Art der Anforderung in der Prüfsituation bestimmt. Schneider und Sodian (1988) konnten zeigen, dass bei vertrauten Suchaufgaben bereits 4- bis 5-Jährige Gedächtnisstützen einsetzen.
   Die Aneignung neuer Strategien erfolgt in der Regel in drei Stufen (Reese, 1979, S. 95):
   Auf *Stufe eins* fehlt die spezifische Strategie; zudem erweisen sich auch Trainings- oder Instruktionsversuche als nicht erfolgreich. Man spricht hierbei von einem *Mediationsdefizit*, um zum Ausdruck zu beringen, dass die Kinder noch

nicht über die notwendigen kognitiven Voraussetzungen zur Strategieproduktion verfügen (Hasselhorn & Lindner-Müller, 1995).

Auf *Stufe zwei* ist eine Strategie zwar im Repertoire des Kindes vorhanden, wird aber nicht spontan verwendet, selbst bei Training oder gezielten Hinweisen wird sie wieder aufgegeben, wenn der Hinweis nicht mehr vorhanden ist (Stufe des *Produktionsdefizits*). Als eine weitere Zwischenstufe wird eine Stufe des *Nutzungsdefizits* (bzw. der *Nutzungsineffizienz*) angenommen (Miller, 1990), auf welcher die Kinder spontan strategische Aktivitäten zeigen, die aber nicht zu den an sich möglichen Leistungsvorteilen führen.[2]

Auf *Stufe drei* ist dann die Strategie vorhanden und wird spontan und effektiv eingesetzt *(Reifestadium der Strategieproduktion und -nutzung)*. Unter pädagogischer Perspektive ist vor allem die Phase zwei interessant, da hier konkrete Entwicklungsanstöße gegeben werden können.[3]

Heineken (1980, Versuch II) ließ jüngere und ältere Vorschulkinder eine Gedächtnisaufgabe (vorgegeben waren 16 Items, wobei jeweils vier aus dem gleichen Bereich stammten) unter drei Bedingungen durchführen: (a) einmal waren die Objekte farblich markiert (die Farben indizierten allerdings keine Oberbegriffe), (b) einmal wurden die Kinder aufgefordert, die Items nach Oberbegriffen zu sortieren und (c) einmal mussten Kinder farblich markierte Gegenstände nach Oberbegriffen sortieren und sich merken. Die Ergebnisse (vgl. Abb. 4.1) machen einen Alterseffekt deutlich und sie verweisen auf die besondere Effizienz einer kategorialen Einordnung von Merkitems. Allerdings können die jüngeren Kinder von der an sich effizienten Strategie des kategorialen Einordnens weniger profitieren als die älteren.

---

[2] Hasselhorn und Lindner-Müller (1995) fanden etwa, dass eine Versuchsbedingung mit einem Hinweis auf die Kategorisierbarkeit von Gedächtnismaterial erst bei Kindern der 6. Schulstufe zu einem signifikanten Leistungsvorteil führte; jüngere Kinder konnten diesen Hinweis offensichtlich nicht gleichermaßen für ihre Lernaktivitäten nutzen.

[3] Hasselhorn et al. (1995) verweisen im übrigen darauf, dass die Überzeugung, nach der das Metagedächtnis eine wesentliche Bestimmungröße des Lernens sei, den Glauben an die „Theorie der formalen Bildung" zu neuem Leben erweckt.

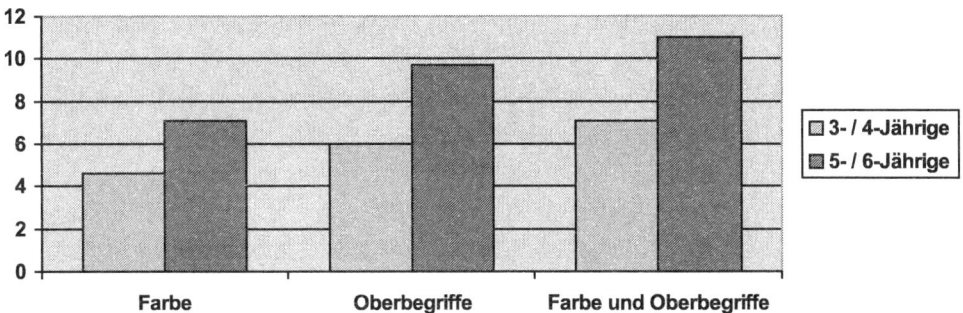

Abbildung 4.1: Durchschnittliche Anzahl gemerkter Items unter drei Lernbedingungen

Wie bei den Gedächtnis- und Lernstrategien allgemein unterschieden wird (vgl. Kap. 5), so sind auch hier die Entwicklungsverläufe für Wiederholungs-, Organisations- und Elaborationsstrategien zu prüfen, wobei noch der Aspekt der metakognitiven Strategieanwendung (Selbstprüftechniken) hinzukommt.

(1) Spontanes Wiederholen
Die Richtigkeit einer Reproduktion eines Items hängt wesentlich von der Anzahl der Wiederholungen ab (Rundus & Atkinson, 1970). Allerdings ist die Steigerung der Reproduktionsleistung weniger durch die Wiederholung einzelner Items bedingt, sondern durch die Wiederholung von Itemfolgen (Woodward et al., 1973). Es ist gesichert, dass es einen Altersunterschied in der Häufigkeit spontanen Wiederholens gibt (Hagen & Kail, 1973). Während solche Aktivitäten bei 4- bis 5-Jährigen noch nicht vorhanden sind, können sie bei 5- bis 6-Jährigen bereits beobachtet werden (z.B. Items benennen, durch Gesten betonte Wiederholung, Selbstprüfung).

Es wird auch eine zunehmende Anpassung des Memorisierungsverhaltens an die Aufgabencharakteristika vorgenommen. Z.B. eine „taktische Nichtwiederholung" von Items, die bereits gelernt wurden (z.B. Items in Endposition). Bei Kindern zwischen 9 und 10 Jahren wird auch sog. kumulatives Rehearsal spontan verwendet, wobei nicht einzelne Items, sondern ganze Itemketten wiederholt werden; allerdings konnte kein systematischer Zusammenhang zwischen dem Wissen um diese Strategie und deren Anwendung gefunden werden (Hasselhorn & Lindner-Müller, 1995).

In Trainingsstudien konnte schließlich gezeigt werden, dass durch die Induktion einer Wiederholungsstrategie die Gedächtnisleistung auf das Niveau der spontanen Strategieanwender gehoben werden kann (Schneider & Sodian, 1997). Die Verfasser belegen aber auch, dass der Fortschritt in der Anwendung der Wiederholungsstrategie nicht linear nach dem eingangs erwähnten Modell verläuft, sondern bisweilen u-förmig, d.h. bei früher Entdeckung im Vorschulalter wird die Strategie (eventuell weil sie nicht effizient angewendet werden kann) wieder aufgegeben und dann zu einem späteren Zeitpunkt wieder entdeckt.

Schumann-Hengsteler (1996, S. 84) verweist darauf, dass die Entwicklung der Wiederholungsstrategie nicht mit 10 oder 11 Jahren abgeschlossen ist. Selektive Wiederholung wird z.B. erst ab dem mittleren Jugendalter stabil eingesetzt; auch nimmt die Länge der wiederholten Itemsequenzen bis in das Jugendalter zu.

(2) Spontanes kategoriales Gruppieren

Wie aus der hohen Korrelation zwischen Ordnungsbildung in der Lernphase und der späteren Gedächtnisleistung hervorgeht (Schneider & Pressley, 1989), ist das Vorgehen, bei Gedächtnisanforderungen die zu merkenden Items nach Kategorien zu ordnen, allgemein sehr effektiv (Hasselhorn & Lindner-Müller [1995] berichten auf den Schulstufen 2 bis 6 Korrelationen zwischen .33 und .65 zwischen kategorialem Organisieren und der späteren Reproduktionsleistung).

Bereits Vorschulkinder können sehr bekannte Kategorien (Tiere, Kleider) zum Gruppieren benützen. Wird ein solches kategoriales Gruppieren verwendet, so steigt die Reproduktionsleistung auch bei Vorschulkindern beträchtlich an (Kobasigawa, 1974). Es wird davon ausgegangen, dass ein Entwicklungsverlauf von assoziativem (z.B. Hund - Katze) zu prozeduralem (z.B. Strumpf - Schuh) bis hin zu hierarchischem Kategorisieren besteht.

Hinsichtlich des spontanen Gruppierens nach Kategorien liegt ein eindeutiger Alterseffekt vor: Bei den 5- bis 6-Jährigen gruppieren nur sehr wenige spontan, bei den 11-Jährigen bereits ca. die Hälfte, bei 20-Jährigen bereits alle (Dempster, 1981; ähnliche Zahlen berichten Heimlich & Wimmer, 1977). Vermutlich hängt die Verwendung dieser Strategie auch mit der sich vergrößernden Wissensbasis der Kinder zusammen. Von Hasselhorn und Linder-Müller (1995, S. 147) wurden in einer Versuchsbedingung, die einen Hinweis auf die Möglichkeit der Klassifikation der zu merkenden Items enthielt, 14 % der Zweitklässler, 53 % der Dritt- und Viertklässler sowie 65 % der Sechstklässler als Anwender von Organisationsstrategien identifiziert. Der Zusammenhang zwischen dem Wissen um die Überlegenheit des kategorialen Organisierens und die Anwendung dieser metamemorialen Strategie wird nach Hasselhorn und Lindner-Müller (1995) erst ab der 4. Schulstufe signifikant.

Bjorklund und Zeman (1982) forderten Kinder der 1., 3. und 5. Schulstufe auf, die Namen der Klassenkameraden zu erinnern. Die Kinder orientierten sich fast alle beim Erinnern an Sitzordnungen, Lesegruppen oder am Geschlecht. Den wenigsten war aber dieser Strategieeinsatz bewusst. Die erzielten Leistungen wurden als relativ automatisch ablaufende Aktivierung in einem semantischen Netzwerk, das nach diesen Kategorien geordnet ist, interpretiert.

Schneider und Sodian (1997) belegen auch, dass der Fortschritt in der Anwendung der Organisationsstrategie nicht linear nach dem eingangs erwähnten Modell (vgl. Kap. 4.1.2.6) verläuft, sondern bisweilen u-förmig, d.h. bei früher Entdeckung im Vorschulalter wird die Strategie (eventuell weil sie nicht effizient angewendet werden kann) wieder aufgegeben, um dann zu einem späteren Zeitpunkt wieder entdeckt zu werden.

Es ist auch nicht so, dass alle Altersunterschiede hinsichtlich des freien Reproduzierens auf spontanes Kategorisieren zurückführbar sind. Liberty und Ornstein (1973) fanden, dass 10-Jährige, denen Gruppierungen, wie sie bei Erwachsenen vorkommen, aufgezwungen wurden, nicht die Leistungen Erwachsener erreichen. Ebenso fallen Erwachsene nicht auf das Niveau 10-Jähriger ab, wenn ihnen deren Gruppierungsart aufgezwungen wurde.

(3) Spontanes Elaborieren
Bekanntlich wird mit Elaborieren eine kognitive Operation verstanden (vgl. auch Kap. 5.4.2), durch die eine assoziative Verbindung zwischen zwei Items (Mann - Buch), die auf raumzeitlicher Kontiguität beruht, durch eine oder mehrere semantische Beziehungen ersetzt wird („der Mann liest ein Buch"). Elaborationen können vorgenommen werden, indem sprachorientierte Methoden (Reime, Merkwörter etc.) oder bildorientierte Methoden genutzt werden (vgl. hierzu Kap. 5.4.3). Elaborationsstrategien sollen sich erst nach den Organisationsstrategien entwickeln, wobei ihr Einsatz selbst bei Jugendlichen nicht sehr ausgeprägt ist (vgl. Kap. 5.4.4).

Aus entwicklungspsychologischer Sicht ist hier der Befund von Rohwer und Bean (1973) bedeutsam, wonach Kinder mit hohem Sozialstatus mit 14 Jahren nur ansatzweise spontan elaborieren, mit 17 Jahren aber durchgehend. Bei Kindern aus niederen sozialen Schichten ist auch auf der zweiten Altersstufe noch kein spontanes Elaborieren zu beobachten. Allerdings ist die Effektivität dieser

Strategie bereits ab dem Vorschulalter gegeben. Rohwer (1973) fand, dass 6-Jährige, wenn man sie zum semantischen Elaborieren anweist, die Reproduktionsleistungen von 17-Jährigen erreichen.

Die relativ schlechten Elaborationsleistungen bringt Schumann-Hengsteler (1996) mit den begrenzten Ressourcen des Arbeitsgedächtnisses in Verbindung (belegbar z.B. mit der Reduktion von Elaborationsleistungen bereits durch einfache Doppeltätigkeiten).

(4) Spontanes Selbstprüfen und Verstehenskontrolle
Durch diese kognitive Operation nimmt die Vp die externale Gedächtnisanforderung vorweg und gewinnt durch diese probeweise Rekonstruktion Informationen darüber, welche Teile nicht rekonstruierbar sind. Sie kann dann ihre Memorisierungsstrategie danach ausrichten und auf die nicht sofort erinnerbaren Items wenden.

Beim Lesen von Texten sind Kinder relativ unkritisch und entdecken eingebaute Inkonsistenzen nicht spontan. Markman (1979) konnte dies bei Dritt-, Fünft- und Sechstklässlern finden. Weist man Kinder jedoch auf die Existenz von Widersprüchen hin, so können besonders ältere Kinder diese finden, wobei aber auch diese nicht perfekt in den Leistungen sind.

Moely et al. (1969) und Flavell et al. (1970) fanden, dass ab 9 Jahren Ansätze zur Selbstprüfung vorliegen. 9-Jährige wenden sich dann auch gezielt den Items zu, die bei der inneren Gedächtnisprüfung nicht reproduzierbar waren.

Heimlich und Wimmer (1977) führen Leistungsunterschiede zwischen 10-jährigen Kindern und Erwachsenen auf die spontane Überprüfung der Reproduktionsleistung zurück.

Altersunterschiede in Reproduktionsleistungen ergeben sich demnach vor allem hinsichtlich der Verwendung von Memorisierungsstrategien (Kail, 1979) und Unterschieden in der Rekonstruktion. Jüngere Kinder sind in zweifacher Weise defiziente Memorierer: Sie erstellen nicht oder in geringerem Ausmaß die eine Rekonstruktion erleichternden Mittel (kategoriales Gruppieren, Elaborieren, Wiederholen) und wenn ihnen diese Mittel gegeben sind, nützen sie diese nicht in gleicher Weise wie Erwachsene (Liberty & Ornstein, 1973). Die Unterschiede in der Strategieverwendung resultieren zum Teil auch aus Unterschieden im Metagedächtnis. Hier sind die für erfolgreiches Reproduzieren einsetzbaren Strategien nur teilweise vorhanden bzw. werden aus falscher Einschätzung der eigenen Fähigkeit nicht adäquat eingesetzt.

4.1.2.7 Unterschiede im Metagedächtnis

Durch die tägliche Erfahrung hinsichtlich der eigenen Gedächtnisfähigkeit nimmt auch das Wissen um das Gedächtnis selbst zu. Besonders in der Schulzeit müsste dieses Meta-Gedächtniswissen ansteigen, da hier kontinuierlich Lern- und Gedächtnisanforderungen gestellt werden. Je besser das Metagedächtnis ausgebildet ist, desto besser sollten dann auch Gedächtnisaufgaben bewältigt werden. Wie Hasselhorn et al. (1995) zeigten, steigt das metamemoriale Wissen über die Nützlichkeit kategorialer Organisationsstrategien während der Grundschulzeit bedeutsam an, auch das Wissen um Methoden, mit welchen Strategien eine Gedächtnisaufgabe bewältigt werden kann (prospektives Erinnern, z.B. Notizen machen, interne Strategien anwenden), nimmt kontinuierlich zu.

Ein Aspekt der Strukturiertheit des Metagedächtnisses bei der Strategieanwendung könnte sein: Nur wenn eine annähernd richtige Einschätzung der Aufgabenschwierigkeit vorhanden ist sowie ein Wissen um die Effekte aufgabenangemessener Memorisierungsstrategien, dann kann es zum Einsatz von Memorisierungsstrategien kommen. Das Verstehen der Gedächtnisaufgabe selbst ist dabei vorausgesetzt. Im Allgemeinen wird dies gesichert, indem man zuerst eine Probeaufgabe machen lässt, um das Aufgabenverständnis zu sichern. Bereits 3-jährige Kinder können auf diese Weise Gedächtnisanforderungen verstehen. Zur Einschätzung der Aufgabenschwierigkeit und der Rekonstruktionsfähigkeit liegen folgende Befunde vor:

Flavell et al. (1970) fanden, dass Vorschulkinder ihre Gedächtnisspanne im Vergleich zu 8- oder 10-jährigen weit überschätzen. Bei Viertklässlern scheint sich eine Unterschätzung der eigenen Gedächtniskapazität anzudeuten (Hasselhorn et al., 1995). 9-Jährige schätzen PAL Assoziationen, die aus Gegensätzen gebildet wurden, als leichter lernbar ein als solche, die aus Zufallskombinationen gebildet wurden (Kreutzer et al., 1975). Auch kategorial gruppierte Itemmengen werden erst von 7-Jährigen als leichter erlernbar eingestuft. Ältere Kinder wissen auch mehr um Memorierungsstrategien Bescheid. Aber bereits Kindergartenkinder konnten eine angemessene Memorisierungsstrategie benennen. Wie aus kulturvergleichenden Studien bekannt ist, scheint es vor allem die Schulerfahrung zu sein, die Kinder ihr Metagedächtnis verbessern lässt.

Wie aus der zusammenfassenden Darstellung von Schneider (1989) hervorgeht, nimmt das metakognitive Wissen über die gedächtnisrelevanten (a) Personenvariablen (z.B. Selbstkonzept über eigene Gedächtniskapazität), (b) Aufgabenvariablen (welche Merkmale erschweren eine Merkaufgabe, welche erleichtern sie) und (c) Strategievariablen (Wissen über situationsspezifisch nützliche Merkstrategien) im Verlauf der Grundschulzeit kontinuierlich zu. Nach der Grundschulzeit sind vor allem bei komplexeren Aufgabenstellungen (z.B. Textlernen) Zuwächse hinsichtlich des Metagedächtnisses vorhanden. Das metamemoriale Wissen ist aber auch bei Jugendlichen keineswegs optimal (vgl. hierzu Kap. 5.4.4).

Kobasigawa, Ransom und Holland (1980) befragten Viert-, Sechst- und Achtklässler hinsichtlich ihrer Strategie, um aus einem Text schnell Informationen zu finden. Etwa die Hälfte der Viertklässler und fast alle Achtklässler machten dazu Vorschläge (z.B. Überspringen eines Absatzes: 54 % der Viert-, 71 % der Sechst- und 93 % der Achtklässler; Lesen der ersten Sätze eines Abschnittes und dann entscheiden über das Weiterlesen: 37 % der Viert-, 50 % der Sechst- und 80 % der Achtklässler). Ein alterskorrelierter Anstieg in der Wissensanwendung ist also deutlich.

Auch das prozedurale Metagedächtnis (Kompetenzzuwachs hinsichtlich der aktuellen Kontrolle von Gedächtnisprozessen) scheint diesem Entwicklungsverlauf zu folgen (Visé, 1996; Körkel, 1987); die Befundlage hinsichtlich des deklarativen Metagedächtnisses weist in die gleiche Richtung, wenn auch nicht mit gleicher Eindeutigkeit (Visé, 1996, S. 122).

4.1.2.8 Unterschiede im Wissen

Erst in den 70er Jahren wurde die Bedeutung einer bereichsspezifischen Wissensbasis für Gedächtnisleistungen anerkannt. Bjorklund (1987) hat z.B. den Standpunkt vertreten, dass die Anwendung der Strategie des Klassifizierens von Items und die damit verbundene Leistungsverbesserung quasi ein automatisches Nebenprodukt der elaborierteren Wissensbasis der Kinder seien.

Ältere Kinder scheinen besser in der Lage zu sein, neu hereinkommende Informationen zu strukturieren (Kail, 1979, S. 83; vgl. auch Punkt 5). Sie verfügen auch über genauere und reichhaltigere Situationsskripts (z.B. über Alltagsereignisse wie eine Geburtstagsparty) oder generalisierte Schema (z.B. Ereignisschema bei einem Märchen), so dass sie aus diesen verloren gegangene Information besser erschließen können. Wimmer (1980) konnte z.B. nachweisen, dass bereits Vorschulkinder eine Geschichte, welche einer idealen Geschichtengrammatik entspricht, gut erinnern können. Je mehr jemand weiß, desto besser kann man mit vorgegebener Information umgehen (diese z.B. elaborieren, ergänzen, in Strukturen einfügen). Allerdings haben ausgeprägte Skripts und Schemata auch die Konsequenz, dass Abweichungen von einem Standard bei der Wiedergabe übersehen werden (vgl. hierzu auch Kap. 2.4.4.6).

Indikativ für die Beziehung zwischen Wissen und Gedächtnisleistung sind die im Rahmen des Experten-Novizen-Paradigmas vorgenommenen Untersuchungen von Chi (1978; 1984), die bei jungen Schachexperten fand, dass diese zwar hinsichtlich der Gedächtnisspanne den Erwachsenen unterlegen waren, aber Schachpositionen wesentlich besser wiedergeben konnten. Das detaillierte Vorwissen dieser Kinder machte es möglich, dass diese die vorgegebenen Positionen als Chunks abspeicherten und wiedergeben konnten. Werden hingegen sinnlose Schachpositionen vorgegeben, so verliert sich der Leistungsvorsprung wieder (Schneider, Gruber, Gold & Opwis, 1993; zusammenfassend vgl. Schneider, 1989). Diese Beziehungen sind auch für andere Wissensbereiche nachgewiesen (Baseballwissens vgl. Spilich et al. [1979], hinsichtlich des Bereiches Fussball vgl. Körkel [1987]).

Die Speicherung von Information ist bekanntlich kein passiver und automatisch ablaufender Vorgang, sondern setzt vielmehr „assimilatorische Konstruktions- und Rekonstruktionsvorgänge" voraus, die durch den jeweiligen Inhalt der Wissensstruktur bestimmt sind (Weinert, 1979, S. 71). So ist es zu erklären, dass bei Schwarz-Weiss-Vorgabe „farbspezifischer" Objekte (z.B. Banane = gelb) von 4-Jährigen Kindern relativ häufig eine falsche Wiedererkennensleistung vorgenommen wird (Auswahl einer gelben und nicht einer Schwarz-weiss-Banane), während bei „farbunspezifischen" Objekten (z.B. Autos) diese Fehler wesentlich seltener auftreten (Myers & Perlmutter, 1978).

4.2 Gedächtnisfunktionen im Alter

Nach einem weit verbreiteten sozialen Stereotyp wird älteren Personen ein zunehmend „schlechteres" Gedächtnis zugeschrieben (vgl. das sog. Defizit-Modell der geistigen Entwicklung; Keuchel, 1983, S. 37); diese Sichtweise wird auch von den Senioren in ihr Selbstbild übernommen (kognitive Alternstheorie nach Thomae, 1970), wobei bisweilen darüber spekuliert wird, ob diese Selbstsicht negativer (oder auch nicht negativer) ausfällt als die tatsächlichen Leistungseinbußen.

Dem gegenüber wird z.Zt. ein Zweikomponenten-Modell der Entwicklung der geistigen Leistungsfähigkeit präferiert (Staudinger & Baltes, 1995): Dabei bezieht sich die erste Komponente (fluide Intelligenz, in diesem Kontext auch „fluide Mechanik" genannt) auf mentale Grundprozesse, die primär durch das Genom und die neurophysiologischen Aspekte des Gehirns bedingt sind; die zweite Komponente (kristalline Intelligenz, hier als „kristalline Pragmatik" bezeichnet) bezieht sich auf die wissensbasierten Strategien und Fähigkeiten des menschlichen Geistes, die mit den individuellen und gesellschaftlichen Erfahrungsmöglichkeiten aufgebaut und verändert werden. Für beide Komponenten werden unterschiedliche lebenszeitliche Verläufe angenommen (vgl. Abb. 4.2).

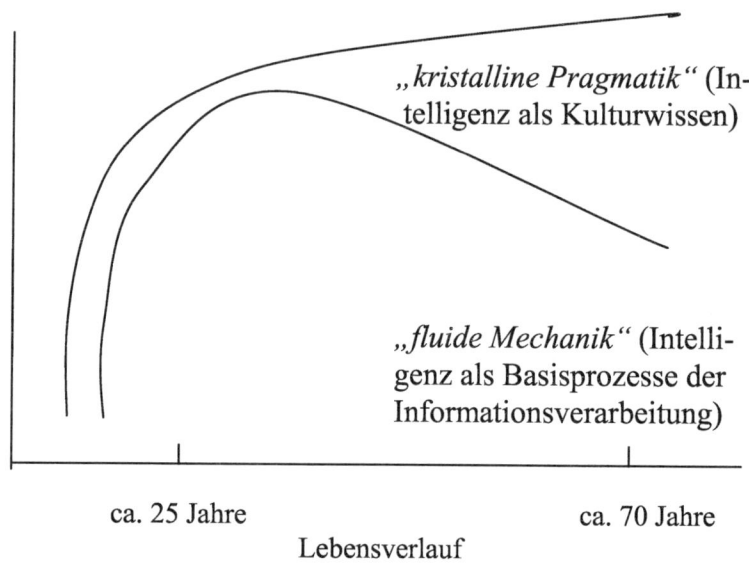

Abbildung 4.2: Idealisierte Verläufe der Mechanik und Pragmatik geistiger Leistungsfähigkeit (Staudinger & Baltes, 1995, S. 436)

Nach dieser allgemeinen Charakteristik bleiben wissensgebundene Leistungen (z.B. Leistungen im Wortschatztest) bis ins 7. und 8. Lebensjahrzehnt stabil, während andere Fähigkeiten (z.B. Geschwindigkeit der Informationsverarbeitung, Verarbeitung komplexer Informationen) eine Leistungsabnahme ab dem mittleren Lebensalter aufweisen. Auch hierbei sind beträchtliche interindividuelle Differenzen zu beobachten bzw. Trainingsstudien geben Anlass zu der Hoffnung, dass Leistungsminderungen bei optimalen Bedingungen zumindest partiell wieder ausgeglichen werden können.

4.2.1 Gedächtnisphänomene im Alter

(1) Ultrakurzzeitgedächtnis
Der Inhalt des echoischen Registers soll bei älteren Personen schneller verlöschen als bei jüngeren (Fleischmann, 1984, S. 138). Aufgrund dieser höheren Zerfallsgeschwindigkeit haben ältere Personen dann weniger Zeit, einen Inhalt vom UKZG in das KZG zu übertragen. Hinsichtlich des ikonischen Speichers scheinen andere Befunde vorhanden zu sein: Bei Maskierungsversuchen führt ein Maskierungsreiz, selbst wenn er später angeboten wird, zu einer Behaltensminderung. Eventuell sind aber beide Resultate im Rahmen einer allgemeinen Verlangsamung der Informationsübermittlungsprozesse zu erklären.

(2) Kurzzeitgedächtnis
In der Alltagserfahrung sind einige Phänomene bekannt, welche auf eine Beeinträchtigung des KZG hinweisen. Bisweilen sind ältere Leute zwar in der Lage, zurückliegende Geschichten zu erzählen, sie wissen aber dann nicht, dass sie so etwas gerade erzählt haben. Unter normalen Umständen weiß man nicht nur die Geschichte, sondern auch, ob oder ob sie nicht gerade erzählt wurde.

Bei der *Gedächtnisspanne* geht es bekanntlich um die Frage, wie viele Einheiten sich eine Person bei einmaligem Hören (oder Sehen) merken kann.

Gilbert (1941) fand bei 60-Jährigen eine Reduktion um ca. 8 %. Beim PAL (türkische und englische Vokabel) betrug der Leistungsverlust bis zu 60 (Digitspan-Test nach Wechsler: KG (20 - 29 Jahre) = 174; EG (60 - 69 Jahre) = 174 gematched nach Vokabulary-Test von Terman).

Tabelle 4.1: Unterschiede in der Gedächtnisspanne zwischen jüngeren und älteren Menschen (Gilbert, 1941)

Tests zur Erfassung der Gedächtnisspanne	20-Jährige		60-Jährige	
	aM	*s*	*aM*	*s*
digit - visuell	8,21	1,11	7,51	1,45
digit - auditory	6,87	1,15	6,06	1,15
digit - reversed	5,53	1,35	4,36	1,22
Satzwiederholung	16,76	2,72	13,29	2,09
PAL - sofort	6,27	1,91	2,59	2,09*
PAL - verzögert	7,51	1,75	3,41	2,38*
Türkisch-Englisch	7,49	1,73	2,97	2,58*

*) signifikante Unterschiede

Eventuell zeigen die Ergebnisse aber nur an, dass sich ältere Leute von einem gegebenen Material weniger aneignen (Wahrnehmungs- und Lernfähigkeit) und nicht, dass von einem gelernten Material weniger erinnert wird. Bisweilen wurde argumentiert, dass bei diesen Aufgaben Interferenzphänomene nicht auftreten könnten. Aber es ist nicht ausgeschlossen, dass dennoch Interferenzen für den Rückgang verantwortlich sein könnten. Eine Beeinträchtigung ist besonders dann festzustellen, wenn komplexe Wahrnehmungsleistungen Grundlage für das Behalten sind.

Gold (1995, S. 127 f), der je 30 jüngere (aM = 29;4 Jahre) und ältere Personen (aM = 65;8 Jahre) nach Bildung und Intelligenz (Wortschatztest im HAWIE) parallelisierte Vpn miteinander verglich, fand bei optisch dargebotenen Aufgaben zur Gedächtnisspanne signifikante Leistungsvorteile bei den jüngeren (im Schnitt wird etwa ein Objekt mehr korrekt erinnert)[4]. Wird eine Vorlage mit geometrischen Objekten mehrmals vorgegeben (5 Lerndurchgänge), so sind Alterseffekte zugunsten der jüngeren über alle Durchgänge nachweisbar; der Leistungsanstieg ist über die Durchgänge bei den jüngeren wesentlich steiler als bei den älteren

---

[4] Bei einer zweiten Untersuchung, bei der ebenfalls 30 jüngere (aM = 25;4 Jahre) 30 älteren Personen (aM = 65;5 Jahre) gegenübergestellt wurden, wobei alle aus dem universitärem Umfeld stammten, wurden idente Leistungen beim Zahlennachsprechen gefunden (Gold, 1995, S. 138).

(bei 20sekundiger Darbietungsdauer konnten jüngere die Merkleistung bei 22 zu merkenden Objekten von 10 auf 55% steigern, ältere nur von 7 auf 21%). Erwähnenswert ist zusätzlich, dass die selbsteingeschätzte Behaltensleistung bei älteren Vpn eine wesentlich schlechtere Passung zur tatsächlichen Leistung besaß (Abweichungen vor allem in Richtung Überschätzung der eigenen Leistung) als bei jüngeren. Interpretativ kann man demnach auch von qualitativ schlechteren metakognitiven Kapazitäten älterer Personen ausgehen (evaluative Komponente des Metagedächtnisses). In einem zweiten Experiment wurde noch überprüft, ob ältere durch eine Leistungsrückmeldung mehr profitieren als jüngere; auch dies war nicht der Fall, der vorhandene Schereneffekt fiel zugunsten der jüngeren Vpn aus.

Broadbent (1956; 1957) machte Versuche, bei denen Vpn beim PAL einmal die eine Zahl in das rechte, die andere in das linke Ohr gesprochen wurde. Es ist dabei sehr schwierig, sich auf diese Folge zu konzentrieren. Oft wird zuerst das, was innerhalb einer gewissen Zeitspanne im rechten Ohr gehört wurde, behalten, dann das im linken und auch so wiedergegeben:

72 15 36 (Darbietung) => 71 32 56 (Wiedergabe) oder 25 67 13 (Wiedergabe)

Bei älteren Personen ist ein starker Leistungsrückgang bei solchen komplexen Leistungen zu finden. Immer dann, wenn schnell von einem auf einen anderen Informationskanal umgeschaltet werden soll, treten Alterseffekte deutlich auf.

Thurstone (1928) ließ verschiedene Altersgruppen eine Substitutionsaufgabe lernen (lzg => qkm). Die Ergebnisse zeigen (1) die Gedächtnisleistung wird geringer mit dem Alter und (2) die Lernleistung nimmt kontinuierlich ab (d.h. die Unterschiede werden zwischen dem 1. und 8. Durchgang immer größer).

Tabelle 4.2: Unterschiede im KZG zwischen Probanden unterschiedlichen Alters (Thurstone, 1928)

		Altersgruppen		
		23 Jahre (N=28)	*29 Jahre (N=139)*	*41 Jahre (N=104)*
Zahl der richtig transkribierten Items	1. Dg.	59,8	56,0	47,3*
	8. Dg.	87,8	83,9	70,1*

Willoughby (1929) belegte Altersunterschiede bei einer Digit-Symbol-Aufgabe. Die Leistungen bestanden in Aufgaben zum Wiedererkennen und Einsetzen von Symbolen.

Craik (1984) macht im KZG-Bereich von der Unterscheidung zwischen „primary memory" und „working memory" Gebrauch. Die für den ersteren Bereich typischen Aufgaben beziehen sich auf Situationen, in denen Information nur kurz im Gedächtnis zu verbleiben hat und in einer relativ unveränderten Form wiedergegeben werden muss (z.B. Digit-span-Aufgaben, Wiedergabe der letzten Wörter einer vorgelesenen Liste), bei den für den zweiten Bereich typischen Aufgaben muss die Person Information vor der Antwortreaktion transformieren (z.B. Digit-Test-rückwärts). Erst unter diesen Bedingungen sollen Altersunterschiede sehr deutlich werden (siehe hierzu auch die angeführten Ergebnisse von Gold, a.a.O.). Dazu passend ist der Verweis auf die abnehmende Verarbeitungsgeschwindigkeit bei älteren Probanden, die bei der Informationsaufnahme, bei Suchprozessen sowie bei Antwortausführungs- oder Abrufprozessen eine Rolle spielen (Fleischmann, 1984, S. 139).

(3) Unterschiede im LZG
In einer Fallstudie, bei der eine Frau (Madorab E. Smith) ihre Merkfähigkeit in einer Selbststudie beobachtete, ist folgendes bekannt: Zwischen 8 und 13 Jahren musste sie 107 Katechismusfragen auswendig lernen. Nach 20 und nach 38 Jahren prüfte sie sich, welche Katechismusfragen sie noch kannte (vgl. Tab. 4.3).

Tabelle 4.3: Ergebnisse im Selbsttest

	Zeitabstand zum Erstlernen	
	44 Jahre	**60 Jahre**
sofort	54	53
leichte cues	44	39
mehrere cues	9	15
Gesamt	107	107

Craik (1984, S. 9) verweist darauf, dass zwischen älteren und jüngeren Personen bei semantischen Aktivierungen (priming) keine Unterschiede auftreten. Ebenso sind in bezug auf gut eingeübtes kognitiv-prozedurales Wissen keine Altersdifferenzen vorhanden.[5]

Nach der alltäglichen Meinung geht aber mit dem Alter eine Beeinträchtigung der Gedächtnisleistung einher. Diese Ansicht wurde bei Befragungen sowohl bei älteren wie auch jüngeren Leuten gefunden (Richardsen, 1933; Gilbert, 1941). Allerdings wird diese Meinung nicht immer bestätigt. Humphrey (1989) befragte 3 Ärzte über die intellektuelle Kapazität der von ihnen betreuten älteren Leute (vgl. Tab. 4.4).

Tabelle 4.4: Subjektive Einschätzungen der Gedächtniskapazität älterer Personen durch Ärzte (Humphrey, 1989)

Bereiche	*Altersgruppe*		
	80 – 90	*90 - 100*	*> 100*
Intellekt	*n = 588*	*n = 184*	*n = 46*
hoch	15 %	16 %	24 %
mittel	75 %	72 %	63 %
niedrig	10 %	12 %	13 %
Gedächtnis (kurzfristig)	*n = 981*	*n = 153*	*n = 39*
hoch	59 %	58 %	67 %
mittel	29 %	20 %	18 %
niedrig	17 %	22 %	15 %
Gedächtnis (langfristig)	*n = 563*	*n =175*	-
hoch	78 %	79 %	-
mittel	13 %	16 %	-
niedrig	9 %	12 %	-

[5] Über alterskorrelierte Einbußen bezüglich des Handlungsgedächtnisses informiert Neidhardt (1995). Bei der Erinnerung an Handlungen sind Effekte zwar geringer, weisen aber auch auf eine Bestätigung der Defizithypothese hin (Kausler, 1991).

Danach tritt nicht unbedingt eine gesteigerte Abnahme bei intellektuellen Leistungen auf. Diese Ergebnisse stammen aber nur aus einer Meinungsbefragung von Medizinern, stellen also keine harten Daten dar.

In bezug auf das episodische Gedächtnis scheint bei visuell-räumlichen Gedächtnisaufgaben eine Leistungseinbuße im Alter bei anstrengenden und ressourcenbezogenen Tätigkeiten nachweisbar: Perlmutter et al. (1981) gaben die Aufgabe vor, sich unterschiedliche Gebäude auf einem schematischen Stadtplan zu merken. Bei älteren Personen (Mittelwert 64 Jahre) lag die Leistung 18 % unter der Leistung jüngerer Vpn (Mittelwert 20 Jahre), obwohl sich die älteren mehr Zeit für das Einprägen genommen hatten. Light und Zelinski (1983) legten unter intentionalen und inzidentellen Lernbedingungen jüngeren (Mittelwert 24 Jahre) und älteren Personen (Mittelwert 66 Jahre) einen Stadtplan mit 12 markanten Objekten vor. Sowohl die Lernbedingung wie auch die Altersvariable wiesen die erwartbaren Effekte auf.

Gold (1995, S. 77) fasst die Alterseffekte im episodischen Gedächtnis bei verbalem Lernmaterial so zusammen, dass - bei großer interindividueller Variation - bereits im mittlerem Alter Leistungseinbußen vorhanden sind.

4.2.2 Erklärungsmöglichkeiten

Im höheren Alter kann es sein, dass die Menschen Merkstrategien nicht mehr oder nicht mehr effektiv einsetzen (z.B. keine Elaborationen mehr vornehmen; Schumann-Hengsteler et al., 1993). Diese Tatsache wird unter dem Stichwort eines *semantischen Enkodierungsdefizits* (weniger Verknüpfungen mit anderen Bedeutungsgehalten, weniger Speicherung von Attributen, wie Klangbild, Anfangsbuchstabe, inhaltliche Kategorisierung) im Alter diskutiert (Fleischmann, 1984, S. 139). Trainingsuntersuchungen zeigen, dass diese Defizite überwindbar sind (Reese, 1979, S. 95). Mit diesem Defizit hängen wieder Probleme beim Abruf von Information zusammen. Dies kann aufgrund der geringen Unterschiede bei Wiedererkennensleistungen und den deutlichen Einschränkungen bei der freien Wiedergabe von Gedächtnisinhalten gezeigt werden (Fleischmann, 1984, S. 140). Unterschiede hinsichtlich pro- und retroaktiver Interferenzen sind hingegen strittig (a.a.O.), für Fertigkeiten hingegen gesichert (Olechowski, 1969).

Ein weiterer Unterschied bezieht sich auf benötigte Verarbeitungszeiten. Hier scheinen ebenfalls Defizite bei älteren Personen nachweisbar zu sein.

Allerdings können ältere Personen ein breiteres Wissen gespeichert haben, so dass mehr Möglichkeiten an assoziativen Verbindungen zu gesuchten Wissensinhalten bestehen.

Letztendlich ist auch an motivationale Defizite zu denken, die durch die Lebenssituation bestimmt sind; gerade die angeführten Studien von Schumann-Hengsteler et al. (1993) machen deutlich, dass institutionalisierte ältere Personen es nicht nötig haben, Gedächtnisstrategien einzusetzen, da ihnen alle einschlägigen Aufgaben durch die Institution abgenommen werden. Andererseits liegen Befunde aus Trainingsstudien vor, nach denen auch im Alter z.B. mit der „Loci-Technik" eine beträchtliche Leistungssteigerung erreicht werden kann (Staudinger & Baltes, 1995, S. 442); aber auch hier ist die Einschränkung zu beachten, dass die gleichen Trainingsstudien bei jüngeren Probanden (20- bis 30-Jährige) ein wesentlich höheres Endniveau erbracht haben als bei älteren Probanden (66- bis 88-Jährige), d.h. dass also die Entwicklungskapazität im Alter deutlich eingeschränkt ist.

5. Gedächtnis- und Lernhilfen

Es gibt kaum jemand, der sich nicht wünschen würde, ein perfektes, zumindest aber ein „besseres" Gedächtnis zu besitzen, obwohl man bisweilen durchaus froh sein kann, auch über die Fähigkeit des Vergessens zu verfügen.[1] Methoden zur Steigerung der Gedächtnisleistung werden bereits von den Rhetoren der Antike angepriesen und z.T. sind die dort entwickelten Gesichtspunkte auch heute noch wichtig.

Da sich heute angeblich Wissensbestände besonders rasch verändern, wird das „Lernen lernen" als eine besonders wichtige Schlüsselqualifikation bezeichnet (Weinert & Schrader, 1997). Dabei geht es letztlich um den Erwerb möglichst effizienter Lern-, Gedächtnis- und Denkstrategien, die dann variabel und bereichsspezifisch eingesetzt werden können. Solche Strategien eignet sich jeder Lerner selbst an, da er z.B. im Laufe seiner Entwicklung entsprechendes metakognitives Wissen erwirbt, andererseits können diese Qualifikationen auch zum Lehrgegenstand gemacht werden (Stichwörter hierzu wären: „Das Lernen lehren und das Lernen lernen"), indem solche Strategien in adressatenspezifischer Weise vermittelt werden.

Lernen ist immer eine Aktivität eines Lernenden; Maßnahmen eines Lehrers können nur Aktivitäten des Lernenden anregen (kaum aber erzwingen), die für den Wissens- und Fertigkeitserwerb wichtig sind. Andererseits ist der Lerner häufig in einer Situation, in der er einer (fremd- oder auch selbstgesetzten) Lernanforderung entsprechen soll, d.h. in der er selbstverantwortlich die Lernhandlungen einsetzen soll, die zielführend sind. Im Handlungsbegriff wird vorausgesetzt, dass ein Ziel (die mentale Repräsentation einer Intention des Handelnden) vorliegt; dieses ist handlungsinitiierend und auch handlungsregulierend. Zur Zielrealisierung müssen Methoden ausgedacht und eingesetzt werden; dabei ist sowohl an eine Feinregulation zu denken (setze ich das Verfahren richtig ein) wie auch eine Regulation in bezug auf die Zielerreichung (wo stehe ich im Lernprozess).

---

[1] Auf dem Feld der Gedächtnishilfen sind - wegen der hohen Nachfrage - auch eine ganze Reihe Scharlatane tätig, die versprechen, wenn man eine bestimmte Technik anwendet, die natürlich nur bei entsprechender Bezahlung vermittelt wird, dann könne man wahre Wunderdinge an Gedächtnisleistung vollbringen. Wissenschaft ist aber prinzipiell eine öffentliche Einrichtung - es gibt kein Geheimwissen, in das es sich lohnt, eingeweiht zu werden. Es scheint sich aber auch hier zu bewahrheiten, dass von vielen nur das geschätzt wird, was etwas kostet.

Damit ist der Einsatz bestimmter Lernstrategien nicht nur eine Frage des Wissens um effiziente Vorgehensweisen („skill"), sondern der Einsatz ist auch von motivationalen Bedingungen abhängig („will"). Auf das Konzept der Lernmotivation und deren grundlegende Komponenten soll in diesem Kontext nicht eingegangen werden (Lukesch, 1998, S. 160f), nur so viel sei gesagt, motivationale Prozesse spielen für die Überwachung des Lernvorganges im Sinne einer Feinsteuerung des Lernens eine wichtige Rolle. Nach Kuhl (1992) wird dabei durch Strategien der willentlichen Handlungskontrolle (Aufmerksamkeits-, Motivations- und Emotionskontrolle) dafür gesorgt, dass eine aktuelle Handlungsabsicht gegen andere Motivationstendenzen abgeschirmt wird. Der Lernprozess wird also trotz auftretender Widerstände, Fehlschläge und konkurrierender Verlockungen sozusagen „auf Kurs" gehalten.

Von Rheinberg und Donkoff (1988) wurde auf das Zusammenwirken von Lernmotivation, die von der Höhe der Lernmotivation gesteuerte Auswahl des Einsatzes von Lernstrategien und den Lernerfolg hingewiesen.

Ähnlich sind die Resultate einer Metaanalyse von Schiefele und Schreyer (1994) zu werten, die (a) einen hohen Zusammenhang zwischen intrinsischer Lernmotivation[2] und der Verwendung von Tiefenverarbeitungsstrategien fanden, (b) einen schwachen Zusammenhang zwischen extrinsischer Motivation und der Verwendung von Oberflächenstrategien sowie (c) unbedeutende Zusammenhänge zwischen intrinsischer Lernmotivation und der Verwendung von Oberflächen- bzw. (d) externer Lernmotivation und der Verwendung von Tiefenverarbeitungsstrategien.

Allerdings gelangen Schiefele et al. (1995, S. 186) in einer längsschnittlich angelegten Studie mit Studenten zu dem pfadanalytisch abgesichertem Ergebnis, dass der mittlere Zusammenhang zwischen Studieninteresse (Lernmotivation) und Studienleistung (r = .33) hauptsächlich durch den Lernaufwand (Studienleistung und Lernaufwand: r = .41) vermittelt wird, nicht aber durch den Einsatz anspruchsvollerer Elaborationsstrategien (Elaborationstrategien und Studienleistung: r = .21). Die Autoren interpretieren das Ergebnis vor allem auf dem Hintergrund der Prüfungsanforderungen, die mehr auf Faktenwissen und auf nicht tiefergehendes Verstehen abgestellt sind. Der Einsatz elaborativer Strategien hängt vorwiegend mit dem Lernaufwand zusammen, eventuell weil bei einer strikt anstrengungskalkulatorischen Haltung zusätzliche Elaborationen eher als Fehlinvestitionen angesehen werden.

---

[2] Es sei darauf hingewiesen, dass sich - wie die Theorien der Leistungs- und Lernmotivation nahe legen - die Bezeichnung „intrinsische Motivation" auf weiter auflösbare Sachverhalte bezieht (vgl. Lukesch, 1997, S. 162ff).

5.1 Medikamentöse Beeinflussung - körperliche Verfassung - Schlaf

> „Ich war auch in der mathematischen Schule, wo der Lehrer seine Schüler nach einer Methode unterrichtete, von der man sich in ganz Europa kaum einen Gebrauch machen kann. Lehrsatz und Beweis werden auf eine dünne Oblate mit Tinte aus Gehirntinktur aufgezeichnet. Diese muss der Schüler auf nüchternen Magen schnell hinterschlucken, und dann darf er drei Tage lang nichts als Brot und Wasser zu sich nehmen. Ist die Oblate verdaut, so steigt die Tinktur ins Hirn und nimmt den mathematischen Satz mit." Jonathan Swift (Gullivers Reisen)

Die Experimente von McConnell (1962) und Ungar (1967) haben die utopischen Hoffnungen genährt, Gedächtnisengramme von einen Organismus zum anderen zu übertragen (vgl. Kap. 3.1). Allerdings wird selbst bei einem zu verzeichnenden Überschuss an Lehrern Kannibalismus kaum als zielführende Lernmethode empfohlen werden können.

Genauso wie es marktschreierische Anpreisungen von Trainingskursen zur Gedächtnissteigerung gibt, reißen auch Versprechungen der Pharmaindustrie, durch Einnahmen bestimmter Präparate mühelos (z.B. Glutiagil) zu besseren Lernergebnissen zu kommen, nicht ab. Allerdings scheinen die Fälle, in denen Präparate mit spezifischer Wirkung auf die RNS-Produktion (Glutaminsäure- und Magnesiumpemolin-Präparate) verabreicht werden, nur dann erfolgreich zu sein, wenn damit ein Ernährungsmangel oder eine spezifische Stoffwechselstörung umgangen wird (Ausnahmen: Enzymdefekte, wie z.B. Phenylketonurie). Nur in den Fällen, in denen keine optimale RNS-Syntheserate gegeben ist, wird durch diese Mittel die Gedächtnisleistung zeitlich beschränkt gefördert.

Auch spezielle Ernährungsformen (Fisch, Milch) scheinen im Endeffekt darauf hinauszulaufen, dass eine gute körperliche Verfassung eine grundlegende Voraussetzung für entsprechende Lern- und Erinnerungsleistungen ist. Neben einer ausreichenden Ernährung sind ein entsprechendes Ausmaß an Schlaf und Erholung (man denke an die Zeitanteile, die dem Fernsehen gewidmet sind) sowie ein für die Situation adäquates Aktivierungsniveau mit entsprechender Aufmerksamkeitszuwendung notwendig.

Eine über die allgemeine Erholung hinausgehende Funktion für das Lernen wird dem Schlaf zugeschrieben.[3] Dabei sind unterschiedliche Hypothesen aufgestellt und geprüft worden:

- Nach der Löschungstheorie von Crick und Mitchison (1983) soll es im REM-Schlaf zu einer Löschung irrelevanter Information kommen, während Breger (1967) einen besonderen Informationstransfer in den Langzeitspeicher und eine Engrammbildung annimmt. Für die wichtige Rolle des REM-Schlafes bei der Konsolidierung der Gedächtnisspur sprechen auch Untersuchungen, nach denen verstärkter REM-Schlaf nach massiertem Lernen auftritt bzw. eine Verschlechterung der Lernleistungen nach selektivem REM-Schlafentzug vorkommt (Riemann, 1997).

- Nach dem Sammelreferat von Born und Plihal (2000) sind es neben dem bekannten allgemein gedächtnisförderlichen Effekt von Schlaf (Jenkins & Dallenbach, 1924) vor allem der (frühe) Tiefschlaf und der (spätere) REM-Schlaf, die an der Gedächtniskonsolidierung mitwirken - allerdings mit unterschiedlichen Effekten bezüglich deklarativer und prozeduraler Gedächtnisinhalte.

In ihren Studien konnten Born und Plihal (a.a.O.) einen lernförderlichen Effekt hinsichtlich deklarativer Inhalte (Wortpaar Assoziationen) nach dem frühen Tief-Schlaf finden, eine Verbesserung prozeduraler Leistungen (Spiegelzeichnen) aber nach spätem (REM-)Schlaf.

Eine kausale Bedeutung könnte dabei dem Cortisol (eine Art Stress-Hormon) zukommen, dessen Freisetzung in der Tiefschlafphase gehemmt ist, das aber in der REM-Phase deutlich erhöht ist. Im Wachzustand sind die negativen Auswirkungen dieses Hormons auf Gedächtnisleistungen deklarativer Art bekannt; keinen Effekt hat dies aber auf non-deklarative Gedächtnisleistungen (Priming-Aufgaben). In einer placebokontrollierten Schlafstudie konnten die Autoren den negativen Einfluss von Cortisol-Infusionen auf das Lernen von Wortpaarassoziationen, nicht aber auf das Spiegelzeichnen belegen. Interpretativ kann man davon ausgehen, dass das Gluticocortoid den für die Gedächtnisbildung wichtigen und während der Tiefschlafphasen bestehenden Dialog zwischen hippocampalen und neokortikalen Hirnregionen behindert.

Die Autoren ziehen auch einen Bogen zu den schlechteren Gedächtnisleistungen älterer Menschen, denn bei diesen soll die Cortisolproduktion im frühen Schlaf erhöht sein, dies führe dann bei deklarativen Leistungen zu den nachweisbaren alterstypischen Defiziten.

---

[3] Hier sollen nur Hypothesen zur informationsverarbeitenden Funktion von Träumen angesprochen werden. Auf andere Interpretationen, z.B. aus tiefenpsychologischer Sicht (z.B. der Traum als Wächter des Schlafes), wird hier nicht eingegangen.

5.2 Situationsabhängiges Lernen

Es besteht ein Zusammenhang zwischen dem Zustand, unter dem gelernt wird und der Gedächtnisleistung in einem anderen körperlichen Zustand (= Zustandabhängigkeit [state dependency] des Lernens). Eine besonders gute Gedächtnisleistung ist zu erwarten, wenn zwischen der Lern- und der Abrufsituation ein konsonanter Zustand besteht. Belege für die Tatsache des situationsabhängigen Lernens lassen sich in mehrfacher Weise finden.

5.2.1 Lernen und Erinnern unter Drogeneinfluss

So ist aus anekdotischen Berichten von Alkoholikern bekannt, dass diese Geld oder Alkohol während des Trinkens verbergen, sich daran im nüchternen Zustand aber nicht mehr erinnern können. Stehen sie später wieder unter Alkoholeinfluss, dann können sie die versteckten Gegenstände wiederfinden (dies ist offenbar auch eine zusätzliche externe Bekräftigung für Trinker, frei nach der irrigen These, „Alkohol steigert das Erinnerungsvermögen").

In systematischen Nachuntersuchungen konnte Sinz (1975, S. 16) diesen Effekt bestätigen. Dabei wurden Gruppen von Studenten entweder während der Lern- oder der Prüfphase (d.h. 24 Stunden später) unter Alkohol gesetzt. Jeweils die Gruppen hatten bessere Leistungen, bei denen konkordante Zustände in der Lern- und der Prüfphase gegeben waren.

Ein weiterer Beleg für die Tatsache des situationsabhängigen Lernens ist der Nachweis, dass eine erhebliche Leistungsminderung eintritt, wenn z.B. unter dem Einfluss von Tranquilizern gelernt wird und die Prüfung ohne Tabletteneinnahme durchgeführt werden soll. Daraus ließe sich folgern, wenn schon jemand psychotrope Substanzen (Valium oder Librium) beim Lernen verwendet, so sollte er dieses auch vor der Prüfung nehmen. Allerdings begibt man sich damit in einen Teufelskreis: Pharmaka vermindern nämlich auf Dauer die Leistungsfähigkeit und unter Drogeneinfluss steigt die Schwelle für Selbstkritik, d.h. man wird sich seiner geringeren Leistung nicht bewusst. Setzt man schließlich nach längerem Gebrauch solche Mittel ab, kommt es zu Desorientiertheit, Gedächtnisstörungen und zusätzlichen Leistungsminderungen. Auch aus diesem Grunde sollte auf die Einnahme von Psychopharmaka verzichtet werden.

5.2.2 Emotion und Gedächtnis

Ein anderer Beleg für situationsabhängiges Lernen kann in dem Zusammenhang von Emotion und Gedächtnis gesehen werden (Fiedler, 1985). Besonders die Arbeitsgruppe von Bower (1981) beschäftigte sich mit diesen Fragen und konnte hierzu eine Reihe experimenteller Belege vorlegen.

Als ein Beispiel kann die Untersuchung von Bower, Montere und Glugan (1978) gelten. Dabei mussten Vpn Wortlisten in glücklicher, trauriger oder neutraler Stimmung lernen. Die Stimmung wurde durch Hypnose induziert. In der Prüfphase wurde entweder dieselbe oder eine andere Stimmung hervorgerufen. Das Ergebnis war: Wortlisten werden besser erinnert, wenn derselbe Zustand wie beim Lernen besteht. Bower und Gilligan (1979) konnten ergänzend hierzu nachweisen, dass Gedächtnisinhalte besser erinnert werden, wenn sie zu dem emotionalen Zustand der Vp passen (= *Stimmungskongruenz*: happy Andre & sad Jack); z.B. werden in einer positiven Stimmung eher angenehme autobiographische Ereignisse behalten, in negativer Stimmung eher unangenehme). Nach Bower, Gilligan und Monteiro (1981) ruft die Stimmung beim Zeitpunkt des Enkodierens einen Kongruenzeffekt hervor.

Als *theoretischen Erklärungsversuch* für diese Effekte kann auf das Netzwerkmodell des semantischen Gedächtnisses (vgl. Kap. 2.5.3) verwiesen werden (Bower, 1981). Emotionen sind - genau wie andere Begriffe - als Knoten in diesem Netzwerk aufzufassen. Sie sind dabei (1) mit den kompatiblen Gedächtnisinhalten assoziiert, (2) von inkompatiblen dissoziiert und (3) eventuell bestehen zwischen unverträglichen Emotionen noch inhibitorische Beziehungen. Wird ein Stimmungszustand aktiviert, so breitet sich die Erregung von diesem Knoten auf die assoziierten Knoten aus. Damit wächst die Wahrscheinlichkeit, dass Gedächtnisinhalte bewusst werden, die entweder intrinsisch mit der Emotion verbunden sind oder die im Zustand dieser Emotion gelernt wurden.

Die Bedeutung dieses Befundes für Lehr-/Lernprozesse ist allerdings zu relativieren: Da die Informationen, die in schulischen Situationen gebraucht oder in akademischen Prüfungen abgefragt werden, deutlich strukturiert sind (durch kategoriale Ordnungen, Hierarchien etc.) orientiert sich der Erinnerungsprozess an dieser Systematik und wird durch die von Emotionsknoten ausgehenden „Aktivierungswellen" nur wenig beeinflusst. D.h. wenn der Erinnerungsprozess durch eine klare semantische Struktur gebunden ist oder in systematische Bahnen gezwungen wird, verlieren Stimmungseinflüsse auf das Gedächtnis an Bedeutung (z.B. Bousfield, 1953; Cohen, 1966).

5.3 Steigerung von Gedächtnisleistungen durch Übung?

„Repetitio est mater studiorum", lautet eine altbekannte Lernregel. Ist dies aber tatsächlich so? Oder verbergen sich hinter der möglichen Effizienz der weit verbreiteten Wiederholungsmethode andere Prozesse, die eher geeignet sind, die Verbesserung der Merkleistungen durch häufiges Wiederholen zu erklären? Um dies zu klären, sollen drei Fragen besprochen werden, u.zw. (1) ist es durch Übung (z.B. Auswendiglernen) möglich, seine Gedächtniskapazität zu trainieren, (2) ist die Wiederholung eines bestimmten Inhalts eine effiziente Methode, sich diesen Inhalt anzueignen und (3) kann durch Übung eine Fertigkeit perfektioniert werden.

5.3.1 Steigerung der Gedächtniskapazität

Bereits William James (1890) wollte wissen, ob man durch Auswendiglernen neues Material leichter behalten könne. Dazu lernte er während 8 Tagen täglich 158 Zeilen aus Victor Hugos „Satyr". In den nächsten 38 Tagen lernte er Teile aus „Paradise Lost" auswendig. Beim erneuten Versuch, 158 Zeilen aus dem ersten Buch zu lernen, stellte er fest, dass er mehr Zeit gebraucht hatte als beim ersten Lernen. Allerdings interpretierte er seine Erfahrungen sehr sorgfältig; er meinte, er sei schon zu Beginn seines Selbstexperimentes so geschult gewesen, dass keine weitere Steigerung der Merkfähigkeit bei ihm möglich gewesen sei (eventuell aber Nachweis einer proaktiven Interferenz).

Sleigh (1911) berichtet über ähnliche Versuche, u.zw. an Kindern. 12-jährige Mädchen mussten täglich eine bestimmte Stoffmenge auswendig lernen (z.B. Gedichte, wissenschaftliche Formeln, geographische Entfernungen). Geübt wurde 6 Wochen lang, pro Woche 4 Tage, pro Tag 30 Minuten. Am Ende der Lernperiode wurde keinerlei Fortschritt beim Auswendiglernen konstatiert.

Ericsson, Chase und Faloon (1980) berichten hingegen von einem außergewöhnlichen Beispiel der Steigerung der Gedächtnisleistung. An ihrer Untersuchung nahm ein Student mit durchschnittlicher Gedächtnisleistung und Intelligenz teil. Mit diesem wurde über 1 1/2 Jahre ein Training durchgeführt (pro Woche 3 bis 4 Stunden). Dabei wurde ihm eine Zahlenreihe vorgelesen (jede Zahl eine Sekunde lang), dann wurde er aufgefordert, die Reihe wiederzugeben. Wenn die Reihe richtig war, wurde eine weitere Zahl angefügt, wenn sie falsch war, eine abgezogen. Am Anfang des Trainings konnte er sich ca. 7 Zahlen merken.

Diese Gedächtnisspanne stieg nach 230 Übungsstunden auf über 80 Ziffern an. War diese außergewöhnliche Steigerung aber durch einen Übungsfaktor zu erklären?

Bei seinen Berichten wurde deutlich, dass er Strategien der elaborativen Kodierung einsetzte. Da er Langstreckenläufer war, stellte er sich verschiedene 3er- und 4er-Gruppen von Ziffern als Zeiten verschiedener Rennen vor (3492 = 3 Minuten und 49 Komma 2 Sekunden = knapp vor dem Weltrekord für eine Meile; 89,3 = 89 Komma 3 = sehr alter Mann). Als die Länge der Zahlenreihen anstieg, verwendete er zusätzlich Techniken der reduktiven Kodierung (z.B. 48 zu merkende Ziffern wurden zuerst in 12 Viergruppen eingeteilt und für diese Vierergruppen wurden spezifische Bedeutungen gesucht). Das Training war also nur Anlass, bestimmte effektive Techniken zu entdecken und einzuüben.

Da heute wieder der besondere Stellenwert des Auswendiglernens in der Schule betont wird, muss an diese Ergebnisse erinnert werden. Es ist illusorisch zu glauben, das Gedächtnis wie einen Muskel trainieren zu können. D.h. die Merkfähigkeit kann durch bloßes Auswendiglernen nicht gesteigert werden. Anders sieht es aber aus, wenn man bestimmte Methoden der Organisation von Inhalten betrachtet (z.B. redundante Speicherung, Hierarchisierung etc.).

Diese Interpretation der Untersuchung von Ericsson et al. (1980) entspricht letztlich auch der Überzeugung von William James, zwar könne Übung allein die Gedächtnisfähigkeit nicht verbessern, es sei aber beim Auswendiglernen der Erwerb von Techniken möglich, mit deren Hilfe die Gedächtnisleistungen beträchtlich verbessert werden können. Als indirekte Effekte des Auswendiglernens können so (1) Arbeitshaltungen gefestigt werden und (2) effiziente Lerntechniken von den Schülern gefunden werden (z.B. die Berücksichtigung von Organisationsprinzipien beim Einspeichern, Methoden der elaborativen Kodierung, s.u.). Solche Lerntechniken sind ihrerseits wieder lehrbar und müssen nicht von jedem Lerner neu entdeckt werden.

5.3.2 Wiederholung als Methode zur Festigung eines Gedächtnisinhalts?

Schüler neigen dazu, Gedächtnisanforderungen durch vorbereitendes Wiederholen und durch assoziatives Rekonstruieren zu bewältigen. Durch Wiederholen werden in der Vorbereitungsphase Assoziationen zwischen den Einheiten des Merkstoffes gebildet. Je nach Art des Merkstoffes und der Verarbeitung können die Einheiten Wörter, Aussagen oder auch größere Sinneseinheiten sein. Die Wirkung der Wiederholung kommt nicht nur dadurch zustande, dass jede Einheit für sich wiederholt wird, sondern dass auch die Verbindungen zwischen den Einheiten geschaffen werden (vgl. Kap. 1.5).

In der Rekonstruktionsphase wird die aufgebaute assoziative Struktur genutzt, indem nach dem Einstieg in die Assoziationskette die jeweiligen Übergänge leichter gefunden werden. Im Unterschied zum hierarchischen Rekonstruieren schreitet der Rekonstruktionsprozess im vorliegenden Fall von links nach rechts fort. Die Effektivität dieser Technik ist relativ bescheiden, solange sie nicht mit anderen Techniken kombiniert wird (hierarchisches Zusammenfassen, Bildung von Vorstellungen, s.u.). Durch Demonstrationen sollte man Schülern klar machen, dass dies eine relativ ineffektive Technik ist bzw. dass die Effektivität beträchtlich gesteigert werden kann, wenn - beim Textlernen - eine zusammenfassende Gliederung des Lernstoffes vorgenommen wird. Das Memorieren sollte dann am besten mit der Wiederholung der Zusammenfassung beginnen.

Für diese Methode sind auch die Befunde zum massierten bzw. verteilten Üben sowie zum Überlernen zu beachten (vgl. Kap. 2.5.1).

Eine zusätzliche Hilfe (z.B. beim Vokabellernen, aber auch anwendbar bei dem Studium von Sachwissen) kann man sich durch die *Anlage einer Lernkartei* verschaffen (Leitner, 1981). Die Kartei kann man beim Durchgehen so ordnen, dass die bereits gelernten Verbindungen (Inhalte) in ein Abteil kommen, dessen Inhalte nicht wiederholt werden, die noch nicht gelernten in ein anderes, das entsprechend wiederholt wird. Nach jedem Wiederholungsdurchgang werden die Karten entsprechend ihrer Reproduzierbarkeit neu geordnet. Das Wiederholen kann dadurch rationeller gestaltet werden. Hinzu genommen können wieder elaborative Techniken (Stichwort: variantenreiches Üben), wie z.B. das Bilden von Sätzen mit den neu zu lernenden Wörtern, die systematische Zusammenstellung von Vokabeln nach Sachgebieten und die nachfolgende Anfertigung von Texten (bzw. die Schaffung von Gesprächssituationen) über diese Themen.

5.3.3 Übung von Fertigkeiten

Nach Mandl et al. (1986, S. 186) sollen beim Fertigkeitserwerb die Vorstellungen des ACT*-Modells berücksichtigt werden (vgl. Abb. 5.1). Nach diesem Stufenmodell stehen deklarative Regeln am Beginn des Lernprozesses. Diese müssen demnach klar und eindeutig vermittelt werden. Als Voraussetzung hierfür muss die Aufmerksamkeit des Lerners auf diese Regeln gerichtet werden. Konkret wurde bei einer Untersuchung hohe Aufmerksamkeit zu erreichen versucht, indem Schüler die Anweisungen (z.B. für das Zusammenlegen eines Puzzles) nachsprechen mussten. Diese erreichten bessere Leistungen als solche, die einer Anweisung nur auditiv gefolgt sind. Ähnliche Methoden werden auch im Rahmen der kognitiven Verhaltensmodifikation angewendet; sprachlich ausformulierte Selbstanweisungen (u.zw. zuerst laut und dann nur mehr mental) werden zur Verhaltenssteuerung so lange eingesetzt bis sich eine bestimmte Prozedur automatisiert hat.

Ein in verschiedenen Anwendungsfeldern (Hochleistungssport, Industrie) verbreitetes Trainingsverfahren, das ebenfalls von diesen Modellvorstellungen Gebrauch macht, stellt das sog. *mentale Training* dar (Narciss et al., 1994). Der Aufbau eines solchen Trainings kann in vier Stufen bestehen: (1) Handlung laut beschreiben / aufschreiben, (2) Handlung mental / subvokal beschreiben, (3) „Knotenpunkte" der Handlung laut / mental beschreiben, (4) „Knotenpunkte" der Handlung symbolisch markieren (a.a.O., S. 213). Der Aufbau einer internen Repräsentation eines Bewegungsablaufes soll in der Folge eine effektivere Handlungsregulation bewirken und im Anschluss auch bessere Ergebnisse in Bezug auf die Bewegungsausführung erbringen.

Bei dem Erwerb komplexer Fertigkeiten sollte darauf geachtet werden, dass eine Vereinfachung des Fertigkeitsablaufes erzielt wird, d.h. zuerst sollte ein Handlungsgerüst erlernt werden, das später ausdifferenziert werden kann. Z.B. kann man am Anfang eines Lehrprozesses eine Fertigkeit in einzelne Komponenten aufgliedern, die einzelnen Teile gut voneinander abgesondert darbieten und gesondert üben lassen.

Bei motorischen Lernaufgaben ist es oft günstiger, Teilfertigkeiten getrennt einzuüben, die dann zu einem Handlungsablauf integriert werden. Die Ganzlernmethode hat hingegen den Vorteil, dass jeder Teilaspekt in bezug auf die Endleistung eingeübt wird und dass keine Verbindungen zwischen getrennt gelernten Teilen zu schaffen sind. Bei der Teillernmethode wird hingegen ein früher Lernerfolg erreicht und der Lerner eventuell zusätzlich motiviert. Die Unterteilung ermöglicht auch eine Vereinfachung des Lernablaufes. Es sind auch, in Abhängigkeit von dem speziellen Inhalt, Kombinationen denkbar (beginnen mit Ganzversuchen, gesondertes Üben bestimmter herausgehobener Teile).

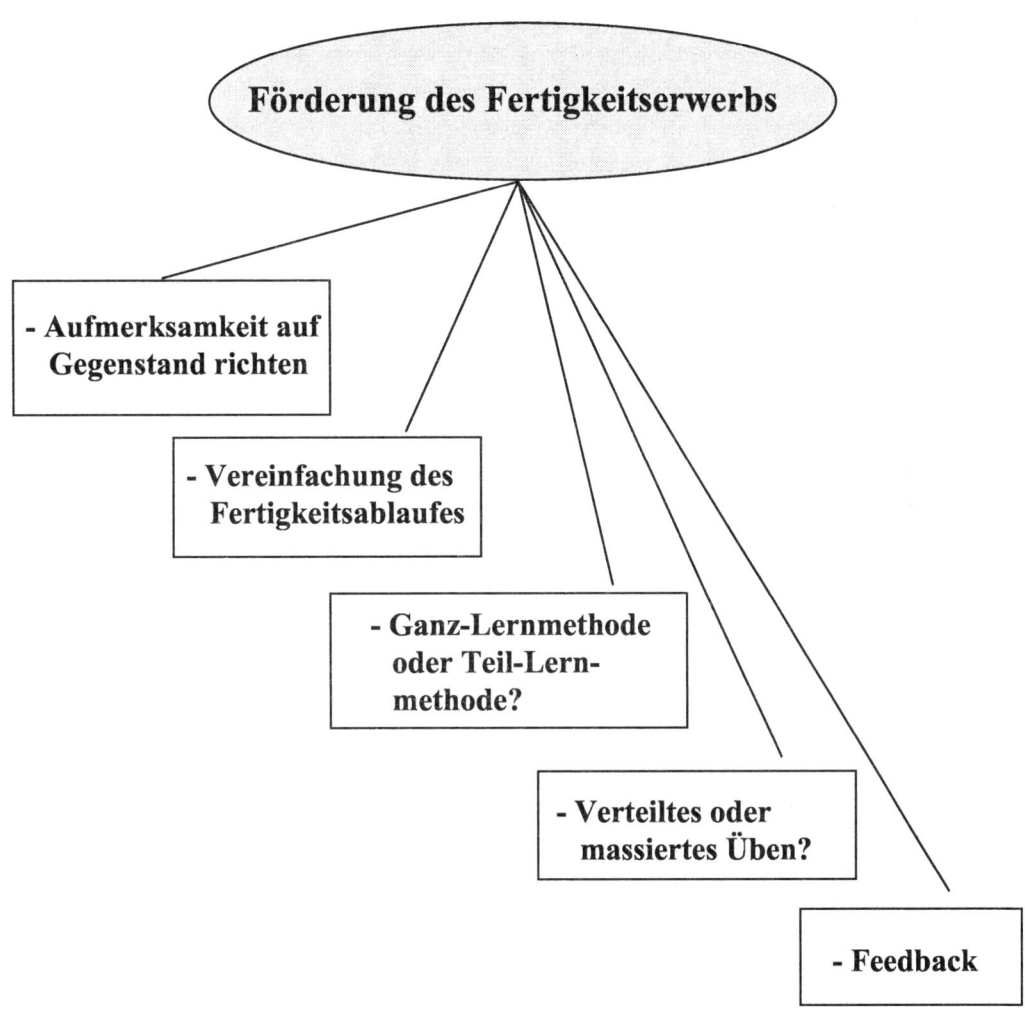

Abbildung 5.1: Förderungsmöglichkeiten beim Fertigkeitserwerb (Mandl, Friedrich & Hron, 1986)

Verteiltes Lernen hat sich bei Wissenserwerb über Sachverhalte als sinnvoll herausgestellt (vgl. Kap. 2.5.1, Ermüdung, Gedächtniseffekte, motivationale Effekte, auch Vergessensprozesse, d.h. zwischen den Lernphasen tritt Vergessen auf, das durch die darauffolgende Wiederholung wieder aufgehoben wird). Bei dem Erwerb komplexer Fähigkeiten können kurze Lernphasen hingegen von Nachteil sein: Bis die Voraussetzungen für weiteres Lernen erarbeitet sind, kann viel Zeit vergehen, d.h. es muss zusätzlich viel Zeit für eine Aufwärmphase zur Verfügung gestellt werden. Auch wenn viel Vorwissen reaktiviert werden muss, können zu kurze Lernphasen von Nachteil sein.

> Beim motorischen Lernen ist auch ein für Lernende positiv überraschender Reminiszenzeffekt zu erwähnen: Wird ein Lernprozess unterbrochen, bevor er sein Maximum erreicht hat, so setzt die Leistung nach Wiederaufnahme der Übungen auf einem höheren Niveau ein als vor der Unterbrechung. Dieser Reminiszenzeffekt nimmt mit der Pausendauer (zwischen Übungsende und Übungswiederaufnahme) in Form einer negativ beschleunigten Wachstumsfunktion zu, wächst aber zuerst mit der Anzahl der Übungsperioden vor der Pause, um dann über ein Optimum hinaus wieder abzufallen (Irion, 1949).

Der Lernende muss beim Fertigkeitserwerb über das Ergebnis seiner Handlungsausführung und über die Art der gemachten Fehler eine Rückmeldung erhalten. Das Feedback ist so schnell und so genau wie möglich zu geben. Dies ist wichtig, da kurz nach einer Handlungsausführung die kognitiven Komponenten noch vorhanden und aktiviert sind (mit Videotraining kann dies reaktiviert werden). Auch die nächste Handlungsausführung sollte möglichst schnell anschließen, da hier die deklarativen Regeln für die Handlungssteuerung noch aktiv vorhanden sind.

Fähigkeiten und Fertigkeiten können auch durch internes Feedback erworben und verbessert werden. Der Lerner muss dabei ein internes Modell über die zu erwerbende Fähigkeit zur Verfügung haben (dies kann z.B. wieder durch die Beobachtung von „Experten" erworben werden, durch Selbstinstruktion, durch Filme im Sportbereich etc.).

5.4 Lernstrategien, Mnemotechniken und Metakognition

5.4.1 Definition und grundlegende Unterscheidungen

In der klassischen Gedächtnisforschung wurden Lernstrategien (z.B. inneres Wiederholen, Clusterbildung, Fraktionierung einer Lernanforderung, Bedeutungsanreicherung sinnarmen Materials) als spontan eingesetzte und nicht kontrollierbare Aktivitäten eines Lerners angesehen, die aus Versuchsleiterperspektive einen Störfaktor darstellen und deshalb zumeist als unerwünscht galten (Dorsch et al., 1994, S. 443).[4]

Aus der Perspektive des Lerners (und auch einer Lehrenden, der sich als Lernberater versteht) sind Lernstrategien hingegen solche kognitive oder verhaltensbezogene Lernaktivitäten, von denen vermutet werden kann, dass sie zu besseren Lernergebnissen beitragen, d.h. das Aufnehmen, Verstehen, Behalten und Erinnern von Information verbessern (Ballstaedt et al., 1981, S. 250; Krapp, 1993, S. 294). Lernstrategien werden zumeist als sachunspezifische Vorgehensweisen thematisiert. Im Grunde müssten aber immer Beziehungen zu den Anforderungen einer (Lern-)Aufgabe hergestellt werden, ein Vorgehen, das von Lompscher (1996) bei der Diagnose von Lernstrategien berücksichtigt wird.

Lernstrategien können bewusst angewandt werden, sie können aber auch automatisiert aktiviert sein. Erfolgreiche Lerner zeichnen sich durch zahlreiche, sowohl spezifische wie auch generelle Lernstrategien aus, die sie flexibel und reflexiv einsetzen können (z.B. Fragenstellen, Notizenmachen, Unterstreichen). *Lernstrategien können auch als prozedurales Wissen zur Erreichung von Lernzielen angesehen werden.* Diese weite Perspektive wird auch in dem Definitionsvorschlag von Klauer (1996, S. 138) deutlich, der festhält, *„unter Lernstrategie versteht man einen Plan für eine Handlungssequenz, die auf die Erreichung eines Lehrzieles gerichtet ist"*. Lernstrategien wären also zielgerichtete, übergeordnete und komplexere Vorgehensweisen, bei deren Ausführung Lern- und Gedächtnistechniken neben Methoden der Planerstellung und -überwachung eingesetzt werden.

---

[4] Im Gefolge des in den USA dominanten behavioristischen Paradigmas galten Untersuchungen zu mnemonischen Hilfen als unwissenschaftlich, wenn nicht gar als unseriös. Higbee (1979, S. 613) spricht in seiner Rückschau sogar von „immoral tricks", die an Bühnenzauber erinnern.

Mit *Mnemotechniken* (*mneme* = gr. Gedächtnis, Erinnerung) ist ein engerer Sachverhalt gemeint; mit ihnen bezeichnet man alle Verfahren, mit deren Hilfe Information verarbeitet und organisiert wird, um später wieder leichter verfügbar zu sein. Im Grunde genommen werden damit mögliche Inhalte des Metagedächtnisses[5] beschrieben, d.h. schematisierte Rekonstruktionspläne, aus denen die tatsächlich verwendeten Rekonstruktionspläne formiert werden können.

Lernstrategien und Mnemotechniken stellen einen Teil des metakognitiven Wissens eines Menschen dar. *Metakognition* (= Kognition über Kognition) ist nach Flavell (1979, S. 906 ff) der spezielle Teil des Weltwissens eines Menschen, der sich auf seine Kognitionen und die Anwendung dieses Wissens bezieht. Flavell (1984) hat dabei fünf Bereiche unterschieden:

(1) *Wissen über die eigene Person*, z.B. das Wissen über eigene Begabungen und Fähigkeiten. Ein Unterbereich dieses metakognitiven Wissens wird mit dem Begriff *Metagedächtnis* (Tulving & Madigan, 1970) bezeichnet. Damit ist das Wissen um die Funktionsweise und die Funktionscharakteristika des Gedächtnisses gemeint (z.B. Kenntnis von Einprägungs- und Rekonstruktionstechniken, Wissen um unterschiedliche Schwierigkeitsanforderungen bei Gedächtnisanforderungen).

(2) *Wissen über Aufgabencharakteristika*, z.B. über unterschiedliche Anforderungen, die durch einen kurzen oder langen Text gestellt werden. Lernstrategien können für spezielle Anforderungen (z.B. Textlernen) oder für generelle Vorsätze (z.B. Überwachung einer Lernepisode) erarbeitet werden.

(3) *Wissen über kognitive Strategien* und deren sachgerechten Einsatz.

(4) Daneben wird noch von *metakognitiven Empfindungen* gesprochen (Flavell, 1983), z.B. die Einschätzung, dass etwas schwer wahrzunehmen, zu verstehen oder zu merken sei. Die Hoffnung, die sich mit der Herausstellung dieser Kognitionen verbindet ist, dass der Lerner dann entsprechend auf diese Kog-

---

[5] Die Bedeutung metakognitiven Wissens geht aus der zusammenfassenden Analyse von Schneider (1989, S. 96 ff) hervor, der einen Korrelationskoeffizient von .41 (bei einer Streuung von .14) zwischen Metagedächtnis und Gedächtnisleistung fand (Basis der Metaanalyse waren 60 Studien mit insgesamt 123 Korrelationskoeffizienten). Bei altersdifferenzierter Betrachtung ist diese Korrelation bei den älteren Kindern höher als bei den jüngeren. Nach seinen Einschätzungen sind diese Zusammenhänge nicht nur statistisch signifikant sondern auch praktisch bedeutsam.

nitionen reagiert, z.B. seine Aufmerksamkeit intensiviert, um die Anforderungen zu bewältigen.

(5) Schließlich gehören zum Bereich der Metakognition auch noch *metakognitive Kontrollprozesse*, d.h. solche, mit denen die Ausführung einer kognitiven Aktivität kontrolliert wird.

Ein Beispiel für das Zusammenwirken dieser verschiedenen Aspekte stellt eine Studie von Wyatt et al. (1993) dar. Diese baten 15 Professoren der Sozialwissenschaften, beim Lesen eines Fachartikels um „Lautes Denken". Danach verhält sich ein quasi optimaler Informationsverarbeiter folgendermaßen: Er antizipiert Informationen der nächsten Textabschnitte, er konzentriert sich auf subjektive relevante Ausschnitte (*Wissen über die eigene Person*), springt im Text vor und zurück, wechselt mehrmals zwischen Abbildungen und Text, liest besonders relevante oder unklare Aussagen mehrmals (*Wissen über kognitive Strategien*), paraphrasiert und fasst schließlich die wesentlichen Gedanken zusammen (*metakognitive Kontrollprozesse*). Darüber hinaus berichten die Experten, dass sie während des Lesens laufend die Schwierigkeit wie auch die Informationshaltigkeit des Textes bewerten (*Wissen über Aufgabencharakteristika*). Zudem treten emotionale Reaktionen wie Ärger, Interesse und Langeweile auf und werden registriert (*metakognitive Empfindungen*).

5.4.2 Systematiken von Lernstrategien

Was kann also ein *Lerner* aktiv tun, um einen Lernstoff möglichst vergessensresistent und zugriffsbereit in seinem LZG abzuspeichern? Es sind im wesentlichen Prozesse (1) der *Elaboration von Merkinhalten,* (2) der *Ordnungsbildung* und (3) der *Wiederholung* (zu letzteren vgl. Kap. 5.3.2).

Natürlich kann auch der *Lehrer* in seinem Unterricht entsprechende Verfahren einsetzen, mit denen quasi automatisch solche Verarbeitungs- und Ordnungsprozesse angeregt werden (vgl. Abb. 5.2), dies ist jedoch eine andere Perspektive.

(ad 1) Den elaborativen Techniken ist gemeinsam, dass sie dem Merkinhalt noch weitere Informationen hinzufügen (z.B. weitere Beispiele finden, Herstellen von Zusammenhängen mit bereits Bekanntem, Erhöhung der Redundanz) oder ihn mit einer vertrauten Struktur (s.u. Loci-Technik) verbinden. Der zu merkende Inhalt ist mit dieser Struktur im letzteren Fall zwar nur äußerlich verbunden, aber da diese Struktur im LZG fest verankert ist, kann über diese externale Struktur in der Rekonstruktionsphase der eigentliche Inhalt wiedergewonnen werden (es wird damit die Zugänglichkeit von Information verbessert, vgl. Kap. 3.2.2).

(ad 2) Descartes (1596 - 1650) verglich das Gehirn mit einem Saal, der entweder übersichtlich eingerichtet oder unordentlich sein kann. In einem wohlgeordneten Raum findet man sich selbstverständlich besser zurecht als in einem ungeordneten. Daher sind auch Techniken der Ordnungsbildung (Hierarchien, Superzeichen, Clustern, Kategorisieren) von Gedächtnisinhalten zu besprechen.

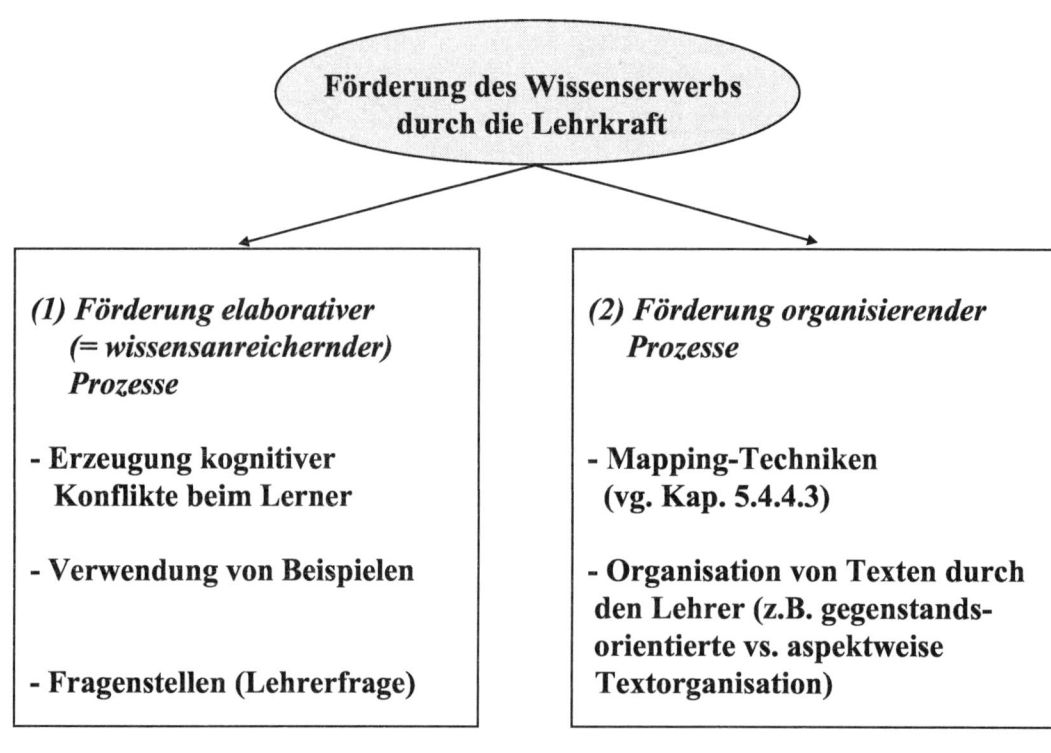

Abbildung 5.2: Anregungsmöglichkeiten für die Elaboration und Organisation von Lernmaterial durch LehrerInnen (Mandl, Friedrich & Hron, 1986)

Diese Unterscheidungen sind aber noch weitergeführt worden. So unterteilen Friedrich und Mandl (1992) nach

- Wiederholungsstrategien,
- Elaborationsstrategien,
- Organisationsstrategien und
- Kontrollstrategien; hinzukommen noch

- Stützstrategien affektiv-motivationaler Art.

> Z.B. kann das Unterstreichen in einem Text eine *Wiederholungsstrategie* sein, wenn anhand der unterstrichenen Wörter und Sätze der zu lernende Inhalt nur wiederholt wird; das Unterstreichen kann aber auch eine *elaborative Technik* sein, wenn danach systematisch nach Zusatzbedeutungen gesucht wird; es kann aber auch im Rahmen einer *Organisationsstrategie* eingesetzt werden, wenn mit Hilfe der unterstrichenen Wörter eine Begriffshierarchie erarbeitet wird.

Von Baumert (1993; Baumert & Köller, 1996) werden als Lernstrategien (1) kognitive Strategien, (2) metakognitive Strategien und (3) das Ressourcenmanagement unterschieden.

Kognitive Lernstrategien werden in die Bereiche der Memorier-, Elaborations- und Organisations- bzw. Transformationsstrategien unterschieden. *Memorierstrategien* dienen dazu, Gelerntes im Arbeitsspeicher zu halten und den Übergang in das Langzeitgedächtnis zu unterstützen. *Elaborationen* dienen dazu, in einem neu zu lernenden Stoff Sinnstrukturen herauszuarbeiten (Konstruktion, z.B. den Stoff mit eigenen Worten wiederzugeben), den Lernstoff mit gespeichertem Wissen zu vernetzen (Integration) und die Übertragung auf andere Kontexte zu erproben (Transfer).

Die hier erwähnten Strategien werden auch (Entwisle, 1988) in sog. *Oberflächenverarbeitungsstrategien* (z.B. aus dem Bereich der Memorisierungsstrategien das laute Vorlesen oder das Auswendiglernen von Schlüsselbegriffen) und *Tiefenverarbeitungsstrategien* (Elaborationen, Verbindung mit bereits gelernten Inhalten, Anwendungen, Übertrag = Transfer auf neue Probleme etc.) unterschieden. Bei der deskriptiven Analyse von angewandten Lernstrategien wird oft diese bipolare Konzeptualisierung vorgefunden, d.h. es gibt Lerner, die vor allem Faktenwissen anhäufen und auswendig lernen, und solche, die einen Sachverhalt in seiner tieferen Bedeutung erfassen wollen.

Organisations- bzw. Transformationsstrategien sind informationsreduzierende Vorgehensweisen (z.B. Gliederung anfertigen, Diagramm erstellen), durch die Informationen ausgewählt und sinnstiftend gegliedert werden. Bisweilen werden diese auch den Tiefenverarbeitungsstrategien zugerechnet.

Mit *metakognitiven Strategien* sind exekutive und selbstregulierende Vorgehensweisen gemeint, vor allem Maßnahmen zur Planung (z.B. Setzen von Lernzielen), Überwachung (z.B. Formulierung von Kontrollfragen, Überprüfung, ob das Gelesene verstanden wurde) und Regulation (Anpassung des eigenen Lernens an die Anforderungen, z.B. langsameres Lesen bei einem schwierigen Text) des eigenen Lernens.

Mit *Ressourcenmanagement* sind verschiedene Stützstrategien gemeint, die man wieder in interne (motivationale Maßnahmen, wie Kontrolle von Aufmerksamkeit, Anstrengung und planvolle Nutzung der Lernzeit) und externe Maßnahmen (optimale Ausgestaltung und Nutzung der Lernumwelt, z.B. Arbeitsplatzgestaltung, Nutzung institutioneller Ressourcen, z.B. einer Bibliothek, und sozialer Ressourcen, z.B. Tutorien, Arbeitsgruppen) unterteilen kann.

Ähnlich wird bei dem Verfahren von Wild und Schiefele (1994) entwickelten Fragebogen (LIST) von vier Strategiebereichen ausgegangen (vgl. Abb. 5.3):

(1) *Kognitive Lernstrategien* beziehen sich auf Prozesse, die der Informationsaufnahme, -verarbeitung und der -speicherung dienen, wobei die Teilkomponenten Organisation, Wiederholung und Elaboration unterschieden werden.

(2) *Metakognitive Lernstrategien* beziehen sich auf die Kontrolle des Lernprozesses, wobei zwischen dem Wissen über bereits gelernte Information oder die Fähigkeit zur Kontrolle und Steuerung kognitiver Prozesse unterschieden wird (Planung, Selbstüberwachung, Regulation).

(3) *Ressourcenbezogene Lernstrategien*

(3a) Mit *internen ressourcenbezogenen Lernstrategien* kann man das eigentliche Lernen unterstützen oder es von störenden äußeren Einflüssen abschirmen (effektives Planen der Arbeitszeit, Anstrengungserhöhung, Selbstmotivation) und

(3b) *externe ressourcenbezogene Lernstrategien* beziehen sich z.B. auf die Suche und Gestaltung einer geeigneten Lernumgebung, der Suche nach effektiver Hilfe durch andere Personen oder durch entsprechende Lernmaterialien (Lehrbücher ...).

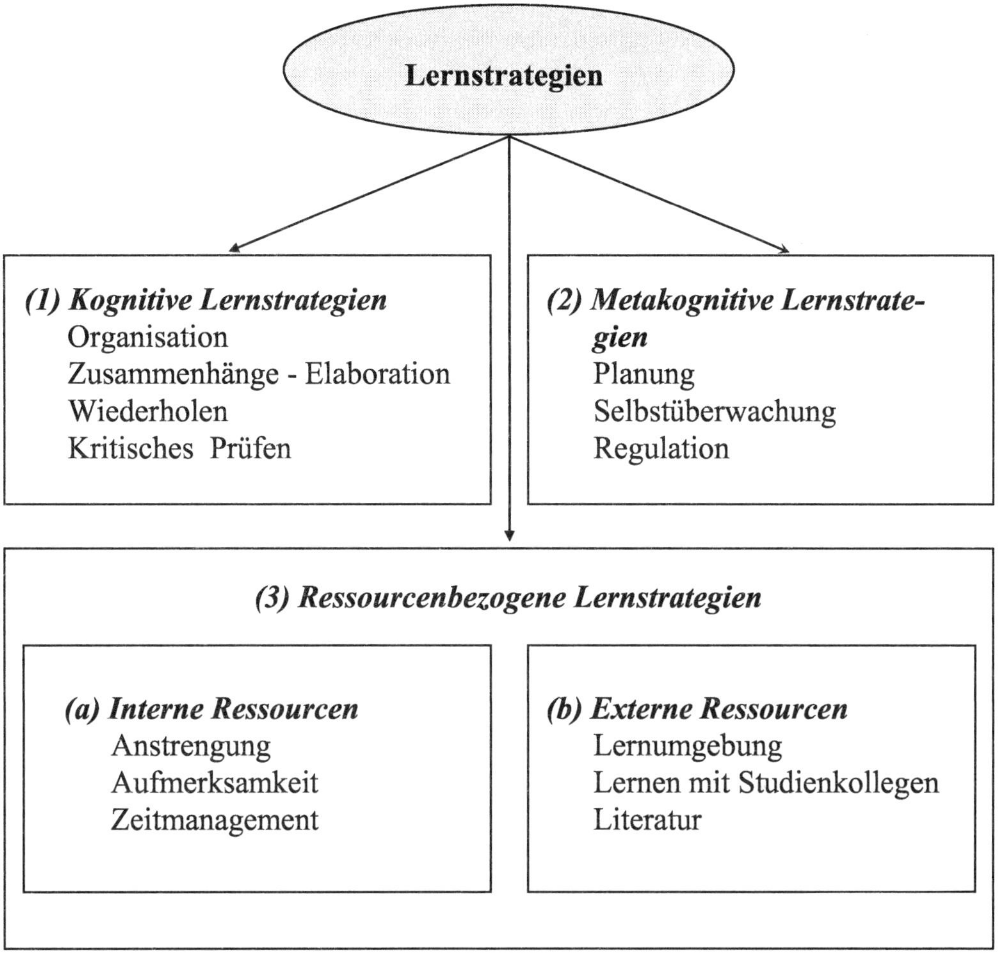

Lernstrategien

(1) Kognitive Lernstrategien
Organisation
Zusammenhänge - Elaboration
Wiederholen
Kritisches Prüfen

(2) Metakognitive Lernstrate-gien
Planung
Selbstüberwachung
Regulation

(3) Ressourcenbezogene Lernstrategien

(a) Interne Ressourcen
Anstrengung
Aufmerksamkeit
Zeitmanagement

(b) Externe Ressourcen
Lernumgebung
Lernen mit Studienkollegen
Literatur

Abbildung 5.3: Aufbau des Lernstrategiefragebogens von Wild und Schiefele (1994)

5.4.3 Ausgewählte Lernstrategien[6]

5.4.3.1 Bildorientierte Verfahren

5.4.3.1.1 Loci-Methode

Als erstes Beispiel kann die Technik der Loci beschrieben werden, ein Verfahren, das im alten Griechenland erfunden wurde und lange Zeit an den Rhetoren-Schulen Roms (z.B. durch Cicero oder Quintilian) gelehrt wurde (Hajdu, 1967).

> Nach einer anekdotenhaften Sage soll die Loci-Technik auf den Dichter Simonides von Keos zurückgehen. Die Sage berichtet, „ein reicher Mann habe bei Simonides ein Preislied zu seinem eigenen Ruhm bestellt. Der Dichter pries in dem Lied aber Castor und Pollux mehr als den eigentlichen Besteller. Dieser, über die Zurücksetzung erbost, zahlte dem Dichter nur die Hälfte des ausbedungenen Lohnes, mit der höhnischen Bemerkung, er möge das übrige bei Castor und Pollux suchen. Die Rache der Dioskuren ließ nicht lange auf sich warten. Während eines Gastmahles, das der Reiche veranstaltete und an dem auch Simonides teilnahm, stürzte der Saal zusammen und begrub die Gäste unter sich. Simonides allein entging der Todesgefahr, da er im Augenblicke des Unglückes vor der Türe des Saales weilte, um nach zwei unbekannten Jünglingen, es waren die Dioskuren - Umschau zu halten ... Die Toten im Saal waren derart verstümmelt, dass man sie nicht agnostizieren konnte, doch Simonides wusste aus der Erinnerung anzugeben, an welchem Platze der Hausherr und jeder der Gäste gelegen hatte, so dass man die Identität jedes Toten dennoch bestimmen konnte. Aus der Erfahrung dieser Gedächtnisleistung soll dem Dichter das Grundprinzip der Mnemotechnik klar geworden sein, u. zw. dass die Ordnung das beste Hilfsmittel des Gedächtnisses sei." (Hajdu, 1967, S. 14)

Anekdotische Angaben über die Effektivität dieser Merkstrategie findet man auch bei Alexander Luria (1968; Bower, 1970). Er berichtete über Shereshevskii, einen Mann mit außergewöhnlichen Gedächtnisleistungen, der in einer Zeitungs-redaktion tätig war und seinem Redakteur aufgefallen war, weil er sich bei den morgendlichen Dienstbesprechungen nie Aufzeichnungen machte. Der Redakteur sprach ihn darauf verärgert an und stellte fest, dass er alle Aufträge wortwörtlich

---

[6] Hinweise zur Verwendung externer Merkhilfen (wie z.B. der Knoten im Taschentuch) finden sich in Kap. 5.4.4.3.

wiederholen konnte. Bei der genaueren Untersuchung wurde gefunden, dass sich dieser Mann eine Reihe von 70 Wörtern auf einmal merken konnte. Es machte keinen Unterschied, ob Wörter, Zahlen oder Buchstaben vorgegeben wurden. Er konnte die Reihen nicht nur vorwärts, sondern auch rückwärts fehlerfrei nachsprechen. Auch konnte er die Listen unbegrenzt lange behalten.

Eine seiner Methoden war die folgende: Wenn er eine Reihe von Wörtern durchlas, so löste jedes Wort bei ihm eine bildliche Vorstellung aus. Diese Bilder verteilte er auf irgendeine Straße, die er sich in Gedanken vorstellte und die er genau kannte. D.h. er verband die Wörter vorstellungsmäßig mit Häusern, Schaufenstern, Toreinfahrten etc. Zum Wiedererinnern spazierte er geistig diese Straße entlang und fand die richtigen Bezeichnungen in der entsprechenden Reihenfolge. Die Loci-Technik hatte er offensichtlich selbst entwickelt.

Allerdings hatte der Mann in anderer Hinsicht manche Schwierigkeiten: Er konnte nur schwer den Inhalt eines einfachen Prosatextes erfassen. Jedes Wort löste in ihm ein Bild aus und oft passte das Bild nicht zu dem Ganzen des Textes. Er hatte auch beträchtliche Mühe bei Synonymen, mehrdeutigen Wörtern und Metaphern, z.B. war er irritiert, wenn in einem Text einmal die Bezeichnung „Kind" und dann „Baby" zur Kennzeichnung derselben Person verwendet wurde. Er brauchte deshalb auch unverhältnismäßig lange, um den Sinn eines Textes zu erfassen.

Experimentelle Untersuchungen über die Effektivität der Loci-Methode wurden an sinnarmem Merkstoff vorgenommen (Wörter- und Silbenabfolgen). Bei Anwendung der Loci-Technik werden zwei bis siebenmal höhere Reproduktionsleistungen beobachtet als bei Anwendung der üblichen Lerntechnik (Bower, 1970), wobei auch langzeitlich (fünf Wochen) eine Überlegenheit der Loci-Technik unter der Bedingung der freien Wiedergabe gezeigt werden konnte (Groninger, 1971). Nach Adams (1976, S. 277) soll man mit der Loci-Technik 25 Begriffe in vier Minuten lernen können, nach einer Woche konnten davon noch 92 % und nach fünf Wochen noch 80 % reproduziert werden (eine Kontrollgruppe erreichte zu den gleichen Zeitpunkten 64 % bzw. 36 %). Dabei soll man wie folgt vorgehen (Bower, 1970, S. 500):

(1) Man stelle sich einen gut vertrauten Ort vor, der auch genügend Platz bietet, um die Information dort zu verteilen.
(2) Für die zu merkenden Inhalte sollen möglichst eindringliche mentale Bilder gefunden werden. Die Bildsymbole sollen konkrete Dinge sein, nie die Wörter selbst, denn das Buchstabenbild wäre keine elaborative Hilfe.
(3) Auf die Bedingung der Gleichzeitigkeit ist zu achten: Während der Begriff gelernt wird, muss die Verknüpfung der Bildsymbole mit dem Ort stattfinden.

(4) Bei der Wiedergabe kann man den Ort in Gedanken abgehen, die gebildeten mentalen Bilder dabei dekodieren und die Information so in der richtigen Reihenfolge abrufen.

(5) Ein und derselbe Ort kann immer wieder genutzt werden, um Informationen zu speichern. Somit ist die Ökonomie dieser Methode gewährleistet.

Abbildung 5.4: Anwendung der Loci-Technik zum Merken einer Einkaufsliste (Bower, 1970)

Im Alltag kann man diese Technik (Bilder über die zu merkenden Inhalte bilden und diese in einem gut vertrauten Raum verteilen, z.B. in der eigenen Wohnung) zum Lernen für Listen von auszuführenden Tätigkeiten oder von einzukaufenden Artikeln anwenden. Ob damit ein tieferes Verständnis von Texten und Sachverhalten erreicht wird, scheint fraglich. Im schulischen Zusammenhang scheint die Technik der Loci nur für solche Lernstoffe angebracht, bei denen keine interne Struktur, die zur Rekonstruktion verwendet werden könnte, auffindbar ist. Ein gleichsam experimentelles Vertraut-Machen der Schüler mit dieser Technik scheint interessant, da dadurch die Schüler eine überraschende Leistungsmöglichkeit ihres mentalen Apparates kennen lernen. Das Verfahren muss allerdings geübt werden (z.B. das Bilden mentaler Bilder), sonst bringt es nur wenige Verbesserungen, auch muss darauf geachtet werden, dass keine Fehler gemacht werden.[7]

5.4.3.1.2 Entwicklung bildhafter Mediatoren und Vorstellungen

Eine effektive Hilfe für das Bilden von Assoziationen zwischen den Einheiten des Merkstoffes besteht darin, intensive und lebendige Vorstellungsbilder (Mediatoren) der bezeichneten Sachverhalte zu bilden. Dadurch werden bedeutungsvolle Assoziationen zwischen den Einheiten geschaffen. Um die Lebendigkeit von bildhaften Vorstellungen zu intensivieren, können die zu verbindenden Inhalte auch noch in einen handlungsmäßigen Zusammenhang gebracht werden (vgl. hierzu den Tu-Effekt von Engelkamp & Zimmer, 1983). Tatsächlich besteht eine Korrelation zwischen der „Lebendigkeit" einer generierten visuellen Vorstellung und der späteren Wiedergabeleistung (Anderson & Hidde, 1971)

Es wurde auch vermutet (Roth, 1961), dass Bilder von zwei Begriffen besonders dann gut im Gedächtnis haften bleiben, wenn sie sowohl bizarr (ungewöhnlich, inkongruent ...) als auch miteinander kombiniert dargestellt werden. Diese Annahme hat sich aber so nicht halten lassen. Wollen et al. (1972) haben vielmehr festgestellt, dass dem Bizarren keine positive Funktion für das Merken zukommt (vgl. hierzu Abb. 5.5). Die Anweisung, bizarre Bilder zu entwickeln, kann Lerner sogar abschrecken, die nicht gewohnt sind, in abweichenden Wegen zu denken. Hingegen wirkt sich eine interaktive Kombination mentaler Bilder, wie sie der Alltagserfahrung entspricht, förderlich auf den Merkprozess aus (Senter & Hoffman, 1976).

Eine ebenfalls schon seit langem bestehende Handlungsanweisung zur Generierung bildhafter Gedächtnishilfen besteht darin, eigene, individuelle Bilder zu entwickeln und nicht einfach Bilder von anderen zu übernehmen (Yates, 1966). Soweit hierzu empirische Forschung besteht (Higbee, 1979), wird diese Forderung im allgemeinen unterstützt, Ausnahmen betreffen aber Personen, die Schwierigkeiten bei der Bildung von Bildern haben, und solchen, denen es nicht leicht fällt, Assoziationen zu bilden.

---

[7] Bei einer experimentellen Demonstration in einem Seminar versuchte z.B. eine Studentin, die Gegenstände ihres Zimmers durch die Bilder der zu lernenden Begriffe zu ersetzen, statt die Bilder dort einzugliedern.

Noninteracting, nonbizarre

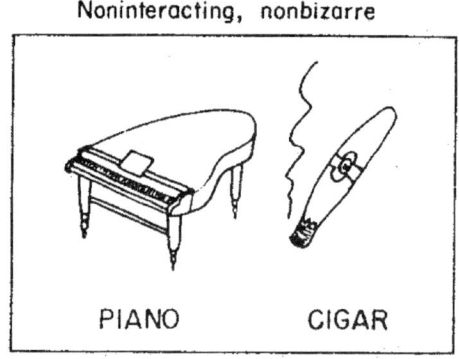

PIANO   CIGAR

Noninteracting, bizarre

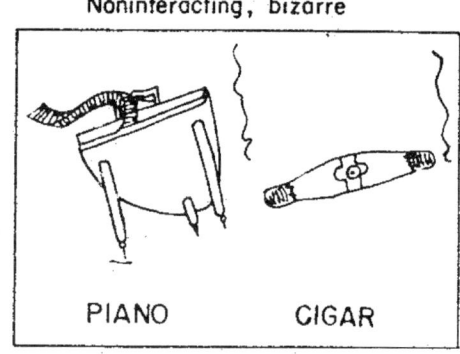

PIANO   CIGAR

Interacting, nonbizarre

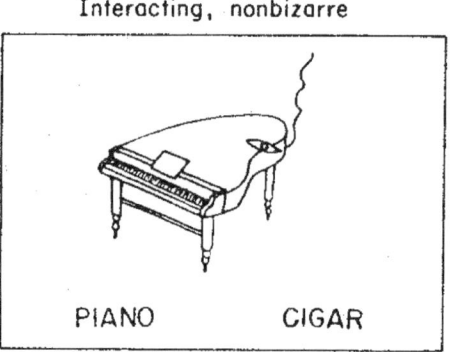

PIANO   CIGAR

Interacting, bizarre

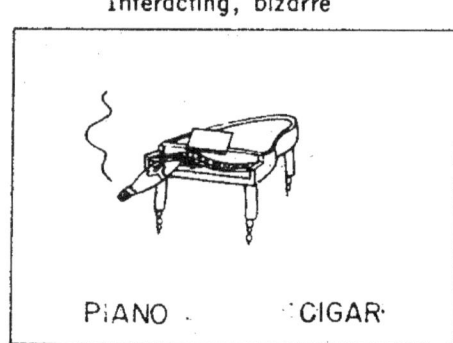

PIANO   CIGAR

Abbildung 5.5: Bildhafte Kombination der Aspekte interaktiv / non-interaktiv und bizarr / nicht-bizarr (Wollen et al., 1972, S. 521)

Zusammenfassend ist also davon auszugehen, dass selbstgenerierte Bilder, die möglichst lebhaft sind, handlungsmäßige Zusammenhänge enthalten und bei denen die bildhaften Inhalte miteinander interagieren, besonders merkwirksam sind.

5.4.3.2 Verwendung sprachorientierter Gedächtnisstützen

5.4.3.2.1 Einspeicherung von Zusatzinformation

Hier wird zusätzliche Information eingespeichert, wobei diese dann zum Auffinden der eigentlich gesuchten genutzt werden kann. Das Verfahren selbst gilt als effektiv.

Experimentell wurde von Tulving und Thomson (1970) die Hypothese geprüft, dass die Effektivität einer Hilfsinformation bei der Reproduktion von der Kodierung abhängt. Die Vpn mussten Listen mit 24 Wörtern lernen und danach reproduzieren. Variiert wurden die Einlernbedingungen: Einmal wurden die Listenworte mit stark assoziierten Worten dargeboten, einmal mit schwach assoziierten Worten und einmal ohne Zusatzinformation. Die Reproduktion fand ebenfalls in Zusammenhang mit diesen drei Bedingungen statt. Die Ergebnisse zeigten, dass die Anwesenheit stark assoziierter Wörter bei der Reproduktion die Leistung für jede Einlernbedingung verbessert. Schwach assoziierte Wörter wirken sich nur dann auf die Reproduktionsleistung aus, wenn sie als Zusatzinformation auch in der Lernphase auftreten.

5.4.3.2.2 Schlüsselwortsystem (Cue-Methode)

Ein Schlüsselwort ist ein Wort der eigenen Sprache, das eine gewisse Klangähnlichkeit mit Teilen eines in einer anderen Sprache zu lernenden Wortes besitzt (Atkinson, 1975). Aus beiden ist ein Bild zu formen, wobei später auf dem Umweg des Vorstellungsbildes die richtige Übersetzung reproduziert werden kann (Arbinger, 1984, S. 206).

Als Beispiel kann man das spanische Wort „espanilla" (= Schienbein) heranziehen. Daraus wird das (ähnlich klingende deutsche) Schlüsselwort „Spinne" geformt. Um einen vorstellungsmäßigen Zusammenhang zwischen dem spanischen Wort und seiner deutschen Bedeutung herzustellen, wird ein Vorstellungsbild geformt, etwa in der Art „eine Spinne krabbelt über das Schienbein". Damit kann man sich wieder die eigentliche Bedeutung des gesuchten Wortes erschließen. Auch diese Methode bedarf einer ausgiebigen Einübung.

Atkinson (1975) überprüfte die Effektivität dieser Methode, er erhielt die besten Ergebnisse, wenn er das Schlüsselwort mit dem zu lernenden Wort der Fremdsprache vorgab, es aber den Vpn überließ, ein eigenes Bild zu formen. Die Effekte wurden für das Lernen russischer (Atkinson & Raugh, 1975) sowie spanischer Vokabeln (Raugh & Atkinson, 1975) überprüft.

Auch diese Methode wird von manchen Menschen gerade bei schwer zu merkenden Vokabeln spontan angewandt. Gegen einen systematischen Einsatz im Schulbereich spricht, dass hier eig. Assoziationen zu etwas Falschem gebildet werden. Eine alternative elaborative Form wäre es, den Schülern Herkunft und Verwendungsweise eines Wortes nahe zu bringen.

5.4.3.2.3 Ankerwortsysteme – Kennwort-Methode

Das Verfahren wird in der angloamerikanischen Literatur unter den Bezeichnungen „pegword System" (peg = Kleiderhaken, hölzener Nagel) oder „keyword method" beschrieben. Es soll helfen, Informationen zugänglich zu machen, die in einer bestimmten Reihenfolge wiedergegeben werden muss.

Miller, Galanter und Pribram (1973, S. 131f) verweisen in einer anekdotischen Erzählung auf die Wirksamkeit dieses Verfahrens. Dabei müssen zuerst beliebige Bilder (Wörter) für zehn Zahlen gelernt werden (vgl. z.B. Tab. 5.1).[8] Wenn dies gut gelernt ist, lassen sich beliebige andere Wörter an diese Bilder anhängen.

Tabelle 5.1: Reime, die zum Erlernen von Zahlen-Bilder-Kombinationen verwendet wurden (Bower & Reitman, 1972)

One is a gun,	Eleven is penny-one, hotdog-bun
two is a shoe,	Twelve is penny-two, airplane glue
three is a tree,	Thirteen is penny-three, bumble bee
four is a door,	Fourteen is penny-four, grocery store
five is knive,	Fifteen is penny-five, big bee hive
six are sticks,	Sixteen is penny-six, magic tricks
seven is heaven,	Seventeen is penny-seven, go to heaven
eight is plate,	Eighteen is penny-eight, golden gate
nine is wine	Nineteen is penny-nine, ball of twine
ten is a hen.	Twenty is penny-ten, ball point ten

Das Reimwort wird zum Ankerwort, das man als mentales Bild verwenden soll. Der Lernende soll dabei gute bildhafte Assoziation bilden, z.B. wenn man die Liste 1. Aschenbecher, 2. Feuerholz, 3. Bild, 4. Zigarette, 5. Tisch, 6. Streichholzschachtel, 7. Glas, 8. Lampe, 9. Schuh, 10. Lautsprecher lernen soll, muss jeweils Aschenbecher mit gun, Feuerholz mit shoe etc. in einen bildhaften Zu-

---

[8] Bei Miller et al. (1973, S. 131) findet sich folgende eingedeutschte Variante:

„Eins ist was Fein's,	sechs eine Hex',
zwo ist ein Floh,	sieben ist lieben,
drei ist ein Schrei,	acht ist sacht,
vier ist ein Tier,	neun ist streun, und
Fünfe sind Trümpfe,	zehn ist wie gehn".

sammenhang gebracht werden. Sind solche Verbindungen einmal gestiftet, können die Inhalte in beliebiger Reihenfolge abgerufen werden, man weiß z.B. dass Aschenbecher mit Gewehr kombiniert ist und daher an der ersten Stelle der Liste steht. Das Verfahren gilt als effektiv (Highbee, 1994).

Die Anwendbarkeit ist aber wieder auf miteinander kaum in Zusammenhang stehende Begriffe beschränkt, für die es in Schule und Alltag kaum Anwendungsbeispiele gibt. Das Erlernen des Merksystems ist anstrengend und zeitraubend, erst nach diesem Lernprozess kann man die Früchte dieses mnemonischen Hilfsmittels ernten. Auch ist die Frage ungeklärt, ob man bei mehrmaligem Verwenden der Liste nicht durcheinanderkommt.

5.4.3.2.4 Analytische Substitutionen

Sind längere Zahlenreihen zu lernen, so kann mit der Methode der sog. analytischen Substitution beträchtlich viel gemerkt werden (Norman, 1973, S. 149 ff). Das Verfahren wurde von Loisette (1896) beschrieben. Es besteht im folgenden: Jede Zahl zwischen 0 und 9 wird durch einen Konsonanten (oder eine Konsonantenkombination) ersetzt. Diese Substitutionen müssen gut auswendig gelernt werden (vgl. Tab. 5.2).

Tabelle 5.2: Zahlenalphabet nach Loisette (1896, zit. n. Norman, 1973, S. 153)

0	1	2	3	4	5	6	7	8	9
S	t th	n	m	r	l	sh	g^{hart}	f	b
Z	d					j ch	k c^{hart}	v	p
C^{weich}						g^{weich}	q ng		

Jede Zahl soll nun in ein Wort verwandelt werden. Der Anfangsbuchstabe der Wörter ist jeweils der für die Zahl gelernte Konsonant. Neben jede Zahl wird der Konsonant geschrieben und mit beliebigen weiteren Vokalen und Konsonanten zu einem Wort geformt. Die Wörter sollen ihrerseits wieder einen Sinn ergeben. Z.B. 1592 (Geburtsjahr von Johann Amos Comenius): 1 (t, th, d) things, 5 (l) we*l*l, 9 (b, p) pictured, 2 (n) *now*.

Mit diesem System können unter einem bestimmten Arbeits- und Zeitaufwand und unter beständiger Übung beträchtliche Merkleistungen erbracht werden. Ob sich dies aber tatsächlich lohnt, muss jeder für sich entscheiden.

5.4.3.2.5 Rhythmus und Reim

Beide können wegen der mit ihnen ausbildbaren Assoziationen sehr gut für einfache Merkaufgaben verwendet werden. Aus dem schulischen Kontext bekannt sind folgende Beispiele:
- Brigach und Breg bringen die Donau zuweg (Ursprungsflüsse der Donau).
- Sieben, fünf, drei - Rom schlüpft aus dem Ei (Gründung von Rom durch die Etrusker im Jahre 753 v. Chr.).
- Drei, drei, drei bei Issos große Keilerei (Schlacht der Römer gegen Karthago).
- Thirty days has September, April, June and November.
- Wer nämlich mit „h" schreibt, ist dämlich.
- Trenne nie st, denn es tut ihm weh!
- Isar, Lech, Iller, Inn fließen rechts zur Donau hin, Altmühl, Naab und Regen fließen links entgegen.

Solche äußere Strukturen, welche die Rekonstruktion erleichtern sollen, werden auch als *Eselsbrücken* bezeichnet.

5.4.3.2.6 Akronyme - Merkwörter

Darunter versteht man ein aus den Anfangsbuchstaben mehrerer Wörter gebildetes neues Merkwort. Dieses Verfahren ist einfach und erfolgreich anzuwenden. Der Lerner kann solche Merkwörter selbst erfinden oder auch übernehmen.

Aus der Intelligenzpsychologie sind etwa mit dem Akronym OPI - *O*perationen, *P*rodukte, *I*nhalte die Dimensionen des Intelligenzmodells von Guilford (1959) erschließbar. Ein Beispiel aus der Gedächtnispsychologie könnte das Akronym MURDER (Danserau et al., 1979) sein, mit dem eine Vorgehensweise beim Erarbeiten eines Textes bezeichnet wird. Durch dieses Akronym kann man den Zugang zu folgende einzelnen Lernaktivitäten finden:

M – **m**ood setting
U – read for **u**nderstanding
R – **r**ecall the material
D – **d**igest the material
E - **ex**pand knowledge
R – **r**eview the effectiveness of your study

Beispiele für die Anwendung in schulischen Kontexten sind zahlreich. Z.B. kann man sich durch das Akronym EDEKA die fettlöslichen Vitamine leicht in das Gedächtnis rufen, das Akronym MaMaLuJ, das eine Klangähnlichkeit zu dem Wort Halleluja aufweist, ebnet den Weg zur Kenntnis der vier Evangelisten, ELPI (ein Wort, das wieder eine Konnotation zu LP = Langspielplatte besitzt) erschließt die Entwicklungsstadien von Schmetterlingen (*E* = Eier, *L* = Larve, *P* = Puppe, *I* = Insekt).

Geläufig ist diese Technik bei der Bildung von Abkürzungen, was aber bisweilen den Effekt haben kann, dass man nur das Akronym lernt und sich der eigentlichen Bedeutung nicht mehr entsinnen kann (aus dem Bereich des politischen Wissens ist z.B. bekannt, dass nur 28,5 % der Jugendlichen wissen, dass NATO eigentlich *N*orth *A*tlantic *T*ready *O*rganization bedeutet; Lukesch, 1991, S. 19).

Im Allgemeinen sind aber solcherart gebildete Buchstabenschlüssel (Merkwörter) ein probates Mittel, um sich Merkinhalte zu erschließen.

5.4.3.2.7 Akrostichone

Dies sind Merksätze, bei denen der Anfangsbuchstabe jedes Wortes (oder auch die Anfangssilben oder -wörter eines Gedichtes) den eigentlich zu merkenden Inhalt bezeichnet.

Beispiele

„Mein Vater erzählt mir jeden Sonntag unzählige neue Probleme" (die Anfangsbuchstaben der Wörter geben die Reihenfolge der Planeten wieder: Merkur, Venus, Erde, Mars, Jupiter, Saturn, Uranus, Neptun, Pluto).

„Ladies prefer men" (Reihenfolge von Straßen in New York - Lexington-, Park- und Madisonavenue).

„How I want a drink, alcoholic of course, after the heavy chapters involving quantum mechanics" (Anzahl der Buchstaben ist gleich der Zahlen für Pi: 3,2415 ....).

„Geh Du alter Esel, hole Fische" (Folge der #-Tonarten).

„Frische Brötchen Essen Asse des Gesangs" (Folge der b-Tonarten).

„Ein Anfänger der Gitarre hat Eifer" (Töne der Gitarrensaiten).

Unter humanistisch Gebildeten ist auch der rhythmisierte Akrostichon KlioMe-TerThalEuErUrPoKal bekannt, mit dem man sich leicht die Namen der neun Musen erschließen kann.[9]

5.4.3.2.8 Narrative Verknüpfungen

Dabei geht man so vor, dass die zu lernenden Wörter in eine Geschichte eingekleidet und somit sinnvoll verknüpft werden. Eine handlungsmäßige Verknüpfung scheint besonders effizient zu sein (d.h., um sich die zwei Begriffe „Kuh" und „Ball" zu merken, es ist wirksamer, den Satz zu bilden, „die Kuh läuft hinter dem springenden Ball", als den Satz, „auf der Wiese befinden sich eine Kuh und ein Ball"; vgl. hierzu wieder den „Tu-Effekt" von Engelkamp und Krumnacker [1980]). Durch die Einbettung in eine Geschichte wird auch die Reihenfolge der Information behalten. Anwendbar ist diese Methode z.B. bei dem Memorieren

---

[9] Nebenbei bemerkt, Mnemosyne galt als die Mutter der von Zeus gezeugten neun Musen und zugleich als die griechische Göttin des Gedächtnisses. Das erste Museum (= gr. museion, eig. Heiligtum der Musen) wurde von den Ptolemäern in Alexandrien gegründet, u.zw. zur Sichtung und textkritischer Edition aller Schriftstücke aus antiker Zeit. Eine riesige Bibliothek (= Bücherlager) entstand, an der sich die dort arbeitenden Literaturwissenschaftler den Namen philologen (= griechisch *philo-logoi*, Liebhaber des geschriebenen Wortes) gaben. Auch das bedauerliche Ende dieser Bibliothek ist bekannt.

einer Einkaufsliste, der Festlegung eines Tagesplanes oder als Stütze zum Rekonstruieren der wichtigsten Begriffe eines Referates.

Ein Beispiel aus der Medizin (bei dem aber noch andere Aspekte enthalten sind) lautet:

„Es fuhr ein Kahn im Mondenschein im Dreieck um das Erbsenbein.
Vieleck groß, Vieleck klein, der Kopf, der muss beim Haken sein."

Dieser ziemlich unverständliche Satz macht Sinn, wenn man weiß, dass hiermit die anatomischen Verbindungen der einzelnen Handwurzelknochen enthalten sind:

Kahn	=	os cuniforme
Mondenschein	=	os lunatum
Dreieck	=	os triquetrum
Erbsenbein	=	os pisiforme
Vieleck groß	=	os trapezium
Vieleck klein	=	os trapezoidium
Kopf	=	os capitatum
Haken	=	os hamatum

5.4.3.3 Organisationsprozesse

5.4.3.3.1 Hierarchisches Zusammenfassen und Rekonstruieren durch die Lerner

Angenommen, es sollen 30 Begriffe auswendig gelernt werden (z.B. Merkaufgabe bei dem I-S-T von Amthauer [1973] s.u.), so stellen sich fast automatisch Kategorisierungen ein, entlang denen der Erinnerungsprozess verläuft. Man lege z.B. erwachsenen Vpn folgende Liste mit Begriffen vor und gebe ihnen drei Minuten Zeit, alle Begriffe auswendig zu lernen.

Nuss	Rover	Dattel	Orchidee	Feige
Regal	Anemone	Apfel	Ford	Fauteuil
Nachttisch	Dotterblume	Anrichte	Opel	NSU
Datsun	Rhabarber	Divan	Nelke	Fresie
Orange	Ohrensessel	Audi	Rittersporn	

In der Wiedergabephase wird sich bei fast jeder Vp eine nach Kategorien geordnete Reproduktion einstellen (auch die Leistung ist im Allgemeinen höher, wenn die Wiedergabe nach Kategorien geordnet erfolgt, vgl. Kap. 2.4.4.3). D.h. beim Rekonstruktionsvorgang wird die in der Vorbereitungsphase aufgebaute hierarchische Struktur von oben nach unten und gleichzeitig von links nach rechts abgearbeitet. Ein Teil der Vpn wird diese Methode der Kategorienbildung bewusst einsetzen, bei anderen ist zwar keine explizite Kenntnis dieser Technik vorhanden, aber die Wahrscheinlichkeit, dass nacheinander Beispiele aus der gleichen Kategorie erinnert werden, ist wesentlich größer als die Wiedergabe nach einer Zufallsreihenfolge.

Tulving und Pearlstone (1966) teilten ihren Vpn die Kategorien, denen Wörter zugeordnet werden konnten, mit. Wenn diese Kategorien beim Reproduzieren wiederum verfügbar waren, erhöhte sich die Reproduktionsleistung beträchtlich. Bower et al. (1969) legten den Vpn Begriffshierarchien als Baumdiagramme vor, die anschließend zu reproduzieren waren. Eine Kontrollgruppe erhielt identische Wörter, die nach Zufall angeordnet waren. Z.B. wurde folgende Hierarchie verwandt:

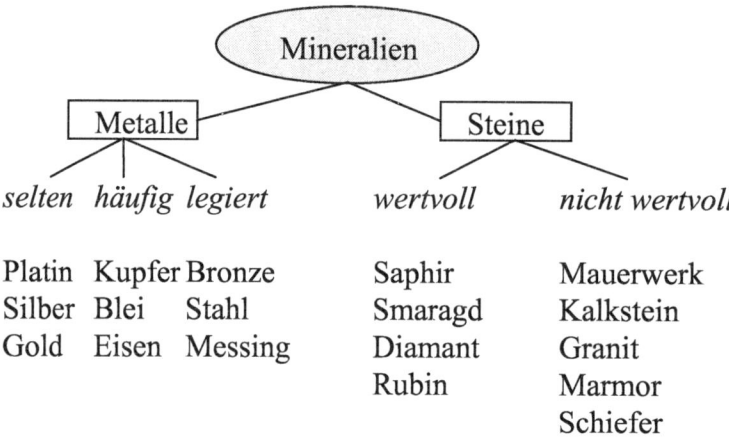

Die Experimentalgruppe konnte in diesem Experiment dreimal so viele Wörter reproduzieren als die Gruppe, welche die Gegenstände in einer Zufallsreihenfolge dargeboten bekommen hatte. D.h. nicht nur die Einordnung in Kategorien ist für das Merken hilfreich, sondern auch die Erarbeitung von Unterbegriffen.

Besonders jüngere Kinder profitieren von der Vorgabe von Ordnungsprinzipien bei einem Lernmaterial. In einer Untersuchung von Heineken (1977) wurden 5- bis 6jährigen sowie 3- bis 4jährigen Kindern je 24 Kärtchen aus einem Bilderlotto als Merkaufgabe vorgegeben. Einmal waren die Motive thematisch geordnet (Tiere, Kleidungsstücke, Wohnungseinrichtung, Körperteile) und einmal ungeordnet. Die Ergebnisse zeigten sowohl einen signifikanten Alterseffekt (ältere Kinder konnten mehr Items reproduzieren als jüngere) sowie einen Effekt der geordneten vs. ungeordneten Vorgabe und zusätzlich einen Interaktionseffekt zwischen beiden Bedingungen (die jüngeren Kinder profitierten mehr von der Ordnung als die älteren). Letztere Ergebnisse werden von dem Autor im Sinne der Production-deficiency-Hpothese (Flavell, Beach & Chinsky, 1966) interpretiert, wonach es eine Diskrepanz zwischen bereits ausgebildeten kognitiven Fähigkeiten und der spontanen Nutzung dieser Leistungspotentiale bei jüngeren Kindern gibt.

Bei Material (Wörtern), das Ordnungsmöglichkeiten enthält, werden auch Relationen zwischen den Einzelinformationen enkodiert. Solche Kodierungsformen beeinflussen auch den Informationsabruf positiv, weil Items nicht als Einzelinformationen abgerufen werden müssen, sondern anhand weniger Kodes, die mehrere Items repräsentieren.

Die Effektivität des hierarchischen Zusammenfassens und Rekonstruierens ist als hoch anzusehen. Merkstoffe, die hierarchisch gegliedert vorgegeben werden, werden in ca. zwei- bis dreimal höherem Ausmaß reproduziert als bei ungegliederter Vorgabe.

Schüler sind deshalb über den Effekt der Hierarchisierung für das Merken des Lehrstoffes zu unterrichten. Sie sollen dabei erleben, wie aus einer Überfülle von Information eine klar erkennbare Struktur entsteht, durch die der Rekonstruktionsvorgang geleitet wird (Beispiel: Text in Unterabschnitte gliedern, Überschriften bilden, diese wieder zusammenfassen). Dabei sollten sich die LehrerInnen bemühen, den SchülerInnen die Strukturprinzipien selbst klar zu machen. Dadurch können Schüler selbst diese Strukturschemata zur Organisation von entsprechenden Inhalten verwenden.

5.4.3.3.2 Organisation von Texten durch den Lehrer/Autor

In gleicher Weise ist die Vorgabe einer hierarchisch strukturierten Hintergrundinformation, in welche die neue Information eingebettet werden kann, dem Behalten förderlich (Ausubel, 1951). Diese „advance organizer" (z.B. auch in Form von Analogien) aktivieren gegebene Wissensstrukturen und erlauben zugleich die Einordnung des neu zu lernenden Lernstoffes in das vorhandene Wissen.

Der Lehrer selbst kann dabei dem Lehrstoff eine möglichst klare Struktur geben. Diese Struktur kann man durch entsprechende Überschriften und Gliederung des Textes in Abschnitte deutlich machen.

Weitere Möglichkeiten werden in einer gegenstandsorientierten vs. aspektweisen Textorganisation gesehen (Mandl et al., 1986). Bei der gegenstandsorientierten wird ein Bereich systematisch abgehandelt und dann der nächste.

Z.B. Regierungsform X (Demokratie, Aristokratie, Oligarchie), nach den Aspekten: Definition, Beteiligung, Vorkommen in der Geschichte, Art des Gesetzgebungsverfahrens ..., dann Regierungsform Y. Bei der aspektweisen Darstellung wird jeweils ein Aspekt herausgegriffen und es werden beide Gegenstände nach diesem Aspekt verglichen.

Es scheint so zu sein (Schnotz, 1982), dass eine aspektweise Textorganisation mehr Vergleichsprozesse anregt (bei der gegenstandsbezogenen Darstellung muss dies der Leser selbst machen), bei Lesern mit geringen Vorkenntnissen ist aber die Lernrate bei gegenstandsbezogener Darstellung höher (und vice versa; d.h. eigentlich liegt ein ATI-Effekt vor: Den für alle Leser gleich optimalen Text gibt es nicht!).

Ein Lehrtext kann zudem unterschiedlich mit weiteren Lernhilfen angereichert sein: Dies reicht von dem völligen Weglassen didaktischer Maßnahmen bis zu einer sehr hohen Verwendung stützender Maßnahmen, so dass der Leser gar keine Möglichkeit mehr hat, diesen zu entgehen. Vorschläge zur Optimierung von Texten richten sich auf:

(a) die äußere Gestaltung von Lernmaterialien,
(b) die sprachliche und strukturelle Präsentation der Lerninhalte (Schnotz, 1994) und
(c) die Verwendung zusätzlicher Lernhilfen (embedded support devices), diese sollen zu zusätzlichen Aktivitäten anregen (vgl. Kap. 5.4.3.4), diese können sein:
  - advance organizer,
  - graphic organizer,
  - abstracts,
  - Fragen vor, innerhalb und nach dem Text,
  - Lehrzielangaben,
  - Marginalien,
  - Aufgaben,
  - Abbildungen und Diagramme oder
  - Zusammenfassungen.

Das Deutsche Institut für Fernstudien (DIFF, 1995) unterschied zwischen
  (a) Erschließungshilfen (Verzeichnisse, Marginalien),

(b) Verarbeitungshilfen (advance organizer, Lernkontrollaufgaben, Zusammenfassungen) und

(c) Wahrnehmungshilfen (Typographie, Satzspiegel) .

Lernhilfen können die Aufmerksamkeit des Lernenden in eine gewünschte Richtung lenken, sie regen den Lernenden an, sein Vorwissen zu aktivieren, sie können auch Anregung für selbstgesteuerte Kontrollprozesse sein.

In einer Studie von Jechle (1988) wurden verschiedene Formen der Lernhilfen in einen Text eingebaut und von den Lernenden bewertet (vgl. Tab. 5.3). Bei der Studie wurden die folgenden Ergebnisse zur Bewertung dieser Lernhilfen gewonnen:

1. Die meiste Zeit wird für *Kontrollfragen* gefolgt von den *Zusammenfassungen* aufgewandt.

2. Im Laufe eines Kurses geht der Anteil der Lerner zurück, die alle Hilfen nutzen zugunsten einer subjektiven Auswahl; nur sehr wenige geben an, dass sie keine der Lernhilfen genutzt haben (bei 5 Kapiteln zwischen 10 und 0 %).

3. Die meisten verwenden die Lernhilfen an den vorgesehenen Stellen (nur 2 - 13 % immer an anderen).

4. Zusammenfassungen werden am positivsten bewertet, gefolgt von den Kontrollfragen. Lehrziellisten werden relativ kritisch bewertet.

5. Es tauchen in den freien Antworten zwei *Nutzungsmotive* auf:
    (a) Bedürfnis nach inhaltlicher Orientierung (was ist wichtig, was unwichtig) und
    (b) Bedürfnis nach Selbstkontrolle und nach einem Gefühl der Sicherheit.

D.h. die Nutzung der Lernhilfen richtet sich nicht primär nach Kostengesichtspunkten (Zeitaufwand), sondern nach individuellen Nutzengesichtspunkten (Erfüllung individueller Lernbedürfnisse). Der Lerner entscheidet, was er nutzen will und wie er das Angebot nutzen will („complete veto power" gegenüber dem Angebot des Textgestalters).

Tabelle 5.3: Lernhilfen in einem Lehrtext (Jechle, 1998, S. 22)

Typ	*Beschreibung*	*Hauptfunktionen*
Vor dem Text		
Über-sicht	kurze Überleitung vom vo-rausgegangenen Kapitel zu den Hauptpunkten des folgen-den Kapitels	1. inhaltliche Orientierung 2. Vorwissen aktivieren 3. Verknüpfungen herstellen
Lehrziel-listen	Liste der dem folgenden Kapi-tel zugrunde liegenden Lehr-ziele in operationalisierter Form	1. Einschätzung der subjektiven Relevanz ermöglichen 2. Aufmerksamkeit lenken
Fragen zum Ein-stieg	Drei Fragen, die auf dem Hin-tergrund des vorhandenen Wissens beantwortet werden sollen	1. Vorwissen aktivieren 2. Interesse wecken
Nach dem Text		
Selbst-kon-trollfra-gen	Drei Multiple-choice-Fragen mit jeweils vier bis fünf Ant-wortalternativen. Ausschließlich Verständnis-fragen. Lösungen sind mit ausführli-chem Kommentar im Anhang abgedruckt.	1. selbständige Kontrolle des Ver-stehens ermöglichen
Zusam-menfas-sung	Wichtigste Inhalte des Stu-dientextes in Form einer nu-mmerierten Liste.	1. Wiederholung 2. Wichtiges hervorheben 3. Behalten stärken

5.4.3.3.3 Lesbarkeit und Verständlichkeit

Seit den 30er Jahren wird versucht, Formeln für die Lesbarkeit und Verständlichkeit von Texten zu entwickeln (Teigeler, 1968). Das Vorgehen dabei ist, verschiedene Textmerkmale (Wortschwierigkeit, Satzkomplexität) mit Kriteriumsvariablen (z.B. Lesegeschwindigkeit, Behaltensleistung) in Beziehung zu setzen (Dickes & Steiwer, 1977). Den entwickelten Verfahren kann ein Erfolg nicht abgesprochen werden (hohe Varianzaufklärung bei Verständnisleistungen als Kriterium). Befunde, nach denen die Verwendung bekannter Wörter und kurzer Sätze die Verstehensleistung fördern, erscheinen aber etwas trivial. Problematisch bei diesem Vorgehen ist, dass hier fast ausschließlich Textoberflächenmerkmale eingehen und auf die inhaltliche Organisation des Textes nicht Rücksicht genommen wird. Zudem ist es bei diesem Vorgehen schwierig, die Interaktionseffekte zwischen Leser- und Textmerkmalen zu berücksichtigen (Groeben, 1982).

Langer et al. (1974) weisen mit dem von ihnen entwickelten *Konzept zur Textverständlichkeit* darauf hin, dass ein Autor (oder eben ein Lehrer, der ein Arbeitsblatt verfasst) viele Möglichkeiten hat, seine Ideen mehr oder minder effektiv an seine Leserschaft weiterzugeben. Die Darstellung enthält auch ein Selbsttrainingsprogramm zur Optimierung der Verständlichkeit von Texten. Unterschieden werden dabei vier Verständlichkeitsdimensionen:

(1) *Einfachheit vs. Kompliziertheit:* Satzbau (kurze Sätze), Wortwahl (geläufige Wörter, konkrete und anschauliche Begriffe).

(2) *Gliederung/Ordnung vs. Unübersichtlichkeit/Unordnung:* Unterschieden wird zwischen einer inneren Gliederung/Ordnung (z.B. die Sätze sind aufeinander bezogen, sinnvolle Anordnung der Aussagen, hierarchischer Aufbau bei einer Argumentation) und einer äußeren Gliederung/Ordnung (Textgestaltung: Gruppierung, Hervorhebungen, Zusammenfassungen).

(3) *Kürze/Prägnanz vs. Weitschweifigkeit:* Hierbei muss an Optimum an Redundanz gefunden werden.

(4) *Zusätzliche Stimulation:* Weitere Anregungen durch den Text, Weckung von Interessen, Abwechslungsreichtum, persönliche Bezüge. Diesem Merkmal soll vor allem eine motivierende Funktion zukommen; es soll aber nur dann eingeführt werden, wenn die ersten drei Aspekte nicht beeinträchtigt werden.

Obwohl diese Merkmale der Textverständlichkeit als sinnvoll erscheinen, ist keine eindeutige Beziehung zum Lernfortschritt nachweisbar. Offensichtlich können Lerner auch mit suboptimalen Texten lernen, indem sie die textlichen

Schwächen eben durch erhöhten mentalen Aufwand (nochmaliges Lesen, gedankliches Wiederholen) kompensieren (Tergan, 1983, S. 178).

5.4.3.4 Mathemagenisches Verhalten und mehrschrittige Lernstrategien

„Mathema" bedeutet das Gelernte, „gignesthai" heißt geboren werden oder hervorbringen. Damit wird die Tatsache umschrieben, dass der Lehrstoff erst durch die Eigenaktivität des Schülers zu etwas Gelerntem wird, der Schüler bringt „das Gelernte" hervor (Rothkopf, 1970). Gemeint ist die aktive Rolle, die der Aufnehmende beim Lernen spielt (z.B. Assoziationen herstellen, Gliedern und Strukturieren, Einsatz von Merktechniken ...), im Grunde wird mit diesem Begriff wieder die Bedeutung von Elaborationen für den Lernprozess herausgestellt.

5.4.3.4.1 Selbstrezitationstechnik

Angenommen, man hat zwei Stunden Zeit, um einen Text zu lernen. Das Lesen des Textes nimmt 30 Minuten in Anspruch. Wie soll man in dieser Situation am besten vorgehen? Man könnte die Zeit z.B. dazu verwenden, den Text vier Mal durchzulesen; man kann ihn aber auch einmal lesen und sich dann dazu Fragen stellen. Die Überlegenheit des letzteren Vorgehens, d.h. der Selbstrezitation bzw. des Fragen-Stellens an sich selbst, wurde durch Gates (1917, vgl. Tab. 5.4) belegt.

Ähnliche Resultate konnten von Iwanowa (zit. n. Löwe, 1971, S. 146) gefunden werden: Verglichen wurden die Reproduktionsleistungen von zwei Lerngruppen; die eine sollte den Stoff zweimal lesen und zweimal frei reproduzieren, die andere den Lernstoff viermal lesen. Gemessen an der Reproduktionsleistung war die erste Gruppe der zweiten nach einer Stunde um 22,5 %, nach einem Tag um 42,5 % und nach 10 Tagen um 32,5 % überlegen.

Das Verfahren kommt auch dem Prinzip der Mehrfachkodierung entgegen, d.h. es sollen möglichst viele Sinneskanäle bei der Einprägung mitbeteiligt sein (z.B. Motorik, Geschmack, Geruch), dadurch sind die Merkinhalte auch noch mit weiteren (z.B. Bewegungs-)Bildern verknüpft, die als Erinnerungshilfen dienen können.

Tabelle 5.4: Merkleistung in Abhängigkeit von der Zeit der aktiven Auseinandersetzung mit einem Text (Gates, 1917)

% Zeit, die mit Selbst- rezitation ausgefüllt ist	% richtig reproduzierter Wörter sofort	4 Std. danach
0	35	15
20	50	26
40	54	28
60	57	37
80	74	48

Auch das gegenseitige Ausdenken von Prüfungsfragen kann ein effektives Hilfsmittel zur Prüfungsvorbereitung sein. Hierbei muss man die Perspektive des Prü-
fers übernehmen und kann sich so gezielt auf mögliche Fragen vorbereiten, außerdem werden von dem Lernenden dieselben Aktivitäten (nämlich Antworten
generieren) verlangt wie in der Prüfsituation. Als Lehrer kann man diese Effekte
fördern, indem die Lernenden dazu angehalten werden, kleine Referate zu halten
oder über einen Lernstoff zu diskutieren.

Techniken der Selbstrezitation haben sich als überlegen erwiesen beim
- Lernen von Definitionen,
- von Vokabeln,
- Rechtschreiben und bei
- Rechenoperationen.

5.4.3.4.2 SQ3R-Methode

Diese von Robinson (1961) entwickelte Methode ist ebenfalls zur Bewältigung
umfangreicher und semantisch bedeutungsvoller Texte (z.B. Bücher, Artikel)
gedacht. Die grundlegende Idee dabei ist, sich nicht einem Text einfach auszulie-
fern, sondern zuerst zu prüfen, ob der Text die Fragen beantworten kann, für die

man sich interessiert. Mit den Buchstaben SQ3R[10] sind die Bezeichnung folgender Tätigkeiten gemeint (Günther, Heinze & Schott, 1977, S. 41 ff):

(1) Survey,
(2) Question,
(3) Read,
(4) Recite,
(5) Review.

(1) *Überblick verschaffen* (Kurzzusammenfassungen auf dem Umschlag lesen, nach den Kapiteln, Vorworte und Einleitungen, Haupt- und Teilüberschriften lesen; welche Kenntnisse in bezug auf das Thema sind beim Leser bereits vorhanden, welche Bedeutung können die einzelnen Teile für den Leser besitzen).

(2) *Fragen an den Stoff stellen* (z.B. indem die Überschriften in Fragen umgewandelt werden). Durch das Fragenstellen beschäftigt man sich viel intensiver mit dem Text, entweder man geht von einem eigenen Informationsbedürfnis aus (was will ich eigentlich von dem Buch wissen) oder man lässt sich von dem Buch leiten (z.B. die Kapitelüberschriften in Fragen umformulieren, welche Bedeutung hat ein Abschnitt in Zusammenhang mit dem Gesamtproblem, von welcher Absicht ließ sich der Verfasser leiten, welche praktischen Anwendungen folgen aus dem Text, welche Prüfungsfragen können möglicherweise gestellt werden; pro bearbeiteten Abschnitt sollten nicht mehr als drei bis fünf Fragen gestellt werden, und dies am besten schriftlich).

(3) *Lesen* (der Text soll genau durchgelesen werden, u.zw. unter Beachtung der eingangs formulierten Fragen). Unwichtige Dinge, nach denen man nicht gefragt hat, können weggelassen werden. Besonders mit den im Text enthaltenen Tabellen oder Graphiken sollte man sich aktiv auseinandersetzen, eventuell sind solche Bilder als Gedächtnisstützen zu verwenden. Es ist nur der Text zu lesen, zu dem Fragen formuliert wurden.

(4) *Wiedergeben des Gelesenen* (u.zw. sollen die oben ausgedachten Fragen beantwortet werden). Das Buch selbst soll nicht verwendet werden, nicht beantwortbare Fragen werden ausgelassen und nach erneutem Lesen beantwortet. Die Rekapitulation kann im Kopf oder auch schriftlich erfolgen. Die schriftliche Be-

---

[10] Eine neuere Variante dieser Technik wurde von Thomas und Robinson (1972) unter dem Akronym PQ4R-Methode vorgestellt, die Abkürzungen bedeuten dabei: Preview (Vorausschau), Question (Fragen zu dem Abschnitt überlegen), Read (Lesen des Abschnittes), Reflect (Nachdenken, z.B. eigene Beispiele ausdenken), Recite (Wiedergeben und Fragen beantworten), Review (Rückblick über wesentliche Punkte).

antwortung hat Vorteile (aktivere Beteiligung, Druck auf exakte Beantwortung, für späteres Nachschlagen bleiben die Notizen parat, auch wenn das Buch zurückgegeben werden muss).

(5) *Rückschau* (nachstrukturierender Überblick, durch den die Haupt- und Unterpunkte nochmals in Erinnerung gerufen werden oder indem nochmals Übungen zu dem Stoff gemacht werden). Man sollte nochmals überlegen, ob die Fragen auch hinreichend gut beantwortet sind, ob eventuell noch weitere wesentliche Aspekte im Text enthalten sind und ob alle Fragen auch wichtig waren.

Auch die Anwendung dieser Methode belegt die Überlegenheit einer generativen im Vergleich zu einer nur reproduktiven Textverarbeitung. Zur Erklärung der Wirksamkeit dieser Methode können mehrere Gesichtspunkte herangezogen werden, z.B. der Lerninhalt wird in kleinere Abschnitte zerlegt, es werden (durch die Fragen, das Suchen von Beispielen, die Verknüpfung des neuen Stoffes mit schon Gelerntem) Elaborationen erzwungen, ebenso wird eine Strukturierung erarbeitet (die selbst erdachten Fragen können als Hilfe bei der Wiedergabe des Textes dienen). Im Grunde wird hier auch die bekannte Lernregel berücksichtigt, beim Lernen immer Zusammenhänge mit dem bereits Bekannten herzustellen.

Über die Programmvariante, die Günther et al. (1977) ausgearbeitet haben, gibt es eine Evaluation von Holz-Ebeling und Buchloh (1995). Jurastudenten konnten innerhalb eines vierwöchigen Trainings ihre Arbeitseffektivität (im Vergleich zu einer Wartekontrollgruppe) deutlich steigern; auch nach einem Jahr hatten die Teilnehmer den Eindruck der Verbesserung der Arbeitseffektivität und eines besseren Umgangs mit Fachliteratur.

5.4.3.4.3 Techniken des Fragestellens

Eine Möglichkeit, elaborative Prozesse anzuregen, besteht darin, Fragen an den Lernstoff zu stellen. Solche Verfahren kann nicht nur der Lehrer einsetzen, sondern auch Lerner können dies beim (a) Allein-Lernen (vgl. z.B. die SQ3R-Technik ...), aber auch (b) in einer Gruppe anwenden (kooperatives Lernen).

(a) Die Technik des Fragestellens beim Allein-Lernen

Nach Haller, Child und Walberg (1988) ist das Fragestellen eine der effektivsten metakognitiven Strategien für das Textverständnis (Überwachung und Regulation des Textverständnisses). Nach einem Übersichtsartikel von Wong (1985) belegen 52 % aller zur Thematik des Fragestellens durchgeführten Studien eine Überlegenheit der Selbstbefragungsmethode in bezug auf Textverständnis, 33 %

erbrachten keine Unterschiede und 19 % wiesen negative Resultate auf. Bei den Studien mit unentschiedenem oder negativem Ergebnis verweist die Autorin darauf, dass das Training zum Fragenstellen unklar und unzureichend war.

(b) Die Technik des Fragestellens beim kooperativen Lernen

Kooperative Lernformen sind in Ausbildungsinstitutionen nicht allgemein verbreitet: Rosenbusch et al. (1991) fanden heraus, dass 30 % der von ihnen befragten Lehramtsstudenten in ihrer Schulzeit noch nie in Gruppen gearbeitet haben. Nach Rotering-Steinberg und von Kügelgen (1974) haben 7,4 % der befragten LehrerInnen ausgesagt, dass sie nie Gruppenunterricht anwenden. Andererseits ergaben Befragungen, dass Schüler und Studenten kooperative Lernformen im Vergleich zu kompetitiven und individualisierten Lernformen bevorzugen (Huber et al., 1992). Kooperative Lernformen (d.h. solche, bei denen eine Bewertung nicht nach individueller, sondern aufgrund der zusammengefassten Gruppenleistung erfolgt) sind - vielleicht aufgrund ihrer kooperativen Anreizstruktur - aber besonders lerneffektiv (Slavin, 1983, 1993; vgl. hierzu aber auch die Befunde über die Wirksamkeit sog. cognitiver maps, bei denen vor allem eine Überlegenheit kooperativ-kompetitiver Arbeitsformen nachgewiesen wurde).

Das Fragestellen ist in Gruppen- oder Peer-Teaching-Situationen ebenfalls als effektiv nachgewiesen worden. Graesser und Person (1994) belegten einen positiven Zusammenhang zwischen der Qualität studentischer Fragen in einer Peer-Teaching-Situation und den Lernergebnissen (höherwertige Fragen führen also zu besseren Elaborationen des zu lernenden Materials als bloße Faktenfragen). Es ist aber auch nicht zu übersehen, dass dieses Vorgehen nicht immer und unbedingt positiv von Studierenden eingeschätzt wird. In der Studie von Huber und Rotering-Steinberg, 1998, S. 226) wurde die Technik des Fragestellens von den Studierenden eher als „sinnlos", „schwer", „nicht-hilfreich" und „langweilig" eingeschätzt.

Für die Durchführung kooperativer Methoden des Fragestellens sind viele didaktische Varianten denkbar:

(1) Von Wahl (1995) wurde ein *Partnerinterview* vorgeschlagen; dabei gibt der Kursleiter eine Anzahl von Fragen vor und die Partner sollen abwechselnd die Fragen stellen und dann beantworten.

(2) Bei der Methode des *Wissenslottos* (Wucherer, 1993) werden vom Kursleiter ebenfalls Fragen vorbereitet und durchnummeriert. Jeder Teilnehmer zieht eine bestimmte Anzahl von Fragen, versucht diese für sich zu beantworten und dann wird mit dem anderen getauscht. Schließlich werden die Fragen in der Gruppe nach ihrer Reihenfolge beantwortet.

(3) Bei der *Körbchen-Methode* (Wucherer, 1993) schreiben die Teilnehmer Fragen auf, legen sie in einen Korb, aus dem sie später wiederum Fragekärtchen zur Beantwortung ziehen.

(4) Bei der Methode *Unpräzise Fragen* liegt ein Fragekatalog vor (z.B. „Wie würdest Du einem Laien das Thema erklären!"), der auf viele Themen anwendbar ist. Dabei ziehen und beantworten die Teilnehmer diese Fragen.

(c) Methoden des Fragenstellens

King (1994) leitet Lernende mit Hilfe von Fragestämmen an, Fragen zu Vorlesungen zu formulieren und diese dann (in Gruppen oder allein) zu beantworten. In einer Trainingsphase werden die Studierenden zuerst über den Zweck des Fragenstellens informiert, dann werden ihnen wichtige Fragearten nahegebracht und schließlich wird auch noch das Fragenstellen und -beantworten geübt. In diesen Studien wurden folgende Fragestämme verwandt (zit. n. Huber & Rotering-Steinberg, 1998, S. 218):

- What is the main idea of ...?
- How would you use ... to ...?
- What do you think would happen if ...?
- What is the difference between ... and ...?
- How are ... and ... similar?
- What conclusions can you draw about ...?
- How does ... affect ...?
- What are the strengths and weaknesses of ...?
- What is the best ... and why?
- How is ... related to ... that we studied earlier?

King (1994) sieht einen lernförderlichen Effekt des Fragenstellens vor allem dann, wenn dadurch elaborative Prozesse (Begründungen, Erklärungen) provoziert werden. Einfache Fragen, die sich nur auf eine fertige Lösung beziehen, sind hingegen weniger lernförderlich. Lerner setzen normalerweise elaborierende Lernstrategien weit weniger ein, als sie dies könnten. Gerade dieses Strategienutzungsdefizit sollte durch die entwickelten Fragestellungen behoben werden. Die Ergebnisse bestätigten diese Erwartungen: Angeleitetes kooperatives Fragen erbrachte im Vergleich zu anderen Lernbedingungen (wie z.B. einfaches Besprechen des Lernstoffes, ungeleitetes kooperatives Fragen) bessere unmittelbare wie mittelfristige Behaltensleistungen, es führte zu anspruchsvolleren Fragen und letztlich auch zu anspruchsvolleren Erklärungen. Auch trat ein ATI-Effekt auf:

Internal motivierte Lerner profitierten von dieser Methode mehr als external orientierte.

Huber und Rotering-Steinberg (1998, S. 219f) variierten diese Vorgaben und kamen zu folgenden Fragen:

- Identifikation des Wesentlichen (z.B. „Was sind die wichtigsten Fragen ...?")
- Konkretisierungen und Veranschaulichungen (z.B. „Welche Beispiele ...?")
- Vergleiche / Beziehungen (z.B. „Welche Gemeinsamkeiten ...?")
- Erklärungs- und Begründungszusammenhänge (z.B. „Welche Konsequenzen ...?")
- Bewertungen (z.B. „Wie ist ... zu bewerten und warum?")
- Definitionen (z.B. „Was versteht man unter ...?")

Von diesen Fragenarten können Vergleiche / Beziehungen, Bewertungen und Erklärungs- und Begründungszusammenhänge als höherwertige Fragen gelten (vgl. hierzu die Taxonomie der kognitiven Lehrziele nach Bloom, 1966). Es konnten in dieser Studie aber keine Beziehungen zwischen der Häufigkeit qualitativ hochwertiger Fragen und den Lernergebnissen gefunden werden.

5.4.3.4.4 Technik des gezielten Unterstreichens

Beim Lernen aus einem Text kann durch Unterstreichen der Grundbegriffe und Hauptaussagen eine prägnantere Informationsgewinnung erwartet werden. Dadurch kann die Aufmerksamkeit auf die zentralen Inhalte des Lernstoffes gelenkt und eine Überführung in eine individuelle Repräsentation erleichtert werden. In dieser Überzeugung ist auch die *Technik der vorgegebenen Unterstreichungen* oder der *Heraushebungen in einem Text* als Mittel der Lernerleichterung begründet.

Wie Dumke und Schäfer (1986) aber durch Verweis auf eine Metaanalyse von Groeben (1982) erläutern, zieht diese Maßnahme keinen eindeutig positiven Effekt nach sich (vor allem scheinen durch inzidentelles Lernen auch die nicht unterstrichenen Passagen behalten zu werden, zudem sind besonders bei leistungsschwachen Lernern keine Vorteile vorhanden).

Bei einer weiteren Metaanalyse (Hartley et al., 1980) wurde zwischen vorgegebenen und selbst vorgenommenen Unterstreichungen unterschieden. Hierbei zeigten sich vorwiegend positive Effekte bei selbst vorgenommenen Unterstreichungen. Zudem lassen sich Effizienzunterschiede nach dem Alter der Lernenden nachweisen, ab dem 13. Lebensjahr scheint diese Strategie die Lerneffizienz zu steigern.

In einer Studie von Fass und Schumacher (1978) wurden Studenten verschieden schwere Fassungen eines Textes über Enzyme vorgelegt. Eine Gruppe wurde aufgefordert, wichtige Passagen im Text zu unterstreichen, in der anderen wurde dies untersagt. Aus den Ergebnissen war ein Merkvorteil bei der Gruppe mit der Aufforderung zum Unterstreichen nachweisbar: Dies galt aber nicht für alle Bedingungen: (a) Bei der leichten Textversion ergaben sich keine Vorteile und (b) ebenso waren keine besseren Leistungen bei den wenig motivierten Studenten vorhanden. Offenbar ist der Vorteil dieser Technik nur dann gegeben, wenn durch das Unterstreichen eine zusätzliche Strukturierungshilfe für das Textverständnis geschaffen wird und wenn der Studierende bereit und in der Lage ist, die wesentlichen Aussagen zu erkennen und nicht mehr oder weniger zufällig im Text herumstreicht.

Von Dumke und Schäfer (1986) wird von einer Studie mit Realschülern aus der 9. und 10. Jahrgangsstufe berichtet. Dabei wurden drei Bedingungen miteinander verglichen: (1) nur Lesen eines Textes, (2) Unterstreichen ohne Training und (3) Unterstreichen mit Training. Das Unterstreichungstraining beinhaltete dabei fünf Schritte, die z.T. noch weiter ausdifferenziert wurden (vgl. auch die schon beschriebene SQ3R-Technik):

(a) Überblick verschaffen,
(b) Absatz konzentriert lesen,
(c) Unterstreichen (z.B. wichtige Begriffe, Fachausdrücke, Sinneinheiten, Sätze verkürzen, keine ganzen Sätze unterstreichen, Sätze zusammenfassen),
(d) Wiederholen des Textes anhand der Unterstreichungen und
(e) Einprägen der unterstrichenen Stellen.

Die Studie erbrachte signifikant bessere Lernleistungen zugunsten des trainierten, nicht aber des nichttrainierten Unterstreichens. Vorteile ließen sich nur bei Schülern der 10. und nicht der 9. Jahrgangsstufe nachweisen. Weitere Ergebnisse bezogen sich darauf, dass erfolgreiche Lerner eher sparsam unterstreichen und Blöcke mittlerer Länge verwenden; dadurch ist eine gute Strukturierung des Stoffes zu erreichen. Insgesamt kann diese Technik erfolgreich sein, aber nur dann, wenn mit dem Unterstreichen tatsächlich reduktive Prozesse einhergehen.

Das Unterstreichen kann nicht nur für das Verstehen eines Textes beim ersten Lesen wichtig sein, sondern auch als „äußerer Speicher" bei nachfolgenden Wiederholungen dienen: Die unterstrichenen Passagen ermöglichen dabei ein „überfliegendes Durchgehen", bei dem die gekennzeichneten Wörter Ankerpunkte darstellen, mit deren Hilfe die Textaussagen rekonstruiert werden können.

5.4.3.4.5 Erstellen von Auszügen und Zusammenfassungen eigener Texte

Die Aufforderung, selbst eine Kurzfassung eines Textes zu erstellen, kann die für das Textverständnis wesentlichen reduktiven Prozesse einleiten (Kintsch & van Dijk, 1978; vgl. Kap. 2.4.4.7). Zu fordern wäre aber, dass durch das Textkondensat die umfangreichere Information wieder erschlossen werden kann.

Nach Tergan (1983) werden bei einem leichter verständlichen Text spontan eher Auszüge gemacht als bei einem schwer verständlichen; vermutlich wird bei sehr schweren Texten das Erstellen eines Auszuges als zu anstrengend eingeschätzt, vielleicht wird aber auch befürchtet, dass wesentliche Informationen dann verloren gingen.

5.4.3.4.6 Erstellen eigener Texte

Auch das selbständige Erstellen von Texten kann eine wichtige Lernstrategie sein. Ein erstellter Text kann dabei einen kommunikativen Zweck verfolgen (z.B. wenn damit ein Referat vorbereitet wird) oder er kann zum Selbstlernen bei der Auseinandersetzung mit einem Lerninhalt verfasst werden. Nach Friedrich (1995, S. 129) wurde in der Psychologie die Funktion des Schreibens für den Wissenserwerb lange Zeit nicht adäquat beachtet. Erst in den 80er Jahren wurde unter dem Stichwort des „epistemischen Schreibens" diese Möglichkeit untersucht (Eigler et al., 1990; Eigler & Nenniger, 1985).

Wolff (1991, S. 35) fand Schreibstrategien heraus, die für die erfolgreichen Schreiber typisch sind: Diese verfügen über unterschiedliche Verfahren, mit denen sie Material für den zu verfassenden Text sammeln (Brainstormingmethoden, Anfertigung von Stoffsammlungen, Gliederungen - auch mit Hilfe von Begriffslandschaften). Sie schaffen es dabei, mehr Assoziationen herzustellen, die sie für die Produktion des Textes gebrauchen können. Sie verfügen auch über mehrere Ordnungs- und Gliederungsstrategien (Einleitung, Hauptteil, Schluss), wobei die Planung des Schreibens selten linear, sondern meist zyklisch unter Einbeziehung der verschiedenen Komponenten des Schreibens vor sich geht. Sie verfügen über Routineformulierungen, die ihnen viel Zeit bei der Suche nach geeigneten Ausdrücken ersparen. Bei der Korrektur eines Textes findet dann häufig ein Wechsel zwischen

Schreiben und Lesen statt („writing-reading loop"). Kompetente SchreiberInnen können sich zudem in die LeserInnen hineinversetzen und sind fähig, die Wirkung eines Textes auf diese adäquat einzuschätzen.

Im Grunde werden hier drei Kompetenzbereiche angesprochen: (1) Wissensspeicher des Schreibers/der Schreiberin in inhaltlicher und formaler Hinsicht (z.B. über Textformate, Sprache), (2) Planungs- und Ausführungskompetenzen (Inhalte bereit stellen, gliedern, Schreibziele setzen, Ideen in Sprache umsetzen) sowie (3) Kontroll- und Bewertungskompetenzen.

Schreiben scheint deshalb eine interessante Strategie zu sein, da hier Wissen unter einem bestimmten Anwendungsgesichtspunkt (jemanden überzeugen, einen Sachverhalt angemessen darstellen) abgerufen und gegebenenfalls modifiziert zu Papier gebracht werden muss (Friedrich, 1995, S. 130); Schreiben wird damit zu einer Problemlösestrategie.

5.4.3.4.7 Technik des Notizen-Anfertigens

In vielen Lehr- und Lernkontexten wird die Information über Vorträge (Frontalunterricht) vermittelt. Die dargebotene Information muss aber entweder sogleich oder zeitversetzt verarbeitet werden, dazu kann es hilfreich sein, sich Notizen angefertigt zu haben. Das Mitschreiben erlaubt die Aufmerksamkeitslenkung auf den Vortrag und die Notizen können für die Rekonstruktion des Gehörten (Struktur des Vortrages, Suche nach eigenen Elaborationen) eine Hilfe sein. Prinzipiell wünschenswert wäre es, gleich nach dem Vortrag die Notizen durchzugehen, das Verständnis des Gehörten zu überprüfen und durch Symbole das Verständnis zu den Notizen deutlich zu machen. Hierzu wurden unterschiedlichste Empfehlungen entwickelt (z.B.: „?" bedeutet „unklar", „X" bedeutet „besonders wichtig", „+" kann heißen „weiter verfolgen, Informationen einholen", „F" bedeutet „Fragen stellen", „!?" heißt „ich bin anderer Meinung").

Von Berliner (1971) wurde mit Studenten eine Studie durchgeführt, bei der ein 45-minütiger Film über chinesische Geschichte gezeigt wurde. Eine Gruppe der Studenten wurde angewiesen, sich während des Films Notizen zu machen, die andere sollte dem Film nur aufmerksam folgen. Nach dem Film konnten beide Gruppen den Film noch einmal anhand ihrer Notizen oder „im Kopf" durchgehen. Sodann wurden ein Behaltenstest unmittelbar und ein weiterer eine Woche später durchgeführt. Die Gruppe, die sich Notizen machen konnte, war der Aufmerksamkeitsgruppe in beiden Fällen überlegen.

5.4.4 Bildverwendung zu Lehr- und Lernzwecken

Eine auf Erfahrung begründete pädagogische Forderung ist die nach „Veranschaulichung" der zu lehrenden Sachverhalte. Anschaulichkeit als didaktisches Prinzip wird z.B. im österreichischen Lehrplan für Volksschulen (Lang, 1963, S. 28) gefordert.[11]

Was ist aber mit „Veranschaulichung" gemeint? Vielfältige Möglichkeiten der Veranschaulichung und zugleich die Problematisierung der Selbstverständlichkeit dieser Forderung wurden von Vierlinger (1993) diskutiert: Trotz naheliegender Assoziation (etwas an„schauen") kann Anschaulichkeit nicht mit Illustration von Texten gleichgesetzt werden.[12] Es muss vielmehr eine Verbindung zwischen Kognition (wie immer man dies auch benennen mag, z.B. mit Begriffserwerb, mentalem Modell über Wirklichkeitsausschnitte oder der Verfügung über Schemata) und darzustellendem Sachverhalt hergestellt werden. Die Technik der Begriffslandschaft (s.u.) ist hierfür eine Brücke.

5.4.4.1 Visualisierung von Sachverhalten

Infomationspräsentation kann arrangiert werden auf einem Kontinuum, beginnend mit realistischen Bildern (Bewegtbildern) bis hin zu gesprochener oder geschriebener Sprache. Während Sprache konventionell ist, ähneln Bilder (zumindest informierende) den abzubildenden Phänomenen. Die Verwendung von Bildern zu Lehr- und Lernzwecken, zur bewussten und auch unterschwelligen Be-

---

[11] „Das Prinzip der Heimat- und Lebensnähe verlangt auch, daß der Lehrstoff in unmittelbarer oder mittelbarer Anschauung (Lehrausgang, Modell, Bild, Film, Funk, Fernsehen) dargeboten werde. Auch die Aufgaben der sprachlichen und zahlenmäßigen Darstellung verlangen - der konkreten Denkweise der Schüler bis hin in die Reifezeit entsprechend - eine ausreichende anschauliche Fundierung. Ein Unterricht, in dem das Bildungsgut nur in sprachlicher Form dargeboten wird, genügt in den meisten Fällen nicht dem Anschauungsprinzip" (Lang, 1963, S. 28). Bereits in einer Verordnung des Ministeriums für Kultus und Unterricht vom 29. September 1905 wird die Anschaffung von „Veranschaulichungsmitteln" gefordert (Reichsvolksschulgesetz, 1929, S. 63).

[12] Dass Bilder zu besseren Behaltenseffekten führen *können*, ist selbst ein erklärungsbedürftiges Faktum. Auch wurde nachgewiesen, dass Videosequenzen im Vergleich zu Farb- oder Schwarz-Weiß-Bildern einen Behaltensvorteil aufweisen (Vilsmeier & Fiedler-Breuherr, 1996), ohne dass aber eine eindeutige Erklärung dieser Effekte möglich wäre (z.B. offene Fragen einer daten- oder konzeptgetriebenen Reizverarbeitung; Effekte visueller Reichhaltigkeit).

einflussung von Menschen, hat eine lange Tradition[13]. Zu den Standardtechniken der Unterrichtsvorbereitung gehört es denn auch, bebilderte Arbeitsblätter (auch Folien oder „Tafelbilder") zu entwickeln, die den Lernprozess steuern und das Behalten fördern sollen (vgl. z.B. die zahlreichen Beispiele in Wellenhofer, 1985).

Im pädagogischen Kontext wird die Verwendung von Bildern zumeist unter dem Aspekt der Veranschaulichung abstrakter Sachverhalte diskutiert, ohne dass zu diesem Thema eine systematische Forschungstradition eingesetzt hätte (Michael, 1983). In der Psychologie hat unter dem Einfluss von Modellvorstellungen zu Prozessen der Informationsverarbeitung und -speicherung eine intensive Beschäftigung mit dieser Thematik eingesetzt, wobei im grundlagenwissenschaftlichen Bereich - wie zumeist - mehr Fragen aufgeworfen wurden als beantwortet werden konnten. In pragmatischer Perspektive wurden aber zumindest fruchtbare Systematisierungen von Visualisierungen erarbeitet, die für Lehrzwecke berücksichtigenswert sind (Weidenmann, 1986; 1988; vgl. Abb. 5.6).

Im Unterschied zu den im Schulbereich üblichen Lehrformen werden in der Instruktionspsychologie vermehrt Lehr- und Lerntechniken empfohlen, die von Modellvorstellungen der kognitiven Psychologie Gebrauch machen (auch hier lassen sich leider sehr plakative Vermarktungen von guten Ideen, z.B. Kirkhoff [1988], nicht vermeiden). Besonders Gedächtnismodelle, die Inhalte in Form von Netzwerken abbilden, scheinen für eine solche Verwendung attraktiv. Sollten diese theoretischen Vorstellungen ein geeignetes Modell für die Wissensdarstellung und -speicherung sein, so erscheint es naheliegend, auch den Lehr- und Lernprozess an diesem Modell zu orientieren. Genau dies wurde von Novak und Gowin (1984) vorgeschlagen, die als metakognitive Lernstrategien „concept maps" (Begriffs-Landschaften) zu verwenden empfahlen. Andere Autoren verwenden für den beabsichtigten Prozeß der Informationsverdichtung unter Benutzung visueller Argumente die Bezeichnungen „networking" (Danserau et al., 1979), „schematizing" (Mirande, 1986; Camstra & Bruggen, 1986) oder „flowcharting" (Geva, 1981).

---

[13] In einer illiteraten Gesellschaft waren Bilder (oder andere Werke der bildenden Kunst) in einem viel umfassenderen Sinn von Bedeutung. So mussten (praktisch bis zur Durchsetzung der allgemeinen Schulpflicht im zweiten Drittel des 18. Jahrhundert) religiöse Aussagen primär über Bilder transportiert werden. Man könnte in der Barockzeit aus katholischer Sicht sogar ein vorwiegend visuelles Argument im Zuge der Gegenreformation sehen. Im schulischen Bereich ist als Meilenstein der Bildverwendung der Orbis sensualium pictus (1978) von Johann Amos Comenius zu erwähnen, mit dem noch der junge Goethe gelernt haben soll.

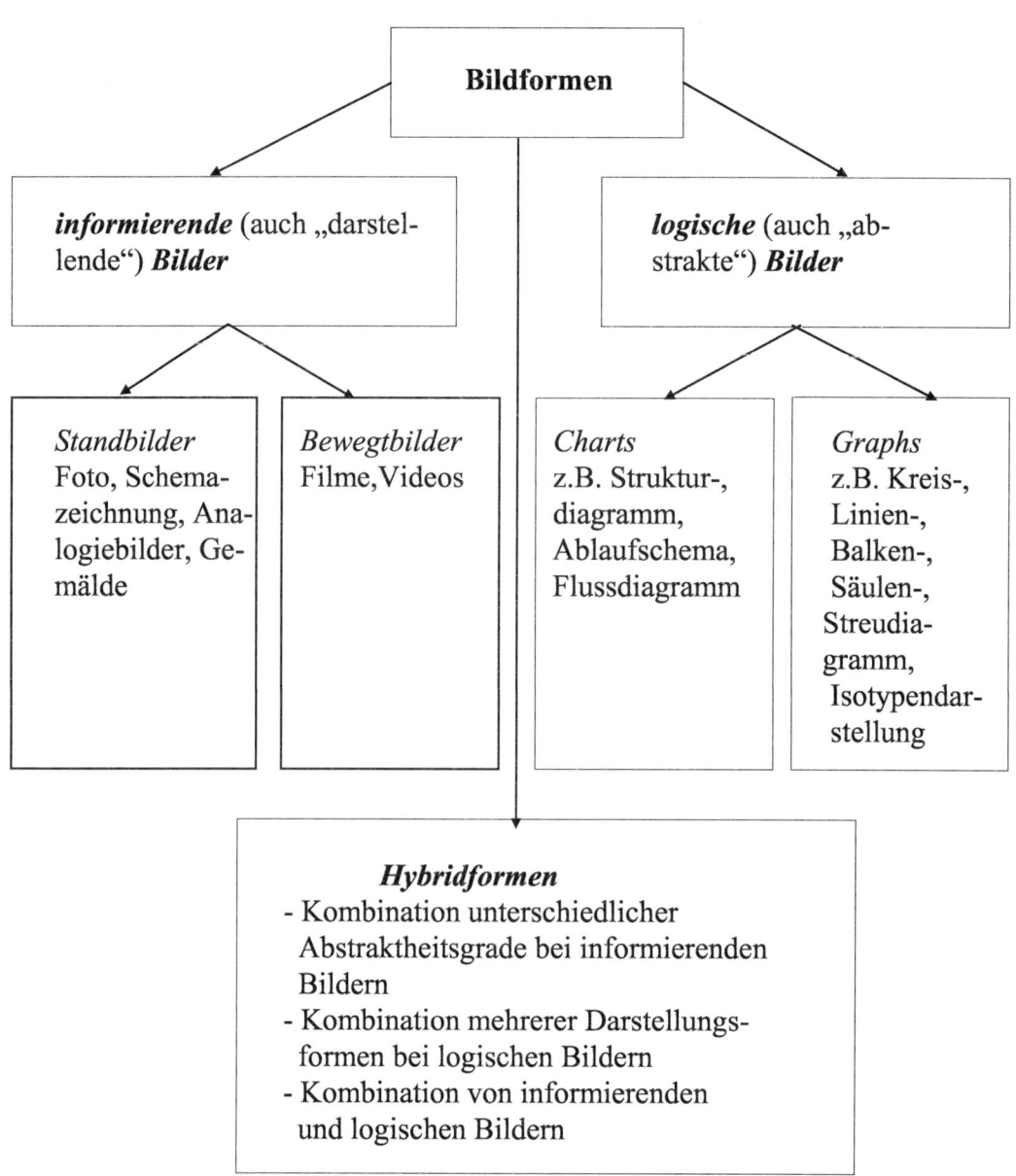

Abbildung 5.6: Visualisierungsmöglichkeiten von Sachverhalten (ergänzt nach Weidenmann [1994] und Schnotz [1994])

So wurden von Weidenmann (1994, S. 12f) *informierende Bilder* (wegen des beschreibenden Darstellungscodes auch *darstellende* Bilder genannt) von *logischen Bildern* (analytischer Darstellungscode, daher auch *abstrakte* Bilder genannt) unterschieden. Bei letzteren ist wieder zu differenzieren (Schnotz, 1994, S. 97) nach *Charts* (*engl.* Seekarte, aber auch Tabelle) und *Graphs* (*engl.* graphische Darstellung, Graphik).[14] Charts stellen Zusammenhänge zwischen qualitativen Merkmalen (z.B. Struktur- und Ablaufdiagramme) und Graphs Zusammenhänge zwischen quantitativen und qualitativen Merkmalen (z.B. Kreisdiagramme) oder zwischen ausschließlich quantitativen Merkmalen (z.B. in Form eines Liniendiagramms) her.

Informierende Bilder haben die Aufgabe, Abbild eines Realitätsaspektes zu sein. Die Abbildung kann realistisch (Foto, Zeichnung) oder auch schematisch (abstrahierende Darstellung eines realen Objektes) sein (Weidenmann subsumiert darunter auch Analogiebilder), man kann dabei zusätzlich Standbilder von Bewegtbildern (Film / Video) unterscheiden.

Sog. *logische Bilder* sind graphische Repräsentationen von Daten; die Bezeichnung „logisch" wurde von Weidenmann gewählt, weil er meint, die zu visualisierenden Argumente seien logischer Natur. „Logische Bilder sind ... kulturelle Erfindungen zur Visualisierung von abstrakten Strukturen, Relationen, Mengen und Abläufen. Diese Darstellungscodes sind in hohem Maße konventionalisiert" (a.a.O., S. 16). Isotypen (International System of Typographic Picture Education), eine auf Otto und Marie Neurath zurückgehende Erfindung der Visualisierung zu pädagogischen Zwecken, sind den logischen Bildern subsumierbar.

Interessant sind dabei *Hybridformen*,

- dabei können z.B. innerhalb eines informierenden Bildes unterschiedliche Abstraktheitsgrade verwendet werden (z.B. bei einer Herzdarstellung wird die linke Hälfte schematisch, die rechte realistisch dargestellt),
- es können innerhalb eines logischen Bildes verschiedene Darstellungsformen miteinander verknüpft werden oder
- es werden informierende und logische Bilder miteinander kombiniert (indem z.B. einem Liniendiagramm ein Bild unterlegt wird, bis hin zu den hoch ästhe-

---

[14] Schnotz (1994, S. 97) verweist darauf, dass die Terminologie nicht einheitlich ist: Auch Tabellen werden bisweilen als Charts bezeichnet, anstelle von Charts und Graphs wird bisweilen von Diagrammen gesprochen, zu denen aber auch wieder realistische Schemazeichnungen (die in diesem Kontext als informierende Bilder benannt wurden) gezählt werden. Welche Art von Bild stellt Abbildung 5.1 dar? Wo sind in diesem Kontext die Begriffslandschaften (s.u.) einzuordnen?

sierten Bildern, z.B. die von Imhof [1988, S. 37] entwickelten Kombinationen von Kreis- oder Säulendiagrammen mit Bildern von Kunstwerken).

Tabellen, Graphiken und Diagramme sind zwar Ergebnisse von Abstraktionsprozessen, sie nützen aber zusätzlich die Möglichkeiten räumlicher Anordnung in einer bedeutungstransportierenden Weise. Der Vorteil ist gegenüber einer verbalen Beschreibung evident (z.B. Veränderungen über die Zeit können so auf einen Blick erfasst werden; die verbale Beschreibung eines Weges kann mühevoll sein, eine gezeichnete Skizze ist hingegen leicht verständlich[15]). Die graphische Darstellung von Prozessen (Flussdiagramme) gelingt viel leichter als die verbale. Diagramme scheinen besonders dann lernwirksam zu sein, wenn sie *allein* zur Informationsdarstellung angeboten werden. Werden sie zusammen mit Text angeboten (wie üblich in Lehrbüchern), so ist die Lernwirksamkeit nicht größer als bei Text allein (Winn, 1987, S. 185). Dies kann darin liegen, dass bei Text plus Diagramm letzteres nicht adäquat verarbeitet wird (den Prozess kann man aus dem Text allein verstehen). Eventuell liegt es aber auch daran, dass bei Text plus Diagramm keine „tiefere" (selbstgesteuerte) Elaboration des Prozesses stattfindet.

Für den Autor eines Lehrwerkes oder auch einen Lehrer, der ein Arbeitsblatt entwirft, sind zwei Fragen zu prüfen (Weidenmann, 1994, S. 12):

- Wird ein Sachverhalt durch die Art der Visualisierung adäquat dargestellt (ist der gewählte *Darstellungscode* dem Argument angemessen)?

- Ist das Bild so gestaltet, dass es gemäß der Intention des Autors adäquat rezipiert wird (wird der Rezipient durch entsprechende *Steuerungscodes* zu einer angemessenen Rezeption der im Bild enthaltenen Information geführt)?

5.4.4.2 *Effekte und Erklärungen für die Lernwirksamkeit visueller Darstellungsformen*

Visuelle Darstellungsformen weisen verschiedene Effekte auf (Winn, 1987):

- Die räumliche In-Beziehung-Setzung von Elementen zu sinnvollen Clustern *kann* zuvorderst das Lernen verbessern.

---

[15] Vgl. hierzu auch das sog. *Dunckersche Bergtourenproblem* (wenn man einen Weg auf einen Berg hinauf und am nächsten Tag zum gleichen Zeitpunkt zurückgeht, gibt es dann einen Ort, an dem man zum gleichen Zeitpunkt wäre wie beim Aufstieg; bei einer Überführung in ein Zeit-Weg-Diagramm ist die Lösung evident; Duncker, 1935, S. 67).

Kulhavy et al. (1983) haben drei Varianten eines Stadtplans vorgegeben - in einem sind die wesentlichen Gebäude verbal bezeichnet worden, bei einer zweiten Variante wurden sie als realistische Zeichnungen und bei einer dritten mit arbiträren geometrischen Symbolen dargestellt. Universitätsstudenten mussten in der Prüfphase die Leerstellen des Stadtplanes ausfüllen. Dabei waren bessere Leistungen bei den Bildern und den verbalen Bezeichnungen als mit den Symbolen gegeben. Bei einem Wiedererkennungstest war die Bilderversion der Symbolversion ebenfalls signifikant überlegen. D.h. in diesem Kontext sind realistische Elemente den symbolischen überlegen.

- Zudem existieren *ATI-Effekte* mit verbalen Fähigkeiten: bei schwach ausgeprägten verbalen Fähigkeiten ist eine bessere Nutzung graphisch repräsentierter Information gegeben (Holliday et al., 1977).

Wie sind diese Effekte aber zu erklären? Im wesentlichen kann man auf physiologische und auf kognitive Mechanismen der Informationsverarbeitung verweisen.

(1) Physiologische Mechanismen

Das visuelle System ist sehr gut für Mustererkennungsprozesse (auch z.B. zum Erkennen von graphischen Formen) geeignet, weniger aber für die Abgabe quantitativer Urteile (z.B. ein Luftbild zu interpretieren gelingt leicht, die Frage, wie viele Häuser auf dem Bild sind, kann nur durch Abzählen gelöst werden).

(2) Kognitive Mechanismen

(2a) Bildwirkung (imagery): Information könnte als bildhafte Strukturen gespeichert sein, diese könnten bestimmte Eigenschaften der Bilder, der graphischen Formen oder der unmittelbaren visuellen Erfahrungen, die zu ihrer Entstehung beigetragen haben, enthalten (vgl. hierzu die Ausführungen zu Paivios Dual-code-Theory, Kap. 2.4.4.4). Graphische Formen führen zur Entstehung mentaler Bilder, die es wiederum erleichtern, dass bestimmte Formen von Information leichter gelernt werden.

(2b) Simultane vs. sukzessive Verarbeitung: Wenn z.B. ein Puzzle gelöst werden soll, ist eine simultane Verarbeitung der gegebenen Information sinnvoller als eine sukzessive. Aus Untersuchungen mit Augenbewegungskameras geht ebenfalls hervor, dass man bei Bildern zuerst versucht, bekannte oder bedeutungsvolle Muster zu erkennen.

(2c) Graphische Organisatoren: Graphiken könnten als „advance organizers" wirken (vgl. hierzu auch die simultane Informationsverarbeitung in semantischen Netzwerken).

(2d) Bedeutungsvolle Nutzung von räumlichen Beziehungen: Eine Illustration kann als Summe von Elementen und den Beziehungen unter den Elementen aufgefasst werden. Bei einem realistischen Abbild ist es oft schwer zu entscheiden, wann ein Element beginnt oder endet. In Graphiken sind die Elemente hingegen eindeutig definiert (Bus-Plan).

5.4.4.3 Technik der Begriffslandschaften

5.4.4.3.1 Definition und Historie

Begriffs-Landschaften sind verbal angereicherte, graphische Repräsentationen der Bedeutung von Begriffen in einem gegeben Wissensbereich.[16] Weitergehendes Wissen wird in Form von Begriffen und den Relationen zwischen Begriffen abgebildet, wobei die Begriffe als Knoten (in einem semantischen Netzwerk) und die Relationen als Linien (mit unterschiedlicher Bedeutungszuschreibung) dienen. Von Novak (1990, S. 29) wird ein sehr weites Verständnis von 'Begriff' zugelassen („We define *concepts* as a perceived regularity in events or objects, or records of events or objects, designed by a label."). Begriffe sind durch *Propositionen* miteinander verbunden. Eine extensionale Definition der Bedeutung eines Begriffes könnte die Summe aller propositionalen Verbindungen sein, die eine Person mit einem Begriff bilden kann.

Zumeist ist es sinnvoll, Begriffslandschaften hierarchisch zu konzipieren (Novak & Gowin, 1984, S. 16). Zwischen unterschiedlichen Segmenten der Begriffshierarchie kann es aber auch Querverbindungen („cross links") geben. Wichtig ist zudem, dass dasselbe Thema in unterschiedlichen Begriffslandschaften visualisiert werden kann, d.h. die erarbeiteten Lösungen sind nicht eindeutig (vgl. z.B. die Begriffslandschaft zu diesem Konzept von Jüngst, 1995, S. 240).

---

[16] Mit *Mapping-Techniken* sind Versuche gemeint, Wissensbestände graphisch darzustellen. Mappingverfahren sollen es erlauben, „aus der Vielfalt an Information die wichtigste zu erkennen und sie von der sequentiellen Kodierung im Text in eine strukturierte graphische Darstellung überzuführen" (Pflugradt, 1985, S. 8).

Die systematisch entwickelten Mapping-Verfahren unterscheiden sich danach, welche Relationen zugelassen werden. Einen Überblick zu mehr als 20 Verfahren geben Jonassen, Beissner und Yacci (1993). Auf einzelne Techniken soll hier allerdings nicht eingegangen werden. Im deutschen Sprachraum wurden spezielle Systeme in Anlehnung an die S-L-T (Scheele & Groeben, 1984) für diesen Zweck adaptiert; Jüngst (1992) hat ein sehr überzeugendes Einführungsprogramm in diese Technik entwickelt; Fischer et al. (1995) stellen unter dem Namen *In-Structure-Tool* ein computergestütztes Verfahren vor, das sie für die Medizinerausbildung entwickelt und evaluiert haben.

Von Jüngst (1992) wurde ein Verfahren entwickelt, bei dem Begriffe in graphischen Begriffsnetzen dargestellt werden. Begriffsnetze sind visualisierte Begriffsschemata, wobei zwei Dimensionen berücksichtigt werden: (a) Komplexion (Teil-Ganzes-Beziehung) und (b) Abstraktion (Ist-Ein-Beziehung). Die Knoten eines Netzes können Personen, Objekte oder Ereignisse repräsentieren und sie sind mit verschiedenen Relationen untereinander verbunden (vgl. Abb. 5.1).

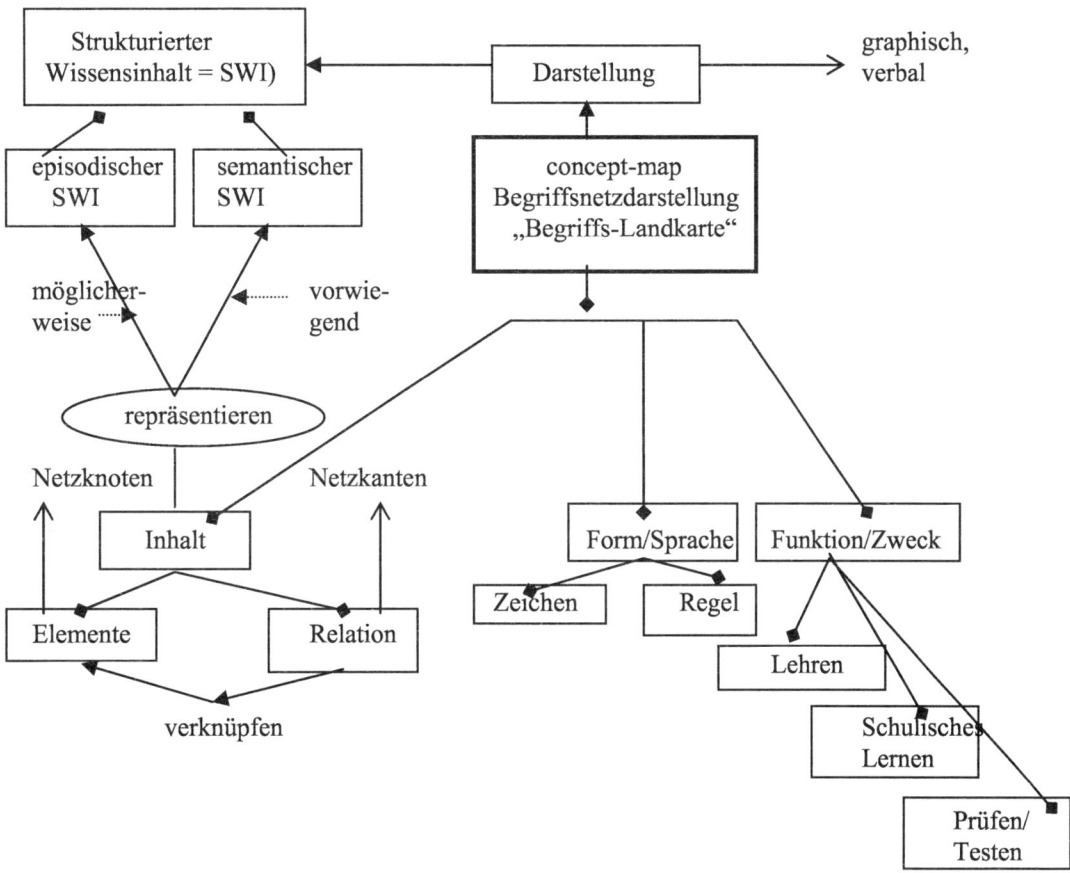

Abbildung 5.7: Beispiel einer Begriffslandschaft (verkürzt nach Jüngst, 1995, S. 240)

⟶ = „ist ein"-Relation   ⇒ = „ist" (i.S. von Eigenschaft-)Relation
⟶◆ = „hat als Teil"-Relation   ⤍ = Quantifikator

Lehrende können einen Gegenstandsbereich in ein solches Begriffsnetz überführen und ihn mit den Lernenden durchsprechen. Die Begriffsnetze können auch zur Prüfung erworbenen Wissens verwendet werden (welche Repräsentationen entwickeln Lernende, welche Lücken sind im Vergleich zu der Expertenlösung vorhanden?).

Historisch gesehen, geht die Idee *kognitiver Landschaften* auf Tolman (1932) zurück. Tolman ging bei seinen Rattenversuchen davon aus, dass diese Tiere bei dem Finden eines Weges durch ein Labyrinth ein Netz von Handlungsabläufen zwischen Ausgang, Mittel- und Zielobjekt ausbilden, also nicht einfache assoziative Reiz-Reaktionsverbindungen aufbauen, sondern eine gegenüber spezifischen Reizgegebenheiten (z.B. Durchlaufen oder Durchschwimmen eines Labyrinths) unabhängige Struktur aufbauen.[17] Ein weiterer wesentlicher Anstoß erfolgte durch die LNR-Gruppe (Norman & Rumelhart, 1975), die mit ihren semantischen Netzwerkmodellen nicht nur Möglichkeiten der Wissensspeicherung darstellen wollten, sondern bereits didaktische Anwendungen gesehen haben.

Aus der Schule Ausubels nimmt Novak (1990; Ausubel et al., 1981) für sich in Anspruch, der eigentliche Erfinder (etwa um 1970) der Technik der Begriffslandschaften zu sein. In Deutschland hat Klauer (1974) frühzeitig auf die Möglichkeit der Verwendung von Strukturgraphen zur Lehrzielpräzisierung für diagnostische und auch für didaktische Zwecke hingewiesen, aber auch Aebli (1978) bringt ausgefeilte Beispiele von Begriffslandschaften, ohne allerdings einen entsprechenden Fachterminus dafür gebildet zu haben.

5.4.4.3.2 Zielsetzungen und Einsatzmöglichkeiten

Mit dem Verfahren der Konstruktion von Begriffslandschaften können unterschiedlichste Ziele angestrebt werden (Fischer, Gräsel, Kittel & Mandl, 1995, S. 6; Tergan, 1988):

(1) Einsatz zur Lehrplanung - „Roadmapping" als Methode Lernwegerläuterung: Die Begriffslandschaften können als Landmarken für ein Monats- oder Jahrescurriculum eingesetzt werden. Wie bei einem Reiseplan können bei bestimmten Punkten höhere Auflösungsniveaus sinnvoll sein (z.B. wie bei einem

---

[17] Diese Studien sind wiederum durch Beobachtungen von Lashley (1929, zit. n. Wimmer & Perner, 1979, S. 229) angeregt, der bei einigen seiner Versuchstiere, welche schon ein Labyrinth gelernt hatten, beobachtete, dass diese aus der Startbox herausliefen und direkt die Zielbox ansteuerten. Dies führt zu dem Schluss, dass die Ratten nicht nur eine Serie von Rechtslinks-Entscheidungen gelernt, sondern einen mentalen Gesamtplan des Labyrinths erstellt hatten. Über kognitive Landkarten von Städten etc. informieren ebenfalls Wimmer und Perner (1979, S. 230).

Stadtplan, wenn diese Stadt auf einer Reiseroute genauer erforscht werden soll). Solche Pläne könnten für ein Fach in der Schulklasse aufgehängt werden, damit die Schüler wissen, wo sie sich gerade befinden.

Edmondson (1994) erläutert solche Anwendungsbeispiele von Begriffslandschaften im Rahmen des veterinärmedizinischen Unterrichts. Diese seien nützlich, um das zu lehrende Curriculum (Schlüsselbegriffe, Grundprinzipien) einzugrenzen. Sie können dann auch bei der Fallarbeit als Leitfaden verwendet werden.

(2) Begriffslandschaften als Mittel zur Vorstrukturierung (advance organizer) schulischen Unterrichts: Der Einsatz von Organsationshilfen (Ausubel, 1960) wird in der Literatur zum Lehren immer wieder empfohlen und als effizient dargestellt (Gage & Berliner, 1979, S. 145; Grell & Grell, 1979). Als Beispiele für Organisationshilfen gelten Vorstrukturierungen (Gliederung eines Vortrages), die Angabe von wichtigen Regeln oder Prinzipien bzw. die Erläuterung von Begriffen, die später gebraucht werden. Der Lehrende versucht damit, das bereits vorhandene Wissen bei den Lernern zu aktivieren.

In einer Studie von Willerman und Mac Harg (1991) wurde im Fach Physik zu Beginn einer zweiwöchigen Lehreinheit eine Experimentalgruppe mittels einer Begriffslandschaft in das zu behandelnde Thema eingeführt. Die Schüler bekamen bei dieser Vorstrukturierung ein Blatt mit leeren Kreisen, die mit Pfeilen verbunden waren, der Lehrer entwickelte seine Begriffslandschaft und die Schüler mussten die Begriffe in das Blatt eintragen. Nach Abschluss der Lehreinheit wurde ein Leistungstest durchgeführt, aus dessen Resultaten die Überlegenheit der Experimentalgruppe hervorging. Den Leistungsvorteil erklären die Autoren durch die Güte der durch die Lehrer angefertigten Begriffslandschaft sowie durch die aufgrund der Vorstrukturierung erfolgte Aufmerksamkeitslenkung auf die wesentlichen Aspekte des Themas.

Die Befunde zur Effizienz von Begriffslandschaften als Organisationshilfen sind etwas heterogen: Während Barnes und Clauson (1975) keine Vorteile dieser Technik fanden, konnten nachfolgende Metaanalysen von Stone (1982) Effektgrößen von .48 bzw. von Walberg (1984) von .20 finden.

(3) Darstellung von Wissensstrukturen im Unterricht: Begriffslandschaften können in vielfältiger Weise zum *Einsatz in Unterrichtssituationen* kommen, um Lernenden komplexe Informationen strukturiert zu vermitteln.

Soyibo (1991) verglich den Effekt eines Concept-mapping-Verfahrens mit dem herkömmlichen Klassenunterricht in Biologie (Schüler aus 4. Klassen einer Secondary School). Außerdem wurde ein sozialer Aspekt des Lernens variiert - ein

Teil der Lerngruppen wurde zu Intragruppenkooperation angehalten (kooperatives Lernen), ein anderer zu Intragruppenkooperation bei gleichzeitigem Intergruppenwettstreit (kooperativ-kompetitives Lernen) und ein dritter Teil der Schüler sollte individualistisch lernen. Sowohl die Lehrmethode wie auch die Sozialform erwiesen sich als einflussreich. Schüler, die Begriffsmapping-Techniken anwandten, erzielten einen fast doppelt so hohen Lerngewinn, zudem war der Lernzuwachs in kooperativ-kompetitiven Gruppen am größten, gefolgt von den kooperativen, am geringsten war der Zuwachs bei individualistisch vorgehenden Lernern.

Nach Jüngst (1994; 1995) ist die Präsentation bzw. das Durcharbeiten eines Begriffsnetzes signifikant lernwirksamer als das Durcharbeiten eines informationsgleichen Textes. Lernende, die mit einem Begriffsnetz unterrichtet wurden, zeigten in sechs von 13 Unterrichtsexperimenten statistisch signifikante und in weiteren fünf numerisch bessere Behaltensleistungen als Lernende, die zusammenfassende Texte durcharbeiteten.

In einem weiteren Experiment wurde von Jüngst (1995, S. 238) der Einsatz eines Begriffsnetzes im Vergleich zu einem zusammenfassenden Text für Wiederholungsaufgaben geprüft. Dazu wurde nach einer Unterrichtseinheit mit Text- oder Netzwerkdarstellung ein Lückentest vorgegeben und darauf bezogen drei verschiedene Formen der Rückmeldung gegeben, die unterschiedliche elaborative Prozesse auslösen könnten: (a) markierte Fehler plus der alternativen Darbietungsversion in vollständiger Form, d.h. entweder korrekte Text- oder Netzdarstellung („variante Rückmeldung", bedeutungsvoll-rezeptives Lernen), (b) markierte Fehler plus identische korrekte Darbietungsform („invariante Rückmeldung", mechanisch-rezeptives Lernen) sowie (c) markierte Fehler ohne weitere Rückmeldung (bedeutungsvoll-entdeckendes Lernen). In der Unterrichtsstunde nach der Rückmeldung wurde der Wissenstest erneut vorgegeben. Wegen der sich einstellenden Deckeneffekte konnten keine üblichen Signifikanztests gerechnet werden; bei der Netzversion waren in 69 %, bei der Textversion in 44 % der Fälle Deckeneffekte gegeben; am häufigsten traten diese bei dem invarianten Rückmeldemodus auf, am zweithäufigsten bei der varianten Rückmeldung und am seltensten bei Rückmeldung mit keiner Lösungsvorlage. Letztere Varianten schnitten im Sinne eines Wechselwirkungseffektes besonders schlecht bei der Netzdarstellung ab. In der subjektiven Bewertung schnitt die invariante Rückmeldeform am besten, die variante am zweitbesten ab.

(4) Hilfsmittel zum selbstgesteuerten Lernen und zum Erwerb wissenschaftlichen Denkens: Mit Begriffslandschaften können die Lernenden (im Schul- und im Universitätsunterricht) selbst Informationen organisieren und reduzieren (Heinze-Fry & Novak, 1990).

Von Pflugradt (1985) wurde ein Verfahren entwickelt, mit dem Lernende selbst Informationen organisieren und reduzieren sollen. Es müssen aus einem Text zuerst Bedeutungseinheiten extrahiert werden (Personen, Gegenstände, konkrete und abstrakte Begriffe, Ereignisse, Prozesse, Eigenschaften). Diese können dann mittels 20 Relationen miteinander verknüpft werden (einschließlich entsprechender Elaborationen). Mit diesem System soll der Lernende angeregt werden, zwischen wichtigen und unwichtigen Bedeutungseinheiten zu unterscheiden, diese in eine Hierarchie zu bringen und sie durch Auswahl treffender Relationen miteinander kohärent zu verbinden.

Jüngst (1994) hatte keinen Lerneffekt durch das bloße Präsentieren von Concept Maps als Zusammenfassung begrifflichen Wissens gefunden. Eventuell ist erst das elaborierende Durcharbeiten einer Begriffsstruktur die wesentliche Lernanregung (ähnlich auch Novak [1990], der davor warnt, solche Schemata ohne Mitarbeit der Lernenden zu präsentieren).

In der Studie von Heinze-Fry und Novak (1990) über den Einsatz von Mapping-Techniken in einem Selbstlernkurs in Biologie waren trotz nummerischer Differenzen zugunsten des Mappingverfahrens keine statistisch nachweisbaren Effekte zu objektivieren. Ein Interaktionseffekt in Zusammenhang mit dem Vorwissen zeigt, dass Mapping bei hohem Vorwissen besonders merkförderlich ist. In Einzelfällen wurde diese Lerntechnik *spontan* auch in anderen Bereichen verwendet.

Möglichkeiten dieses Art des Einsatzes der Begriffslandschaften sind z.B. gegeben
- bei der Extraktion des Inhalts von Büchern (Probleme des sinnentnehmenden Lesens),
- bei der Extraktion von Ergebnissen aus Untersuchungen (Feld- oder Laborstudien, was sind die zentralen Begriffe, wie werden diese umgesetzt, was soll beobachtet werden?),
- beim Lesen eines Artikels in einer Zeitschrift,
- bei der Planung einer Arbeit (Notieren wesentlicher Begriffe, dann Ausarbeitung von Interrelationen ...).
Roth und Roychoudhury (1992) verweisen darauf, dass die Erarbeitung von Begriffslandschaften eine Methode ist, Schülern wissenschaftliches Denken nahe zu bringen.

(5) Diagnose von Wissensstrukturen: Für die Anregung zum (einsichtsgeleiteten) Lernen ist die Kenntnis des Wissensstandes eines Lerners wesentlich (Schemann, 1995). Durch die Ausarbeitung von Begriffslandschaften können sowohl *Wissenslücken* in einem bestimmten Gegenstandsbereich, wie auch *Fehlvorstel-*

lungen (misconceptions) über die Bedeutung von Begriffen aufgedeckt werden (Novak & Gowin, 1984, S. 20). Eventuell können damit auch *Denkfehler* ermittelt werden, die einer fehlerhaften Aufgabenlösung zugrunde liegen (Tergan, 1988, S. 400). Im Einzelnen kann damit untersucht werden:

- Erforschung dessen, was ein Lernender bereits weiß (Vorwissen als wesentliche Bedingung für weiteres Lernen, „preinstruction mapping"). Damit kann ein Ausgangspunkt für weiteres Lernen gefunden werden, z.B. auch in Form von Gruppendiskussionen über notwendige Erweiterungen, Verfeinerungen etc. (Nowak & Gowin, 1984, S. 40 ff.).

- Rückmeldungsinstrument für Lernfortschritt beim *Lerner* selbst, z.B. durch den Vergleich früherer mit späteren Begriffslandschaften. Ein Vorteil ist zugleich, dass ihre Erarbeitung eine Aktivität des Lerners voraussetzt, d.h. immer eine elaborative Technik zur besseren Speicherung von Information ist.

- Die Ausarbeitung von Begriffslandschaften durch die Lernenden kann eine wichtige Rückmeldungshilfe für einen *Lehrenden* sein. Gerade im Universitätsunterricht ist man mit einem Vielerlei an diffusen Wissensbeständen konfrontiert; diese Vagheiten können durch die Aufforderung an die Studierenden, das Wissen in Form einer Begriffslandschaft darzustellen, aufgewiesen und letztlich auch beseitigt werden. Vorhandene Fehler können damit spezifisch korrigiert werden.

- Auch im Rahmen der Entwicklung *Intelligenter Tutorieller Systeme* muss eine Modellierung der Wissensstruktur des Lernenden (Lernermodell) mit der angestrebten Wissensstruktur (Expertenmodell) geleistet werden (Mandl & Hron, 1986). Eine solche Wissensdiagnose könnte mittels „concept maps" vorgenommen werden.

5.4.4.3.3 Kritikpunkte

Selbstverständlich ist auch dieses Vorgehen nicht ohne Kritik geblieben (Fischer et al., 1995); zu erwähnen sind folgende Aspekte:

(1) *Darstellungsmittel.* Warum wird bei der Darstellung nicht von dem allgemeinen Instrument der formalen Logik bei der Auswahl der Relationen Gebrauch gemacht? Warum müssen jeweils eigenwillige Darstellungsmittel vorgeschlagen werden?

(2) *Lernaufwand.* Die Lernenden müssen sich zuerst das Darstellungsverfahren aneignen. Bei Verfahren mit geringen Darstellungsmöglichkeiten ist der Aufwand geringer, jedoch leidet die Adäquatheit der Darstellung. Aus prakti-

schen Erfahrungen heraus sollte man allerdings „nicht päpstlicher als der Papst sein", d.h. im unterrichtlichen Bereich (nicht aber zu Forschungszwecken) kann eine selbstentworfene Symbolik (für Relationen und Konzepte) ausreichend sein.

(3) *ATI-Effekte*. Lernende mit guten Lernvoraussetzungen (z.B. operationalisiert über Schulnoten, logische Fähigkeiten) können Mappingverfahren besser nutzen als Lernende mit schlechten Lernvoraussetzungen. Das Vorwissen ist ebenfalls sehr wesentlich (bei geringem Vorwissen ist es schwer, die relevanten Konzepte und Relationen zu erkennen), Vorwissen kann aber auch hinderlich sein (wenn z.B. das Expertenwissen hochkomplex ist). Pflugradt (1985, S. 130) findet in ihrer Studie, dass die Verstehens- und Behaltensleistung durch die Anwendung von Mapping-Techniken besonders dort gefördert wird, wo kein Mangel an Strukturiertheit besteht, also bei einem gut strukturierten Text oder einem gut organisierten Lerner. Wie so oft in pädagogischen Kontexten, bewahrheitet sich auch hier das sog. Matthäus-Prinzip, nach dem „dem gegeben wird, der bereits hat" und denen, die noch nichts haben, zwar das wenige nicht genommen, ihnen aber zumindest weniger gegeben wird.

(4) *Handhabbarkeit*. Darstellungen, die mit Papier und Bleistift erarbeitet werden, lassen sich nur schwer verändern. Computerunterstützte Verfahren (wie das von Fischer et al. [1995] entwickelte) könnten hier Abhilfe schaffen, erfordern aber wieder eigene Voraussetzungen.

Trotz aller Kritikpunkte: Visualisierungstechniken sind ergänzende Alternativen im Vergleich zu dem häufig gepflogenen Verbalismus in Schule und Hochschule. Die *Visualisierung* von Prozessen und Relationen kann sowohl beim Wissenserwerb wie auch bei dem längerfristigen Zugriff auf Information von Vorteil sein. Dies heißt aber keineswegs, dass sich diese Verfahren gegen eine kognitive Orientierung des Unterrichts wenden, im Gegenteil, mit ihnen kann „Einsicht" in komplexe Zusammenhänge eher erreicht werden als nur allein mit verbal gestützten Darstellungsverfahren.

5.4.4.3.4 Erklärung der Effizienz der Technik der Begriffslandschaft

Einleitend wurde die mangelnde Fundierung pädagogischer Handlungsempfehlungen durch theoretische Kontexte beklagt. Man muss deshalb in bezug auf das besprochene Verfahren, dessen Effizienz als nachgewiesen gelten kann, fragen, worin die Unterschiede zwischen der üblichen Verarbeitung von Text und von strukturierten bildlichen Darstellungen (darunter wären auch Begriffslandschaften zu rechnen) bestehen (Fischer et al., 1995), durch welche Prozesse also die überwiegend positiven Effekte für das Lernen erklärbar sind. Naheliegender Weise können durch den Bezug auf psychologische Modellvorstellungen über Informationsverarbeitung und -speicherung mehrere theoriegeleitete Begründungen gegeben werden:[18]

(1) Visualisierung. Durch die graphische Darstellung könnte es sein, dass eine reichhaltigere Gedächnisspur als bei Wörtern allein entsteht (Paivio, 1986). Eventuell wird aber auch ein Bild oder eine Graphik als eine Einheit verarbeitet, wodurch alle Bestandteile simultan verfügbar sind, während verbale Information sequentiell verarbeitet und erst hinterher durch Kohärenzbildung integriert werden muss. Von Winn (1993, zit. n. Jüngst 1995, S. 230) wird betont, bereits ein Diagramm stelle ein „visuelles Argument" dar, d.h. bei der Suchzielfestlegung würden Symbole oder Symbolcluster besonders beachtet; hierbei spielen Wahrnehmungshierarchien eine Rolle (z.B. von der Ganzheit zu den Einzelheiten). Bei der Informationsentnahme kommen zudem gut gelernte visuelle Routinen zum Einsatz (z.B. Aufmerksamkeitswechsel, erinnerungsbezweckendes Markieren von Symbolen und Textteilen). Die kulturell eingelernte Leserichtung spielt eine zusätzliche Rolle.

---

[18] Von Jüngst (1995, S. 230) wird auch ein Vergleich zwischen der Wirksamkeit von Begriffslandschaften und dem Lernen mit Diagrammen vorgenommen; er meint, man könne die gleichen kognitionspsychologischen Befunde zur Erklärung der Wirksamkeit beider Techniken heranziehen (demnach würde sich die Effizienz beider Darbietungsmethoden nicht unterscheiden). Beim „Lesen" von Diagrammen soll folgendes makrostrukturelle Vorgehen gegeben sein, das dann zyklisch wiederholt werden kann:
(1) Festlegung eines Suchzieles.
(2) Organisation der Verarbeitung durch Festlegung zielrelevanter Bereiche und eines angemessenen Verarbeitungsverlaufs.
(3) Informationsentnahme.
(4) In-Beziehung-Setzen zu vorhandenem Wissen.
(5) Durch Abstraktion kann die entnommene Information ferner kombiniert oder verallgemeinert werden.

(2) Aktive Auseinandersetzung mit der Information. Ein Lernender, der eine Information mittels eines Mapping-Verfahrens darstellt, muss sich aktiv mit der gegebenen Information auseinandersetzen (insbesondere Umformungen treffen); herbeigeführte Eigenaktivität ist eine wichtige Lerneffektivitätsdeterminante (elaborierende Wiederholung). Die gemeinsame Erarbeitung von Begriffslandschaften kann noch zu dem zusätzlichen Effekt führen, dass die Schüler einen Anlass für ein wissenschaftliches Gespräch haben (Roth & Roychoudhury, 1992), während bei dem üblichen Einsatz von Gruppen- und Partnerarbeit häufig die eigenen sozialen Themen im Vordergrund stehen.

(3) Reduktion von Komplexität eines Inhaltes. Die Information wird auf die wesentlichen Aspekte reduziert. Dies kann nur durch intensive Auseinandersetzung geleistet werden. Zu große Komplexität (wie z.B. durch das Lernen an Fallbeispielen) kann zu einer Überforderung führen, der Lernende kann nicht alle Ressourcen bereitstellen, die für eine Verarbeitung wichtig wären.

In dem Textverarbeitungsmodell von Kintsch und van Dijk (1978) wird auf ähnliche Konsequenzen für die Anwendung hingewiesen (vgl. Kap. 2.4.4.7): Eine mögliche pädagogische Anwendung dieses Modells war es, Abschnitte in einem Text finden, Zusammenfassungen anfertigen, Titel für eine Geschichte etc. erarbeiten zu lassen. Diese Strukturen sind am dauerhaftesten im Langzeitgedächtnis gespeichert. Pflugradt (1985, S. 20) diskutiert diese *Bildung von Makrostrukturen* im Zusammenhang mit Mapping-Techniken. Auch bei diesen soll ein Text ja nicht vollständig abgebildet werden, sondern es soll „das Wesentliche" eines Textes dargestellt werden. Die dargestellten Makrooperatoren könnten Mittel zur Informationsextraktion sein.

(4) Verbesserung der Rückmeldung über eigenes Wissen. Die erarbeitete externale Struktur des Wissens kann leicht daraufhin überprüft werden, ob das Wissen vollständig und korrekt abgebildet ist. Mapping-Techniken können damit *metakognitive Prozesse der Kontrolle* des eigenen Vorgehens anregen.

(5) Bedeutungsvolles Lernen. Heinze-Fry und Novak (1990) argumentieren, dass die Verwendung der Technik der Begriffslandschaften eine Methode des bedeutungsvollen Lernens im Unterschied zu sog. mechanischem Lernen sei. Bei mechanischem Lernen werde (angeblich) nur eine Summe von Propositionen memoriert, ohne dass aber Verbindungen zwischen diesen Aussagen gesucht würden. Das Mappingverfahren setzt eine hohe Lerneraktivität voraus. Begriffe werden nicht isoliert gelernt, es werde vielmehr ein ganzes kognitives Netz über einen Gegenstandsbereich damit abgebildet. Dadurch können auch neue Einsichten über den Zusammenhang von Begriffen erworben werden (sog. „cross links").

Das vorgeschlagene Verfahren der Ausarbeitung von Begriffslandschaften ist ein Beispiel für eine nicht nur zufällig als effizient entdeckte unterrichtsmethodische Variante, sondern auch ein Beleg für die enger werdende Beziehung zwischen psychologischer Grundlagenforschung und pädagogischer Umsetzung.

5.4.5 Nutzung und Vermittlung von Lernstrategien

> Durch planmäßige Einübung „ist dahin zu wirken, dass der Schüler die *Arbeitstechnik* gewinnt. So paradox das klingt: der Schüler muss Methode haben. Dem Lehrer aber muss die Methode, seinen Zögling zur Methode zu bringen, eigen sein" (Hugo Gaudig, 1917, S. 90, zit. n. Klauer, 1996, S. 135)

5.4.5.1 Gute und schlechte Strategienutzer

Um Lernstrategien (allgemein oder kontextgebunden) einsetzen zu können, muss man diese erst einmal kennen, kompetent in ihrer Anwendung und auch zu ihrer Anwendung motiviert sein. Andererseits ist bekannt, dass diese Voraussetzungen nicht immer gegeben sind. Below et al. (1983, S. 26) unterscheiden z.B. bei ihrem Bericht über Lernprobleme Erwachsener beim Selbststudium vier Problembereiche:

(1) Lernprobleme, die sich auf die direkte Auseinandersetzung mit dem Lernstoff beziehen (Verständnisschwierigkeiten, Motivationsprobleme, Probleme mit dem Inhalt und der Art seiner Darstellung),
(2) Organisationsprobleme (Festlegung der Lernzeit und des Lernortes, Abfolge der Lernschritte),
(3) Koordinationsprobleme (Koordination des Lernens mit den anderen alltäglichen Tätigkeiten),
(4) Probleme im Umgang mit den Lernproblemen.

Im Gegensatz hierzu schildert Baumert (1993) das *Modell des „Good Strategy Users"* von Pressley (1986). Danach beruht eine effektive Nutzung von Lernstrategien auf der Koordination bereichsspezifischen Wissens, von Strategiewissen, metakognitiver Kontrolle und motivationalen Überzeugungen. Bereichsspezifische Wissensbestände und Lernstrategien entwickeln sich gleichzeitig und regen sich gegenseitig an (zumindest aus entwicklungspsychologischer Sicht liegen entsprechende Befunde vor). Ein guter Strategienutzer ist gekennzeichnet:

(1) durch die Überzeugung der Kontrollierbarkeit des Lernvorganges und durch den Glauben über die Verfügbarkeit entsprechender persönlicher Ressourcen,

(2) die Wertschätzung systematischen Vorgehens und die Überzeugung von der Nützlichkeit von Lernstrategien,

(3) eine entsprechende inhaltliche Gerichtetheit der motivationalen Dynamik und

(4) die bewusste Kontrolle zur Aufrechterhaltung der Motivation bei konkurrierenden Zielen oder schwacher Intention (Baumert, 1993, S. 334).

Kinder mit Lernstörungen (dies gilt im Allgemeinen, aber auch für spezielle Problemgruppen, z.B. für schlechte Leser) sind hingegen als „inaktive Lerner" (Lauth, 1998, S. 212) zu charakterisieren. Bei ihnen liegt ein Produktions- und Anwendungsdefizit in Bezug auf Lernstrategien vor:

(1) Sie überwachen ihr Lernen seltener, sie bemerken deshalb seltener Fehler.

(2) Sie vermeiden die Anstrengung, auf übergeordnete Strategien zum Zweck der Fehlerkorrektur zurückzugreifen, und

(3) letztlich kennen sie auch weniger Strategien (deklaratives Metagedächtnis[19]), die ihnen in Problemfällen weiterhelfen könnten.

Entsprechend dieser Defizite sind eine Reihe von Trainings- und Fördermaßnahmen entwickelt worden, die auf Prozesse der Handlungsregulation ausgerichtet sind (Lauth & Schlottke, 1992; Fritz et al., 1997).

Gerade aber die Nutzung übergeordneter Lern- und Planungsstrategien in schwierigen Lernsituationen setzt ein hohes Ausmaß an Anstrengungsbereitschaft voraus und eben diese ist bei lernschwachen Kindern nicht gegeben. Anhaltende Misserfolgserfahrungen haben bei ihnen in der Konsequenz zu einem negativen Begabungsselbstbild geführt - dabei werden die eigenen Ressourcen nicht mehr gesehen, sondern Hilfe wird in schwierigen Situationen durch Zufall („vielleicht komme ich auf das Ergebnis doch darauf") oder von außen (der hilfeheischende Blick an Dritte) erwartet.

Auch in Abhängigkeit vom Lebensalter ist eine zunehmende Differenzierung von Lernstrategien nachzuweisen (Baumert, 1993): Während bei Schülern der 7. Schulstufe unter Verwendung des Kieler-Lernstrategie-Inventars (Baumert, Heyn & Köller, 1992; Baumert, 1993) nur ein Hauptfaktor nachgewiesen werden kann, konnte bei Schülern der 12. Schulstufe ein 6-Faktoren-Modell abgesichert werden. Allerdings war aufgrund der sich ergebenden Interkorrelationen letztendlich

---

[19] Lernbehinderte Kinder verwenden z.B. die Lernstrategie des kategorialen Organisierens seltener als normal entwickelte Kinder (Bauer, 1979).

eine Zweiteilung in Oberflächen- und in Tiefenverarbeitungsstrategien hinreichend. Zumindest kann von einer zunehmenden Ausdifferenzierung der Lernstrategien in Abhängigkeit vom Alter ausgegangen werden.

5.4.5.2 Nutzung von Lernstrategien bei Schülern

Untersuchungen über die Kenntnis und tatsächliche Nutzung von Lernstrategien aus Schüler- und Lehrersicht erbringen eher ernüchternde Resultate - es können von beiden Gruppen nur wenige Strategien genannt werden und selbst bei Vorgaben werden nur wenige als genutzt eingeschätzt. In bezug auf *Maßnahmen zur Textbearbeitung* erwähnten Schüler nach Dumke und Wolff-Kolmar (1997, S. 169) spontan folgende Strategien:
- Text ein- oder mehrmals lesen,
- sich Notizen machen,
- wichtige Wörter unterstreichen,
- kurze Zusammenfassungen schreiben.

Bei Vorgabe einer Liste mit 15 Aktivitäten entsteht ein geringfügig breiteres Bild der Strategieanwendung. Zusätzlich zu den bereits genannten werden noch folgende als am häufigsten im Gebrauch eingeschätzt:
- das Wichtigste still für sich wiederholen,
- Fragen beantworten.

Nicht viel anders war es aus Lehrersicht; hier sind nach Häufigkeits- und der Wirksamkeitseinschätzung folgende Strategien im Vordergrund:
- Text ein- oder mehrmals lesen,
- sich Notizen machen,
- wichtige Wörter unterstreichen,
- kurze Zusammenfassungen schreiben,
- Überschriften finden,
- Fragen beantworten.

Wichtige und effektive elaborative Strategien, wie z.B. Tabellen und Schaubilder anfertigen oder Fragen stellen, werden selten eingesetzt.

Insgesamt waren von Dumke und Wolff-Kolmar (1997, S. 168) folgende Strategien zum Textverständnis vorgegeben worden:
- Text ein- oder mehrmals lesen,
- einzelne Abschnitte mehrmals lesen,
- wichtige Wörter unterstreichen,
- wichtige Sätze unterstreichen,

- Text abschreiben,
- die wichtigsten Sätze herausschreiben,
- sich Notizen machen,
- kurze Zusammenfassungen schreiben,
- das Wichtigste still für sich wiedergeben,
- das Wichtigste laut aufsagen,
- Überschriften finden,
- Bilder vorstellen,
- sich Fragen zum Text stellen,
- Fragen beantworten,
- Tabellen und Schaubilder anfertigen,
- Ordnungsschemata ergänzen lassen,
- kurze Zusammenfassungen vorweg lesen lassen,
- Vermutungen vorweg äußern,
- Vergleiche zu Bekanntem anstellen lassen,
- Schlussfolgerungen aufstellen lassen.

Warum die Kenntnis und Bewertung von Lehr- und Lernstrategien, die in der Unterrichtsforschung einen hohen Stellenwert besitzen (z.B. advance organizer oder cognitive maps), aus Lehrer- und Schülersicht nur mäßige Resultate erbringt, könnte an einem Wissensmangel sowohl hinsichtlich dieser Techniken wie auch im Hinblick auf deren Effizienz liegen. Eventuell erscheint auch das Geschäft des Trainierens dieser Fertigkeiten als zu zeitaufwendig, um es im Schulbereich immer wieder durchzuführen.

5.4.5.3 Externe Hilfen zur Bewältigung von Gedächtnisanforderungen

Als Erwachsener (im Unterschied zu Kindern, vgl. Kap. 4.1) weiß man in etwa um die Leistungsfähigkeit bei Merkaufgaben Bescheid. Man könnte nun bei jeder auf einen zukommenden Gedächtnisleistung versuchen, optimale Merkstrategien einzusetzen. Für viele tägliche Routinen lohnt dies aber nicht, es geht um relativ periphere Inhalte (z.B. Erledigungen während des Tagesablaufes, Einkaufslisten), die nur eine passagere Bedeutung besitzen. In Analogie zum Computer ist hier zu überlegen, ob man nicht durch die Verwendung eines externen Speichers seine kognitive Kapazität für andere, wichtigere Aufgaben freihält oder - eine Einteilung von Morris (1978) aufgreifend - kann man zwischen externen und internen (besser wäre die Bezeichnung „mentale") Gedächtnishilfen unterscheiden. Externe Gedächtnishilfen (wie z.B. Kalender, Notizblock, Wecker) können entweder zur aktuellen Entlastung des Gedächtnisses eingesetzt werden oder eine Hinweis-funktion für zukünftige Handlungen darstellen (man denke an den bekannten Knopf im Taschentuch; auch die Verwendung der Knöchelerhebungen, um die Monate mit 31 bzw. 30 Tagen zu identifizieren, wäre hier zu erwähnen).

Die psychologische Gedächtnisforschung hat sich vorwiegend mit den inter-nen Gedächtnishilfen beschäftigt, obwohl bekannt ist, dass im Alltag - je nach Situation - externe Hilfen sehr gebräuchlich sind. Schumann-Hengsteler et al. (1993) haben sowohl unter Studenten wie auch unter den Bewohnern eines Al-tenheimes untersucht, welche externen und internen Gedächtnishilfen im Alltag verwendet werden. Sie entwickelten dabei eine Befragungsmethode in Anleh-nung an Harris (1980), dabei wurde nach folgenden externen Hilfen gefragt:

(1) Benutzen Sie einen Wecker zum Aufwachen?
(2) Benutzen Sie einen Terminkalender?
(3) Legen Sie Dinge an vertraute Plätze, um sich so besser an sie zu erinnern?
(4) Schreiben Sie sich Merkzettel mit Dingen, die erledigt werden müssen?
(5) Machen Sie sich Einkaufslisten?
(6) Bitten Sie andere, Sie an etwas zu erinnern?
(7) Benutzen Sie einen Wand-/Tischkalender?
(8) Legen Sie Gegenstände an ungewöhnliche Orte, um durch diese Auffälligkeit an Sie zu denken?
(9) Schreiben Sie sich etwas auf die Hand, um sich daran zu erinnern?
(10) Benutzen Sie zum Kochen eine Zeitschaltuhr mit Alarmsignal?
(11) Verwenden Sie für andere Zwecke einen Wecker oder einen speziellen Apparat (z.B. Medikamenteneinnahme)?

Die VerfasserInnen gehen u.a. davon aus, dass externe Hilfen in einer Zeit vielfältiger Datenträger und eines schulisch-kulturellen Umfeldes, in welchem mehr auf Verstehen als auf Wissensanhäufung Wert gelegt wird, immer bedeut-samer werden. Sie konnten damit unterschiedliche Nutzungshäufigkeiten bei Stu-denten und älteren Menschen feststellen (vgl. Tab. 5.5).

Für den Alltag, wo es nicht darum geht, Information strukturiert abrufbereit zu halten, sind externe Gedächtnishilfen verbreiteter als interne Hilfen. Sie stellen effektive Möglichkeiten zur Entlastung des kognitiven Systems dar.

Tabelle 5.5: Unterschiede in der Nutzung externer Gedächtnishilfen zwischen Studenten und älteren Personen (Schumann-Hengsteler et al., 1993, S. 92 und 94; Angaben in %)

Gedächtnis-hilfen		Häufigkeitsverteilung							
		0	1	2	3	4	5	6	Gesamt
Wecker	Stud.	3	0	0	0	17	23	57	97
	Alte	95	0	0	5	0	0	0	5
Termin-kalender	Stud.	7	3	19	3	30	13	33	93
	Alte	55	5	5	5	20	5	5	45
Vertraute Orte	Stud.	13	3	3	0	30	17	33	87
	Alte	45	0	0	15	15	15	10	55
Notiz-zettel	Stud.	0	7	7	23	20	30	13	100
	Alte	40	0	15	5	30	10	0	60
Einkaufs-listen	Stud.	10	10	0	17	37	20	7	90
	Alte	90	5	0	5	0	0	0	10
Hilfe anderer	Stud.	3	7	20	33	17	17	3	97
	Alte	75	5	0	10	10	0	0	25
Wand-kalender	Stud.	33	3	3	17	23	17	3	67
	Alte	40	0	20	5	15	5	15	60
Ungewöhn liche Orte	Stud.	60	3	7	7	20	3	0	40
	Alte	90	10	0	0	0	0	0	10
Auf Hand schreiben	Stud.	47	23	17	7	3	0	3	53
	Alte	100	0	0	0	0	0	0	0
Koch-wecker	Stud.	77	7	0	10	3	0	3	23
	Alte	100	0	0	0	0	0	0	0
Alarm-signal	Stud.	93	7	0	0	0	0	0	7
	Alte	100	0	0	0	0	0	0	0

Die verwendeten Antwortkategorien bedeuten dabei: 0 = nie benutzt, 1 = in den letzten sechs Monaten weniger als dreimal benutzt, 2 = in den letzten vier Wochen weniger als dreimal benutzt, 3 = in den letzten zwei Wochen weniger als dreimal benutzt, 4 = in den letzten zwei Wochen drei- bis fünfmal benutzt, 5 = in den letzten zwei Wochen sechs- bis zehnmal benutzt, 6 = in den letzten zwei Wochen elfmal oder öfter benutzt.

5.4.5.4 Mentale (interne) Hilfen zur Verbesserung der Gedächtnisleistung

Interne Hilfen setzen einen mentalen Aufwand bei der Verarbeitung eines zu lernenden Inhalts voraus, sie können beim Enkodieren, Organisieren und Abruf von Information zum Einsatz kommen. Vor einer systematischen Abhandlung einzelner Techniken kann man wieder mit Hilfe der Studie von Schumann-Hengsteler et al. (1993) einen ersten Überblick über die Häufigkeit der Verwendung einiger dieser Methoden geben. Diese AutorInnen stellten dabei folgende Fragen:

(1) Wenn Sie etwas verloren haben oder wenn Sie sich erinnern wollen, wie und wann etwas passiert ist, sind Sie dann schon in Gedanken die zurückliegenden Ereignisse durchgegangen?

(2) Stellen Sie sich Gegenstände an Ihnen vertrauten Plätzen vor und versuchen sich daran zu erinnern, indem Sie sich die Plätze vorstellen?

(3) Stellen Sie sich das Brotfach/den Kühlschrank so vor, wie Sie ihn zuletzt gesehen haben - also was fehlen könnte?

(4) Versuchen Sie sich mittels Anfangsbuchstaben etwas einzuprägen (z.B. „frische Brötchen essen Assessoren deshalb gerne" für die b-Tonarten)?

(5) Gehen Sie das Alphabet Buchstabe für Buchstabe durch, um den Anfangsbuchstaben eines Namens zu finden, den Sie vergessen haben?

(6) Merken Sie sich z.B. die Anzahl der zu kaufenden Gegenstände?

(7) Verwenden Sie Reime, um sich bestimmte Dinge zu merken, z.B. „333, bei Issos Keilerei" (Schlacht Alexander des Großen gegen die Perser)?

(8) Erfinden Sie Geschichten zu Gegenständen, an die Sie sich in einer bestimmten Reihenfolge erinnern wollen?

(9) Man kann die Zahlen 1 - 9 mit gleichklingenden Wörtern verbinden: 1 = Heinz, 2 = Geweih, 3 = Brei ... Machen Sie sich solche Verbindungen zunutze, wenn Sie sich Objekte in einer bestimmten Reihenfolge merken müssen?

(10) Es gibt eine Methode, nach der man Namen von Personen in sinnvolle Wörter umwandelt und diese mit einem auffallenden Merkmal der Person verknüpft. Um sich zu merken, dass Herr Hiegel Hiegel heißt, könnte man sich vorstellen, dass ihm Hügel aus dem Bart wachsen. Wenden sie dies an?

(11) Übertragen Sie Zahlen in Buchstaben, damit Sie sich die Zahlenkombinationen besser merken können?

Wie man sieht (vgl. Tab. 5.6), werden neben der im Alltag generell niedrigeren Nutzungshäufigkeit interner Gedächtnishilfen (im Vergleich zu externen) diese fast nur von Studenten verwendet. Ältere Personen brauchen diese Methoden einmal aufgrund ihres Lebenskontextes so gut wie nicht, dann schreckt bei ihnen vielleicht auch der mentale Aufwand vor der Verwendung dieser Techniken ab.

Tabelle 5.6: Unterschiede in der Nutzung interner Gedächtnishilfen zwischen Studenten und älteren Personen (Schumann-Hengsteler et al., 1993, S. 92 und 94; Angaben in %)

Gedächtnishilfen		Häufigkeitsverteilung							
		0	*1*	*2*	*3*	*4*	*5*	*6*	*Gesamt*
Gedank.	Stud.	0	23	13	23	30	3	7	100
Zurückver.	Alte	35	10	0	0	0	0	0	10
Plazierungs	Stud.	40	10	13	10	17	10	0	60
methode	Alte	100	0	0	0	0	0	0	0
Interne Ein-	Stud.	60	7	7	13	7	0	7	40
kaufshilfe	Alte	100	0	0	0	0	0	0	0
Anfangs-	Stud.	47	27	7	13	7	0	0	53
buchst.	Alte	100	0	0	0	0	0	0	0
Durchg.	Stud.	53	13	17	13	3	0	0	47
Alphab.	Alte	90	10	0	0	0	0	0	10
Interne	Stud.	77	0	3	10	3	3	3	23
Einkh.	Alte	100	0	0	0	0	0	0	0
Reime	Stud.	47	27	23	0	3	0	0	53
	Alte	100	0	0	0	0	0	0	0
Gesch.	Stud.	67	13	10	7	0	3	0	33
erfinden	Alte	100	0	0	0	0	0	0	0
Schlüssel-	Stud.	80	10	7	3	0	0	0	20
wort	Alte	100	0	0	0	0	0	0	0
Anker-	Stud.	87	3	10	0	0	0	0	13
wort	Alte	100	0	0	0	0	0	0	0
Ziffern-	Stud.	93	3	0	3	0	0	0	7
Buchstaben-	Alte	100	0	0	0	0	0	0	0
Assoziation									

Die verwendeten Antwortkategorien bedeuten dabei: 0 = nie benutzt, 1 = in den letzten sechs Monaten weniger als dreimal benutzt, 2 = in den letzten vier Wochen weniger als dreimal benutzt, 3 = in den letzten zwei Wochen weniger als dreimal benutzt, 4 = in den letzten zwei Wochen drei- bis fünfmal benutzt, 5 = in den letzten zwei Wochen sechs- bis zehnmal benutzt, 6 = in den letzten zwei Wochen elfmal oder öfter benutzt.

5.4.6 Effektivität von Lernstrategien

Baumert und Köller (1996, S. 144) berichten von den wenigen bestehenden Untersuchungen, in denen Strategieverwendung und Lernleistung in Verbindung gesetzt wurden. Die gefundenen Korrelationen sind dabei im Mittel schwach ausgeprägt und reichen von Nullkorrelationen bis zu Werten von maximal .56 (auf das anders lautende Ergebnis der Metaanalyse von Schneider [1989] wurde hingewiesen).

In einer Studie zum Fremdsprachenlernen wurde von Nold und Schnaitmann (1995) zwar kein Unterschied in der Häufigkeit der Anwendung von Lernstrategien zwischen guten und schlechten Schülern gefunden, zwischen einzelnen Lernstrategien und verschiedenen Leistungsindikatoren fanden sich jedoch zahlreiche positive wie negative Beziehungen; diese könnten im Sinne förderlicher und hinderlicher Vorgehensweisen interpretiert werden. Positive Korrelationen lassen sich z.B. ausgehend von folgenden Tätigkeiten finden:
- bei Nichtverstehen Fragen stellen,
- Herausfinden, worum es bei einer Aufgabe geht,
- die eigene Antwort mit der anderer vergleichen,
- auf Fragen selbst eine Antwort finden,
- Gelerntes einem anderen mitteilen.

Negative Korrelationen ergeben sich u.a. ausgehend von folgenden Vorgehensweisen:
- auf richtige Antworten warten und sie sich einprägen,
- einen Text mehrmals durchlesen,
- wenn ein anderer Schüler eine Gruppe leitet, mitmachen,
- die Leitung zur gemeinsamen Lösung einer Aufgabe übernehmen.

Insgesamt ist aus diesen Untersuchungen eine klare Ergebnisstruktur (z.B. derart, dass bestimmte Strategien mit besonders guten Schulleistungen in Zusammenhang stünden oder dass die Zusammenhänge bereichsspezifisch variierten) nicht erkennbar. Hierbei sind aber auch die Probleme bei der Operationalisierung der Variablen zu bedenken.

Die von Lompscher (1996b) berichteten korrelativen Zusammenhänge zwischen den Noten in fünf Schulfächern und den erhobenen Lernstrategien reichen von -.04 bis .33**. Dabei waren metakognitive Strategien und Tiefenstrategien systematisch mit den Lernleistungen verbunden; einfache Lerntechniken (Unterstreichen, Herausschreiben) und Oberflächenstrategien hingegen so gut wie nicht.

Nach dem bereits erwähnten pfadanalytischen Modell von Schiefele et al. (1995) bestehen bedeutsame Verbindungen nur zwischen Studieninteressen und dem Lernaufwand (nicht aber dem Einsatz von Elaborationsstrategien) und - weiterführend - zwischen Lernaufwand und Studienleistung.

Baumert und Köller (1996, S. 146f) können in einer Längsschnittstudie bei Berücksichtigung von Vorwissen und motivationalen Orientierungen keinen bedeutsamen Zusammenhang zwischen Strategieverwendung und Lernleistung bei Siebtklässlern herausstellen; Baumert (1993) findet in einem komplexen Bedingungsmodell zum Schulerfolg keinen allgemeinen Einfluss der Nutzung von Tiefenverarbeitungsstrategien, nur bei der Teilgruppe von Schülern mit einer niedrigen intrinsischen Zielpräferenz ergibt sich ein entsprechender Zusammenhang. Diese Befunde interpretiert Baumert (a.a.O., S. 346) im Sinne eines Schwellenmodells: Schüler mit hoher intrinsischer Zielpräferenz würden von selbst häufig Tiefenverarbeitungsstrategien anwenden, deren Verwendung sei also vollständig durch motivationale Gegebenheiten determiniert; bei Schülern mit geringer Zielpräferenz könne die Strategienutzung hingegen eine Kompensation für schwache Aufgabenorientierung darstellen.

Auch der Verweis, dass im Schulbereich „primär reproduktive, parzellierte und nur kurzfristig verfügbare Leistungen honoriert würden, so dass ein wirkliches sachliches Engagement und ein strategisches Vorgehen beim Lernen gar nicht erfolgsrelevant werden können" (Baumert, 1993, S. 349), bietet nur eine partielle Erklärung.

Es wäre allerdings voreilig und höchst kontraintuitiv, aus diesen Fragebogenstudien ableiten zu wollen, dass Lernstrategien unwesentlich für den Lernerfolg seien. Abgesehen von positiven Einzelresultaten scheinen experimentelle Effizienznachweise auf andere Ergebnistrends hinzudeuten. Zudem gibt es deutliche Belege dafür, dass Kinder mit Lern- und Leistungsschwächen große Defizite in Bezug auf die Fähigkeit zur Selbststeuerung, des Behaltens und Abrufens von Lernstoff, der Konzentration und der Lernorganisation aufweisen (Keller, 1992, S. 151). Die Bedeutung adäquater Lern- und Arbeitstechniken für die Erklärung von Schulleistungsunterschieden soll sogar über die Schulzeit zunehmen (20 % Varianzaufklärung in der Grundschule, 30 % in der Sekundarstufe I und 40 % in der Sekundarstufe II; Keller, 1993, S. 125). Eventuell wären diese Befunde im Sinne einer Schwellenhypothese zu bewerten, wobei es äußerst sinnvoll ist, ein Training zum Ausgleich dieser Schwächen durchzuführen.

5.4.7 Training von Lernstrategien

5.4.7.1 Probleme bei der Anwendung von Lernstrategien

Holz-Ebeling (1997) unterscheidet zwei Problemkreise bei der Umsetzung einer Lernintention, u.zw.

(1) *Arbeitszeitprobleme*; hier wird zu wenig Zeit aufgewendet als eigentlich angestrebt wurde (z.B. man hat nach einer Woche festgestellt, dass man zu wenig Zeit für das Studium aufgewendet hat als eigentlich geplant). Diese Probleme können durch die Nichtumsetzung von Vornahmen verursacht sein ((a) sog. *Aufschubverhalten*; d.h. die Arbeit wird trotz guter Vorsätze immer wieder verschoben) oder die Arbeit wird vorzeitig unterbrochen ((b) sog. *Abbruchverhalten*; z.B. lässt sich der Lerner durch kleine Ablenkungen [Telephonate, Gespräch mit Freunden ...] von der Arbeit abhalten). In empirischer Sicht hängen Arbeitszeitprobleme nach Holz-Ebeling (1997) vor allem mit motivationalen Kriterien zusammen (z.B. mangelnde „Zielstrebigkeit").

Diese Art von Zeitproblemen treten vor allem in Situationen ohne „äußere Regulationsmechanismen" auf, also in Situationen ohne Termindruck, nicht aber in dringlichen Arbeitssituationen (z.B. Anfertigen von Hausarbeiten, Vorbereitung auf Klausuren).

(2) *Arbeitseffektivitätsprobleme*; hierbei wird die zur Verfügung stehende Zeit nicht entsprechend genutzt. Dies kann darin bestehen, dass (a) ein *Verlust des Zielbezuges* vorliegt (man bearbeitet ganz andere Dinge als man sich vorgenommen hat) oder (b) dass *mangelnde Konzentration* vorliegt (z.B. abschweifende Gedanken). Arbeitseffektivitätsprobleme sind u.a. durch belastende Emotionen bedingt (z.B. Leistungsangst, Unzufriedenheit mit eigenen Fähigkeiten).

In Zusammenhang damit steht auch die Verwendung sog. Stützstrategien (Danserau et al., 1979), darunter werden folgende Maßnahmen verstanden:

(1) Zielsetzung und Planung,
(2) Selbstbeobachtung,
(3) Situationsgestaltung,
(4) Selbstinstruktion,
(5) Selbstbeurteilung,
(6) Selbstbelohnung (In-Aussicht-Stellen von Konsequenzen).

Die hinter den Sekundärstrategien stehende Idee ist, dass sich LernerInnen langfristige Hauptziele setzen, diese in Unterziele aufgliedern und in Arbeitsplänen festhalten sollten. Diese Ziele müssen erreichbar sein, die Arbeitspläne sollten eingehalten werden. Wenn sich kein entsprechender Lernfortschritt einstellt, so müsste eventuell die Zielsetzung verändert oder ein anderer Arbeitsplan eingeführt werden.

Zur Verbesserung von Konzentration wird vor allem auf eine positive Lerneinstellung verwiesen. Dabei sollte man sich zuerst über seine Emotionen klar werden, sodann sind alle Methoden des Stimmungsmanagements einsetzbar, um in einen optimalen Lernzustand zu gelangen. Durch Selbstdiagnose können LernerInnen überprüfen, ob sie effektiv lernen. Auch ist externes Feedback sinnvoll, um Lernvorgänge verbessern zu können.

5.4.7.2 Trainingsprogramme zum Erwerb von Lern- und Arbeitsstrategien

Die zu diesem Thema vorhandene Beratungsliteratur ist kaum überschaubar, von den Vorgehensweisen her gesehen äußerst inhomogen und qualitativ völlig unterschiedlich.[20]

Ein bereits seit langem bestehendes Trainingsangebot ist von Schräder-Naef (1987[3]) entwickelt worden. Die darin abgehandelten Themen beziehen sich auf die Bereiche (1) Persönliche Arbeitstechnik, (2) Lesen (schnell lesen, genau lesen), (3) Zuhören und Mitschreiben, (4) Zusammenarbeit, (5) physiologische Voraussetzungen, (6) Ordnen von Wissen, (7) Hilfsmittel, (8) Denken und Problemlösen, (9) Konzentration, (10) Motivation, (11) Zeiteinteilung, (12) Durchführen größerer Arbeiten und (13) Prüfungsvorbereitung. Jedes Kapitel ist vergleichbar aufgebaut (Einführung, Lernziele, Methoden und Unterlagen; die Materialien enthalten zudem Beispiele und Lösungen). Anregungen für Kurse mit Schülern sind für drei Altersgruppen (11- bis 13-jährige, 15- bis 16-jährige, 17- bis 19-jährige Schüler) entwickelt. Ebenso liegen Trainingshinweise für die Förderung von Lernstrategien auch innerhalb des üblichen Unterrichts vor.

---

[20] Vor allem die häufig vorgenommenen Popularisierungen lernpsychologischer oder gar neuropsychologischer Befunde sind unerträglich. Man könnte zu der Hypothese verleitet werden, dass immer dann, wenn die sog. „Grundlagen" im Vergleich zu den konkreten Empfehlungen und Übungen ein Übergewicht bekommen, die Darstellungen nicht lesenswert sind. Auch die häufig vorfindbare Meinung, dass die aktuelleren Werke die besseren seien, hält einer Prüfung nicht unbedingt stand. Aus diesem Grund werden nur wenige Beispiele genannt, manche Texte (z.B. Brauer et al., 1995; Monghy & Rutkowski, 1998) werden mit Absicht nicht erwähnt.

Ein im Rahmen der Schulberatung entwickeltes Modell stammt von Keller (1991a, b; Keller & Thewalt, 1986; Keller et al., 1997). Das sog. *Ulmer Lernförderungsprogramm,* auch unter der Bezeichnung *Lern- und Arbeitsverhaltenstraining (LAT)* bekannt, umfasst sowohl das Training von Primärstrategien zur optimalen Informationsverarbeitung wie auch Sekundärstrategien zur Selbstmotivierung, zur Lernorganisation und zur Konzentrationssteuerung (mit mindestens fünf zweistündigen Sitzungen). Es kann zur Einzelfallhilfe und auch für Gruppeninterventionen angewandt werden, auch Umsetzungsmöglichkeiten im Rahmen des Klassenunterrichts sind als Maßnahme zur Primärprävention denkbar. Zudem ist in diesem Rahmen das Arbeitsverhaltensinventar (AVI) zur Diagnose defizitärer Vorgehensweisen beim Lernen entwickelt worden (Thiel et al., 1979). Auch an die Einbeziehung der Eltern ist gedacht, da diese bisweilen durch wenig lernförderliche Vorgangsweisen ihre eigene Hilflosigkeit gegenüber den Lernschwierigkeiten der Kinder bekämpfen wollen.

Die Interventionen beziehen sich auf die Bereiche:
- *Gedächtnis* (Verständnishilfen, mehrkanalige Stoffaufnahme, mnemotechnische Stoffverankerung, systematische Stoffwiederholung, Abrufhilfen),
- *Selbstmotivierung* (Zielsetzung, schrittweise Zielerreichung, Selbststeuerung mit Tagesprotokollen, positives Attribuieren, Interessenverknüpfung),
- *Lernorganisation* (Tagesplanung, mittel- und langfristige Zeitplanung, lernförderliche Arbeitsplatzgestaltung, zweckmäßiger Lernmitteleinsatz) und
- *Konzentration* (Lernpausen, Aktivierung durch Lernwegwechsel, Aktivierung durch Lernstoffwechsel, selbstinstruktive Konzentrationssteuerung, Entspannungsübungen).

Eine Evaluation (Keller, 1992) mit 120 Ratsuchenden der Schulstufen 5 bis 11 aus allen Schularten (entweder Individual- oder Gruppentraining) ergab im Vergleich zu einer nicht behandelten Kontrollgruppe einen bedeutsamen Rückgang in den sog. „Misserfolgsfächern" und eine Verbesserung der Durchschnittszensuren. Auch die Selbstwahrnehmung verbesserte sich bedeutsam bezüglich Misserfolgsmotivation, Bedürfnisaufschub, Gedächtnis, Konzentration und Lernorganisation.

Ein weiteres, auf einer fundierten fachlichen Grundlage erstelltes, aber auch praktische Hilfen anbietendes Lern- und Arbeitsbuch stammt von Metzig und Schuster (1998[4]). Hier werden zum einen zentrale lern- und gedächtnispsychologischer Grundlagenbefunde in verständlicher Weise dargestellt, es wird auf jegliche sensationsheischenden Versprechungen verzichtet und es werden eine Reihe konkreter Arbeitshinweise gegeben (z.B. zu den Themen Arbeitsplan, Selbstkontrolle, Lernpausen, Methoden der Informationsreduktion, -organisation und -

elaboration, Netzplantechnik, semantisch tiefe Verarbeitung, Analogienbildung, Lernangst und positive Selbstinstruktion, Prüfungsvorbereitung).

Ebenso positiv zu bewerten ist der praktische Lernratgeber von Arbinger et al. (1998), der auf einer soliden fachlichen Grundlage viele wertvolle Lerntipps anbietet.

5.4.7.3 Implementierungsmaßnahmen beim Erwerb von Lern- und Arbeitsstrategien

Während diese beispielhaft erwähnten Trainingsmaterialien eine solide Basis für die Vermittlung von Lern- und Arbeitstechniken bilden, sind zusätzliche Fragen der Implementierung eines entsprechenden Trainings zu bedenken. Nach Friedrich (1995) kann man Lernstrategien direkt oder indirekt vermitteln. Bei der direkten Vermittlung werden verschiedene Unterrichtseinheiten zu den Themen des Lehrens des Lernens angeboten oder entsprechende Materialien zum Selbststudium verteilt; bei der indirekten Vermittlung werden im Kontext der Fächer effiziente Lernstrategien angeregt, ohne dass die zugrunde liegenden Prinzipien explizit thematisiert werden. Beim direkten Strategietraining könnte man drei Schritte beachten:

1. Zuerst werden die *Prinzipien effektiven Lernens* vermittelt, d.h. der Lernende erhält Informationen, welche Wirkungen, Vorteile und Nachteile bestimmte Strategien in einem Anwendungskontext besitzen.
2. Durch *kognitives Modellieren* werden die Lernstrategien zumeist durch ein Modell, das handlungsbegleitend sein Denken und Handeln verbalisiert, verdeutlicht.
3. Es werden noch *Kontroll- und Selbstreflexionsstrategien* (z.B. Planungsstrategien, Strategien der Verstehensüberwachung) vermittelt, damit der Lernende seinen Lern- und Denkprozess selbst überwachen kann.

Trainingsmaßnahmen hierzu könnten nach Friedrich (a.a.O., S. 133) sein:

1. *Erlernen einer Strategie in einem authentischen Anwendungskontext*: Dabei soll deutlich werden, welchen Problemlösewert die trainierte Strategie besitzt (z.B. Arbeit mit einer Lernkartei im Fremdsprachen- oder Sachunterricht, Demonstration der Effektivität der Loci-Methode z.B. zum Merken der Schritte eines festgelegten Arbeitsablaufes).
2. *Üben unter variierten Aufgabenbedingungen*: Die zu vermittelnde Strategie wird an einfachen, prototypischen Aufgaben erprobt und dann bei zunehmend schwierigeren Aufgaben eingesetzt (z.B. wird die Methode der Begriffsland-

schaften bei einem einfachen Beispiel und dann bei einem komplexen Sachverhalt geübt).

3. *Abbau externer Unterstützung mit zunehmendem Trainingsfortschritt*: Zu Beginn wird Anleitung durch externe Hilfen gegeben, diese verringert sich bzw. wird völlig zurückgenommen.

4. *Veränderung der motivationalen Lernvoraussetzungen*: Es ergeben sich positive Effekte, wenn der Lernende erfährt, dass eine Strategie in seinem Lernkontext hilfreich ist.

5. *Lernen im sozialen Kontext*: Nutzung der Vorteile in Kleingruppen (z.B. Technik des Fragenstellens in Partner- und Gruppenarbeit).

Dass ein solches Training in einen passenden gruppendynamischen Rahmen unter Berücksichtigung von Lernspielen, Selbsterfahrung und Selbstinterpretationen eingebaut werden sollte, ist naheliegend. Es sei darauf hingewiesen, dass solche Lerntrainings auch einen positiven Effekt hinsichtlich der Reduktion von Schul- und Leistungsangst besitzen (Losch, 2000). Dies ist leicht nachvollziehbar, da solche Ängste auch aus der Einschätzung mangelnder Kompetenz in hoch relevanten Bereichen entstehen, Kompetenzerhöhung demnach auch angstreduzierende Effekte nach sich ziehen muss.

6. Besondere Gedächtnisphänomene

6.1 Eidetische Phänomene

Auf den Wiener Arzt Viktor Urbantschitsch (1907) geht die faszinierende Behauptung zurück, dass es Menschen gebe, welche ein photographisch genaues Gedächtnis besäßen. Eine einmal gezeigte Vorlage soll von ihnen mit allen Details wiedergegeben werden können. Menschen mit derartigen „subjektiven optischen Anschauungsbildern" (d.h. Vorstellungen mit Wahrnehmungscharakter)[1] werden als Eidetiker bezeichnet. Jaensch (1927), der sogar eine Persönlichkeitstypologie nach diesem Phänomen entwickelt hat, meinte, diese Phänomene kämen besonders häufig bei Kindern und Jugendlichen vor, zudem bei Personen mit gesteigerter Schilddrüsenfunktion (Basedowoide), aber auch bei erwachsenen Menschen, die aufgrund ihrer eidetischen Anlage oft künstlerische Berufe ausüben sollten. Nach Kroh (1922) sollen ca. 1/3 der von ihm untersuchten Gymnasiasten eidetische Veranlagung besitzen. Diese Fähigkeit soll sich aber rasch zurückbilden. Unter den von ihm untersuchten Hochschülern befanden sich nur mehr 7 % Eidetiker. Auch Hinweise zur Unterrichtsgestaltung glaubte man aus der Existenz unterschiedlich eidetisch begabter Kinder und Jugendlicher ableiten zu können.

Gegen die Annahme der Existenz eidetischer Vorstellungsbilder (als Zwischenphänomen zwischen Wahrnehmung, Nachbild und Vorstellung) wurden bereits früh Zweifel erhoben. Aber erst Heinrich Düker (1965) und Werner Traxel (1962) führten 40 Jahre später experimentelle Untersuchungen zum Phänomen der Eidetik durch, die schlüssig gegen die Existenz dieses Phänomens sprechen. In ihrer Untersuchung wurden von 1348 Kindern aus Marburger Schulen

---

[1] „Die subjektiven Anschauungsbilder stehen in ihrer Erscheinungsweise zwischen *Wahrnehmungs- und Vorstellungsbildern*. Wie die Vorstellungsbilder sind sie subjektiv, das heißt in ihrem Auftreten von der Anwesenheit realer Objekte unabhängig; wie die Wahrnehmungsbilder sinnlich-anschaulich im jeweiligen Wahrnehmungsraum gegeben. ... Insofern können sie mit echten Halluzinationen verglichen werden, obwohl ihr Auftreten weder von einer Störung des Realitätsbewusstseins noch von einer Bewusstseinsspaltung begleitet ist" (Kroh, 1950, S. 313, zit. n. Traxel, 1962, S. 263). Ihre Existenz wurde in allen Sinnesmodalitäten postuliert (akustisch, taktil, olfaktorisch, gustatorisch, kinästhetisch), aber nur im optischen Bereich untersucht.

nur die 5 % in die Hauptuntersuchung einbezogen, die in Vorversuchen die detailliertesten Bildbeschreibungen geliefert hatten.

Als Vorlage benutzten diese Autoren u.a. ein Ziffernquadrat mit 36 einstelligen Zahlen (vgl. Abb. 6.1). Die Vpn konnte das Quadrat 30 Sek. lang anschauen und hatten dann die Aufgabe, die Zahlen zu reproduzieren. Bei der Reproduktion betrug die Durchschnittsleistung 6,6 Zahlen. Dies entspricht relativ genau der Kapazität des Kurzzeitgedächtnisses (7 ± 2 Informationseinheiten). Die beste Einzelleistung betrug 16 Ziffern. Keiner der Jugendlichen hatte angegeben, das Zahlenquadrat buchstäblich gesehen zu haben, etwa in der Weise, dass die Zahlen nur abzulesen gewesen wären. Die längere Betrachtung des Ziffernquadrates auf einer Leinwand erzeugte aber Nachbilder (Komplementärfarben und typisch pulsierender Bildeindruck). Ein Junge, der meinte, er könne hier die Zahlen ablesen, produzierte zwar in schneller Folge Zahlen, diese stimmten aber mit der Vorlage nicht überein.

6	8	1	9	0	5
7	5	4	7	4	6
3	1	2	0	1	5
9	9	1	0	3	2
6	1	6	3	6	0
9	4	9	8	4	3

Abbildung 6.1: Zeichnungsvorlage für die Untersuchung sog. eidetischer Begabungen (Traxel, 1962, S. 298)

In einer anderen Prüfanordnung (vgl. Abb. 6.2) wurde eine relativ abstrakte Zeichenvorlage verwendet. Ein Junge fiel bei der Reproduktion als besonders leistungsfähig auf. Auch bei Wiederholungsversuchen nach sechs Wochen bzw. 15 Monaten konnte er noch wesentliche Details der Vorlage wiedergeben. Allerdings ergab die Untersuchung seiner Reproduktionsstrategie, dass er nur eine hervorragende visuelle Vorstellungsfähigkeit besaß, die Reproduktion selbst erfolgte rein gedächtnismäßig; den Eindruck, das Bild selbst zu sehen, hatte er nicht.

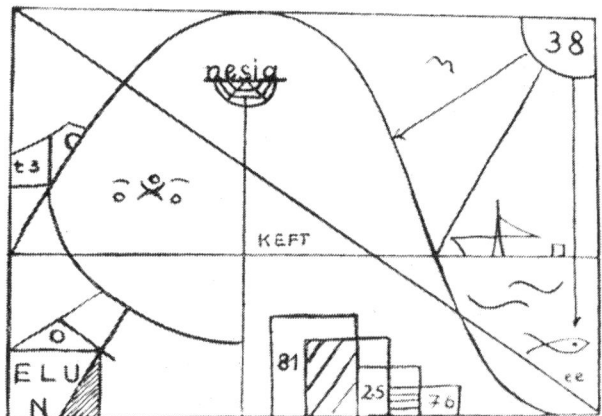

Abbildung 6.2: Zeichnungsvorlage für die Untersuchung sog. eidetischer Begabungen (Traxel, 1962, S. 323 und 324)

Mit einer interessanten Versuchsanordnung (gedächtnismäßige Erzeugung eines räumlichen Bildes aufgrund stereoskopisch dargebotener Einzelbilder) wurden von Nickel et al. (1975) 18 Kinder bzw. Studenten getestet, die aufgrund ihrer besonderen Gedächtnisleistung bei visuellen Inhalten aus mehr als 2000 Probanden ausgewählt worden waren. In einem Fall war eine besonders gute Leistung als kurzfristiger Effekt eines Nachbildes vorhanden, ansonsten konnten keine entsprechenden Phänomene gefunden werden.

Aus diesen Untersuchungen ist zu schließen, dass eidetische Phänomene oder subjektive optische Anschauungsbilder Vorstellungen und keine eigenständigen psychischen Phänomene sind (Düker, 1965). Manche Menschen können aber sehr genau Bilder aus dem Gedächtnis reproduziert (Gummerman & Gray [1971], vgl. hierzu die Annahmen über die duale Kodierung von Erfahrungsinhalten nach Paivio [1986]). Eidetiker in dem Sinn, dass jemand ein photographisches Gedächtnis besitzt, sind hingegen nicht nachzuweisen. Dies heißt allerdings nicht, dass dies auch so von der Öffentlichkeit akzeptiert wird (Aissen-Crewitt, 1987); das Phänomen wird in fachlichen Randgebieten sogar als weiter existent diskutiert.

Ein von Coltheart und Glick (1974) berichtetes Fallbeispiel bezieht sich auf eine 22-jährige Studentin, die durch ihre Fähigkeit aufgefallen war, gehörte Wörter ohne Zeitverzögerung rückwärts zu sprechen. Wenn ihr z.B. das Wort „backwards" vorgegeben wurde, konnte sich ohne Verzögerung und mit guter Aussprache mit „sdrawkcab" antworten. Diese Fähigkeit hat sie an sich selbst entdeckt. Nach ihren Angaben sah sie das auszusprechende Wort, so dass es ihr kein Problem verursachte, das Wort von hinten zu lesen. Sätze konnte sie von hinten lesen, so lange diese nicht mehr als fünf bis sechs Wörter umfassten. Aufgrund des Hinweises, sich die Sätze in Teilen vorzustellen, konnte sie aber auch längere Sätze von hinten ablesen.

Die übliche Gedächtnisspanne (überprüft mit Einzelwörtern oder Rechenoperationen) wurde von ihr nicht überschritten. Auch bei der Wiedergabe eines einmalig präsentierten Bildes zeigte sie keine außergewöhnlichen Leistungen. Bei der mentalen Rotation räumlicher Gebilde waren ihre Ergebnisse durchschnittlich, ebenso beim Erkennen von Verben oder Substantiven in Sätzen, die sie im Kopf behalten musste. Hingegen konnte sie tachistokopisch dargebotene Buchstabenfolgen wesentlich besser erkennen als andere Vpn.

Zusammenfassend ist zu bemerken, dass in diesem vorliegenden Fall eine außergewöhnliche spezifische visuelle Fähigkeit, Wörter in Wortbilder umzuwandeln, vorhanden war. Ebenso war ihre Fähigkeit überragend, visuell kurzfristig dargebotene Wörter zu erkennen. Eine eidetische Fähigkeit, nach der mit diesem Begriff intendierten Bedeutung, waren aber bei ihr nicht vorhanden.

Es ist letztendlich erstaunlich bzw. in wissenschaftssoziologischer Hinsicht wieder erklärungsbedürftig, dass dieses nichtexistente Phänomen lange Zeit hinweg in wissenschaftlichen in- und ausländischen Lehrbüchern tradiert wurde, ohne dass eigenständige kritische Replikationsuntersuchungen angestellt worden wären. Andererseits ist dies wieder ein Beleg, dass auch in wissenschaftlichen Disziplinen Selbsttäuschungen nicht ausgeschlossen sind und irrige Meinungen lange Zeit unentdeckt bleiben können.

6.2 Idiot Savant

Mit der Bezeichnung *idiot savant* (*franz.* wissender Dummkopf) werden in der Regel schwachsinnige bzw. geistig behinderte Personen bezeichnet, die aber auf einem eng umschriebenen Gebiet (z.B. Kalenderrechnen, Finden von Primzahlen) herausragende Leistungen erbringen.[2] Der Begriff wurde erstmals von Dr. John Langdon Down 1887[3] verwendet (Treffert, 1988, S. 564). Bisweilen wird auch noch konstatiert, dass diese Personen sehr geringe Kommunikationsfähigkeiten und eingeschränkte soziale Kompetenzen aufweisen, auf alle Fälle könnten sie ihre besonderen Fähigkeiten oder die Lösungswege, die sie für ihre Leistungen benutzen, nicht erklären (O'Connor, 1989, S. 2; Moriatry et al., 1993).

Diese Spezialfähigkeiten können wiederum individuell variierend ausgeprägt sein, so unterscheidet Treffert (1988, S. 593f) zwischen talentierten und großartigen Idiot Savants. Allerdings wird gerade in den letzten Jahren kritisch gefragt, ob die fallbezogene Diagnostik tatsächlich trennscharf vorgenommen wird: Dies betrifft zum einen die Diagnose eines gravierend niedrigen Intelligenzniveaus (z.B. unter 40, 70 ... IQ-Punkten) wie auch die Diagnose herausragender Fähigkeiten in einem Spezialgebiet (Barnes & Earnshaw, 1996). Eine genaue Diagnostik würde vermutlich die Zahl der Personen mit dem Savant-Syndrom drastisch reduzieren.

Eine Studie, die auf eine intelligenzunabhängige spezielle Begabung bei den Idiot Savants hinweist, wurde von O'Connor und Hermelin (1987) durchgeführt. Sie prüften bei zeichnerisch besonders begabten Idiot Savants mehrere Kompetenzen im Vergleich zu intelligenzgematchten sowie zu normalintelligenten Vpn. Bei Aufgaben, die eine zeichnerische Betätigung verlangten, schnitten die Idiot Savants gleich gut wie die künstlerisch begabten normal intelligenten Vpn und wesentlich besser wie die nach Intelligenz gematchten Kontrollpersonen ab. Bei Aufgaben, die zwar auch auf visuelles Material bezogen waren, aber keine pro-

---

[2] Statt der pejorativen Konnotation („Idiot") wurde vorgeschlagen, die neutralen Bezeichnungen „savant syndrome" oder „mono-savant" zu verwenden (Miller, 1998). Damit ist aber nicht nur eine Umbenennung verbunden, sondern auch die Vorstellung, dass das Phänomen sehr genau von anderen Kategorien (lernbehindert, geistig behindert) abzugrenzen und letztlich auch zu diagnostizieren sein müsse.

[3] Einer Diskussionsbemerkung im American Journal of Psychiatry (Foerstl, 1989) ist zu entnehmen, dass der vermutlich frühest beschriebene Fall aus dem Jahr 1751 stammt und sich auf einen gewissen Jedediah Buxton mit außergewöhnlichen rechnerischen Fähigkeiten bezieht.

duktiven Aspekte beinhalteten (Erkennen von graphischer Vorlagen), waren die Idiot Savants schlechter als die normal intelligenten Vpn. Allerdings treten solche spezielle Fähigkeiten auch bei normal begabten Menschen auf, so dass man eher von einer Unabhängigkeit zwischen Intelligenz und diesen Leistungen sprechen kann (O'Connor, 1989, S. 5); ob aber bei einem normal begabten Menschen solchen Leistungen die gleichen Denkprozesse zugrunde liegen, muss offen bleiben.

Ebenso ist klar, dass nicht bei jedem geistig Behinderten solche Fähigkeiten zum Vorschein kommen, sondern dass es sich um äußerst seltene Fälle handelt. Die diesbezüglichen Schätzungen schwanken zwischen 0,06 % bei geistig Behinderten (Hill, 1977; dieser Studie lagen 90 000 geistig Behinderte in den USA zugrunde, allerdings war die Zuordnung den Heimleitern überlassen.) und 9,8 % bei Autisten (O'Conner, 1989, S. 2). Das Geschlechtsverhältnis liegt bei 6 : 1 zugunsten der Männer (Treffert, 1988, S. 565).

Idiot Savants: Das Zwillingspaar John und Michael (Sacks, 1994)

Oliver Sacks (1994) beschreibt den Fall eines Zwillingspaares, die seit ihrem siebten Lebensjahr in Heilanstalten lebten. Ihre Diagnosen variierten zwischen autistisch, psychotisch oder erheblich retardiert. Als Sacks mit den Zwillingen bekannt wurde, waren diese 26 Jahre alt und durch Radio und Fernsehen schon zu Berühmtheiten geworden. Ihre Fähigkeiten bezogen sich auf ein bemerkenswertes „dokumentarisches" Gedächtnis, d.h.
- sie konnten ohne langes Nachdenken sofort den Wochentag eines beliebig entfernten Tages in der Vergangenheit oder der Zukunft bestimmen;
- zudem konnten sie sich winzigste visuelle Einzelheiten merken, z.B. konnten sie bei verschütteten Streichhölzern sofort die Anzahl der Streichhölzer nennen;
- sie konnten zu jedem Tag aus ihrer Vergangenheit Ereignisse sowie das Wetter erinnern;
- sie konnten sich gegenseitig über Stunden hinweg Primzahlen bis in den Bereich 20stelliger Zahlen nennen.
- Andererseits waren sie nicht in der Lage, einfachste arithmetische Operationen (Addieren, Subtrahieren ...) vorzunehmen.

Diese Fähigkeiten treten plötzlich und anscheinend ohne Training auf (Howe & Smith, 1988), und zwar meistens im Alter zwischen fünf und acht Jahren (O'Connor, 1989, S. 4). Sie können aber auch wieder verloren gehen; auch dies kann sehr plötzlich geschehen (Treffert, 1988, S. 593) oder - wie das Fallbeispiel des kalenderrechnenden Zwillingspaares zeigt (Sacks, 1994) - auch schrittweise, weil die entsprechende Umwelt geändert wurde (im speziellen Fall wurden die Zwillinge getrennt).

Die Bereiche, in denen solche Spezialfertigkeiten auftreten, sind eng umgrenzt. Beispiele lassen sich u.a. finden für
- das Kalenderrechnen (Sacks, 1994),
- Gedächtnisfertigkeiten (z.B. Zugfahrpläne auswendig lernen, Zeitungsartikel wiedergeben, diese sind aber nicht zwingend; Treffert, 1988, S. 568),
- arithmetische Fähigkeiten, wie z.B. die Umrechnung von Jahres-, Monats- und Tagesperioden in Sekunden (Treffert, 1988, S. 564),
- musikalische Fähigkeiten im Sinne des Verfügens über Strukturregeln (Sacks, 1994) oder von Improvisationsfertigkeiten (Hermelin et al., 1989),
- zeichnerische Fähigkeiten (Hermelin & O'Connor, 1990),
- Hyperlexie i.S. von gesteigerter Lesegeschwindigkeit und der Fähigkeit, gelesenes Material wiedergeben zu können (Patti & Lupinetti, 1993), und
- technische Fähigkeiten (Brink, 1980; Hoffman & Reeves, 1979).

Zur Erklärung dieser speziellen (Gedächtnis-)Fähigkeiten wurde zwar eine Reihe von Hypothesen entwickelt, die aber nicht in der Lage sind, alle bzw. auch nur die wesentlichen Aspekte dieses Phänomens abzudecken. Diskutiert werden folgende Erklärungsmöglichkeiten:

- *Neuro(physio)logische Hypothesen*: Hierbei wird von den verschiedenen Spezialisierungsformen der beiden Gehirnhälften ausgegangen. Bei den Idiot Savants soll die Funktionsfähigkeit der rechten Gehirnhälfte erhalten bzw. besonders ausgebildet sein, während die linke geschädigt ist (bisweilen durch postmortem Befunde substantiiert). Dies führe zu einem Verlust der Fähigkeit zum abstrakten Denken, während inselhafte Reste konkret-anschaulicher Denkleistungen noch vorhanden sind.

Ein illustratives Fallbeispiel hierzu stammt hierzu von Brink (1980), der einen Mensch beschreibt, der nach einer linkshemisphärischen Schussverletzung mit neun Jahren beeindruckende Leistungen bezüglich der räumlichen Orientierung und des Anfertigens von Konstruktionen gezeigt haben soll, aber kaum zu Lese-, Schreib- oder Rechenleistungen fähig war.

Eine Variante einer neurophysiologisch unterschiedlichen Differenzierung bezieht sich auf den Einfluss von Testosteron auf die Hirnentwicklung. Die linke Gehirnhälfte entwickelt sich im vorgeburtlichen Stadium später als die rechte, deshalb ist es möglich, dass das erst später produzierte männliche Sexualhormon retardierend auf die Entwicklung der linken Gehirnhälfte einwirken könnte, wohingegen die rechte Hälfte unbeeinflusst bleibt. Mit dieser Hypothese wird zwar eine mögliche Erklärung für die Unterschiede in der Geschlechtsverteilung bei den Idiot Savants gegeben, aber nicht unbedingt die Entstehung außergewöhnlicher Fähigkeiten an sich erklärt.

- *Visuelles Gedächtnis*: Eine damit in Zusammenhang stehende Erklärungsmöglichkeit bezieht sich auf die speziellen Leistungen der Idiot Savants in Bezug auf visuelle Repräsentationen, oftmals irreführend mit dem Ausdruck „eidetisches Gedächtnis" belegt (Sacks, 1994; Treffert, 1988). Vermutungen (begründet durch die kurzen Lösungszeiten) gehen in die Richtung, dass Idiot Savants visuelle Lösungsstrategien z.B. beim Kalenderrechnen oder auch beim Entdecken von Primzahlen verwenden (die Lösungen gleichsam durch Hinschauen auf eine mentale Landschaft ablesen).

Diese Interpretation stellen allerdings O'Connor und Hermelin (1984) in Frage: Sie konnten experimentell nachweisen, dass die Lösungszeiten für das Nennen des richtigen Wochentages ansteigen, je weiter das entsprechende Jahr entfernt war. Dies - sowie die Auskünfte einiger ihrer Testpersonen - spricht dafür, dass diese Menschen die Lösung nach bestimmten, gut eingelernten Algorithmen errechnen.

- *Erbeinfluss*: Auch um die Idiot Savants wird eine Erbe-Umwelt-Debatte geführt: Treffert (1988, S. 566) meint, dass Spezialbegabungen als vererbt gelten und nicht als Ergebnis von Training angesehen werden können; die Kombination von Spezialbegabung und geistiger Behinderung sei hingegen ein Zufallsprodukt. Die angeführten Untersuchungen zeigen aber nur bei wenigen Idiot Savants Verwandte mit gleichen Spezialbegabungen (in einer angeführten Studie war z.B. von 23 Fällen nur einmal eine Konkordanz festzustellen).

- *Sensorische Deprivation und soziale Isolation als spezielle Lernbedingungen*: Im Unterschied zu oben hebt Wehmeyer (1992) eine lerntheoretische Erklärungsvariante hervor, wonach sich die Spezialfähigkeiten auf Bereiche beziehen, die nicht durch die geistige Behinderung beeinträchtigt sind, der Betroffene erfährt hier selektiv Lob und Unterstützung und wendet sich deshalb diesen Gebieten vermehrt zu (ähnlich ist der sog. „Schornsteineffekt" i.S. von Hoffmann & Reeves [1979, S. 714] zu verstehen). Auch die Überlegung, dass bei geistig Behinderten ein Teil der sensorischen Fähigkeiten nicht oder nur eingeschränkt vorhanden sind und es deshalb zu einem (sensorischen und sozialen) Reizmangel kommt, weist in die gleiche Richtung. Ist nun ein intaktes Teilgebiet verfügbar, so widmet sich der Idiot Savant ganz intensiv diesem und es entwickeln sich dann Spezialfertigkeiten. Im Grunde wird damit ein Mechanismus der Selbstverstärkung angesprochen. Gegen diese Variante eines Selbstverstärkungsprozesses spricht allerdings, dass andere Menschen mit sensorischen Behinderungen (z.B. blinde oder taube Personen) entgegen der alltagspsychologischen Mythenbildung nur zu einem sehr geringen Prozentsatz solche Spezialfertigkeiten ausbilden. Auch liegen Befunde vor, nach denen Idiot Savants in einer durchaus stimulierenden und Umwelt mit intensiver persönlicher Zuwendung aufgewachsen sind (Treffert, 1988, S. 566).

Die Existenz des Phänomens der Idiot Savant ist vielfach belegt (im Unterschied zu den im vorigen Kapitel angesprochenen eidetischen Phänomenen). Trotz der angedeuteten Hypothesen über die Genese ist das Phänomen des Idiot Savant noch nicht überzeugend erklärt. Das Phänomen bleibt somit eine Herausforderung für die Psychologie und speziell für jede Gedächtnistheorie.

6.3 Gedächtniskünstler

In der heutigen rekordbesessenen Zeit sind Spitzenleistungen hinsichtlich der menschlichen Merkfähigkeit objektiv dokumentiert (Guiness Buch der Rekorde '98, 1997, S. 96): Man findet hier u.a. den Hinweis, dass der schnellste menschliche Rechner der Welt ein Herr Gert Mittring aus Bonn sei, der aus einer 1000-stelligen Zahl die 137. Wurzel in 13,3 Sekunden gezogen hat. Herr Hideaki Tomory aus Yokohama hat die Zahl Pi auf 40.000 Stellen genau im Kopf, zur Reproduktion benötigte er 17:21 Stunden (einschließlich 4:15 Stunden Pause). Nach einmaligem Anschauen soll Herr Dave Farrow 52 in zufällige Reihenfolge gebrachte Kartenspiele mit nur 6 Fehlern wiedergegeben haben. Ein Herr Erich Zenker aus Kiel soll Spezialist hinsichtlich des Merkens von Vornamen sein; in einer seiner Veranstaltungen hat er die Vornamen von 501 Personen - nach einmaligem Hören und obwohl sich die Personen umgesetzt haben richtig - zuordnen können.

Diese beeindruckenden Dokumentationen menschlicher Leistungsfähigkeit sind eine erste Phänomenbeschreibung, aus ihnen geht aber nicht hervor, wie diese Leistungen möglich sind, d.h. welcher Strategien sich diese Personen bedienen, um diese zu erreichen. Es eröffnet sich hier also ein neue Facette des Forschungsfeldes Lernen und Gedächtnis.

6.3.1 Das Beispiel des Mathematikers A. C. Aitken

Alexander Craig Aitken (1895 - 1967) war Mathematiker an der Universität Edinburgh und für seine Schnellrechen- und Gedächtniskünste bekannt. Nach Hunter (1962, 1977) konnte Aitken sich z.B. die Zahl π auf 1000 Dezimalstellen genau merken (3,141592 ...). Er hatte für sich herausgefunden, dass er sich diese Zahl einprägen konnte, wenn es sie in Reihen zu je 50 Zahlen und diese wieder in je zehn Fünfergruppen einteilte und nach einem bestimmten Rhythmus las: „Es war ungefähr so, als ob ich eine Bach-Fuge lernen würde." Auch für Aitken war dies eine Art Tour de force und er meinte „das Ganze wäre eine völlig nutzlose Heldentat gewesen, wäre es ihm nicht so leicht gefallen". Die Speicherung als Melodie machte es ihm auch möglich, die Sequenz der Zahl π von einer beliebigen Ziffer ausgehend weiterzusprechen.

Eine seiner besonderen Fähigkeiten lag darin, Material zu gliedern. Hinzu kam, dass die Zahlen mit einer gewissen Geschwindigkeit gesprochen werden mussten (5 Ziffern pro Sekunde), bei langsameren Sprechen hatte er Probleme mit der Wiedergabe (dies galt auch für die Gedächtnisspanne, seine Gedächtnisspanne war mit 15 Ziffern außergewöhnlich, aber auch nicht beliebig groß). Mnemonische Hilfen wendete er nicht an, diese sah er eher als eine Art der „Verunreinigung" der Gedächtnisleistung an.

Er konnte die Zahl π auch rückwärts angeben. Seine Technik war dabei folgend: Er stellte sich die Fünferblöcke von hinten beginnend visuell vor und las die Zahlen ab. Der Vorgang dauerte etwas länger als beim Vorwärtssprechen, da er hierbei keine Visualisierungsstrategie verwendete. Er konnte auch in Sekundenschnelle mathematische Operationen vollziehen, z.B.

- das Quadrat oder die Wurzel beliebiger drei- und vierstelliger Zahlen (Dauer ca. 5 Sekunden) angeben,
- Dezimalbrüche ausrechnen (z.B. 2/63 oder 1/752 oder 1/851; ca. 2 Zahlen pro Sekunde),
- größere Zahlen miteinander multiplizieren (z.B. 987 654 321 x 123 456 789: 987 654 321 x 81 = 80 000 000 001, daher 123 456 789 x 80 000 000 001 : 81 = 121 932 631 112 635 269; für die Lösung benötigte er ca. eine halbe Minute).

Diese Leistungen hingen offensichtlich mit seinem immensen Wissen über Zahlen, deren Beziehungen und Eigenschaften zusammen. Z.B. bei der Aufgabe 1/851

-- 851 = 23 x 37
-- 1/37 = 0.027027027027 ...
-- 0.027027027027 .../23 = 0.001, Rest 4

...

Die Bedeutung von Zahlen erschloss sich ihm automatisch. Z.B. wenn er ein Auto mit dem Kennzeichen 731 sah, wusste er automatisch, dass dies 17 x 43 entspricht. Normalerweise musste er sich gegen solche Eindrücke abschotten, weil sie mit seinen anderen Gedanken interferierten. In anderen Bereichen wusste er so gut wie nichts (z.B. Sport).

Aitken wurde 1937 auch mit einem Prosatext, mit einer Wortliste mit 25 unzusammenhängenden Wörtern und einer Liste mit 16 Zahlen konfrontiert. 27 Jahre später konnte er noch sämtliche 25 Wörter sowie den Text wortgetreu nachsprechen. Von den Zahlen waren ihm noch 10 in Erinnerung. Bei der Wiedergabe wurde wieder eine Rhythmusstruktur gebraucht.

Als junger Lehrer brauchte er die Namen seiner 35 Schüler nur einmal zu hören, um sie einwandfrei zu reproduzieren. Als im ersten Weltkrieg die Namensliste seiner Zugkameraden verloren ging, war er in der Lage, die Namen aller 39 Mitglieder mit allen Details (Personenkennziffer, Geburtsdatum ...) anzugeben.

Bemerkenswert war auch seine Erinnerungsfähigkeit an Gespräche, Sitzungen etc. Von seinen Kollegen wurde er als wandelndes Protokoll benutzt. Er selbst war von seinen Rechenkünsten nicht besonders beeindruckt.

Eine seiner Fähigkeiten lag in der „Suche nach Bedeutungen", d.h. in seinem Bestreben, tieferliegende Strukturen zu entdecken. Solche Prozesse liefen bei ihm praktisch automatisch ab, wenn er mit einem Material konfrontiert wurde, an dem er interessiert war. Z.B. bei der Jahreszahl 1961 fiel ihm sofort die Kombination ein: $37 \times 53 = 44^2 + 5 = 40^2 + 19 = 1961$.

Bei Material, das ihn nicht interessierte, versuchte er sich in einen entspannten Zustand zu versetzen und hoffte, dass sich ihm von selbst tieferliegende Eigenschaften des Materials erschließen würden, er unternahm hier also keine bewussten Versuche der Elaboration oder Organisation. Er selbst wusste sehr gut über sich Bescheid, also z.B. ob er etwas richtig oder falsch wiedergab (Metagedächtnis).

In der Grundschule war er keineswegs ein Wunderkind. Auch in der Sekundarstufe nicht. Das entscheidende Erlebnis war die Konfrontation mit der Methode der Faktorisierung, um das Quadrat einer Zahl zu erhalten:

$a^2 - b^2 = (a + b)(a - b)$; z.B. $a = 47$, dann nehme man an $b = 3$, dann ist
$(a + b)(a - b) = 50 \times 44 = 2200$, und $47^2 = 2200 + 9 = 2209$

Diese Einsicht brachte ihn dazu, alle Zahlen bis 300 zu quadrieren. Auch sonst begann er, Regularitäten in Zahlen zu suchen. Bis etwa 17 ½ Jahren hat er diese Methode des „geistigen Yoga" trainiert, bis ihm seine Lehrer verboten, sich mit Arithmetik zu beschäftigen. Er war in der Schule aber keineswegs ein „idiot savant", der nur für Mathematik Interesse gehabt hätte, sondern er war auch in anderen Fächern (Literatur, Musik) sehr gut. Seine Fähigkeit hat er durch intensives Üben bis in die zwanziger Jahre sehr stark ausgebaut. Später ließ er im geistigen Training nach und er mochte es nicht mehr sehr gern, z.B. eine zehnstellige Zahl zu quadrieren.

Soweit eine Erklärung möglich ist, kann man für diese enormen Leistungen zum einen das ausgedehnte mathematische Wissen und die speziell an seine Person angepassten Merkstrategien (z.B. die Verwendung klassischer Musikstücke als externe Gedächtnisstütze) verantwortlich machen.

6.3.2 Der Gedächtniskünstler Rajan Srinivasan Mahadevan

Von Thompson et al. (1993) wurden die Fähigkeiten des Inders Rajan Srinivasan Mahadevan genau dokumentiert. Dieser ist u.a. berühmt geworden, weil er am 5.7.1981 die ersten 31 811 Ziffern der Zahl π für das Guinness Buch der Weltrekorde aus dem Gedächtnis richtig wiedergab. Erst am 9.3.1987 hat ein anderer Gedächtniskünstler (der Japaner Hideaki Tomoyori unter Verwendung einer sinnanreichernden Strategie) den Rekord auf 40 000 Ziffern hochgeschraubt. Mit fünf Jahren war Rajan in seiner Familie zum ersten Mal aufgefallen, weil er sich bei einer Einladung von 50 Gästen die Autonummern aller Gäste gemerkt hatte und diese fehlerfrei den Anwesenden zuordnen konnte.

1980 wurde Rajan während drei Monate von Bill Fox, University of Minnesota, auf seine Gedächtnisfähigkeiten hin untersucht. Vor allem im numerischen Bereich waren seine Fähigkeiten ausgezeichnet. Während seines Psychologiestudiums (Inskription 1987, Projektbeginn 1.5.1989) an der Kansas State University wurde Rajan durch die o.g. Autoren drei Jahre lang untersucht. Erste Überprüfungen mit dem Digit-span-Test ergaben, dass sich Rajan 15 Ziffern merken konnte, dies steigerte er im Laufe der Jahre auf 40 Ziffern. Auch seine anderen Leistungen bei numerischem Material (z.B. sich Zahlenmatrizen zu merken), waren außergewöhnlich; dies betraf auch die Lern- wie auch die Wiedergabegeschwindigkeit.

Sein IQ war hingegen nicht außergewöhnlich: Er erreichte 114-IQ Punkte in der Leiter-Skala; im Stanford-Binet waren die Leistungen durchschnittlich (a.a.O., S. 50: „... he showed the profile of an individual with a visual motor learning disability").

Raja betonte, keine visuellen Merkstrategien zu verwenden. Auch sonst war seine Merkstrategie äußerst „trocken". D.h. er verwendete keine oder nur zufällige Anreicherungen über den Sinngehalt eines Merkinhaltes. Damit unterscheidet er sich wesentlich von anderen bekannten Mnemonisten, z.B. den von Luria dokumentierten Fall Shereshevskii (Luria, 1968) oder dem Mathematiker Aitken (vgl. Kap. 5.3.1). Durch den Fall Rajan scheint hingegen der hohe Wert des mechanischen Lernens („rote learning") stark betont zu werden.

7. Klassische Lerntheorien

7.1 Assoziatives Lernen

Grundlage der S-R-Theorien des Lernens (Thorndike, Hull, Guthrie) ist das Prinzip der Kontiguität, d.h. aufgrund einer raumzeitlichen Nähe zwischen einem Reiz (Stimulus = S) und einer Reaktion (= R) wird jegliche Reaktion, die mit einem Reiz wiederholt in Kontiguität stand, auch in Zukunft durch diesen Reiz ausgelöst (vgl. hierzu die psychologiegeschichtlichen Grundlagen in Kap. 1.5). Aus der Einfachheit dieses Prinzips ergibt sich auch seine Faszination.

Guthrie[1] wollte auf dieser Basis die allgemeine Natur der Lernvorgänge erkennen. Er hat in seiner Kontiguitätstheorie des Lernens (1935), welche die Nähe von Reiz und Reaktion als alleiniges Erklärungsprinzip postuliert, das assoziative Lernen als universelles Lernprinzip vertreten. Sein einziges Lerngesetz, auf das alle Prinzipien des Lernens zurückgeführt werden können sollten, lautet: „Eine Kombination von Reizen, die mit einer Bewegung einhergeht, pflegt beim erneuten Auftreten diese Bewegung nach sich zu ziehen" (Hilgard & Bower, 1970, S. 95 f.). Diese Formulierung kommt ohne Erwähnung von Trieben, aufeinander folgenden Wiederholungen, Bestrafungen, Belohnungen etc. aus. Wesentlich ist nur eine Reizkombination und eine Bewegung.

Eine zweite Feststellung ist für sein System noch wichtig: „Ein Reizmuster gewinnt bei seinem ersten gemeinsamen Auftreten mit einer Reaktion seine volle Reaktionsstärke" (a.a.O., S. 96). Dieses zweite Postulat mutet allerdings paradox an, da es alles, was unter Übungsfortschritt beschrieben werden kann, leugnet. Der Ausweg ist aber darin zu suchen, dass niemals völlig identische Reizmuster vorhanden sind und daher Wiederholungen nötig sind, um die wesentlichen Gemeinsamkeiten einer Erregungskonstellation herauszufiltern.

---

[1] Edwin R. Guthrie (1886 - 1959) war ein früher Behaviorist. Der Behaviorismus, oft mit dem Namen John Broadus Watson (1878 - 1958) in Verbindung gebracht, ist sich in der Überzeugung einig, dass eine wissenschaftliche Psychologie auf dem Studium dessen gegründet sein muss, was offen beobachtbar zutage liegt. Dies sind physikalisch definierbare Reize, Muskelbewegungen oder Drüsenabsonderungen. Die Selbstbeobachtung (Introspektion) wurde als legitime wissenschaftliche Methode abgelehnt. Behavioristen pflegen deshalb ihre Experimente hauptsächlich mit Ratten, kleinen Kindern etc. zu machen, nicht zuletzt, weil sie sich selbst gegen eine indirekte Verwendung der Introspektion schützen wollen. Allerdings ging vieles von dieser Selbstbeobachtung wieder in diese Psychologie ein, indem man die Datenbasis auch auf „verbales Verhalten" erweitert hat.

Wie bereits erwähnt (vgl. Kap. 3.1), entstehen nach der „Theorie der spezifischen Erregungskonstellation" von Rohracher (1972) Assoziationen zwischen gleichzeitig oder hintereinander auftretenden Erlebnisinhalten durch die Kontingenz der durch diese Erlebnisse ausgelösten zerebralen Erregungsprozesse. Diese hören nicht unmittelbar mit dem bewussten Erleben auf, sondern klingen allmählich ab (postmentale Erregungen). Damit verbinden sie sich auch mit eventuell neuen bewussten Wahrnehmungs- und Denkinhalten. Diese Gleichzeitigkeitsassoziationen verbinden damit beliebige Inhalte.

Allerdings sind Wiederholung und Assoziation keineswegs die einzigen für das Lernen wichtigen Faktoren. Viele Phänomene, wie die subjektive Organisation von Gedächtnisinhalten (vgl. Kap. 2.4.4.3) oder der durch Zielvorstellungen geordnete Ablauf des Denkens, verweisen auf den Einfluss kognitiver oder steuernder Faktoren beim Lernen.

7.2 Klassisches Konditionieren

7.2.1 Einführung

Der Lernmechanismus der Klassischen Konditionierung[2] ist bereits auf einer frühen Stufe der Phylogenese nachweisbar (vgl. untenstehendes Beispiel). Dadurch dass ein Organismus diese Fähigkeit zur Verhaltensänderung besitzt, wird seine Anpassung an die Umwelt bedeutsam erhöht, denn der Organismus kann in antizipatorischer Weise auf konditionierte Reize reagieren, bevor eventuell schädliche unkonditionierte Reize eine Beeinträchtigung des Organismus bewirken.

Das Phänomen des Klassischen Konditionierens ist seit langem bekannt, so schreibt z.B. ein gewisser Whitt (1763) darüber:

> Wir sehen, ... dass das Erinnerte oder die Idee von Substanzen, die vorher auf diese oder jene Körperteile eingewirkt haben, fast den gleichen Effekt hervorbringt, als ob diese Substanzen tatsächlich gegenwärtig wären. So verursacht der Anblick oder sogar nur die deutliche Vorstellung einer reichlichen Mahlzeit im Munde einer hungrigen Person einen ungewöhnlich starken Speichelfluss. Auch der Anblick einer Zitrone kann bei manchen Menschen die gleiche Wirkung hervorbringen.

Allerdings wurden durch diese Beobachtungen keine weiteren Untersuchungen veranlasst. Pawlow (1928) hingegen widmete sich mit einem Untersucherstab von bis zu 100 Mitarbeitern fast 30 Jahre lang der systematischen Untersuchung dieses Phänomens. Er selbst war auf diese Entdeckung durch Zufall gekommen. Bei seinen Untersuchungen über Magensekretion (er hatte dafür den Nobelpreis erhalten) bemerkte er, dass bereits die Schritte der Tierpfleger eine Speichelsekretion bei den Hunden bewirkte. Er beschloss darauf, viele seiner weiteren Untersuchungen auf diese „psychische Sekretion" zu konzentrieren.

---

[2] Anstelle der Bezeichnung „Klassisches Konditionieren" werden noch andere Bezeichnungen mit synonymer Bedeutung verwendet, z.B. Reiz-Reaktionslernen, Stimulus-Response-Lernen, S-R-Lernen, assoziatives Lernen oder Signallernen. In der Tradition von Skinner (1953) war es auch einige Zeit üblich, von sog. Anwortreaktionen bzw. von respondentem Verhalten, das durch Reize ausgelöst wird, zu sprechen. Dies im Unterschied zu Wirkreaktionen bzw. von operantem Verhalten, dessen Steuerung durch nachfolgende Konsequenzen erfolgt.

Beispiel einer klassischen Konditionierung im Tiermodell (Alkon, 1983)

Die Meeresschnecke Hermissenda crassicornis wurde als besonders geeignet für Untersuchungen zum klassischen Konditionieren und zur Aufklärung der zugrundeliegenden neuropsychologischen Mechanismen verwendet, da sie nur wenige Rezeptorzellen besitzt (je Auge 5 Sehzellen, je Statocystenapparat 13 Haarzellen). Die Schnecke erwies sich als gut konditionierbar:

Auf den UCS (= unkonditionierten Reiz) Licht erfolgt die UCR (= unkonditionierte Reaktion) eines Tropismus, auf den UCS einer Drehung erfolgt die UCR einer Verlangsamung der Bewegung. Diese unbedingten bzw. angeborenen Reiz-Reaktionsverbindungen sind von einem hohen Überlebenswert für das Tier, denn sie haben zur Folge, dass es bei Licht die Wasseroberfläche aufsucht und dort Hydropolypen abweidet sowie bei stürmischer See auf den Meeresboden absinkt, sich dort festsaugt und gegen Verletzungen geschützt ist. Nach einer mehrmaligen Koppelung von Licht und Bewegung erwirbt das Tier die CR (konditionierte Reaktion) einer Verlangsamung der Bewegung auf den Lichtreiz allein.

Die von der Konditionierung induzierte Erregbarkeit ist dem Zellkörper zuzuschreiben und wird auch dort gespeichert. Die Veränderung der Erregbarkeit (als Ergebnis des Lernprozesses) ist eine Eigenschaft der Nervenzellmembran. Durch die Konditionierung wird die Calcium-Konzentration im Zellinneren verändert. Diese Veränderung bewirkt eine Veränderung des Ionen-Flusses. Calcium bewirkt vermutlich eine Änderung der Membrankanäle über die Aktivierung von Enzymen, welche ihrerseits jene Membranproteine phosphorylieren, die das Öffnen und Schließen der Calcium- und Kalium-Kanäle steuern. (Diese Proteine scheinen z.T. die Wandung des Kanals selbst zu bilden.)

Durch Konditionierung wird also die relative Erregbarkeit von Nervenzellen geändert. Die dieser Erscheinung zugrunde liegenden biophysikalischen und biochemischen Prozesse bestehen in einer Änderung der Durchlässigkeit der Zellmembran für Calcium (Zunahme) und Kalium (Abnahme). Die Calcium-Zunahme bewirkt eine erhöhte Aktivität der calcium-abhängigen Protein-Kinase. Dadurch wird eine verstärkte Phosphorylierung von Proteinen erreicht, welche die Membrankanäle steuern (Dauereffekt).

Bei dieser Tierart konnten wegen der Einfachheit des Nervensystems auch der genaue Schaltplan, die Verläufe der Ganglien und synaptischen Verschaltungen sowie die hemmenden oder erregenden Wirkungen der Verschaltungen eruiert werden.

Die Untersuchungen zu diesem Bereich sind untrennbar mit dem Namen des russischen Physiologen Iwan Petrowich Pawlow (1848-1936) verbunden.

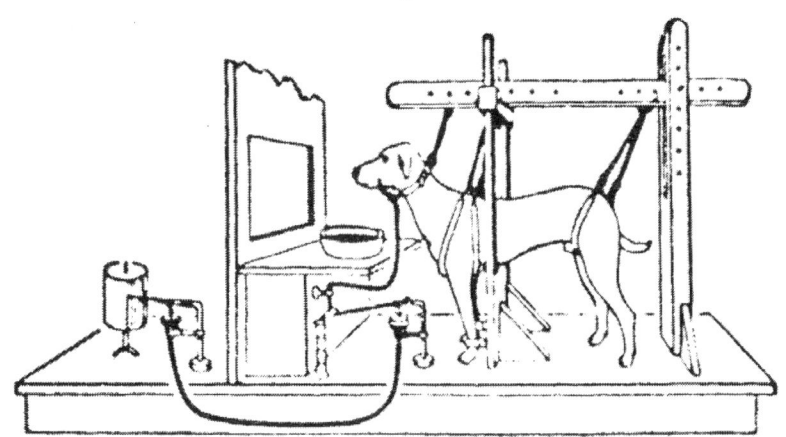

Abbildung 7.1: Versuchsanordnung bei Pawlow (nach Lewis, 1963)

Das experimentelle Paradigma, das inzwischen jedem Schuljungen und natürlich auch Schulmädchen bekannt ist, besteht im folgenden:

Gibt man einem Hund Futter, so sondert er Speichel ab. Das Futter ist der unkonditionierte Reiz (UCS = unkonditionierter Stimulus), der Speichelfluss die unkonditionierte bzw. angeborene Reaktion (UCR = unkonditionierte Reaktion). Der Speichelfluss wurde gemessen, indem eine Fistel den abgesonderten Speichel in ein Messgerät leitete. In der zweiten Phase kombiniert man das Futter mit einem beliebigen anderen Reiz, z.B. einem Ton oder dem Aufleuchten einer Lampe (NS = neutraler Stimulus). Nachdem man diese Paarung in richtigem zeitlichen Abstand mehrmals wiederholt hat, wird der zuerst neutrale Reiz ebenfalls einen Speichelfluss auslösen. Der zuerst neutrale Reiz (NS) wird somit zum konditionierten Reiz (CS), die darauffolgende Reaktion zum konditionierten Reflex bzw. zur konditionierten Reaktion (CR); es hat eine *Stimulussubstitution* stattgefunden oder man kann auch sagen, der zuerst neutrale Reiz ist zum Signal für eine normalerweise stattfindende Konsequenz geworden.

Ausgangspunkt (1) des klassischen Konditionierens sind also angeborene Reiz-Reaktionsverbindungen (vgl. Abb. 7.2); auf Seiten des Lernenden muss ein natürlicher Reflex, z.B. eine angeboren-reflexartig einsetzende emotionale Reaktion (Aufschrecken, Furcht, Wut), vorhanden sein. Dabei ist also vorausgesetzt, dass ein unbedingter Reiz eine unbedingte Reaktion auslöst (Foppa, 1968, S. 17):

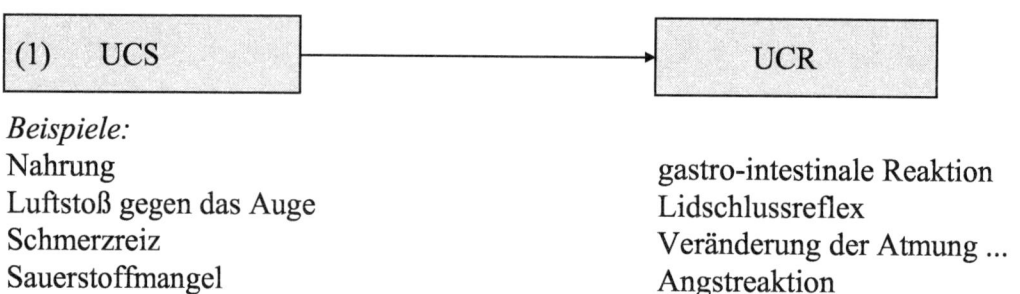

Beispiele:

Nahrung	gastro-intestinale Reaktion
Luftstoß gegen das Auge	Lidschlussreflex
Schmerzreiz	Veränderung der Atmung ...
Sauerstoffmangel	Angstreaktion

Ein (2) ursprünglich unbedeutender Reiz (NS) kann dabei durch (3) wiederholte Paarung mit einem UCR zu einem konditionierten Auslöser (CS) einer konditionierten Reaktion (4) werden:

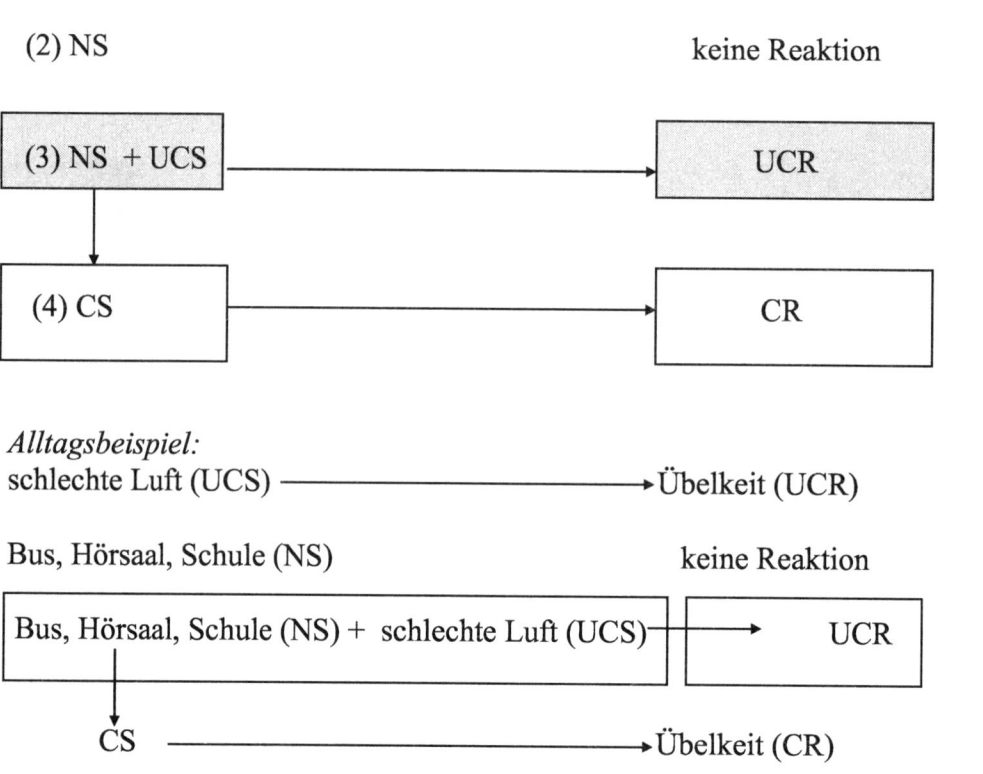

Abbildung 7.2: Grundschema der Klassischen Konditionierung und ein Alltagsbeispiel

Dieses von Pawlow und seinen Mitarbeitern beschriebene Phänomen wurde zuerst als „psychische Sekretion" bezeichnet, damit wurde es von der normalerweise auftretenden „physiologischen Sekretion" unterschieden. Der Ausdruck „bedingter Reflex" bzw. „konditionaler Reflex" taucht erst später auf (Tolochinow, 1901).

Nicht nur der Erwerb einfacher *motorischer* (Lidschlag) oder *physiologischer* (Speichelfluss, Herzrate, Atemfrequenz, Hautleitfähigkeit) Reaktionen lässt sich mit diesem Modell beschreiben, sondern auch das Lernen zentraler *emotionaler* (Angstkonditionierung; vgl. Kap. 7.2.3) und *immunologischer* Reaktionen. Letztere weitreichende Wirkung klassischer Konditionierung lässt sich auch am Beispiel konditionierter Immunreaktionen demonstrieren (Ader & Cohen, 1975), welche die Grundlage der sog. *N*euro*p*sycho*i*mmunolgie darstellt und die den hohen adaptiven Wert einer konditionierten physiologischen Reaktion zeigt („Feedforward-Regulation" des Organismus durch Antizipation; Bovbjerg, Cohen & Ader, 1981):

> Buske-Kirschbaum (1995) demonstrierte beim Menschen einen über das Verfahren der klassischen Konditionierung erworbenen Anstieg der natürlichen Killerzellenaktivität. Ausgegangen wurde von einer wiederholten Paarung eines Bonbons (= NS) mit einer subcutanen Injektion von Adrenalin (= UCS für die Auslösung der unkonditionierten Reaktion des Anstieges der natürlichen Killerzellenaktivität). Durch diese mehrmalige Paarung wurde aus dem NS Bonbon ein CS für den Anstieg der Immunreaktion. Diese Ergebnisse können Hinweise auf die psychische Beeinflussung von Autoimmunerkrankungen (z.B. Rheuma, lupus erythematodes) oder sogar von Krebs geben (zusammenfassende Befunde zur Neuropsychoimmunologie finden sich bei Ader et al. [1991]).

Aber auch viele andere gesundheitsbezogene Reaktionsweisen stehen unter Stimulus-Kontrolle, d.h. sie stellen nachvollziehbar erworbene Lernprozesse dar, und müssen nicht unbedingt durch unbekannte chemische Substanzen (etwa im Sinne einer zunehmenden Umweltverschmutzung) verursacht werden (auf den zusätzlichen Einfluss weiterer Lernbedingungen, z.B. nach der Art des operanten Lernens sei im Vorausgriff auf Kap. 7.3 bereits hier verweisen):

> Dekker und Grön (1956) stellten in einer ersten Studie fest, dass bei Asthma-Patienten eine große Variationsbreite hinsichtlich der Reize nachweisbar war, die asthmaauslösend wirkten, z.B. konnte es der Anblick von Staub, Radioansprachen einflussreicher Politiker, Kinderchöre, die Nationalhymne, Aufzüge, Goldfische, Vögel in Käfigen, Geruch von Parfümen, Wasserfälle, Radrennen, Polizeiautos oder Pferde sein. Diese scheinbar unerklärlichen Reaktionen auf die genannten Auslöser wurden von Dekker, Pelser und Grön (1957) in einer nachfolgenden Laborstudie erklärbar gemacht. Sie untersuchten dabei zwei Patienten, die auf ein be-

stimmtes Mittel (= UCS) mit asthmatischen Anfällen (= UCR) reagierten. Diese zeigten dieselben Anfälle unter kontrollierten Bedingungen aber auch dann, nachdem man diese Mittel mit einem neutralen Geruchsreiz (= NS) gekoppelt hatte. In späteren Stadien des Experiments lösten sie diese Anfälle auch durch die Inhalation von reinem Sauerstoff und schließlich allein durch Anblick des Mundstückes des Inhalationsgerätes aus (Konditionierung höherer Ordnung).

Während für den Laien viele dieser Reaktionen unverständlich sind und er nach pseudo-wissenschaftlichen Ad-hoc-Erklärungen ringt, können diese Studien neben vielen anderen Beispielen den hohen Alltagswert dieser Lernart im Alltag sowohl für angepasstes wie auch für fehlangepasstes Verhalten demonstrieren.

7.2.2 Gesetzmäßigkeiten beim klassischen Konditionieren[3]

(1) Verstärkung / Bekräftigung[4]
Damit ist die Anzahl der Paarungen zwischen einem neutralen Stimulus und dem unkonditionierten Stimulus gemeint, denn eine konditionierte Reaktion lässt sich in der Regel nicht in einem Lerndurchgang etablieren (Ausnahmen können nach Azrin [1959] traumatisierende Ereignisse sein, bei denen eine einmalige Paarung lebenslange Effekte besitzen kann [vgl. hierzu auch Solomon, 1964]).

In der Regel sind je nach der zu konditionierenden Reaktion, der Reizsituation (dem Zeitverhältnis zwischen der Darbietung des NS und des UCS) oder den einbezogenen Versuchsobjekten (Menschen, Tierarten) unterschiedlich viele Paarungen des UCS und des NS notwendig, bevor sich eine CR ausbildet; die Komplexität der konditionierten Reaktion scheint hingegen weniger von Bedeutung zu sein (Foppa, 1968, S. 19).

---

[3] Auch Lernergebnisse nach dem Klassischen Konditionieren lassen sich im Rahmen konnektionistischer Modellvorstellungen, d.h. als Veränderungen in neuronalen Netzwerken, darstellen (Waldmann, 1997; Rescorla & Wagner, 1972).

[4] Man beachte, dass diese Bezeichnung hier eine völlig andere Bedeutung als im Kontext des operanten Konditionierens besitzt!

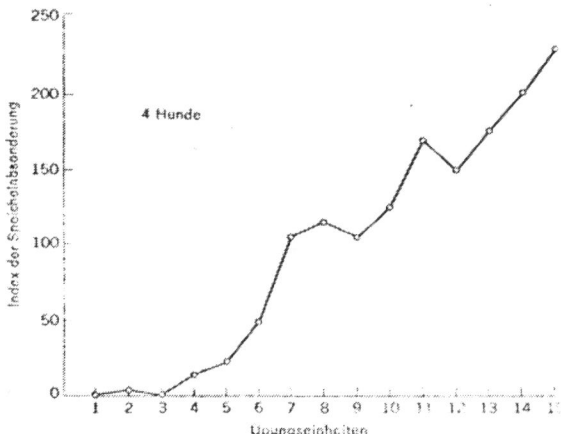

Abbildung 7.3: Lernverlauf bei einer konditionierten Speichelfluss-Reaktion nach Hull (1934, S. 425)

Im allgemeinen tritt eine s-förmige Lernkurve auf, d.h. am Anfang ist die CR gering ausgeprägt (vgl. Abb. 7.3), nimmt dann stark zu und später wieder ab.

Foppa (a.a.O.) gibt eine Übersicht zu diesem Thema, so sind beim Menschen z.B. bei einer vasomotorischen Reaktionen auf einen Ton als CS nur sechs Verstärkungen (UCS: Elektroschock) zur Etablierung einer konditionierten Reaktion notwendig (vgl. auch den in Kap. 7.2.3 angeführten Versuch mit dem „kleinen Albert"). Große Unterschiede bestehen zwischen der Konditionierung von Reaktionen des autonomen Nervensystems (Gefäßveränderungen, Herz- und Drüsentätigkeit, unwillkürliche Reaktionen des Organismus) einerseits und Reaktionen des cerebro-spinalen Systems (Skelettmuskulatur) andererseits. Dabei kommt es auch auf die zeitliche Abfolge zwischen CS und UCS an, beständige bedingte Reaktionen sind am sichersten zu erzielen, wenn CS kurz vor dem UCS einsetzt und etwa gleichzeitig mit dem UCS endet.

(2) Reizgeneralisierung
Bereits bei den Untersuchungen Pawlows wurde herausgefunden, dass eine CR nicht nur durch einen ganz spezifischen CS hervorgerufen wird, sondern auch von „ähnlichen" Auslösern. Obwohl es nicht einfach ist, den Begriff der Ähnlichkeit exakt zu bestimmen, ist die Konzeption intuitiv verständlich. Dient z.B. ein bestimmter Ton als Hinweisreiz (CS), so ist die darauf folgende Reaktion gleich, auch wenn die Tonhöhe in Grenzen variiert wird; verwendet man Metronomschläge als NS bzw. in der Folge als CS, so kann die Taktfrequenz entsprechend variiert werden; d.h. immer wird die Bedeutung des Signals verallgemei-

nert. Im allgemeinen gilt, die konditionierten Reaktionen fallen umso schwächer aus, je unähnlicher die variierten Auslöser den gelernten sind (Generalisationsgradient).

Bass und Hull (1934) führten ein einschlägiges Experiment zur Reizgeneralisation bei Studenten durch. Dabei wurde der PGR (= psychogalvanischer Reflex) auf Berührung der linken Schulter konditioniert, als UCS dienten Elektroschocks am Handgelenk. Später wurde in Abständen von 40 cm vom ursprünglichen Punkt taktile Reize gesetzt. Die Abbildung 7.4 zeigt die Abnahme der Reaktionsstärke vom Ort der ursprünglichen Berührung.

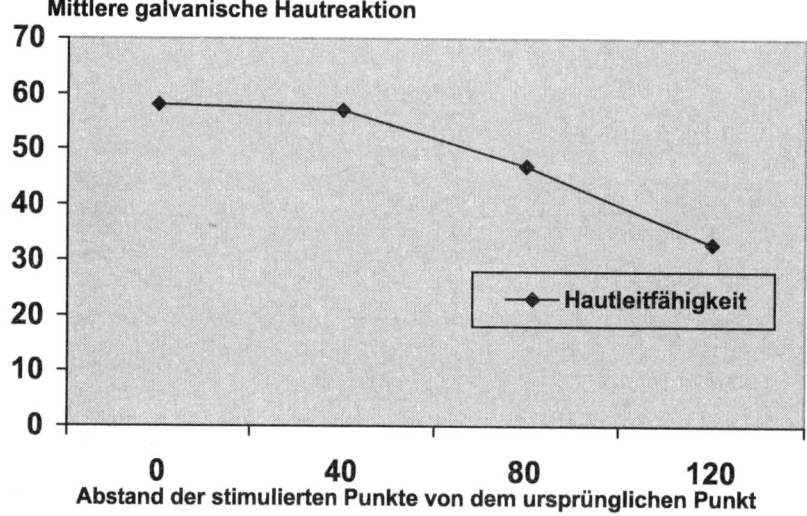

Abbildung 7.4: Gradient der Reizgeneralisation in einer Studie von Bass und Hull (1934)

Auch andere *zufällig in der Konditionierungsphase anwesende Reize*, die dem CS gar nicht ähnlich zu sein brauchen, können eine auslösende Wirkung besitzen. Beispielsweise kann eine auf taktile Reizung beruhende CR auch durch thermische oder akustische Reize hervorgerufen werden.

(3) Differenzierung
Wenn konditionierte Reaktionen die Anpassung eines Organismus an die Umwelt erleichtern sollen, so bedarf es auch eines der Generalisierung umgekehrten Prozesses, nämlich der Differenzierung. Pawlow konnte in der Tat zeigen, dass -

wenn man die sog. Kontrastmethode anwendet - dies der Fall ist. Dabei lässt man bei zwei dargebotenen Reizen immer nur bei einem eine Verstärkung (Koppelung mit einem UCS, etwa dem Anblick von Futter) folgen. Nach einigen Fluktuationen erfolgt die CR nur mehr auf den verstärkten Reiz, nicht aber auf den nichtverstärkten.

Dies kann man mit einer Studie von Campbell und Sears (1938) anschaulich machen: Hierbei wurde das Aufleuchten eines Feldes auf einer Tafel (NS) mit einem Luftstrahl (UCS) auf das Auge der Vp gekoppelt. Die UCR und in der Folge die CR bestand in einem vorwegnehmenden Blinzeln durch die Vp. Am nächsten Tag wurden z.T. gleiche, z.T. andere Felder erleuchtet. Der Luftstrahl erfolgte immer auf ein Aufleuchten eines bestimmten Feldes. Am Anfang erfolgte die CR auch auf die anderen Reize (Generalisation), im Laufe des Experimentes aber überzufällig nur mehr auf das verstärkte Feld (Diskrimination).

(4) Vergessen konditionierter Reiz-Reaktionsverbindungen
Klassisch konditionierte Reaktionen weisen im Unterschied zum Erwerb deklarativen Wissens eine hohe Resistenz gegenüber dem Vergessen auf. Es gibt allerdings nur wenige Untersuchungen darüber. Zumeist hat sich eine gewisse Schwächung bei längerem Nichtgebrauch herausgestellt. Durch andere Untersuchungen wurde wiederum nachgewiesen, dass die bedingten Reflexe noch nach Monaten und Jahren bestehen. So fanden Hilgard und Campbell (1936), dass eine konditionierte Blinzelreaktion beim Menschen noch nach 19 Monaten leicht wieder ausgelöst werden konnte.

Dabei muss man sorgfältig zwischen Vergessen und Extinktion unterscheiden (s.u.), wobei durch letzteres durchaus ein Umlernen erfolgen kann. Dies verweist auf die aktive Natur des Extinktionsvorganges bzw. auf die Tatsache, dass sich eine Änderung einer Verhaltensweise, die durch klassische Konditionierung erworben wurde, vorwiegend nur dann eintritt, wenn auch die Umweltbedingungen (im Sinne geänderter Lernbedingungen) variieren.

(5) Extinktion und spontane Erholung
Bietet man so lange nur mehr CS dar, bis der Organismus darauf nicht mehr mit einer CR antwortet, so verliert sich im folgenden die CR so gut wie ganz (vgl. Abb. 7.5).

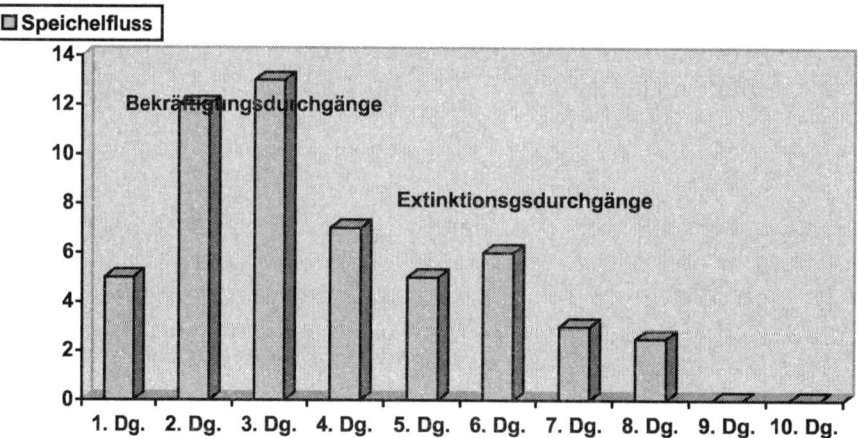

Abbildung 7.5: Aufbau einer konditionierten Reaktion (Auslösung von Speichel-absonderungen aufgrund des Tickens eines Metronoms) und Verlauf der Löschung (Dg. = Durchgang nach Daten nach Pawlow, 1953)

Versucht man allerdings nach einer gewisse Zeitspanne, die CR wieder durch den CS hervorzurufen, so tritt diese CR in der Tat wieder auf, u. zw. zumeist in abge-schwächter Form (vgl. Abb. 7.6).

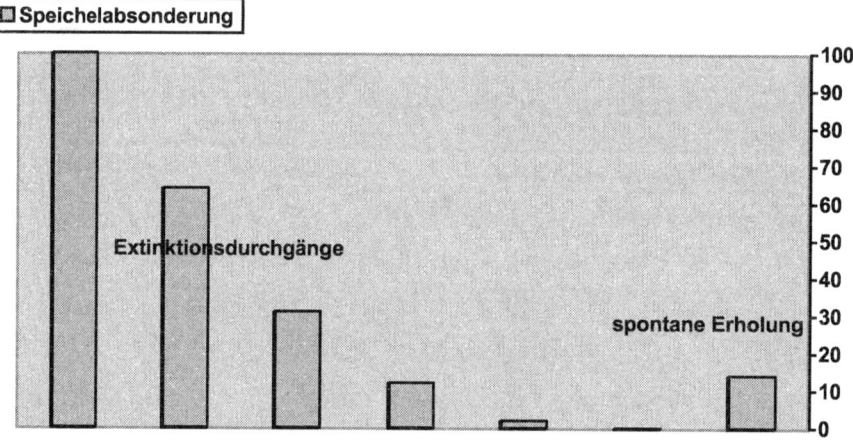

Abbildung 7.6: Extinktion einer konditionierten Speichelflussreaktion in Lö-schungsdurchgängen und das Phänomen der spontanen Erholung nach 20-minütiger Pause (Pawlov, 1927, S. 58)

Dieses Phänomen wird als spontane Erholung bezeichnet. Wenn im Tierexperiment darauf eine zweite Extinktionsphase folgt, so kommt es nach einer Pause wiederum zu einer Spontanerholung, auch beim dritten und den weiteren Malen. Allerdings wird die CR in Abhängigkeit von der Häufigkeit der ersten Paarungen immer schwächer, bis sie schließlich gar nicht mehr auftritt.

Für jegliche außer-experimentelle Anwendung im Sinne des Umlernens von Verhaltensweisen haben diese Gesetzmäßigkeiten eine hohe Bedeutung.

(6) Konditionierung höherer Ordnung
Damit ist gemeint, dass ein neutraler Stimulus, der mit einem zuvor etablierten CS_1 assoziiert wird, in der Folge ebenfalls zu einer konditionierten Reaktion führen und demgemäß als konditionierter Stimulus höherer Ordnung angesehen werden kann (CS_2); die durch ihn ausgelöste CR ist allerdings schwächer ausgeprägt als die CR auf den ursprünglichen CS_1. Dieser Vorgang ist im Labor gut nachvollziehbar, dabei lassen sich auch bedingte Reflexe dritter und höherer Ordnung ausbilden.

Bei einer Konditionierung höherer Ordnung wird also zuerst eine einfache Reaktion erlernt, z.B. auf einen Glockenton mit einer Speichelabsonderung zu reagieren. Sodann wird der CS_1 mit einem anderen neutralen Reiz gepaart (z.B. Lichtsignal + Glockenton). Nach einigen solchen Koppelungen ist auch das Lichtsignal (CS_2) in der Lage, eine Speichelsekretion zu bewirken. Diese Konditionierungen höherer Ordnung können im Labor leichter aufgebaut werden, wenn als UCS ein aversiver Zustand verwendet wird.

> Staats und Staats (1968) gingen in diesem Rahmen von folgenden Überlegungen aus. Wenn eine sinnlose Silbe, z.B. „gej" mit einer Reihe von angenehmen Wörtern (CS für positive Emotionen) gekoppelt wird (Liebe, Gerechtigkeit, Süßigkeit), dann sollte diese Silbe als angenehmer eingeschätzt werden, als wenn sie mit unangenehmen Bedeutungsinhalten verknüpft wird (faul, schmutzig, hässlich; CS für negative Emotionen). In der Tat konnten durch diese Technik der Konditionierung von Bedeutungen sogar Nationalitätsstereotype (z.B. Japaner, Koreaner) in Richtung „angenehm" und „weniger angenehm" verändert werden.

In der Werbung wird dieser Effekt mit mehr oder minder großem Erfolg immer wieder eingesetzt. Wenn beispielsweise im Fernsehen ein Filmstar für ein Produkt wirbt, so kann dabei die besondere Wirkung des Stars für das Produkt darin liegen, dass die emotionalen Reaktionen, welche die Zuschauer gegenüber dem Star äußern, auch auf das Produkt übertragen werden. Nach dem gleichen Muster wird eine Verhaltensbeeinflussung durch die Koppelung unbedingter Auslöser (z.B. Werbung mit Sex, Kinderaugen) und Auslöser höherer Ordnung (die Fachfrau, der Fachmann) mit einem Produktnamen versucht. Bekanntlich sind diesem Vorgehen aber Grenzen gesetzt, da der Kaufakt letztlich nicht allein durch die mit einem Produkt geknüpfte emotionale Qualität bestimmt wird.

Durch die Einführung und Beachtung der *Sprache als zweites Signalsystem* sind die Pawlowschen Experimente auch auf Menschen übertragbar (mediierende Prozesse).

(7) Individuelle Unterschiede beim klassischen Konditionieren
Es bestehen deutliche individuelle Unterschiede zwischen Personen, insofern als diese Konditionierungsvorgänge in unterschiedlichem Tempo ablaufen (vgl. Abb. 7.7)

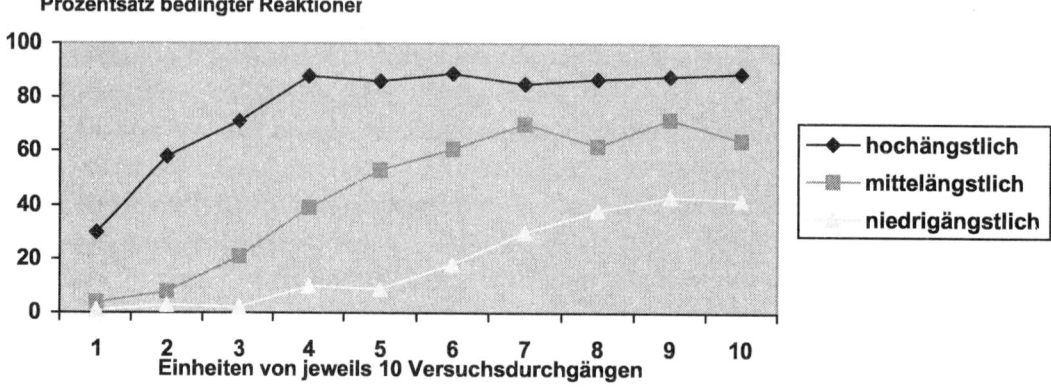

Abbildung 7.7: Lernkurven zwischen hoch-, mittel- und niedrigängstlichen Personen beim Erwerb einer konditionierten Blinzelreaktion (Spence, 1956)

Diese Unterschiede hängen kaum mit Intelligenz oder Befähigung zu schulischem Lernen zusammen. Aber sie stehen in einer deutlichen Beziehung zum Angstniveau. Angstbereite Menschen erwerben bedingte Reaktionen schneller als weniger angstbereite (Taylor, 1951).

Tyron (1940, zit. n. Foppa, 1968, S. 306) zeigte zudem durch entsprechende Auswahl von „dummen" bzw. „klugen" Tieren bei Züchtungsversuchen, dass es im Verlauf von acht Generationen bei Ratten möglich ist, überschneidungsfrei „dumme" und „kluge" Tierstämme herauszuzüchten.

7.2.3 Entstehung von Angst und fehlangepasstem Verhalten durch den Prozess des klassischen Konditionieren

In den USA ist anfangs des 20. Jahrhunderts durch Watson und seine Mitarbeiterinnen dieses lerntheoretische Paradigma auf den Menschen übertragen worden. Sie gingen der Frage nach, ob bzw. welche angeborenen Reiz-Reaktionsverbindungen beim Kleinstkind auf emotionalem Gebiet vorhanden sind und ob diese im Entwicklungsverlauf durch Lernvorgänge auf der Basis konditionierter Reflexe erweitert werden. Sie unterschieden dabei drei grundlegende Emotionen, u.zw. Angst, Wut/Ärger und Liebe. Im Zentrum des weiteren Forschungsinteresses stand ferner der Erwerb fehlangepassten Verhaltens, speziell die Entstehung und im späteren auch die Möglichkeit der Therapie von Ängsten.

Unmittelbar angstauslösend als UCS wirken bestimmte Reize einer Situation. Primär angstauslösend sind Situationen, die einen starken Aktivierungsanstieg in der Person bewirken. Nach Watson und Rayner (1920) bestehen die Klassen der angstauslösenden Reize in Schmerz, Überstimulation und dem Verlust der Orientierung. Auch Situationen, in denen die Reaktionsmöglichkeiten der Person restringiert sind, komplexe und mehrdeutige Situationen, für die keine komplexitätsreduzierenden Handlungsmöglichkeiten zur Verfügung stehen, wirken ähnlich. Das klassische Experiment in diesem Rahmen wurde von Watson und Rayner (1920) durchgeführt.

Als Versuchsperson wurde ein neun Monate altes Baby ausgewählt („Albert"), das seit Geburt in einem Heim (Hospital) aufwuchs, da seine Mutter dort als Hebamme angestellt war. Er wurde u.a. wegen seiner emotionalen Stabilität ausgewählt. In einem ersten Abschnitt wurde das Reaktionsrepertoire von Albert untersucht. Dabei stellte man fest, dass er auf alle gezeigten Objekte mit Interessiertheit bzw. Manipulationsversuchen reagierte (weiße Ratte, Hase, Hund, Affe, Maske mit und ohne Haare, brennende Zeitung). Die Erzeugung eines plötzlichen lauten Geräusches durch einen Schlag auf einer Eisenstange löste jedoch Angst aus, bei Wiederholung mit steigender Intensität.

Es wurde dann untersucht,

(a) ob durch die gleichzeitige visuelle Darbietung von neutralen Stimuli (Ratte, Hase usw.) die Angst vor dem Gongschlag auf die neutralen Reize transferiert wird,

(b) ob auch ein emotionaler Transfer stattfindet, d.h. die Übertragung von den neutralen Reizen auf ähnliche Reize (Generalisierungsphänomene),

(c) ob sich bestimmte zeitliche Abfolgen als unterschiedlich wirksam erweisen

(d) und ob eine spontane Löschung eintritt.

Die systematische Angstkonditionierung begann, als Albert elf Monate und drei Tage alt war. Nach acht Wiederholungen von Geräusch und Anblick der weißen Ratte weinte Albert bereits, wenn er die Ratte allein sah. In den folgenden Versuchen wird die Angst auch durch den Anblick eines weißen Kaninchens, von Wattebällchen oder eines weißen Mantels ausgelöst. Nach einem Monat Unterbrechung tauchen die gleichen Angstreaktionen bei der erneuten Darbietung der Tiere auf.

Als Therapiemöglichkeiten wurden diskutiert, ohne dass dies aber umgesetzt wurde:

- die häufige Konfrontation des Kindes mit dem konditionierten Reiz, der einen Gewöhnungseffektes zum Ziel haben sollte bzw. der zur Ermüdung des Reflexpotentials führen sollte oder
- eine Rekonditionierung, d.h. bei der Darbietung der angstauslösenden Reize sollten durch Streicheln oder Füttern entgegengesetzte Emotionen ausgelöst werden (dieses Desensibilisierungsverfahren wurde von den Verfassern später systematisch untersucht, aber erst durch Wolpe (1972) zu einem Standardverfahren der Psychotherapie).

Aufgrund ihrer Ergebnisse mit dem kleinen Albert spotteten Watson und Rayner (1920, S. 14) über psychoanalytische Ansichten zur Angstentstehung: „Vorausgesetzt, dass ihre Hypothesen sich nicht ändern, werden die Freudianer in 20 Jahren, wenn sie Alberts Angst vor einem Seehundfellmantel zu analysieren haben, ihm wahrscheinlich den Bericht über einen Traum entlocken. Der Traum wird (möglicherweise) zeigen, dass Albert im Alter von drei Jahren mit den Schamhaaren seiner Mutter spielte und dafür heftig geschimpft wurde. ... Wenn der Analytiker seinen Patienten Albert genügend darauf vorbereitet hat, den Traum als eine Erklärung für seine Vermeidungstendenzen zu akzeptieren und wenn der Analytiker die nötige Autorität und persönliche Ausstrahlung besitzt, dies zu vermitteln, wird Albert voll davon überzeugt sein, dass der Traum die wahre Enthüllung der Faktoren mit sich brachte, die zu seiner Angst führten." In ähnlicher Weise äußerten sich die Autoren über Vererbungshypothesen, die sie als „Alt-Weiber-Geschichten" abtun.

Andere Untersucher wollten dieses Experiment wiederholen und kamen z.T. nicht zu gleichen Effekten. English (1929) gelang es bei 50-maliger Wiederholung nicht, einem 14 Monate alten Mädchen Angst zu konditionieren, indem er ihm eine Ente zeigte und diesen Anblick mit einem lauten Geräusch verband. Bregman (1934, zit. n. Thorndike, 1935) berichtet von 15 Kindern, denen durch solche Konditionierungen nur relativ wenige Ängste beizubringen waren. Von daher scheint zumindest eine Erweiterung und Ergänzung dieser Theorie notwendig.

Eine eventuell als ad-hoc-haft anmutende Zusatzannahme geht von zusätzlichen genetischen Bedingungen aus. Dabei wurden durch Züchtungsexperimente mit Ratten unterschiedliche Reaktionsweisen nachgewiesen (Graumann, 1969). Auch die Annahme einer *inneren Bereitschaft (inner preparedness)* aufgrund derer manche Reiz-Reaktions-Verbindungen leichter herstellbar sind als andere ist naheliegend. Öhmann, Erixon und Löfberg (1975) belegten, dass bestimmte Stimuli leichter als Angststimuli zu konditionieren sind als andere. Sie hatten ihre Vpn auf drei Klassen bildmäßig dargebotener Reize konditioniert: Schlangen, Häuser und Gesichter. Dabei wurde jeweils ein schmerzhafter elektrischer Reiz zusammen mit dem jeweiligen Bild dargeboten und der auftretende PGR gemessen. In einer Extinktionsphase verlor sich die psychogalvanische Reaktion bei den Bildern mit Häusern oder Gesichtern relativ schnell, während sie bei den Schlangenbildern lange erhalten blieb. Die dadurch gestützte Bereitschaftshypothese behauptet also, dass es bestimmte Reizklassen gibt, auf die der Mensch (eventuell durch phylogenetische Erfahrungen festgelegt) leichter Angstreaktionen erwerben kann als auf andere.

Zudem ist an eine Erweiterung zu denken, die über das Phänomen der klassischen Konditionierung hinausgeht. In der Zwei-Faktoren-Theorie der Angstgenese von Mowrer (1947) und Miller (1948) wird vorgeschlagen, die Unterschiede zwischen Angsterwerb und Aufrechterhaltung von Ängsten durch unterschiedliche Prozesse zu erklären: (1) Über klassisches Konditionieren kann eine Person lernen, einen ursprünglich neutralen Reiz zu fürchten, wenn er mit z.B. einem schmerzhaften Reiz oder einem erworbenen CS für Angst gepaart wird. (2) Sodann kann die Person lernen, diese konditionierte Angst durch Flucht oder Vermeidung des CS zu reduzieren. Dieser zweite Lerndurchgang erfolgt nach dem Schema des instrumentellen Konditionierens: Die Reaktion wird aufgrund ihrer verstärkenden Konsequenzen (man entzieht sich der bedrohlichen Situation durch Flucht und Vermeidung und erfährt dadurch eine Verstärkung im Sinne des operanten Konditionierens) erworben und beibehalten.

Bereits in der Arbeitsgruppe um Pawlow wurden Studien durchgeführt, bei denen sog. experimentelle Neurosen demonstriert werden konnten. Bei Untersuchungen zum Diskriminationslernen fand Chenger-Krestovnikova (1921), dass dabei auch in experimenteller Weise Neurosen hervorgerufen werden können.

Sie hatte bei einem Hund durch die Assoziation einer geometrischen Kreisform mit dem Futter einen Essreflex konditioniert. Der Hund sekretierte Speichel, wenn ihm ein Kreis gezeigt wurde. Der Kreisstimulus wird dann differenziert von einem elliptischen Stimulus, indem bei abwechselnder Darbietung der beiden Reize immer nur der Kreis mit Futter verstärkt wurde.

Als der Reflex und seine Unterscheidung von der Ellipse gut konditioniert waren, wurden zunehmend kreisähnlichere Ellipsen dargeboten, wodurch vom Versuchstier eine immer größere Differenzierungsleistung gefordert wurde. Als die Ellipse eine Achsenrelation von 9/8 erreicht hatte, war die Differenzierung für das Versuchstier unmöglich und es stellten sich Verhaltensstörungen ein. Alle vorher konditionierten Reflexe wurden gelöscht und das Versuchstier zeigte eine länger andauernde motorische Erregung bzw. ging auf die Apparate los. In diesem Fall trat die experimentelle Neurose mit der Schwierigkeit einer Wahrnehmungsdiskriminierung auf, die einen „Konflikt" zwischen Reizen und Hemmung setzte: der Kreis war der positive Stimulus, die Ellipse der negative oder hemmende Stimulus.

Erofeva (1912) etablierte nach der klassischen Art bei einem Hund einen konditionierten Ernährungsreflex, aber an Stelle eines Tones verwendete sie einen elektrischen Stimulus, der mit dem Futter gekoppelt wurde. Die verwendete Stromstärke war bei den ersten Darbietungen schwach, bis der konditionierte Reflex gut etabliert war, d.h. bis jede Darbietung des elektrischen Stimulus eine Speichelsekrektion auslöste. Dann steigerte sie die Stromstärke bis zu einer Stärke, die schmerzauslösend sein müsste und bei jedem anderen Tier Verteidigungsreaktionen ausgelöst hätte. Obwohl sie die Stromstärke bis zur Entstehung von Verbrennungsverletzungen steigerte, zeigte der Hund keine Verteidigungsreaktionen, sondern wandte sich zu der Seite, wo er Futter erwartete, leckte sich die Pfoten und wedelte mit dem Schwanz in sichtlicher Zufriedenheit (Sherrington soll bei der Beobachtung dieses Phänomens ausgerufen haben: „Jetzt verstehe ich die Psychologie der Märtyrer.") Die unkonditionierte Verteidigungsreaktion wurde (nach der Interpretation der Pawlowschen Schule) also gehemmt und durch eine konditionierte Ernährungsreaktion ersetzt.

Nach Wiederholung der Versuche (Befestigung der Elektroden an verschiedenen Hautstellen) verschwand die Fressreaktion und eine unkonditionierte starke Verteidigungsreaktion stellt sich ein. Die Versuchstiere konnten für mehrere Monate nicht mehr für Versuche eingesetzt werden. Hier wurde zum ersten Mal in einer experimentellen Situation und unter einer für das Tier schwierigen Bedingung ein länger anhaltender pathologischer Zustand ausgelöst (Konflikt zwischen angeborener Reaktion und konditionierter Reaktion).

Bei Menschen könnten zwar auf ähnliche Weise solche Konflikte entstehen. Allerdings sind durch die sprachlichen und symbolischen Fähigkeiten Konflikte denkbar, die weit von der ursprünglichen Lernsituation entfernt sind.

7.2.4 Verfahren der Verhaltensänderung auf der Basis der Methoden des klassischen Konditionierens

Ebenfalls im Kontext der experimentell kontrollierten Entstehung von Ängsten wurden im Umkreis von Watson Arbeiten durchgeführt, in denen Möglichkeiten des Umlernens unangenehmer oder unangepasster Reaktionen überprüft wurden.

So hat Mary Cover-Jones (1924) 70 angstbelastete Kinder eines Kinderheimes im Alter von 3 Monaten bis 7 Jahren folgenden Methoden des Umlernens unterzogen und dabei die Wirksamkeit dieser Vorgehensweisen überprüft:

a) Die Vermeidung angstauslösender Reize erwies sich nicht als therapieeffizient.

b) Die verbale Beeinflussung - also ein Training im symbolischen Bereich bzw. der Versuch, den Kindern ihre Ängste auszureden - zeigte keine sicheren therapeutischen Effekte gegenüber den primär angstauslösenden Reizen.

c) Die Adaption an den angstauslösenden Reiz kann mitunter erreicht werden (negative Adaption, eig. Extinktions- oder Konfrontationsverfahren), d.h. sie kann zur Löschung führen, bewirkt aber gewöhnlich eine Intensivierung der angstauslösenden Reize.

d) Soziales Lernen mit einem angstfreien und dem Klienten ähnlichen Modell ist oft therapeutisch wirksam.

e) Die direkte Konditionierung durch Paarung der angstauslösenden Reize mit positiven emotionalen Reizen, welche die Angst hemmen, zeigte relativ sichere Folgen (z.B. die Verbindung von Kaninchen und Essen).

> Zu Mary Cover-Jones wurde z.B. ein 3-jähriger Junge namens Peter gebracht, der sich vor weißen Ratten fürchtete und der diese Furcht auch auf andere Objekte übertragen hatte (Kaninchen, Wattebällchen, Pelzmäntel). Die beste Methode zum Abbau der Angst bestand in einer Kopplung von einer angenehmen Situation (Essen von Eis) mit dem gefürchteten Objekt.
>
> Die Ratte wurde dabei in einem Käfig in das Zimmer gebracht und so weit weg von Peter aufgestellt, dass er ihren Anblick ohne Weinen ertragen konnte. Während er das Tier im Auge behalten konnte, wurde er mit Eis gefüttert. Am nächsten Tag wurde das Tier etwas näher an ihn herangestellt, während er aß. Nach einer Anzahl solcher Sitzungen hatte er jegliche Angst vor dem Tier verloren.
>
> Bei einem solchen Vorgehen ist aber Vorsicht geboten. Wenn man zu schnell vorgeht, besteht die Gefahr, dass sich die negative Reaktion auch auf das Essen überträgt und nicht die Angst vor der Ratte abgebaut wird.

Das Prinzip dabei ist: man braucht ein Reaktionsmuster, das mit Angst unvereinbar ist. Dann paart man diesen Reiz mit dem gefürchteten Objekt. Dabei ist darauf zu achten, dass die Stärke der positiven Emotion größer ist als der negativen. Schrittweise kann dann die Angstemotion vor einem Objekt abgebaut, verlernt werden.

35 Jahre nach diesen Versuchen wurden durch Josef Wolpe (1972) diese Verfahren wiederentdeckt und systematisch zur Therapie von Ängsten und Phobien angewandt. Er baute dabei die letzte der oben beschriebenen Techniken zu dem sog. Desensibilisierungsverfahren aus, wobei er die Wirksamkeit der „reziproken Hemmung" (unter Verwendung von Entspannung als der mit Angst inkompatiblen Reaktion und die Sicherung der schrittweisen Annäherung an die Problembelastete Situation durch Angsthierarchien) bestätigt fand. Im folgenden sollen die Therapiemethoden, welche wesentlich mit der Methode des klassischen Konditionierens verbunden sind, kurz dargestellt werden.

(1) Extinktion
Die Person wird dem für sie aversiven CS ausgesetzt. Es erfolgt aber keine weitere Paarung von UCS und CS. Damit müsste sich das vom CS ausgehende Reaktionspotential für die CR erschöpfen. Das Phänomen der spontanen Erholung ist dabei nicht zu vergessen.

Kimbler und Kendall (1953) führten eine Studie zum Ausweichverhalten im Tierversuch mit Ratten durch. In der Bedingung A wurde eine graduell gestufte Darbietung des angstauslösenden Reizes vorgegeben.

Unter der Bedingung B wurde der CS in der ursprünglicher Form und in gleicher Häufigkeit wie bei A gegeben. Es zeigte sich ein besseres Abschneiden von Methode A. Eine Ausweichreaktion (und damit mögliche operante Verstärkung der Angstreaktion) wird dabei verhindert.

Angewandt auf das Beispiel einer Hundephobie könnte dies so umgesetzt werden, dass der Betroffene den Hund betrachten muss, wenn dieser angeleint aus einem Blechnapf frisst. Da der Hund in dieser Situation nicht bellt (UCS für Angstreaktion), kann der Betroffene den Anblick des Hundes ertragen, ohne mit Angst zu reagieren. Die Trennung des CS (Anblick des Hundes) und des UCS (Gebell) bewirkt eine Reizneutralisierung. Anschließend muss noch das Gebell des CS neutralisiert werden.

(2) Desensibilisierung / Gegenkonditionierung / reziproke Hemmung
Eine mit der konditionierten Reaktion unvereinbare Reaktion wird dabei gut eingeübt, z.B. ist eine mit dem Zustand der Angst unvereinbare Reaktion die der tiefen Entspannung (Cover-Jones hatte in dem obigen Beispiel Essen als antago-

nistische Reaktionen auslösenden Reiz verwendet). Wenn auf den angstauslösenden CS für längere Zeit mit Entspannung reagiert wird, wird die CR-Angst
gehemmt und der CS wieder neutralisiert.

Diese Vorgehensweise setzt folgende Lern- und Analyseschritte voraus:

(a) Entspannungstraining: Je nach Zielgruppe oder Einzelperson muss ein Ent-
spannungsverfahren ausgewählt und eingelernt werden (z.B. autogenes
Training, zumeist aber eine Form der sog. progressiven Muskelentspan-
nung nach Jacobson [1938]).

(b) Erarbeiten einer Angsthierarchie: Um für den weiteren Verlauf der Therapie zu sichern, dass nicht ein falscher Lernprozess im Sinne einer neuerli-
chen Verstärkung des CS eintritt, wird eine Hierarchie von Situationen erstellt, beginnend von der am wenigsten ängstigenden bis hin zu der am
stärksten angstauslösenden.

(c) Vorstellungstraining: Damit diese Situationen nicht von Anfang an in vivo
erlebt werden müssen, wird im Rahmen dieses Trainings ein möglichst hoher Realitätsgehalt der vorgestellten Situationen erarbeitet.

(d) Rückmeldungshilfen für Anspannung: Es werden z.B. Handzeichen eingeübt, mit denen angezeigt wird, ob eine vorgestellte Situation (subjektiv)
noch erträglich ist, im Fortgang der Therapie kann damit von dem Klienten
signalisiert werden, ob er eine Situation bewältigt hat.

(e) Therapie- oder Trainingsbeginn: Jetzt wird systematisch begonnen, sich
die am wenigsten angstauslösende Situation vorzustellen und in einem Zustand der Entspannung zu bleiben. Schritt für Schritt wird so die Angsthierarchie abgearbeitet bzw. dann auf In-vivo-Situationen übertragen.

Solche Vorgehensweisen finden auch im schulischen Rahmen Anwendung, u.
zw. entweder als Einzeltherapie (durchgeführt von einem Schulpsychologen, einem darin ausgebildeten Beratungslehrer oder in Kooperation mit einer Erziehungsberatungsstelle) oder als Gruppentherapie. Für Teilschritte der Vorgehens
sind auch gemeinsam anzuhörende Entspannungskassetten erhältlich.

Von Marshall (1989) wurde nach dieser Methode ein kontrolliertes Training zur
Bewältigung von Prüfungsängsten in der Schule durchgeführt. Ziel waren eine
„bewusste, rechtzeitige Selbstwahrnehmung der steigenden Erregung in Erwar-
tungs- und ‚Stresssituationen'", der „Einsatz von motorischen und kognitiven Be-
wältigungsreaktionen, die mit steigender Erregung unvereinbar sind" und das
„Ausschalten von Fehlattribuierungen".

Das in der Schulklasse durchgeführte Programm war lege arte aufgebaut, d.h.
zuerst wurde die Technik der progressiven Muskelrelaxation nach Jacobson eingeübt, dann eine Hierarchie schulischer Belastungen gemeinsam aufgestellt und

diese vorgestellten Belastungssituationen mit dem Entspannungszustand konfrontiert. Parallel dazu wurde erarbeitet, wann solche Belastungsreaktionen auftreten (Schärfung der Selbstwahrnehmung) und welche instrumentellen Bewältigungsrektionen hier sinnvoll einzusetzen sind.

(2) Reizüberflutung (flooding) / Implosionstherapie

Hier wird durch eine Überstrapazierung des Angstreflexes eine Hemmung der Reflexbereitschaft erzeugt. Dem Probanden wird der CS möglichst intensiv dargeboten, u. zw. so lange, bis die Angstreaktion aufgrund körperlicher Erschöpfung nicht mehr ausgeführt wird. Dadurch wird in diesem Stadium in Gegenwart des früheren CS Erleichterung erlebt. Eine Ausweichreaktion muss dabei vermieden werden (Poser, 1978).

Malleson (1959) hat das Flooding-Verfahren erfolgreich bei Prüfungsangst angewandt.

Von Wolpin und Raines (1966) werden Anwendung bei Schlangenphobien berichtet, allerdings erfolgte hier die Konfrontation nur vorstellungsmäßig (10 Minuten die schlimmsten Vorstellungen aus der Angsthierarchie imaginieren). Nach Rachmann (1972) ist Flooding hingegen wenig erfolgreich, er fand keinen Unterschied zu einer No-Treatment-Gruppe. Erfolgreich waren nur Desensitivierung und Relaxation.

Der Vorteil dieses Verfahrens kann im allgemeinen in seiner relativ hohen Effektivität und seiner Ökonomie (kurze Zeit) gesehen werden. Man benutzt diese Methoden besonders dann, wenn das Verfahren der Gegenkonditionierung nicht angewendet werden kann (z.B. wenn kein Entspannungszustand erlernt werden oder keine Angsthierarchie erstellt werden kann).

Damit verbunden sind aber ethische Probleme, da der Proband starken körperliche und emotionalen Belastungen ausgesetzt wird. Das Verfahren darf auch nur bei körperlich gesunden Probanden mit deren Einverständnis durchgeführt werden.

(4) Aversionstherapie

Hier wird eine systematische Ausbildung von Angstreflexen angestrebt, um unerwünschte Verhaltensweisen zu blockieren. Ein Beispiel könnte ein Alkoholiker sein, bei dem auf jeden Griff zu einem alkoholischen Getränk ein intensiver Strafreiz (z.B. ein Elektroschock) erfolgt (eine ähnliche Wirkung wurde auf chemischem Weg durch die Gabe von Antabus® erzeugt). Dies muss so lange bzw. so intensiv durchgeführt werden, bis der CS (Alkohol) nicht mehr Wohlbehagen

(CR), sondern Angst und ein hohes Ausmaß an körperlichem Unwohlsein (neue CR) auslöst. Die Frage ist allerdings generell, was sind unerwünschte Verhaltensweisen, und wie kann das Verfahren selbst gerechtfertigt werden (möglich, aber nicht immer sinnvoll ist es, vom sog. Leidensdruck eines Probanden auszugehen).

Früher wurde diese Methode relativ naiv bei allem, was als „unerwünscht" oder „nicht normal" gegolten hat, eingesetzt, d.h. es waren zum einen suchtbezogene Verhaltensweisen (Rauchen, Alkohol) oder sog. sexuelle Abweichungen (z.B. Päderasten, Fetischismus), bei denen mit diesen Methoden experimentiert wurde.

Powell und Azrin (1968) haben im Rahmen einer Rauchertherapie ein Zigarettenetui entwickelt, das - immer wenn man es öffnet - dem Benutzer einen schmerzhaften Stromstoß versetzt. Obwohl hier eine Reduktion des Rauchens nachweisbar war, ist im Alltag eher ein Wechsel der verwendeten Zigarettenschachtel wahrscheinlich.

Eine andere Anwendung dieser Methode wird bei männlicher Homosexualität von Feldman und Mac Culloch (1971) beschrieben. Hier mussten homosexuelle Männer zuerst Bilder von Männern und dann eine Serie von Frauenbildern nach ihrer Attraktivität ordnen. Die Behandlung beginnt, indem das Bild des am wenigsten attraktiven Mannes über Dia dargeboten wird. Während 8 Sekunden konnte der Proband dieses Bild abschalten und dadurch einem elektrischen Schlag entgehen. Tat er dies, so wurde als Erleichterungsreiz das Bild der am attraktivsten eingeschätzten Frau dargeboten. Das Verfahren wurde so lange fortgesetzt, bis auch das Bild des am attraktivsten eingeschätzten Mannes vermieden wurde. Von 43 Patienten wurden nach 20 Sitzungen mehr als die Hälfte als mehr heterosexuell orientiert eingestuft. 13 hatten z.B. heterosexuellen Verkehr, viele zusätzlich heterosexuelle Phantasien bzw. bemühten sich um einen heterosexuellen Anschluss. Allerdings konnten dadurch homosexuell Gefühle und Verhaltensweisen nicht völlig beseitigt werden, im Grunde ist also eher eine bisexuelle Orientierung erreicht worden.

Die ethischen Probleme dieser Vorgehensweisen liegen auf der Hand, zum einen besteht die Frage, ob man Methoden (wenn auch in helferischer Absicht) einsetzen soll, mit denen anderen Menschen Schmerzen und Unbehagen zugefügt wird. Dabei ist klar, dass das Können nicht ein Sollen impliziert. Auch die Zielfrage selbst stellt sich, was sind „unerwünschte" Verhaltensweisen (warum liegen aus dieser Zeit eigentlich keine Studien mit Lesben vor?).

Sodann sind auch die wissenschaftlichen Bedenken gegen den Einsatz von Strafen zu diskutieren, nämlich deren geringe Effektivität bzw. die niedrige Stabilität der damit erreichten Effekte. Diese Verfahren machen aber auch deutlich, wie problematisch die im Alltag oft selbstverständlichen Strafmethoden sind.

(5) Verdeckte Sensitivierung (covert sensitization)

Bei diesem Vorgehen werden an der Stelle äußerer Schmerzreize für den gleichen Vorgang innere CS antrainiert. Z.B. muss sich der Alkoholiker intensiv vorstellen, dass ihm schlecht wird, dass er erbrechen muss, wenn er ein Glas mit Alkohol zur Hand nimmt; oder ein Adipöser soll die Vorstellung einer reichhaltigen Mahlzeit (CS) mit der Vorstellung von Magenkrämpfen (CR) kombinieren, ein Raucher den Geschmack des Rauches mit Übelkeitsanfällen. Damit wird im Grunde das behavioristische Paradigma verlassen und es erfolgt eine kognitiv zu benennende Erweiterung des klassischen Konditionierens.

> Beispiele, wie solche innere Dialoge angeleitet werden können, werden von Cautela (1966, S. 37) berichtet (Alkoholikerbeispiel): „Sie gehen in eine Bar. Sie entschließen sich, ein Glas Bier zu trinken. Sie sind jetzt gerade an der Bar. Während Sie auf die Theke zugehen, bemerken Sie ein komisches Gefühl in Ihrem Magen. Sie haben ein übles und ekelhaftes Gefühl im Magen. In Ihrer Kehle steigt etwas Flüssigkeit hoch, die sehr sauer ist. Sie versuchen, sie wieder runterzuschlucken, aber dabei kommen Nahrungsbestandteile hoch, und Sie spüren und schmecken sie jetzt in Ihrem Mund. Sie erreichen jetzt die Theke und bestellen ein Bier. Während der Kellner das Bier eingießt, füllt sich Ihr Mund mit Erbrochenem. ... Sie rennen aus der Bar, und Sie fühlen sich immer besser. Jetzt gelangen Sie in die reine, frische Luft, und Sie fühlen sich wunderbar. Sie gehen heim und reinigen sich.“

(6) Selbstsicherheitstraining (assertiveness training)

Manche Menschen können weder positive noch negative Gefühle anderen gegenüber zum Ausdruck bringen und sind deshalb in ihren sozialen Interaktionen beeinträchtigt. Sie können z.B. nicht um etwas bitten, was sie haben wollen, oder etwas fordern, was ihnen zusteht. Salter (1949) nimmt an, dass die Ängste, die mit solchen Situationen verbunden sind, durch das Zum-Ausdruck-Bringen von Ablehnung und Zuneigung gegenkonditioniert werden können. Sozial gehemmte Personen werden daher ermutigt (irrationale Ängste, kognitive Intervention), ihre Gefühle gegenüber anderen zum Ausdruck zu bringen. Dadurch soll jede neue Situation weniger aversiv werden.

> Training selbstsicheren Verhaltens: Sozial unsichere und gehemmte Personen wissen zwar, was sie in bestimmten Situationen sagen oder tun könnten, um sich selbst ins Spiel zu bringen, sie hegen aber Befürchtungen, dass andere sie deswe-

gen ablehnen könnten, dass sie andere verletzen oder beleidigen könnten. Diese Personen müssten zur Überzeugung gebracht werden, dass Ablehnung durch andere keine Katastrophe ist. Das Verfahren erfolgt zuerst vorstellungsmäßig, dann auch in vivo. „Die Früchte der Selbstbehauptung kann man nur dann genießen, wenn man das Risiko eingeht, von anderen abgelehnt zu werden". Eine Variante hierzu ist das sog. „exaggerated-role training", das im Labor (in einer therapeutischen Spielsituation) simuliert werden kann.

(7) „Therapie der bedingten Reflexe" nach Salter (1949)

Schon bei den Untersuchungen zu den sog. „experimentellen Neurosen" im Umkreis von Pawlow wurde angenommen, dass diese Verhaltensweisen durch ein Ungleichgewicht von Erregungs- und Hemmungsprozessen bedingt seien. Nach Salter (1949) dominieren auch bei Neurotikern die Hemmungsprozesse (er denkt hier eher in eine psychoanalytische Richtung, u.zw. an die Unterdrückung natürlicher Impulse in der frühkindlichen Erziehung). Therapeutisch sollten daher diese Hemmungen aufgehoben und natürliche Erregungsprozesse in die Wege geleitet werden. Das Vorgehen bei dieser Therapie ist nicht symptom-orientiert, sondern es handelt sich um ein person-zentriertes Vorgehen. Ziel ist es, die „emotionale Aufrichtigkeit", die durch hemmende Umweltbedingungen verloren gegangen ist, wieder zu erlernen. Die Parallelen zur Methode der Themenzentrierten Interaktion (TZI, Ruth Cohn) oder sog. humanistischen Therapiemethoden (Fritz Pearls) sind deutlich.

Verhaltensregeln folgender Art werden in der Beratungsstunde durchgesprochen und dann in Situationen des täglichen Lebens geübt.
1. Gefühle positiver und negativer Art, die in sozialen Situationen auftreten, sollen spontan verbalisiert und ausgesprochen werden („feeling talk").
2. Spontan auftretende Emotionen sollen auch im Mienenspiel zum Ausdruck gebracht werden („face talk").
3. In Auseinandersetzungen mit dem Sozialpartner soll auf keinen Fall Übereinstimmung simuliert werden („contradict and attack").
4. Das Wort „Ich" soll im Dialog nicht vermieden, sondern vorsätzlich gebraucht werden („deliberate use of the word I").
5. Wird der Patient vom Sozialpartner gelobt, so soll er dazu Zustimmung äußern. Auch Selbstlob ist angebracht.
6. Improvisation und spontanes Handeln sollen dem Klienten das Leben für den Augenblick wieder zugänglich machen.

(8) Stressimpfungstraining (Stress Inoculation Training) von Meichenbaum (1975)

Grundgedanke ist hier, vorauslaufend zu möglicherweise problembelasteten Situationen ein Verhaltensrepertoire zu entwickeln, mit dem diese Probleme bewältigt werden können. Eine relativ überschaubare und stressfreie Lernsituation soll für diesen Lernprozess hilfreich sein.

Das Stressimpfungstraining gliedert sich in drei Phasen (Nitsch, 1981, S. 571f.):

1. *Aufklärungsphase*: Hierbei werden die Grundlagen der Ängste erörtert. Zwei Elemente werden als ausschlaggebend herausgestellt, nämlich die physiologische Aktivierung einerseits, angsterzeugende Gedanken und Selbstbewertungen andererseits.

2. *Übungsphase*: Gegenstand dieser Phase ist die Einübung von Bewältigungstechniken, und zwar

   (a) Erlernen körperlicher Entspannungstechniken als Grundlage für die Verringerungen der physiologischen Aktivierung;

   (b) Einübung positiver Selbstbewertungen für jede der folgenden Phasen im Stressgeschehen:

   - Vorbereitung auf einen Stressor (z.B. „Denke darüber nach, was zu tun ist, das ist besser als sich der Angst hinzugeben")
   - Konfrontation und Umgang mit einem Stressor (z.B. „Solange ich cool bleibe, habe ich die Situation unter Kontrolle".)
   - Verarbeitung des Gefühls der eventuellen Überwältigung durch den Stressor (z.B. „Wenn Angst aufkommt, mache erst einmal eine Pause." - „Es wird gleich vorüber sein." - „Versuche, an etwas anderes zu denken.")
   - Bekräftigende Selbstbewertungen (z.B. „Es klappt, ich habe es ganz gut geschafft." - „Es war gar nicht so schlimm, wie ich erwartet habe." - „Es wird von Mal zu Mal besser.")

3. *Anwendungsphase*: In dieser Phase sollen die erarbeiteten Bewältigungstechniken nach Möglichkeit unter vielfältigen Stressbedingungen erprobt und gefestigt werden, um stabile und auf die Alltagssituation generalisierbare Kontrollüberzeugungen aufzubauen.

7.3. Operantes Lernen

7.3.1 Einführung

Während nach den bisherigen Darstellungen entweder allein die raum-zeitliche Kontiguität von zwei Ereignissen einen Lerneffekt im Sinne einer dauerhaften Vergesellschaftung dieser Ereignisse nach sich zieht oder nach dem Paradigma des klassischen Konditionierens ein neues Signal für die Auslösung eines mehr oder minder fest ablaufenden Reflexgeschehens gelernt wird, stellt eine andere lernpsychologische Richtung eine weitere Bedingung für Verhaltensänderungen als wesentlich heraus, *nämlich die auf ein Verhalten anschließenden Folgen*: Je nachdem, welche Konsequenzen auf ein Verhalten folgen, wird sich dieses stabilisieren, häufiger werden oder auch seltener auftreten. Innerhalb dieses lerntheoretischen Paradigmas kann ein Organismus durch sein Verhalten die auf dieses Verhalten folgenden Konsequenzen beeinflussen (was beim klassischen Konditionieren ja nicht der Fall war), sein Verhalten ist hier das Instrument, durch das Konsequenzen herbeigeführt werden können (daher auch die Bezeichnung „instrumentelles Lernen") bzw. es ist die Einwirkmöglichkeit („operantes Verhalten", Wirkverhalten) auf Kommendes.

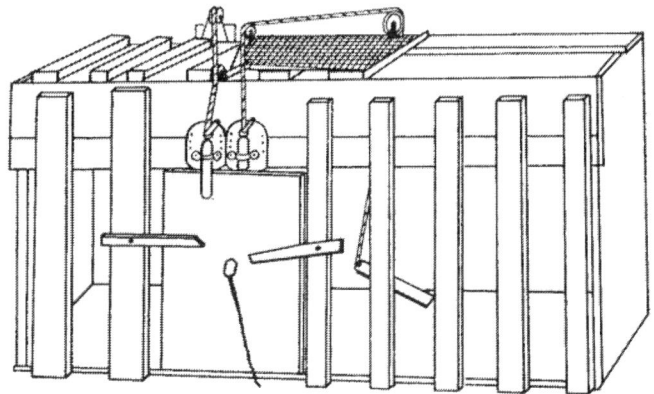

Abbildung. 7.8: Vexierkäfig nach Thorndike (1898)

Als ein klassisches Beispiel in diesem Kontext sind die Studien von Thorndike (1898) über „tierische Intelligenz" anzusehen. Er sperrte z.B. hungrige Katzen in einen Käfig und beobachtete ihre Bemühungen, hier wieder zu entkommen (vgl.

Abb. 7.8). In einer solchen für die Tiere zuerst unlösbaren Situation zeigen sie Verhaltensweisen, die man als „trial-and-error"-Versuche bezeichnen könnte (sie bissen, kratzten, versuchten, sich durch die Stäbe zu zwängen). Findet dann aber das Tier zufällig den Hebel, durch dessen Betätigung es aus dem Käfig entkommen kann, so wird bei weiteren Versuchsdurchgängen das Verhalten der Tiere offensichtlich immer planvoller und die erfolglosen Verhaltensweisen verschwinden.

Diese und viele andere Beobachtungen fasste Thorndike zu den drei nach ihm benannten Lerngesetzen zusammen:

(1) *Gesetz der Bereitsch*aft: Damit wird quasi eine motivationale Bereitschaft charakterisiert, durch die ein Lerner dazu neigt, etwas als angenehm oder als unangenehm zu empfinden. Hierbei soll nicht auf die von Thorndike vermuteten dahinterstehenden physiologischen Prozesse eingegangen werden, sondern es genügt die psychologische Annahme, dass bei dem Vorhandensein einer Handlungstendenz deren Verwirklichung lustbetont erlebt wird, ihre Nichtverwirklichung hingegen als unlustbetont erscheint.[5]

Dass es offensichtlich Belohnungs- und Bestrafungszentren im Hirn gibt, wurde in den Versuchen von Olds und Olds (1961) nachgewiesen. Die Stimulation im Septum (einem Fasersystem im Stammhirn) scheint besonderen Belohnungswert zu besitzen, die Reizung anderer Hirnregionen scheint Bestrafungserlebnisse zu induzieren, da deren Stimulation die Vermeidung von Verhalten zur Folge hat.

In den Versuchen wurden z.B. Mäusen Mikroelektroden in das Hirn eingepflanzt; durch einen von dem Versuchstier ausgelösten Hebeldruck konnte ein schwache elektrische Reizung dieses Hirnareals ausgeführt werden. Folgt auf den Hebeldruck des Versuchstieres aber keine elektrische Stimulation, so wird das Manipulationsverhalten des Tieres abrupt beendet. Der Belohnungswert einer solchen Stimulation scheint selbst bei hungrigen Versuchstieren höher zu sein als der von Nahrung.

(2) *Gesetz der Übung*: Damit ist die Stärkung einer Verknüpfung durch Übung sowie ihre Schwächung durch Nicht-Übung gemeint. Allerdings ist diese Bedingung nur bedingt wirksam. In Situationen, in denen es nur Wiederholung als Lernbedingung gibt, kann kaum eine Verbesserung erreicht werden (z.B. will

---

[5] Merkwürdig erscheint das geradezu zwanghafte Bemühen im Gefolge von Skinner (s.u.) alle internen motivationalen Prozesse als Bedingung für das Lernen ausschalten zu wollen. Auf der anderen Seite kam auch Skinner nicht umhin, die motivationale Wirksamkeit der von ihm eingesetzten Verstärker zu sichern (indem er z.B. seine Versuchstiere über längere Zeit hinweg hungern ließ, war garantiert, dass für diese Futter ein wirksamer Verstärker war).

man mit verbundenen Augen lernen, eine zehn cm lange Linie nachzufahren, so verbessert sich hierbei nichts; nur durch entsprechende Rückmeldungen - und die damit verbundenen Erfolgserlebnisse - kann bei einer Wiederholung eine Verbesserung eintreten).

(3) *Gesetz des Effektes*: Dieses Gesetz ist die zentrale Erfahrung, die in diesem lerntheoretischen Paradigma herausgestellt wird. Folgt auf ein Verhalten ein lustbetonter Zustand, so wird dieses Verhalten in der Folge häufiger oder – alltagssprachlich formuliert – „nichts ist so erfolgreich wie der Erfolg".

Sehr wichtig ist in diesem Zusammenhang, dass Thorndike ursprünglich (wie auch in den meisten Alltagstheorien über die Wirksamkeit von Erziehungshandlungen angenommen) von einer symmetrischen Wirkung lust- und unlustgeprägter Folgen auf ein Verhalten ausgegangen war (in pädagogischer Diktion: Lob und Strafe). Er musste aber aufgrund seiner Studien bald einsehen, dass Belohnung und Bestrafung nicht symmetrisch wirken, sondern dass die Belohnung einen wesentlich stärkeren Effekt aufweist als eine Bestrafung (Thorndike, 1932).

Eines seiner Experimente wurde mit einer Art Wortauswahltest durchgeführt - ein spanisches Wort wurde mit fünf englischen Wörtern dargeboten, von denen eines die richtige Übersetzung war. Die Vpn mussten für eine lange Wörterliste die Lösung erraten und wenn diese richtig war, erhielten sie die Rückmeldung "richtig" (= Belohnung), wenn sie falsch war die Rückmeldung "falsch" (= Bestrafung). Ergebnis war, eine Belohnung führte zu einer Wiederholung der belohnten Verbindung, eine Bestrafung reduzierte hingegen kaum die Häufigkeit, mit der später das falsche Wort wieder gewählt wurde.

Einer Bestrafung kommt allenfalls ein indirekter Effekt zu, und zwar indem der unbefriedigende Zustand eine Person veranlasst, in der gegebenen Situation etwas anders zu tun.

Dass auch bei Kindern nach deren subjektiven Erleben der Belohnungswert einer Konsequenz eine viel größere verhaltensbeeinflussende Wirkung hat als eine Bestrafung wird durch eine Studie von Tausch (1960) gezeigt. Sie legte Kindern Bilder vor, auf denen ein Verstoß gegen die Schulordnung erkennbar war (z.B. ein Schüler kommt zu spät zur Schule, zwei Schüler schwätzen ...). Jedes Bild war mit unterschiedlichen Verbotsformulierung versehen. Die Kinder mussten dann einschätzen, unter welchen Bedingungen sie das ordnungswidrige Verhalten wiederholen oder einstellen würden: Bei einer persönlichen Verbotsformulierung („Du sollst nicht ...") und ohne ein Wort des Verständnisses würden 48 % der Kinder die störende Tätigkeit wiederholen und nur 14 % diese einstellen, bei einer unpersönlichen Verbotsformulierung („Man darf nicht ...") und einleitenden Worten des Verständnisses würden fast 70 % der Kindern mit der Tätigkeit aufhören und nur 19 % diese weiter fortführen.

Dass die auf ein Verhalten folgende Konsequenzen wesentlich für dieses Verhalten sind, wurde in der Folge in vielfach variierter Weise untersucht. B. F. Skinner (1948) hat dies in seinen Untersuchungen mit z.T. erstaunlichen Effekten gezeigt.

In eine seiner Studien (Skinner, 1948) hat er z.B. Tauben sog. „abergläubisches Verhalten" antrainiert. Dazu wurde den Tieren zuerst die Nahrung entzogen, bis sie nur mehr 80 % ihres vorigen Körpergewichtes aufwiesen. Dann wurden sie in einen Versuchskäfig gesetzt, in dem in zufälligen Intervallen und unabhängig von dem, was das Tier gerade gemacht hat, Futterkörner in den Käfig geworfen. Die Tiere neigten dazu, das unmittelbar vorher gezeigte Verhalten zu wiederholen, so dass sich schließlich die merkwürdigsten Schwänzeltänze ergaben. Skinner verglich das so erzeugte Verhalten von Tauben mit den abergläubischen Überzeugungen von Menschen, die aufgrund zufälliger Kontingenzen (Regentanz der Indianer) feste Überzeugungssysteme entwickeln.[6]

Auf die Vielzahl von Untersuchungen, mit denen gezeigt wurde, dass sich auch die Höhe der Belohnung (im Tierexperiment meist durch das Ausmaß des Futters operationalisiert, aber auch durch den Rückgang von unangenehm schmerzhaft oder unangenehm lauten Bedingungen) auf die Geschwindigkeit des Lernprozesses auswirkt bzw. dass eine Rücknahme der Belohnung auch eine Reduktion von Lernleistungen mit sich bringt (sog. Crespi-Effekt), soll zumindest hingewiesen werden (Foppa, 1968, S. 55ff).

Zudem lässt sich bereits im Tierversuch demonstrieren, dass durch Verstärkungsprozesse nicht nur einfache Reiz-Reaktions-Verbindungen gelernt werden können, sondern dass sehr komplexe Situationen durch Verstärkungen gemeistert werden.

---

[6] Hier soll auch nicht auf die abstrus erscheinende wissenschaftstheoretische Position Skinners (1950) eingegangen werden, wonach Theorien mehr oder minder Input-Output-Relationen zu beschreiben hätten und theoretische Begriffe dabei nichts zu suchen haben. Seine „Verstärkertheorie", die im Grunde von einer zirkulären Definition von Verstärkern und dem sog. Verstärkungsgesetz ausgeht (Verstärker sind alle auf ein Verhalten folgende Konsequenzen, die zu einer Erhöhung der Auftretenswahrscheinlichkeit dieses Verhaltes führen) wurde eingehend von Westmeyer (1973) kritisiert. Hingegen kann durch die Annahme ideographisch wirksamer Ereignisse aus verschiedenen Klassen von Verstärkern diese Zirkularität und die Immunisierung der Theorie gegenüber Kritik durchbrochen und eine empirische Prüfung der Vorhersagen der Theorie vorgenommen werden.

Moon und Harlow (1955) belohnten z.B. Affen immer dann, wenn sie den Reiz auswählten, der sich von zwei anderen Reizen unterschied (d.h. sie mussten sozusagen ein Prinzip lernen). Der Affe wurde nur dann belohnt, wenn er den unterschiedlichen Reiz auswählte. Zu Beginn des Experimentes wurden ca. 50 % Fehler gemacht. Wenn aber an die 200 solcher Problemtypen durchgemacht wurden, dann kam es nur mehr selten zu Fehlern (ca. 10 %).

Von Köhler (1918) bekamen Haushühner auf jeweils einem Untergrund Futterkörner, wobei diese einmal angeklebt werden (A = hellerer Untergrund) und einmal nicht (B = dunklerer Untergrund). Gab man den Tieren im Anschluss daran die Wahl, das Futter von einem noch dunkleren Untergrund (C) zu nehmen, so bevorzugten die Tiere schlagartig diese neue Unterlage. Sie hatten gelernt, dass die Relation „dunkler als" mit einer Belohnung assoziiert war und nicht die einfache Assoziation Untergrund B - Futter. D.h. hier wird eine Reaktion auf eine strukturelle Ähnlichkeite aufgebaut.

7.3.2 Grundprinzipien des operanten Lernens

(1) Reaktions-Konsequenz-Konstellationen
Auf ein gezeigtes Verhalten können in unterschiedlichster Weise Konsequenzen erfolgen (vgl. Tab. 7.1; Holland & Skinner, 1971, S. 245).

Tabelle 7.1: Systematik der Reaktions-Konsequenz-Konstellationen

	Darbietung	**Beseitigung**
Positiver Verstärker **Negativer Verstärker**	Positive Verstärkung Bestrafung I	Bestrafung II Negative Verstärkung

Folgt auf ein Verhalten ein *positiver Verstärker* - oder alltagssprachlich formuliert, eine angenehme Konsequenz[7] -, so spricht man von einem Vorgang der positiven Verstärkung. Wird hingegen ein *negativer Verstärker* - alltagssprachlich ein aversiver Reiz - weggenommen, so bezeichnet man diesen Vorgang als nega-

---

[7] Hier sei nochmals betont, dass die Frage, was eine „angenehme Konsequenz" sei, auf individueller Ebene gelöst werden muss und höchst unterschiedlich sein kann.

tive Verstärkung. Beide Formen der Verstärkung haben eine Erhöhung der vorhergehenden Verhaltensweisen zur Folge.

Bei einem Heroinabhängigen (und auch bei anderen Suchtkranken mit einer Entzungssymptomatik) kann man beispielsweise davon ausgehen, dass der Drogenkonsum durch einen Prozess der negativen Verstärkung aufrecht erhalten wird: Durch den Drogenkonsum werden nämlich die äußerst unangenehmen Entzugssymptome gestoppt.

Genauso sind im Alltag oft Prozesse der positiven und negativen Verstärkung miteinander verschränkt. Man denke an die Situation einer Mutter, deren Kind am Ausgang eines Supermarktes zu schreien anfängt, um Süßigkeiten zu erhalten. Gibt die Mutter dem Kind nun diese Süßigkeiten, so wird damit das Schreiverhalten des Kindes positiv verstärkt, zugleich wird aber auch das Verhalten der Mutter negativ verstärkt, da dadurch der unangenehme Zustand des Schreiens des Kindes und der bösen Blicke anderer Leute beendet werden.

Genauso wie man zwei Formen der Verstärkung unterscheiden kann, so kann man auch zwei *Formen der Bestrafung* voneinander separieren, nämlich das Hinzufügen einer aversiven Konsequenz oder die Wegnahme eines positiven Reizes. Wie bereits ausgeführt, besitzt eine Bestrafung aber keine zur Verstärkung symmetrische Wirkung, sondern sie unterdrückt in der Situation das eben gezeigte Verhalten; die Tendenz, dieses wieder auszuführen, bleibt hingegen bestehen.

Eine *Löschungsbedingung* ist hingegen gegeben, wenn auf ein Verhalten niemals ein Verstärker folgt; d.h. wenn diese Reaktions-Konsequenz-Konstellation für längere Zeit bestehen bleibt, so wird dieses Verhalten dauerhaft aus dem Verhaltensrepertoire eines Organismus entfernt.

In einer klinischen Studie haben Ayllon, Haughton und Hughes (1965) bizarr anmutendes Verhalten bei einer schizophrenen Patientin hervorgerufen. Für diese Frau waren Zigaretten ein positiver Verstärker. Durch eine Shaping-Prozedur (s.u.) wurde jedes Annäherungsverhalten der Frau an einen Besen (!) verstärkt (zuerst kontinuierlich, dann durch Intervallverstärkung), bis die Frau bis zu 40 % ihrer Wachzeit mit dem Tragen eines Besens verbrachte. Als eine Variante wurden dann noch tokens eingeführt (sekundäre Verstärker, welche die Frau in Zigaretten umtauschen konnte); auch dieses funktionierte gut. Nach ca. einem Jahr endete das Experiment mit einer Extinktionsprozedur, welche das Verhalten wieder völlig zum Verschwinden brachte. Die Verfasser kommen dabei zu dem Schluss (a.a.O., S. 5): „The etiology of many so-called psychotic symptoms exhibited by hospitalized patients ... does not have to be sought in the obscure dynamics of a psychiatric disturbance. Symptoms may be the result of an accidental pairing of the peculiar behaviour with some form on reinforcement melted out by the unsuspecting environment."

Für den Alltag ist zu berücksichtigen, dass keineswegs immer sozial erwünschte Verhaltensweisen verstärkt oder weniger erwünschte durch eine Löschungsprozedur zum Verschwinden gebracht werden. Dies hängt damit zusammen, dass Erzieher (Eltern, Lehrer) nur eingeschränkt über lerntheoretische Prinzipien Bescheid wissen bzw. dieses Wissen auch nur unvollkommen in ihr eigenes Verhalten umzusetzen in der Lage sind (vgl. hierzu die Unterscheidung in erziehungstechnologisches und implementationsstechnologisches Wissen; Perrez, 1980). Deshalb werden viele erzieherische Handlungen zu anderen Ergebnissen führen als man sich das vielleicht wünscht.

Als Beispiel ließe sich etwa an ein schüchternes Kind denken, das im Kindergarten so gut wie keinen Kontakt zu den anderen Kindern findet. Hier reagieren Kindergärtnerinnen oft so, dass sie das Kind, wenn es wieder allein herumsitzt und traurig in die Luft schaut, mit emotionaler Zuwendung überschütten, nicht aber dann, wenn das Kind mit einem anderen zu spielen anfängt. D.h. hier steht das demonstrative Verlassen-Sein unter Verstärkungsbedingungen, das soziale Spielverhalten hingegen unter Löschungsbedingung.

Ein anderer Fall ließe sich derart konstruieren, dass Eltern z.B. auf aggressives Verhalten ihrer Kinder mit unverhohlenem Stolz reagieren und durch diese soziale Verstärkung auf lange Sicht die Disposition zu aggressivem Verhalten fördern.

Im Alltag ist auch nicht nur eine Reaktions-Konsequenz-Verbindung gegeben, sondern – wie Lindszy (1963) herausgestellt hat – es besteht eine fortwährende Interdependenz zwischen Reaktion, Reaktionskonsequenzen und nachfolgendem Verhalten, man bezeichnet dies als *konjungierte Verstärkung*, d.h. die Intensität oder Verfügbarkeit eines Verstärkers kann zu einer direkten Funktion der Reaktionsrate oder -sequenz einer Person gemacht werden. Zu denken ist etwa an einen Erzähler, der durch winzige ständig verstärkende Ereignisse von Seiten der Zuhörer verstärkt wird.

(2) Arten von Verstärkern
Positive und negative Verstärker: Ein positiver Verstärker ist ein Reiz, der zu einem Anstieg der Wirkreaktion führt, wenn er zu der Situation hinzugefügt wird. Ein negativer Verstärker ist ein Reiz, der den gleichen Effekt nach sich zieht, wenn er aus der Situation entfernt wird.
Primäre und sekundäre Verstärker: Verstärker, die ohne vorausgegangenen Lernprozess wirken, werden Primärverstärker genannt. Positive Primärverstärker

können z.B. Nahrung oder Bewegung sein, negative Primärverstärker z.B. unangenehm-laute Geräusche oder schmerzhafte Stromstöße.

> Bekannte Beispiele für die Entstehung sekundärer Verstärker ergeben sich aus Studien mit Schimpansen (Wolfe, 1936). Diese hatten gelernt, durch einen Hebeldruck Spielmarken zu erhalten, die wiederum für Futter eingetauscht werden konnten. In weiteren Experimenten konnten diese Münzen dann als Verstärker für die Lösung anderer Aufgaben verwendet werden, ohne dass die Möglichkeit zum Umtausch in primäre Verstärker bestand.

Ein Sekundärverstärker hat seine verstärkende Qualität durch die assoziative Paarung mit einem Primärverstärker erhalten, d.h. dieser Reiz hatte ursprünglich keine verstärkende Wirkung, hat diese aber durch das häufige Auftreten mit einem Primärverstärker erhalten (z.B. ist bei vielen Menschen Geld ein höchst wirksamer Sekundärverstärker). Auch Sekundärverstärker können positiv oder negativ sein. Wenn zudem ein Sekundärverstärker etabliert ist, so ist seine Wirkung unabhängig und unspezifisch von der Bedingung, in welcher die verstärkende Funktion erworben wurde.

(3) Verstärkungspläne (schedules of reinforcement)

Bereits in natürlichen Situationen ist klar, dass nicht immer auf ein Verhalten ein Verstärker folgt, z.B. fängt ein Angler nicht jedes Mal einen Fisch, wenn er seine Angel auswirft, dennoch wird er nicht einfach aufgeben, auch wenn er lange Zeit hindurch einmal nicht erfolgreich war und nur selten verstärkt wurde.

Eine differenzierte Systematik von Verstärkungsprogrammen wurde von Ferster und Skinner (1957) ausgearbeitet. Von der Vielzahl der hier unterschiedenen Verstärkungsplänen sollen folgende Grundvarianten erwähnt werden:

Kontinuierliche vs. intermittierende Verstärkungsprogramme: Von kontinuierlicher (bzw. nicht-intermittierender Verstärkung) spricht man, wenn das Verhalten immer von einem Verstärker gefolgt wird (Verhaltensaufbau) bzw. nie von einem Verstärker gefolgt wird (Extinktion). Bei intermittierenden Verstärkungsprogrammen wird nicht jede Reaktion verstärkt bzw. nicht immer verstärkt. Man unterscheidet daher *Quotenverstärkung* (es wird z.B. jede 10. Reaktion verstärkt) oder *Intervallverstärkung* (eine Verstärkung erfolgt z.B. nach fünf Minuten). Letztere Verstärkungspläne können noch vielfach variiert werden (z.B. vario-proportional: die Verstärkungen erfolgen nach einem Zufallsplan, aber mit einem bestimmten Mittelwert von Reaktionen; vario-intervall: hier variieren die Verstärkungen nach einem festgesetzten Zeitmittelwert; tandem: Verschaltung verschiedener Verstärkerpläne).

Alle diese Verstärkerpläne haben höchst unterschiedliche Auswirkungen auf einen lernenden Organismus. Die Wirkung der verschiedenen Verstärkerpläne zeigte sich in einem von Ferster und Skinner (1957) berichteten Beispiel darin, dass bei einer Vp das Tappingverhalten der rechten Hand nach einem Festproportional-Verstärkungsplan verstärkt wurde, die linke zur selben Zeit nach einem Varioproportional-Verstärkerplan. Die Vp führte die Tätigkeiten mit beiden Händen jeweils nach den typischen Antwortraten für die beiden Verstärkerpläne durch, natürlich ohne sich dieses bewusst zu sein.

Ein Prozess der Verhaltensveränderung läuft besonders effektiv ab, wenn am Beginn der Lernphase jede (erwünschte) Reaktion verstärkt wird. Durch intermittierende Verstärkung - bisweilen auch partielle Verstärkung genannt - wird hingegen eine Verhaltensweise besonders löschungsresistent gemacht.

Bei einer Quotenverstärkung wird ein sehr hoher Verhaltensoutput erreicht, bei einer Intervallverstärkung nimmt die Häufigkeit der Wirkreaktionen hingegen nicht zu, sondern die Anzahl der Wirkreaktionen wird auf die jeweils zugestandenen Zeitspannen in etwa gleich verteilt (man könnte hier von einer Art „Lorbeereffekt" sprechen). Dies macht auch insofern Sinn, da bei einer Quotenverstärkung die Häufigkeit einer Verstärkung beeinflusst werden kann, bei einer Intervallverstärkung hingegen nicht.

(4) Verhaltensformung (Shaping- und Fading-out-Prozesse)
Wenn Verhalten durch nachfolgende Konsequenzen beeinflusst werden kann, so macht es auch Sinn, diese Regularität für den Erwerb neuer Verhaltensweise zu nutzen.

Bei einem *Prozess des shapings* werden zuerst alle Verhaltensweisen, die in Richtung des gewünschten Endverhaltens weisen, verstärkt. Das Verhalten muss von dem Organismus selbständig produziert werden, dann kann darauf die entsprechende Verstärkung gegeben werden. Bei diesem Vorgang kann späterhin auch das Kriteriumsverhalten, auf das hin verstärkt wird, allmählich verändert werden - man spricht hierbei von einem Prozess der sukzessiven Differenzierung bzw. der *sukzessiven Verhaltensformung*. Im Grunde sind dies bekannte Dressurmethoden, durch die man (nicht nur) bei Tieren auch sehr extreme Reaktionen erzielen kann, die nicht zum ursprünglichen Reaktionsrepertoire des Organismus gehören. Eine Vorlesungsdemonstration Skinners bestand z.B. darin, Tauben eine Art Ping-Pong-Spielen beigebracht zu haben.

Dieses Verfahren ist im erzieherischen Alltag eigentlich selbstverständlich. Kein Elternteil würde etwa darauf warten, bis ein dreijähriges Kind selbständig seine Schnürsenkel bindet, um dann mit einem Verstärkereinsatz zu reagieren. Vielmehr freut man sich als Elternteil (= soziale Verstärkung) über jeden erreichten Teilschritt in die richtige Richtung. Ähnlich ist es beim Spracherwerb: Zuerst wird jeder Laut des Kindes belohnt, später nur mehr bestimmte perfektionierte Wörter oder Sätze.

Eingedenk der besonderen Wirksamkeit intermittierender Verstärkung wird nach dem Erreichen eines bestimmten Kriteriums des Verhaltens ein Ausschleichprozess (fading-out) begonnen, bei dem nur mehr intermittierend verstärkt wird. Ein Training auf einer solchen Basis kann gut im therapeutischen Kontext genutzt werden, vor allem dann, wenn einsichtsorientierte Verfahren nur begrenzt anwendbar sind (z.B. bei Kindern, geistig behinderten Personen oder Autisten).

Wolf, Risley und Mees (1964) wandten bei einen psychisch schwer gestörten Jungen namens Dickey einen solchen Shaping-Prozess an. Der Junge war wegen eines grünen Stars operiert worden und wäre blind geworden, wenn er nicht tagsüber eine Brille getragen hätte. Da der Junge auf Instruktionen nicht reagierte, wurde ein verhaltensmodifikatorisches Vorgehen entwickelt.

Zu Beginn des Experiments bekam Dickey nichts zum Frühstück, damit war gesichert, dass Essen für ihn ein wirksamer Verstärker war (Süßigkeiten hatten sich bei ihm als unwirksam herausgestellt). Sodann kam der Jungen in einen Raum mit verschiedenen Brillen. Immer dann, wenn er sich einer Brille näherte, später wenn er damit hantierte oder gar, wenn er eine Brille aufsetzte, wurde er gefüttert. Auf diesem Weg konnte das Ziel erreicht werden, dass Dickey 12 Stunden am Tag eine Brille trug.

(5) Hinweisreize (S^D und S^Δ)

Auch Gegebenheiten, die einer Situation vorausgehen, in der verstärkt wird, besitzen eine verhaltensbeeinflussende Bedeutung. Wenn nämlich einer Reaktions-Konsequenz-Abfolge regelmäßig bestimmte Reize vorausgehen, so erlangen diese eine Hinweisfunktion, dass verstärkt bzw. dass nicht verstärkt wird (Holland & Skinner, 1971, S. 139); diese werden als diskriminative Stimuli bezeichnet. Dabei werden *diskriminative Reize*, welche auf die Gelegenheit einer Verstärkung verweisen (S^D), von *negativen Hinweisreizen* unterschieden, die darauf hinweisen, dass keine Verstärkung erfolgt (S^Δ). Diskriminative Reize (S^D) erhöhen die Wahrscheinlichkeit, dass eine Wirkreaktion gezeigt wird. Auch hinsichtlich dieser Gegebenheiten treten Generalisationsphänomene auf.

Ein Alltagsbeispiel könnte hierbei folgender Art sein: Man kann einem Hund durch einen längeren Löschungsprozess beibringen, dass dieser - wenn die Menschen essen - nicht zu betteln anfängt, also mit triefenden Lefzen und traurigen Kulleraugen auf den Tisch starrt. Oft muss man aber dann die Erfahrung machen, dass, wenn Besuch kommt, diese Leute meinen, dem Hund etwas zum Fressen geben zu müssen. Durch solche Verstärkungsbedingungen wird ein Besucher zu einem S^D, der die Wahrscheinlichkeit des eigentlich unerwünschten Bettelverhaltens erhöht.

(6) Bestrafung

In einem pädagogischen Kontext ist die Behandlung des Themas der Strafe sehr heikel, denn bei dieser Frage treffen tief eingeschliffene Weltanschauungen und wohl auch eigene Verhaltensmuster aufeinander. In psychologischer Sicht kann das Thema aufgrund vorhandener Forschungsbefunde aber distant behandelt werden. Wesentliche Befunde über die Wirksamkeit von Strafe stammen von Estes (1944).

Estes (1944) verglich in einem Extinktions-Experiment mit Ratten die Effekte von Bestrafung mit denen einer normalen Löschungsprozedur. Bestrafung konnte in den ersten Extinktionsperioden die Verhaltenstendenz zwar etwas deutlicher senken als durch Löschung alleine, am Ende der Extinktionsphase stieg aber die Verhaltenstendenz unter der Bestrafungsbedingung wieder deutlich an, während sie in der Löschungsbedingung weiter zurückging.

In einem weiteren Versuch wurden Effekte von Löschung, regelmäßiger Bestrafung und intermittierender Bestrafung miteinander verglichen. Hier erwies sich am Tage der Bestrafung die regelmäßige Bestrafung am wirkungsvollsten, gefolgt von den geringeren Effekten der intermittierenden und der Nicht-Bestrafungs-Bedingung. Nach einer zweitägigen Pause waren die Effekte der regelmäßigen Bestrafung aber so gut wie verschwunden, am effektivsten war dann die intermittierende Bestrafung, gefolgt von der Löschungsbedingung.

Die Konsequenzen aus diesen Befunden sind weitreichend, u.zw.:
- Eine Reaktionstendenz kann durch Bestrafung nicht schneller aus dem Repertoire eines Organismus getilgt werden als ohne Bestrafung.
- Eine nachhaltige Verhaltensänderung tritt hingegen ein, wenn die Verhaltensweise ausgelöst, aber nicht mehr verstärkt wird (Löschungsprozedur). Eine Bestrafung kann gerade diese Löschungsprozedur beeinträchtigen, da sie die Reaktionstendenz unterdrückt, eine Nicht-Verstärkung also nicht möglich ist.
- Eine Bestrafungsprozedur kann zur Niederhaltung einer Reaktionstendenz verwendet werden, die Bestrafung muss aber ständig beibehalten werden, da sie

die Reaktionstendenz nicht löscht. Dabei ist eine intermittierende Bestrafung wirksamer als eine kontinuierliche.

- Eine Bestrafung steht mit Hinweisreizen auf die Strafsituation in engerem Zusammenhang als mit der Reaktionstendenz selbst, d.h. z.B. dass die Person, welche die Strafe erteilt, zu einem diskriminativen Stimulus wird (auf die dann auch die Angsttendenzen bezogen sind). Zu überlegen ist, ob in der Zeit, in der durch Strafreize ein bestimmtes Verhalten unterdrückt wird, ein Alternativverhalten durch Verstärkung aufgebaut werden kann.

Bestrafung – wirklich unwirksam? (Solomon, 1964)

Solomon (1964) hat sich in seiner Presidential Address kritisch mit den tierexperimentellen Befunden zum Thema der Bestrafung auseinandergesetzt. Seiner Meinung nach seien die oben angenommenen Wirkungen von Strafe Ausfluss einer humanistisch gefärbten Legende, an der im wesentlichen Thorndike (1931), Skinner (1938) und Estes (1944) mitgeschrieben haben.

Um ein vollständiges Bild der Wirkung von Strafe zu erhalten, müsse man vor allem unterscheiden, auf welche Art von Verhalten eine Strafe mit welchem Effekt folgt. Dabei unterscheidet er fünf Verhaltensarten: (a) Verhalten, das durch positive Verstärkung aufgebaut wurde, (b) konsumatorisches Verhalten (z.B. Vollzug sexuellen Verhaltens, Fressverhalten), (c) angeborene Reaktionstendenzen, (d) einzelne Reflexe und (e) Verhalten, das zuvor durch Bestrafung etabliert wurde (Flucht- und Vermeidungsverhalten). Die Effektivität von Bestrafung sei ausgesprochen unterschiedlich für diese fünf Verhaltensklassen.

(a) Die Effekte der Bestrafung auf ein Verhalten, das zuvor durch einen Verstärkungsprozess aufgebaut worden sei, variieren vor allem nach der *Stärke der Strafreize*, wobei folgende Sequenz zu beobachten ist: Zuwendung und Erregung, zeitweise Unterdrückung mit nachfolgender vollständiger Wiederherstellung des ursprünglichen Verhaltens, partielle Unterdrückung und letztlich vollständige Unterdrückung. Zudem seien noch folgende Randbedingungen zu bedenken: (aa) die zeitliche und örtliche Nähe zwischen Verhalten und Strafe (hier sei sogar ein „response-suppression-gradient" nachweisbar), (bb) die vorangehende Stärke des operanten Verhaltens, (cc) die eventuell gegebene Möglichkeit der Anpassung an die Strafe (diese bewirkt eine Reduktion der Effektivität, es sei daher besser, mit einer neuen Strafart fortzufahren als eine bekannte in ihrer Stärke zu steigern), (dd) die Habituation an Strafe (wenn z.B. während der Verstärkerprozedur auch Strafreize zu überwinden waren), (ee) der zwischenzeitliche Aufbau von inkompatiblen Alternativverhalten. Alle diese Bedingungen variieren zwischen den Tierarten und auch zwischen den Entwicklungsstadien.

(b) *Konsumatorisches Verhalten* besitzt eine hohe biologische Bedeutung und man könnte vermuten, dass es deshalb relativ unempfindlich gegenüber eventuell verbundenen Strafreizen sei. Genau das Gegenteil ist aber der Fall: Z.B. kann männliches Sexualverhalten durch schwache Strafreize deutlich unterdrückt werden, Fressverhalten kann, wenn man es mit Strafreizen koppelt, so stark unterdrückt werden, dass die Tiere völlig aufhören zu fressen und verhungern (Masserman und Prechtel [1953] verwendeten z.B. eine Spielzeugschlange, welche für eine bestimmte Affenart einen unbedingten Angstauslöser darstellt, während des Fressens und bewirkten damit, dass das Tier verhungerte; die Übertragung dieser Befunde auf anorektische Patienten liegt nahe). Wird hingegen ein aversiver Reiz als Signal für Futter ... etc. gegeben, so hat er nicht die gleiche unterdrückende Wirkung.

(c) Für *instinktgesteuertes Verhalten* gibt es nur wenige Befunde. Ein Prägungsvorgang kann aber z.B. beschleunigt werden, wenn vorher eine Bestrafung gegeben wurde.

(d) Für die Effekte von Bestrafung auf *Reflexe* gibt es keine Befunde.

(e) Interessant ist wieder die Wirkung von Bestrafung auf Verhalten, das durch Bestrafung etabliert wurde (*„passive avoidance training"*, z.B. nachdem eine Ratte gelernt hat, eine Zielbox mit Futter zu erreichen, wird der zur Zielbox führende Gang unter Strom gesetzt und auch das Futter wird entfernt; nach einigen solchen Durchgängen wird das Tier bei Öffnung des Gitters in der Startbox bleiben). Dieses Verhalten ändert sich dann nicht, wenn in beiden Fällen die Strafart gleich bleibt (z.B. ein elektrischer Schock wird appliziert, nachdem sich das Gitter öffnet), wird jedoch ein anderer Strafreiz verwendet (z.B. ein lautes Geräusch), so treten Verhaltensänderungen auf.

(7) Symbolische Verhaltensregulierung

Im Rahmen behavioristischen Denkens wurde die Bedeutung expliziten Wissens als Bedingung für den Lernfortschritt lange Zeit in Frage gestellt, dann aber immer wieder nachgewiesen.

> So betonte noch Skinner (1953, S. 35) die ausschließliche Bedeutung externer Bedingungen für eine Verhaltensveränderung: „The objection to inner states is not that they do not exist, but that they are not relevant in a functional analysis. We cannot account for the behavior of any system while staying wholly inside it; eventually we must turn to forces operating upon the organism from without."

Allerdings wurde selbst im Rahmen des operanten Paradigmas schnell erkannt, dass der Lernprozess durch kognitive Leistungen wesentlich verändert werden kann.

Kaufman, Baron und Kopp (1966) verstärkten z.B. das Verhalten einer erwachsenen Versuchsgruppe nach einem variablen Intervallplan (die Vpn erhielten im Durchschnitt pro Minute eine Verstärkung). Dabei wurden unterschiedliche Informationen über den Verstärkerplan gegeben: Gruppe A wurde korrekt informiert, Gruppe B wurde gesagt, sie würde jede Minute verstärkt (fixed-interval schedule), Gruppe C wurde mitgeteilt, dass sie entweder jede Minute oder immer dann, wenn sie im Durchschnitt 150 Antworten abgegeben hätten, verstärkt würden (variable-ratio schedule). Trotz real gleicher Verstärkerbedingungen produzierte Gruppe B einen sehr niedrigen Verhaltensoutput (durchschnittlich 6 Reaktionen/Minute), Gruppe A einen mittleren (durchschnittlich 65 Reaktionen/Minute) und Gruppe C einen sehr hohen (durchschnittlich 259 Reaktionen/Minute). Das bedeutet, dass die Überzeugungen der Vpn über die vorherrschenden Verstärkerbedingungen das Verhalten bestimmten und nicht die tatsächlich durchgeführten Verstärkerpläne.

Die Einflüsse von Kognitionen auf die Ausbildung konditionierter Reaktionen wurde auch noch auf andere Weise belegt (vgl. Kap. 7.2.2). Man könnte aufgrund dieser Experimente bei menschlichen Vpn einen Prozess der Hypothesenbildung und nachfolgenden Hypothesentestung vermuten, von dem dann das gezeigte Verhalten abhängig ist. Das im Rahmen eines solchen Prozesses generierte Wissen kann die Folgen tatsächlich bestehender oder auch nur vorgespielter Kontingenzen sehr schnell ändern.

7.3.3 Verfahren der (pädagogischen) Verhaltensmodifikation auf der Basis der Methoden des operanten Konditionierens

7.3.3.1 Die Verhaltensgleichung von Kanfer und Philipps

Die dargestellten lerntheoretischen Befunde lassen sich in eine Heuristik (= Suchschema) des Kontingenzmangements transformieren, welche gezielten Versuchen des Um- und Neulernens von Verhaltensweisen zugrundegelegt werden kann. Mit der Verhaltensgleichung von Kanfer und Philipps (1975, S. 76) werden die Bedingungen zusammengefasst, die für eine Verhaltensweise wirksam sind. Bevor man also darangeht, Verhalten ändern zu wollen, sollten die wesentlichen Bedingungen für das bisherige und zukünftige Verhalten diagnostiziert werden.

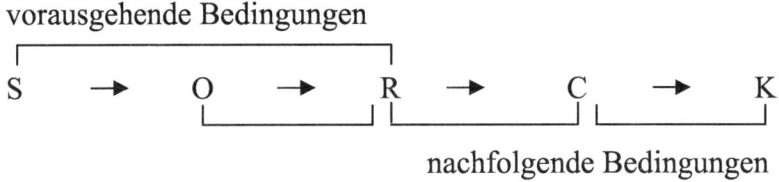

Abbildung 7.9: Verhaltensgleichung nach Kanfer und Philipps (1975, S. 76)

S = vorausgehende Stimuli
O = biologische Aspekte des Organismus
R = Reaktionsrepertoire
C = Konsequenzen
K (KV) = Kontingenzverhältnisse

(1) Mit S werden die Umweltbedingungen bezeichnet, die mit dem Verhalten einer Person in einer funktionalen Beziehung stehen. Die Stimuluskomponenten dürfen nicht vom Standpunkt eines Beobachters, sondern von dem des sich verhaltenden Organismus aus betrachtet werden. Es gilt also die „relevanten" Aspekte zu identifizieren, d.h. jene, welche irgendwie das ablaufende Verhalten beeinflussen.

Es ist hier vor allem an die S^D und die S^Δ zu denken, die als facilitatorische bzw. inhibitorische Reize einer Person signalisieren, dass mit einer Verstärkung zu rechnen ist bzw. dass vermutlich eine Verstärkung unterbleibt. Bereits hier setzt eine verhaltensmodifikatorische Technik ein, nämlich die der Stimuluskontrolle von operanten Reaktionen.

Ein Kind kann in einem Supermarkt vor einem Süßwarenregal (S^D) bettelndes Verhalten äußern, wenn seine Mutter guter Laune ist (S^D), jedoch dies nicht tun, wenn die Mutter dem Kind böse ist (S^Δ).
    Der erste Schritt ist also die Suche nach den verhaltensauslösenden S^D und S^Δ. Z.B. könnten bei einem Kind folgende S^D für Lügen vorhanden sein: Anwesenheit seiner Mutter oder bei Fragen nach Schulleistung; hingegen könnten es nicht lügen bei folgenden S^Δ: gegenüber dem Vater (eventuell weil hier andere Konsequenzen signalisiert werden), bei der kleinen Schwester (weil hier mit keinen negativen Konsequenzen zu rechnen ist) oder bei Fragen nach dem Taschengeld.
    Man kann auch selbst überlegen, was typische S^D und S^Δ für Verhaltensweisen wie Fernsehen, Rauchen oder Arbeiten sind. Je nachdem, was man zu tun für richtig hält, kann man sich dann gezielt diesen Bedingungen aussetzen oder sie vermeiden.

(2) Mit O werden die organismischen Bedingungen, also die biologischen Faktoren bezeichnet, welche zurzeit das Verhalten beeinflussen. Damit ist aber nicht ein Extrem-Reduktionismus im Sinne der Hypothese einer alleinigen Biogenese von Verhaltenspathologien impliziert. Es ist vielmehr an die Vielzahl von Bedingungen zu denken, die dauernd oder auch nur vorübergehend eine verhaltensbeeinflussende Wirkung ausüben können. Diese können sein:
- Ermüdung, Ernährungszustand, Alterungsprozesse;
- toxische Substanzen, welche eine zeitweilige oder permanente Desorganisation des Verhaltens nach sich ziehen;
- organische Krankheiten, genetisch determinierte Körpermerkmale, körperliche Missbildungen etc.;
- durch Drogen induzierte Zustände (z.B. zur Unterdrücken von Wutausbrüchen; diese führen selbst nicht zu neuem Verhalten, können aber die Leistung einer verhaltensbezogenen Intervention verbessern);
- es ist auch an eine Ausweitung auf „organische" Variable im allgemeinen zu denken, z.B. an vermutbare Persönlichkeitseigenschaften, welche einen Prozess der Verhaltensmodifikation beeinflussen können.

Hare (1970) hat beispielsweise gezeigt, dass Erwachsene mit Verhaltensstörungen aggressiver und delinquenter Art („Psychopathen") eine relativ geringe Reaktionsbereitschaft auf aversive Umweltreize besitzen, sie lernen beispielsweise Furchtreaktionen ausgelöst durch Elektroschocks langsamer als andere.

(3) Mit R wird das Reaktionsrepertoire einer Person bezeichnet, z.B. das Problemverhalten, aber auch die Verhaltensaktiva, die auf verschiedenen Ebenen (motorisch, verbal ... sozial) beschrieben werden können. Nicht zu vergessen ist, dass die Bezeichnungen Problemverhalten oder Verhaltensaktiva sozial wertende Kategorien sind, also letztendlich soziale Vereinbarungen über angemessenes bzw. nicht angemessenes Verhalten in bestimmten sozialen Kontexten ausdrücken.

Nach Kanfer und Saslow (1969) kann beim Problemverhalten zwischen den beiden Grobklassen (a) Verhaltensüberschuss (Exzess) und (b) Verhaltensdefizit (dem völlig fehlenden oder zu selten gezeigten Verhalten) unterschieden werden. Ganz wichtig ist aber auch eine Diagnose der sog. Verhaltensaktiva, also des positiven und sozial angemessenen Verhaltens.

Als Beispiele für *Verhaltensdefizite* (Mangelverhalten im motorischen, sozial-emotionalen und kognitiven Bereich) sind zu nennen,
- soziale Isolierung,
- mangelnde Motivation,
- Schüchternheit, Sprache mit leiser Stimme,

- Ängstlichkeit, Kontaktarmut,
- Lernschwierigkeiten, Kenntnislücken,
- Arbeitsstörungen,
- Entwicklungsrückstände,
- Retardierung.

Auch *Verhaltensüberschüsse* können auf motorischer, verbaler oder handlungsmäßiger Ebene auftreten, z.B. in Form von
- Aggression,
- Impulsivität,
- Hyperaktivität, Herumlaufen,
- ausagierendes Verhalten,
- Drogenabhängigkeit,
- kriminelle Devianz,
- generellen Auffälligkeiten,
- Negativismus,
- Zwangsgedanken,
- depressive Neigungen, Zittern der Hände etc.

Unter *Verhaltensaktiva* könnten verstanden werden,
- schnelle Auffassung,
- aktive Mitarbeit,
- angemessene Selbstkontrolle.

Das Reaktionsrepertoire besteht in der Regel aus einer komplexen operanten Verhaltenskette, also aus Verhaltensweisen sowie deren vorausgehenden und nachfolgenden Bedingungen, wobei für eine Verhaltensmodifikation auch nach den mit dem Problemverhalten unvereinbaren und sozial angemessenen Alternativreaktionen gesucht werden muss.

(4) Die Diagnose von C, also der auf ein Verhalten einsetzenden Konsequenzen ist der zentrale Punkt bei dem Versuch, einen Umlernprozess im Sinne des Effektgesetzes von Thorndike einzuleiten. Nach der dargestellten Systematik der Reaktions-Konsequenz-Konstellationen sind vier Konsequenzen unterscheidbar (zwei Verstärkungsbedingungen und zwei Bestrafungsbedingungen).

Ob ein Ereignis als Bestrafung oder als positive Konsequenz erlebt wird, muss individuell diagnostiziert werden. So ist es z.B. möglich, dass eine als Tadel gemeinte Äußerung einer Lehrerin vom Schüler als soziale Beachtung und somit als positive Rückmeldung für vorangegangenes Verhalten erlebt wird. Damit kann aber die Absicht einer Person (z.B. eines Lehrers) eine positive Verstärkung bzw. einen akzelerierenden Reiz zu geben, nicht erfasst werden. Es wird deshalb vorgeschlagen, zwischen der „Verstärkerintention" (einem beabsichtigten positiven bzw. akzelerierenden Reiz) und dem tatsächlichen (also erfolgreichen) Verstärker zu unterscheiden. Gleiches lässt sich im Bereich von aversiven Reizen durchführen, womit zwischen einer „Bestrafungsintention" und einer „erfolgreichen" Bestrafung getrennt werden kann.

Im Alltag ist die Einleitung von Umlernprozessen u.a. deswegen schwierig, weil es gilt, alle Verstärkungen des Problemverhaltens zu unterlassen. Zu denken ist an das Beispiel eines Klassen-Clowns, der ja nicht nur durch die Zuwendung von Aufmerksamkeit durch eine Lehrperson verstärkt wird, sondern auch durch die Ermunterung und die Zustimmung seiner Klassenkameraden. Gegenüber der verstärkenden Wirkung, welche durch Klassenkameraden ausgeübt wird, die z.B. auch mit Clownerien anfangen, ist schwer anzukommen (vgl. unten Tokenpläne).

(5) Letztlich ist noch an die Bedingung K, also die Kontingenzverhältnisse zu denken. Damit ist im Wesentlichen an die Art der realisierten Verstärkerpläne zu denken (*kontinuierliche oder intermittierende Verstärkung*). Zu prüfen ist zudem, ob Konsequenzen *sofort oder verzögert* eintreten. Sind Reaktionen und Konsequenzen zeitlich voneinander getrennt, so wird die verhaltensbeeinflussende Wirkung zunichte gemacht, zumindest aber abgeschwächt (bei Menschen vermutlich aber nicht völlig, da hier auch von einer symbolischen Verhaltensregulierung auszugehen ist).

> Ein Alltagsbeispiel könnte eine Mutter sein, die sich vornimmt, den Jähzornausbrüche ihrer Tochter „prinzipiell" nicht mehr nachzugeben. Manchmal macht sie aber doch eine Ausnahme, z.B. wenn andere Personen (Oma, Freunde) anwesend sind. Damit wird das Verhalten des Kindes intermittierend verstärkt, d.h. besonders stabilisiert. Hierin scheint auch das Problem der sog. inkonsequenten Erziehung zu bestehen (wobei die Inkonsistenz in zeitlicher Hinsicht bestehen kann oder hinsichtlich des Zusammenwirkens von unterschiedlichen Erziehern).

Als Beispiel für eine Verhaltensanalyse nach dem S-O-R-C-K-Schema könnte man an einen Studenten denken, der unter dem Verhaltensdefizit leidet, dass er nur selten und nur kurz arbeitet. Stattdessen zeigt er in der Arbeitssituation folgende Verhaltensexzesse: Er träumt von seiner Freundin, sieht aus dem Fenster, liest Zeitung und hört Radio. Nach dem Analyseschema liegen also folgende Bedingungen vor:

S: Zeitungen und Radio sind griffbereit und leiten unerwünschte Handlungen ein.

O: Müdigkeit durch Schlafmangel, voller Magen oder unerkannter Leber-
schaden wirken auf Arbeitsverhalten ein.

R: Aus dem Fenster sehen, Radio hören.

C: Unterbricht Arbeiten, belohnt sich dabei durch Kaffee oder durch Träu-
me an seine Freundin.

KV: Oft und unmittelbar.

Jede dieser Verhaltensbedingungen müsste therapeutisch angegangen werden,
um das erwünschte Verhalten zu erreichen und dauerhaft zu wirken.

7.3.3.2 Das klassische verhaltensmodifikatorische Vorgehen

Mit der Verhaltensgleichung von Kanfer und Philipps (1975) ist zugleich das
Ablaufschema des verhaltensmodifikatorischen Vorgehens vorgezeichnet.

Zuerst geht es um diagnostische Fragen, wobei die Diagnose des sogenannten
Problemverhaltens im Mittelpunkt steht. Dass das, was als Problemverhalten und
als zu erreichendes Zielverhalten bezeichnet wird, eine soziale Wertung darstellt,
sollte nicht vergessen werden. Da eventuell mehrere Reaktionsklassen als problematisch empfunden werden, muss über eine Verhaltensbeobachtung in Form
einer multiplen Base-line-Messung (multiple Grundraten) die Häufigkeit der einzelnen Problemverhaltensweisen objektiviert werden. Statt einer kontinuierlichen
Beobachtung ist die Erhebung von Zeitstichproben ökonomischer. Die Aufzeich-
nung der Ausgangsdaten sollte so lange fortgesetzt werden, bis Klarheit über die
Stabilität des Verhaltens besteht. Der Zwang zu einer genauen Beobachtung mit
Festlegung von konkreten Kategorien kann bisweilen eine Änderung der Problemsicht ergeben.

Im Laufe dieser diagnostischen Phase kann es in manchen Fällen bereits zu einer
Veränderung des Problemverhaltens kommen - bei Tharp und Wetzel (1975) war
dies in 7 % der Fälle so. Z.B. kann allein durch die Gespräche mit den mittelbaren
Therapeuten das Interaktionsgeschehen in der Familie überdacht und ev. geändert
werden. Auch die geforderte Genauigkeit der Beobachtung kann zu rationaleren
Verhaltensweisen der Umwelt führen, da Meinungen über Geschehnisse häufig
durch Erwartungen, Konventionen, eigene Bedürfnisse und durch momentane Ge-
fühlskonstellationen bewirkt werden. Genaue Beobachtung als Grundlage für Beurteilung ist im erzieherischen Alltag ungewöhnlich.

Hinzu kommt, dass die verhaltensauslösenden Bedingungen (S^D und S^Δ) festgestellt werden sollten (also: Bei welchen situationalen Gelegenheiten wird das Problemverhalten gezeigt?).

Desgleichen sind die nachfolgenden Konsequenzen und Kontingenzverhältnisse zu erfassen, d.h. die in diesem Fall wirksamen Verstärker. Wie immer, so sind auch dies Hypothesen, die einer Bestätigung bedürfen.

Die eigentliche Intervention besteht in der Einleitung eines Umlernprozesses. D.h. nach den aufgezeigten Prinzipien der Entstehung und Aufrechterhaltung von Verhaltensweisen soll also ein Um- oder Neulernen eingeleitet werden. Hierzu ist es notwendig, dass man sich auf neu zu erlernende oder zu stabilisierende Verhaltensweisen (Zielverhalten) einigt.

Zudem ist eine Diagnose der für die jeweilige Zielperson wirksamen Verstärker notwendig. Für diese Verstärkeridentifikation bzw. die Diagnose einer Hierarchie von Verstärkern kann man zwar einerseits davon ausgehen, dass bestimmte Konsequenzen (s.u.) als positive Verstärker wirken (z.B. Lächeln, Essen, Geld, Privilegien) und andere als negative Verstärker (wie etwa soziale Herabsetzung, Stirnrunzeln, Schmerz, Drohungen, Belächeln). Dies gilt aber nur als heuristischer Rahmen, ob in einem einzelnen Fall ein bestimmtes Ereignis einen verstärkenden Effekt hat, bedarf der Überprüfung (vgl. hierzu die Aussage zu individuellen Verstärkerhypothesen). Im Grunde kann durch Befragung der Zielperson, von Eltern etc. eine solche Verstärkerhierarchie erstellt werden. Dabei muss auch die Einsetzbarkeit der Verstärker überlegt werden.

Die Funktionalität zwischen einer hypothetisch verstärkenden Konsequenz und dem Verhalten kann getestet werden. Systematisch erfolgt dies mit einem ABAB-Design (vgl. Abb. 7.10), d.h. nach der Grundratenmessung (Phase A) erfolgt eine Phase des Verstärkereinsatzes auf das Zielverhalten (Phase B); sind die eingesetzten Verstärker tatsächlich effektiv, so müsste jetzt das Zielverhalten häufiger werden bzw. das Problemverhalten sinken. Eine zusätzliche Unterbrechung dieser Kontingenz (Reversionsphase, wieder mit Phase A bezeichnet) sollte zu einem Wiederanstieg des Problemverhaltens führen. Nach dieser Prüfung der Wirksamkeit der eingesetzten Verstärker erfolgt die eigentliche Interventionsphase (zweite Phase B).

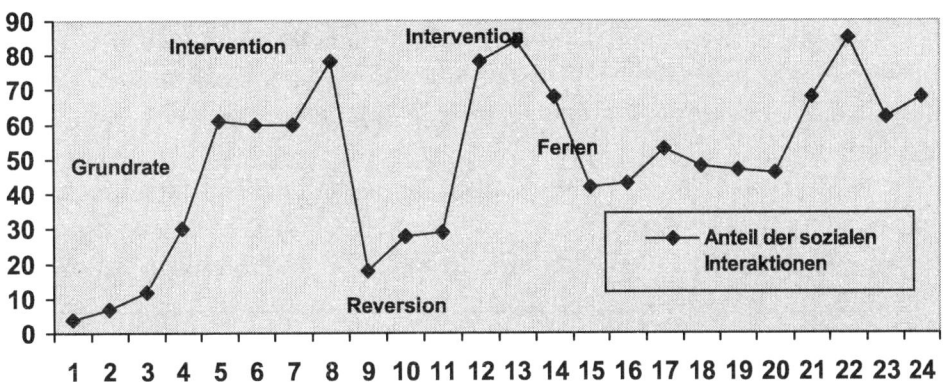

Abbildung 7.10: Änderung des Anteils an sozialen Interaktionen bei einem sozial zurückgezogenen Jungen im Laufe einer verhaltensmodifikatorischen Intervention (Harris, Wolf & Baer, 1964)

Ist das Zielverhalten etabliert worden, so kann an das Ausblenden der Intervention gedacht werden (fading out, z.B. Rücknahme der kontinuierlichen Verstärkung und Umsteigen auf eine intermittierende Verstärkung). Im weiteren Verlauf sollte die Verstärkung ganz ausgeblendet werden und das Verhalten sollte intrinsisch werden, d.h. unabhängig von externen Bekräftigungsquellen.

Zu einer Intervention gehört auch eine Nachkontrolle. Diese kann sich auf die Frage beziehen, ob das Zielverhalten auch zu einem späteren Zeitpunkt aufrecht erhalten geblieben ist, wieder abgenommen hat oder ob andere Problembereiche aufgetreten sind (die Annahme einer Symptomverschiebung wird allerdings nach den vorliegenden Erfahrungen im allgemeinen verneint, durch den Abbau des Problemverhaltens tritt vielmehr eine allgemein stabilisierende Wirkung ein).

7.3.3.3 Die Heuristik des Kontingenzmanagements

Nach den Grundannahmen des operanten Lernens wird jedes Verhalten durch Verstärkungsprozesse erlernt. Unter natürlichen Bedingungen muss es aber keineswegs so sein, dass es sich dabei immer um sozial akzeptables Verhalten handelt. Erziehungs- und Lernschwierigkeiten können vielmehr ihre Ursache in einem „Chaos des Reinforcements" haben.

Im Rahmen der Technik des Kontingenzmanagements wird betont, dass das Zielverhalten das Auftreten eines Verstärkers bewirken soll, dass also genau auf dieses gewünschte Verhalten verstärkende Ereignisse als Konsequenzen und nur als Konsequenzen auf diese Verhaltensweisen folgen sollen. Die Verstärkung muss also zu dem Verhalten funktional sein, d.h. sie sollte nur über das Verhalten erhältlich sein.

Es ist des Weiteren zu betonen, dass die verhaltensmodifikatorischen Vorgehensweisen auf eine Verstärkung gewünschten Verhaltens hin zentriert sind. Es werden also weniger die negativen Seiten einer Person gesehen, sondern die erwünschten, die es weiter auszubauen gilt, stehen im Mittelpunkt der Intervention. In dieser Hinsicht wird also von einem sehr positiven Menschenbild ausgegangen.

7.3.3.3.1 Möglichkeiten zum Verhaltensaufbau nach dem operanten Paradigmen

Hierbei handelt es sich um den gekonnten, d.h. individuell angepassten Einsatz positiver und negativer Verstärker. Dabei können verschiedene Verstärkerklassen unterschieden werden.

(1) Verstärkung durch Personen (soziale Verstärker)
Andere Menschen, zu denen eine positive soziale Beziehung besteht, können in vielfacher Weise Quelle von Verstärkungen sein. Die Beispiele für entsprechende positive Verstärker gehen weit über das im pädagogischen Kontext häufig erwähnte „echte Lob" hinaus. Z.B. kann allein die Zuwendung zu einer anderen Person, das Interesse an dem, was sie macht, die ihr gewidmete Aufmerksamkeit, ein freudiger Gesichtsausdruck oder auch die Zeit, die man mit der Zielperson verbringt, ein wirksamer Verstärker sein. Zu denken ist auch an gemeinsame Spiele (Kartenspiele, Basteln mit Vater oder Mutter) oder an den Kinobesuch mit einem Onkel. Oft denken Erzieher nicht an dieses hohe Einflusspotential, das durch sie ausgeübt und natürlich auch zielbezogen genutzt werden kann.

Aus der Studie von Tharp und Wetzel (1975) ist folgendes Beispiel illustrativ: Ein Junge wurde wegen Aggressivität und Unaufmerksamkeit in der Schule an die Psychologen überwiesen. Zu Hause ließen sich solche Verhaltensweisen nur selten finden. Andererseits fand man heraus, dass die Interaktion mit dem Vater für den Jungen sehr befriedigend war. Deshalb wurde eine entsprechende Kontingenz für die Erreichung von mehr Aufmerksamkeit und weniger Aggressivität in der Schule nutzbar gemacht: Die Lehrerin sollte dem Jungen einen Brief mitgeben, wenn das Störverhalten nicht über ein gewisses Ausmaß hinausging, und der Vater dies durch gemeinsame Spielzeit mit dem Sohn belohnen. Wenn dies nicht der Fall war, sollte sich der Vater enttäuscht zeigen und ihn ignorieren, aber auf keinen Fall körperlich bestrafen. Diese Kontingenz erwies sich als sehr wirksam. Der Junge bemühte sich sehr, den Brief zu verdienen. Zudem nahmen auch seine Aggressionen auf dem Spielplatz drastisch ab. In einen solchen Plan können auch Geschwister einbezogen werden (z.B. gemeinsam miteinander spielen, wenn entsprechendes Verhalten oder Leistungen gezeigt wird).

(2) Verstärkung durch Tätigkeiten (Premack-Prinzip)

Hierbei wird ein mit hoher Wahrscheinlichkeit auftretendes Verhalten als Verstärker für ein mit geringer Wahrscheinlichkeit auftretendes Verhalten benutzt (Premack, 1959). Verhalten mit hoher Wahrscheinlichkeit ist das, was die Zielperson in der entsprechenden Situation machen würde, ohne dazu gezwungen zu sein. Beispiele könnten sein, mit Freunden ausgehen oder gemeinsame Tätigkeiten, wie etwa Tennis, Schwimmen usw. mit den Eltern.

Allerdings ist hier einschränkend zu bedenken, dass der Einsatz häufig gezeigten Verhaltens (z.B. fernsehen) als Verstärker die Bedeutung dieses Verstärkers noch weiter ansteigen lässt. Eine weitere Verschärfung ergibt sich, wenn bei gestörten Kindern das häufig auftretende Verhalten gerade das Problemverhalten ist. In solchen Fällen muss man soziale oder materielle Verstärker zum Umlernen einsetzen.

Tharp und Wetzel (1975) erläutern in einem etwas abstrusen Beispiel, dass auch bei schwer gestörten Kindern Tätigkeitsverstärker eingesetzt werden können. Als Beispiel berichten sie von einem 17-jährigen Jungen, der wegen seiner bizarren Mimik und Gestik für die Normalschule unhaltbar war, obwohl er nach Testergebnissen hoch intelligent war. Zu Hause war er feindselig, zerstörte Dinge und ärgerte seine Eltern (z.B. indem er sich inmitten des Wohnzimmers einen Eimer Wasser über den Kopf schüttete). Verhalten mit niedriger Auftretensrate war, Hausaufgaben machen. Mit großer Häufigkeit war jedoch Zurückziehen und Sich-Einsperren vorhanden. Deshalb wurden diese beiden Verhaltensweisen kontingent gemacht, d.h. er durfte sich nach dem Erledigen der Hausarbeiten in sein Zimmer zurückziehen. Auch in der Schule war Mitarbeiten im Unterricht selten, Sich-Zurückziehen in eine Ecke des Schulhofes häufig. Auch hier konnte durch Herstellen einer entsprechenden Kontingenz seine Arbeitsrate wesentlich gesteigert werden. Schließlich wurde der Schulbesuch selbst zu einem Verhaltensverstärker, der gegeben wurde, wenn er zu Hause ein akzeptables Verhalten gezeigt hat.

Homme (1971) berichtet von einem auf dieser Basis vorgenommenen Problemlösungsversuch in Schulklassen, in denen die Kinder angeblich nicht zu bändigen waren:

„Wir machten einen kleinen - sehr kleinen - Fortschritt, indem wir uns auf die Verhaltensweisen einließen, die sich zufällig aus dem Tun der Kinder ergaben. Eine typische, erste Kontingenz war zunächst, dass sie ruhig auf den Stühlen saßen und zur Tafel schauten. Daraufhin folgte sofort die Ermunterung: ‚Jetzt dürft ihr herumlaufen und schreien.' Dieses Kontingenzprogramm ermöglichte uns eine sofortige Kontrolle der Situation. Diese Kontrolle war so gut, dass wir in einem Monat das unterrichten konnten, was - wie wir erfahren - in allgemeinen im ersten Schuljahr unterrichtet wird."

Solche Verhältnisse werden unter normalen Bedingungen wohl nicht anzutreffen sein, in Ausnahmefällen oder für Sonderschulen kann sich aber durchaus eine reale Einsatzmöglichkeit ergeben.

Eine für den Sonderschulbereich durchaus interessante Variante besteht darin, die unterschiedliche Beliebtheit der Beschäftigung mit Arbeitsmaterialien im Sinne des Premack-Prinzips auszunutzen. Die Arbeit mit der beliebtesten Aufgabe kann als Verstärker für die Arbeit mit weniger beliebten Aufgaben dienen.

In einer Studie von Kane und Gantzer (1977) wurden in einer Sonderschulklasse der Kinderabteilung des Max-Planck-Instituts in München (als Probanden dienten acht 7- bis 12-jährige Schüler) vier verschiedene Arbeitsmaterialien angeboten: (1) Lesen von kurzen Lesestücken, (2) Abschreiben von Texten, (3) Rechnen mit einem individuellen Lernprogramm und (4) Spielen mit didaktischen Spielen.

Nach der Erhebung der Beliebtheit dieser Aufgaben wurden derart Kontingenzen hergestellt, dass die beliebteren Aufgaben nur nach Beschäftigung mit einer weniger beliebten angegangen werden durfte. Die Ergebnisse entsprachen unter Verwendung eines ABA-Designs im allgemeinen den Erwartungen, wobei sich auch die Relativität der beliebten Tätigkeiten (d.h. es war auch ein Verstärkungswert der zweit- oder drittbeliebtesten Tätigkeit im Vergleich zu der am wenigst beliebten nachzuweisen) bestätigte.

Die Autorinnen verweisen aber auch auf die Schwierigkeiten einer Realisierung im normalen Schulbetrieb, da das Verfahren eine weitgehende Individualisierung voraussetzt. Für die Diagnose von Verstärkern könnte man aber Verstärkerlisten verwenden (wobei die Ergebnisse einer verbalen Wahl dann noch am Verhalten validiert werden müssten).

(3) Materielle Verstärker (Verstärkung durch Objekte, Token-Economy)

Bei einem Tokensystem (auch Münz-Verstärkung oder Münzökonomie genannt) werden Münzen, Marken, Striche usw. als symbolische Verstärker eingesetzt, die systematisch für erwünschtes Verhalten ausgegeben werden und die dann nach bestimmten Regeln gegen reale Verstärker (gewünschte Gegenstände, Aktivitäten, Getränke, Bonbons, Privilegien, z.B. Schallplatten hören, fernsehen) eingetauscht werden können.

Zunächst sollen nach O'Leary und Drabman (1971) folgende Bedingungen erfüllt sein:
- Es sollte eine verständliche Erklärung gegeben, welches Verhalten verstärkt wird,
- es sollten die Regeln, nach denen verstärkt wird, erklärt werden; diese Regeln müssen strikt eingehalten werden,
- die Regeln müssen für die Schüler einsichtig sein.

Weiterhin gilt folgendes für die Token im schulischen Bereich:
- ihr Wert muss verständlich sein,
- sie müssen einfach zu verteilen sein,
- sie müssen als persönliches Eigentum gelten,
- der Punktestand muss leicht überprüfbar sein,
- die Tokenvergabe soll den Unterricht wenig stören.

Für Tokensysteme werden verschiedene Vorteile genannt: universeller Verstärkereinsatz (wenn es sich um generalisierte sekundäre Verstärker handelt), kaum Sättigung, leichte Anwendbarkeit, keine Unterbrechungen des Unterrichts, Punktestand gut erkennbar (Selg, 1977, S. 181); weitere Vorteile sind kurze Zeitintervalle zwischen Verhalten und Verstärkung, keine Notwendigkeit einer positiven Beziehung zwischen Lehrer und Schüler (wie bei der sozialen Verstärkung), breiter Bereich des Umtausches in reale Verstärker (Ammer et al., 1976, S. 106).

Bei Kindern werden diese Techniken zuerst eingesetzt bei
- geistiger Retardierung zum Training von Lesen und Schreiben,
- beim Toilettenverhalten, Anziehen, Sich-Waschen,
- zur Reduktion hyperaktiven Verhaltens,
- als Intelligenz-Training (Belohnung für akzeptable Leistungen in Untertests).

Auch Anwendungen im Schulbereich werden berichtet (z.B. wurde an der Schule am Hasenbergl in München ein entsprechendes Projekt durchgeführt).

Im klinischen Bereich wurden Münzverstärkungssysteme vor allem von Ayllon und Azrin (1968) untersucht und etabliert. Die ausgewählten Zielverhaltensweisen waren z.B. Bettenmachen, Zähneputzen, Körperpflege etc. Für die Tätigkeiten werden die Patienten systematisch und kontingent mit Plastikmünzen verstärkt. Diese konnten dann wieder für spezielle Privilegien eingetauscht werden, z.B. eigenes Zimmer, zusätzlicher Aufenthalt in der Kantine.

Aber selbst bei schwer beeinträchtigten Patienten wird die Berechtigung eines solchen Systems der Verhaltenssteuerung kritisiert. Z.B. seien die längerfristige Folgen nicht untersucht, eine Vorbereitung auf das Leben außerhalb der Institution (mit zumeist nicht klar geregelten Austauschbeziehungen) ist nicht gewährleistet, zwischenmenschlicher Beziehungen werden auf monetäre Aspekte reduziert (z.B. 30 Münzen für Freigang oder Klinikurlaub).

Tokensysteme sind ebenso im schulischen Bereich trotz einiger Vorteile umstritten (Ammer et al., 1976, S. 106 f.; Selg, 1977, S. 181), kritisiert wird:
- bisweilen bestehen geringe Eintauschmöglichkeiten, wenn die Eltern nicht mitarbeiten,
- Beeinträchtigung des Unterrichts durch Austeilen und Registrieren im Unterricht,
- mangelnde Generalisierung beim Ausblenden des Systems,
- Entwicklung einer „materiellen" Motivation, Steigerung des Konkurrenzverhaltens, gegen Kooperation gerichtet,
- Münzsysteme besitzen Merkmale autoritärer Lenkung,
- es sei schwierig einen, Effizienznachweis zu führen,
- die Leistungen würden nach einem Akkordsystem belohnt.

Gegen diese Systeme werden demnach vielfältige Einwendungen erhoben. Sie erscheinen gerechtfertigt, wenn durch sie Unterricht erst möglich gemacht werden soll, weil vorher z.B. chaotische Zustände herrschten. Tokens sollten in der Schule dabei eine vorübergehende Einrichtung sein. Wichtig wären auch Überlegungen, die zu einer Überleitung des Tokensystems in den Alltag führen. Es ist daher an den gleichzeitigen Aufbau von sozialen Verstärkern zu denken, die eher im „normalen" Leben auftreten und die für eine Generalisierung sorgen könnten. Eine weitere Verbesserung liegt in der Hinführung von Tokensystemen zu einer weitgehenden Selbstkontrolle der Betroffenen.

(4) Informationelle Verstärker
Auch aus der Lerntätigkeit eines Schülers kann sich eine unmittelbar verstärkende Wirkung ergeben. Dies wurde u.a. im Rahmen der Interessensforschung herausgestellt, wonach für die Entstehung bereichsspezifischer Mensch-Umwelt-Bezüge die Erfahrung von Kompetenz in dieser Tätigkeit neben der Selbstbestimmung und der sozialen Zustimmung wesentliche Bedingungen sind (Schiefele & Winteler, 1988). Aber auch die Studien zum Thema Neugier (Berlyne, 1974)

zeigen, dass die Durchführung von Explorationsverhalten einen belohnenden Wert haben kann; auch dies kann wieder am Tiermodell demonstriert werden: Harlow (1950) ließ Rhesusaffen öfter ein mechanisches Problem lösen, allein die Betätigung reichte als Verstärker aus, um die Anzahl der Fehler kontinuierlich zu reduzieren.

Von Skinner (1961) wurde auf dieser Grundlage der sogenannte programmierte Unterricht entwickelt. Ausgangsüberlegung war, dass im üblichen Klassenunterricht sowohl die Selbsttätigkeit wie auch die Verstärkungen zu kurz kommen. Den Vorschlag, den er machte, bestand nun darin, Lehrmaterialien zu entwickeln, die von den Lernen selbständig bearbeitet werden können und die zugleich so aufgebaut sind, dass immer Erfolgserlebnisse garantiert werden. Dies wird nach seinem Vorschlag so gemacht, dass der Lehrstoff in kleinste Informationseinheiten zerlegt wird, jede dieser Einheiten besteht aus einer Information, einer Frage zu dieser Information und einem Feld, in das der Lerner seine Antwort hinein schreiben kann. Durch den Vergleich mit der Antwort (z.B. auf der nächsten Seite) soll eine verstärkende Wirkung garantiert sein. Bekanntlich haben sich diese Lehrmaterialien aber nicht durchgesetzt, sondern sind allenfalls im Rahmen des Nachlernens einzusetzen.

(5) Kontingenzverträge

Die Einführung von Kontrakten, Kontingenzverträgen, Verhaltensverträgen in der Verhaltensmodifikation geht auf Homme et al. (1974; in der amerikanischen Originalfassung 1971) zurück. Sie bestehen in einem Übereinkommen zwischen zwei Vertragsparteien (Lehrer - Schüler, Eltern - Kind), das schriftlich niedergelegt und von den Vertragsparteien unterschrieben werden muss. Der Inhalt des Vertrags sind Regeln bzw. Kontingenzen: Wenn der eine Partner bestimmte Verhaltensweisen zeigt, dann erhält er bestimmte Dinge (materielle Verstärker), kann bestimmte Aktivitäten ausführen oder der andere Vertragspartner zeigt bestimmte Verhaltensweisen.

Homme et al. (1974, S. 39 f.) führen zahlreiche Regeln an, die bei einem Kontakt eingehalten werden sollen, z.B.:
- Aushandeln kleiner Verhaltensschritte, häufig und mit kleinen Beträgen belohnen (dies erinnert an Prinzipien von Machiavelli),
- eher Leistung als Gehorsam belohnen (Förderung von Selbständigkeit und Unabhängigkeit),
- nach dem erwünschten Verhalten die belohnende Kontingenz erfahren lassen (im Alltag ist es häufig umgekehrt: erst Spiele, dann Hausaufgaben),
- Klarheit der Vertragsbedingungen (es muss eindeutig sein, was wofür gegeben wird, nicht: „dann geschieht etwas Interessantes.").

- Vertrag soll für beide Seiten fair sein (Gefordertes und Gegebenes soll gleichwertig sein; nicht: „Ganzes Jahr Einsen in der Schule, dann Kino!"). Er muss von den Vertragspartnern akzeptiert und respektiert werden.
- Änderungen müssen möglich sein (eventuell unter Konsultation des Beraters).

Interessant scheint an Verhaltensverträgen, dass sie auf positive Verhaltensweisen hin formuliert sind, dass sie selbstgesetzte bzw. ausgehandelte Regeln beinhalten (die Betroffenen sind also unmittelbar beteiligt), dass die Verträge transparent sind, und dass sie gerecht sein sollen (Lischke & Lischke-Naumann, 1978, S. 81). Auch der Erzieher muss sich an die vereinbarten Regeln halten. Beim Aushandeln des Vertrages kann es notwendig sein, dass ein Dritter beratend und ausgleichend mitwirkt.

Negativ kann an solchen Verträgen wieder der Tauschcharakter vom Verhalten gesehen werden, also „Bezahlung" von Verhalten durch Verhalten. Immerhin wird diese Relation auf eine klare Grundlage gestellt.

Verträge sind zu empfehlen, wenn die Interaktionen hochgradig aversiv geworden sind, d.h. wenn sich z.B. Eltern und Kinder gar nicht mehr sehen können, ohne mit Auseinandersetzungen zu beginnen.

7.3.3.3.2 Möglichkeiten zum Verhaltensabbau nach dem operanten Paradigmen

Allgemein muss vorausgeschickt werden, dass die angeführten Verfahren - bis auf Verstärkung inkompatiblen Verhaltens und die Reduzierung von Verhalten durch Modellernen - nicht allein eingesetzt werden sollten, da sich sonst eine negative Verstärkerbilanz mit allen negativen Folgen ergeben dürfte. Die pädagogisch unerwünschten Folgen dieser Verfahren (Aggression, Belastung des Lehrer-Schüler-Verhältnisses, belastende Emotionen, usw.) sowie die Tatsache, dass nichts Erwünschtes gelernt wird, lassen den Einsatz zusätzlich sehr fragwürdig erscheinen. Wenn überhaupt, ist eine Kombination mit verhaltensaufbauenden Verfahren sinnvoll; notwendig kann die Verwendung bei Selbst- und Fremdgefährdung sein.

(1) Stimuluskontrolle
Verhalten lässt sich durch den Einsatz von Hinweisreizen (diskriminative Stimuli) steuern und damit kontrollieren. Soll diese Idee zur Reduzierung von Verhalten eingesetzt werden, so ergeben sich zwei Möglichkeiten (Ammer et al., 1976, S. 195):

- Einmal kann man solche Hinweisreize vermeiden bzw. unterlassen, die bisher zu unangemessenen oder störenden Verhaltensweisen geführt haben (z.B. lange Lehrermonologe oder Überforderung der Schüler).
- Die zweite Möglichkeit besteht darin, solche Hinweisreize bzw. Situationen zu schaffen, die bisher zu erwünschten Verhaltensweisen führten (z.B. interesseweckende Unterrichtsgestaltung, Ankündigung von Erholungsphasen). Durch Zunahme erwünschten Verhaltens wird so eine Reduzierung unerwünschten Verhaltens erreicht.

Beide Methoden werden - auch ohne Einbindung in verhaltensmodifikatorische Programme - im Unterricht praktiziert. Sie können auch in einem verhaltensändernden Vorhaben als kontrollierte Methode gut eingesetzt werden. Dabei haben sie den Vorteil, dass sie relativ einfach einsetzbar sind und negative Nebenwirkungen nicht zu befürchten sind.

(2) Operante Löschung (Ignorieren)

Das Prinzip der operanten Löschung (bei einem bisher verstärkten Verhalten wird kontingent nicht mehr verstärkt) erscheint zunächst leicht praktikabel, da es gegenüber der Bestrafung den Vorzug hat, dass das Verhalten abgebaut und nicht nur unterdrückt wird. Trotzdem wird in der Literatur eine Anzahl von Problemen genannt.

Zunächst müssen exakt die bisherigen Verstärker identifiziert werden, es ist dabei bei weitem nicht sicher, ob allein die bisherige Zuwendung des Lehrers auf Störverhalten der alleinige Verstärker war. Sodann müssen die Verstärker konsequent nicht mehr dargeboten werden. Bei Durchbrechung dieser Konsequenz würde hingegen ein intermittierender Verstärkerplan wirksam, der die Löschungsresistenz erhöht. Gerade in Schulklassen besteht aber eine hohe Wahrscheinlichkeit, dass Mitschüler auf das Störverhalten reagieren, deshalb ist hier einfaches Ignorieren sicherlich nur eingeschränkt praktizierbar.

Sodann ist zu bedenken, dass der typische Verlauf bei einer Löschung so aussieht, dass zunächst die Rate des Problemverhaltens zunimmt (Jehle, 1978, S. 28) und eine größere Vielfalt des Verhaltens auftritt (Kern, 1974, S. 99), erst nach einiger Zeit erfolgt ein langsamer Verhaltensabbau. Dies verlangt vom Erzieher gute Kenntnisse dieser Tatsachen sowie ein hohes Maß an Geduld und Ausdauer, besonders wenn das zu löschende Verhalten vorher intermittierend verstärkt worden war und damit eine besonders hohe Löschungsresistenz vorhanden ist.

Grenzen des Einsatzes der Löschungsprozedur sind selbstverstärkende Verhaltensweisen, was z.B. bei aggressivem Verhalten der Fall ist (Gräff et al., 1976, S.

71); ebenso ist Löschung contraindiziert, wenn durch ein Verhalten eine Selbst-gefährdung eintreten würde.

Ein weiteres Problem der Löschungsprozeduren besteht darin, dass die Ver-stärkerbilanz durch einen Verstärkungsmangel ins Ungleichgewicht kommt (Gräff et al., 1976, S. 72); damit treten unerwünschte Nebenwirkungen wie Wut-, Enttäuschungs- oder Frustrationsreaktionen auf (Ammer et al., 1976, S. 189), da „das Kind ohne Ersatz um etwas Positives gebracht wird" (Schulze, 1975, S. 101). Aus diesen Überlegungen zur Verstärkerbilanz wird ersichtlich, dass Lö-schung immer nur in Verbindung mit Methoden zum Verhaltensaufbau eingesetzt werden sollte. Diese Methode der differentiellen Bekräftigung erwies sich auch bei Madsen et al. (1968) als effektiv und beschreibt somit den Stellenwert des Ignorierens als Technik der Verhaltensänderung.

Trotz der theoretischen Vorteile der Löschungsprozedur (effektive Reduktion, langanhaltende Wirkung, vollständiger Abbau, Verzicht auf aversive Kontrolle; Ammer et al., 1976, S. 190) kann sie doch nur bei solchem Verhalten eingesetzt werden, das noch über einen längeren Zeitraum hinweg tolerierbar ist.

(3) Bestrafung vom Typ I

Mit dieser Form der Bestrafung ist die Darbietung von aversiven Reizen gemeint. Diese direkte Bestrafung hat als Technik der pädagogischen Verhaltens-modifikation nur eine geringe Bedeutung - im Gegensatz zum pädagogischen Alltag, denn die vorhandenen Befunde lassen Bestrafung als verhaltensändernde Maßnahme als wenig sinnvoll erscheinen. Wenn Bestrafung angezeigt ist - z.B. weil vereinbarte oder bekannte Verhaltensregeln übertreten oder weil Selbst- oder Fremdgefährdung vorliegt und andere Maßnahmen nicht wirkungsvoll sein werden, sollten einige Grundregeln beachtet werden (Jehle, 1978, S. 91 ff.):

- Strafe soll gleich zu Beginn einer Verhaltenskette erfolgen; damit ist eine wirk-samere Unterdrückung des Verhaltens zu erreichen, außerdem sind hier noch mildere Strafreize ausreichend.
- Ein Lehrer, der ein gutes Verhältnis zu seinen Schülern hat, kann mit Strafen eher Verhalten reduzieren als ein Lehrer mit einem schlechten oder negativen Verhältnis zu seinen Schülern. Auf die Gefahr, dass bei unangemessenen Stra-fen der Lehrer als Modell für unbeherrscht-aggressives Verhalten fungiert und die Schüler dieses Verhalten lernen, sei verwiesen.
- Strafreize müssen sofort und in ausreichender Stärke gegeben werden.
- Informationen bzw. Begründungen zur Bestrafung erhöhen die Wirksamkeit und die Orientierungsmöglichkeit des Betroffenen.

- Beschreibung von Alternativen bei oder nach der Bestrafung zeigen dem Bestraften Wege, um zukünftige Bestrafungen vermeiden zu helfen.
- Auch aversive Reize nehmen durch Gewöhnung in ihrer Wirksamkeit ab und sollten deshalb variiert werden.
- Hinzuzufügen wäre diesen Regeln noch, dass es sinnvoll erscheint, Warnstimuli aufzubauen (Kern, 1974, S. 111). Damit lassen sich Nachteile der Bestrafung reduzieren bzw. die Bestrafung lässt sich ganz vermeiden.

(4) Bestrafung Typ II

Da bei dieser Bestrafungsart keine direkte Anwendung aversiver Stimuli erfolgt, sondern nur positive Konsequenzen entzogen werden, wird sie als „humanere" Bestrafung (Ammer et al., 1976, S. 208) angesehen. Die entzogenen positiven Verstärker können materielle Dinge wie Spielzeug oder Geld, symbolische Verstärker wie Tokens oder Punkte, Aktivitäten wie Freizeit oder Umgebungsreize wie der Aufenthalt in der Schulklasse sein.

Zwei Formen dieser Bestrafungsart - Verstärker- oder Privilegienentzug (response-cost) und sozialer Ausschluss (time-out) - lassen sich unterscheiden.

Bei dem *Response-cost-Verfahren* werden kontingent zum unerwünschten Verhalten vorher erworbene Tokens oder Punkte nach festgelegten Regeln vom Punktekonto des betreffenden Schülers abgezogen. Diese Regeln können und sollen in Form eines Verhaltensvertrages aufgestellt werden. Kazdin (1973) zeigt die Wirksamkeit von Response-cost-Methoden auf; offenbar treten hier auch keine starken emotionalen Nebenwirkungen auf. Bedenken bestehen in der gleichen Art wie gegen Tokensysteme allgemein aufgeführt.

Von Reuter (1977) werden verschiedene Fallbeispiele der Behandlung durch Response-cost-Verfahren gegeben. Ein Fall bezog sich auf einen Jungen mit Tics im Kopf- und Nackenbereich. Das Verfahren selbst wurde durch die Eltern durchgeführt. Zuerst erfolgte in einer Art Grundratenmessung die Feststellung der Häufigkeit des Grimassierens (Kopfschlagen, Augenzwinkern). Dies bildete eine Art Vorgabe, an welcher der Erfolg jeder Behandlungssitzung gemessen wurde. In den 10-minütigen Behandlungssitzungen musste der Junge Bildbeschreibungen machen. Jede Symptomatik wurde mit dem Entzug einer Münze beantwortet. Die Münzen, die dann übrig waren, wurden in Geld umgetauscht. Die Katamnese nach zwei Jahren erbrachte ein völliges Verschwinden des Symptoms des Kopfschlagens und auch das Augenzwinkern trat nur mehr selten auf.

Ähnliche Erfolge berichtet Reuter bei einem solchermaßen konzipierten Rechtschreibtraining. Auch dieses wurde unter Einbezug der Eltern (zumeist der Mütter) durchgeführt. Die anfängliche Fehlerzahl von ca. 24 sank im Laufe eines fünfmonatigen Trainings auf 5,9; parallel dazu verbesserte sich die Rechtschreibnote um 1,4 Schulnoten.

Wird *Verstärkerausschluss* (time out of reinforcement) praktiziert, so wird die Person kontingent auf das Störverhalten aus einer sozial verstärkenden Situation herausgenommen und verbleibt in einem verstärkungsarmen Raum 5 - 15 Minuten. Dieses Herausnehmen soll sachlich und ruhig vorgenommen werden, ohne Beschimpfungen und Erklärungen. Diese Idee kann auch eingesetzt werden bei Verhaltensweisen, die durch andere Gruppenmitglieder verstärkt werden. Ein Problem der schulischen Anwendung ist, dass ein Ausschluss von langweiligem Unterricht verstärkend sein kann. Zudem besteht eine Aufsichtspflicht gegenüber Schülern.

Da die Methode des Time-out ohnehin nur bei „starken" Störungen (wie Aggressionen gegen andere, Wutanfällen usw.) vertretbar ist, ist zu fragen, wie das betreffende Kind ruhig und sachlich aus der Situation herausgenommen werden soll. Ohne Zwangsanwendung ist dies wohl kaum durchzuführen. Wie Gräff et al. (1976, S. 78) feststellen, ist die Realisierung in der Schule sehr problematisch. So ist es schwierig, einen geeigneten Raum zu finden, es sind Aufsichtsprobleme zu lösen, es kann in dem Time-out-Raum zu Sachbeschädigungen kommen und dergleichen mehr. Abgesehen von der Problematik des Time-out, stehen auch sachlich-organisatorische Probleme dagegen. D.h. Time-out ist ein Verfahren, das im schulischen Bereich sicherlich nur für Extremfälle in Frage kommt.

Wie schon ausgeführt, sind Bestrafungsmethoden mit zahlreichen direkten und indirekten Nachteilen und Bedenken versehen. Der Einsatz von Bestrafungstechniken in Programmen zur Verhaltensmodifikation muss besonders sorgfältig geplant und legitimiert sein. Am akzeptabelsten scheint noch die Response-cost-Methode, doch gelten auch hier zahlreiche Bedenken.

(5) Verstärkung inkompatiblen Verhaltens

Zahlreiche Verhaltensweisen sind nicht gleichzeitig auszuführen. So schließen sich Stuhlschaukeln und ruhig sitzen, umherlaufen und eine Aufgabe schriftlich bearbeiten gegenseitig aus - sie sind inkompatibel. Setzt man nun ein Programm ein, durch welches erwünschtes Verhalten gefördert wird, muss zwangsläufig das entsprechende unvereinbare und unerwünschte Verhalten in seiner Frequenz abnehmen. Dieses Vorgehen lässt sich noch dadurch intensivieren, indem das unerwünschte Verhalten zusätzlich einer Löschung unterzogen wird. Gräff et al. (1976, S. 79 f.) führen an, dass sich auch löschungsresistente Verhaltensweisen durch Verstärkung inkompatiblen Verhaltens beeinflussen lassen sowie dass das bei Löschung entstehende Verstärkerdefizit durch dieses Verfahren wieder ausgeglichen werden kann.

Nachteilig ist das längere Vorhandensein des unerwünschten Verhaltens. Vorteile sind nach Ammer et al. (1976, S. 194), dass

- dieses Vorgehen eine positive Kontrollmethode ist,
- eine gute Kombinationsmöglichkeit mit anderen Methoden gegeben ist,
- eine langanhaltende Reduktion und häufig ein vollständiger Abbau des unerwünschten Verhaltens auftritt,
- es sich um eine konstruktive Methode handelt, da erwünschtes Verhalten auf- und ausgebaut wird.

Im Vergleich mit anderen Verfahren zum Verhaltensabbau schneidet die Verstärkung inkompatiblen Verhaltens wohl am besten ab, wenn der kleine Nachteil, dass das unerwünschte Verhalten noch einige Zeit vorhanden ist, in Kauf genommen wird. Schädigende und belastende Wirkungen wie bei Bestrafungsmethoden sind jedenfalls nicht zu erwarten. Da keine kurzfristigen Erfolge - wie scheinbar bei der Bestrafung - zu gewärtigen sind, ist es notwendig, dass sich der betreffende Lehrer auf eine längere Zeitspanne einstellt, bis Erfolge zu verzeichnen sind.

(6) Negative Praxis (negative Übung)
Dieses Verfahren - auch als Sättigung bezeichnet - kommt aus der verhaltenstherapeutisch-klinischen Praxis und wird auf Dunlap (1928, 1948) zurückgeführt. Die störende Verhaltensweise wird nach Aufforderung über einen längeren Zeitraum so lange gezeigt, bis sie nicht mehr verstärkend, sondern neutral oder aversiv wirkt. Durch die Wiederholung wird zunehmend eine Ermüdung (reaktive Hemmung) herbeigeführt und die Beendigung führt zu einer Erholung, d.h. die Reaktionsbereitschaft selbst wird überstrapaziert und die Beendigung wirkt als erleichternd (negative Verstärkung). Dadurch wird außerdem auch ein Kontrollbewusstsein über diese Verhaltensweisen etabliert, man ist z.B. nicht mehr Opfer von Zwangsgedanken, sondern wenn man sie selber herbeiführen kann, dann kann man sie als nächstes auch wieder abschalten. Dieser Effekt einer Verhaltenswiederholung soll nach Dunlap (a.a.O.) von kognitiven Faktoren abhängen.

Blackham und Silberman (1975, S. 77 f.) bringen ein Beispiel aus der Schulpraxis, bei dem ein Schüler, der durch das Äußern von Tierlauten den Unterricht störte, aufgefordert wurde, über mehrere Zehn-Minuten-Perioden Tierlaute von sich zu geben (in einem leeren Nebenraum). Danach trat das störende Verhalten nicht mehr auf.

Auch aus eigener Erfahrung kann von einem Schüler berichtet werden, der sich während des Unterrichtes immer auf den Boden setzte und unter den Tischen herumkroch. Als Intervention wurde drei Mal pro Tag dem Schüler vorgeschrieben, für eine Viertelstunde am Boden zu kriechen. Nach einer Woche war das Verhalten verschwunden.

Dieses Verfahren hat Ähnlichkeit mit dem der sog. paradoxer Intention (nach Frankl). Als Hauptanwendungsgebiete werden in der klinischen Praxis Sprachstörungen (Stottern), Bewegungsstereotypien, Grübeln, Tics, Zwangsideen und sexuell Fehlanpassungen (exzessive Masturbation, Homosexualität) genannt.

Allerdings ist auch dieses Verfahren mit Problemen belastet, z.B. kann oder soll man bei Pbn mit Nägelbeißen das Verhalten intentional fördern? Ein vorgeschlagener Ausweg könnte sein, das Kauen an der Fingerkuppe durchzuführen, ohne die Nägel anzuknabbern. Es dürfte aber nicht einfach sein, immer realitätsgerechte Substitute finden.

(7) Verhaltensverhinderung
Grundgedanke ist hier, dass das unerwünschte Verhalten durch eine unvereinbare Reaktion (R') zu verhindern versucht wird. Beispiele könnten sein: Keine Zigaretten einzustecken wäre ein R' für Rauchen. Als Methode der Ärgerkontrolle kann auch eine Lehrperson als R' für Schimpfen bis 20 zählen.

(8) Verzögerung des Handlungsablaufes
Bisweilen hat es sich als günstig herausgestellt, den Handlungsablauf zu komplizieren und hinauszuzögern. Dadurch soll Gelegenheit geschaffen werden, die (jetzt verlängerte) Verhaltenskette zu unterbrechen.

Beispiele nach dieser Methode könnten sein: Bei dem Problem einer Arbeitsunterbrechung durch Zeitungslesen sollte die Zeitung weggeschlossen und der Schlüssel an einen schwer erreichbaren Ort gelegt werden. Beim Rauchen könnte man so vorgehen, Zigaretten nicht mehr zu kaufen und immer mit sich zu führen, sondern jedes Mal, wenn man rauchen will, muss man von einem anderen eine einzelne Zigarette kaufen. Als Methode der Esskontrolle könnte man den Kühlschrank abschließen.

(9) Gedankenstopp
Gedanken selbst können unerwünschte Verhaltensweisen sein (z.B. bei der Arbeit von der Freundin träumen, Grübeleien, Zwangsgedanken bei Depressiven, Selbstbeschuldigungsideen bei Alkoholikern). Gedanken können wieder Auslöser für unerwünschtes Verhalten sein (z.B. Angstgedanken können zu Fluchtverhalten in Alkohol führen). Gedanken können auch Verstärker für unerwünschtes Verhalten sein (z.B. Rationalisierungen, bei Vermeidungsverhalten gegenüber anderen Personen nachträgliche Rechtfertigungen sich ausdenken).

Für eine Verhaltensveränderung ist es deshalb wichtig, diese Gedanken möglichst frühzeitig zu unterbrechen. Vorgeschlagen wird dabei, sobald die entsprechenden Gedanken in den Kopf kommen, folgende Reaktionssequenz:
- eine energische Körperreaktion durchführen (z.B. die Hände ballen),
- einen gedanklichen Impuls ausdrücken (z.B. „Nein, nicht wieder diese Leier") und
- eine zu den Gedanken unvereinbare Alternativreaktion ausführen (z.B. statt zu grübeln, den Kindern eine Geschichte vorlesen, statt sich Angstvorstellungen auszumalen, aufstehen und Einkaufen gehen, eine anstrengende körperliche Tätigkeit durchführen ...).

7.3.3.4 Varianten des Vorgehens beim Kontingenzmanagement

7.3.3.4.1 Das Mediatorenkonzept von Tharp und Wetzel (1975)

Verhaltensdispositionen werden in der natürlichen Umwelt erworben, die hier vorzufindenden Kontingenzen sind auch wesentlich für die Aufrechterhaltung dieses Verhaltens. Nimmt man diesen Ausgangspunkt ernst, so muss zur Einleitung einer Verhaltensänderung z.B. eines „Problemkindes" die Umwelt dieses Kindes, d.h. die Personen, mit denen es Umgang hat, zu solchen Verhaltensänderungen gebracht werden, die ein effektives Umlernen beim Kind zur Folge haben. Damit ist auch gesagt, dass der geeignete Ort für eine Intervention die natürliche Umgebung (Familie, Schule) ist. Verändert sich die Umgebung (und damit die Reizkonstellationen), dann verändert sich auch das Verhalten. D.h. um eine Verhaltensänderung herbeizuführen, muss das Verhalten der Umgebung instrumentell (zielbezogen) verändert werden. Durch diese Schwerpunktverlagerung wird zugleich das helferische Potential der Umwelt systematisch einbezogen.

Bei Interventionsmodellen, die hingegen von der Einleitung eines Umlernprozesses im Rahmen einer speziellen Institution ausgehen (Erziehungsberatungsstelle, psychiatrische Einrichtung) kann es Probleme bei der Übertragung der neu gelernten Verhaltensweisen in die gewohnte Umgebung geben, deren Kontingenzen ja nicht geändert wurden.

Dieses Vorgehen entspricht auch häufig den gegebenen Bedingungen: In einem Schulsystem stehen z.B. nur wenige Schulpsychologen und ausgebildete Beratungslehrer zur Verfügung. Deren Zeit kann also nicht auf einzelfallorientierte Interventionen beschränken, sondern ihr Wirkungspotential sollte sich multiplizieren, wenn sie als Berater von Schule und Lehrkräften fungieren. Auch in einer Klinik ist es ähnlich, denn neben den Einzelfallbehandlungen durch Psychotherapeuten wird das eig. therapeutische Personal auch Krankenpfleger und Krankenschwestern beraten müssen, wie diese im alltäglichen Umgang in förderlicher Weise auf die Patienten einwirken können.

In einer Untersuchung von Ayllon und Azrin (1968) wurden operante Methoden in einer psychiatrischen Anstalt eingeführt (Problemverhaltensweisen: Unselbständigkeit beim Anziehen, Waschen etc., Kleider- und Handtücherhorten; Methoden: aversive Kontrolle, d.h. Essensentzug). Bei den Ergebnissen führen sie aus: „Die Ergebnisse dieser Arbeit zeigen, dass es notwendig war, zusätzlich zu den Instruktionen für den Klienten Konsequenzen zu schaffen. Dasselbe Resultat gilt auch für die Pfleger. Wiederholt sind Pflegern Anweisungen gegeben worden, um sicher zu gehen, dass sie jedem Patienten gegenüber die richtige Äußerung machten. Tonbandaufzeichnungen und direkte Beobachtungen enthüllten jedoch, dass den Anweisungen nicht immer Folge geleistet wurde. Die Konfrontation mit den Beweisen des Nichtbefolgens war relativ effizient ... die Ergebnisse zeigen die zwingende Notwendigkeit, dass ein Verfahren, welches das Krankenhauspersonal zur Veränderung im Verhalten des Klienten heranzieht, operante Konsequenzen für die Pfleger miteinschließen muß" (S. 330).

Dieser Schritt der Implementierung eines angemessenen Verhaltens der Erzieher, Pfleger, Krankenschwestern, Lehrer, Eltern stößt aber auf vielfältige Schwierigkeiten, z.B. Fluktuation oder Wechsel von Personal (Lehrerwechsel), ungenaue Aufzeichnungen aufgrund von Missverständnissen (manche meinen, sie würden durch Protokolle über Störverhalten das Kind anschwärzen), Schwankungen in der Einstellung des unmittelbaren Therapeuten (z.B. vor Weihnachten sind Erzieher milder gestimmt).

Nach dem von Tharp und Wetzel (1975) vorgeschlagenen Interventionsmodell ändert sich die Rolle der an einem Umlernprozess beteiligten Personen in Richtung eines sog. triadischen Beratungsmodells (vgl. Abb. 7.11). Die Person, welche Verstärker austeilt, ist nicht der Therapeut selbst, sondern eine Person aus der natürlichen Umgebung des Klienten (Zielperson). Diese Person wird als „unmittelbarer Therapeut" oder „Mediator" bezeichnet.

Bei diesem Vorgehen ergibt sich notwendiger Weise das Problem der Kompetenzvermittlung an die Mediatoren (Eltern, Lehrer ...). Zur Beratung des Mediators muss ein anderer Therapeut bzw. Berater zur Verfügung stehen, der fachlich in den Prinzipien der Verhaltensanalyse und des Kontingenzmanagements ausgebildet ist. Dieser wird als „mittelbarer Therapeut" (Berater) bezeichnet. Er bekommt den eigentlichen Klienten gar nicht zu Gesicht oder zumindest nicht in therapeutischer Absicht. Seine Aufgabe ist die Beratung des Mediators bei der Auswahl der Verstärkungsmöglichkeiten, der auszuwählenden Verhaltensweisen, der Erfolgskontrolle etc. (vgl. Abb. 7.11).

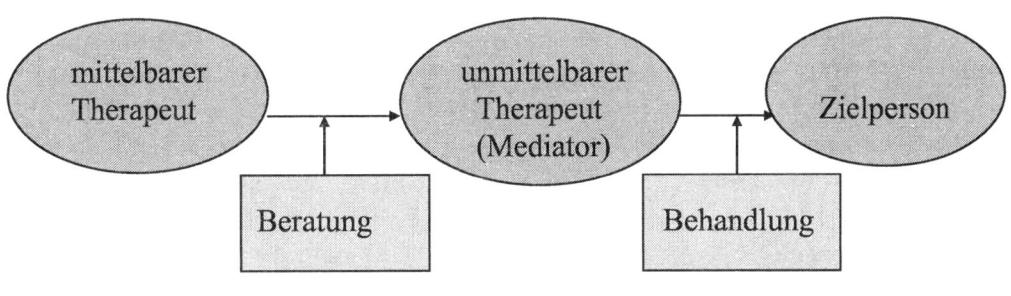

Schulpsychologe   Lehrer, Eltern   Zielkind
Beratungslehrer   Geschwister
(jeder, der über das   (jeder, der über
entsprechende fachliche Verstärker verfügt
Wissen verfügt)   und in der Lage ist, diese
                         sachgerecht einzusetzen)

Abbildung 7.11: Triadisches Interventionskonzept zur Behandlung in einem gegebenen sozialen Setting (Schule, Erziehungsberatung, Klinik, Gefängnis)

Der unmittelbare Therapeut oder Mediator muss eine Person sein, die über die Verstärker für die Zielperson verfügt und die in der Lage ist, diese nach den Regeln der Kunst kontingent einzusetzen. Beide Forderungen klingen einfach, es können aber eine Reihe von Problemen damit verbunden sein (z.B. andere Erziehungsphilosophien, Unfähigkeit, sich nach den Prinzipien des Kontingenzmanagements zu verhalten, Bevorzugung von Strafmethoden als Einwirkungsmethode, negative Einstellung gegenüber der Zielperson). In diesem Modell ist also immer das therapeutische Potential der natürlichen Umwelt zu erkunden und dann ist zu entscheiden, wer als Mediator ausgewählt werden kann. In der natürlichen Umgebung wirkt aber nicht nur der Mediator, sondern eine Vielzahl anderer Personen oder verstärkender Ereignisse. Letztere können oftmals nicht kontrolliert werden, da sie nicht mit dem mittelbaren Therapeut zusammenarbeiten.

Unter Umständen ist diese Kette noch durch eine weitere Person (Projektleiter) zu ergänzen, die auch für Fragen der Supervision zuständig ist.

Die Idee der Verstärkung ist im übrigen nicht nur auf die Zielperson (das Problemkind, der Klient) beschränkt. Auch der Mediator ist von Verstärkern abhängig. Diese sind: (1) Verstärker, die unter Kontrolle des Beraters stehen (d.h. Vermeiden von aversiven Techniken, d.h. solchen, mit denen der unmittelbare Therapeut nicht übereinstimmt. Auswahl von Verhaltensweisen, die inhaltlich mit der Rollenbeziehung, die der Mediator gegenüber der Zielperson einnimmt, übereinstimmt. Zustimmung, Förderung, gemeinsame Erarbeitung von Interventionsvorschlägen). (2) Verstärker, die unter der Kontrolle der anderen sozialen Umwelt stehen, dabei ist zu überlegen, wie die anderen Mitglieder des sozialen Systems auf die vom Mediator geforderten Verhaltensweisen reagieren werden (eine Lehrerin wird z.B. widerwillig sein, das Verhalten von Kindern mit Chips zu belohnen, weil sie vielleicht den Spott der Kollegen oder das Stirnrunzeln ihres Schulleiters fürchtet). (3) Verstärker, die unter der Kontrolle der Zielperson stehen. Die angestrebte Veränderung des Verhaltens der Zielperson ist für den unmittelbaren Therapeuten das wohl verstärkendste Ereignis, d.h. man sollte als mittelbarer Therapeut ein Zielverhalten auswählen, bei dem bald eine Veränderung beim Kind zu erwarten ist oder das für den Mediator besonders wünschenswert ist.

Über die Effektivität dieses Vorgehens mit Kindern und Jugendlichen liegen einige Studien vor: In der Untersuchung von Tharp und Wetzel (1975) wurden insgesamt 83 Fälle mit 135 Problemverhaltensweisen dokumentiert. Dabei reduzierte sich das Problemverhalten in 21 Fällen auf Null, in 99 Fällen wurde es auf mehr als 50 % des Ausgangsniveaus heruntergedrückt, in 10 Fällen auf mehr als 50 %, in 5 Fällen blieb die Häufigkeit gleich (Steigerungen gab es nicht). In der Arbeit von Büchel und Perrez (1980) werden die Ergebnisse von 37 Kindern dargestellt, wobei hinsichtlich 102er Verhaltensweisen ein Verhaltensüberschuss und bei 21 Verhaltensweisen ein Verhaltensdefizit vorhanden war. Eine Veränderung im Sinne des angestrebten Erfolges konnte bei 116 Verhaltensweisen belegt werden. Nach dem Lehrereindruck war die Behandlung der Kinder in neun Fällen „sehr erfolgreich", in 14 Fällen „erfolgreich", zwei Mal wurde kein Erfolg bzw.

kein besonderer Erfolg festgestellt. Die Erfolgsquoten waren unabhängig von der Elternmitarbeit, obwohl die Autoren auch eine Beeinflussung aus dieser Richtung nicht ausschließen wollen.

7.3.3.4.2 Kooperative Verhaltensmodifikation nach Redlich und Schley (1978)

Bei dem Konzept der sog. Kooperativen Verhaltensmodifikation wird zwar von den Grundannahmen der klassischen Verhaltensmodifikation ausgegangen, diese werden aber durch das Konzept der kognitiven Selbstbewertung (Selbstbeobachtung), die Zusammenarbeit aller Beteiligten (Kooperations-Modell) und durch die Strukturierung des Vorgehens mittels einer Handlungsstrategie, die als ein flexibles Schema für einen Problemlösungsprozess anzusehen ist, erweitert. Als Anwendungsbereiche werden vor allem Unterrichtsstörungen, aber auch schwerwiegendere Probleme (Aggressionen, Ängste ...) und die Erreichung komplexer sozialer Lernziele angesehen.

Bei der kooperativen Verhaltensmodifikation sollen Schüler ihr Sozialverhalten steuern lernen, indem sie sich selbst Ziele setzen und ihr Verhalten daran messen, d.h. sie sollen die Zielerreichung selbst bewerten. Äußeren Verstärkern wird nur eine zweitrangige Bedeutung zuerkannt; die Zielerreichung selbst soll das verstärkende Ereignis sein, dies ist möglich bei selbstgesetzten Zielen. Solche Selbstinstruktionsprogramme sind z.B. von Meichenbaum (1979) bei hyperaktiven oder unkonzentrierten Kindern initiiert worden. Diese werden zu einem inneren Dialog etwa folgender Art angeleitet: „Was muss ich tun? .... Jetzt habe ich das und das vor mir. ... So ist es richtig!". Elemente des Selbstbewertungsprozesses sind (1) das Zielverhalten (Was will ich [wollen wir] erreichen?), (2) die Verhaltensweisen, die als Mittel zur Zielerreichung dienlich sind (Was muss ich tun, um das Ziel zu erreichen?), (3) die Selbstbeobachtung des tatsächlichen Verhaltens (entspricht das tatsächliche Verhalten dem Ziel-(Mittel-)verhalten?), (4) die Selbstbewertung (Vergleich von Ziel- und Realverhalten; wenn eine Entsprechung vorliegt, dann soll man mit positive Selbstbewertung, wenn nicht, dann mit Kritik reagieren), (5) abschließende Erfolgsbeurteilung.

Ein weiterer Bestandteil der kooperativen Verhaltensmodifikation ist das sog. Kooperationsmodell. Die Beteiligten werden als die wesentlichen Determinanten des Systems gesehen, die miteinander in Kommunikation treten und gemeinsam die Problembedingungen (Ungleichgewicht) verändern müssen. D.h. sie müssen sich auf ein Ziel einigen, es muss eine Veränderungsstrategie entwickelt und auch durchgeführt werden können. Wie beim Mediatoren-Konzept erfolgt die Veränderung im gegebenen Sozialfeld. Der Berater ist nicht der Hauptakteur, sondern dies sind Lehrer und Schüler. Der Berater hilft z.B. bei der Problemformulierung, die Umsetzung in Verhaltenstermini, Möglichkeiten der Problemdiagnose, Vorschläge für Veränderungsschritte (Reflexionshilfen).

Aus diesen Überlegungen wird eine *Handlungsstrategie* abgeleitet, die als heuristische Hilfe, nicht als unbedingtes Muss angesehen werden soll. Nach der ersten Problemnennung wird ein dreiphasiges Vorgehen vorgeschlagen (s.u.).

Anhand von 14 Projektberichten aus den verschiedensten Schularten, Klassenstufen und inhaltlichen Problemen (z.B. Verbesserung der Gesprächskultur in einer Schulklasse, soziale Auffälligkeiten), zeigten Redlich und Schley (1978) die Funktionsfähigkeit ihres Modells auf. Bis 1982 gab es insgesamt 150 bekannt gewordene Projekte, davon verliefen 70% erfolgreich.

Diese Erfahrungen sind zwar durchweg positiv, doch muss - vom Standpunkt empirischer Forschung - kritisiert werden, dass z.B. keine Versuchspläne im eigentlichen Sinne verwendet, keine Kontrollgruppen eingesetzt, die Güte der Selbstbewertungen (nur subjektiv) der Schüler nicht kontrolliert wurden und dass die Auswertung auf nur einfachem Niveau verbleibt.

Das Modell selbst setzt institutionelle und personelle Gegebenheiten voraus, die nicht immer vorhanden und erreichbar sind: (1) Bereitschaft von Lehrern, auch im Hinblick auf Kollegen (die Rollenerwartungen bleiben bei Schüler und Lehrer bestehen, z.B. Lehrer ist trotz der kooperativen Idee ein „Einzelkämpfer") und zeitliche Mehrbelastung für den Lehrer (mindestens 15 - 20 Std. für Beratungsgespräche + zusätzliche Unterrichtsvorbereitungszeit). (2) Engagement der Schüler im Sinne ernsthafter Zusammenarbeit zum Finden eines tragfähigen Kompromisses; für einen Erfolg wird hohe Selbstdisziplin von den Schülern verlangt. Wahrscheinlich spielt der Berater eine erhebliche Rolle bei der Verwirklichung solcher Projekte.

Diese kritischen Anmerkungen sollen aber die Bedeutung des Modells der kooperativen Verhaltensmodifikation nicht einschränken. Besonders die starke Verankerung der Mitsprache und Mitentscheidung der Betroffenen ist sehr wertvoll. Weitere Projekte unter besseren Kontrollbedingungen sollten in diesem Bereich durchgeführt werden.

Handlungsstrategie der kooperativen Verhaltensmodifikation nach Redlich und Schley (1978)

1. Phase: Diagnose des Problems

(1) Erfassung der Sichtweise des Lehrers vom Problem (Lehrer„brille", Umformulierung in eine verhaltensterminologische Beschreibung),

(2) Erfassung der Sichtweise der Schüler (Methoden: Unterrichtsgespräch, besser: anonymer Fragebogen),

(3) Konfrontation der Lehrer- und der Schülersichtweise (gemeinsame oder unterschiedliche Meinungen, Gruppenstandpunkte),

(4) Erstellung eines von allen Beteiligten akzeptierten Bedingungsmodells des Problems (wann ist das Problem zum ersten Mal aufgetreten, Entwicklung des Problems, in welcher Situation, ...).

2. Phase: Planung der Intervention

(5) Bestimmung eines von allen akzeptierten Zieles,

(6) Zerlegung des Zieles in Teilziele, damit sich nicht zu große Schritte für Schüler und Lehrer ergeben,

(7) Planung konkreter Interventionsmaßnahmen für jedes Teilziel (Diskriminationshilfen, Verhaltensübungen, Modifikationshilfen),

(8) Zeitplanung und Planung der Erfolgsüberprüfung (welcher Zielwert soll bis wann erreicht sein? Selbstbewertung).

3. Phase: Durchführung der Intervention

(9) Einführung und Festlegung des Interventionsplanes mit allen Beteiligten (z.B. Verträge einführen, Konsequenzen festlegen),

(10) Durchführung des Planes (Einsatz der Interventionsmethoden und laufende Erfolgsüberprüfung, die Intervention soll nicht Sache des Lehrers sein, sondern aller Beteiligter),

(11) Auswertung der Erfolgsprüfungen und gegebenenfalls Plankorrekturen (Fehlschläge korrigieren, z.B. wegen zu hoher Zielsetzungen),

(12) Abschluss der Intervention; Ausblenden der Methoden und abschließende Beurteilung. Gesamtbewertung.

7.4 Theorie der erlernten Hilflosigkeit von Martin Seligman

Von Seligman (1979) wurden seit ca. Mitte der 60er Jahre eine Reihe von Untersuchungen durchgeführt, die ihn zu einer genialen Kombination von Gedankengängen Pawlowscher und Skinnerscher Herkunft führten. Diese Untersuchungen begannen wieder in Form von Tierexperimenten, wurden aber auch auf den Humanbereich ausgedehnt. Man kann demzufolge annehmen, dass die Ergebnisse auch Phänomene im Bereich der familiären und schulischen Sozialisation zu erklären vermögen, aber auch eine hohe Bedeutung für den klinischen Bereich, d.h. für die Genese von Angst, Depressivität und psychogenem Tod, besitzen (Garber & Seligman, 1980).

7.4.1 Einführung

Die ersten Experimente, die Seligman zu seiner Theorie führten, wurden wieder mit Hunden vorgenommen. Begonnen hatten die Untersuchungen mit der klassischen Konditionierung von Angstsignalen. Hunde wurden dabei in das Pawlowsche Geschirr gesteckt und ein elektrischer Schlag (UCS) mit Tönen gepaart, so dass nach einigen Paarungen der Ton ein konditioniertes Signal für den einsetzenden Schmerzreiz (CS) und die entsprechende Angstreaktion (CR) des Tieres war. Den Experimentatoren fiel dabei auf, dass das entscheidende Merkmal der Pawlowschen Konditionierung die Unvermeidlichkeit der Kontingenz UCS - NS war: Keine willentliche Reaktion der Tiere (Schwanzwedeln, Bellen, gegen das Geschirr ankämpfen) konnte auf die elektrischen Schläge Einfluss nehmen.

Nach dieser Konditionierung wurden die Tiere in eine „shuttle-box" gesetzt; dies ist ein Versuchskäfig, bestehend aus zwei Abteilungen, die durch eine niedrige Barriere getrennt waren. Jeweils ein Abteil konnte unter Strom gesetzt werden. Wenn der Hund über die Barriere springt, kann er dem elektrischen Schock entfliehen. Er kann den Schlag auch vermeiden, wenn er bereits bei dem Ton (CS) über die Barriere springt.

Die Erwartung, dass sich die Tiere durch Flucht dem angekündigten Schmerzreizen entziehen würden, wurde aber von den Hunden mit der vorhergehenden Angstkonditionierung enttäuscht. Normalerweise wird ein Hund ohne diese Vorerfahrung, den man in die Shuttle-box gibt und dessen Abteil man unter Strom setzt, herumlaufen, irgendwann einmal den Ausweg über die Barriere finden und sich durch einen Sprung dem Schmerzreiz entziehen. Die Fluchtreaktion wird normalerweise nach etlichen solchen Erfahrungen immer schneller und perfekter ausgeführt (dieser Vorgang wäre durch anfängliches Trial-and-error-Verhalten und dann durch negative Verstärkung zu erklären). Nach einigen Durchgängen springt ein Hund gelassen und locker bei Aufleuchten des Signals, das den Schmerzreiz ankündigt, über die Barriere.

Eigentlich hatte man erwartet, dass die bereits konditionierten Tiere diese Reaktion noch viel schneller erlernen würden; genau das war aber nicht der Fall. Diese Tiere, die unvermeidbaren elektrischen Schlägen ausgesetzt waren, verhalten sich zwar zuerst ebenfalls wie naive Hunde, d.h. rasten in dem Käfigabteil umher, aber nach ca. einer halben Minute blieben sie stehen, legten sich hin und winselten nur mehr erbärmlich. Sie schafften es in der Regel nicht, den Ausweg über die Barriere zu finden. Auch in den nachfolgenden Durchgängen verhielten sich diese Hunde so. Von diesen Tieren zeigten sich ca. 2/3 nach der Erfahrung unvermeidbarer elektrischer Schläge unfähig, den Ausweg zu finden. Das restliche Drittel verhielt sich wie ein naives Tier. Hingegen schafften es von den Tieren, die zuerst keiner Elektroschock-Bedingung ausgesetzt waren, nur 5 % nicht, über die Barriere zu springen. (Diese Zahlen weisen vermutlich auf die Bedeutung von vorhergegangenen und nicht kontrollierten Lernerfahrungen hin.)

7.4.2 Grundbegriffe der Theorie der erlernten Hilflosigkeit

7.4.2.1 Kontrollierbarkeit versus Hilflosigkeit

Seligman interpretiert seine Ergebnisse so, dass die Tiere unter der Bedingung der Schmerzkonditionierung nicht nur den CS für den nachfolgenden Schmerzreiz gelernt haben, sondern dass sie auch gelernt haben, dass ihre eigenen Versuche, an der aversiven Situation etwas zu ändern, völlig ergebnislos waren. Darin sieht er ein Musterbeispiel von *erlernter Hilflosigkeit*.

„Hilflosigkeit ist der psychologische Zustand, der häufig hervorgerufen wird, wenn Ereignisse unkontrollierbar sind" (Seligman, 1979, S. 8), d.h. wenn eigenes Handeln einen aversiven Zustand nicht abwenden kann, ganz gleich, was man tut. Wesentlich ist dabei, dass ein Organismus im Prinzip willentliche Handlungen vornehmen kann. Darunter versteht Seligman solche, die einen Effekt auf nachfolgende Belohnung und Bestrafungen besitzen. „... die Vertreter der operanten Konditionierung glauben, dass sie die allgemeinen Gesetzmäßigkeiten willentlichen Handelns aufdecken können, indem sie die Gesetzmäßigkeiten desjenigen

Verhaltens erforschten, das sich durch Belohnung oder Bestrafung verändern lässt ... Wenn ein Organismus keine operante Reaktion ausführen kann, die Einfluss auf ihre Konsequenz hat, so möchte ich diese Konsequenz als unkontrollierbar bezeichnen" (a.a.O., S. 10).

Genauso wie es gelang, Tiere durch die Erfahrung von unkontrollierbaren Schmerzreizen in den Zustand der Hilflosigkeit zu versetzen, ist auch das Umgekehrte möglich. Durch die Erfahrung von Kontrollmöglichkeit können Tiere über lange Zeit hinweg gegen den Zustand der Hilflosigkeit und seiner Folgen immunisiert werden.

7.4.2.2 Folgen von Hilflosigkeit

Die hier von Seligman herausgestellten Effekte erfahrener Hilflosigkeit wurden bei vielen Tierarten und beim Menschen im Labor und unter Feldbedingungen demonstriert. Diese Folgen sind nach Seligman weitreichend:

(1) *Motivationales Defizit*: Ein Organismus, der traumatische Bedingungen erfahren hat, die er nicht kontrollieren konnte, verliert die Motivation zum Handeln, wenn er später wieder solchen traumatisierenden Bedingungen ausgesetzt wird. Der durch Unkontrollierbarkeit hervorgerufene psychische Zustand „Hilflosigkeit" beeinträchtigt zudem die Initiative zu aktivem Handeln generell. Es kommt zu Apathie, Resignation und Passivität.

Nach unkontrollierbarer aversiver Stimulation machen Hunde, Katzen, Ratten, Fische und Menschen in ähnlichen Situationen weniger Anstalten, solchen Schocks zu entfliehen. Diese motivationalen Defizite, bleiben nicht auf Schocks oder aversive Situationen generell beschränkt. Gehemmt werden auch aggressive Reaktionen (Sich-selbst-Behaupten), Fluchtreaktionen und kognitive Fähigkeiten.

In einem von Hiroto (1974, zit. n. Heckhausen, 1980) durchgeführten Experiment wurden Vpn drei Bedingungen ausgesetzt. Eine erste Experimentalgruppe konnte in einem Vorversuch sehr laute schrille Töne durch die Betätigung einer Taste abstellen. Für eine zweite Gruppe war das gleiche unangenehme Ereignis unkontrollierbar. Die Kontrollgruppe wurde keinem Vortraining ausgesetzt. In der Testphase konnten die unangenehmen Töne nach Ankündigung durch ein Lichtsignal abgestellt werden, wenn noch während des Lichtsignals auf einen Knopf gedruckt wurde. Erwartungsgemäß wies die Experimentalgruppe mit der Unkontrollierbarkeitserfahrung die längsten Latenzzeiten auf und lernte im Unterschied zu den beiden anderen nicht, den Lärm vollständig zu vermeiden (was den beiden anderen Gruppen nach fünf Durchgängen möglich war).

Auch unkontrollierbare *Verstärkungen* führen zu einer Abnahme der Bereitschaft, Reaktionen auszuführen. Seligman (a.a.O., S. 93 f.) beschreibt dabei einen Zustand der „Erfolgsdepression", der sich einstellt, wenn positive Konsequenzen erfahren werden, die ohne eigenes Zutun zustande kommen.[8]

> Zusammenfassend habe ich die These aufgestellt, dass nicht nur die absolute Qualität der Erfahrung Selbstachtung und einen Sinn für die eigene Kompetenz schafft und gegen Depression schützt, sondern die Wahrnehmung, dass die eigenen Handlungen diese Erfahrungen kontrollieren. In dem Maße, in dem Konsequenzen unkontrollierbar werden, seien sie traumatisch oder positiv, wird der Weg für Depression frei. In dem Maße, in dem kontrollierbare Konsequenzen erfahren werden, wird das Individuum ein Gefühl für Bewältigung entwickeln und Widerstand gegen Depression aufbauen. (Seligman, 1979, S. 94)

(2) *Kognitives Defizit*: Selbst wenn es einem zuerst hilflos gemachten Organismus gelingt, durch seine Reaktion der unangenehmen Situation zu entfliehen, so hat er Schwierigkeiten zu lernen, dass seine Reaktion diese Veränderung bewirkte, d.h. „Unkontrollierbarkeit verzerrt die Wahrnehmung der eigenen Kontrolle" (a.a.O., S. 34).

> Bei Menschen können einmal aufgebaute negative kognitive Strukturen nicht leicht geändert werden, z.B. stuften sich in einem Vorversuch „hilflos gemachte" Versuchspersonen (unvermeidbare laute Geräusche) bei Geschicklichkeitsaufgaben im Vergleich zu Kontrollgruppen viel schlechter ein. Auch nach Erfolgen veränderten sich die Einstufungen nur wenig. Bei der Kontrollgruppe schwankten die Erfolgseinschätzungen in deutlicher Abhängigkeit von den erlebten Erfolgen bzw. Misserfolgen.
>
> Auch bei Anagrammaufgaben hatten die Vpn, welche durch unlösbare Diskriminationsaufgaben „hilflos gemacht" worden waren, mehr Schwierigkeiten und fanden die Lösungsprinzipien seltener. D.h. nicht allein durch Begabung oder IQ sind kognitive Leistungen bedingt, sondern auch von der Einschätzung eigener Kompetenz oder Inkompetenz.
>
> Dies entspricht im übrigen weitgehend den Befunden zur sog. Misserfolgsorientierung, die sich durch längerfristige Lernprozesse (Erfahrung der Nicht-Bewältigbarkeit von Anforderungen) einstellt.

---

[8] Vergleiche hierzu das Diktum Wolfgang von Goethes: „Was Du ererbst von Deinen Vätern, erwirb es, um es zu besitzen!"

(3) *Affektive Konsequenzen*: Schließlich wird durch massive Zustände der Hilflosigkeit auch das emotionale Gleichgewicht eines Organismus gestört: Angst, Niedergeschlagenheit, Verstimmung und Depression werden vorherrschend. In schweren Fällen kann es zu psychogenem Tod („Tod durch Selbstaufgabe") kommen.

> Situationen, die nicht als kontrollierbar erlebt werden, lösen starke negative Emotionen aus. Man denke etwa an die Situation eines Beifahrers in einem Auto. Da er keine Kontrolle über die Situation hat, ist er wesentlich erregter als der eigentliche Fahrer, der die Situationen ja bewältigen muss (Lieret, 1977).

7.4.2.3 Möglichkeiten der Immunisierung gegen Hilflosigkeit

Die Ausbildung von Hilflosigkeitserwartungen kann aber auch verhindert werden (Seligman, 1979, S. 56), u. zw. kann man unterscheiden:

(1) Immunisierung durch *inkompatible Erfahrungen* (d.h. durch eine längere Vorgeschichte, in der Kontrollmöglichkeiten erfahren wurden);

(2) Immunisierung durch *diskriminative Kontrolle* (z.B. wer sich im Büro hilflos fühlt, muss dies nicht auch zu Hause sein; bei Lehrer A kann man andere Erwartungen hegen als bei Lehrer B; unter Hilflosigkeitsbedingungen bildet sich allerdings diese diskriminative Kontrolle nur mangelhaft aus);

(3) die *relative Bedeutung der Konsequenzen* bildet eine dritte Grenze (d.h. Hilflosigkeit kann sich leicht von stärker traumatisierenden Situationen auf weniger bedeutsame Ereignisse übertragen, aber nicht umgekehrt).

7.4.2.4 Kognitive Erweiterung der Theorie der erlernten Hilflosigkeit durch Attributionsprozesse

Menschen denken im Unterschied zu Tieren in der Regel über sich nach und suchen nach Erklärungen für ihr Verhalten. Dieser Fritz Heider (1958) zuschreibbare Beginn der sog. Attributionsforschung ist auch für die Theorie der erlernten Hilflosigkeit fruchtbar gemacht worden.

Demnach wird die gelernte Hilflosigkeit nicht allein durch objektiv gegebene Reiz-Reaktions-Kontingenzen bestimmt, sondern auch durch kognitive Einstellungen und Erwartungen (Garber & Seligman, 1980). Die objektive Nichtkontrolle wird in einem ersten Schritt wahrgenommen. Sodann finden aber Erklärungsprozesse statt. Erst nach dieser versuchten Ursachenzuschreibung bilden sich

Erwartungen über zukünftige Nichtkontrolle aus, die ihrerseits zu den Symptomen der gelernten Hilflosigkeit führen. Gerade diese kognitiven Erwartungen, ob oder ob nicht in Zukunft wieder Kontrolle ausgeübt werden kann, sind ein entscheidendes Resultat der weiteren Verarbeitung von objektiver Nichtkontrolle.

Ähnlich wie bei Heider (a.a.O.) werden bei der Ursachenzuschreibung drei Aspekte herausgestellt:

1. internale versus externale Attribuierungen,
2. globale versus spezifische Attribuierungen,
3. stabile versus variable Attribuierungen.

Der Dimension *internal - external* liegt ein sozialer Vergleichsprozess zugrunde. Wenn eine Person der Auffassung ist, dass sie keine Kontrolle ausübt, gleichzeitig aber meint, dass andere Personen in derselben Situation Kontrolle ausüben, so führt dies zu einer internalen Attribution der Hilflosigkeit. In diesem Fall resultiert persönliche Hilflosigkeit. Wenn die Person davon ausgeht, dass auch andere in der gleichen Situation keine Kontrolle ausüben, dann wird external attribuiert und es entsteht universelle Hilflosigkeit.

In dem zitierten Experiment von Hiroto (1978, S. 191) wurden in einer Variante unterschiedliche Informationen hinsichtlich der Kontrollierbarkeit gegeben. Eine Information zielte auf eine external-variable Attribution ab (der unangenehme Lärm kann nur zufällig abgestellt werden), eine andere auf internal-stabile (die Kontrollierbarkeit hängt von der Fähigkeit der Vp ab). Wird eine Fähigkeitsattribution vorgegeben, so sind die Reaktionszeiten nach dem schrillen Ton wesentlich kürzer und im Laufe des Experiments lernen die Vpn, den unangenehmen Reiz zu vermeiden, im zweiten Fall wird dieser Lernschritt nicht vollzogen.

Wird etwas als persönliche Hilflosigkeit interpretiert, so führt dies zu einem Verlust des Selbstwertgefühls. Universelle Hilflosigkeit hängt nicht mit einer Verringerung des Selbstwertgefühls zusammen.

In der Schulsituation werden häufig solche selbstwertdienlichen sozialen Vergleiche durchgeführt, etwa wenn eine Schulaufgabe insgesamt „schlecht" ausgefallen ist, so ist der einzelne Schüler davon wesentlich weniger betroffen als wenn einige Wenige eine sehr schlechte Note erhalten haben.

Ursachenzuschreibungen können sich auf *spezifische* Aspekte beziehen, andere auf *globale* (z.B. ist eine Erklärung schlechten schulischen Abschneidens in einem speziellen Fach wie Musik durch eigene geringe musikalische Begabung wesentlich weniger selbstwertschädlich als die Erklärung, dass man insgesamt für schulische Aufgaben nichts tauge). Je mehr eine Person spezifische Ursachen für die Nichtkontrolle verantwortlich macht, desto geringer ist die Generalisierung der Hilflosigkeit auf andere Bereiche.

Das dritte Merkmal bezieht sich auf die *zeitliche Beständigkeit von Nichtkontrollbedingungen*, d.h. wenn die Nichtkontrollerfahrung auf stabile Ursachen zurückgeführt wird, wird eher chronische Hilflosigkeit entstehen.

Eine stabile und generalisierte Depression mit gleichzeitigem Verlust der Selbstachtung wird dann entstehen, wenn globale, stabile und internale Attributionen bei einem wichtigen unangenehmen Ereignis auftauchen. Wenn Attributionen hingegen eher external, variabel und spezifisch sind, werden sich diese Folgen nicht einstellen.

7.4.3 Bedeutung der Theorie der erlernten Hilflosigkeit für pädagogische Situationen

Der Mensch ist zu Beginn seines Lebens wesentlich hilfloser als die Neugeborenen anderer Arten. In den ersten beiden Lebensjahrzehnten erwirbt man im allgemeinen eine Reihe von Kompetenzen und auch Bewältigungsmechanismen von Hilflosigkeit. Es zeigen sich aber gravierende Unterschiede in den Lernbedingungen zwischen einzelnen Personen, die dazu führen können, dass die einen ein sehr ausgeprägtes Gefühl der Hilflosigkeit entwickeln, während andere gegen eine solche Situation immunisiert werden. Wenn zwischen den Tätigkeiten des Kindes und den Veränderungen der Umwelt keine Zusammenhänge vorhanden sind, dann entwickelt sich Hilflosigkeit. Besteht jedoch eine hoch positive oder hoch negative Korrelation, so bedeutet dies, dass die Handlung des Kindes eine Wirkung hat. Dadurch lernt das Kind, dass sein Handeln zu Konsequenzen führt, dass es selbst Urheber ist. Sind seine Reaktionen und die Umweltveränderungen jedoch asynchron, so wird das Kind hilflos: Es hat gelernt, dass aktives Verhalten wirkungslos ist. Die weiteren Folgen erscheinen ähnlich wie beim Erwachsenen. In der Konsequenz stellen sich ein (1) mangelnde Motivation zu willentlichen Reaktionen, (2) negative kognitive Einstellung (Unfähigkeit zu lernen) und (3) negative emotionale Folgen (Ängste und Depressionen).

Ein Beispiel hierfür könnten die Studien zum Hospitalismus darstellen, bei denen ja auch die mangelnden Kontingenzen zwischen Kind und Umwelt als ursächlich für Fehlentwicklungen gelten: Von Pfaundler (1924) gebührt das Verdienst, diese Spitalsschädigungen (von daher aus die Bezeichnung *Hospitalismus*, bisweilen auch *Hospitalmarasmus* genannt) mit der Muttertrennung, d.h. einer Person, die kontingent auf das Kind eingeht bzw. - aus anderer Perspektive - vom Kind gesteuert wird, in Verbindung gebracht zu haben. Ihm fiel nämlich auf, daß Kinder in der natürlichen Umgebung, in der oft ein viel geringerer Grad an Hygiene herrschte als in Spitälern, unter sonst gleichen Ausgangsbedingungen sich wesentlich schneller erholten. Er stellte auch als erster Vergleiche zwischen Kindergruppen mit unterschiedlicher Zuwendungsintensität und Entwicklungsverläufen fest. Bowlby (1951) beschreibt als Folge der Mutter-Trennung den sog. *Separationsschock*, Spitz (1945) als *anaklytische Depression* ein Syndrom, das sich ausschließlich bei Säuglingen in der zweiten Hälfte des 1. Lebensjahres in Heimen zeigte, die von ihrer Mutter getrennt wurden. Nach dem Schweregrad der psychischen und physischen Schädigungen, die sich im Rahmen des Hospitalismus ergeben können, ist folgende Intensivierung denkbar:
(1) Seperationsschock (Protest, Verzweiflung, Ablehnung),
(2) anaklytische Depression (Apathie, Resignation, Retardierung),
(3) mentale Inanition (psychosomatische und irreversible psychische Störungen),
(4) Hospitalismus i.e.S. (schwerste psychische und physische Dauerschäden mit vitaler Bedrohung und möglichem Tod).

In der Schule kann dieser Prozess in unterschiedliche Richtungen weitergeführt werden und auch hier kann eventuell eine Lerneinstellung induziert werden, die durch Hilflosigkeit geprägt ist. Z.B. kann der Erwerb kognitiver Strategien, die für schulischen Erfolg wichtig sind, verzögert oder behindert werden, wenn man bei Schülern die Überzeugung installiert, dass ihre eigenen Anstrengungen keine Lösung herbeiführen. O'Brien (1967) demonstrierte dies an Schulkindern, bei denen ein Teil in einem Vorversuch durch unlösbare Objektwahlaufgaben hilflos gemacht worden ist und die dann (im Unterschied zu Kontrollgruppen) bei anderen lösbaren Aufgaben sehr viel schlecht abschnitten.

Allerdings reagieren selbst unter Laborbedingungen, d.h. bei experimentell hergestellter Nichtkontrolle, die Menschen nicht immer mit der erwartbaren Leistungsminderung (Wortman & Brehm, 1975). Bisweilen kommt es zu vermehrten Anstrengungen und nachfolgenden Leistungsverbesserungen. Dies wird als Reaktanz gegen Hilflosigkeit interpretiert. Vermutlich dürften hierfür wieder längerfristig ausgebildete Kontrollerwartungen und Erfolgszuversicht dafür verantwortlich sein.

Andere Untersuchungen belegen (Dweck, 1973), dass man Hilflosigkeitsüberzeugungen bei Schülern selbst in aussichtslos erscheinenden Fällen therapieren kann. Erfolgreich war ein Attributionstraining, durch das Misserfolg eigenen unzureichenden Anstrengungen zugeschrieben wird. Das Erfahren von ausschließlichen Erfolgen hatte nicht die gleichen positiven Effekte, denn diese Schüler geben bei Misserfolg wieder schnell auf. Um Hilflosigkeit im Klassenzimmer rückgängig zu machen, ist es also notwendig, einige Misserfolge zu erfahren und dann eine Methode zu entwickeln, diese zu bewältigen. Besser wäre es hingegen, wenn in institutionellen Kontexten mehrheitlich die Erfahrung gemacht würde, dass eigenes Handeln, eigene Anstrengung zu positiven Konsequenzen führt.

Unter gesellschaftlichem Aspekt ist letztlich zu erwähnen, dass auch bestimmte Lebensbedingungen Hilflosigkeit hervorrufen können (z.B. Erfahrungen am Arbeitsplatz, Armut, Überbevölkerung, Alter, aber auch allgemeine gesellschaftliche Umstände, man denke eventuell an die ehemalige DDR, wobei hier aber auf individueller Ebene viele effektive Gegenmaßnahmen entwickelt wurden).

Eine klassische Studie hierzu sind die „Arbeitslosen von Marienthal" (Jahoda et al., 1933). Ausgangspunkt war, dass in diesem Ort in der Nähe von Wien aufgrund der Weltwirtschaftskrise so gut wie der ganze Ort arbeitslos geworden war. Die allgemeinen Umstände waren auch nicht dazu angetan, den betroffenen Familien Hoffnung auf eine Änderung der Situation zu machen.

In dieser Situation traten typische Konsequenzen einer Hilflosigkeitsbedingung auf: die Ausleihrate in den öffentlichen Bibliotheken sank, das politische Informationsbedürfnis und die politische Betätigung nahm ab, es gab kaum noch kulturelle Veranstaltungen.

Die individuellen Reaktionen auf diese Situation waren aber unterschiedlich; die Forscher unterschieden (1) „Ungebrochene", die weiter Pläne und Hoffnungen hegten, (2) „Resignierte", die durch maximale Bedürfniseinschränkung gleichmütig dahinlebten, (3) „Verzweifelte", die affektiv stark betroffen waren und Gefühle der Hoffnungslosigkeit und der Depression zeigten, sowie (4) „Apathische", die sich völlig aufgegeben hatten und bei denen es zu einem Verfall der sozialen und familiären Bedingungen gekommen war. In diesen Reaktionstypen werden zeitlich aufeinander folgende Stadien des psychischen Abgleitens gesehen, die auch heute noch als typisch für längerfristige Arbeitslosigkeit angesehen werden.

7.5 Grundlagen des Modelllernens

7.5.1 Einführung

Ein Großteil menschlichen Verhaltens ist durch Modelle vermittelt. Nur schwerlich lässt sich eine Kultur vorstellen, in der Sprache, Sitten, Gebräuche etc. bei jedem neuen Mitglied als unmittelbare Folge eines Versuchs- und Irrtums-Prozesses erworben werden muss, ohne dass an diesem Prozess Modelle beteiligt wären, welche diese Kompetenzen in ihrem Verhalten bereits beherrschen. Für viele Verhaltensweisen wäre es sogar fatal, wenn Fertigkeiten nur über die differentielle Verstärkung von Versuchs- und Irrtums-Reaktionen erlernt würden. Wenn man z.B. auf diese Weise den Kindern das Schwimmen lehren wollte oder wenn man so Medizinstudenten das Operieren beibrächte, so hätte dies im ersten Fall für die Kinder und im zweiten Fall für die Patienten unangenehme Folgen. Diese wesentliche Erweiterung lernpsychologischer Fragestellungen, die seit Anfang der 60er Jahre auch innerhalb der akademischen Psychologie vorhanden ist (im Rahmen psychoanalytischen Denkens wurde dies bereits viel früher beachtet), besteht darin, dass Lernen nicht nur Verhaltensänderung aufgrund der am eigenen Leib erfahrenen Kontingenzen bedeutet, sondern dass Lernen auch aufgrund der Beobachtung von Erfahrungen anderer Personen stattfindet.

Eine Illustration des Gemeinten bietet die Studie von Lefkowitz et al. (1955). Die Autoren demonstrierten am Beispiel der Einhaltung von Verkehrsregeln die Vorbildwirkung anderer Personen: Zuerst wurde das Verhalten von Fußgängern an einer Ampel beobachtet. Die Signale wurden von 99 % der Leute beachtet (diese Studie konnte nur in den USA durchgeführt werden, in Italien oder in Paris hätte sich wohl kaum eine solche Baseline-Rate ergeben). Dann ließ man ein 35-jähriges Verhaltensmodell, dessen hohes Prestige durch gute Kleidung signalisiert wurde, bei Rot über die Kreuzung gehen. In dieser Situation warteten nur mehr 86 % auf das Umschalten der Ampel auf Grün. Bei einem Modell mit schäbiger Kleidung änderten nur 3 % ihr Verhalten.

Aus diesem Beispiel ergibt sich auch eine Definition des mit Modellernen bezeichneten Vorganges: „Unter Beobachtungslernen (Modellernen) ist zu verstehen, dass sich das Verhalten eines Individuums auf Grund der Wahrnehmung von

Verhaltensweisen anderer Personen (sog. Modelle) oder auf Grund verbaler Darstellung über das Verhalten anderer Personen ändert, u. zw. in Richtung größerer Ähnlichkeit mit der beobachteten oder auf Grund verbaler Übermittlung vorgestellten Verhalten" (Tausch & Tausch, 1971, S. 49). Damit wird auch ausgesagt, dass Modelle *real* (wie die direkte Beobachtung anderer Menschen) oder aber auch *symbolisch vermittelt* sein können (d.h. verbal oder bildlich vermittelt, z.B. durch Erzählungen, Filme, Romane), mit im übrigen so gut wie identischen Wirkungen.[9]

Hinsichtlich der Modellierungseinflüsse bestehen folgende mögliche Wirkungstypen:

(1) *Neuerwerb von Verhaltensweisen* (wenn also ein Modell Verhaltensweisen vorführt, die der Beobachter noch nicht beherrscht, diese aber mehr oder minder identisch reproduziert; Beispiel können motorische Fertigkeiten sein, der Werkzeuggebrauch, Autofahren etc., wobei aber immer die differenzierten Aussagen der unten erläuterten sozial-kognitiven Lerntheorie zu beachten sind, vgl. Kap 7.5.3).

(2) *Hemmungseffekte* (Reduktion der Häufigkeit früher erworbener Verhaltensweisen, abhängig von der Beobachtung aversiver Verhaltensfolgen einer Handlung, Beispiele: Beobachtung der Bestrafung exploratorischen Verhaltens bei Kindern durch ungeduldige Mütter, etwa „stell nicht immer so dumme Fragen", eventuell auch Selbstbestrafungstendenzen aufgrund der Modellbeobachtung).

(3) *Enthemmungseffekte* (beim Beobachter werden vorher gehemmte Verhaltensweisen häufiger oder treten wieder auf, nachdem ein Modell beobachtet wurde, das ohne negative Folgen Handlungen ausführt, welche vorher bedrohlich oder mit Verboten belegt waren, Beispiele: Dialekt sprechen in einer Umgebung, die dieses normalerweise negativ sanktioniert, z.B. der Bayer in Hamburg, der wieder das heimatliche Idiom vernimmt; auch systematische Verwendung bei der Behandlung von Phobien i.S. stellvertretender Desensibilisierung).

---

[9] Zu beachten ist, dass im pädagogischen Kontext von sozialem Lernen gesprochen wird, wenn es um den Erwerb sozial positiv bewerteter Verhaltensweisen (etwa Altruismus) oder Kompetenzen (z.B. Motivation zum Hilfehandeln) geht. Auch hierfür sind Prozesse des Modelllernens wesentlich, allerdings können die über Beobachtungslernen erworbenen Verhaltensdispositionen auch nicht-sozialer Art sein (aggressives Verhalten).

Nachahmungseffekte bei verbal vermittelten Modellen für prosoziales oder aggressives Verhalten (Pass, 1983)

Es wurden zwei Geschichten konstruiert. In der prosozialen Variante schmieden Kinder gemeinsam Pläne, geben Spielmaterial bereitwillig an den Partner ab, helfen sich gegenseitig beim Spielen und loben, was der andere gemacht hat. In der aggressiven Variante streiten die Kinder um Bauklötze, versuchen, sich die Bauklötze gegenseitig wegzunehmen, zerstören, was der andere gemacht hat, bewerfen sich gegenseitig mit Spielmaterial, verlachen und beschimpfen einander.

Einbezogen wurden 24 Jungen und 24 Mädchen eines Kindergartens (Alter 4 bis 6 Jahre). Es wurden immer zwei Kinder in das Büro der Kindergartenleiterin geholt. Dort durften sie ein Tonband mit der prosozialen oder der aggressiven Geschichtenvariante anhören (8 Minuten). Anschließend wurden sie in eine Spielsituation gebracht. Die Aufteilung der Kinder auf die Experimentalbedingungen erfolgte nach Parallelisierung in Bezug auf bereits vorher gezeigtes aggressives Verhalten.

In der Spielsituation nach dem Anhören der Tonbandgeschichte wurden von Beobachtern (20 Minuten Beobachtungszeit, alle 15 sek. ein Eintrag), die nichts über die gehörte Geschichtenvariante wussten, aggressive Verhaltensweisen (nimmt dem Partner Spielmaterial weg, zerstört, was der Partner hergestellt hat, bewirft und beschimpft den Partner mit Spielmaterial) festgehalten, ebenso prosoziale Verhaltensweisen (schmiedet mit dem Partner Spielpläne, hilft dem Partner beim Spielen, lobt den Partner).

Erwartungsgemäß zeigte sich, dass die Mittelwerte aggressiver Verhaltenweisen in der Gruppe mit dem aggressiven Geschichte deutlich über denen der Kinder lagen, welche die prosoziale Geschichte gehört hatten; der Tendenz nach ähnliche Unterschiede traten hinsichtlich der prosozialen Verhaltenskategorien auf, ohne dass diese Unterschiede aber signifikant geworden wären.

Die Ergebnisse zeigen, dass zumindest ein kurzfristiger Effekt in der erwarteten Richtung nachweisbar ist, d.h. dass allein der Inhalt von gehörten Geschichten eigenes Verhalten beeinflusst. Darüber hinaus ist es denkbar, dass bei gleichsinnigen Lernerfahrungen die Kurzzeiteffekte zu Langzeiteffekten kumulieren könnten.

Zudem können die Ergebnisse dieser Studie für die Erreichung prosozialer Erziehungsziele instrumentalisiert werden: Das Vorlesen von Geschichten mit prosozialem Inhalt hat sich in der Studie als eine Methode zur Förderung prosozialen Verhaltens bewährt. Dabei kommt für den Einsatz in der Schule und im Kindergarten hinzu, dass das Vorlesen von Geschichten mit weniger Vorbereitungsaufwand verbunden ist als das Vorführen eines Films.

(4) *Auslöseeffekte* (diese werden allerdings eher von Modellierungseffekten abgehoben, Beispiele: in die Hände klatschen, wenn andere dies tun - bisweilen wird das Warten am Ende eines Konzertes geradezu peinlich, ein Künstler sollte daher immer einige Claqueure anheuern).

(5) oder *Nullwirkung*, wenn die Verhaltensweisen, die ein Modell vorführt, bereits bekannt sind.

Die experimentellen Untersuchungen zum Modellernen laufen meist einem dreiphasigen Prozess ab: In Phase I werden Art und Weise des in einer Situation spontan gezeigten Verhaltens registriert, in Phase II wird den Vpn ein Modell (Life-Situationen, Filme, Zeichnungen, verbale Beschreibungen) vorgeführt, das ein bestimmtes Verhalten äußert, in Phase III wird überprüft, ob sich Verhaltensweisen bei den Vpn zeigen, welche dem vorgeführten Beispiel nahe kommen (s.o.).

7.5.2 Vorformen sozialen Lernens

Im Humanbereich gibt es zahlreiche Befunde, welche verschiedenen Vorformen des Nachbildungsverhaltens und des Modellernen entsprechen:

Zu nennen wäre hier als erstes der *Carpenter-Effekt* (auch ideomotorisches Gesetz genannt): Die Wahrnehmung und selbst die Vorstellung einer Bewegung löst beim Wahrnehmenden diese in verkleinertem Maße aus (Carpenter, 1874). Über diesen Weg werden ebenfalls Affekte angeregt, die ähnlich denen sind, die bei der wahrgenommenen Person vorhanden sind (ohne dass aber Empathie vorausgesetzt wird). Man denke etwa an den Fall, dass man beobachtet, wie sich eine andere Person in den Finger schneidet.

Erwähnenswert sind auch Befunde, wonach im Gehirn eines Beobachters z.T. die gleichen neuro-chemischen Vorgänge ablaufen wie bei den handelnden Organismen: Dies demonstrierten Welch und Welch (1968) an Mäusen: Sie ließen Mäuse nach 10 Wochen isolierten Aufwachsens 75 Minuten lang aggressive Kämpfe anderer Mäuse im Nachbarkäfig beobachten. Bei der Beobachtung des Kampfverhaltens und ohne dass die Beobachter selbst in das Geschehen involviert gewesen wären, konnte im Gehirn der (daraufhin getöteten) Tiere eine Abnahme von Norepinephrin um ca. 32 % im Vergleich zu Kontrolltieren festgestellt werden. Diese physiologische Reaktion entsprach derjenigen der kämpfenden Mäuse, die auf Grund von Isolierung hypersensitiv gegenüber Reizen geworden waren und beim Zusammentreffen mit anderen Tieren sofort aggressiv reagierten. Man kann annehmen, dass durch die bloße Beobachtung der Tiere eine

Aktivierung der formatio reticularis und so ein zusätzlicher Transport von Norepinephrin an die Nervenendigungen bewirkt wurde. Gleichsinnige arbeitspsychologische Befunde bei Menschen zeigen, dass ähnliche physiologische Zustände (Ermüdungsindikatoren) bei Arbeitern und Beobachtern auftreten, dies aber nur, wenn die Beobachter auch Arbeiter waren.

Modelllernen bei Makaken und Schimpansen

Kawai (1965, 1975) berichtet folgende Beobachtungen bei japanischen Makaken: Ein Jungtier hatte gelernt, eine Süßkartoffel ins Wasser zu halten und abzuwaschen. Diese Verhaltensweise wurde wie durch ein „Netz unsichtbarer Affinitäten" unter gleichaltrigen Jungtieren verbreitet. Allerdings übernahmen nur wenige Weibchen (18 %) der älteren Generation diese Gewohnheit und die alten Affen übernahmen sie gar nicht. Ganz ähnlich war es, als ein Tier erfahren hatte, dass das Salzwasser die Süßkartoffel würzt: Nach jedem Bissen wurde die Kartoffel erneut ins Meerwasser gesteckt. Oder als das gleiche weibliche Jungtier einmal Weizen ins Wasser gehalten hatte, hatte es erfahren, dass der Sand rasch gesunken war, die Spreu oben schwamm, und der reine, schmackhafte Samen in der Hand blieb. Auch dies verbreitete sich in der Horde als Gewohnheit und wurde verfeinert: Man behielt den Weizen in der hohlen Hand und zieht sie bei ein wenig geöffneten Fingerspitzen durch das Wasser. Dies beschleunigt die Reinigungsprozedur.

Ähnliche Ergebnisse gibt es auch bei Schimpansen (Motterstädt, 1957, zit. nach Ploog, 1972, S. 169): „Es bekam ein Schimpanse im Zoo durch Zufall einen Schlag an einem in einem Wassergraben neu errichteten, elektrisch geladenen Zaun. Vorsichtig prüfte er den Zaun noch einmal und ging dann zu jedem Mitglied der Gruppe und umfasste es mit dem Arm. Die Angesprochenen begaben sich an die Stelle des Wassergrabens, an der das Männchen seine Erfahrung gemacht hatte. Als alle dort versammelt waren, ergriff der größte Schimpansenmann einen nassen Zweig, berührte damit den Draht und erhielt ebenfalls einen Schlag. Daraufhin ist niemals beobachtet worden, dass ein anderer Schimpanse den Zaun berührte."

Soziales Lernen scheint also bereits bei Affen von den sozial angesehenen Mitgliedern einer Gruppe zu den sozial Darunter-Stehenden oder zu den sozial Gleichen zu funktionieren, nicht aber von „unten nach oben". Sicher scheint aber eine Erfahrungsweitergabe an die Horde durch Zeigen oder Vormachen belegt zu sein. Dies setzt natürlich auf der Seite des Kommunikationspartners die Befähigung zur Nachahmung voraus.

Auch Befunde aus der Sozialpsychologie sind hier einschlägig, z.B. stellte Bales (1950) bei seinen Interaktionsanalysen fest, dass der unmittelbar vorhergehende

Verhaltensakt die wesentlichste Determinante der Antwort des anderen Interaktionspartners war. Z.B. zog in beinahe 75 % der Fälle ein aggressiver Verhaltensakt ebenfalls unfreundlich-aggressives Verhalten nach sich. Aggressive Menschen kreieren also durch ihr Verhalten eine feindliche Umwelt, während sich freundliche Menschen eine angenehme Umwelt schaffen.

Ähnliche Beeinflussungen gibt es auch hinsichtlich des Sprachverhaltens: Bei längerer Kommunikation (untersucht wurden zumeist in psychotherapeutische Settings) kommt es zu einer Angleichung der Länge der Äußerungen, der Häufigkeit von Unterbrechungen, des gegenseitigen Schweigens, des Gebrauchs von Wörtern wie „Ich", „Du" ..., der Häufigkeit des Lächelns, des Kopfnickens oder von allgemein kongruenten Haltungen (Matarazzo, 1965; Argyle & Kendon, 1967). Bei diesen Befunden spielt allerdings auch die direkte Verstärkung der Verhaltensweisen eine Rolle.

Zudem bestätigt sich auch bei dieser Lernart, dass sie nicht für Menschen spezifisch ist, sondern dass die soziale Weitergabe von Erfahrungswissen auch spontan im subhumanen Bereich vorkommt (s.o.).

Auch unter experimenteller Kontrolle lässt sich zeigen, dass Tiere durch Modelle lernen können: Bei einem Versuch von Herbert und Harsh (1944) konnte bei Katzen gezeigt werden, dass ein Tier, das ein anderes bei einer Problemlöseaufgabe (die Aufgabe bestand darin, eine Scheibe zu drehen, um an Futter zu gelangen) beobachtet hatte, dieses Verhalten selbst später leichter lernen konnte als Tiere ohne diese Beobachtungsgelegenheit.

7.5.3 Grundlagen der sozial-kognitiven Lerntheorie

Die Tatsache, dass Verhalten (und - wie gezeigt- sogar physiologische Prozesse) durch die Beobachtung von Verhaltensmodellen (oft einseitig auf die Beeinflussung durch Vorbilder, Idole, Stars etc. bezogen) beeinflusst wird, wurde in der akademischen Psychologie lange Zeit nicht entsprechend beachtet.[10] Diese Situation änderte sich aufgrund der vielen von Bandura vorgelegten Befunden und

---

[10] Über den lernpsychologischen Klassiker von Hilgard und Bower (1971) schreibt Äbli im Vorwort, dass eine Generation von Psychologen mit diesem Buch aufgewachsen sei. Da in diesem Standardwerk die Erwähnung des Modelllernens fehlt, muss man annehmen, dass diese Generation nicht mit viel Wissen über das Beobachtungslernen groß geworden ist. Ähnliches gilt für einige ältere deutsche Lehrbücher: In dem Text von Haseloff und Jorswieck (1970) findet sich nur der Begriff der „Imitation", andere Stichwörter fehlen; bei Hofstätter (1967) ist nur der psychoanalytische Terminus der „Identifikation" enthalten.

Studien (1963, 1971, 1973, 1979; Bandura & Walters, 1963), die auch im deutschen Sprachraum mit einer relativ kurzen zeitlichen Zeitverzögerung rezipiert wurden (Tausch & Tausch, 1971).

Eine Möglichkeit zur Erklärung dieses „Übersehens" könnte sein, dass sich früher die Psychoanalyse dieser Lernart wesentlich angenommen hatte, und sich verschiedene Autoren von dieser Richtung bewusst absetzen wollten, um nicht in den Ruf methodischer Unexaktheit zu kommen. Es sind sicherlich auch eine Reihe von Schwierigkeiten bei der psychoanalytischen Verwendung von Ausdrücken, mit denen das Modelllernen umschrieben wird, festzustellen (Bandura, 1969). So werden mit den Begriffen der Imitation und der Identifikation z.T. identische, z.T. unterschiedliche Sachverhalte bezeichnet, wobei auch die Bedingungsverhältnisse bisweilen variieren (Imitation als Folge sowie als Ursache von Identifikation).[11]

Auch heute werden, wenn man Laien über die Gründe von Imitation frägt, immer noch instinkttheoretische Deutungen angegeben, wie sie um die Wende zum 19. Jahrhundert in der Psychologie üblich waren (Tarde, 1903; McDougall, 1908). Dabei wird Imitation als angeborener Instinkt (innate propensity) angesehen. Diese Instinktinterpretation regte die Erforschung der Bedingungen, unter denen es zum Beobachtungslernen kommen kann, nicht gerade an. Im Zuge der Gegenbewegung gegen die Instinktpsychologie wurden denn auch die Imitationsphänomene nicht mehr weiter beachtet.[12]

Naheliegender Weise mangelte es auch nicht an Versuchen, einfache lerntheoretische Verstärkungstheorien für die Erklärung des Imitationslernens heranzuziehen. Danach wurden die nachfolgenden Konsequenzen, welche ein Modell erfährt, als entscheidend für die Modellwirkung angesehen (stellvertretende Verstärkung, „vicarious reinforcement"). Die stellvertretende Verstärkung sei also

---

[11] Ein Vorschlag zur Abgrenzung könnte sein, unter „Imitation" Verhaltensweisen zu verstehen, die in der Reproduktion einzelner Aspekte des Modellverhaltens bestehen, die als instrumentelle Antworten zu deuten sind, welche durch extrinsische Belohnung aufrechterhalten werden und deshalb vorwiegend in Anwesenheit des Modells geäußert werden. Hingegen spricht man von „Identifikation", wenn ganze Verhaltensmuster übernommen werden, die symbolisch repräsentiert sind, wobei das Nachahmungsverhalten durch die intrinsische Verstärkung einer wahrgenommenen Ähnlichkeit gesteuert wird (das Modell ist beispielsweise eine charismatische Person, der man ähnlich sein will), deshalb wird das Verhalten auch in Abwesenheit des Modells gezeigt.

[12] „Upon closer examination, these so-called theories turn out to be capable of explaining whatever behavior occurs. In short, no conceiveable outcome could disconform the theory" (Marx & Hillix, 1963, S. 15).

der selektive Faktor, welcher darüber entscheidet, welche der vielen Reaktionen nachgeahmt werden, die bei anderen beobachtet werden können. Hier wird sicherlich ein wesentliches Moment thematisiert, ohne dass damit aber die Vielzahl der für das Modelllernen wesentlichen Bedingungen adäquat erfasst wären.

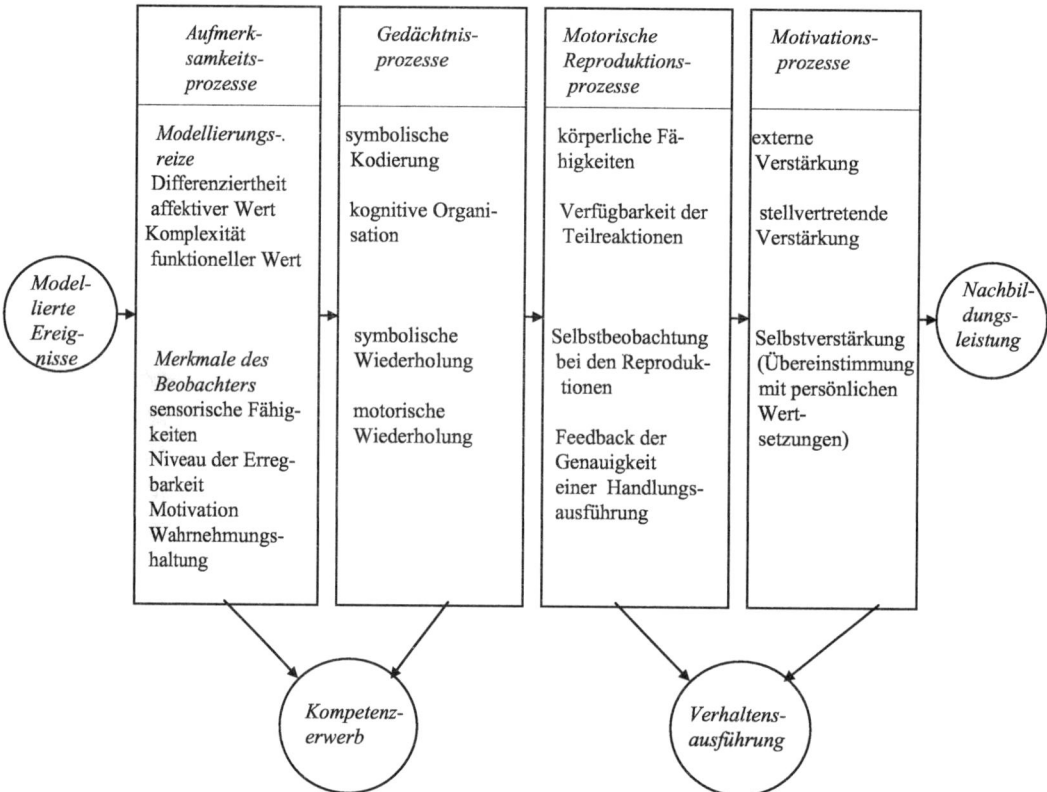

Abbildung 7.12: Teilprozesse der sozial-kognitiven Theorie des Modellernens (verändert nach Bandura, 1979, S. 32)

Die wohl differenzierteste Theorie über die Effekte von Modellen auf Individuen kann in der *sozial-kognitiven Theorie des Modellernens* gesehen werden (Bandura, 1979). In dieser Theorie, die aus einer Unzahl an Einzelstudien entwickelt wurde, wird davon ausgegangen, dass zwischen einem modellhaften Ereignis (sei dies die Handlung einer realen Person oder auch nur einer fiktiven, die durch einen Text oder Film an einen Rezipienten herangetragen wird) und einer möglichen Nachbildungsleistung vier Bedingungskomplexe vermitteln (vgl. Abb. 7.12). Je nachdem, wie diese Prozesse verlaufen, wird nur die Kompetenz zu einem bestimmten Verhalten erworben oder es werden auch Nachbildungsleistungen auf der Verhaltensebene angeregt (Performanzebene) oder aber es findet kein Lernprozess statt (wenn z.B. die modellierte Handlung bereits im Repertoire einer Person verankert ist und die für die Verhaltensausführung bedeutsamen Bedingungen ungünstig ausgefallen sind).

(1) Ein potentielles Modell muss als notwendige Lernvoraussetzung zuerst die *Aufmerksamkeit* eines Beobachters auf sich ziehen. Hierfür sind

(a) eine Vielzahl von *Aspekte der Modellperson* wichtig (z.B. wird Personen mit hohem sozialen Status oder einer hohen Ausstrahlungskraft mehr Aufmerksamkeit zuteil als weniger statushohen Modellen [dabei ist auch an die hedonistische Relevanz für den Beobachter zu denken: ein Professor als Vortragender, als Betreuer einer Diplomarbeit, als Prüfer wird ganz unterschiedlich wirken]; ein Verhalten, das sich von dem anderer Personen im Sinne des Figur-Hintergrund-Prinzips gut unterscheidet (z.B. ein aggressiver Schüler in einer ansonst ruhigen Schulklasse), ist ebenfalls besser wahrnehmbar; Attraktivität, u.zw. im Sinne des Verfügens über wesentliche vom Beobachter gewünschte Eigenschaften, erhöht ebenfalls die Aufmerksamkeitszuwendung; komplexe Verhaltensmuster sind nicht in gleicher Weise beobachtbar wie einfache; die affektive Valenz des vorgeführten Verhaltens für den Beobachter spielt ebenfalls eine Rolle);

(b) nicht jeder Beobachter (d.h. Beobachter eines Modells oder Zuseher, Leser, Hörer einer Medienbotschaft) sieht und hört die gleiche Botschaft (z.B. wird eine ängstliche Person zur Stimulusselektion neigen; ein Beobachter mit mittlerem Erregungsniveau verfügt über wesentlich bessere Voraussetzung zur Wahrnehmung; ein Rezipient mit höherer kognitiver Komplexität kann aufgrund von besserem Vorwissen differenzierter wahrnehmen; motivationale Dispositionen und aktuelle Motivationen leiten Selektions- und Interferenzprozesse ein; bevorzugte Wahrnehmungskanäle [negativ in Rechnung zu stellen sind sensorische Behinderungen], die aktuelle Wahrnehmungshaltung im Sinne distributiver oder konzentrativer Aufmerksamkeit spielen eine Rolle; Erfahrungen über früher erhaltene Verstärkungen steuern die Aufmerksamkeitszuwendung; die Struktur sozialer Interaktion ist ebenfalls bedeutsam, d.h. welche Verhaltenstypen kommen in einer sozialen Gruppe oder einem Massenmedium am häufigsten vor. Im Grunde ist hier alles wichtig, was die Kompetenz auf Seiten des Beobachters beeinflusst (kognitive Komplexität, spezifische Fähigkeiten, Alter, Abhängigkeit, Selbstwertgefühl ...).

(2) Was anlässlich dieser Beobachtungsgelegenheiten langfristig im Gedächtnis verbleibt, ist von *Behaltens- und Informationsverarbeitungsprozessen* abhängig. Manche der vorgeführten Handlungen werden symbolisch kodiert und in

mehr oder minder leicht erinnerbare kognitive Schemata transformiert (z.B. indem sie benannt werden, bereits hier werden deutliche individuelle Unterschiede auftreten); bei diesem Prozess der Informationsentnahme und Informationsverdichtung spielt der Beobachter eine höchst aktive Rolle. Dies wird besonders in den Fällen deutlich, in denen modellierte Verhaltensweisen erst Jahre später auftreten, wenn z.B. das für dieses Verhalten angemessene Alter oder der entsprechende Status erreicht worden sind (auch dies zeigt die Notwendigkeit, beim Lernprozess den Kompetenzerwerb zu einem Verhalten von der tatsächlichen Performanz, also der Verhaltensausführung, zu unterscheiden).

Dabei wird das modellierte Ereignis in bereits bestehende kognitive Strukturen eingeordnet. Dem Beobachter bzw. den in seinem Kopf bestehenden Gedächtnisstrukturen kommt hier eine sehr wichtige Funktion zu. Gerade durch elaborierende Wiederholungen (Anreicherung mit Bedeutungen, z.B. auch durch Tagträume) können ursprünglich vorhandene Inhalte auch verändert werden. Modellierte Handlungsschemata, die auf einer motorischen Ebene wiederholt werden können, werden dadurch besonders vergessensresistent.

Durch Aufmerksamkeits- und Gedächtnisprozesse kann die Kompetenz zu einem bestimmten Handlungsmuster erworben werden (man weiß beispielsweise nach dem Anschauen des Films „California", wie man einen Tankwart massakrieren kann); dies aber bedeutet noch lange nicht, dass entsprechendes Wissen auch in Verhalten umgesetzt wird. Durch Beobachtung allein ist auch noch niemand zu einem Pianisten geworden. Dies ist auch ein gutes Beispiel dafür, wie sich die Kompetenz auf Seiten des Beobachters im Zusammenhang mit der Differenziertheit eines vorgeführten Verhaltens auf das Ergebnis eines Lernprozesses auswirken kann.

Damit diese Brücke zum Verhalten geschlagen wird, müssen noch weitere wesentliche Zwischenschritte stattfinden.

(3) Verhalten muss in Form *motorischer Reproduktionsprozesse* erst eingeübt werden (wobei dies auch auf einer kognitiven Ebene erfolgen kann, vgl. hierzu die Methode des mentalen Trainings und andere Formen der Phantasietätigkeit). Förderlich sind hierbei die entsprechenden körperlichen Fähigkeiten, die Verfügbarkeit der für einen Handlungsvollzug notwendigen Teilreaktionen und differenzierte Rückmeldungsbedingungen (entweder eine entsprechende Selbstwahrnehmungsfähigkeit oder externe Rückmeldungen über die Genauigkeit einer Nachbildungsleistung).

(4) Letztendlich entscheidend für die offene Ausführung erlernter Handlungen sind *Verstärkungs- bzw. motivationale Prozesse*. Üblicherweise ist hier zuerst auf den Einfluss (a) stellvertretender Verstärkung hinzuweisen (z.B. ist das Modell

für sein Verhalten verstärkt worden, hat es wichtige Ziele erreichen können).[13] Dann sind mögliche (b) Selbstbelohnungs- bzw. Selbstbestrafungsmechanismen (sog. intrinsische Anreize) zu berücksichtigen: Da Menschen im Einklang mit ihrem Wertsystem (oder ihren individuellen Standards) leben wollen, kann aufgrund unterschiedlicher Wertungen das gleiche modellierte Verhalten eine völlig andere persönliche Valenz besitzen. Menschen können sich in Abhängigkeit von der Erfüllung oder Nichterfüllung solcher Standards selbst belohnen (z.B. in Form einer positiven Selbstbewertung) oder auch selbst bestrafen (z.B. in Form von Selbstkritik). Schließlich ist bei der Verhaltensausführung auch noch an (c) externale Verstärkungsprozesse durch real vorhandene Dritte zu denken. Alle diese Bedingungen können auch kognitiv vorweggenommen werden, da man annimmt, dass zwischen einer Person und ihrem Verhalten *Effizienzerwartungen* vermitteln (bin ich in der Lage, das Verhalten auszuführen) und für eine Handlung und seinem möglichen Ergebnis noch *Ergebniserwartungen* (führt eine Handlung auch zu dem beabsichtigten Resultat) wesentlich sind.

Ob eine Nachbildungsleistung letztendlich zustande kommt, ist nach dieser Theorienskizze ein hoch komplexer Prozess. Dieser Prozess kann auch nicht hinreichend mit den (aus der Psychoanalyse stammenden) Begriffen von Imitation oder Identifikation wiedergegeben werden. Genauso ist es zu simpel, wenn zwischen einem Wirkprozess unterschieden wird, der deterministisch (meist mit der in pejorativem Sinn gebrauchten Kennzeichnung einer behavioristischen oder mechanistischen Reiz-Reaktionstheorie) abläuft oder der von einem Modell des aktiven und selbstbestimmten Beobachters ausgeht. Letztere Beschreibungen stellen allerdings eine äußerst selbstwertdienliche Sichtweise dar, denn der aktive und frei über sich selbst entscheidende Mensch ist eine viel schmeichelndere Selbstinterpretation als die durch viele Untersuchungen nachgewiesene systematische Beeinflussbarkeit menschlichen Wahrnehmens, Denkens und Handelns.

---

[13] Der stellvertretenden Verstärkung kommt vor allem eine *informative Funktion* zu und sie dient der *Umweltdiskrimination*: Man kann beispielsweise unterscheiden, in welchen Situationen eine Aktivität auf soziale Zustimmung oder auf Missbilligung stößt. Von ihr gehen aber auch *Ansporneffekte* für den Beobachter aus (Antizipation von Belohnung bei gleichem Verhalten). Auch *stellvertretende Konditionierungen* nach dem klassischen oder dem operanten Paradigma können dadurch eintreten (z.B. können stellvertretend Angstauslöser erworben werden). Die stellvertretenden Verstärkungen bewirken u. U. eine *Modifikation des Ansehens des Modells* (erfahrene Strafen reduzieren sein Prestige, Belohnungen erhöhen seinen Status). Schließlich bleiben stellvertretende Verstärkungen auch für den *Verstärkeragent* nicht folgenlos: Je nach Einschätzung der Legitimität oder Illegitimität vorgenommener Verstärkungen durch den Beobachter wird derjenige, der die Verstärkungen ausführt, verändert bewertet.

Mit Hilfe der sozial-kognitiven Lerntheorie lassen sich viele Befunde über das Erlernen von Verhaltensweisen in vielen wichtigen Bereichen (z.B. Aggressivität, Normenkonformität, Prosozialität) nachvollziehen. Dies soll an dem folgenden Exkurs über Medienwirkungen kurz angedeutet werden.

Im pädagogischen Kontext sind diese Überlegungen besonders wichtig, da hier Bedingungskonstellationen vorliegen, welche ein hohes Beeinflussungspotential z.B. durch Lehrer (oder Eltern) wahrscheinlich machen: Lehrer und Lehrerinnen verfügen in der Regel um einen höheren Status (Expertenwissen, Sanktionsmacht, legitime Macht), als professionelle Erzieher haben sie eine emotional tragfähige Beziehung zu ihren Schülern und Schülerinnen aufgebaut (charismatische Macht), sie sind viele Stunden täglich und dies über viele Jahre hinweg mit den Schülern und Schülerinnen zusammen und sie sind als Einzelne zudem gut beobachtbar. Das alles macht auch die besondere Verantwortung gegenüber Schülern und Schülerinnen deutlich. Nicht umsonst stellen Tausch und Tausch (1971) kritisch die Fragen, ob Lehrer und Lehrerinnen wirklich angemessene Modelle für soziales Verhalten sind (z.B. Verzicht auf Bloßstellung und Demütigung, Achtung gegenüber Andersdenkende), für emotionales Verhalten (z.B. können sie auch in belastenden Situationen ihre Gefühle kontrollieren) oder für angemessenes Arbeitsverhalten (z.B. Klarheit im Denken, Engagement an den Themen, Trennung von subjektivem Urteil und objektivem Sachverhalt). Oder, wie dies von den beiden Autoren zum Ausdruck gebracht worden ist (a.a.O.), „der Mensch ist die wesentlichste Umweltbedingung für den Menschen."

Exkurs: Das Lernen von Gewaltbereitschaft durch Medien

Ein in vielen gesellschaftlichen Kontexten diskutiertes Problem betrifft die Frage, ob durch gewalthaltige Darstellungen in den Medien (vor allem im Film, Fernsehen und in Computerspielen) eine Steigerung der Gewaltbereitschaft bei den Rezipienten zustande kommt, in deren Folge auch Verhaltensänderungen im alltäglichen Umgang auftreten könnten. Ohne dieses Problem ausführlich besprechen zu können (Lukesch, 2000), seien einige immer wieder veröffentlichte Positionen dargestellt und mit dem Stand der Forschung kontrastiert.

In der Öffentlichkeit wird oft so getan, als ob verschiedenste „Thesen zur Wirkung medialer Gewaltdarstellungen" gleichberechtigt nebeneinander stünden und eine Entscheidung eigentlich nicht möglich sei. Erwähnt werden dabei häufig: (1) die Katharsisthese, (2) die Inhibitionsthese, (3) die Stimulationsthese, (4) die Habitualisierungsthese, (5) die Imitationsthese und die (6) These der Wirkungslosigkeit von Mediengewalt.

Diese hier als gleichberechtigt dargestellten Thesen sind in der sehr viel komplexeren Theorie des sozial-kognitiven Lernens von Bandura (1989) unter Angabe der jeweiligen Bedingung, unter denen der eine oder andere Wirkaspekt zum Tragen kommt, dargestellt und gerade hinsichtlich der Gewaltwirkungsdiskussion in vielen Sammelreferaten über empirische Studien für den Medienbereich spezifiziert worden (Weiß, 2000; Kleiter, 1997; Lukesch et al., 1989; Paik & Comstock, 1994; Wood et al., 1991). Danach ist eigentlich klar, dass ein Haupteffekt der Vorführung medialer Gewalt tatsächlich in Richtung der Stimulation von Gewaltbereitschaft weist (vor allem wenn schrittweise an den Konsum von Gewalt herangeführt wird und das Sehen von Gewaltfilmen subtil belohnt wird, z.B. durch die erfahrene Zustimmung in der Peer-Gruppe). Diese Filme können aber auch angstauslösend sein, wenn diese Vorbedingungen nicht gegeben sind (z.B. weil bereits ein bestimmtes Muster von Werten und Normen erworben wurde oder ein Seher / eine Seherin von den Bildern überwältigt wird). Der von den Medienverantwortlichen oft beschworene Katharsiseffekt hat sich hingegen nie nachweisen lassen.

Die zahlreichen empirischen Studien hierzu sind u.a. experimenteller Art (vgl. Abb. 7.13), bei denen die Effekte eines aggressiven Modells (real, als Film oder als Trickfilm) auf Kinder im Vergleich zu einer Kontrollgruppe ohne diese Modelle demonstriert wurden (Bandura et al., 1976; vgl. hierzu auch die einleitend erwähnte Untersuchung von Pass, 1983). Dabei konnte neben der besonderen Wirkung der stellvertretenden Verstärkung (das Modell wird für sein Verhalten belohnt) auch die langfristige Wirkung einer solchen Modellvorführung nachgewiesen werden (d.h. kindliche Beobachter lernen, dass dies das angemessene Verhalten in dieser Situation sei).

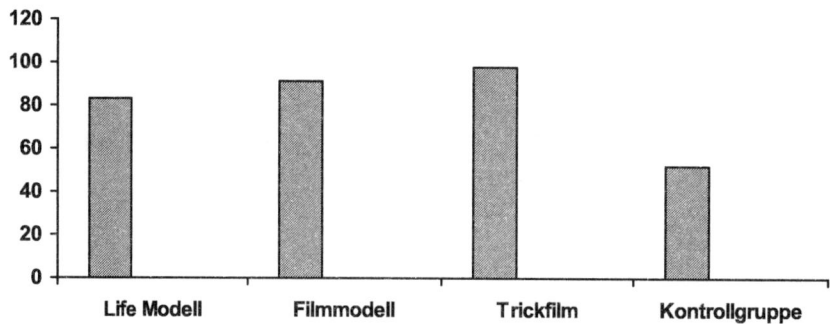

Abbildung 7.13: Mittlere Anzahl aggressiver Verhaltensweisen von Kindern unter Experimental- und Kontrollbedingungen (Bandura et al., 1976)

Zudem existiert eine Reihe von Feldstudien, die den langfristigen Effekt eines gewalthaltigen Medienkonsums demonstrierten (vgl. Abb. 7.14). In der Langzeitstudie Eron et al. (1972) wurde mit der Methode der zeitverzögerten Kreuzkorrelationen (N = 211 Jungen) der aggressionssteigernde Wert der frühen Präferenz für gewalthaltige Fernsehfilme auf die zehn Jahre später geäußerte Aggressivität (ermittelt über Peer-Ratings) gezeigt. Das gleiche Bedingungsmuster kann auch für Formen der Kleinkriminalität aufgewiesen werden (Lukesch, 1988; Scheungrab, 1993, S. 222).

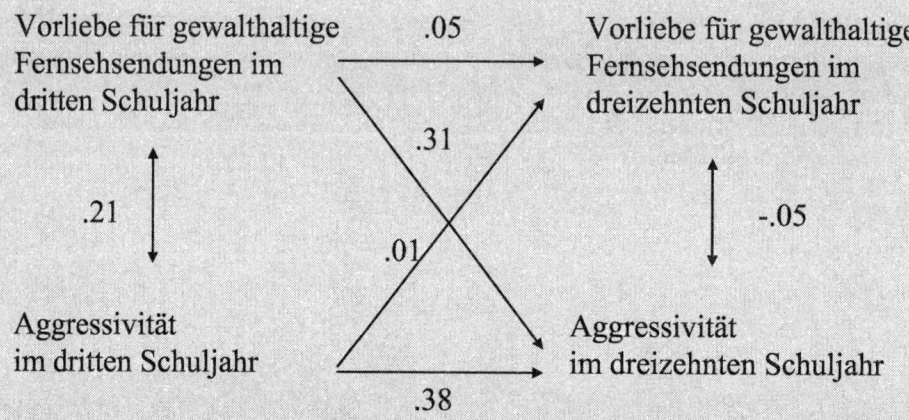

Abbildung 7.14: Kausalanalyse des längsschnittlich erhobenen Zusammenhanges zwischen Gewaltkonsum über Fernsehen und Aggressivität (Eron et al., 1972, S. 257)

7.5.4. Interventionsmethoden nach dem Lernen am Modell

Vgl. U. ü. W. ?

(1) Stellvertretende klassische Desensibilierung und Sensitivierung
Stellvertretende Desensibilierungsverfahren werden im pädagogischen Kontext z.B. bei der Modifikation von Schulangst eingesetzt.

Das Verfahren, das aus der Theorie des Modellernens abgeleitet ist, bezieht sich auf das Umsetzen hochängstlicher SchülerInnen neben weniger ängstliche. Die Überlegung dabei ist, dass durch Beobachtung wenig ängstlicher MitschülerInnen die eigene Angst bewältigt wird. Dies wäre somit eine wenig aufwendige Maßnahme (abgesehen von der Diagnosephase), die im Vergleich zu den Interventionen, bei denen LehrerInnen als Hilfstherapeuten tätig werden sollen, nur wenig Arbeit verursacht und die keine negativen Nebenwirkungen befürchten lässt.

Immisch (1972) überprüfte die Wirksamkeit des gezielten Umsetzens, indem er in acht Klassen (6.- 8. Klassenstufe aus Haupt- und Sonderschulen) folgende Gruppen bildete: Nach den Ergebnissen eines Angsttests wurden von vier hochängstlichen Kindern aus einer Klasse jeweils zwei einem niedrigängstlichen Schüler / einer Schülerin zugeordnet, die restlichen zwei blieben als Kontrollbedingung an ihren angestammten Plätzen. Die nach zwölf Wochen erfolgte Kontrollmessung ergab, dass die Angstwerte hochängstlicher SchülerInnen in der Experimentalgruppe sich tatsächlich verringert hatten. Allerdings zeigten auch die hochängstlichen Kinder der Kontrollbedingung eine signifikant geringere (wenn auch nicht so stark ausgefallene) Reduktion der Leistungsangst wie die Kinder unter der Experimentalbedingung. Um dieses nicht erwartete Ergebnis zu erklären, verweist der Autor auf eine „allgemeine Entneurotisierung des sozialen Klimas". Eine Replikation der Untersuchung wurde von Rost (1977) vorgenommen. Dazu wurde aus zwölf Klassen (4. Klasse Grundschule) jeweils die sechs ängstlichsten Kinder mit Hilfe des AFS (Skala Prüfungsangst) verwendet.

Elbing und Ellgring (1977) prüften den Effekt des Umsetzens in zehn Klassen (5. - 8. Klassenstufe einer Hauptschule). Nach den Angstwerten im TASC wurden drei Experimental- und drei Kontrollgruppen gebildet. Die Experimentalgruppen bestanden in der Kombination von Hä - Nä, Mä - Nä, Mä - Hä, die Kontrollgruppen in den Bedingungen Hä - Hä, Mä - Mä und Nä - Nä. Die soziometrisch erfaßte Beliebtheit wurde erhoben und es wurde darauf geachtet, daß durch das Umsetzprogramm nicht SchülerInnen mit gegenseitigen Animositäten nebeneinander zu sitzen kamen. Die nach 14 Wochen festgestellten Effekte fielen folgendermaßen aus: Die größte Angstverminderung hatte sich bei den hochängstlichen in den beiden Experimentalbedingungen (Hä - Nä, Hä - Mä) ergeben. Allerdings war der zweitgrößte Angstreduktions-Effekt in der Kontrollgruppe der Bedingung Mä - Mä vorhanden.

Eine weitere Untersuchung zu diesem Thema stammt von Borchert, Horn und Schmidt (1979). Allerdings führten sie ihre Untersuchung bei Lernbehinderten durch (6. - 8. Klasse, 30 Klassen) Die Variation bestand darin, dass (1) Hä neben Nä umgesetzt wurden und gleichzeitig verbale Bekräftigungen für angstfreies Verhalten gegeben wurden, dass (2) nur verbale Bekräftigungen gegeben wurden und daß (3) nur eine Umsetzung Hä - Nä stattfand. Die soziometrisch ermittelte Erwünschtheit wurde bei dem Umsetzen beachtet. In dieser Untersuchung konnte keine Angstminderung durch den Modelleffekt nachgewiesen werden.

Als besonders wirksam wurde bei Modellierungsstudien (auch unter Verwendung filmisch dargebotener Modelle) herausgestellt (Groffmann et al., 1978; Meichenbaum, 1971; Faust et al., 1979), dass einem bewältigenden Modell (das Modell zeigt anfänglich ebenfalls Angstreaktionen, diese werden aber im Laufe der Sitzung bewältigt) eine höhere Wirkung zukommt als einem perfekten Modell (die Modellperson führt von Anfang an Selbstsicherheit vor). Nach den Prinzipien des Modelllernens ist ein bewältigendes Modell bei hochängstlichen Beobachtern wegen der größeren Ähnlichkeit zum Beobachter effektiver, es erhöht zudem die Selbstwirksamkeit bei diesem Beobachter und gibt ihm Techniken zur Bewältigung seiner Angst in die Hand. Ein perfektes Modell könnte hingegen den Leistungsdruck sogar noch weiter erhöhen und somit die Angst verstärken. Bei einem wenig ängstlichen Beobachter sind andere Prozesse anzunehmen: Ängstliche Modelle sind für sie wenig attraktiv und werden entsprechend kaum beachtet, hingegen steigert die Beobachtung selbstsicheren Verhaltens die Motivation des nicht-ängstlichen Beobachters.

Auch im klinischen Bereich werden Verfahren der stellvertretende Desensibilisierung eingesetzt, nachdem sich diese Methoden schon bei Cover-Jones (1924) als erfolgreich erwiesen hatten. Dabei demonstriert eine Modellperson, die dem eigentlichen Probanden möglichst ähnlich sein soll (z.B. hinsichtlich Alter, Geschlecht, Status) den angstfreien und erfolgreichen Umgang mit Reizen, die beim Beobachter Angst auslösen, z.B. den Umgang mit angstauslösenden Tieren oder dem Ausführen angstbesetzter Gespräche über „heikle" Themen. Dieses Verfahren kann noch intensiviert werden, indem Modell und Beobachter gemeinsam z.B. mit einem bisher angstbesetztem Gegenstand umgehen.

In diesem Bereich ist auch an die Möglichkeiten einer stellvertretenden Sensitivierung zu denken. Wie bei den anderen Sensitivierungstrainings (vgl. Kap. 7.2.4) ist dabei das Ziel der Aufbau von Hemmungsreaktionen durch Beobachtung aversiver Konsequenzen. In der Alkoholikertherapie, muss sich der Betroffene z.B. um noch stärker beeinträchtigte Patienten kümmern und wird dabei immer wieder mit den Folgen des Alkoholkonsums konfrontiert.

(2) Stellvertretende operante Konditionierung (stellvertretende Verstärkung, stellvertretende Bestrafung)

In der Schule verfügt vor allem die Lehrkraft über Möglichkeiten, durch Beobachtungslernen sowohl neue (komplexe) Verhaltensweisen zu veranlassen als auch schon vorhandenes Verhalten bei den Schülern und Schülerinnen durch eigenes Modellverhalten zu fördern oder zu hemmen. Diese herausragende Rolle, als Modell für Schüler zu wirken, besteht besonders für Lehrer in der Grundschulzeit, in der die Schüler entwicklungsbedingt noch relativ unkritisch das Modell des Lehrers nachahmen (Ammer et al., 1976, S. 153).

Nachdem aber Status, Prestige und Kompetenz auch bei Schülern vorhanden sind, können auch diese die Rolle eines potentiell in pädagogisch günstige Richtung wirkenden Modells übernehmen. Diese Möglichkeit kann vom Lehrer bewusst eingesetzt werden, indem er solche Modellpersonen für erwünschtes Verhalten verstärkt und damit eine Art Multiplikationseffekt benützt, da ja - wenn ein Modell verstärkt wird - auch beim Beobachter eine stellvertretende Bekräftigung stattfindet.

Beim Einsatz von Modellernen in pädagogischen Situationen sollten aber zwei Aspekte nicht übersehen werden: Der Lehrer kann (unbeabsichtigt) auch ein negatives Modell abgeben, etwa wenn er Konflikte durch Einsatz von aversiven Maßnahmen zu lösen versucht. Zum anderen hat die Verstärkung eines Modellschülers dann einen stark manipulativen Charakter, wenn dies „unauffällig", ohne Informierung der Klasse über die Absicht dieser Hervorhebung geschehen soll. Der Modellschüler müsste auch sehr sorgfältig ausgesucht werden, um sicherzustellen, dass er eine echte Modellfunktion für die Mitschüler hat. Dabei ist auch zu überlegen, ob der Modellschüler eine solche Rolle „verkraftet". Von den Standpunkten der Transparenz und Partizipation in der Erziehung sollte auch hier der Einsatz des Modelllernens in seinen vielfältigen Möglichkeiten offengelegt und die angestrebten Ziele diskutiert und, wo möglich, auch gemeinsam festgelegt werden.

Auch an eine Verhaltensreduzierung durch Modelllernen ist zu denken. Dabei ergeben sich mehrere Möglichkeiten: Der Beobachter erlebt die Bestrafung eines Mitschülers, der direkt aversive Konsequenzen für ein Verhalten erfährt. Dieser Ablauf wäre auch als Film oder Rollenspiel einsetzbar. Eine Reduktion könnte auch durch stellvertretende Löschung stattfinden; d.h. der Beobachter erlebt, dass auf gezeigtes Verhalten hin keine Verstärkung mehr erfolgt. Auch hier ist aber zu bedenken, dass als ungerecht bewertete Strafen den Status des Bestrafenden in eine negative Richtung („Gerechtigkeit des Lehrers") verändern können und deshalb bei ungerechtfertigt erlebten Sanktionen der Lehrer sein Ansehen auf das Spiel setzt.

Schließlich ist auch das stellvertretende Lernen inkompatibler Verhaltensweisen möglich. Bei all diesen Vorgehensweisen müssten die erläuterten Bedingungen für erfolgreiches Modellernen eingehalten werden.

(3) Rollenspiel zum Erlernen von sozialen Kompetenzen
Die wohl wichtigste und bei richtigem Einsatz auch wirkungsvollste Methode in diesem Bereich ist das Rollenspiel. Im Rollenspiel können durch ausagierendes „Probehandeln" neue Kompetenzen erworben oder Konflikte unter Schonraumbedingungen bearbeitet werden. Diese Probehandeln ist - neben der verbal-kognitiven Auseinandersetzung - auch ein neuer Weg zur Erkenntnis.

Das Rollenspiel ist eine Form des Psychodramas, das von dem Wiener Arzt Jacob L. Moreno (1954) als ubiquitär einsetzbares psychotherapeutisches Werkzeug entwickelt worden ist, welches wieder komplementär zu seinem soziometrischen diagnostischen Vorgehen zu sehen ist.

Das Vorgehen ist dabei, dass ein Thema erarbeiten wird, für das ein Skript (d.h. ein grober Ablauf des Spiels) festgelegt wird. Bereits die Erarbeitung des Spielskripts kann als ein gemeinsamer Problemlösungsprozess angesehen werden. Dieses Skript wird dann entsprechend umgesetzt (vgl. die untenstehenden Techniken des Rollenspiels). Die beim Spiel gemachten Erfahrungen sollten kognitiv aufgearbeitet werden (Reflexionsphase) und – im pädagogischen Kontext – auch anderen zugänglich gemacht werden (Generalisierung).

(a) Funktionen des Rollenspiels
- *informierende Funktion:* ein unklares konflikthaltiges Ereignis wird nachgespielt;
- *diagnostische Funktion:* Hintergründe, Absichten, Motive sollen einsichtig werden, indem das Verhalten in einem Kontext dargestellt wird;
- *kathartische Funktion:* Gefühle werden gezeigt, emotionale Spannungen können sich zugunsten der Bereitschaft lösen, aktiv klärend ein Geschehen anzugehen;
- *heuristische Funktion:* alternative Verhaltensweisen können gefunden, experimentell durchgespielt und so auf ihre Brauchbarkeit hin untersucht werden;

- *therapeutische Funktion:* alternative Verhaltensmodelle regen zur Änderung des Verhaltens an.

(b) Techniken der Rollenspiellenkung

Um ein Rollenspiel lebhaft und wirkungsvoll zu gestalten, stehen eine Reihe von Techniken zur Verfügung, welche von dem Spielleiter kunstgerecht eingesetzt werden können. Diese beziehen sich auf folgende Aspekte:

1. Rollenübernahme: Welche Rollen sind zu vergeben? Wer meldet sich für welche Rolle? Wer wird für eine Rolle vorgeschlagen? Welche charakteristischen Momente sind zu erfüllen? Vorsicht sollte man aber vor der Festigung von Stereotypen walten lassen (eventuell deutlich zu machen durch Protokollierung der Meldungen oder Vorschläge für eine Rolle).

Wenn eine Rolle übernommen wird, (a) entweder Vorstellung der Rolle durch den Akteur (Grundfragen: Wer bin ich? Woher komme ich? Wo bin ich? Was spielt sich um mich herum ab? Wem stehe ich gegenüber? Warum bin ich hier? Was soll ich hier? Was will ich hier?) oder (b) ein Interview durchführen, um die Rolle festzulegen. Durch ein Frage- und Antwortspiel werden die Spieler in die Situation eingeführt.

2. Beobachtungsaufgaben festlegen: Diese sollen helfen, dass in einer größeren Gruppe alle Gruppenmitglieder aktiv am Geschehen beteiligt sind. (a) Beobachtung der Rollenausfüllung, z.B. wann fühlt sich ein Spieler in seiner Rolle nicht mehr wohl, wann grenzt er sich gegen seine Mitspieler ab? (b) Wann reagiert ein Spieler betroffen durch die anderen, was war wichtig beim Spiel, was war nebensächlich? (c) Wer hat den spieltragenden Part eingenommen, wer mehr eine Nebenrolle, wer wird von wem angesprochen, wann spricht ein Spieler mit seinem Körper? (d) Wie häufig versucht X, den Y durch Fragen zu verstehen? Welche Vorwürfe werden gemacht? Wann wird dem Gegenspieler die Chance zu einer freien Reaktion gegeben? An welcher Stelle erfolgt eine Weichenstellung für den Spielverlauf? (e) Körpersprache: Was macht X mit seinen Armen? Wie verändert sich der Gesichtsausdruck von Y? Wie weisen die Körper der Spieler zueinander? (f) Welche Vorschläge macht X, um aus einer schwierigen Situation herauszufinden? Wann hättest Du Vorschläge gemacht? Wo hättest Du Dich anders verhalten?

3. Eingreifen eines Zuschauers, Interventionsrollen: Der mitspielende Erzieher (oder auch ein anderer Zuschauer) kann ein besonderes Modell bieten, z.B. der Lehrer, der in der Rolle des gescholtenen Schülers nach den Motiven des strafenden Lehrers fragt. Wenn das Spiel zu trocken wird, sind solche Anstöße von außen hilfreich. Man kann dabei auch von der Zuschauerbank in das Spielgeschen eingreifen. Vorsicht, nicht zu voreilig eingreifen, denn eventuell müssen sich die Spieler erst warm spielen. Einsatzmöglichkeiten sind auch gegeben, wenn eine vorgeschlagene Lösung zu glatt / zu einfach ist, wenn sie für die anderen Gruppenmitglieder unakzeptabel ist oder wenn die Spieler eine Orientierungshilfe für ein ganz bestimmtes angezieltes Verhalten benötigen. Zur Spielführung kann ein Eingreifen auch sinnvoll sein, wenn ein Spieler seine Rolle nicht versteht oder ein Spieler wegen eines dominanten Gegenspielers nicht zum Zuge komme (Motto: „Ein Freund kommt zu Hilfe").

4. *Doppelgängermethode:* Spieler A' tritt hinter Spieler A und übernimmt ganz oder teilweise die Rolle von A. (a) Doppel beim Monolog (Selbstgespräch): Hier motiviert der Spielleiter einen Spieler, laut über das nachzudenken, was er gerade erlebt hat. Wenn dies dem Spieler schwer fällt, stellt er sich hinter den Spieler und sagt: „Ich bin unsichtbar, ich spreche für Dich!" Beim Monolog hilft der Doppelgänger dem Spieler, sich seinem eigenen Erleben und Fühlen zu stellen. (b) Doppel in Aktion: Wenn das Spiel zu Stocken droht, hilft der Doppelgänger; er spricht z.B. für den Spieler, der sich seinerseits pantomimisch den Aussagen des Doppelgängers anpasst. Der Doppelgänger spiegelt den Akteur, er ist sein unmittelbares Echo. Er ist seine innere Stimme (Hilfs-Ich), die mit Worten erläutert, was der Spieler nur zu denken wagt, eventuell selbst sagen will, dies aber aus irgendwelchen Gründen nicht schafft.

Doppelgänger werden eingesetzt, wenn eine Problemlösung zu vordergründig angegangen wird, das „wahre" Problem aber nicht zum Vorschein kommt.

5. *Rollentausch:* Tausch zwischen Spiel und Realität: Jeder begibt sich in die Situation des Kontrahenten (Realität und Spiegel). Tausch auf einer Spielebene: Im ersten Spiel wird ein Part wie in der Realität gespielt, im zweiten wie es spielerisch sein könnte. Durch den Rollentausch können die Spieler erfahren, wie sich das Problem aus der Sicht des Kontrahenten darstellt (Perspektivenwechsel, Empathiestimulation). Die eigene Position wird aus der Sicht des Gegners gesehen, dabei wird eine gewisse Distanz zum eigenen Standpunkt gefördert (Rollendistanz).

Rollentausch ist sinnvoll, wenn einem Spieler mehr Ideen zur Rolle des anderen einfallen als zu seiner eigenen oder ein Problem einseitig nur aus der Perspektive eines Spielers beleuchtet wird, auch wenn ein Spieler durch eine ihm zugewiesene Rolle in negativen sozialen Verhaltensweisen verstärkt wird, mit denen er außerhalb der Spielsituation mit der Umwelt in Konflikt gerät.

6. *Rollenwechsel:* Alle oder einzelne Rollen werden umbesetzt. Möglichst viele Schüler sollen aktiviert werden. Gleiche Rollen können unterschiedlich dargestellt werden, damit es zu keinen klischeehaften Erstarrungen kommt. Die Spieler

bekommen Distanz zu ihren Rollen. Spielbeobachtungen können ohne großen Aufwand ausgewertet werden, da die Zuschauer ihre Vorschläge unmittelbar als Spieler einbringen und auf ihre Konsequenzen prüfen können. Damit wird auch die Spielfreude erhöht.

Rollenwechsel ist auch sinnvoll, wenn ein Spieler an Ideenarmut leidet oder die Spieler auf der Stelle treten; wenn die Meinung möglichst vieler Spieler bekannt werden soll, bevor eine Entscheidung getroffen wird; wenn sich die Spieler selbst produzieren, ohne Bezug zum Thema. Auch: Wenn sich die Zuschauer langweilen, wenn ein Spieler Widerstände gegen eine Lösung zeigt, die ihm von den Mitspielern angetragen wird oder wenn sich ein Spieler so stark mit seiner Rolle identifiziert, so dass er eine Distanzierungshilfe benötigt.

(c) Reflexionsphase

Das Rollenspiel muss im Nachhinein auch noch bearbeitet werden. Dabei soll der Ertrag des Spiels, die gewonnenen Einsichten durch die Beteiligten herausgearbeitet werden. Folgende Ideen können dabei umgesetzt werden

1. Gesprächshafte Aufarbeitung mit den Fragen:
- Könnte sich die gespielte Situation in Wirklichkeit so ereignet haben?
- Haben einzelne Verhaltensweisen echt / unecht gewirkt (z.B. Sprache, Gestik, Körperhaltung)?
- Welche Rollen waren spielbestimmend?
- Sind die Spieler aufeinander eingegangen?
- Welche Absicht hat X oder Y verfolgt?
- Was hat X, Y gesagt oder getan? Was könnte er gedacht haben?
- Wie fühlt sich X, Y vorher / nachher?
- Welche Alternativen wurden vorgespielt, vorgeschlagen?
- Wie würdest Du Dich an Stelle von X, Y verhalten?
- Welche Konsequenzen könnte das Verhalten von X, Y haben?

2. Interview („Pressekonferenz" nach dem Spiel).

3. Interaktionssoziogramm auswerten.

4. Rekapitulation eventuell mit Hilfe von Tonband- oder Videoaufnahmen.

5. Freie Assoziationen erheben (was fällt Euch spontan zu dem Spiel ein?).

6. Beobachtungsaufgaben auswerten (die Mitteilung der Ergebnisse wirkt reintegrierend).

Eine Variante wäre auch, die erarbeitete Lösung nochmals durchzuspielen.

(d) Generalisation

Das Rollenspiel soll auch wieder an die Realität rückgebunden werden. Hier soll der Schritt von dem einzelnen Spiel zum Allgemeinen (dem Problem an sich) gemacht werden. Dabei sollen auch Nichtanwesende über das Ergebnis informiert werden; dies motiviert, deshalb kann auch die „Öffentlichkeitsarbeit" in das Spiel integriert werden, z.B. in Form von

- Schülerzeitung,
- Wandzeitung,
- Spielnachmittage und Schultheater,
- Schulkonferenz (Anliegen wird mittels eines vorbereiteten Rollenspiels vorgetragen),
- Elternabend.

Formen des Rollenspiels finden sich auch im klinischen Bereich wieder. Z.B. führt ein Therapeut vor, wie richtiges Verhalten eingesetzt wird (etwa bei sozialen Ängsten, sozialer Unsicherheit; aber auch bei aggressivem Verhalten können adäquate Lösungen auf diesem Weg erarbeitet werden). Der Patient übernimmt dann in Form eines Rollentausches die Rolle des potentiellen Gesprächspartners, er spielt beispielsweise den Verkäufer und der Therapeut reklamiert wegen einer mangelhaften Ware oder wird in die Rolle eines Opfers von Aggressivität hineinversetzt und erlebt damit die Wirkung seines Verhaltens auf andere. Auch hier kann der Patient zum einen die für eine Konfliktlösung erforderlichen Verhaltensweisen beobachten, zum anderen spürt er auch die Wirkungen dieser Verhaltensweisen am eigenen Leib.

Auch in Gruppentherapien kommen Modelleffekte zum Tragen. Es entsteht aufgrund des Drucks zur sozialen Konformität ein Mitreißeffekt, der durch die Beobachtung anderer Mitglieder in der gleichen Lage besonders stark ausfällt und der deswegen keineswegs harmlos ist.

Bei dem Einsatz von Modellierungstechniken ist es besonders wichtig, dass in einer nachfolgenden Phase auch die Anwendung des neu erworbenen Verhaltens trainiert wird, der Kontaktgestörte lernt z.B., Passanten nach dem Weg zu fragen, sich um die Uhrzeit zu erkundigen, er bittet jemand, ihm Geld zu wechseln ...; dies zumeist in abgestuften Realitätsgraden.

8. Begriffsbildung und Regellernen[1]

> Man kann sich bei einiger Mühe eine ungefähre Vorstellung davon machen, wie das Denken verliefe, wenn es vollkommen wortlos wäre: es ginge leicht alles durcheinander, Überblick und Ordnung kämen in Gefahr; wie ein Lufthauch wäre ein solcher Gedanke, ohne Halt und Festigkeit ... *das Wort gibt dem Gedanken im Ablauf der Erlebnisse einen festen Halt.* (Hubert Rohracher, 1965, S. 327)

8.1. Was sind Begriffe?

Begriffe sind Ordnungsstrukturen für die Erfassung der Welt. Sie stellen das Ergebnis von Versuchen dar, die mit der Realität gemachten Erfahrungen zu kategorisieren oder zu strukturieren. Die biologische Funktion von Begriffen „besteht in der Aufgabe, in unserer Umwelt Ordnung zu schaffen, so dass wir uns in ihr sicher fühlen und nicht ständig von unbekannten Dingen beunruhigt werden" (Rohracher, 1988, S. 365).[2]

Beim Menschen ist Begriffsbildung sowohl eine subjektive wie auch eine kulturelle Leistung. Durch Generalisierungs- und Differenzierungsprozesse werden dabei ausgliederbare Aspekte der erfahrenen Wirklichkeit zu Kategorien zusammengefasst (z.B. die Kategorisierung der Menschheit in Frauen und Männer). Was als zusammengehörig erfahren oder gedacht wird, wird durch die Prinzipien

---

[1] In der Literatur wird bisweilen zwischen Begriffs- und Regellernen unterschieden (Gagné, 1970, S. 117). Regeln werden dabei verstanden als „Ketten von Begriffen", sie „machen das aus, was man im allgemeinen *Wissen*" nennt (a.a.O.). Diese Unterscheidung ist zu statisch gedacht und scheint psychologisch nicht sinnvoll zu sein, da bereits bei der Abbildung von Begriffen im semantischen Gedächtnis vielfältiges Wissen vorausgesetzt wird, eine saubere Trennung von Begriff und Regel also nicht möglich ist. Dies entspricht auch der Auffassung von Collins und Loftus (1975, S. 408): „In these terms concepts correspond to particular senses of words or phrases ... the 'particular old car I own' is a concept; the notion of 'driving a car' is a concept; even the notion 'what to do if you see a red light' has to be a concept".

[2] Auch das Lernen von Begriffen kann in neuronalen Netzwerken modelliert werden, wobei die assoziativen Gewichte die Stärke des assoziativen Beziehungen zwischen begrifflichen Merkmalen und den Kategorien darstellen (Gluck & Bower, 1988; Shanks, 1991).

der raum-zeitlichen Kontiguität (Assoziationsprinzip), der Koppelung mit unbedingten Reflexen (klassisches Konditionieren) oder durch erhaltene Rückmeldungen aus der Umwelt (operantes Konditionieren) bestimmt.

Ergebnis der Begriffsbildung ist, dass die unübersehbare Vielfalt von Reizgegebenheiten auf die für ein Lebewesen bedeutsamen Kategorien reduziert wird.[3]
Aebli (1978, S. 192) weist darauf hin, dass Begriffe nicht nur die *Inhalte* des
geistigen Lebens sind, sondern sie sind auch seine *Instrumente* - sie sind die
Werkzeuge, mit denen wir die Welt begreifen.[4]

Bei Instinktverhaltensweisen ist diese Umweltkategorisierung fest vorgegeben
(für die Zecke z.B. besteht ein wesentlicher Umweltausschnitt in der Kombination von Wärme + dem Geruch von Buttersäure; diese beiden Merkmale sind für
diese Spezies hinreichend für den Begriff des Säugetiers [im Sinne eines AAM],
der dann als festgelegte Reaktion ein Fallenlassen des Tieres zur Folge hat; vgl.
Kap. 1.4.1). Begriffsbildung ist hingegen eine variable Anpassungsform an eine
Umwelt.

Man könnte auch sagen, Begriffe sind (im Sinne Popper'schen Denkens)
Hypothesen über (zumindest ontogenetisch) wichtige Umweltausschnitte. Solange sie ihre ordnungsstiftende und eine das Überleben sichernde Funktion erfüllen,
werden sie beibehalten; wenn andere Kategorisierungen und damit eine andere
Ordnung der Phänomene unter einen Begriff für diese Funktion sinnvoller erscheinen, so werden die alten Begriffe aufgegeben und neue Kategorisierungen
verwendet.[5] Dieser Prozess muss nicht immer sehr rational gesteuert sein[6].

---

[3] „Das Lernen eines Begriffs wirkt sich in der Befreiung des Lernenden aus der Kontrolle spezifischer Reize aus" (Gagné, 1970, S. 112).

[4] Vergleiche hierzu auch das Organon-Modell der Sprache bei Bühler (1934). Sprache wird hier
gesehen als Werkzeug für den Sprechenden (Ausdrucksfunktion), für den Empfänger (Mittei-
lungsfunktion) und den Inhalt (Darstellungsfunktion).

[5] In China war es angeblich das Vorrecht des Kaisers, den Dingen den richtigen Namen zu geben.

[6] Zu denken ist an folgende Beobachtung: Ein kleines Kind schaut zögernd auf eine Maus, ein
Tier das es noch nie gesehen hat. Die zufällig anwesende Großmutter schreit auf und sagt, „Du
hast jetzt Angst gehabt". D.h. ein an sich mit Angst nicht verbundenes Objekt wird unter die
Erfahrungsqualität „Angst" subsumiert (durch eine assoziative bzw. eine durch klassische Konditionierung aufgebaute Verbindung). Die Erfahrung des Kindes wird (in diesem Fall fälschlich)
benannt und das Kind lernt, einen bestimmten Erfahrungszustand (hier Neugier und Explorationsverhalten) unter diesen Emotionsbegriff, der dann noch durch viele andere Erfahrungen ausdifferenziert wird, einzuordnen.

Begriffsbildung ermöglicht es dem Menschen, Gegenstände, die er noch nie gesehen hat, als Beispiele einer bereits bekannten Klasse zu erkennen. D.h. durch Begriffsbildung werden Reize (Gegenstände) aufgrund ihrer Merkmale oder eines Gesamteindruckes einer Kategorie zugeordnet (über die verschiedenen Arten der Repräsentation von Begriffen vgl. Kap. 2.5.3). Diese Kategorisierung macht es möglich, gespeichertes Wissen über die Reizklassen (Kategorien) auf einen vorliegenden Fall anzuwenden, oder anders formuliert: Begriffsbildung ermöglicht die Übertragung von Erfahrungen mit bekannten Kategorienmitgliedern auf nicht bekannte (Schrameier, 1990).[7] Durch Begriffsbildung wird die Welt überschaubar und handhabbar.

Bisweilen können ontogenetisch Kategorisierungen erworben werden, die mit einem lexikalisch verbindlichen Sprachstandard nicht übereinstimmen. Solange aber keine massiv negativen Folgen (i.S. operanten Konditionierens) oder andere Erfahrungen (i.S. des Modellernens) mit dieser Kategorisierung verbunden sind, wird diese Ordnung beibehalten. Es ist also von „Ideolekten", zumindest aber von „Soziolekten" innerhalb einer Sprachgemeinschaft auszugehen, die trotz ihrer semantischen Variationen Kommunikation nicht verhindern, allenfalls erschweren, so dies überhaupt bemerkt wird.

Die menschlichen Sprachen stellen diesen Erfahrungsschatz der Menschheit im Umgang mit der Realität und ihrer Kategorisierung dar.[8] Auch für diese Ausbildung der Begriffskategorien kann vermutet werden, dass Prozesse des operanten Konditionierens eine Rolle gespielt haben.

Kultureller Fortschritt wäre ohne Begriffsbildung nicht möglich. Allerdings wird durch die übernommenen, tradierten Begriffe unser Denken auch in eine bestimmte Richtung gelenkt. Wenn Begriffe der Sprache die kodierten Erfahrungen unserer Ahnen darstellen, so übernehmen wir mit diesen Begriffen auch deren Weltsicht, d.h. deren Klassifikation von Phänomenen in Form begrifflicher Zusammenfassungen. Wenn ein begriffliches System einen höheren Überlebenswert hat, so wird es sich von einem untauglichen oder zumindest weniger taugli-

---

[7] Auch in diesem Fall erweist sich, daß semantisches Wissen generativ ist, d.h. Inferenzen erlaubt, die über die im Moment wahrgenommenen Merkmale hinausgehen. Vgl. hierzu auch den Begriff des „Schemas" (Kap. 2.5.3.2).

[8] Die Frage, ob Begriffe grundlegende Aspekte der Wirklichkeit abbilden, wird von Wimmer und Perner (1979, S. 206 ff) in Bezug auf Farbnamen auf dem Hintergrund kulturvergleichender Forschung diskutiert und im Sinne einer annäherungsweisen Übereinstimmung zwischen der geistigen Ordnung dieses Erfahrungsbereiches und der physikalischen Welt beantwortet, dies im Unterschied zu „postmoderner" bzw. konstruktivistischer Beliebigkeit.

chen (z.B. weil es zu wenige Differenzierungen aufweist oder weil es erfahrungs-
inkongruent ist) weg entwickeln.

Bekannt sind die Beispiele, nach denen die in den Sprachkategorisierungen
zum Ausdruck kommenden Ordnungen der Umwelt nicht in jeder Kultur gleich
sind: Dort, wo spezielle Umweltbedingungen für das Überleben wichtig sind,
wird eine andere Kategorisierung, d.h. eine andere Begrifflichkeit, ausgebildet.
Paradigmatisch sind die differenzierten begrifflichen Unterschiede in bezug auf
Schnee, die Eskimos ausgebildet haben (vgl. hierzu das literarische Beispiel der
Grönländerin Smilla[9] in Høeg [1994]). Selbst der alpine Tourengeher verfügt in
der Regel über eine andere Kategorisierung von Schneearten als der Pistenbenut-
zer oder der skifahrabstinente Großstädter.

> Die unterschiedliche Sichtweise der Realität kommt auch bei dem Vergleich von
> Expertenwissen mit Laienwissen zum Ausdruck. Von Mark Twain stammt das
> Beispiel, dass er - nachdem er als Lotse auf dem Mississippi ausgebildet war - den
> Fluss nicht mehr einfach als ein Naturerlebnis wahrnehmen konnte, sondern nach
> Strudeln, Sandbänken und Untiefen kategorisiert hat. Auch ein Botaniker wird
> aufgrund seines Wissens eine Wiese ganz anders wahrnehmen als ein schwärmeri-
> scher Naturfreund.

In der Sapir-Whorf-Hypothese (Sapir, 1929; Whorf, 1956) wird dieser Aspekt in
sehr scharfer Form behauptet. Die Autoren gehen von einer Beeinflussung des
Denkens durch die Sprache aus, dabei wird allerdings eher auf syntaktische
Sprachmerkmale abgestellt. Da die Sprachstrukturen sehr unterschiedlich seien,
müssen auch die Denkstrukturen bzw. - in der Folge davon - auch die Weltbilder
der Menschen aus unterschiedlichen Kulturen sehr verschieden sein (= „linguisti-
sches Relativitätsprinzip").

---

[9] U.a. finden sich folgende Unterscheidungen: „frazil" - Eisbrei, der zu Schollen gefriert, das
Meerwasser gefriert von unter her, oberflächlich wird Salz ausgeschieden; „hiku" - Festeis auf
dem Kontinent; „hikuaq" und „puktuaq" – Eisschollen aus Schmelzwassereis; „maniilaq" - Eis-
buckeln; „ivuniq" - Eisstaus; „apuhiniq" - Schnee, der vom Wind zu einer harten Barrikade
gepreßt worden ist; „agiuppiniq" - vom Wind gebildete Scheefahnen, wenn sich der Nebel auf
das Eis legt ...

8.2 Nichtsprachlich repräsentierte Begriffe

8.2.1 Nichtsprachlich repräsentierte Begriffe beim Menschen

Da Begriffe beim Menschen (zumeist) sprachlich repräsentiert sind, wird sehr schnell auf sprachbezogene Analysen abgestellt.[10] Begriffe müssen aber nicht sprachlich formuliert sein. Wenn im Rahmen des klassischen oder des operanten Konditionierens von Reiz-Reaktions- bzw. Reaktions-Konsequenz-Beziehungen ausgegangen wurde, so setzen zwar auch diese Lernarten eine im semantischen Gedächtnis repräsentierte Kategorisierungsleistung (bezüglich der Reiz- und Reaktionsklassen), d.h. eine Widerspiegelung relevanter Ausschnitte der Realität im Gedächtnis, voraus. Diese Art des Wissens muss aber nicht bewusst i.S. von verbalisierbar sein, allerdings kann explizites Wissen diese Koppelungen aufbrechen (vgl. Kapitel über die symbolische Verhaltensregulierung). Beim Mensch ist ein weiteres indikatives Phänomen für die Existenz nichtsprachlich vorhandener Begriffe das Wissen um einen Sachverhalt oder einen Gegenstand, den man im Moment zwar nicht benennen, mit dem Gemeinten aber korrekt umgehen kann; d.h. die Bedeutung ist gegenwärtig, es fehlt aber die dafür geläufige Benennung.

Eine der ersten dafür einschlägigen experimentellen Untersuchungen zum Begriffslernen wurde von Hull (1920) angestellt. Er verwendete chinesische Schriftzeichen, die bestimmte Begriffe repräsentieren sollten. Die Symbole waren so gewählt, dass die Begriffsbedeutung nur jeweils von dem sog. Wurzelzeichen („Radex") abhängig war und nicht von den hinzugefügten Variationen. Die Schriftzeichen mit der entsprechenden Übersetzung wurden den Vpn über eine Gedächtnistrommel dargeboten und die Vpn lernten schrittweise die Übersetzungen.

---

[10] „Begriffe sind *unanschauliche Denkgebilde*, in denen bestimmte Wirklichkeitsgegebenheiten, die durch gemeinsame Wesensmerkmale geeinigt sind, zusammengefaßt werden. Sie können schon vorsprachlich gebildet werden, etwa auf Grund von Aktions- und Reaktionsidentitäten (Mach 1903, S. 249 ff.), aber ihr vollbewußtes Vorhandensein und ein gefügiges Operieren mit ihnen wird nur erreicht, wenn sie an ein Wort gebunden sind, das als ihr Symbol und Träger fungiert. Ein Inhalt des Gegenstandsbewußtseins bekommt erst durch seine Bindung an ein Wortzeichen feste Abgrenzung und freie Verfügbarkeit" (Kainz, 1964, S. 573).

Serie	«Wort»	«Begriff»	1	2	3	4	5	6
A	oo							
B	rer							
C	li							
D	ta							
E	deg							
F	ling							
G	hui							
H	chun							
I	vo							
K	na							
L	ncz							
M	fid							

Abbildung 8.1: Versuchsmaterial aus den Studien von Hull (1920)

Nach etlichen Durchgängen konnten die Vpn die Bezeichnung korrekt dem Zeichen zuordnen (sie hatten also die jeweiligen Begriffe erworben), sie konnten auch Zeichen, die sie bislang noch nicht gesehen hatten, richtig benennen, waren aber nicht in der Lage, die Zuordnung zu begründen. Hull bezeichnet den ursprünglich als S-R-Prozess gedachten Lernvorgang als Prozess der „verallgemeinernden Abstraktion". Aus qualitativen Befragungen ergab sich zudem, dass das Gemeinsame ganz allmählich heraustritt und im Zuge der einzelnen Präsentationen immer genauer erfasst wird.

8.2.2 Begriffsverfügung bei Anthropoiden

Auch bei nicht-menschlichen Spezies kommt es zur Begriffsbildung. Immer wenn auf eine Klasse bestimmter Stimuli oder Situationen in vergleichbarer Weise reagiert wird, muss eine begriffliche Kategorisierung und eine kognitive Repräsentation dieser Kategorie vorhanden sein. Beispiele über spontane Begriffsbildungsleistungen bei Schimpansen werden von Premack (1976, S. 214) genannt: Seine Äffin Sarah hat bei einem Besucher den Stoff seines Hemdes berührt, daraufhin ist sie zu ihrer Krippe gelaufen und hat dort den Stoff der Windel, der eine ähnliche Webart aufwies, angegriffen. Zwei unterschiedliche Gegenstände wurden somit als Mitglieder einer Kategorie („Stoff einer bestimmten Art") erkannt. Bei weiteren Versuchen konnten auch Mehrfachkategorisierungen nachgewiesen werden (z.B. Pflanzen vs. Tiere, essbare vs. nicht-essbare Pflanzen).

Die Schimpansin Elizabeth hat (während sie auf ein anderes Experiment wartete) wiederholt einen davon rollenden Ball zu sich hergeholt, aber nicht, indem sie ihn geholt hätte, sondern indem sie die Decke, auf welcher der Ball war, mit Fingerspitzengefühl zu sich hergezogen hat; offenkundig verfügte sie über hinreichendes physikalisches Wissen (mentales Modell), so dass diese Leistung möglich war (Premack & Woodruff, 1978).

Andere eindrucksvolle Beispiele berichtet auch Rensch (1968). Er konnte beobachten, dass seine Schimpansin Julia das Hebelprinzip korrekt anzuwenden in der Lage war und dabei unterschiedlichste Gegenstände, die nur das Funktionscharakteristikum des Hebels gemeinsam haben, für diese Aufgaben (Öffnen von Kisten) verwendete (Rensch [1968, S. 116] spricht dabei von „averbaler Begriffsbildung"). Julia lernte auch, hintereinander 14 Kisten, in denen jeweils das Werkzeug zum Öffnen der nächsten Kiste enthalten war, in der richtigen Reihenfolge zu öffnen. Selbst wenn die Kistchen anders angeordnet waren, konnte sie diese Aufgabe lösen.[11]

Klix (1980) arbeitet heraus, dass die Merkmale dieser Begriffe im Rahmen einer Tätigkeit entstehen und als Verwendungseigenschaften (nicht aber als statische Form-, Farb- oder taktile Eigenschaften) gespeichert werden. Diese Begriffsbildung muss zudem nicht unbedingt mit der Ausführung einer Handlung einhergehen.

Im menschlichen Gedächtnis sind Begriffe im allgemeinen *benannt* (zu den Ausnahmen s.o.). Das bedeutet, dass zu dem semantischen Merkmalseintrag zumeist noch zwei weitere hinzukommen, nämlich

- ein *phonemisch-phonologischer* (auch das Wortklanggebilde wird im Gedächtnis festgehalten) sowie bei den des Schreibens und Lesens mächtigen Menschen ein

- *graphemisch-orthographischer* (Schriftbild bzw. Schriftzüge).

---

[11] „Wir müssen also annehmen, daß den Menschenaffen ähnlich wie uns Menschen während einer längeren Handlungsfolge eine *Zielvorstellung* vorschwebt, die in dem vielfältigen, jederzeit ablaufenden Assoziationsgefüge dominiert und die Motivation der einzelnen Handlungsphasen bestimmt. Beim Menschen gelten derartige psychophysische Abläufe ... als Grundlage willentlicher Gedanken- und Handlungsfolgen" (Rensch, 1968, S. 112).

Diese letzteren Funktionen scheinen eine wesentliche Leistung des Menschen zum Ausdruck zu bringen, über die Tiere nicht verfügen. Man kann davon ausgehen, dass der Mensch dem Anthropoiden aufgrund der Sprachverfügung und der damit einhergehenden besseren Speicherungsmöglichkeit auf alle Fälle quantitativ hinsichtlich der Fähigkeit, Begriffe zu bilden, überlegen ist. Besonders bei der Bildung abstrakter Begriffe (also solcher, denen nicht unmittelbar Beobachtbares zugeordnet werden kann) wird diese Überlegenheit deutlich.

Aber auch Anthropoide sind in der Lage, erfahrungsgeleitet Begriffe auszubilden, sie können Gegenstände klassifizierend erkennen und ihre Bedeutung bedürfnisabhängig bei Handlungen berücksichtigen. Anthropoide sind auch zur Kommunikation fähig (vgl. auch die Beispiele zum Beobachtungslernen bei Makaken und Schimpansen, Kap. 7.5.2), sie bilden aber keine Benennungen für einzelne Dinge oder für Kategorien aus.

Dass etwa Schimpansen keine dem Menschen vergleichbare Lautsprache sprechen können, ist in Unterschieden im Bau des Kehlkopfes und der Sprechmuskulatur begründet. Dennoch hat es nicht an Versuchen gefehlt, Anthropoiden das Sprechen beizubringen. Die ersten Versuche, Schimpansen die menschliche Sprache beizubringen, endeten mehr oder minder kläglich (Kellog & Kellog, 1933). Auch Hayes und Hayes (1955) konnten ihrer Schimpansin Viki nur drei Wörter beibringen (Mama, Papa, Cup). Diese Wörter stieß sie heiser-flüsternd heraus. Der Fluss menschlich-kindlicher Lautproduktion fehlte ihr völlig.

Das Ehepaar Gardner und Gardner (1969; 1971) lehrte ihrer etwa einjährigen Schimpansin Washoe ab 1966 eine Taubstummensprache (American Sign Language, ASL). Diese bestand aus 55 unterschiedlichen Figurteilen (Cheireme). Z.B. wird die spitz zulaufende Hand als eine Grundstellung verwendet, von der sich dann Fingerpositionen oder -bewegungen abheben. Jede dieser Figuren entspricht einem Wort. Washoe lernte bis zu ihrem sechsten Lebensjahr 130 verschiedene Stellungen als Zeichen für Dinge, Handlungen oder Ereignisse. U.a. auch das Wort für „ich", ein Satz wie, „Wen kitzle ich? ... Mich", konnte gebildet werden. Taubstumme Fremde konnten 70 % von Washoes Zeichen verstehen. Es kam auch vor, dass sie neue sinnvolle Fingerfiguren zusammendichtete. Auch konnte sie bekannte Dinge auf Photographien wiedererkennen und richtig benennen. Was ihr aber (vermutlich) zu fehlen schien, war eine Grammatik (Ausnahme: Der Adressat wird immer vor dem Adressor genannt, z.B. „Roger Washoe tickle" oder „You banana give Washoe"; zur Kritik vgl. Premack [1976, S. 330]).

Weitere wichtige Experimente über die Sprachfähigkeit von Schimpansen stammen von Premack (1975, 1976, 1977). Er umging die Unfähigkeit zur Lautbildung bei der Benennung von Klassifikaten, indem er kleine Kunststoffplättchen als „Worte" für Dinge wählte. Es wurde darauf geachtet, dass aufgrund der Form der Plättchen kein Hinweis auf ihre Bedeutung gegeben wurde („Apfel" wurde nicht als Ikone, sondern nur als abstraktes Symbol vorgegeben [= Dreieck], „braun" wurde nie mit einem braunen Gegenstand symbolisiert; allerdings konnte in einer Trainingsserie nachgewiesen werden, dass ikonisch gebildete Symbole schneller gelernt werden; Premack, 1976, S. 70 f.). Diese Plättchen konnten mittels eines Magneten auf einer Wand angebracht werden. Untereinanderstehende Plättchen bedeuteten einen Satz.

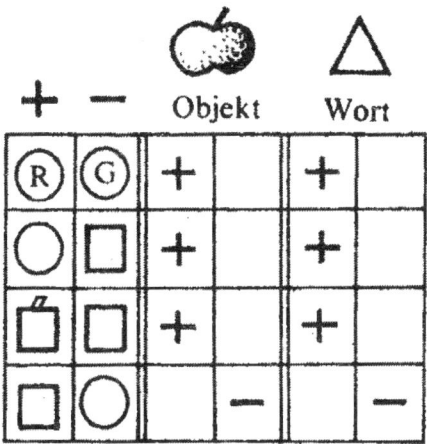

Abbildung 8.2: Dreieck als „Wort" für Apfel (typisch für das Erkennen eines Zeichens ist die Auswahl der jeweils ähnlichen Attribute, z.B. „rot", „rund", „mit Stiel", „nicht eckig"; Premack, 1977)

Die Schimpansin Sarah (und andere) wurden jahrelang darauf trainiert, Plastikplättchen auf eine senkrechte Magnetwand zu stecken, um damit etwas zu beschreiben oder dort stehende Zeichenfolgen zu lesen und mit dem entsprechenden Sinn der Handlungsfolge zu beantworten. Später konnten sie auch mittels eines Computers die gelernten Wörter zu Sätzen zusammenfügen. Was konnten sie alles erlernen (Premack, 1976)?

- Hauptwörter und Verben konnten zu Sätzen zusammengefügt werden. Damit wurden Ereignisse in der Außenwelt abgebildet (z.B. „Der Trainer gibt Sarah einen Apfel"), auch spontane Selbstverbalisierungen sind möglich (z.B. „Elizabeth wäscht Apfel"). Präpositionen wurden verstanden („grün auf rot").
- Neben Aussagen verstand sie auch Fragen.

- Außer Begriffen erlernte sie auch Oberbegriffe (z.B. „Farbe" für rot, grün etc.).

- Es gelingen Verneinung („Sarah no take jam-cracker") oder die Zuordnungen zu „gleich"/„ähnlich"/„ungleich" (Premack et al., 1978).

- Mengenbegriffe wie alle, kein, eins, mehrere wurden gebildet.

- Die Wenn-dann-Beziehung in und zwischen Aussagen konnte verwendet werden („Sarah lässt das Glas fallen" dann „Glas ist gebrochen"), kausale Relationen werden verstanden („"If Sarah took apple, then Mary gave her chocolate", „If Sarah take banana, then Mary no give Sarah chocolate").

- Der Begriff „Wort für" oder „Zeichen für" wird erworben („'Apple' is the name of apple", „'Banana' is not the name of apple").

- Erlernte Kategorisierungen können (spontan) auf neue Objekte angewandt werden (Olden, Thompson & Premack, 1988).

- Ähnlich wie beim Menschen scheint die Sprachverfügung neue Denkleistung beim Schimpansen zu ermöglichen: Probleme können von den trainierten Tieren auf einer begrifflichen und nicht nur auf einer sensorischen Basis gelöst werden: Ein trainiertes Tier kann etwa ¾ eines Apfels einem ¾ vollen Zylinder mit Wasser zuordnen (also Gegenstände, die äußerlich keinerlei Ähnlichkeiten aufweisen, aber die in Hinblick auf Proportionen Gemeinsamkeiten besitzen), es kann Gleichheit zu Gleichheit und Verschiedenheit zu Verschiedenheit (eine Leistung, die auch in Analogieaufgaben oder Aufgaben zum induktiven Denken in Intelligenztests verlangt wird) ordnen (Premack, 1984).

- Analogiedenkleistungen können hinsichtlich figuraler Probleme (geometrische Aufgaben, auch solche hinsichtlich Größe, Farbe und Markierung) sowie begrifflicher Probleme (bei funktionalen und räumlichen Relationen) erbracht werden (Gillan, Premack & Woodruff, 1981).

Klix (1980, S. 86) kommt zu folgender zusammenfassenden Feststellung:

Alles in allem stehen wir vor einem merkwürdigen Tatbestand: Schimpansen bilden lernabhängig Kommunikationsmittel aus; sie signalisieren sich Gefahr, Nahrung, Beute, verschieden je nach Art und Qualität. Auf der anderen Seite bilden sie in der Manipulation, im sensomotorischen Umgang mit den Dingeigenschaften der Realität Begriffe aus. Sie klassifizieren Objektmengen nach ihren motivations- und verhaltensrelevanten Eigenschaften. Aber sie bringen beides nicht zusammen. Die Kommunikation bleibt dem augenblicklichen Zustand, der Lage, dem Einzelereignis verhaftet. Gedankliche Konstruktionen, zu denen sie fähig sind, gehen in die kommunikativen Signale nicht ein. Wenn sie dies täten, dann wäre Sprache im Sinne eines Zeichensystems für Kommunikationszwecke vorhanden. Und gerade die bilden sie nicht.

Premack und Woodruff (1978) gehen aufgrund ihrer Untersuchungen aber noch viel weiter. Sie nehmen an, dass bei einem Schimpansen auch so etwas wie eine „Theorie des Verstandes" („theory of mind") vorhanden sein muss. Diese Tiere können sich nicht nur in die Intentionen eines (menschlichen) Aktors einfühlen, sie können auch die hypothetisch gewählte Lösung vorhersagen. Andere Fähigkeiten, die Menschen sehr früh besitzen, stehen ihnen hingegen nicht zur Verfügung: So konnte Sarah keinen Unterschied im Verhalten eines Erwachsenen im Vergleich zu einem kleinen Kind vorhersagen.

> Sie testen diese Hypothese mit einer Reihe von Videos, auf denen eine Person eine Banane zu erreichen versucht, die außerhalb ihrer Reichweite liegt. Bevor die Person zu einer Lösung kommt, hat das Tier Gelegenheit, aus mehreren Bildern mit einer möglichen Lösung die richtige herauszusuchen. Dies gelingt in signifikanter Weise.

Ein anderer Beleg für die kognitiven Fähigkeiten von Schimpansen ist in ihren gelungenen Täuschungsversuchen bei Laborstudien (Woodruff & Premack, 1979) und in Freilandbeobachtungen (Sommer, 1992, 1993)[12] zu sehen:

> Bei Schimpansen kann z.B. beobachtet werden, dass - wenn ein schwächeres Tier von einem stärkeren die Flucht ergreift - sich dieses vor ein ranghohes Tier stellt. Der potentielle Angreifer bedroht nun den ranghöheren Gefährten, mit meist für ihn sehr negativem Ausgang. Ähnlich auch die Fälle, bei denen ein Weibchen mit einem anderen Männchen, das eben nicht der Hordenführer ist, kopuliert. Merkt der Pascha den Fehltritt, so beendet das Weibchen, das gerade noch mit Begeisterung bei der Sache war, unter großem Geschrei den Geschlechtsakt und tut so, als ob sie von dem anderen Männchen überwältigt worden wäre. Der wird natürlich unausweichlich wieder vom Hordenführer verprügelt.
> Alle diese Listen setzten voraus, dass diese Tiere die Handlungsintentionen und die Handlungen anderer vorhersehen und andere für ihre Zwecke manipulieren können, dass sie also über eine Theorie über die Psyche der anderen Hordenmitglieder verfügen.

---

[12] Es zeigt sich in diesen Beispielen, daß die Meinung, daß nur der Mensch wegen seiner Fähigkeit zur Sprachverfügung Wahrheit erkennen und auch lügen könne, nicht richtig ist („In der Sprache liegen alle Möglichkeiten des Menschseins beschlossen. Wahrheit gibt es nur in ihr oder jedenfalls nur auf dem Weg über sie. Nur in der Sprache kann man lügen" [Hörmann, 1967]).

8.3. Exkurs: Terme, Begriffe und Sachverhalte

Die möglicherweise bestehenden Unklarheiten über den Zusammenhang zwischen sprachlichen Bezeichnungen (Terme / Phrasen, gekennzeichnet durch einfache Anführungsstriche), dem damit Gemeinten (Begriffe / Aussagen, markiert durch doppelte Anführungsstriche) sowie ihren Bezug zur Realität (Fakten, Ereignisse) hat Bunge (1967, S. 56 ff.) analysiert (vgl. Tab. 8.1).

Diese Unterscheidungen gehen im wesentlichen auf Frege (1892) zurück. Während die Sprachphilosophen seiner Zeit nur zwischen Zeichen (Name) und Bezeichnetem (Objekt) unterschieden, führte er als Mittelglied noch den Begriff des Sinns (Bedeutung, Intension) ein (siehe das untenstehende Beispiel von Abend- und Morgenstern).

Es wird zwischen drei Ebenen unterschieden, einer linguistischen Ebene, einer begrifflichen und einer physikalischen. Die Aussage (Proposition), „Darwin war ein Wissenschaftler", könnte z.B. auf der linguistischen Ebene unterschiedlich formuliert sein (z.B. in einer anderen Sprache), ihre Bedeutung bleibt jedoch auf der begrifflichen Ebene gleich. In dem gewählten Beispiel hat das Gemeinte auch einen realen Referenten (d.h. die Extension des Begriffes ist nicht leer, Darwin hat als Wissenschaftler tatsächlich existiert).

Es kann aber auch zu einer Reihe auflösbarer Schwierigkeiten kommen:

Ein und derselbe Begriff kann unterschiedliche Namen besitzen (sog. *Synonyme*, z.B. mehrere Namen für denselben Gegenstand [Kartoffel, Erdapfel], auch die Bezeichnung in einer anderen Sprache [potatoes, pommes de terres] oder in der Hochsprache und in einem Dialekt [im Pfälzischen z.B. Krumbeere für Kartoffel]) sind dafür Beispiele.

Unter dem gleichen Term können unterschiedliche Begriffe gemeint sein. So kann unter ‚Star' ein bedeutender Schauspieler oder eine bestimmte Vogelart verstanden werden, mit ‚Heide' kann ein Nichtchrist oder ein ödes Land gemeint sein (sog. *Homonyme*). Homonyme können zu Doppel- oder Mehrdeutigkeiten *(Äquivokationen)* führen und die Kommunikation erschweren. Im alltäglichen Sprachgebrauch werden Äquivokationen meist aufgrund situativer Gegebenheiten aufgelöst: Der Kontext bestimmt, welche Wortbedeutung gemeint ist. Allerdings kann die Verwendung von Homonymen auch ein bewusst eingesetztes Stilmittel sein, um durch intendierte Zweideutigkeiten eine bestimmte Aussage zu machen oder Effekte zu erzielen.

Tabelle 8.1: Linguistische, begriffliche und physikalische Ebene (Bunge, 1967, S. 57 und 58)

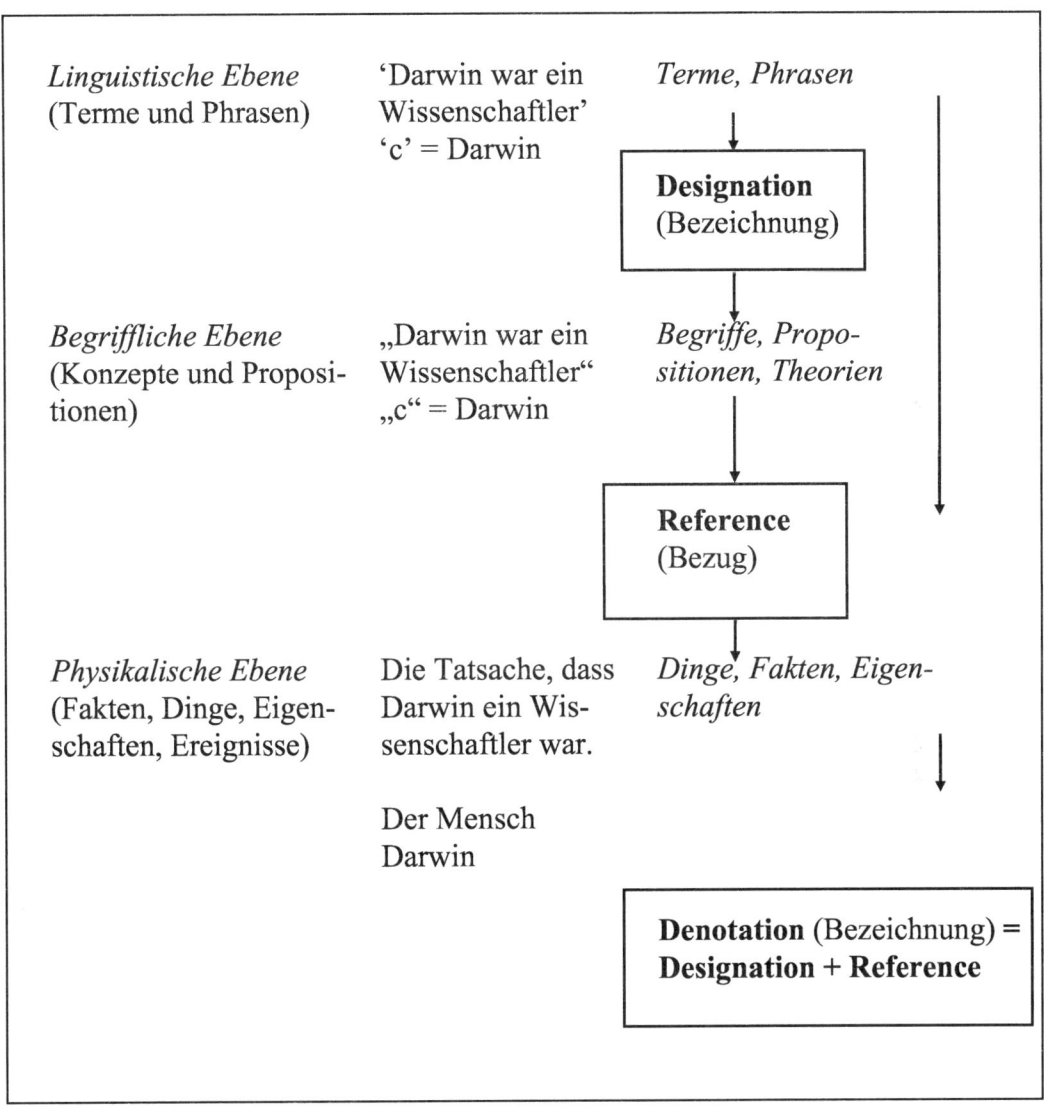

Bisweilen kommt es auch im wissenschaftlichen Kontext vor, dass unter demselben Term die unterschiedlichsten Begriffe gemeint sind. Ein gutes Beispiel dafür ist der Terminus 'Erziehung', hinter dem sich eine Vielzahl von Bedeutungen verbergen können, so dass Autoren, die auf den ersten Blick von demselben

Sachverhalt zu sprechen scheinen, völlig anderes intendieren können (Brezinka, 1978, 42 ff.). Im geisteswissenschaftlichen Kontext können durch Begriffsanalysen Vorschläge für eine möglichst fruchtbare Begriffsverwendung gemacht werden.

In der Alltagssprache kann es auch sein, dass ein Begriff nur vage oder unscharf definiert ist. Nicht immer sind klare Begriffsabgrenzungen möglich. Auch *Vagheit* führt letztendlich zu Mehrdeutigkeiten.

Hinter zwei Begriffen kann sich derselbe Referent verbergen (Bedeutung und Bezeichnetes können also auseinanderfallen). Ein Beispiel dafür sind „Morgenstern" und „Abendstern", die sich zwar auf unterschiedliche Sachverhalte beziehen (jeweils der Stern, der am Abend bzw. am Morgen am hellsten leuchtet); der reale Referent ist aber in beiden Fällen der Planet Venus.

Nicht jedem Begriff entspricht ein physischer Sachverhalt. Man kann zwar sinnvoll von einem „goldenen Berg" sprechen, ein solcher hat sich bislang in der Realität aber nicht finden lassen. Der Begriff „Zentauer" ist wohldefiniert, es dürfte bislang aber kein solches Wesen gesichtet worden sein (bei dem „Jeti" ist es zumindest für phantasiebegabte Menschen nicht ausgeschlossen, dass ein realer Referent besteht).

Bei jedem Begriff lassen sich Begriffsinhalt (Intension nach Bunge, 1967, S. 65) und Begriffsumfang (Extension, Denotation) unterscheiden. Mit „Begriffsinhalt" sind die wesentlichen Eigenschaften, die einen Begriff definieren, gemeint. Die scholastische Art der Definition von Begriffen (durch Angabe des gens proximum und der differentia specifica) ist eine Untermenge der Festlegung eines Begriffsinhaltes durch definierende Merkmale. Die Extension umfasst alle Fälle, welche die Merkmale des Begriffsinhaltes (zumindest seiner zentralen Bedeutung = „core intension") umfassen. Wie bereits bei dem Beispiel Zentauer angedeutet, kann die Extension eines Begriffes leer sein, d.h. hier existiert kein reales Objekt, das dem Gemeinten entspricht. Je größer die Intension, desto kleiner ist in der Regel die Extension eines Begriffes.

Die „volle" Bedeutung eines Begriffes ergibt sich erst aus seiner Beziehung zu anderen Begriffen. Im wissenschaftlichen Kontext ist damit die Einbettung in eine Theorie gemeint[13]. Auch in der Alltagssprache sind Begriffe in vielfältiger

---

[13] Der Unterscheidung in *Nominal-* und *Realdefinition* scheint ebenfalls diese Überlegung zugrunde zu liegen. Bei einer sog. Nominaldefinition wird die Bedeutung eines Begriffs wie o.g. herausgearbeitet (Worterklärung auf semantischer Ebene, eine Definition in diesem Sinn ist immer eine Operation, bei der ein Begriff durch eine in der Summe bedeutungsgleiche Umschreibung ersetzt wird). Eine Realdefinition (Sacherklärung) ist hingegen „auf das Erkennen des Wesens eines Sache" abgestimmt (Bochenski, 1971, S. 95). Bochenski (a.a.O.) unterscheidet dabei vier Arten der Realdefinition: (1) Bestimmung des Wesens, (2) Bestim-

Weise aufeinander bezogen (Unter- / Über- / Nebenordnung, kausale Verknüpfung ...; siehe hierzu die Repräsentation von Begriffen in Netzwerkmodellen). Ein Begriff verweist immer auf eine Reihe anderer:

> Nehmen wir das Beispiel der Schutzfarbe! Elemente, welche in ihrer Verknüpfung diesen Begriffsinhalt konstituieren, sind offenbar: ein Tier, seine Farbe, sein Feind, die Umwelt des Tieres und deren Farbe. Die Beziehung zwischen den Elementen werden in der Sprache durch Verben ausgedrückt: der Feind versucht, das Tier *anzugreifen*. Dies setzt aber voraus, daß er es *entdeckt*, und dies wieder erfordert, daß er es von seiner Umwelt oder seinem Hintergrund *unterscheidet*. Nun aber *hat* unser Tier eine Farbe, die derjenigen der Umwelt *gleicht*. Der Feind vermag das Tier *nicht zu unterscheiden*, also auch *nicht zu entdecken* und *anzugreifen*: die Farbe schützt das Tier, sie ist seine *Schutzfarbe*. (Aebli, 1978, S. 195)[14]

---

mung der Ursache, die für das Entstehen einer Sache verantwortlich ist, (3) Analyse eines Sachverhalts auf seine verschiedenen Teile hin und (4) Bestimmung der für ein Gebiet geltenden Gesetze. Eine Realdefinition im genannten Sinn besteht demnach aus wahrheitsfähigen Aussagen (ist also keine „Definition" in dem bisher gebrauchten Wortsinn). Eine Nominaldefinition kann hingegen nicht wahr oder falsch sein, sondern für einen bestimmten Zweck brauchbar oder nicht brauchbar, fruchtbar oder nicht fruchtbar sein.

Eine sog. *operationale Definition* bezieht sich auf die Beziehung zwischen Begriff (semantische Ebene) und realem Referent, ist also mit „reference" im Sinne von Bunge (1967, S. 58) gleichzusetzen. Auch dies ist keine „Definition" im hier gebrauchten Wortsinn.

[14] Mit diesem Beispiel hat Aebli (1978 bzw. 1959) sog. Begriffsnetze („concept maps", s.u.) vorweggenommen, als deren Erfinder im allgemeinen der Amerikaner Novak (1990) gilt (vgl. Kap. 5.4.4.3).

8.4 Ontogenese der Begriffsbildung

Der Mensch kommt - abgesehen von seiner Ausstattung mit AAMs und angeborenen Reflexen (z.B. Saug-Such-Reflex) - nicht mit einem fertigen Begriffsapparat zur Welt. Er muss vielmehr erst eine Ordnung in die Unzahl der ihn umgebenden Reizeindrücke bringen. Für ein Baby ist (vermutlich) eine solche Ordnung der durch die Sinnesorgane vermittelten Eindrücke noch nicht vorhanden.[15] Eventuell fehlt sogar die Unterscheidung zwischen Ich und Nicht-Ich (allerdings mit der Einschränkung, dass bereits im vorgeburtlichen Stadium die Eigenwahrnehmung [„Propriozeption"] funktioniert und somit die Grundlage des Selbstbewusstseins, nämlich das Körperbewusstsein, entsteht[16]). Die sich vollziehende Begriffsbildung wird von Entwicklungspsychologen unterschiedlich beschrieben.

8.4.1 Stadien der Begriffsentwicklung nach Bruner

Nach Bruner (1973, 1977) konstruiert das Individuum erfahrungsabhängig Modelle der Wirklichkeit. Aufgrund von Regularitäten der Empfindungen wird eine innere Repräsentation der Außenwelt gebildet (dies sind wieder Begriffe oder Schemata, d.h. wieder die Instrumente zum Begreifen der Welt). Im Laufe der Ontogenese sind diese Begriffe nacheinander und nebeneinander in drei Darstellungsformen repräsentiert: (1) als *handlungsmäßige* oder *aktionale* Repräsentation („enactive representation"), (2) als *bildhafte* oder *ikonische* Repräsentation („iconic representation") oder (3) als *symbolische* und meist *sprachliche* Repräsentation („symbolic representation").

---

[15] Diese Aussage ist allerdings zu relativieren oder zu ergänzen, da bereits pränatal Lernprozesse ablaufen. Dies muß ja auch so sein, da nicht erst mit dem relativ punktuellen Übergang vom Mutterleib in die Außenwelt das Anpassungssystem Lernen in Funktion gesetzt werden kann („natura non facit saltus"). Wie Untersuchungen von Salk (1961) und Stirnimann (1973) zeigten, sind Konditionierungsprozesse im Mutterleib nachweisbar und diese setzen nach unserer Auffassung eine Kategorisierungsleistung voraus.

[16] Es sei auf die neurologisch sehr seltenen Beispiele des Ausfalls der Propriozeption hingewiesen, die einen katastrophalen Zusammenbruch des Körperschemas und des Selbst nach sich ziehen (Sacks, 1987, S. 69 ff.). Aus dieser Überlegung folgt auch, daß die von Psychoanalytikern vorgetragene Ansicht, die Ich-Außenwelt-Unterscheidung und die Entstehung der ersten Objektbeziehungen würden erst durch die Versagungserlebnisse an der Mutterbrust zustande kommt, vermutlich falsch sind.

(1) Die *handlungsmäßige Repräsentation* bildet sich nach der Markscheidenbildung der Nervenbahnen aus. Ab etwa dem ersten halben Jahr sind jetzt Wahrnehmung und Bewegung koordiniert. Das Kind kann gezielt nach Gegenständen greifen, diese in den Mund stecken, ansehen und manipulieren. Durch vielfältig variierte Wiederholung und der damit einhergehenden Gleichzeitigkeit von visuellen, haptischen oder kinästhetischen Empfindungskonstellationen bilden sich erste Kategorien der Wahrnehmung der Welt heraus. Durch den handlungsmäßigen Umgang erkennt das Baby Bekanntes wieder. Die gebildeten Begriffe beruhen auf den vorgenommenen Handlungen, die mit bestimmten Dingen der Umwelt ausgeführt werden. Die handlungsmäßige Repräsentation bleibt erhalten, auch wenn bereits weitere Repräsentationsmodi gefunden wurden. Ein Kind sagt auch später noch, „ein Loch sei zum Graben" oder „ein Brief sei zu schreiben" (Bullens, 1982, S. 428).

(2) Eine *ikonische Repräsentationsform* wird angeblich ab Ende des ersten Lebensjahres erworben. Die Erfahrungskonstellationen stehen nun als innere Vorstellungsbilder zur Verfügung. Das Kind wird damit unabhängig von der sich in Handlungen ausdrückenden Kategorisierung der Welt. Das Kind denkt in Bildschemata. Das kann auch bedeuten, dass diese Art des Wissens nur wenig generativ ist. Damit wären die Schwierigkeiten zu erklären, dass kleinere Kinder bei der Analyse von Bildern mit unscharfen oder nur teilweise wiedergegebenen Konturen haben.

Es bleibt auch zu überlegen, ob es in Analogie zu der ikonischen Repräsentation nicht auch eine auditive gibt. In der lautmalerischen Bezeichnung „Wau-Wau" für einen Hund (oder einen beliebigen Vierbeiner) ist vielleicht ein solches Beispiel gegeben.[17]

(3) Mit dem Beginn von Ein-Wort-Sätzen muss wohl ebenfalls zu Beginn des zweiten Lebensjahres die *symbolisch-sprachliche Repräsentation* der Welt anfangen. Die sich jetzt ausdifferenzierende sprachliche Begriffsbildung (Benennung handlungsmäßig erworbener Begriffe) erleichtert ganz wesentlich die Organisation der Umwelterfahrungen, das Kind wird in bezug auf seine kognitiven Operationen unabhängig von der direkten Anwesenheit bestimmter Gegenstände.

---

[17] Im Marketingbereich wird davon ausgegangen, daß „Bilder" ein Informationsangebot in der allgemeinen Informationsflut besser sichtbar machen können (Kroeber-Riel, 1993, S. 6). Zu den Bildern i.e.S. (optischer Wahrnehmungskanal) zählt der Autor aber auch Bilder aus nicht-optischen Verarbeitungssystemen, die Bezeichnung ‚Bild' wird dabei im Sinne einer modalitätsspezifischen Ganzheit verstanden. Der Autor spricht (a.a.O., S. 44) von akustischen Bildern (Melodien, Geräusche), Geruchsbildern und haptischen Bildern. Besonders akustische Bilder können zur Erkennbarkeit eines Reizes viel beitragen.

Es werden in der Folge nicht nur abstrakte Begriffe gebildet, sondern das Kind kann auch zum Nachdenken über sein eigenes Denken (Meta-Kogntition) und zu einem Wissen über sein Gedächtnis (Meta-Gedächtnis) kommen.

Besonders durch die Schule wird diese symbolische Repräsentation gefördert, auch wenn zum Begriffsaufbau aus didaktischen Gründen in der Regel aktionale oder ikonische Repräsentationsformen verwendet werden. Mit der Schule endet eventuell der „natürliche" Prozess der Begriffsentwicklung zugunsten eines Lern-vorganges, der in der nachvollziehenden Übernahme eines kulturellen Erbes besteht.

8.4.2 Stadien der Begriffsentwicklung nach Piaget

Piaget (1970) versucht eine psychologische Antwort auf die epistemologische Frage zu geben, wie Erkenntnis der Welt überhaupt möglich sei. Aus der intensiven Beschäftigung mit (seinen eigenen) Kindern glaubt er als Entwicklungsmotor sog. *Assimilations-* und *Akkomodationsprozesse* beschreiben zu können, die zu einem qualitativ anderen, eventuell einem schrittweise genaueren Begreifen der Welt führen.

Mit Akkomodation ist die Änderung eines Schemas in Abhängigkeit von den äußeren Gegebenheiten (Situation, Gegenstand) gemeint. Das Schema „Greifen" scheitert z.B. an dem Gegenstand Flüssigkeit. Das Kind muss ein anderes Handlungsschema entwickeln, wenn es mit Flüssigkeiten umgeben will (z.B. „Schöpfen"). Kognitive Entwicklung ist ein ständiger *Äquilibrationsprozess*, also der Versuch, ein Gleichgewicht zwischen ausgebildeten Schemata und Umwelterfahrungen zu finden. Die Erfahrung eines Ungleichgewichts (eines kognitiven Konflikts) führt zur Weiterentwicklung. Dies ist denn auch zugleich das pädagogische Prinzip, an dem sich Kinder weiterentwickeln können. Ein Lehrender müsste demnach genau den Stand der kognitiven Entwicklung eines Kindes kennen, um ihm dann Probleme anzubieten, die über die von ihm entwickelten Denkschemata gerade hinausgehen.

Die Erkenntnis der Welt vollzieht sich in voneinander unterscheidbaren Phasen oder Stufen. Diese sind voneinander qualitativ unterschieden. Jede vorhergehende Stufe ist notwendige Bedingung für die nachfolgende Stufe; ob die nächste erreicht wird, hängt von Erfahrungen kognitiver Konflikte (kognitive Widersprüche, Ungleichgewichte) und ihrer Auflösung ab; keine Stufe kann übersprungen werden; die Entwicklungssequenz ist notwendig unveränderbar.

Die von ihm konzipierte Stufenabfolge umfasst vier Haupt- und mehrere Unterstadien (Montada, 1982, S. 376 ff.):

(1) Sensumotorische Denkoperationen[18]

(a) Stufe der Übung angeborener Reflexmechanismen: Das Neugeborene ist mit einer Vielzahl angeborener Reflexe ausgestattet (z.B. Saug-/Suchreflex, Greifreflex). Durch eine erste Auseinandersetzung mit der Welt werden diese Reflexe geübt und zugleich auf die Gegebenheiten der Umwelt abgestimmt (z.B. muss ein Säugling, der an der Mutterbrust ernährt wird, eine andere Saugtechnik erwerben als ein Säugling, der mit der Flasche ernährt wird).

(b) Stufe der primären Kreisreaktionen:

Ein einmal gelungene Handlung wird immer wiederholt. Die dabei erworbenen Handlungsschemata werden auf immer mehr Gegenstände angewandt (das Hinschauen und Ergreifen eines Gegenstandes, das In-den-Mund-Stecken und Saugen wird auf beliebige Gegenstände ausgeweitet). Dies ist zugleich ein Beispiel für einen *Assimilationsprozess*, da hier ein bekanntes Schema auf seine Tauglichkeit für weitere Umweltkonstellationen ausgedehnt (generalisiert) wird.

(c) Stufe der sekundären Kreisreaktionen:

Die Handlungen werden weiter ausdifferenziert. Die Beziehung zwischen Handlung und Effekt wird erkannt. Das Kind erlebt Freude, wenn es einen Effekt mehr oder minder gezielt erreichen kann (diese sog. „Funktionslust" nach Bühler bleibt auch im späteren Alter erhalten und begleitet das Einüben neuer Funktionen).

(d) Koordination von Handlungsschemata und Anwendung auf neue Situationen:

Mehrere Handlungsschemata werden auf den gleichen Gegenstand angewandt (greifen, drehen, werfen, saugen, klopfen, schütteln eines Gegenstandes). Das Kind erfährt, welche Schemata auf welche Gegenstände angewandt werden können. Zugleich werden die Handlungsschemata koordiniert (z.B. greifen und werfen).

(e) Stufe der tertiären Kreisreaktionen:

Neue Handlungsschemata werden durch aktives Experimentieren erworben. Das Baby lernt z.B., dass durch unterschiedlich starke Betätigung andere Effekte auftreten oder dass durch das Ziehen an einer Decke ein sich darauf befindlicher Gegenstand näher gebracht werden kann.

---

[18] Diese Stufe entspricht offensichtlich dem Stadium der handlungsmäßigen Repräsentation von Begriffen i.S. von Bruner (1970). Durch die genauen Beobachtungen Piagets (1970) ist dieser Entwicklungsabschnitt aber viel stärker ausdifferenziert worden.

(f) Übergang von der sensomotorischen Intelligenz zur Vorstellung:
Jetzt (ab Mitte des zweiten Lebensjahres) scheinen Handlungsschemata verinnerlicht zu sein. Konkretes Ausprobieren ist nicht mehr unbedingt notwendig.[19] Eine Voraussetzung für das Erreichen dieser Stufe ist die sog. *Objektpermanenz.* Zwischen 6. und 8. Lebensmonat wissen die Kinder, dass ein Gegenstand auch dann noch vorhanden ist, wenn er nicht mehr von ihnen gesehen wird (vgl. hierzu die vielen Versteck- und Finde-Spiele, die Eltern mit ihren Kindern spielen). Dies setzt voraus, dass Kinder über eine innere Repräsentation eines Gegenstandes verfügen (bereits diese kann nicht allein handlungsmäßig sein, sondern es müssen hier bereits Vorstellungsbilder gegeben sein). Ab etwa dem 11. Monat scheinen Kinder auch zu *Symbolhandlungen* fähig zu sein; ein bestimmtes Handlungsschema (das Vormachen des Öffnens und Schließens der Augen durch einen Erwachsenen kann z.B. über das Mund-Öffnen und -Schließen nachgeahmt werden) ist symbolisch repräsentiert, kann also auch in bezug auf eine andere Beispiele durchgeführt werden.

(2) Voroperatorisch-anschauliches Denken
Die wichtigsten Merkmale scheinen zu sein:
- *voreilige Generalisierung von Begriffen*, d.h. es werden Eigenschaften von einem Gegenstand auf den anderen übertragen wobei dies nicht unbedingt korrekt sein muss; es handelt sich hier um z.T. irrige Assimilationsversuche, durch die ein Gegenstand oder ein Ereignis unter ein bereits bekanntes Schema subsumiert werden („die Wolken gehen so langsam, weil sie wie die Raupen keine Füße haben"); das Kind scheint sich dabei seiner Deutungen gewiss zu sein, es prüft (scheinbar) nicht, ob nicht andere Assimilationsschemata sinnvoller wären. Es merkt Widersprüche bei seinen (zirkulären) Erklärungen noch nicht. Dies wäre auch ein gutes Beispiel dafür, dass die Gesetze der Logik (zumeist wird nur die zweiwertige Logik in Betracht gezogen) nicht die Gesetze des Denkens sein müssen, d.h. die formale Logik muss keine normative Theorie bezüglich menschlichen Denkens sein.
-- animistische Weltsicht, d.h. Gegenstände werden als belebt gedeutet, in Übertragung eigenen Erlebens werden ihnen z.B. Absichten unterstellt („der Wind ist böse, er macht uns Angst");
-- finalistische Erklärungen („Steine sind dazu da, dass man Häuser bauen kann");

---

[19] Auch hier liegt ein Vergleich mit Bruners (1970) Stufe der ikonischen bzw. symbolischen Repräsentation nahe.

-- zirkuläre Welterklärungen („der Wind bewegt die Wolken, die Wolken bewegen den Wind");

-- artifizialistische Naturdeutungen („die Berge müssen von sehr starken Menschen gemacht worden sein").

- *Egozentrismus des Kindes*; eigene Erfahrungen werden auf andere Gegenstände übertragen (dies muss im übrigen keine unsinnige Strategie bei der Ausbildung von Hypothesen sein). Das Kind scheint aber prinzipiell noch nicht in der Lage zu sein, sich in die Rolle anderer zu versetzen (vgl. hierzu die Untersuchungen zum perzeptuellen Perspektivenwechsel). Ab etwa fünf Jahren gelingt der wahrnehmungsmäßige Perspektivenwechsel (zur Ausbildung des kognitiven und emotionalen Perspektivenwechsels vgl. Staub, 1982).

- *Zentrierung auf einen oder wenige Aspekte des Handlungsfeldes*; diese Eigentümlichkeit ist aus den Umschüttversuchen (z.B. aus einem breiten in ein hohes Glas) gut demonstrierbar, der Begriff der Invarianz einer Menge[20] scheint noch nicht erworben zu sein. Ähnliche Erfahrungen wurden auch bei Kategorisierungsaufgaben gemacht (wenn Kinder z.B. zu einem roten Ball weitere „passende" Gegenstände auswählen soll, so verbleiben sie nicht unbedingt in der Kategorie „rot" oder „Ball" oder „Spielzeug", sondern wechseln die Zuordnung von Mal zu mal).

- *Zentrierung auf Zustände unter Außerachtlassung von Prozessen*; bei den Umschüttversuchen wird nicht auf die Transformationsregeln geachtet (Volumenkonstanz trotz sich ändernder Grundfläche und Höhe eines Glases; bei einem Wettrennen zwischen zwei Spielzeugautos in der gleichen Zeit meint das Kind u.U., das schnellere Auto, das weiter gefahren sei, sei auch länger gefahren).

- *eingeschränkte kognitive Beweglichkeit*; es kann sein, dass sich das Kind auf ein anderes Merkmal ausrichtet (z.B. bei dem Umschüttversuch plötzlich an der Breite und nicht an der Höhe des Glases sein Urteil ausrichtet), diese Umzentrierung bedeutet aber nicht, dass jetzt auch das früher als relevant angesehene Kriterium simultan beachtet wird.

- *fehlendes kognitives Gleichgewicht*; die vom Kind angewandten Klassifikationen wechseln, Inklusionsbeziehungen werden noch nicht durchschaut, wenn sich die Aufmerksamkeit auf eine Unterklassifikation richtet.

---

[20] Es hat auch nicht an Versuchen gefehlt, diese Operation (Erhaltung des Volumens bei geänderter Form eines Glases) bei Schimpansen zu testen. Wie Woodruff et al. (1978) an ihrer intelligenten Äffin Sarah demonstrierten, gelingt die Operation in signifikanter Weise, das Tier verfügt also über den Begriff der Konstanz einer Menge und kann den Effekt einer Umschüttoperation bzw. einer Subtraktionsoperation korrekt wiedergeben.

(3) Konkret-operatorische Denkoperationen

Zwischen dem fünftem und sechsten Lebensjahr werden vom Kind neue Operationssysteme ausgebildet, welche die bisher beschriebenen Probleme lösen. Das Kind beschränkt sich dabei aber auf die gegebene Information, die entweder konkret-anschaulich oder abstrakt-sprachlich gegeben sein kann.[21]

- Es können jetzt *Klassenhierarchien* aufgebaut und *Klassenverschachtelungen* verstanden werden (ein Gegenstand kann zugleich Mitglied in mehreren, unterschiedlich weit definierten Klassen sein).

- Es gelingt die *Seriation bei einer asymmetrischen Relation* (Gegenstände können z.B. nach dem Prinzip „größer als" geordnet werden, während jüngere Kinder aus einem Angebot oft nur Teilmengen in eine Ordnung bringen).

- Es können Klassen *multiplikativ verknüpft* werden. (z.B. können Gegenstände simultan nach Größe und Farbabstufung geordnet werden).

- *Invarianzbegriff bei Zahlen (Begriff der Kardinalzahl)*: auch wenn die Anordnung der Mitglieder einer Menge geändert wird, versteht das Kind, dass die Anzahl gleich bleibt.

(4) Formale Denkoperationen

Charakteristikum dieses Stadiums ist, dass in Überschreitung vorhandener Gegebenheiten auf die bei einem Problem wesentlichen Dimensionen geachtet wird.

- Dies führt zum *Aufbau kombinatorischer Systeme*, die für Hypothesenprüfungen verwendet werden können. Auch bei der erfahrungsgeleiteten Kontrolle von Hypothesen wird (wie in den Erfahrungswissenschaften selbst) von einer systematischen Kombination der Bedingungen Gebrauch gemacht.

- Es werden formale Relationen wie die *Negation, Reziprozität* und *Korrelation* verstanden. Im Grunde wird damit behauptet, dass die Denkstrukturen jetzt den Regeln der formalen Logik gehorchen (könnten).

---

[21] Montada (1982, S. 400) demonstriert die Unterschiede an folgendem Beispiel: Vergleicht man ein kurzes und schweres Pendel mit einem langen und leichten, so stellt man fest, daß das kurze/schwere schneller schlägt als das lange/leichte. Kinder beantworten die Frage wie man dies erklären könne unterschiedlich: In dem voroperatorischen Stadium (Vorschulzeit) wird sich das Kind auf eine Dimension beziehen und antworten, entweder ein kurzes oder eben ein schweres Pendel schlage schneller. Kinder im konkret-operatorischen Stadium (Grundschulzeit) beachten beide Dimensionen und sagen (ausgehend von ihrer Beobachtung), ein kurzes/schweres Pendel schlage schneller, haben die Kinder das formal-operatorische Stadium (eventuell ab Sekundarstufe) erreicht, so beachten sie die Kombination der dahinterliegenden Dimensionen (Länge und Gewicht) und antworten, daß hier eine Aussage noch nicht möglich sei, da man nur das Verhalten von Pendeln mit zwei der vier möglichen Kombinationen kenne.

- *Verständnis von Proportionen*: An vielen Beispielen (z.B. am Prinzip der Balkenwaage) lässt sich demonstrieren, dass sich Kinder nicht mehr an der Beachtung eines oder zweier Kriterien orientieren, sondern dass sie quantifizierend diesen Vergleich vornehmen können.

Die für die Ontogenese wichtigen Lernbedingungen können individuell stark variieren. Bei manchen Beispielen Piagets (z.B. animistische Weltsicht) hat man den Eindruck, dass es sich eher um die von Erwachsenen induzierten Denkschemata handelt und nicht um die der Kinder.

8.4.3 Bedeutung sprachlich-kognitiver Mediatoren beim Begriffslernen

Innerhalb des S-R-Pardigmas wird ein direkter Zusammenhang zwischen dem Erlernen eines physikalischen Stimulus und einer offenen Reaktion angenommen. Wenn z.B. Ratten lernen, dass sie für die Wahl eines weißen Ganges in einem Labyrinth belohnt werden, dann sollten sie bei einem „umkehrbaren Wechsel" („reversal shift", d.h. bei einer Belohnung der Wahl eines schwarzen Ganges) schwerer umlernen als bei einem „nicht-umkehrbaren Wechsel" (nonreversal shift), bei dem also eine völlig andere Reizqualität (z.B. die Form eines Ganges) mit der Belohnung einhergeht. Dies scheint bei Ratten in der Tat der Fall zu sein (Kelleher, 1956).

Lässt sich derselbe Effekt aber auch beim Menschen nachweisen? Dies ist insofern fraglich, als zumindest erwachsene Menschen vermutlich bei solchen Begriffsbildungsaufgaben offen oder verdeckt für die relevante Dimension eine Benennung ausbilden (z.B. die Regel erschließen, „es wird die Wahl der *großen* Figur belohnt") und einen Wechsel auf dieser Dimension (Belohnung der Wahl einer *kleinen* Figur) schneller erlernen als einen Wechsel auf eine andere, vorher nicht relevante Stimulusdimension (z.B. Form).

Von Kendler und Kendler (1959) wurde mit 58 bis 78 Monate alten Kindergartenkindern entsprechende Experimente zum reversal bzw. nonreversal-shift durchgeführt. Immer dann, wenn die Kinder eine erste Diskrimination gelernt hatten (wobei jede korrekte Wahl mit einer Murmel belohnt wurde, die dann wieder in andere Verstärker eingetauscht werden konnte), wurde auf eine zweite Diskrimination umgestiegen, z.B. von hell auf dunkel (= reversal shift) oder von klein auf hell (= nonreversal shift). Dabei es wurde wieder festgehalten, wie viele Durchgänge die Kinder benötigten, um die neue Unterscheidung zu lernen. Die Autoren konnten bei den Kindern keinen Unterschied im Erlernen eines reversal shifts (18,8 Lerndurchgänge bis zum Erreichen des festgesetzten Kriteriums) oder eines nonreversal shifts (17,8 Durchgänge) finden. Sie führen dies interpretativ darauf zurück, dass sich Kinder in einer Übergangsphase befinden: ein Teil würde nach der S-R-Konzeption arbeiten, ein anderer aber bereits begriffliche Mediatoren ausgebildet haben, so dass im Mittel kein Unterschied nachweisbar ist.

Zusätzlich zogen die Autoren die Ergebnisse des ersten Lernens in die Analyse ein, indem sie die Kinder in schnell lernende und langsam lernende einteilten. Hinter den schneller lernenden wurde nicht ein allgemeiner Fähigkeitsfaktor vermutet, sondern es wurde gemutmaßt, dies seien solche Kinder, die einen verbalen Mediator ausgebildet hatten und dieser sei für die Lernunterschiede verantwortlich. Die in Abhängigkeit von den Leistungen im ersten Lerndurchgang vorgenommenen Analysen erbrachten keinen Haupteffekt (der für einen Fähigkeitsfaktor als Erklärungskonzept hätte sprechen können), sondern nur einen Interaktionseffekt (die schneller lernenden brauchten bei einem nonreversal shift mehr Lerndurchgänge, die langsam lernenden bei einem reversal shift). Dies könnte ein Beleg für die vermutete Übergangsphase sein, bei der eben nur ein Teil der Kinder schon verbale Mediatoren zur Lösung dieser Begriffsbildungsaufgaben ausgebildet haben. Dies bestätigte sich denn auch bei weiteren Untersuchungen mit älteren Pbn.

In einem weiteren Experiment von Kendler und Kendler (1961) mussten Kinder in einem ersten Versuchsabschnitt als gesuchten Begriff „groß" finden (unabhängig von der Farbe des Quadrats), im zweiten Versuchsabschnitt war der gesuchte Begriff „weiß" (wieder unabhängig von der Größe des Quadrats). Für das Erlernen dieses nicht-umkehrbaren Wechsels brauchten 7-jährige Kinder im Durchschnitt 8 Versuchsdurchgänge, 4-jährige hingegen 23. Auch dies scheint eine Erklärung mit unterschiedlicher Sprachkompetenz der Kinder zu stützen (Möglichkeit zur expliziten Hypothesenbildung bei älteren Kindern, während jüngere eher reizgebundene Reaktionen zeigen).

Dass das Verfügen über ein sprachliches Label für die Gegenstände, die in Denk- und Problemlösungsaufgaben verwendet werden, die Leistungen fördern kann, ist vielfach bekannt (Glucksberg & Weisberg, 1966).

8.5 Begriffsbildung im Humanexperiment

Der Generalisierungseffekt beim Begrifflernen geht weit über die Reizgeneralisierung hinaus. Die Generalisierung aufgrund von Begriffen ist nicht durch physikalische Ähnlichkeiten begrenzt. Diese Art des Lernens ist von entscheidender Bedeutung für die intellektuelle Tätigkeit des Menschen.

8.5.1 Methodische Vorbemerkung

Der Lernprozess, durch den man in die Lage versetzt wird, auf Dinge oder Ereignisse als Klasse zu reagieren, wird als Begriffslernen (Konzeptidentifikation) bezeichnet. In den meisten experimentellen Versuchen zum Begriffslernen wird der zu findende Begriff vom Versuchsleiter (= Vl) festgelegt. Die Vp muss herausbekommen, welche Merkmalskombination den Begriff konstituiert bzw. welche Gegenstände unter die intendierte Kategorie des Vl fallen. Immer sind aber die Rückmeldungen des Vl (in Analogie zu direkten Umwelterfahrungen, mit denen über das Zutreffen oder Nicht-Zutreffen einer begrifflichen Differenzierung entschieden werden kann) wichtig, um eine „neue Masche" in das Netz bisherigen begrifflichen Wissens zu knüpfen.

Solche Experimente werden entweder nach dem (1) *Rezeptionsverfahren* oder nach dem (2) *Selektionsverfahren* durchgeführt.

(1) Beim *Rezeptionsverfahren* werden der Vp z.B. Karten vorgelegt, wobei auf der ersten Karte ein Beispiel für den gesuchten Begriff steht. Die Vp muss bei jeder folgenden Karte angeben, ob es sich dabei ebenfalls um ein Beispiel für diesen Begriff handelt (vgl. die oben dargestellte Untersuchung von Hull [1920]). Nach jeder Entscheidung erhält die Vp eine Rückmeldung über Zutreffen oder Nicht-Zutreffen ihrer Vermutung. Bei der Lösung einer solchen Aufgabe können zwei Strategien verwendet werden (Bruner, Goodenow & Austin, 1956):

(a) Bei der *Ganzheitsstrategie* versucht die Vp, alle bzw. möglichst viele Attribute des Begriffsbeispiels zu behalten, um diese dann mit der zweiten Karte zu vergleichen. Die dritte Karte wird dann als Test verwendet, um das (oder die) relevanten Attribute zu bestätigen. Irrelevante Merkmale der Anfangshypothese werden eliminiert, wenn diese Merkmale in den folgenden positiv präsentierten Beispielen nicht mehr auftauchen.

(b) Bei der *Teilschrittstrategie* konzentriert sich die Vp auf ein Attribut oder eine Teilmenge. Sie schaut, ob diese Anfangshypothese bei den folgenden Karten eine Bestätigung findet. Wenn die Vp zu Anfang das oder die richtige(n) Attribut(e) herausgefunden hat, dann wird sie den Begriff schnell lernen. Wenn sie jedoch ein falsches ausgewählt hat, kann der Lernprozess sehr lange dauern. Diese Vorgehensweise stellt hohe Anforderungen an das Gedächtnis, da eventuell viele Beispiele zu berücksichtigen sind.

Vpn mit der Teilschrittstrategie lernten in dem Experiment von Bruner et al. (1966) weniger Begriffe. Die Ganzheits-Strategie ist im Allgemeinen deswegen effektiver, weil ihre Flexibilität die Änderung bestimmter Annahmen über den Begriff während des Experimentes ermöglicht.

(2) Bei der *Selektionsmethode* wird der Vpn eine Reihe von Bildern vorgelegt. Der Vl zeigt ein Bild, welches seinen Begriff beinhaltet. Die Vp muss sodann alle die Bilder heraussuchen, welche ihrer Meinung nach den Begriff des Vl beinhaltet. Der Vl sagt bei jeder Wahl, ob sie richtig oder falsch war.

Bei diesem Vorgehen können die Vpn ebenfalls zwei Strategien verwenden:

(a) Bei der *Focusstrategie* werden möglichst alle Attribute der Beispielkarte als Focus (Brennpunkt, Anhaltspunkt) festgehalten. Die Vp könnte also eine Karte auswählen, bei der alle Attribute bis auf eines gleich sind. Erfährt sie eine Bestätigung, dann weiß sie, dass das letzte Attribut nicht relevant ist. Bei der nächsten Wahl kann genauso vorgegangen werden und wieder ein irrelevantes Attribut ausgeschieden werden.

(b) Bei der *Scanningstrategie* (Methode der sukzessiven Hypothesenprüfung) wählt die Vp Bilder aus, auf die eine bestimmte Merkmalskombination zutrifft. Wird ihre Hypothese widerlegt, wechselt sie zu einer anderen Kombination. Diese Strategie ist im Allgemeinen viel weniger erfolgreich, besonders deshalb, weil sie voraussetzt, dass alle getesteten Hypothesen im Gedächtnis bleiben.

Kritisch an diesen Untersuchungsmethoden ist zu sehen, dass diese Experimente sehr artifiziell sind und dass bei diesem Paradigma nur eine eingeschränkte Menge von Begriffen untersuchbar ist. Es werden im Allgemeinen immer Begriffe vorgegeben, die scharf definiert sind, außerdem variieren die definierenden Merkmale voneinander unabhängig, und beides entspricht eben nicht den realen Gegebenheiten.

Auswege aus diesem Dilemma sind darin zu sehen, dass für die Konzeptidentifikation probabilistische Modelle formuliert werden (Rosch, Simpson & Miller, 1976) und dass berücksichtigt wird, dass die konstituierenden Merkmale untereinander korreliert sind, d.h. dass natürliche Begriffe sich durch ein Bündel untereinander zusammengehöriger Merkmale auszeichnen.

Modelle zur Analyse einer Situation, in der keine Information über die Anzahl der zu lernenden Begriffe vorliegt und in der kein diskriminatives Feedback gegeben wird, wurden von Billman und Heit (1988) entwickelt. In einer solchen Situation bilden Zusammenhänge zwischen Merkmalsausprägungen die einzige Grundlage für die Merkmalskombination. Ein Lernmodell[22], das diese Situation bewältigt, kann z.B. in einer Reihe von konditionaler Regeln bestehen (wenn Merkmal a' aus dem Merkmalscluster A auftritt, dann tritt aus dem Merkmalscluster B das Merkmal b' auf), wobei die spezifizierten Regeln nach der Salienz der jeweiligen Merkmale gebildet werden können. Als Lernmechanismen kann eine *Modifikation der Stärke der Regel durch internes Feedback* stattfinden (unter der Bedingung, dass die Regelanwendung erfolgreich war). Die Auswahl der Merkmale für den Lernprozess wird nicht willkürlich sein, sondern beginnt von den bislang als erfolgreich geltenden Merkmalskombinationen (*fokussierte Auswahl-Strategie*), Merkmale erfolgloser Regeln werden hingegen seltener verwendet.

8.5.2 Historische Beispiele

Frühe Versuche zum Begriffslernen stammen von Aveling (1911) und Ach (1921; zit. n. Rohracher, 1988, S. 356): Einem sinnlosen Wort sollen Gegenstände zugeordnet werden, wobei einige Dimensionen relevant, andere nicht relevant sind. Ach (1921) hat geometrische Körper (Würfel, Zylinder, Pyramiden) aus Pappe in unterschiedlicher Größe und mit unterschiedlichem Gewicht herstellen lassen. Auf die großen und schweren Körper wurde das Wort ,Gazun' geklebt, auf den kleinen leichten das Wort ,fal', auf den großen leichten das Wort ,Ras' (etc.). Zuerst konnten die Vpn die Gegenstände aufheben und die Bezeichnung lesen, sodann sollten sie weitere Gegenstände den Bezeichnungen zuordnen (dieses Vorgehen wurde als sog. Erfahrungsmethode bezeichnet); dies gelang ebenso wie eine Erklärung, warum ein Gegenstand mit einem bestimmten Namen belegt wurde (also einem Begriff subsumiert worden war). Auch in einer Realsituation (Kaufhausbesuch) wurden dortige Gegenstände diesen Namen zugeordnet. Im Grunde wird durch diesen Versuch zum einen das assoziative Lernen eines Namens für eine bestimmte Merkmalskombination demonstriert, zum anderen wird damit auch eine Erkennensleistung deutlich, da die Vpn die Dimensionen, nach denen die Klassifikationen erfolgten, angeben konnten.

---

[22] Billman und Heit (1988) haben ein solches Lernmodell in ihre Computersimulation CARI (= Category and Rule Inducer) implementiert. Von den in diesem Modell verwendeten Formen der Wissensrepräsentation und des Lernens wird andeutungsweise Gebrauch gemacht.

Gegen das Assoziationsprinzip polemisiert vor allem Wygotski (1964, zit. n. Rohracher, 1988, S. 359). Auch bei seinen Versuchen sollte Vpn sinnlose Silben Körpern zuordnen. Die relevanten Dimensionen waren Höhe und Größe, irrelevante Dimensionen waren Farbe und Form. Zuerst bekam die Vp ein Beispiel vorgelegt, ihr wurde auch gesagt, dass es vier verschiedene Kategorien gäbe. Die Vp soll dann die Körper aussuchen, die zu der intendierten Kategorie gehörten. Nach jeder Wahl erhält sie eine Rückmeldung über das Zutreffen oder Nicht-Zutreffen ihrer Hypothese. Die sich einstellende Kategorisierung sei nicht Ergebnis einer assoziativen Beziehung, sondern sei das Erkennen einer „logischen" Beziehung. Damit wird im Grunde ein Prozess der Hypothesenbildung und nachfolgenden Hypothesentestung angesprochen, der allgemein für wissenschaftliches Denken charakteristisch ist.

8.5.3 Inhaltliche Aspekte des Begriffserwerbs

(a) Explizites oder nichtsprachliches Wissen über die Begriffsbedeutung

Zu ähnlichen Ergebnissen wie Hull (1920; vgl. Kap. 8.2.1) kam auch Smoke (1932). Er gab Bilder mit einem oder zwei Punkten innerhalb bzw. außerhalb verschiedener geometrischer Figuren vor; ein Teil dieser Figuren wurde mit der sinnlosen Silbe DAX bezeichnet, die anderen als Non-DAX Figuren. Die Vpn mussten erraten, welche Figur DAX bzw. Non-DAX war. Nach jedem Ratedurchgang erhielten sie eine Falsch- oder Richtig-Rückmeldung. Seine Vpn konnten nach einigen Durchgängen DAX- und Non-DAX-Figuren korrekt identifizieren, sie waren jedoch nicht in der Lage, die Kategorisierungsprinzipien (runde Figuren, zwei Punkte von denen je einer innen und einer außerhalb der Figur plaziert) richtig zu benennen.

(b) Begriffslernen aus positiven und aus negativen Instanzen

Außerdem fand Smoke (a.a.O.) heraus, dass seine Vpn wesentlich mehr aufgrund von positiven Instanzen als von negativen lernten. Gerade letzterer Punkt weist auf eine Art Bestätigungsheuristik hin, die Menschen bei ihren (im Alltag vielleicht vorschnellen) Urteilen verwenden. Analog hierzu wird im wissenschaftlichen Bereich von einem Entdeckungs- und einem Begründungskontext (Reichenbach, 1959) gesprochen. Für den ersteren Bereich werden keine Einschränkungen gemacht, für den zweiten wird hingegen von einer Falsifikationsheuristik Gebrauch gemacht (Popper, 1994). D.h. aufgrund falsifizierender

Erfahrungen kann man auf das Nicht-Zutreffen einer Allaussage schließen[23]. Übertragen auf Begriffsbildungsexperimente müsste man also immer wieder das vermutete Kategorisierungsprinzip einem Falsifikationsversuch unterziehen.

Man kann dies an einem einfachen Beispiel demonstrieren: Man gebe Vpn eine Reihe von Zahlen vor (z.B. 1 - 3 - 7 ...). Diese Reihe sei nach einer bestimmten Regel erstellt und diese und genau diese Regel solle von den Vpn herausgefunden werden (die Regel sei: „Jede nachfolgende Zahl sei größer als die vorhergehende."). Die meisten Leute gehen nun so vor, dass sie eine (meist komplizierte) Hypothese über die zutreffende Regel bilden (z.B. der Abstand zur nächsten Zahl sei immer doppelt so groß wie der zu der vorhergehenden), dann die entsprechende Zahl berechnen (in diesem Fall also „15"), die Rückmeldung erhalten, dass dies eine korrekte Fortsetzung der Zahlenreihe sei und dann zufrieden mit dieser Rückmeldung ihre Hypothese als bestätigt erachten. Würden sie das Falsifikationsprinzip anwenden, so würden sie ihre Regel mit einem Beispiel, das nicht ihrer Regel entspricht, testen und dann schnell merken, dass sie die intendierte Regel nicht korrekt erschlossen haben.

Dies bedeutet also, dass sowohl bei dem Rezeptions- wie auch bei dem Selektionsverfahren die meisten Vpn dazu neigen, positive Beispiele zu wählen, sobald sie glauben, den richtigen Begriff erraten zu haben. Negative Instanzen (als Prüfmöglichkeit) werden selten gewählt.

Freibergs und Tulving (1961) haben allerdings demonstriert, dass es auch möglich ist, einer Vp Begriffe zu lehren, wenn man ihr nur negative Beispiele zeigt, d.h. ihr sagt, was der Begriff nicht ist. Die Gruppe mit negativen Beispielen konnte zuerst die Aufgabe nicht lösen. Ab dem 15. Problem waren aber keine Unterschiede mehr zu finden. Es ist also möglich, für die Lösung von Begriffsproblemen negative Information zu verwenden.

(c) Unterschiede im Erwerb abstrakter und konkreter Begriffe

Heidbreder (1947) untersuchte den Erwerb verschiedener abstrakter Begriffe (vgl. Abb. 8.3). Sie fand dabei, dass Begriffe unterschiedlich leicht erworben

---

[23] Die hier gemachten Aussagen sind stark verkürzt. Um die zugrunde liegende Problematik zu verstehen, muß zuerst zwischen verschiedenen Satzarten unterschieden werden (Existenz- vs. Allaussagen). Während Existenzsätze niemals falsifiziert, sondern nur verifiziert werden können, verhält es sich bei den Allaussagen (und solche sind bei wissenschaftlichen Gesetzen gemeint, so diese als deterministische und nicht als probabilistische Gesetze formuliert sind) genau umgekehrt - sie können aus formallogischen Gründen niemals verifiziert, sondern nur falsifiziert werden (Popper, 1994; Weingartner, 1978).

werden: Am einfachsten und schnellsten wurden konkrete Begriffe erworben, an nächster Stelle folgten Orts- und Formbegriffe, am schwierigsten war der Erwerb von Zahlbegriffen. Diese Reihung konnte allerdings in anderen Experimenten nicht bestätigt werden, so dass man heute keine exakte Rangordnung nach der Leichtigkeit, mit der Begriffe erworben werden, aufstellen kann.

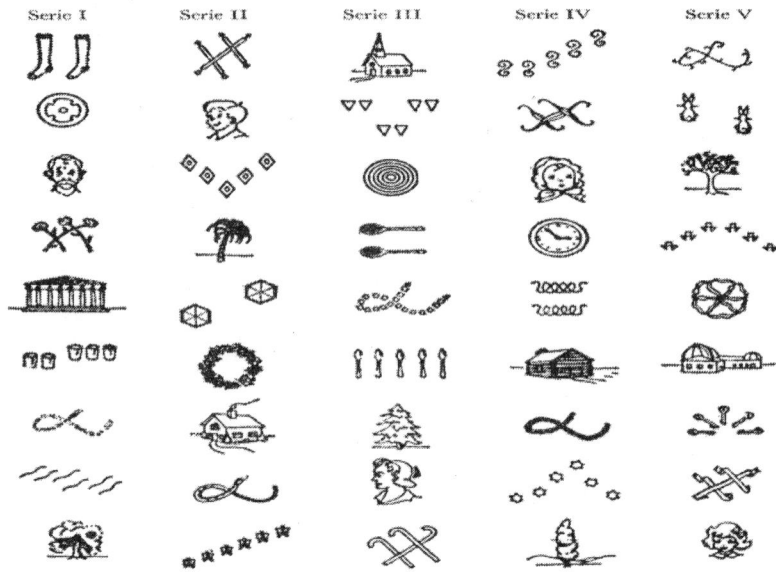

Abbildung 8.3: Versuchsmaterial von Heidbreder (1947)

Underwood und Richardson (1957) haben gezeigt, dass die Wahrscheinlichkeit einer bestimmten Begriffsassoziation ein wesentlicher Faktor für die Leichtigkeit, mit der ein Begriff erworben wird, ist. Ihre Vpn sollten Sinneseindrücke bei vorgelegten Wörtern als Assoziationen angeben. Bestimmte Wortgruppen rufen immer wieder ähnliche Eindrücke hervor. Z.B. trat die Assoziation mit „klein" häufig bei den Begriffen Atom (87 %), Mücke (76 %), Krümel (79 %) oder Fliege (86 %) auf. Auf die Begriffe Ball, Kopf, Knopf, Knauf reagierten die Vpn im Durchschnitt in 66 % der Fälle mit der Assoziation „rund" und in 8 % mit der Assoziation „hart". Damit kann man erklären, dass z.B. konkrete Begriffe leichter zu erwerben sind als abstrakte oder „Hut"" leichter als „Dreiheit" zu lernen ist, da die relevante Bezeichnung leichter damit assoziiert ist.

(d) Antwortdominanz

Auf ein interessantes Phänomen bei Begriffsbildungsexperimenten haben Freedman und Mednick (1958) aufmerksam gemacht.

Sie verwendeten 30 Bezeichnungen von Gegenständen, die zu den Begriffen „klein", „rund" und „riechend" führen sollten. Durch Assoziationsversuche stellten sie zuerst fest, mit welcher Häufigkeit (= Antwortdominanz) ein Gegenstand mit einer solchen Eigenschaft verknüpft war. Die Vpn bekamen 12 Wörter (je vier für die drei Begriffe) in beliebiger Reihenfolge vorgelegt und sollten die drei Adjektive herausfinden, mit denen die Begriffe zu beschreiben waren; nach jeder Nennung eines Adjektivs erfolgte die Rückmeldung (richtig / falsch) durch den Vl. Hypothese war, dass nicht das durchschnittliche Dominanzniveau der relevanten Eigenschaften für das Erkennen der begrifflichen Ordnung entscheidend ist, sondern die herausragende Antwortdominanz eines der verwendeten Wörter (z.B. das Wort Knoblauch für „riechend" oder das Wort Mücke für „klein" unter den vorgegebenen Wörtern). Genau dies zeigten auch die Ergebnisse: Bei ausgeglichener Antwortdominanz konnten 27,5 % der Vpn das zutreffende Adjektiv *nicht* finden, bei ungleicher Antwortdominanz hingegen nur 10 %.

Erklären lässt sich dieser Befund durch die leichtere Hypotheseninduktion, die mit einem sehr typischen Beispiel für den gemeinten Begriff verbunden ist. Ist dies nicht der Fall, so wird es schwierig, unter den vielen mit einem Wort assoziativ verbundenen Charakteristika den gemeinten Aspekt herauszufinden.

8.6 Begriffslernen in der Schule

Im schulischen Unterricht steht eine Vielzahl von Vorgehensweisen zur Verfügung, die von der Lehrkraft sachgemäß und variantenreich zur Anregung von
Lernprozessen eingesetzt werden können. Nach Novak und Gowin (1984) hat
David Ausubel (1968) sechs Schlüsselelemente beim Begriffs- und Regellernen
sowie beim Problemlösen unterschieden (vgl. Abb. 8.4):

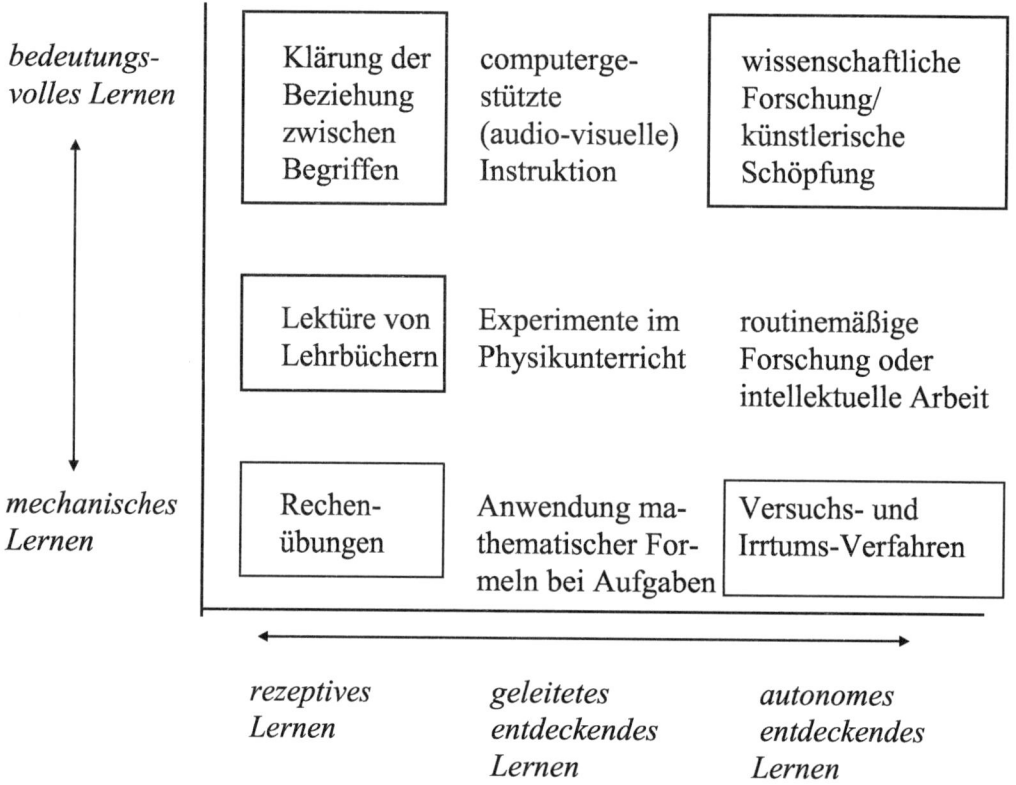

Abbildung 8.4: Typische Lernformen, klassifiziert nach den Dimensionen mechanisch vs. bedeutungsvolles und rezeptives vs. entdeckendes
Lernen (ergänzt nach Novak & Gowin, 1984, S. 8)

Die unterschiedenen Dimensionen beziehen sich dabei auf:
  (1) *bedeutungsvolles* vs. *mechanisches* Lernen (meaningsful vs. rote learning),

(2) *rezeptives* vs. *entdeckendes* Lernen (receptive vs. discovery learning) sowie

(3) *Metawissen* (Wissen, wie Wissen „hergestellt" wird) und *Metalernen* (Lernen des Lernens). D.h. die Vorgehensweisen in den Wissenschaften, mit denen neues Wissen geschaffen wird, können auch gelehrt werden bzw. der Lehrprozess kann sich an dem Prozess der Entstehung des Wissens orientieren (vgl. hierzu die Ausführungen in Kap. 5.4, die hier nicht mehr wiederholt werden sollen).

In diesem Schema haben sowohl mechanisch-rezeptive Lern- und Arbeitsformen ihren Platz wie auch bedeutungsvoll-entdeckendes Lernen (vgl. Kap. 9). Begriffserwerb ist demnach auf verschiedenste Weise möglich und es wäre falsch, nur ein Vorgehen einsetzen zu wollen oder eine Dominanz „höherer" Lernformen anzunehmen. Dies ist allein deswegen nicht möglich, weil die menschliche Kultur, das über Jahrhunderte zusammengetragene Wissen von einer einzelnen Person nicht wiederentdeckt wohl aber erworben werden kann.

Es muss auch darauf verwiesen werden, dass entdeckendes Lernen voraussetzungsreich ist, z.B. muss eine breite Wissensbasis in einem Sachgebiet vorhanden sein, um vorhandene Probleme erkennen zu können und aufgrund der eigenen Expertise Wege zu ihrer Lösung zu entwickeln.

Betrachtet man das schulische Lernsetting, so ist klar, dass auch hier eine Unzahl von Begriffen erworben werden müssen. Dieses Wissen um einen Begriff kann bisweilen implizit gegeben sein („Wissen ohne Worte"). Ein Begriffsname ermöglicht aber durch seine symbolisierende Funktion einen freien Umgang mit dem Gemeinten.

Zu bedenken ist andererseits, dass ein Wort zwar als Begriffsname fungieren kann, dass die Verfügung über ein Wort aber nicht bedeutet, dass der Begriff (also die Bedeutung eines Wortes) erworben wurde. Beim schulischen (und auch beim akademischen) Lernen besteht immer die Gefahr, dass nicht Begriffe erworben werden, sondern nur Wörter („Verbalismus"), denen der Bezug zu einer konkreten Situation, zu Beispielen, zu Verwendungszwecken, zu anderen Begriffen fehlt (z.B. ist es leicht, über 'Intelligenz' zu sprechen, schwieriger ist es aber, den in der Psychologie üblichen Intelligenzbegriff zu definieren oder an konkreten Intelligenzleistungen, z.B. Testaufgaben, zu erläutern). *Es ist eine wesentliche diagnostische Aufgabe eines Lehrers, konkretes Wissen von Wortgeklingel unterscheiden zu können.*

Wie bei der Ontogenese der Begriffsbildung ausgeführt, entstehen beim Kind Begriffe aufgrund vielfältiger Erfahrungen aufgrund direkter Begegnung mit der Umwelt. Im schulischen Kontext wird dieser Prozess der Erfahrungsbildung in der Regel abgekürzt, um zu einem Lernergebnis zu kommen.

In einem von Gagné (1970, S. 107) erläuterten Beispiel soll ein Kind z.B. den Begriff „Kante" erwerben. Dies könnte in Form des Erwerbs einer einfachen sprachlichen Assoziation geschehen. Der Erwachsene sagt ihm „Kante" vor, wenn er auf eine Kante zeigt, und das Kind lernt das Wort auszusprechen, wenn es auf eine Kante verwiesen wird (Kontiguität zwischen Gegenstand und sprachlicher Bezeichnung sowie Verstärkung sind in dieser Situation wichtig, es findet assoziatives Lernen statt). Man könnte hier von einer Form des mechanisch-rezeptiven Lernens sprechen.

Dieser Vorgang kann noch durch sog. multiples Diskriminationslernen ergänzt werden (rezeptiv bedeutungsvolles Lernen), indem das Kind weitere Unterscheidungen bei einem zwei- (Blatt Papier, Zeitung) oder dreidimensionalen Objekt (z.B. Kubus) lernt (z.B. „Ecke", „Oberfläche", „Deckfläche" ...). Das Kind kann so an positiven und an negativen Beispielen unterscheiden, was mit „Kante" gemeint ist (Prinzip der Anschaulichkeit). Das Wort 'Kante' ist dabei eine wesentliche Lernhilfe. Der Lehrende setzt auch Fragen ein, um die Erinnerung an die sprachliche Benennung aufrecht zu erhalten („Was ist dies?" oder „Wo ist die Kante?"). Wie in den vielen Untersuchungen zum Begriffslernen aber gezeigt wird, ist für den Begriffserwerb die Rückmeldung des Vl (hier des Lehrers) unabdingbar.

Ob das Kind den Begriff (und nicht nur eine Reiz-Reaktions-Verbindung) erworben hat, kann man prüfen, indem man das Kind an neuen Gegenständen Kanten finden lässt. Ist der Begriff (die Kategorie) erworben, so besitzt er hohe Generalisierbarkeit, ist also unabhängig von den einzelnen Beispielsituationen.

Gagné versucht, das Begriffslernen vom Lernen von Definitionen zu unterscheiden (1970, S. 109). Beim Begriffslernen muss der Lernende mit einer Zahl konkreter Situationen beginnen, für die er eine sprachliche Assoziation beibringt (vgl. hierzu auch Abb. 8.5). Dabei müssen die wesentlichen, einen Begriff ausmachenden Merkmale nicht unbedingt verbal präsent sein (vgl. hier die Beispiele über explizites versus nichtsprachliches Wissen über die Begriffsbedeutung). Man könnte von einem Prozess des Erwerbs eines Prototyps sprechen, der dann für die Kategorisierung weiterer Fälle herangezogen werden kann.

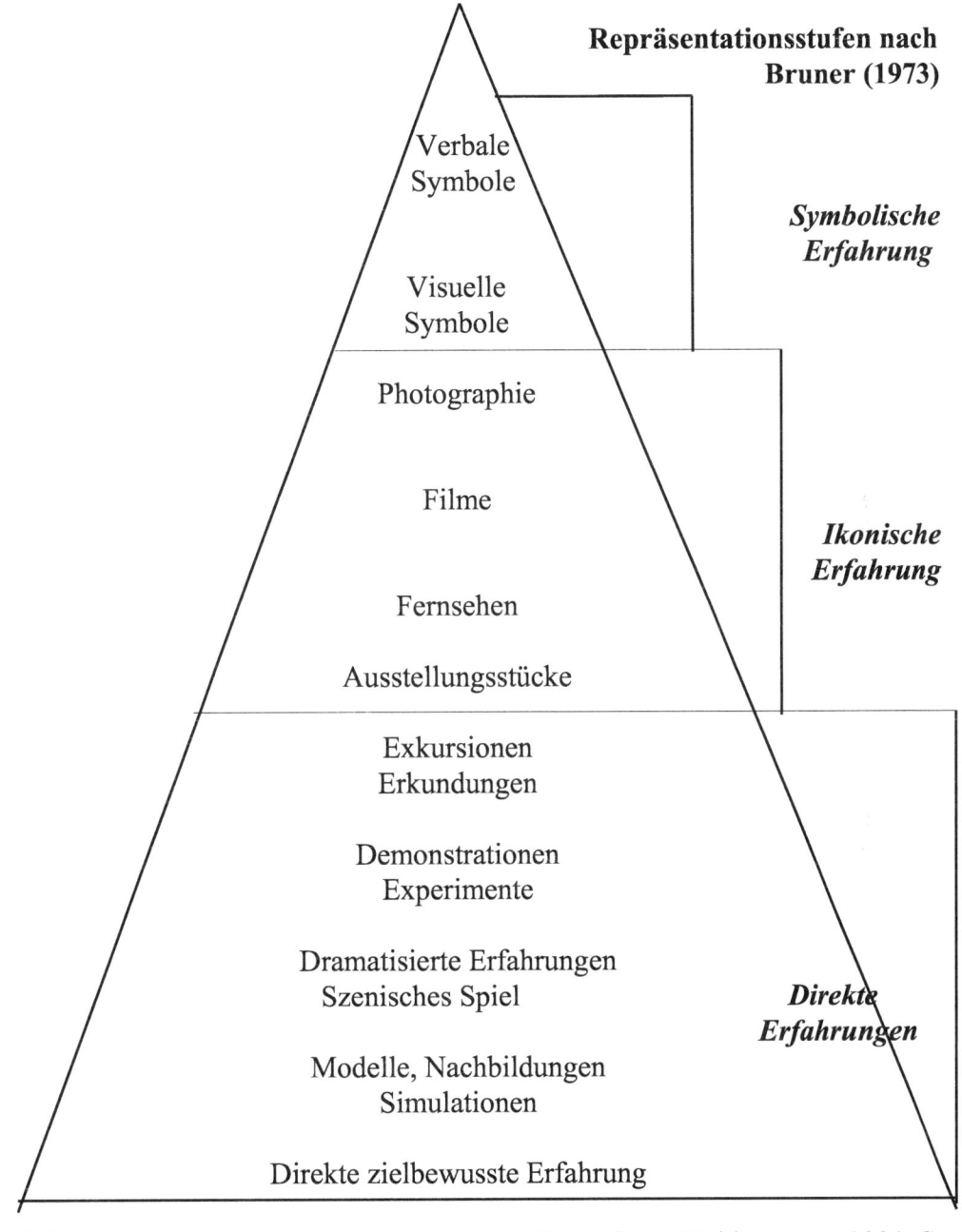

Abbildung 8.5: „Erfahrungskegel" nach Dale (1946; zit. n. Weidenmann, 1991, S. 83)

In dem oberen Beispiel wird also aufbauend auf die Herstellung von Assoziationen und die über eine variationsreiche Darbietung von Beispielen erreichte Generalisierung ein bestimmter Begriff aufgebaut. Bereits die zur Begriffsschärfung empfohlenen multiplen Diskriminationsaufgaben weisen darauf hin, dass Begriffe nicht allein stehen, sondern vielfältig mit anderen Wissensaspekten in Verbindung stehen. Dies verweist wieder auf die Grenzen des mechanisch-rezeptiven Lernens: Wenn ein Kind z.B. nur mechanisch lernt, dass auf die Zahl vier die Zahl fünf folgt, und dann gefragt wird, welche Zahl nach 3724 kommt, kann es Schwierigkeiten mit der Antwort haben. Wenn es aber die Regel erlernt hat, dass die Folgezahl immer um eins höher ist und über die entsprechende Begrifflichkeit verfügt, dann kann es die Aufgabe immer lösen (Gage & Berliner, 1979).

Diese facettenreiche Vorgehensweise lässt sich auch mit dem sog. „Erfahrungskegel" nach Dale (1946, vgl. Abb. 8.5) veranschaulichen. Hier wird ausgehend von einer breiten Erfahrungsgrundlage das Ziel des Erwerbs einer symbolisch repräsentierten Begrifflichkeit angedeutet.

Aus den experimentellen Studien zum Begriffslernen ist ferner klar geworden, dass die intuitiv verwendete Bestätigungsheuristik (es wird hypothetisch eine Konfiguration als zutreffend angenommen und nach einigen gefundenen positiven Instanzen als zutreffend bewertet) nicht immer zu den gewünschten Ergebnissen führt. Von der im Kontext der empirischen Wissenschaften gepflogene Falsifikationsheuristik (Popper, 1994) wird hingegen selten Gebrauch gemacht. Gerade für den schulischen Kontext als wichtig erachtete *Metawissen* (Wissen, wie Wissen „hergestellt" wird), das Voraussetzung für bedeutungsvoll entdeckendes Lernen ist, könnte die systematische Schulung in dieser Technik des kritischen Prüfens ein wichtiger Baustein sein.

9. Planen und Problemlösen

All unser redlichstes Bemüh'n glückt nur im unbewuß-
ten Moment. (Johann Wolfgang von Goethe)

Unter kognitiver Perspektive sind mit dem Begriff des Lernens auch Denkprozesse impliziert, mit denen neuartige Lösungen für vorhandene bzw. neu entdeckte
Probleme gefunden werden können. Dass eine Lösung für ein Problem gefunden
wird, ist naheliegender Weise nicht zwingend, sondern hängt von Merkmalen des
Problemlösers (z.B. seiner Wissensbasis und seinen Problemlöseheurismen) und
natürlich auch von Merkmalen des gegebenen Problems ab. Die Bandbreite auftretender Problemkonstellationen ist dabei groß und kann von simplen Streich-
holzaufgaben, der Planung der Aktivitäten für einen Tag (was im übrigen für Personen mit einer Frontalhirnläsion fast unlösbar ist; vgl. Becker & Vilsmeier,
1993) bis hin zu einer nobelpreiswürdigen Leistung reichen.

9.1 „Problem" und Problemtypologie

Um zu demonstrieren, was mit einem Problem gemeint sein könnte, betrachte
man folgende Situation: Von acht gleichaussehenden Kugeln ist eine anders als
die restlichen sieben. Man hat drei Wiegevorgänge mit einer Balkenwaage zur
Verfügung und soll herausfinden, welche der Kugeln schwerer oder leichter ist.

Viele Menschen versuchen, dieses Problem zu lösen, indem sie es nicht näher
analysieren, sondern mit einer Mischung aus einer ihnen vertrauten Heuristik und
einem Versuchs-und-Irrtums-Verfahren zu einer Lösung kommen wollen. Die
vertraute Heuristik beinhaltet, dass durch eine Teilung der Kugeln in zwei Hälften eine maximale Informationsausschöpfung stattfindet[1]. Diese Strategie ist hier
aber nicht zielführend, sondern geradezu hinderlich, da es nicht Aufgabe ist, herauszufinden, welche Kugel „anders" ist, sondern man auch wissen will, ob die
andere Kugel schwerer oder leichter als die restlichen sieben ist, d.h. bisweilen

---

[1] Vergleiche hierzu auch die beliebten Fernsehspiele, bei denen z.B. der Beruf einer Person erraten werden soll. Eine beliebte Einstiegsfrage, durch die die denkbaren Möglichkeiten in zwei
vergleichbare Mengen zerlegt wird, besteht darin zu fragen, ob die Person mit der Herstellung
einer Ware ihr Geld verdient oder in einem Dienstleistungsberuf arbeitet.

wird das Ziel nicht richtig erfasst und es werden vergangenheitsorientierte Heuristiken eingesetzt (die Lösung dieses Problems findet sich angedeutet im untenstehenden Kasten).

Kugelproblem

Ein erster Schritt besteht in der genaueren Analyse des Problems und der spezifischen Gegebenheiten. Man kann deshalb (zur besseren Übersicht) die Kugeln nummerieren und mit einem Pfeil versehen, wobei „↑" bedeutet, dass die Kugel potentiell leichter ist als die anderen, und „↓", dass sie potentiell schwerer ist. Werden beide Pfeile angefügt, so bedeutet dies, dass im Moment beide Möglichkeiten bestehen. Demnach ist folgender Ausgangszustand gegeben:

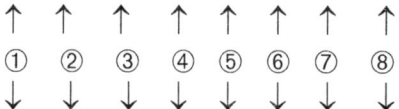

Der weitere Verlauf der Wiegeprozedur kann dann wie folgt angedeutet werden:

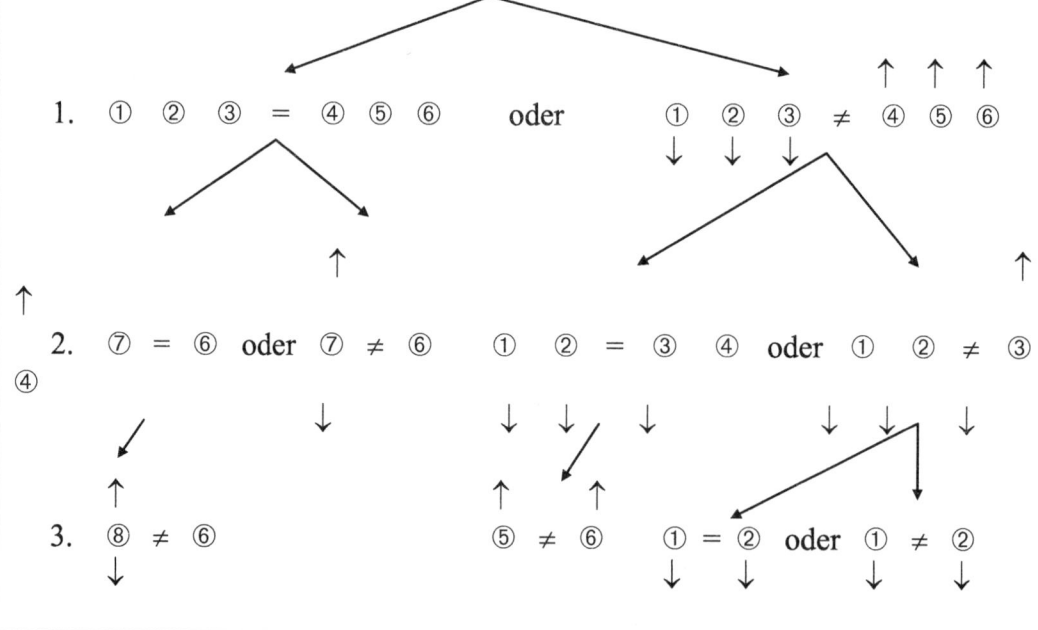

9.1.1 Vorbemerkung: Gestaltpsychologische Auffassung des Problemlöseprozesses

Wie verläuft nun ein Problemlöseprozess? Nach der unter gestaltpsychologischer Perspektive entwickelten Auffassung wird ein Problem aufgrund einer „Einsicht" gelöst. Unter Einsicht wird die Erfassung des Gesamteindruckes einer Gestalt verstanden. Es findet eine Art Strukturierungsprozess statt. Dieser ist gekennzeichnet durch ein Aha-Erlebnis (Bühler). D.h. nach einiger Zeit der vielleicht spielerischen Beschäftigung mit der Problemstellung ergibt sich plötzlich eine Lösung.

Diese Auffassung bietet im Grunde keine Erklärung, sondern ist eher beschreibender Art. Sie wird aber seit den klassischen Versuchen von Köhler (1921) an Menschenaffen immer wieder tradiert. Diese hatte er als Leiter der Anthropoidenstation der Königlich Preußischen Akademie der Wissenschaften auf Teneriffa durchgeführt. Während des 1. Weltkrieges war er dort zwischen 1913 - 1917 durch die Alliierten festgehalten worden und hatte die Zeit für seine Untersuchungen genutzt.

Er verstand seine Untersuchungen als einen Versuch, die Annahmen Thorndikes (1898) zurückzuweisen. Dieser hatte implizit angenommen, Tiere seien mehr oder minder planlose Geschöpfe. Werden sie mit einem Problem konfrontiert, so bringen sie nur zufällige Reaktionen hervor („trial and error-Verhalten"). Führt eine der zufällig produzierten Verhaltensweisen zu einem Erfolg, dann wird sie gelernt und in einer ähnlichen Situation wieder angewandt. Das Lernergebnis ist dabei Folge der eintretenden Belohnung bzw. Verstärkung (vgl. Kap. 7.3). Köhler (1921) stellt nun diese Position in Frage. Er nahm an, dass selbst Tiere durch „Einsicht" lernen, d.h. durch das Erkennen von Beziehungen zwischen einzelnen Objekten, vorausgesetzt, die relevanten Objekte werden in genügender Deutlichkeit dargeboten. Hat ein Tier aber einmal eine Lösung durch Einsicht gefunden, geht es im Versuchsdurchgang von zufälligem Verhalten schlagartig zur vollständigen Lösung über. Diese Lösung kommt nicht durch die schrittweise Belohnung richtiger Einzelhandlungen zustande.

Köhler (1921) konstruierte bei seinen Versuchen verschiedene Problemsituationen für seine Tiere (Replikation der Untersuchungen von Hobhouse [1901]), z.B. folgende:

„Ein-Kisten-Situation": Dabei wurde in einem Käfig an der Decke eine Banane in einer solchen Höhe aufgehängt, dass das Tier diese nicht erreichen konnte. Im Käfig befand sich auch eine Kiste. Nur wenn der Affe die Kiste in die Mitte

des Käfigs schob und darauf stieg, konnte er die Banane erreichen. Bei der Lösung des Problems wurden zuerst nur blinde Versuche unternommen. Nachdem diese erfolglos blieben, folgte eine Zeit desorientierten Verhaltens. Dann scheinbar eine Problemeinsicht (Aha-Erlebnis), eine plötzliche Umstrukturierung der Situation und das Erreichen der Banane. Das Tier muss sich dabei von dem Ziel abwenden (Umwegverhalten als Charakteristikum einsichtigen Verhaltens).

„Mehr-Stock-Aufgabe": Das Tier konnte das Futter außerhalb des Käfigs nur dann erreichen, wenn es mehrere Stöcke zusammensteckte. Hierbei war Sultan der intelligenteste Affe. Nachdem er entdeckt hatte, sich mit einem Stock die Nahrung zu holen, wurden zwei in den Käfig gelegt. Beide waren zu kurz, um zum Ziel zu gelangen. Sie konnten aber zusammengesteckt werden, so dass sie ausreichend lang waren. Wenn Sultan einmal gelernt hatte, zwei Stöcke zusammenzustecken, konnte er sich in den entsprechenden Situationen adäquat verhalten. Offenbar gab es hier eine Versuchs-und-Irrtums-Phase, bevor der intentionale Prozess und die entsprechende Transferleistung gelang.

Pawlow, der von diesen Untersuchungen gehört hatte, wandte ein, dass Köhler wahrscheinlich die Konditionierungsgeschichte der Affen nicht kontrolliert hatte. Er behauptete, dass eine plötzliche Einsicht ohne vorausgegangene Lernprozesse unmöglich wäre. Spätere Befunde deuten darauf hin, dass er damit vermutlich recht hatte. Birch (1945) kontrollierte die Vorgeschichte seiner in Yerkes Labor für Biologie der Primaten an der Yale Universität aufgezogenen Affen. Die Tiere waren isoliert aufgezogen worden und hatten noch nie Erfahrungen mit Stöcken gemacht. Auch er setzte z.B. einen Schimpansen in einen Käfig, wobei Futter außerhalb und nicht in Reichweite des Tieres lag. Eine Harke war in idealer Stellung, um das Futter zu erreichen. Nur einer von sechs Schimpansen schien in dieser idealen Situation zu einer einsichtvollen Lösung zu gelangen. Wie sich aber herausstellte, hatte dieser Schimpanse frühere Erfahrungen mit harkenähnlichen Instrumenten gemacht. Um die von Pawlow vermutete frühere Konditionierung herzustellen, erlaubte Birch (1945) seinen anderen Schimpansen, eine Zeitlang mit Stöcken zu spielen. Nach dieser Spielerfahrung fanden alle Tiere sehr schnell die Lösung bei dem Harken-Problem. Einsicht setzt demnach relevante Erfahrungen voraus. Die Tiere mussten erst gelernt haben, wozu Harken und Stöcke zu gebrauchen sind, um zu einer Lösung bei dem komplexeren Problem zu gelangen.

Kintsch (1982, S. 375) meint hierzu: „Die Psychologen nahmen in dieser Kontroverse sehr lange entweder Thorndikes oder Köhlers Standpunkt ein - in den USA gewöhnlich Thorndikes - und bemerkten nicht, dass es überhaupt keinen Widerspruch zwischen den beiden Datensätzen gibt. Jemand - besonders ein Mensch -, der ein Problem löst, wird zielgerichtete Methoden anwenden, wenn ihm die geringste Chance dazu gegeben wird. Köhlers Schimpansen hatten eine solche Chance, Thorndikes Katzen nicht. Sogar ein Gestaltpsychologe würde versuchen, durch Versuch-und-Irrtum aus einem von Thorndikes Käfigen herauszukommen. Keines der Wissensschemata, die eine Person erworben hat, lässt sich in dieser Situation anwenden. Der Problemraum eines solchen Problemkäfigs besteht einfach aus allen Reaktionen, die möglich sind, und es gibt keine Möglichkeit, diese Reaktionen nach ihrer Erfolgswahrscheinlichkeit zu ordnen, ohne sie alle auszuprobieren. Das Problem besteht also nicht in der Frage, ob Verhalten einsichtig oder Versuchs- und Irrtum-Verhalten ist, sondern darin, die Bedingungen für die eine oder die andere Art des Verhaltens zu bestimmen."

Dass bei einem Problemlöseprozess beide Formen des Vorgehens (spielerisches Versuchs-und-Irrtums-Verhalten und der Einsatz zielbezogener Strategien) vorkommen wird denn auch seit langem betont (Durkin, 1937, zit. n. Meili, 1968). Man kann diese Prozesse sehr leicht selbst bei etwas komplizierteren Puzzle-Aufgaben erleben (vgl. Abb. 9.1). Auch hier tritt Versuchs-und-Irrtums-Verhalten auf, aber es werden auch Hypothesen über richtige Positionen entworfen und getestet, wobei bisweilen nicht zum Ziel führende Konstellationen sehr schwer zu überwinden sind, aber auch Lösungen quasi von selbst auftauchen.

Nach der gestaltpsychologischen Beschreibung des Problemlösungsvorganges vollzieht sich Problemlösen oder einsichtsvolles Lernen in acht Phasen (Schröder, 1970)[2]:

1. Vororganisation: Das lernende Subjekt organisiert durch Gewöhnung das Wahrnehmungsfeld. Das Gewöhnungsgefühl ist wichtig, damit kein völlig blindes Versuchs- und Irrtums-Verhalten wegen der ungewohnten Umgebung auftritt.

2. Umorganisation: Ein nicht zu beseitigendes Hindernis (z.B. Gitter-Banane) bedingt eine Umorganisation des Wahrnehmungsfeldes.

3. Problembewusstsein: Eine Barriere wird erkannt. Ebenso wird erkannt, dass sie nicht durch einfache Handlungen (z.B. Rütteln usw.) überwindbar ist. In dieser Phase wird der Handlungsvollzug zumeist eingestellt (ausgenommen sind Ersatzhandlungen).

---

[2] Nach Pointcaré (zit. n. Bergius, 1968) werden in ähnlicher Weise introspektiv fünf Phasen eines Problemlösungsprozesses beschrieben: (1) Präparation (Problemidentifikation, Sachverhalte differenzieren), (2) Inkubation (Probleme ruhen lassen), (3) Illumination (Aha-Erlebnis), (4) Evaluation und (5) Ausführung.

(a) (b)

(c) (d)

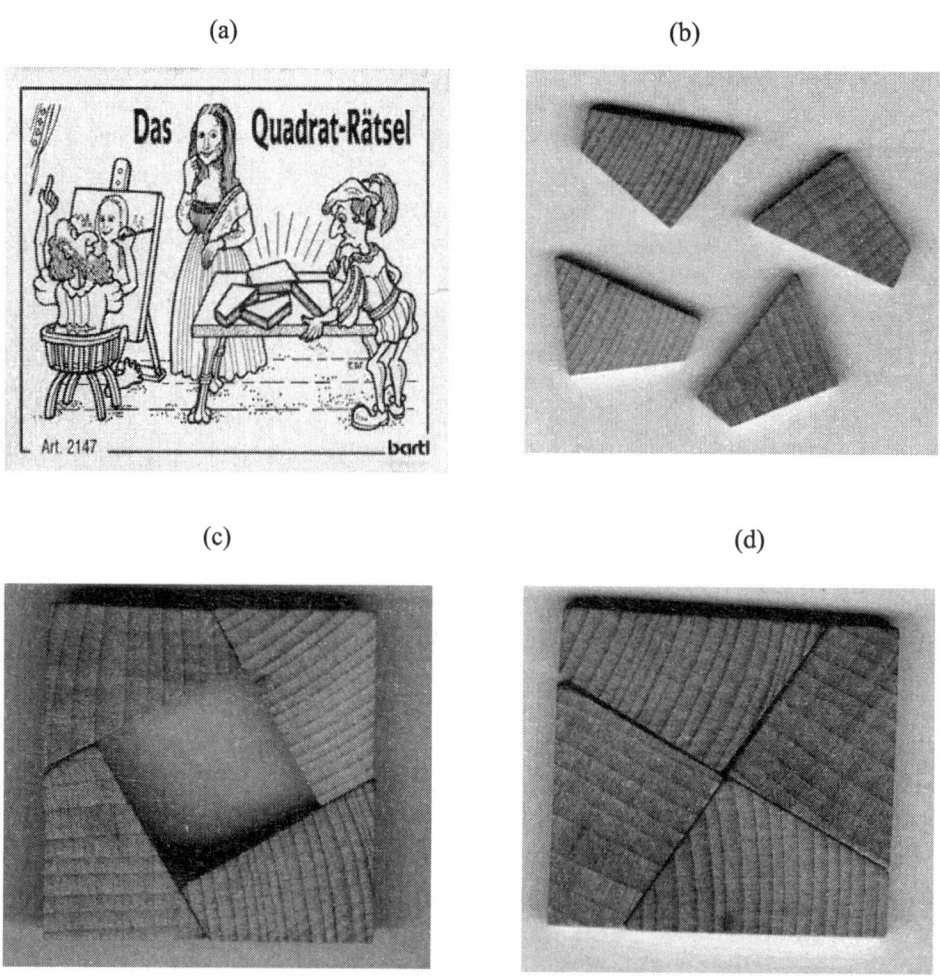

Abbildung 9.1: Puzzle-Vorlage: Die Rahmengeschichte besagt (a), dass dem Maler die Holztafel für das Bild auseinandergebrochen sei. Aufgabe ist es, aus den Teilen (b) wieder ein Quadrat zusammenzusetzen. Wurde einmal eine falsche Lösung gefunden (c), so ist es relativ schwierig, von dieser zu der richtigen Problemeinsicht (d) zu gelangen.

4. Aufforderung: Die stimulierende Kraft des Zieles wirkt sich auf den Fortgang der Umorganisation aus. Diese Phase hat die Funktion eines zielorientierten Impetus, dem die Lösung möglicherweise bald folgt.

5. Durchorganisation: Das Wahrnehmungsfeld wird so umstrukturiert und neu organisiert, dass die einzelnen Teile bezogen auf das Ziel neues Gewicht erhalten (z.B. wird der herumliegende Stock als mögliches Hilfsmittel erkannt und verliert damit seine bislang ihm eigene Indifferenz).

6. Einsicht: Zusammenhänge und Hilfsmittel zur Problemlösung werden erkannt und probehandelnd angewandt.

7. Problemaufhebung: Mit Einsicht gekoppelt ist das Verhalten, das am Ende zur Lösung des Problems führt. Damit wird die Spannung beseitigt, die vorher vorhanden war.

8. Bewahrung: Es bleiben Spuren des Problemlösungsprozesses zurück. Das lernende Subjekt hat bei ähnlichen Situationen die Möglichkeit, auf dieses Verhaltensrepertoire zurückzugreifen. Nach Auffassung der Gestalttheoretiker handelt es sich um eine Art einfachen Transfers, der dazu führt, dass spätere Organisations- und Strukturprozesse bei ähnlichen Situationen besser gelöst werden können.

Der Prozess des Lernens durch Einsicht wird also als Prozess der Umstrukturierung und Umorganisation im Wahrnehmungsfeld verstanden, für den eine gewisse Kreativität vorhanden sein muss, damit Wahrnehmungsobjekte entweder mit neuen Funktionen versehen werden oder in neuartige Zuordnung zueinander gebracht werden. Solche Einfälle sind kaum systematisch und willkürlich produzierbar. Plötzliche Einfälle entstehen am ehesten dann, wenn man sich nach ausgiebiger Beschäftigung mit der Problemsituation und der Lösungssuche nicht mehr mit dem Problem beschäftigt (dies ist mit der sogenannten Inkubationszeit gemeint, abgeleitet von lat. *incubare* liegen, brüten; im tradierten Sinn: „im Tempel schlafen, um eine Offenbarung zu bekommen"; man denke auch an das Charakteristikum nach Rainer Maria Rilke für den schöpferischen Prozess: „*Arbeiten und warten.*"). Die Erklärung des Effektes der zeitweiligen Problemabwendung ist schwierig; man kann an eine Aufhebung von Ermüdung denken, es können in dieser Zeit aber auch unbewusste kognitive Prozesse ablaufen, die dann eventuell zu einer brauchbaren Idee führen. Dörner (1976) verweist auch auf die Möglichkeit des Vergessens hin, durch die frühere festgefügte Verknüpfungen gelöst und eventuell lösungsrelevantere ermöglicht werden.

9.1.2 Problemdefinition und Problemtypologie

Nach Kintsch (1982, S. 363) spricht man von einem Problem, wenn man etwas tun oder erreichen möchte, es jedoch nicht unmittelbar klar ist, wie man es in

Angriff nehmen soll. Nach Dörner (1976, S. 10) bzw. seinen prominenten Vordenkern[3] steht ein Individuum dann einem Problem gegenüber, wenn es sich in einem inneren oder äußeren Zustand befindet, den es aus irgendwelchen Gründen nicht für wünschenswert hält, aber im Moment nicht weiß, wie der unerwünschte Ausgangszustand in den wünschenswerten Zielzustand überführt werden kann. Ein Problem ist demnach durch drei Merkmale gekennzeichnet,

(1) einen unerwünschten Ausgangszustand (s_α),

(2) einen erwünschte Endzustand (s_ω) und

(3) eine Barriere, welche die Transformation des Ausgangszustandes in den Endzustand verhindert.

Probleme können von Aufgaben abgegrenzt werden. Aufgaben sind solche Anforderungen, für deren Bewältigung zielführende Methoden bekannt sind (man denke z.B. an eine Divisionsaufgabe): „Aufgaben erfordern nur reproduktives Denken, beim Problemlösen muss hingegen etwas Neues geschaffen werden" (a.a.O.).[4] Ob etwas ein Problem oder eine Aufgabe ist, hängt von den Vorerfahrungen des jeweiligen Individuums ab (allerdings ist auch hier wieder der Übergang zu dem Problemtyp, der durch eine Interpolationsbarriere gekennzeichnet ist, fließend).

Während in früheren Studien zum Problemlösen kaum verschiedene Problemtypen thematisiert wurden (Meili, 1968), diskutiert Dörner (1976) zwei zentrale Dimensionen bei Problemen: Barrieren können nach Bekanntheitsgrad der Mittel und der Klarheit der Zielkriterien[5] unterschieden werden (vgl. Tab. 9.1).

---

[3] Man denke z.B. an Duncker (1966, S. 1): „Ein ‚Problem' entsteht z.B. dann, wenn ein Lebewesen ein Ziel hat und nicht ‚weiß', wie es dieses Ziel erreichen soll" und „wo immer der gegebene Zustand sich nicht durch bloßes Handeln (Ausführen selbstverständlicher Operationen) in den erstrebten Zustand überführen läßt, wird das Denken auf den Plan gerufen".

[4] Mayer (1989) bezeichnet „Aufgaben" i.S. von Duncker (1935), deren Lösungsweg bekannt ist, als „routine problems" und grenzt diese von „nonroutine problems" ab („Probleme" i.S. von Duncker).

[5] Eine andere, von Dörner (a.a.O., S. 13f) allerdings kritisierte Einteilung von Problemtypen geht von der Unterscheidung in (a) „schlecht" vs. (b) „gut definierte" Probleme aus. Bei (a) verfügt man sozusagen über ein Kriterium oder einen unabhängigen Test, mit dem man bestimmen kann, ob die Lösung eines Problems gelungen ist (z.B. ob man ein Theorem tatsächlich bewiesen oder ein Puzzle gelöst hat), bei (b) hingegen nicht (Kintsch, 1982, S. 363). Gut definierte Probleme können auch dadurch charakterisiert werden, dass bei ihnen Ausgangs- und Zielzustand sowie erlaubte und unerlaubte Operatoren bekannt sind, bei schlecht definierten ist dies hingegen nicht der Fall (Mayer, 1989). Bei den meisten Alltagsproblemen handelt es sich um „schlecht definierte Probleme", die meisten psychometrischen (Intelligenz-)Tests geben aus Gründen der Auswertbarkeit und Vergleichbarkeit hingegen „gut definierte Probleme" vor.

Tabelle 9.1: Problemtypen nach Art der bei einem Problem auftauchenden Barrieretypen (Dörner, 1976, S. 14)

		Klarheit der Zielkriterien	
		hoch	**gering**
Bekannt-heitsgrad der Mittel	**hoch**	(1) Interpolations- barriere	(3) dialektische Barriere
	gering	(2) Synthese- barriere	(4) dialektische + Synthesebarriere

(1) Interpolationsbarriere: Als Beispiel kann man viele Brettspiele heranziehen: Das Ziel, den Gegner zu besiegen, und die Mittel (Operationen, Züge mit den einzelnen Figuren) sind bekannt, es muss aber die richtige Anordnung der einzelnen Operationen gefunden werden. Wegen der Vielfalt der möglichen Züge ist eine Lösung (zumindest bei einem starken Gegner) ein Problem.

Oder man nehme eine wissenschaftliche Fragestellung, z.B. die Frage, wie wirken sich verschiedene Differenzierungsformen auf schulisches Lernen aus: Für einen routinierten Wissenschaftler stellen die damit verbundenen Fragen ein Interpolationsproblem dar (welche Methoden kann man auswählen, um den Lernerfolg zu messen; wie können die individuellen Lernvoraussetzungen festgestellt werden; soll ein quer- oder längsschnittliches Untersuchungsdesign zum Einsatz kommen). Für einen Anfänger stehen alle diese Mittel nicht selbstverständlich zur Verfügung, er steht vermutlich vor einer Synthesebarriere.

(2) Synthesebarriere: Hier geht es darum, ein noch nicht vorhandenes Mittel (einen Operator), mit dem ein Ziel erreicht werden kann, herzustellen. Dörner (a.a.O.) führt als Beispiel die Versuche der Alchimisten an, den „Stein der Weisen" zu finden, mit dessen Hilfe man aus Blei Gold machen kann. In diesem Fall sind die Mittel für die Zielerreichung unbekannt, und das wird wohl auch so bleiben.

Aber auch in Bereichen, wo eine Lösung möglich ist, eröffnen sich Synthesebarrieren, z.B. wenn es bei der Untersuchung einer psychologisch-pädagogischen Fragestellung um die Entwicklung diagnostischer Methoden zur Erfassung eines Bereiches geht, der bislang nicht untersucht wurde. Allerdings stehen hier wiederum Routinemöglichkeiten zur Verfahrensentwicklung zur Verfügung, so dass vielleicht doch nur ein Interpolationsproblem besteht. Auch an solchen Beispielen ist ersichtlich, dass in bestimmten Fällen für einen Laien eine Synthesebarriere vorhanden sein kann, für einen Experten vielleicht nur eine Interpolationsbarriere.

(3) Dialektische Barriere: Diese besteht darin, dass das genaue Ziel nicht bekannt ist bzw. bisweilen nur Komparativkriterien vorhanden sind (es soll etwas „besser" werden, ohne dass man weiß in bezug auf welche Dimension diese Verbesserung stattfinden soll). Ein Beispiel hierfür kann nach Dörner (a.a.O.) die Absicht eines Historiker sein, die Lücken eines z.T. unlesbaren Fragments zu ergänzen. Er bedient sich dabei eines dialektisches Vorgehens, entwirft eine Lösung, prüft diese auf Widersprüche (aufgrund der Kenntnis anderer Quellen oder späterer Passagen), beseitigt die Widersprüche und prüft erneut das Ergebnis.

Krappmann (1993, S. 9) verwendet den hierzu passenden Begriff der *Polytelie*, der bedeutet, dass in komplexen Situationen meist mehrere oder uneindeutige Ziele verfolgt werden. Die Zielbestimmung wird im Übrigen in allen Evaluationsprojekten als eigenes Problem angesehen, zu dessen Lösung wiederum verschiedenste Methoden zur Verfügung stehen (Wottawa & Thierau, 1998, S. 83ff).

Auch hier kann die beispielhafte Frage nach den Effekten der Einführung verschiedener schulischer Differenzierungsformen als Beispiel dienen: Will man etwa vor allem kognitive Effekte, d.h. den Wissenszuwachs, unter verschiedenen Bedingungen feststellen, geht es um soziale Auswirkungen neuer Gruppierungsformen (wenn z.B. nur leistungsstarke Schüler zusammengefasst werden) oder geht es um affektive Wirkungen (Wohlfühlen, Schulangst) einer solchen Maßnahme?

(4) Wie in Tabelle 9.1. gezeigt, kann eine Problemsituation auch in der Kombination mehrerer Barrieren bestehen. Ein Beispiel für die *Kombination von (2) und (3)* sind politische Entscheidungen, ökologische Probleme oder allgemein Probleme in komplexen Realitätsbereichen (Putz-Osterloh, 1995).

Komplexe Problemsituationen enthalten zudem nicht nur eine Barriere, sondern sie bestehen oft in der Aneinanderreihung verschiedener Barrieretypen. Will man z.B. einen Liebesbrief abfassen, so kann sich eine dialektische Barriere eröffnen (Was will ich eigentlich erreichen?), auch eine Synthesebarriere kann auftreten (Reim oder Nicht-Reim?), auch kann ein solcher Brief an einer Interpolationsbarriere scheitern (Wörter gibt es viele, welche soll man aber wählen?).

9.2 Konstituenten eines Problems

Lange Zeit hat man sich in der Psychologie mit Problemsituationen befasst, die höchst artifiziell und mit alltäglichen Problemsituationen nicht vergleichbar waren (z.B. „Kannibalen und Missionare", „Turm von Hanoi"). Hingegen haben Dörner et al. (1983) begonnen, das Verhalten von Menschen in komplexen und dynamischen Problemsituationen mit Hilfe von Computersimulationen zu erforschen.

Nach Dörner (1976, S. 15) sind Probleme nach den jeweils gegebenen Realitätsbereichen (z.B. Lösung einer mathematischen Aufgabe, Durchführung einer Psychotherapie, Bewältigung finanzieller Probleme oder Beratung wegen Mobbing am Arbeitsplatz) zu strukturieren. Für jeden Realitätsbereich sind Aspekte der darin vorkommenden Sachverhalte charakteristisch sowie Merkmale der in diesen Realitätsbereichen möglichen Handlungen (= Operatoren, z.B. Trenn- oder Anfügeoperatoren; beim Wissenserwerb sind Anfügeoperatoren u.a. Varianten der semantischen Verarbeitung, als Trennoperatoren können Vergessensprozesse angesehen werden).

9.2.1 Eigenschaften eines Realitätsbereiches

Der Vorteil der Analyse realitätsnaher Systeme (z.B. Leitung einer Fabrik, einer Stadt ...) liegen darin, dass die Künstlichkeit früherer zum Zweck des Experimentierens konzipierter Situationen vermieden wird (z.B. ist die Lösung einer Puzzle-Aufgabe im allgemeinen gut definiert und setzt kein spezifisches Vorwissen voraus), dies allerdings um den Preis, dass Prozesse der Zielbestimmung und die dabei vor sich gehenden Problembewältigungsversuche nicht mehr nachvollziehbar sind.

Die *Sachverhalte eines Realitätsbereiches* lassen sich nach Dörner (1976, S. 18 ff) durch mehrere Eigenschaften kennzeichnen:

(1) Komplexität: Darunter ist die Anzahl der in einem Realitätsbereich vorhandenen Komponenten zu verstehen sowie die Vielfalt der möglichen Verknüpfungsformen zwischen diesen Komponenten. Auch die zeitlichen Verhältnisse der Verknüpfungen sind zu bedenken (unmittelbare oder zeitverzögerte Effekte bzw. Rückmeldungen). In der Psychologie könnte z.B. die Behandlung einer Störung im Rahmen einer klassischen Verhaltensmodifikation ein weniger komplexes Problem darstellen als die Behandlung desselben Falles im Rahmen eines

familientherapeutischen Behandlungssettings, bei dem alle denkbaren Beziehungssubsysteme betrachtet und eventuell verändert werden sollten. Bei zu großer Komplexität müssen u.U. zuerst komplexitätsreduzierende Maßnahmen getroffen werden, Dörner (a.a.O.) unterscheidet dabei Abstraktion, Komplexbildung und Reduktion.

(2) Dynamik: Mit diesem zweiten Aspekt ist die Veränderbarkeit einer Situation auch ohne Eingreifen eines Problemlösers gemeint (ein Brettspiel ist z.B. statisch, die Bearbeitung eines Gerichtsfalles oder die Behandlung einer Krankheit aber dynamisch). Dynamische Situationen erfordern, dass unter Zeitdruck gehandelt werden sollte und dass der Problemlöser fähig sein sollte, Entwicklungen (lineare, exponentielle, sinusförmige oder andersgelagerte Trends) abzuschätzen (vgl. Maßnahmen zur Bekämpfung von Seuchen, z.B. von AIDS, die Entwicklung von Scheidungszahlen).

Wichtig wäre hier, dass frühzeitig Rückmeldungen über die Effizienz einer Intervention vorliegen. Es ist aber auch naheliegend, dass bei nicht-linearen Entwicklungen, die vielleicht auch noch zeitlich verzögert auftreten bzw. bei denen nur verspätete Rückmeldungen über Systemzustände möglich sind, die Problemlöseleistungen zurückgehen bzw. solche Systeme kaum mehr steuerbar sind (Putz-Osterloh, 1995, S. 408).

(3) Vernetztheit: Sind die Merkmale einer Situation untereinander abhängig, so ist eine isolierte Beeinflussung einzelner Komponenten nicht möglich. Eine solche Situationscharakteristik trifft auf die Realitätsbereiche Politik, Ökonomie, Ökologie, Medizin oder Psychotherapie zu. Eine hohe Vernetztheit erfordert nicht nur die Betrachtung von Haupteffekten, sondern auch Nebenwirkungsanalysen (vgl. die bisweilen gescheiterten Versuche, durch biologische Maßnahmen bestimmte Veränderungen der Fauna Australiens herbeizuführen: Der Überbevölkerung durch die Kaninchenpopulation soll z.B. mit Virenkrankheiten, die für diese Tiere tödlich sind, bekämpft werden; welche unerwünschte Effekte - wie etwa die Schädigung der heimischen Fauna - dabei auftreten könnten, bleibt ein offenes Risiko).

(4) Transparenz: Damit sind die Varianten der Diagnose von Merkmalen eines Systems gemeint. Von geringer Transparenz spricht man, wenn man auf Symptome zurückgreifen muss, die mit den latenten (nicht direkt beobachtbaren) Merkmalen kovariieren. Ist die Situation durch geringe Transparenz gekennzeichnet, so ist die Wirkung einer Operatoranwendung nicht sicher einzuschätzen.

(5) Verfügbarkeit von „freien Komponenten": In der Medizin wären bestimmte diagnostische Maßnahmen nicht notwendig, wenn z.B. das Herz insgesamt

ausgewechselt werden könnte. Sind jedoch keine freien Komponenten vorhanden, dann erfordert dies eine Analyse auf einem höheren Auflösungsgrad (wenn z.B. die Lichtmaschine eines Autor defekt ist, so wäre es einfach, diese auszuwechseln, ist aber ein neues Gerät nicht zur Verfügung, so muss im Detail nach dem nicht funktionierenden Teil gesucht werden). Freie Komponenten bestimmen, wie flexibel der Problemlöser das ihm zur Verfügung stehende Material einsetzen kann.

9.2.2 Eigenschaften von Operatoren in verschiedenen Realitätsbereichen

Die in einem Realitätsbereich anwendbaren Eingriffshandlungen werden von Dörner (1976) als *Operatoren* bezeichnet.

Als Arten von Operatoren (die in jedem Realitätsbereich durch andere Handlungen realisiert werden) kann man unterscheiden:

(1) *Anfügeoperatoren* (z.B. Anlöten, Anschrauben, Lernen),

(2) *Trennoperatoren* (z.B. Schneiden, Ablöten, Vergessen),

(3) *Tauschoperatoren* (z.B. Desensibilisierung, verstanden als Austausch von Reaktionen),

(4) *Wandlungsoperatoren*, durch die eine Veränderung des Zustandes einer Komponente erreicht wird (z.B. Oxydation ändert Eisen in Rost; Wandel der Problemsicht im Rahmen der Familientherapie weg vom Kind als Symptomträger auf das Familiensystem als Symptomproduzent). Andere mentale Operatoren sind logisches Schließen, Analogieschluss, abstrahieren, konkretisieren, vergleichen, klassifizieren, prüfen, induzieren ...

Diese Operatoren können nach mehreren Eigenschaften beschrieben werden (Dörner, 1976, S. 21 ff):

(1) Wirkungsbreite: Die Wirkungsbreite ist dann groß, wenn ein Operator auf mehre Merkmale eines Sachverhaltes verändernd wirkt als ein anderer. Z.B. besitzt die Rochade im Schach eine weitergehende Wirkung als ein Zug mit einem Bauern. Bei „Breitbandoperatoren" muss wieder mehr bedacht werden (Analyse der Nebenwirkungen) und mehr vorauskalkuliert werden als bei „Schmalbandoperatoren".

Als Beispiel aus dem pädagogischen Bereich stellt die Maßnahme der Klassenwiederholung eine Handlung mit großer Wirkungsbreite dar, die Durchführung eines Kurses zur Verbesserung der Lernstrategien, um die Lernleistung zu verbessern, besitzt hingegen eine wesentlich geringere Wirkungsbreite.

(2) Reversibilität: Dies betrifft die Aufhebbarkeit der Effekte des Einsatzes eines Operators (bzw. auch die entstehenden materiellen und zeitlichen Kosten der Reversion). Bei hoher Reversibilität kann man ohne großes Risiko auch reale Veränderungen in spielerischer Form vornehmen. Der Problemlöseprozess kann in diesem Fall von innen nach außen verlegt werden. Bei irreversiblen Operatoren kann man sich mit Simulations- oder Modellstudien behelfen (z.B. werden Kriege oft in Form von „Sandkastenspielen", leider aber auch als sog. „Stellvertreterkriege" in der Realität betrieben).

> Z.B. ist bei den antikonzeptionellen Maßnahme die sog. chirurgische Antikonzeption (Eileiter- oder Samenstrangdurchtrennung) eine großteils irreversible Maßnahme bzw. eine Wiederherstellung langwierig und unsicher. Die Freisetzung genetisch veränderter Organismen ist eine ebenfalls irreversible Maßnahme. Im Bereich des Schulsystems wird hingegen versucht, durch hohe vertikale und horizontale Mobilität die Reversibilität von Bildungsentscheidungen immer möglichst hoch zu halten.

(3) Anwendungsbereich eines Operators: Dieser ist hoch, wenn die Anwendung eines Operators nur an wenige Vorbedingungen geknüpft ist. Wenn der Anwendungsbereich eines Operators klein ist, müssen genaue Vorausplanungen vorgenommen oder Zwischenziele angestrebt werden, die erst die Vorbedingungen für den Einsatz des eigentlichen Operators sind.

> Für die Wahl eines NC-Faches ist z.B. eine lange Vorausplanung nötig, Pädagogik zu studieren bedingt hingegen kein großartiges Hinarbeiten auf einen bestimmten Abiturdurchschnitt. Der Fahrt zu einem schönen Ausflugsziel ist kein großes Problem, wenn man ein eigenes Auto besitzt, mit öffentlichen Verkehrsmitteln ist eine solche Handlung hingegen an viele Vorbedingungen geknüpft.

(4) Wirkungssicherheit: Dies ist die Wahrscheinlichkeit, ob in einer bestimmten Situation die Anwendung eines Operators ein gewünschtes Ergebnis zur Folge hat (dem entspricht das Effektivitätskriterium bei jeglichem technologischem Handeln).

In komplexen Realitätsbereichen, in denen man nicht über die Veränderung aller Bedingungen verfügt, bleibt das Handlungsergebnis so gut wie immer unsicher. Z.B. kann ein Schulwechsel ein Mittel zur Überwindung gegebener sozialer Probleme sein; vielleicht finden sich aber in dem neuen Setting die gleichen Problemkonstellationen wider, so dass diese im Allgemeinen wirkungsvolle Maßnahme im Einzelfall sogar eine Problemkonservierung nach sich ziehen kann.

(5) Kosten: Damit ist der zeitliche und materielle Aufwand beim Einsatz eines Operators sowie die damit erreichbare Kosten-Nutzen-Relationen gemeint. Bei manchen experimentellen Situationen zur Untersuchung von Problemlösungen (z.B. „Tower of Hanoi") ist der Kostenfaktor unwichtig, bei anderen jedoch von existentieller Bedeutung (z.B. Entwicklungshelfer in Tanaland, Bürgermeister von Lohhausen; Dörner & Reither, 1978; Schaub & Strohschneider, 1992; Dörner et al., 1994).

> Als sozialpsychologisches Beispiel kann der Anschluss an eine Gruppe unter diesen Auspizien analysiert werden (Gewinn eines Gruppenanschlusses, was muss ich einsetzen, Zahl und Attraktivität der Alternativen, was verliere ich an anderen Möglichkeiten). Letztendlich können auch alle Bildungsentscheidungen unter diesem Kosten-Nutzen-Kriterium betrachtet werden.

(6) Elementarität der Operatoren: Damit ist die Unterscheidung in Grund- und Makrooperatoren (= Zusammenfassung verschiedener Grundoperationen zu einem eigenen Unterprogramm) gemeint. Durch die Verfügbarkeit von Makrooperatoren in einem Realitätsbereich kann der Problemlösungsprozess vereinfacht und beschleunigt werden. Zugleich können Makrooperatoren aber auch die Sicht auf eine Problemlösung verengen, da nur mehr dieser Handlungsablauf gesehen wird.

> Z.B. entspricht der Einsatz einer therapeutischen Handlungsstrategie, wie etwa der kooperativen Verhaltensmodifikation, einer Makrostrategie. Diese kann aber, wenn ihre Anwendung stark eingefahren ist, den unbefangenen Blick auf das Machbare verstellen („Blindheit des Fachmannes").

9.3 Problemlösungsprozesse

Nach den frühen psychologischen Analysen (vgl. Kap. 9.1.1) wurde der Problemlöseprozess gesamthaft beschrieben. Diese Sicht hat sich insofern gewandelt als
heute durch Parzellierung dieser Prozesse ein genaueres Bild über die ablaufenden Schritte angestrebt wird, wobei als Ziel die Simulation bzw. Nachbildung
dieser Prozesse mittels eines Computerprogramms angestrebt wird.

Nach Dörner (1976, S. 26) findet das problemlösende Denken in einem System von zwei Ebenen statt, der sog. *epistemischen Struktur* (i.S. eines Informati-
onsträgers oder einer Datenbasis) und der sog. *heuristischen Struktur* (Ebene des
bewussten Denkens, wobei Heurismen Findeverfahren sind). Nach dem Modell
von Dörner (a.a.O.) entspricht die epistemische Struktur dem Wissen über die
Welt (deklaratives Wissen), das er in Form eines aktiven semantischen Netzwerkes konzipiert.[6] Das Weltwissen ist hinreichend für eine reproduktive Aufgabenlösung. Hinzu kommt das *Operatorgedächtnis* (prozedurales Wissen), d.h. das
Wissen über die Handlungsprogramme, über die ein Individuum in einem bestimmten Realitätsbereich verfügt (dieses kann strukturiert sein nach (a) Ein-
gangssachverhalt, der eine Handlung auslöst oder auslösen kann, (b) motorischer
Ablauf [koordinierte Folge von Muskelinnervationen und sensorische Kontrollen]
und (c) Ausgangssachverhalt [Handlungsprodukt]). Die *heuristische Struktur*
kommt dann ins Spiel, wenn man vor einem Fall steht, für den man keinen Hand-
lungsplan zur Verfügung hat. Die heuristische Struktur ist ein System von Meta-
operatoren, das der Konstruktion von effektiven Operatoren dient; es sind dies
also Konstruktionsverfahren zur Herstellung bislang unbekannter Transformationen.

Die Unterscheidung in epistemische (= ES) und heuristische Struktur (= HS)
entspricht der Piagetschen Unterscheidung von Assimilation- und Akkomodati-

---

[6] Die Auffassungen über semantische Netzwerke (vgl. Kap. 2.5.3) besitzen hierzu insofern Ähnlichkeiten, als immer Knoten unterschieden werden (Bezeichnungen von beliebigen Gegenständen, Personen etc.), die durch Kanten oder Relationen miteinander verbunden sind. Unterschiedlich ist die Art der Relationen, die zugelassen werden; bei Dörner (1976, S. 27f) wird etwa zwischen (1) „ist-ein-Relation" (ie: Unterbegriff-Oberbegriff-Relation), (2) „hat-Relation"
(h: Teil-Ganzes-Relation), (3) „Agenten-Relation (ag: Ausführer eines Operation, Handlerrela-
tion), (4) „Recipienten-Relation" (rec: Objekt, Ziel einer Handlung), (5) „Lokalisations-
Relation" (loc: Ortsbeziehung), (6) „Besitzer-Relation" (bes) unterschieden.

Eine Besonderheit ist auch, dass Dörner die epistemische Struktur als mehrfach hierarchisch
gegliedert auffasst (z.B. raum-zeitliche Gliederung, Teil-Ganzes-Gliederung etc.).

onsprozessen bei der Bewältigung von Anforderungen. Die ES für einen Realitätsbereich enthält sozusagen die Assimilationswerkzeuge eines Individuums, die HS die Akkomodationswerkzeuge.[7] Assimilation bedeutet die Anwendung bekannter Schemata im Falle einer Anforderung, Akkomodation die Neukonstruktion von Schemata, wenn die vorhandenen nicht ausreichen. Je mehr Wissen eine Person besitzt, desto mehr Information kann sie assimilieren. Die primitivste Form eines Heurismus ist ein zielloses Versuchs- und Irrtums-Vorgehen.

Während in der Psychologie lange Zeit und mit relativ gutem Erfolg die Bedeutung allgemeiner und problemunspezifischer Kompetenzen und Strategien (im Sinne der verschiedenen Varianten des Intelligenzkonzepts) herausgestellt wurde, wird seit den 90er Jahre vermehrt die Bedeutung des bereichsspezifischen Wissens für Problemlösungen betont (Ericsson & Smith, 1991).

In einer experimentellen Studie von Schneider et al. (1989) wurde etwa für die Gedächtnisleistung und das Textverstehen bei Dritt-, Fünft- und Siebtklässlern die Bedeutung domänspezifischen Wissens der Bedeutung allgemeiner Fähigkeiten gegenüber gestellt. Dabei wurde das Vorwissen hinsichtlich des Bereichs Fußball variiert. Erwartungsgemäß hatten für diese Leistungen allgemeine Fähigkeit kaum eine Bedeutung, die bereichsspezifischen Wissensbestände aber eine sehr hohe. Fußballexperten mit niedrigen allgemeinen Fähigkeiten schnitten sogar besser ab als Schüler mit hohen kognitiven Fähigkeiten, die nichts von Fußball verstanden (daraus sollte man aber nicht notwendiger Weise den Schluss ziehen, dass alle Fußballexperten intellektuell sehr tief stehen).

Zumeist findet man bei Analyse von Protokollen über Denkprozesse folgendes Vorgehen (man denke etwa an die Lösung des obigen Puzzle-Problems):

(1) Der Denkvorgang besteht aus unterscheidbaren kognitiven Operationen, z.B. Zielexplikationen, Hypothesenentwurf oder Einleitung von Veränderungsprozessen. Zumeist wird nach einer Ziel-Mittel-Analyse entschieden, eine Operation zu verwenden, durch die der Unterschied zwischen dem gegenwärtigen und dem erwünschten Zustand vermindert wird; die Suche wird durch heuristische Prinzipien geleitet, welche die Suche auf vielversprechende Gebiete des Problemraums konzentriert und dadurch vermeidet, dass man sich in Sackgassen verliert.

---

[7] Die Auffassung zweier voneinander getrennt operierender Bereiche (Wissensmodul und wissensunabhängiger Lernmechanismus) ist nicht unkritisiert geblieben: „Modelle, die eine Wissenskomponente mit einer unabhängig operierenden datengesteuerten Lernkomponente kombinieren, suggerieren die Möglichkeit eines wissensunabhängigen, bereichsübergreifenden Lernmechanismus. Jeder Lernmechanismus verkörpert bestimmte Domänannahmen ..." (Waldmann, 1997, S. 88).

(2) Die Teilprozesse sind nicht willkürlich aneinandergereiht. Meist scheint auf einen Veränderungs- ein Prüfprozess zu folgen. (3) Die Organisation des gesamten Problemlöseprozesses scheint mehrschichtig zu verlaufen. Zuerst kann planloses Suchen auftreten (wahllose Operatorwahl), dann systematischeres Vorgehen, wenn die Versuche, das Problem im Vorbeigehen zu lösen, nicht erfolgreich war (vorbereitet durch eine Zielexplikation). Damit ist das Vorgehen im Prinzip ähnlich wie bei jedem Problemlöseprozess in der Wissenschaft (vgl. Abb. 9.2).

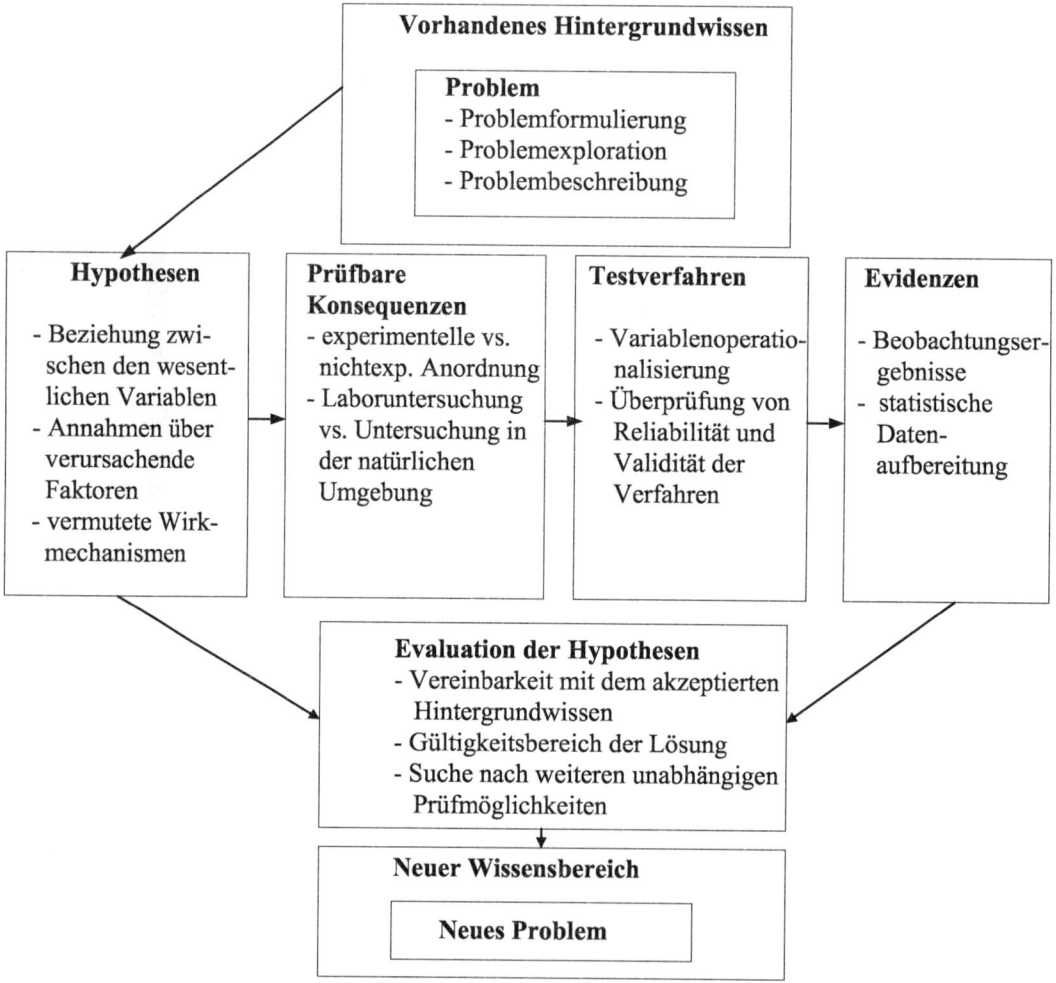

Abbildung 9.2: Phasen eines wissenschaftlichen Problemlösungsprozesses (modifiziert nach Bunge, 1967, S. 9)

Während bei einem wissenschaftlichen Problemlösungsprozess die Dauer des Vorgehens u.U. sehr lang ist (z.B. hinsichtlich der Datenbeschaffung und -auswertung), wird beim alltäglichen Problemlösen dieser Zyklus sehr schnell durchlaufen.

Dörner (1976, S. 40) stellt auch die Frage nach möglichen Organisationsprinzipien, nach denen die Lösungsverfahren aufgebaut sind. Gibt es also eine Grammatik des Problemlösens? Eine erste einfache Struktur kann in dem von Miller, Galanter und Pribram (1960; 1973, S. 34) konzipierten Handlungsschema der TOTE-Einheit gesehen werden (vgl. Abb. 9.3).[8] Eine TOTE-Einheit besteht aus den Elementen „Test", „Operation", „Test" und „Exit". „Die TOTE-Einheit stellt das Grundmuster dar, nach dem unsere Pläne entworfen werden. Die Testphase enthält die Spezifikation des Wissens, das jeweils für das Vergleichen notwendig ist, und die Handlungsphase stellt dar, was der Organismus dann tut" (Miller et al., 1973, S. 38). Für Problemlösungen i.e.S. setzt dieses Modell voraus, dass der Zielzustand genau bekannt ist. Im Falle eines dialektischen Problems muss ein Vergleich einer Zielausarbeitung mit einer vagen Zielvorstellung erfolgen.

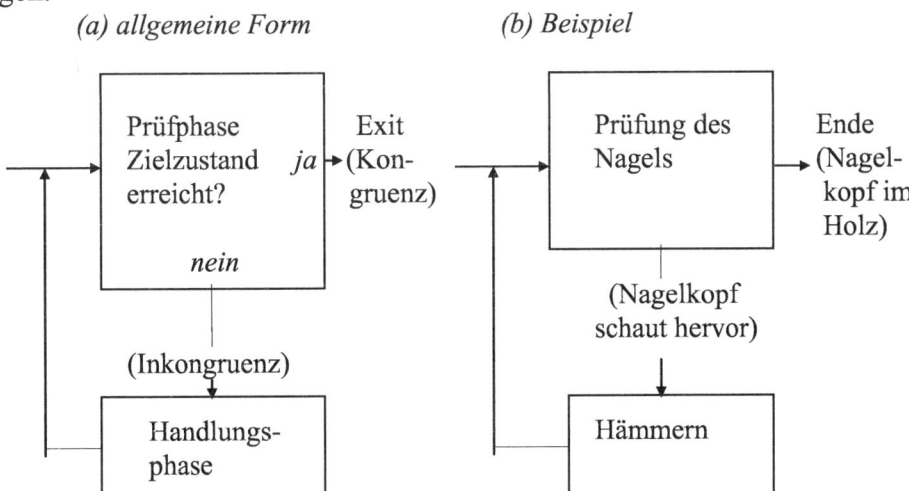

Abbildung 9.3: TOTE (= Test-Operation-Test-Exit)-Einheit (Miller, Galanter & Pribram, 1960, S. 34)

---

[8] Die grundlegende Idee geht allerdings auf die von Wiener (1948/1963, S. 143 f) erläuterten *Regelkreissysteme* zurück (Rückkoppelung und Kompensation). Wiener sieht Anwendungsbeispiele aber eher in den Reflexen von Mensch und Tier und nicht in den hier analysierten Problemen.

Eine besondere Form einer TOTE-Einheit ist eine Kaskadenschaltung (vgl. Abb. 9.4), die als eine Erweiterung der Zweiphasenstruktur nach Miller et al. (1973, S. 39)[9] angesehen werden kann; bei einer Kaskadenschaltung wird in der Testphase nicht eine Operation in wiederholter Form ausgeführt, sondern in hierarchisch strukturierter Form kommen nacheinander unterschiedliche Operationen zum Einsatz. Das TOTE-Muster kann dabei sowohl strategische wie auch taktische Verhaltenseinheiten beschreiben.

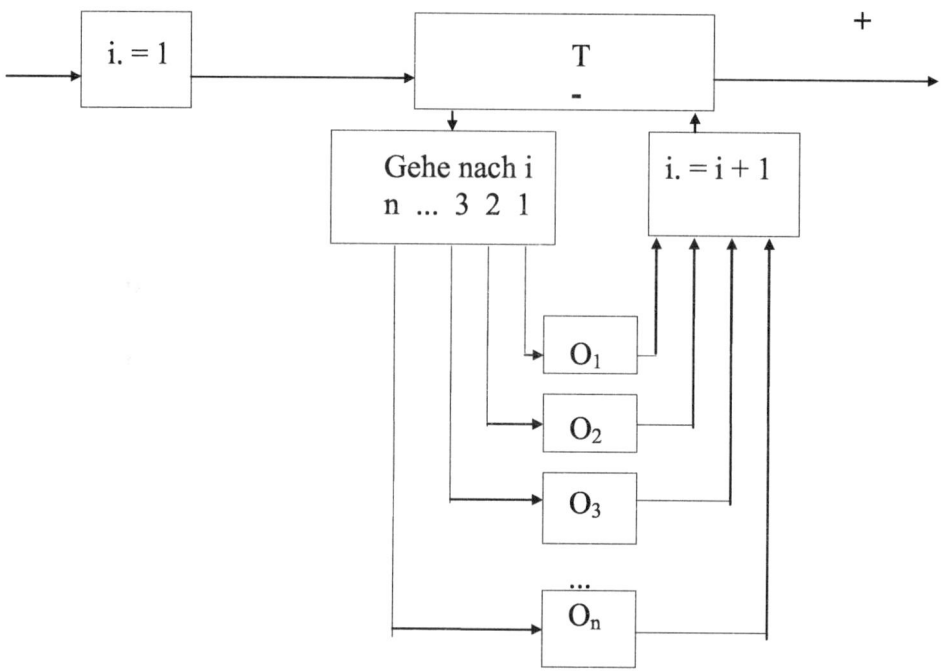

Abbildung 9.4: Erweiterung einer TOTE-Einheit zu einer Kaskadenorganisation eines Problemlösungsprozesses (Dörner, 1976, S. 41)

---

[9] Häufig vorkommende Handlungen laufen dabei in zwei Phasen ab, die erste davon wird als „vorbereitend und mobilisierend" bezeichnet, die zweite dann als „effektiv und vollendend": "Wenn der richtige Reiz da ist, der die Handlung auslöst, wird zuerst die Vorbereitungs-TOTE-Einheit ausgeführt, und wenn diese zum Abschluß gekommen ist, ist damit der richtige Reiz für die Zielhandlungs-TOTE-Einheit gegeben: die Handlung wird ausgeführt ... Der Abschluß der zweiten Phase ruft ihrerseits einen Reiz hervor, der anzeigt, daß die Ausführung der ersten Phase wieder möglich ist. Somit ist eine regelmäßige Abwechslung zwischen zwei Phasen entstanden, wie wir es vom Gehen, Laufen, Kauen, Trinken, Wischen, Stricken und von vielen anderen kennen" (Miller et al., 1973, S. 40).

Die Entwicklung von Heurismen könnte von einer primitiven TOTE-Einheit ausgehen, bei der nur nach blindem Versuchs-Irrtums-Verhalten vorgegangen wird (Dörner, 1976, S. 42 f). Sodann kann gelernt werden, dass bestimmte Operationen eine größere Erfolgschance haben als andere (instrumentelles Konditionieren) und dass bestimmte Situationen Vorankündigungscharakter für andere besitzen (klassisches Konditionieren). Dadurch bauen sich epistemische Strukturen auf. Der Prozess wird noch durch Shaping-Prozesse ausdifferenziert. Später kann es auch zu bewusster Neukombination von Operationen kommen.

Dörner (1976, S. 45f) unterscheidet außerdem verschiedene Makroheurismen, die bei einem Problemlösungsversuch hintereinandergeschaltet sein können:

(1) *Versuchs-Irrtums-Verfahren*, hierbei werden unsystematisch Lösungsversuche generiert und nachträglich überprüft (z.B. Lösung der Anagrammaufgabe A D N L); bei einem kleinen Suchbereich kann die Strategie des unsystematischen Generierens und Testens von Lösungen erfolgreich sein, sonst führt dies zu einem relativ langem Suchprozess. Maier (1930, S. 138) argumentiert allerdings bereits bei seinen frühen Studien, dass das Finden einer Lösung weniger eine Angelegenheit von „trial and error" sei, sondern dass beim produktiven Denken vielmehr eine vorgegebene Richtung des Denkens („determinierende Tendenz" i.S. von Otto Selz bzw. ein organisierendes Prinzip) konkretisiert und zu einer Lösung geführt würde.

(2) *Analytischer Heurismus* (Feinanalyse eines Problems, z.B. Aufteilung eines komplexen Problems in Unterprobleme, etwa beim Schach - Aufbau einer guten Feldposition, bei „Rubiks Würfel" - Finden von Kantenpositionen),

(3) *Problemwechsel* (es wird nicht mehr der ursprüngliche Zielzustand angestrebt, sondern ein anderer. In dem Beispiel des Spielers aus dem Film „Marienbad" könnte man sich umstellen und alle Verliererpositionen zu finden versuchen).[10]

Von Wertheimer (1957) stammt die Beschreibung eines Umstrukturierungsprozesses, den man unter diesem Aspekt diskutieren kann: Zwei Jungen spielten Feder-

---

[10] Das Spiel besteht darin, dass vier Reihen mit Streichhölzern vorgegeben werden. In der ersten liegen 7, in der zweiten 5, in der dritten 3 und in der vierten 1 Streichholz. Es spielen zwei Personen gegeneinander. Jeder Spieler muss aus einer beliebigen Reihe mindestens 1 Streichholz entfernen, er kann aber auch beliebig viele nehmen. Wer das letzte Streichholz entfernen muss, ist der Verlierer in diesem Spiel. Das Spiel ist streng deterministisch, im Grunde müsste immer der Spieler, der anfängt, verlieren. Allerdings nur unter der Bedingung, dass die Gewinnstrategie beherrscht wird.

ball, der eine wesentlich besser als der andere. Nach einer Weile weigerte sich der jüngere weiterzuspielen, weil er immer verlor. Der ältere stand vor dem Problem, wie er den anderen dazu bringen könne, mit ihm weiterzuspielen. (z.B. an Ehrgefühl appellieren, Punktvorgabe ...). Der ältere Junge fand durch eine radikale Umstrukturierung der Situation eine originelle und befriedigende Lösung. Er schlug vor, nicht gegeneinander zu spielen, sondern miteinander, um den Ball möglichst lange oben zu halten - dies stellte sich in diesem Fall als erfolgreicher Vorschlag heraus. Entscheidend dabei war, dass der ältere Junge nicht versuchte, eine Lösung im alten Schema der Wettkampfsituation zu suchen, sondern dass er eine Lösung fand, indem er die Situation in eine neue umwandelte, die einer Lösung eher zugänglich war als die alte.

(4) *Wechsel des Operatorinventors* (z.B. Autofahrer mit Panne, zuerst Versuche der Selbstreparatur, wenn sich dies als erfolglos erweist, dann Suche nach einer Werkstatt; vielleicht findet ein solcher Wechsel des Operatorinventors z.Zt. auch beim sog. Lernen mit dem Computer statt: für die Firmen, welche solche Lernprogramme auf den Markt bringen, steht nicht die Frage im Vordergrund, ob diese Lernprogramme tatsächlich ein fundierteres Lernen ermöglichen, sondern wie man potentielle Kunden davon überzeugt, dass dies der Fall ist),

(5) *Übergang zu einem übergeordneten Problem* (dabei wird eine Beseitigung der Bedingungen angestrebt, aufgrund deren das ursprüngliche Problem ein Problem ist; als Beispiel kann ein Student angesehen werden, dem ein Logikkurs zu schwer ist, und der deshalb das ganze Gebiet für „unkreativ" und einer Beschäftigung damit für unwürdig hält und in der Folge davon Soziologie studiert),

(6) *Verallgemeinerung des Zielzustandes* (indem man einschränkende Bedingungen fallen lässt und so zu einem leichter lösbaren Problem gelangt),

(7) *Übergang zu nebengeordneten oder analogen Problemen* (z.B. durch Umformulierung von der Alltagssprache in eine mathematische Sprache; Dörner [a.a.O., S. 47] führt als Beispiel das Dunckersche „Bergtourenproblem" an, das unter Verwendung eines Weg-Zeit-Diagramms eindeutig lösbar ist).

9.3.1 Lösen von Interpolationsproblemen

Hierbei sind Ausgangs- und Zielzustand ebenso bekannt sind wie das Operatorinventar. Eine genaue *Analyse von Anfangs- und Zielzustand* ist aber immer notwenig und sinnvoll.

(1) Eventuell ist hier die *„Technik des lauten Denkens"* (Merz, 1969) zu empfehlen, die sich bei der Lösung von Intelligenzaufgaben als effizient erwiesen hat.

Issing und Ullrich (1969) untersuchten z.B. die Wirkung eines länger dauernden Verbalisierungstraining (4 Wochen) auf die Bearbeitung einer Denkaufgabenreihe am Ende der Trainingsperiode. Als Versuchs- und Kontrollgruppe dienten vierjährige Kinder, die nach Geschlecht und Intelligenz parallelisiert wurden. Beide Gruppen konnten die gleichen Spiele durchführen, die Experimentalgruppe wurde jedoch intensiv zum Verbalisieren angehalten. Die nach dem vierwöchigen Training vorgenommene erneute Intelligenzmessung erbrachte einen deutlichen IQ-Gewinn in der EG im Vergleich zur KG (Differenz in der EG 8,8, in der KG 2,3 IQ-Punkte).

Der Erfolg dieser Methode der Verbalisierung des Problems ist eventuell auf die mentale Aktualisierung der wesentlichen Problemkonstituenten zurückzuführen.

(2) Bisweilen scheitert eine korrekte Problemlösung daran, dass keine *genaue Analyse des Ausgangs- und des zu angestrebten Zielzustandes* erfolgt (vgl. hierzu das einleitende Kugelproblem). Bereits Bunge (1967a, S. 195 ff.) hat auf die Notwendigkeit, die wesentlichen Bestandteile eines Problems zu identifizieren, aufmerksam gemacht.[11]

In einer Studie von Marks (1951) wurden Vpn instruiert, wie sie mit Hilfe einer Rechenmaschine und einer Tabelle für vorgegebene Zahlen eine Quadratwurzel ziehen konnten. Nach einer Übungsphase zum Erlernen der Methode mussten sie vier Aufgaben lösen, von denen zwei falsch waren, weil falsche Zahlen in der Tabelle vorgegeben waren. Aufgabe der Vpn war es herauszufinden, worin der Fehler lag. Mögliche Fehlerquellen konnten theoretisch sein (a) die Rechenmaschine, (b) die Rechenmethode, (c) die fehlerhafte Anwendung der Rechenmethode oder (d) falsche Zahlen in der Tabelle. Um die Lösung (d) zu finden, mussten alle Fehlermöglichkeiten erkannt und getrennt geprüft werden.

Bei der Studie wurden vier Bedingungen variiert: Bedingung 1 bestand in einer persönlichen oder unpersönlichen Problemstellung (bei letzterer wurde der Vp gesagt, einer anderen Person seien zwei Fehler passiert und sie solle sagen, was sie an Stelle dieser Person machen würde); als zweite Bedingung wurde ein einstündiger Trainingskurs über Methoden der Problemlösens eingeführt, wobei beson-

---

[11] Kintsch (1982, S. 364): „Eine Problemlösungsaufgabe ist durch ihren *Zustandsraum* gekennzeichnet, der aus allen potentiellen, auf die Lösung des Problems gerichteten Handlungsabläufen besteht. Für einen Problemlösenden zu einem gegebenen Zeitpunkt ist jedoch möglicherweise nicht der ganze Zustandsraum verfügbar: Der Problemlösende arbeitet nur mit einem bestimmten, eingeschränkten *Problemraum*, der nicht unbedingt allen logisch möglichen Handlungen entspricht. Der Problemraum einer Person enthält nicht nur mögliche Lösungswege, sondern auch falsche Ausgangspunkte, unzulässige Schritte, Mißverständnisse - alles, was das Wissen einer Person über die Problemsituation charakterisiert."

ders die Notwendigkeit der Analyse eines Problems in seine Elemente betont wurde; unter Bedingung drei wurde eine Liste mit vier Elementen gegeben und gesagt, dass davon einige falsch sein könnten und unter Bedingung vier wurden Hilfen gegeben, wobei der Vl immer wieder fragte, durch welche Elemente kann ein Fehler zustande kommen, und die Vpn ermunterte, solche Elemente zu prüfen.

Es zeigte sich ein signifikanter Einfluss der persönlichen vs. unpersönlichen Situation (bessere Leistungen in der unpersönlichen), ebenso war die Hilfestellung, genau über die Elemente nachzudenken, welche den Fehler bedingen könnten, effektiv; von dem vorhergehenden Training sowie von der Vorgabe einer Liste mit Fehlern ging kein signifikanter Leistungseffekt aus.

Offensichtlich bewirkt hier eine *Distanzierung von der Situation* eine bessere Übersicht und eine systematischere Analyse der Fehlerquellen. Zudem konnte durch Fragen das Potential der Vpn aktiviert werden. Eine ähnliche Leistungsverbesserung aufgrund einer *systematischen Anleitung zur Selbstreflexion* ließ sich auch in anderen Kontexten nachweisen (Tisdale, 1990). Hingegen hatten direkte Hilfestellungen (Vorgabe einer anderen falschen Liste) nicht automatisch zu einer adäquaten Berücksichtigung dieser Information geführt. D.h. vorhandene Erfahrungen sind nicht automatisch für einen Problemlöseprozess hilfreich, sondern sie müssen verfügbar gemacht werden.

(3) Bisweilen werden - vielleicht voreilig - *Beschränkungen im Operatorinventar* angenommen (oder auch im Experiment suggeriert), die im Grunde nicht gegeben sind.

Von Székely (1945) stammt z.B. die Aufgabe, zu drei übereinander angeordneten Reihen, bestehend aus jeweils drei Streichhölzern, drei weitere Streichhölzer so hinzuzulegen, dass sowohl waagrecht wie senkrecht Reihen mit jeweils vier Streichhölzern liegen. Das Problem ist nur lösbar, wenn man aus der Beschränkung eines planen Systems aussteigt und jeweils ein weiteres Streichholz auf das erste der ersten Reihe, das zweiten der zweiten Reihe und das dritte der dritten Reihe legt.

Entsprechend verhält es sich bei dem oft zitierten Neun-Punkte-Problem, das nur lösbar ist, wenn die gesuchten vier verbindenden Linien über das durch die 3 x 3 Punkte definierte Quadrat hinausgehen. Durch die vorgegebenen Punkte wird aber suggeriert, man dürfe nicht darüber hinausgehen.

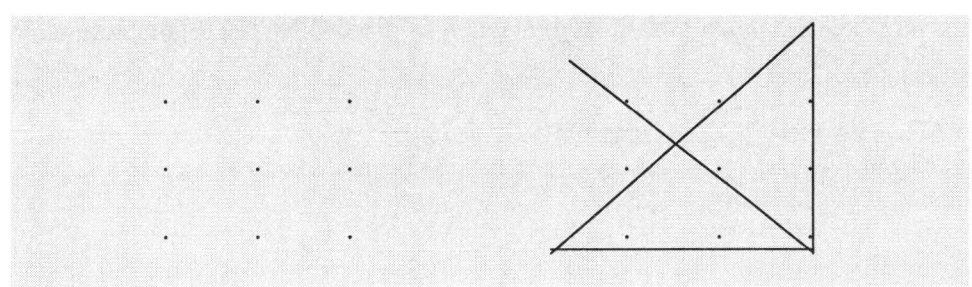

Die Frage ist allerdings, wie weit man sich bei der Lösung eines Problems von dem implizit mitgedachten Problemrahmen lösen darf (Vielleicht entspricht das unten angeführte Beispiel eher einem „Wechsel des Operatorinventars" oder dem „Übergang zu einem übergeordneten Problem", aber warum sollte das nicht erlaubt sein?).

Von Gell-Mann (1997) wird von einem Physik-Studenten berichtet, dem die Aufgabe gestellt war, mit Hilfe eines Barometers die Höhe eines Gebäudes zu messen. Die von ihm gefundene Lösung (man binde das Barometer an ein Seil, lasse es vom Dach des Gebäude herunter und messe dann die Länge des Seiles) wollte der Prüfer nicht gelten lassen. Auch andere von ihm vorgeschlagene Lösungen wurden eher skeptisch beurteilt (z.B. man lasse das Barometer vom Dach herunterfallen, messe die Zeit, bis es unten aufschlägt, und berechne dann daraus die Höhe; oder: man verwende das Barometer als Meterstab und bestimme beim Hinaufsteigen die Anzahl der „Barometereinheiten", die sich dann leicht in Meter umrechnen lassen). Nachdem der Student aber dann doch die fast beste Note für seine Lösungen erhalten hatte, meine er, es gebe noch eine sehr viel einfachere Methode, man könne einfach zum Hauswart gehen und ihm sagen, „Schauen Sie, Sie können das schöne Barometer haben, wenn Sie mir sagen, wie hoch das Gebäude ist ..."

(4) Ist eine Operatoranwendung nicht erfolgreich, so muss u.U. auch der gewählte *Startpunkt* für die Problemlösung überprüft werden. U.U. kann vom ursprünglichen oder von einem anderen Startpunkt aus der Problemlösungsprozess erfolgreicher angegangen werden. Hierbei ist auch zu überlegen, ob man die Problemlösung *ausgehend vom Ist-Zustand* oder *vom Zielzustand rückwärts planen* soll (vgl. z.B. das bereits angesprochene „Marienbadproblem" bzw. sog. Nimm-Spiele im allgemeinen, die ausgehend von dem Endzustand algorithmisch gelöst werden können). Angeblich sind rückwärtsgerichtete Ziel-Mittel-Analysen kognitiv belastender als vorwärtsgerichtete Strategien (Klauer, 1992, S. 12) bzw. viele Menschen scheinen gar nicht auf die Idee zu kommen, dass man auch rück-

wärts, d.h. ausgehend von dem Zielzustand (so dieser klar ist), planen kann (Dörner, 1995, S. 303).

Miller et al. (1973, S. 160) erläutern anhand eines Abfüllproblems die Vorteile des rückwärts Arbeitens (Beispiel: Man hat ein Vier- und ein Neunlitergefäß, möchte aber sechs Liter Wasser abmessen).

(5) Neben der Vorwärts- oder Rückwärtsplanung unterscheidet Dörner (1995, S. 302) auch noch die Planungsmaximen „Breite zuerst" und „Tiefe zuerst". Unter dem ersteren Stichwort ist gemeint, möglichst viele Operationen zu überlegen, die auf eine bestimmte Problemkonstellation anwendbar sind und sich so einen Überblick über möglichst viele Verzweigungen zu verschaffen. Bei der zweiten Strategie wird möglichst ein Schritt nach dem anderen überlegt, die zum Ziel führen sollen. Natürlich gibt es auch noch alle möglichen Zwischenstrategien.

Danach kann mit der *Auswahl und Anwendung eines Operators* begonnen werden, der hypothetisch für die Verringerung der Ist-Sollwert-Diskrepanz (auch in bezug auf eine Zwischenzielbildung) ausgewählt wurde. Nach Operatoranwendung (und auch vorauslaufend, d.h. mental) ist zu prüfen, ob sich die Ist-Sollwert-Diskrepanz tatsächlich verringert hat (*Erfolgsanalyse*) bzw. ob im Sinn des TOTE-Modells (bzw. seiner Erweiterung) mit weiteren Operatorenanwendungen der Unterschied zu verringern ist.

Komplizierend kann sich auswirken, dass bei Misserfolgen u.U. *Zwischenziele* angestrebt werden müssen, durch die sich die Ist-Sollwert-Diskrepanz vorübergehend vergrößern kann bzw. durch die keine Änderung in der Ist-Sollwert-Abweichung eintritt (z.B. wenn die Voraussetzung für die Anwendung eines Operators als Zwischenziel angestrebt wird); in diesen Fällen ist von dem Sollwert der Zwischenzielerreichung auszugehen. Gerade in komplexen Problemlösungssituationen können mehrere hierarchisch aufgebaute Zwischenzielbildungen notwendig sein. Das kann zu der Gefahr führen, dass der Problemlöser auf ein aktuelles Zwischenziel fixiert ist und dabei andere Zwischenziele oder das Endziel aus den Augen verliert.

(6) Die Prüfung des Erfolges von Operatorenhandlungen ist eng mit einer *Nebenwirkungsanalyse* verbunden. Nebenwirkungen können (vor allem in komplexen Situationen) den angezielten Haupteffekt einer Operatorenhandlung mindern oder zunichte machen.

9.3.2 Lösen von Syntheseprobleme

Bei diesem Barrieretyp sind die Operatoren unbekannt. „Unbekannt" kann hierbei verschiedenes bedeuten: (a) der Operator ist insgesamt oder in Teilen nicht bekannt oder (b) der Operator ist zwar bekannt, wird aber im gegebenen Kontext nicht für bedeutsam gehalten. Dörner (1976, S. 77) spricht hierbei von *Entdeckungsheurismen* und von *Umstrukturierungsheurismen*.

Regeln für *Entdeckungsheurismen* anzugeben, ist Aufgabe der Kreativitätsforschung (vgl. hierzu die Methode des „brain-storming"). Als Beispiel für *Umstrukturierungsheurismen* kann folgende Studie gelten.

Norman R. F. Maier (1930) brachte - aufbauend auf Untersuchungen deutscher Denkpsychologen (u.a. Selz, Köhler, Wertheimer, Duncker, Ach, Lindworsky) - seine Probanden (fortgeschrittene Studenten der Psychologie, Physik oder Chemie an den Universitäten Berlin und Michigan) in einen Raum, in dem auf einem Arbeitstisch Stangen, Drahtstücke, Kreide, Klammern als Arbeitsmaterialien standen. Die Probanden bekamen die Aufgabe, zwei Pendel so zu konstruieren, dass diese - einmal in Bewegung gesetzt - an vorher markierten Stellen des Fußbodens eine markierte Stelle berühren sollten.

Einige Pbn erhielten nur die Aufgabenstellung (Kontrollgruppe), bei anderen Gruppen wurden Zusatzinformationen zur Erleichterung der Problemlösung gegeben:
(1) Anfertigung eines Lots aus Draht, Klammer und Bleistift,
(2) Anfertigung einer langen Stange aus zwei kürzeren oder
(3) der Hinweis, dass mit Nägeln zur Befestigung des Pendels an der Decke das Problem leicht zu lösen wäre (Nägel waren allerdings keine dabei).

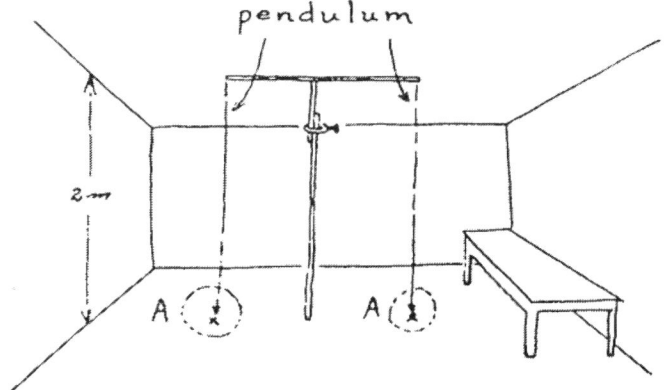

Abbildung 9.4: Lösung des Pendelproblems nach Maier (1930, S. 123)

Die Zusatzinformationen führten bei einem größeren Teil der Pbn zu einer Lösung als ohne diese. Allerdings weder bei allen und nicht in allen Beispielen in gleicher Weise. Bei dem ersten Hinweis betrug die Lösungshäufigkeit 0 von 15 Versuchen, bei der zweiten 1 von 18 und bei der dritten 4 von 10. Die gegebenen Hilfshinweise konnten also einschlägige Erfahrungen nur teilweise aktualisieren und die angestrebte Lösung anregen.

Bei der Nutzbarmachung von für irrelevant gehaltenen Operatoren geht es in erster Linie um die Überwindung von Fehleinstellungen. Zu diesen gehört auch der sog. „Verbotsirrtum", also die Annahme von Forderungen und Beschränkungen, die in der Instruktion nicht gegeben wurden, und die sog. „heterogen funktionale Gebundenheit" (Duncker, 1966, S. 102 ff): Ein Operator wird einem bestimmten Realitätsbereich zugeordnet und der Problemlöser ist nicht mehr bereit, diesen auf andere Realitätsbereiche zu übertragen. Bisweilen sind die experimentellen Probleme auch so gestellt, dass Unklarheit über die zulässigen Operatoren herrscht (das oben bereits erwähnte Neunpunkte-Problem ist hierfür indikativ).

In Anlehnung an Duncker (1935) unterscheidet Dörner (1976, S. 80f) als Umstrukturierungsmethoden folgende Verfahren:

(1) *Sättigung* (in Analogie zu den Wahrnehmungsphänomen der sog. Kippfiguren [z.B. Necker-Würfel] wird angenommen, dass auch das Denken „umkippe" - eventuell nach langer Beschäftigung oder aufgrund von Ermüdung).

(2) *Ausfällen des Gemeinsamen* (damit ist das Finden einer Gemeinsamkeit bei den nicht zielführenden Problemlösungsversuchen gemeint, das dann überwunden werden kann; z.B. beim sog. Neun-Punkte-Problem, dass man Lösungen auch außerhalb der Begrenzungen des Punkterasters zu finden versucht).

(3) *Resonanzwirkung des tauglichen Signalelements* (ein Aspekt der gesuchten Lösung wird in ein nur diffus vorhandenes Suchbild eingepasst, bei der Dunckerschen Streichholzschachtel-Aufgabe wird z.B. die vage Ähnlichkeit einer Streichholzschachtel mit einer Konsole gesehen).

Bei einer anderen Studie von Maier (1931) mussten die Vpn zwei Seile miteinander verknoten. Beide Seile waren aber so weit voneinander entfernt, dass - wenn eines festgehalten wurde - das andere nicht erreicht werden konnte.

Die gesuchte Lösung bestand darin, an ein Seil eine Zange zu binden, es in Schwung zu versetzen und dann mit dem anderen zu verknoten. 39,3 % der Vpn fanden die Lösung von selbst, 37,7 % erreichte die Lösung nach ein bis drei Hinweisen (der Vl setzte z.B. ein Seil scheinbar zufällig in Schwingungen), der Rest (23 %) kam nicht zu der vom Vl als korrekt erachteten Lösung (andere Lösungen, z.B. ein Seil an einen Stuhl verknoten, das andere Heranziehen und dann verbinden, wurden nicht akzeptiert). Erwähnenswert ist, dass nach den Berichten der

„nicht" erfolgreichen Vpn Variationen einer früherer Lösung versucht wurden (Fixierung auf einen Lösungsweg) und die gegebenen Hinweise nicht aufgegriffen wurden (unzureichende Materialanalyse i. S. von Duncker, s.u.).

Judson, Cofer und Gelfand vermittelten ihren Vpn Assoziationen, welche einsichtsvolles Verhalten fördern sollten. Bevor die Vpn mit der Seil-Aufgabe konfrontiert wurden, lernten einige die Verbindung Seil-Schwingung, andere hingegen die Verbindung Seil-Knoten. Die Gruppe mit dem ersten Vortraining kam schneller auf die Schwingungs-Lösung als die zweite. Dies ist ein deutlicher Hinweis auf die Bedeutung früherer Lernerfahrungen bzw. die dadurch erreichte Kanalisierung des Denkens in Richtung einer möglichen Problemlösung.

(4) *Willkürliche Änderung der Gestaltauffassung* (hierbei wird die Problemsituation unter Ausschaltung jeglicher kritischer Bewertung spielerisch bzw. mittels eines blinden Versuchs- und Irrtumsprozesses umformuliert).

Max Wertheimer führt eine Reihe von Problemlöse-Experimenten durch, bei denen die Versuchspersonen Probleme wie Flächenbestimmung eines Parallelogramms zu lösen hatten. Für Wertheimer lag der Schlüssel zur Lösung eines Problems in der Entdeckung der „inneren Beziehungen" der Situation und der anschließenden Neuorganisation der Situation unter Verarbeitung der Entdeckung. Als Beispiel stellt man sich ein Kind vor, das den Flächeninhalt eines Rechtecks bestimmen kann und nun aufgefordert wird, die Fläche eines Parallelogramms zu bestimmen. Wertheimer behauptet, dass ein Kind, wenn es darüber nachdenkt, bemerken wird, dass sich ein Parallelogramm von einem Rechteck dadurch unterscheidet, dass es auf der einen Seite „Ausbeulung" und auf der anderen Seite eine „Einbeulung" hat (vgl. Abb. 9.5).

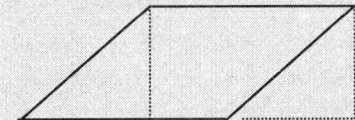

Abbildung 9.5: Umwandlung eines Parallelogramms in ein Rechteck

Ist dies erst einmal entdeckt, erkennt das Kind, dass die „Ausbeulung" und die „Einbeulung" äquivalent sind, und es wird damit die „inneren Beziehungen" der Situation entdeckt haben. Wenn es die „Ausbeulung" so verschiebt, dass die „Einbeulung" ausfüllt, wird das Parallelogramm in ein Rechteck von derselben Grundfläche und Höhe verwandelt. Damit hat das Kind die Situation unter Heranziehung seiner Entdeckung erkannt: Jetzt weiß es, dass die Formel für die Fläche eines Parallelogramms dieselbe ist wie für ein Rechteck.

(5) Eine weitere Möglichkeit zum Finden von Umstrukturierungsheurismen sieht Dörner (a.a.O., S. 81ff) im *Denken in Analogien und Modellen*. Analogieschlüsse sind aber bekanntermaßen nicht notwendigerweise richtig, sondern nur als möglicherweise fruchtbare Hypothesen anzusehen; Bunge (1973, S. 127) hat sogar gemeint, Analogien könnten sowohl „Monster" als auch „gesunde Babies" zur Welt bringen.

Exkurs: Lernen und Problemlösen mit Hilfe von Analogien

Die Verwendung von *Analogien* kann bei einem Lern- und Problemlöseprozess eine hilfreiche Stütze sein. Es wurde allerdings auch auf die Gefahr der Verwendung bereits vorhandenen Wissens für die Lösung neuer Probleme hingewiesen (Problem der „funktionalen Gebundenheit" nach Duncker [1966]), nach diesem Standpunkt sei es sinnvoller, ein neues Problem als solches zu studieren und sich nicht auf Ähnlichkeiten mit bereits bekannten Lösungen zu verlassen.

Was als Analogie gelten kann, ist aber wieder interpretationsbedürftig. Man kann davon ausgehen (Genter & Genter, 1983; Reeves & Weisberg, 1993), dass bei dem Denken in Analogien strukturelle und Oberflächeneigenschaften[12] eines bekannten komplexen Systems in ein anderes, nicht bekanntes abgebildet werden. Es wird im Rahmen der Netzwerktheorie der Begriffsrepräsentation quasi ein Schema auf einen anderen Bereich übertragen, wenn beispielsweise davon gesprochen wird, dass ein Atom (Zielbegriff, „target") wie das Sonnensystem (Analogon, „source", „base") aufgebaut sei (die Analogie besteht hier in Bezug auf die strukturelle Eigenschaft des Kreisens von Neutronen um einen Kern, nicht aber in Bezug auf Oberflächeneigenschaften wie etwa die Temperatur der Sonne). Man könnte auch sagen, dass es ein gemeinsames Modell für Ziel- und Analogiekonzept gibt, wobei aber beide über das Modell hinausgehende Eigenschaften aufweisen können. Mit lernwirksamen Analogien sind oft auch Visualisierungsprozesse verbunden. Analogien dienen dazu, neue Schemata zu entwickeln (Akkomodationsprozess i.S. von Piaget), da hier Strukturen eines Bereiches auf einen neuen übertragen werden.

---

[12] Eine Analogie kann nach Reeves und Weisberg (1993) auch in Bezug auf Oberflächeneigenschaften bestehen, d.h. durch die Menge der Gemeinsamkeiten von zwei Sachverhalten definiert sein. In diesem Sinn haben zwei Ballspiele mehr Gemeinsamkeiten als etwa Fußball und Mathematik. Diese postulierte Bedeutung von Analogie soll hier aber nicht weiter verfolgt werden.

Duit (1991) verweist darüber hinaus noch auf sog. *Metaphern* (z.B. der Erzieher als „Gärtner"), wobei auch hier ein Vergleich von zwei Sachverhalten berührt ist und zusätzlich ein Überraschungseffekt hinzukommt - verstanden als eine Anomalie hinsichtlich bisheriger Denkgewohnheiten oder als Auslösung eines kognitiven Konflikts - welche vom Adressaten einer Metapher entdeckt oder selbst kreiert werden muss. Während Analogien einen expliziten Vergleich beinhalten, ist dieser bei Metaphern implizit gegeben. Gerade der mit Metaphern einhergehende Überraschungseffekt kann neue Schemata induzieren.

Hingegen ist ein *Beispiel* eine Einsetzungsinstanz, durch die aus einer Satzfunktion ein wahrer Satz wird (Akkomodationsprozess i.S. von Piaget). Da jedes Beispiel aber auch die strukturellen Aspekte eines Sachverhaltes abbildet, können sie auch als Analogien betrachtet werden (wobei das Umgekehrte nicht gilt).

Nach Halpern et al. (1990) werden Analogien beim Problemlösen kaum spontan genutzt, ausgenommen es wird ein expliziter Hinweis gegeben. Wird aber eine Analogie erkannt, dann ist vorwiegend die strukturelle Ähnlichkeit für deren effektive Verwendung (in Bezug auf Problemlösen und Gedächtnisleistung) wichtig.

> In einer Studie von Halpern et al. (1990) wurden Verständnis- und Merkleistungen unter drei Bedingungen untersucht, einer ersten Experimentalgruppe wurden „nahe" Analogien vorgegeben (z.B. das Lymphsystem funktioniere wie der Blutkreislauf), einer zweiten Experimentalgruppe wurden „ferne" Analogien vorgegeben (z.B. das Lymphsystem funktioniere ähnlich wie die Bewegung des Wassers in einem Schwamm), eine Kontrollgruppe erhielt eine Darstellung ohne Analogien. Sowohl bei einem unmittelbar anschließenden Behaltenstest wie auch bei einem verzögerten waren die Merkleistungen bei strukturellen („fernen") Analogien besser als bei („nahen") Oberflächenanalogien oder bei einem Text ohne Analogien. Auch die subjektive Bewertung der Verstehensleistung wurde bei strukturellen Analogien als besser bewertet. Die Unterschiede werden durch intensivere Elaborationsprozesse erklärt, die durch strukturelle Ähnlichkeiten angestoßen werden.

Zur Lernwirksamkeit von Analogien liegen aber nicht immer übereinstimmende Befunde vor (Duit, 1991, S. 654). Zum einen wird davon berichtet, dass Analogien zwar das Lernen und Verstehen von Sachverhalten sowie Problemlösungsprozesse begünstigen, einschränkend wird aber gesagt, dass Studierende kaum in der Lage seien, Analogien auf ähnliche Problembereiche anzuwenden bzw. nicht immer die Analogierelation entdecken können.

Für den Unterricht in Schule und Hochschule sind verschiedene Konzeptionen des Lernens mit Analogien entwickelt worden („General model of analogy teaching [GMAT] von Zeitoun [1984] bzw. das „Teaching with analogies model

[TWA] von Glynn [1989], vgl. zusammenfassend Duit, 1991, S. 661 ff). Nach dem TWA-Modell sollten beim Lehren mit Analogien sechs Stufen (in Lehrbüchern oder im Unterricht) eingehalten werden:

1. Einführung des Zielkonzepts,
2. Aufruf der Analogie,
3. Identifikation von Ähnlichkeiten zwischen den Konzepten,
4. Abbildung ähnlicher Eigenschaften,
5. Ziehen von Schlussfolgerungen für die Begriffe,
6. Bestimmung der Reichweite der Analogie.

9.3.3 Lösen dialektischer Probleme

Charakteristisch für diesen Problemtyp ist der zwar unerwünschte Ausgangszustand und zugleich der nur vage geahnte Zielzustand. Es liegen in einer solchen Situation auch keine definierten Operatoren vor, die man anwenden könnte. In einer solchen Situation muss der Zielzustand zeitgleich mit den Lösungsschritten entstehen. Einen möglichen Heurismus für die Lösung dialektischer Probleme sieht Dörner (1976, S. 95) in der relativ willkürlichen Setzung eines Zielzustandes (bzw. eines Teilzielzustandes) und die nachfolgende Prüfung auf Übereinstimmung mit internen oder externen Kriterien. Der letztendlich als befriedigend angesehene Zielzustand kann u.U. mit der anfänglich vagen Lösungsidee wenig oder nichts mehr zu tun haben. „Der wesentliche Unterschied des dialektischen Problemlösens ... besteht darin, dass die Kriterien für die Beurteilung des angestrebten Endzustandes mit diesem zusammen entstehen" (Dörner, 1976, S. 102).

Im Rahmen der (schulischen) Evaluationsforschung wurde auch das Problem erkannt, dass zuerst klar sein muss, welche Ziele man anstrebt, um dann weitere Schritte zur Prüfung der Frage einzuleiten, ob diese Ziele denn auch erreicht worden sind (Wottawa & Thierau, 1998).

Um optimale Anregungsbedingungen für einen kreativen Prozess zu schaffen, wurden verschiedenste Methoden vorgeschlagen (zum Begriff der Kreativität vgl. Lukesch, 1997). Dabei ist allgemein bekannt, dass für die Lösung schwieriger Probleme zusätzliche äußere Belastungen störend sind und demgemäss beseitigt werden müssen (zur Begründung denke man etwa an das Yerkes-Dodson'sche Gesetz [Yerkes & Dodson, 1908]). Als konkrete Methoden zur Anregung kreativen Denkens (in Gruppensituationen) werden vorgeschlagen:

(1) *Brainstorming* nach Osborn (zur näheren Beschreibung des Vorgehens vgl. Lukesch, 1997).

(2) Eine Variation könnte die *Methode des Brainwriting* sein, auch *Methode 635* genannt: Bei dieser gruppenbezogenen Methode sollen sechs Personen drei Ideen in fünf Minuten schriftlich fixieren. Der begonnene Zettel wird dann wieder an das nächste Grupppenmitglied weitergegeben, das auch wieder drei Ideen hinschreiben muss. Nach diesen sechs Runden werden die Vorschläge bewertet. Das Verfahren ist beliebig variierbar. Es hat den Vorteil, dass alle Gruppenmitglieder aktiv etwas zur Problemlösung beitragen müssen.

(3) *Morphologischer Kasten* nach Zwicky (zit. n. Rohrbach & Rohrbach, 1993). Hierbei soll eine Problemlösung durch eine systematische Zerlegung des Problems in Einzelteile erreicht werden. Es müssen dabei zuerst die Parameter (Merkmalsbereiche), die für einen Bereich wichtig sind, bestimmt werden, sodann sind die Ausprägungen dieser Parameter festzulegen. Die Kombination einzelner Parameterausprägungen ergibt eine Lösung, die dann systematisch mit anderen Parameterausprägungen verglichen werden kann.

(4) *Synektik-Sitzung*: Hierbei wird versucht, Strukturen oder Lösungen aus gegebenen Bereichen für die eigene Ziele fruchtbar zu machen. Lösungsvorgaben werden z.B. der Biologie entnommen und in den technischen Bereich zu übertragen versucht.

(5) *„Phantastisches Binom"* (Duncker, 1994): Grundgedanke ist hier, dass es für jeden Gedanken einen Gegengedanken gibt, zu dem eine gewisse Spannung besteht. Um diese sichtbar werden zu lassen, werden Begriffe entfremdet, indem sie in einen bisher nicht gesehenen Kontext gestellt werden (das von Duncker [a.a.O.] referierte Beispiel ist auf die Produktion „phantastischer Geschichten" bezogen; hierfür ist - im Unterschied zu Sachproblemen oder auch im Gegensatz zu einer profunden künstlerischen Tätigkeit - Sachwissen oder vertiefte Beschäftigung mit einem Sachbereich nicht notwendig). Nüchterner ausgedrückt, könnte man auch meinen, hier wird mit der Methode der gebundenen Assoziation (ausgehend von bestimmten Reizwörtern) versucht, neue Bedeutungsvarianten zu erschließen.

9.4 Verhinderung von Problemlösungen

Ein Problemraum wird durch den Ausgangs- und Zielzustand, das Wissen um die in dem jeweiligen Realitätsbereich anwendbaren Operatoren und die vorhandenen Barrieren beschrieben.

9.4.1 Eigenheiten des Problems

Naheliegender Weise sind nicht alle Probleme mit dem vorhandenen Wissen lösbar. Gerade bei anspruchsvollen wissenschaftlichen oder technischen Problemen ist eine breite Wissensbasis die Voraussetzung, um Probleme zu erkennen und eventuell zu lösen. Es wäre völlig falsch, eine allgemeine Problemlösekompetenz von jemand zu erwarten, der nicht intensiv in ein Sachgebiet eingearbeitet ist.

Weitere Schwierigkeiten beim Problemlösen entstehen,
- wenn der Problemraum sehr groß ist,
- wenn Lösungen selten sind und
- wenn Lösungen über den ganzen Problemraum verstreut sind.

Zumeist ist es nicht möglich, algorithmisch (d.h. durch Prüfung aller möglichen Handlungsabläufe) ein anstehendes Problem zu lösen, weil dies einfach zu lange dauern würde (z.B. weiß schon der normale Einbrecher, dass er an der Nummernkombination eines Safes scheitern würde, er wendet daher zumindest im Film ein anderes Operatorinventar an, das aus einem Diamantbohrer und einer Ladung Sprengstoff, eventuell auch aus einem Schweißgerät besteht).

Bei schwierigen Problemen werden die mentalen Ressourcen des Problemlösers zunehmend belastet. Unter solchen Gegebenheiten bieten sich zwei Vorgehensweisen an (Klauer, 1992, S. 4): (1) Auf der einen Seite ist es möglich, weniger belastende mentale Strategien, die eventuell nur approximative Problemlösungen erlauben, einzusetzen (= prozedurale Vereinfachung), (2) zum anderen kann der Problemlöser von bestimmten Aspekten der Situation absehen und mit einem vereinfachten Problemraum arbeiten (= deklarative Vereinfachung).[13]

---

[13] Nach den Studien von Klauer (a.a.O.) sollen Problemlöser vor allem mit der letzteren Methodik arbeiten, wobei die gemachten Fehler im Laufe des weiteren Vorgehens bzw. der Implementierung einer Lösung schrittweise abgearbeitet werden.

9.4.2 Aspekte des Problemlösers

Bei der Suche nach Erklärungen für interindividuelle Unterschiede beim Problemlösen können im Allgemeinen vier verschiedene Faktoren in Rechnung gestellt werden (Kyllonen & Christal, 1990, zit. n. Klauer, 1992, S. 22):

(1) Prozedurale Aspekte: (a) Verarbeitungsgeschwindigkeit und (b) Ausmaß des prozeduralen Wissens,

(2) deklarative Aspekte: (a) Kapazität des Arbeitsgedächtnisses und (b) Ausmaß des deklarativen Wissens.

Zu bedenken ist auch, dass nicht nur objektive Gegebenheiten für den Problemlösungsprozess verantwortlich sind, sondern dass auch die interne Repräsentation dieser Gegebenheiten durch einen Problemlöser wichtig ist. Sein subjektiver Problemraum besteht in dem von ihm entwickelten Bild von der Situation, den ihm zugänglichen Veränderungsmöglichkeiten und den von ihm akzeptierten Grenzen für Regelanwendungen. Die interne Repräsentation des Problemraumes ist eine subjektive Größe und nur wenige Problemsituationen ermöglichen eine objektive Problembeschreibung (Spada, 1992, S. 254).

Duncker (1966) nennt als entscheidende Teile einer subjektiven Repräsentation einer Problemsituation die Situations- und die Zielanalyse (vgl. Abb. 9.6). Dabei sei es auch wesentlich, sich von hinderlichen „Fixierungen" zu befreien (vgl. hierzu die Frage: Was kann ich entbehren?). Der Problemlöser kann seinen Lösungsweg sowohl vom Ausgangszustand zum Ziel hin verfolgen, wie auch vom Ziel ausgehend sich zum Startpunkt zurückarbeiten.

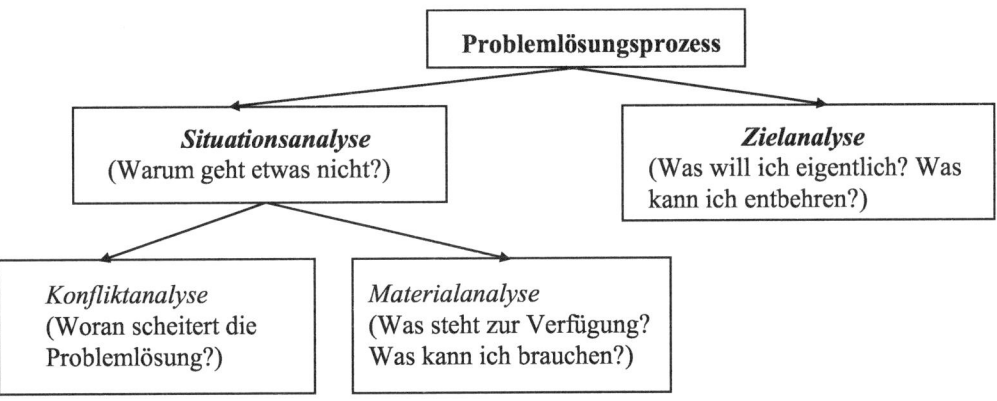

Abbildung 9.6: Komponenten eines Problemlösungsprozesses nach Duncker (1966, S. 25)

(1) Behinderung aufgrund vorhandenen Wissen

Ein einschlägiges entwicklungspsychologisch orientiertes Beispiel über die Verhinderung von Problemlösungen aufgrund vorhandenen Wissens stammt von Karmiloff-Smith und Inhelder (1978). Vier- und achtjährige Kinder wurden aufgefordert, die Gleichgewichtspunkte von Stäben zu bestimmen. Dazu mussten diese auf eine Schneide gelegt werden. Bei einem Teil der Stäbe war auf einer Seite ein für das Kind nicht sichtbares Gewicht angebracht, so dass bei diesen der Gleichgewichtspunkt nicht in der Mitte war. Die Vierjährigen verfolgten bei der Aufgabenlösung eine im allgemeinen erfolgreiche Trial-and-error-Strategie. Die Achtjährigen glaubten hingegen zu wissen, wo der Gleichgewichtspunkt lag und suchten diese in der Mitte des Stabes. Sie waren aber nicht in der Lage, wie die jüngeren Kinder eine Trial-and-error-Strategie anzuwenden.

Aber nicht nur das Wissen, sondern auch die Befangenheit in einer Lösungsstrategie, die früher einmal erfolgreich war bzw. die sich aufgrund von Übung eingeschliffen hat, kann eine Problemlösung ebenfalls verhindern.

(2) Behinderung aufgrund von vorhergehender Übung

Das klassische Beispiel für vergangenheitsorientierte Problemlösungsstrategien (Egan & Greeno, 1974) ist die Studie von Luchins (1942). Er gab seinen Vpn verschiedene Probleme (Wasserumfüllaufgaben) und fand, dass - wenn diese eine bestimmte Handlungssequenz (x - 2a - b) gelernt hatten - diese auch anwandten, wenn das Verfahren nicht mehr sehr sinnvoll war bzw. wenn es schnellere Lösungen gegeben hätte. Auch wenn man die Vpn zusätzlich instruierte, sie sollten nicht „töricht" handeln, bemerkte ca. die Hälfte der Vpn den kürzeren Lösungsweg nicht.

Ein weiteres Beispiel, dass früher erfolgreiche Lösungen bei anderen Problemkonstellationen zu einem völligen Versagen führen können, stellt die folgende Studie dar.

Levine (1971) verwandte ein Konzeptidentifikationsparadigma und konnte dabei zeigen, wie leicht es ist, den Problemlösenden in seiner eigenen Erfahrung zu fangen. Er zeigte seinen Vpn Karten, auf denen entweder ein A oder ein B stand. Bei Wahl des „richtigen Buchstabens" erhielten die Vpn die entsprechende Rückmeldung über „richtig" oder „falsch". Müssen die Vpn z.B. den Begriff oder die Regel lernen, „Wähle immer das A!", so wird diese Lösung normalerweise in zwei bis drei Durchgängen gefunden.

In dem Versuch gab er aber seinen Vpn sechs Voraufgaben zu lösen, in denen die richtige Lösung eine Positionssequenz war, z.B. „wähle zuerst rechts, dann links, dann zweimal rechts, dann zweimal links" und wieder von Anfang an. Wenn die Vpn eine solche Lösung eingeübt hatten, verengten sie ihren Problemlösungsraum auf Positionssequenzregeln. Gibt man nach diesen Vorerfahrungen die einfach Regel vor, „Wähle immer A", so wird die Vp auch in diesem Fall immer Positionshypothesen prüfen. In seinen Versuchen waren 80 % der Studenten nicht in der Lage, selbst nach 100 Durchgängen die richtige Lösung zu finden.

Solche vergangenheitsorientierte Problemlösungsversuche können auch in Parallele zu früheren oder aktuellen Problemsituationen auf gesellschaftlicher Ebene gesehen werden (z.B. Atomrüstung, ökologische Bedrohungen oder die Lösung des Rentenproblems). Ändern sich die Rahmenbedingungen, so sollte sich auch das zur Anwendung kommende Operatorinventar ändern, was nicht selbstverständlich zu sein scheint.

(3) „Funktionale Gebundenheit" gegebener Objekte

Normalerweise sind die Effekte von Erfahrung nützlich: Man löst Probleme leichter auf die Art, wie man dies bereits früher gemacht hat. Dies gilt nur unter der Bedingung, dass sich die Art des Problems nicht verändert. Frühere Erfahrung kann jedoch eine Falle sein, wenn sich das Problem ändert und die alte Lösungsmethode weiter angewendet wird. Duncker (1966) spricht in diesem Fall von sog. „funktionaler Gebundenheit" von Objekten in Problemlösungssituationen. Manche Probleme sind deshalb schwer zu lösen, weil die Vp ein verfügbares Objekt nicht zur Lösung des Problems verwendet, da durch den bisherigen Umgang mit den Dingen ihr Verwendungszweck mehr oder minder festgelegt ist.

Um dies zu demonstrieren, verwendete Duncker u.a. folgende Aufgabe: Gegeben sind Kerze, Streichhölzer und Reißnägel in jeweils eigenen Schachteln. Die Aufgabe besteht darin, die Kerze an einer Tür zu befestigen.

Die Lösung besteht darin, die Kerze mit Wachs auf der Schachtel zu fixieren und diese dann an die Tür heften. Diese Lösung wurde nur von 40 % seiner Vpn gefunden. Die meisten Vpn nehmen die Objekte mit einer fixierten Funktion wahr (Schachtel als Aufbewahrungsmöglichkeit), die eine andere ist als die in dieser Situation erforderliche (Schachtel als Teil der Lösung).

9.5 Planen und Problemlösen

Welche Bedeutung verbindet man mit dem Begriff des „Planens"? Planen besteht im Entwurf und in der Organisation eines Lösungsweges zur Erreichung eines Ziels. Planen ist für Alltagshandlungen (z.B. Planung eines Tagesablaufes) ebenso wichtig wie für komplexes Problemlösen. Eingeschlossen können auch Überlegungen zur Konkretisierung eines Zielzustandes sein.[14] Planen ist naheliegender Weise vom Handeln unterschieden, es besteht „nur" in sogenanntem mentalem Probehandeln. Beim Planen überlegt man, welche Handlungen (oder Handlungsketten) in einem bestimmten Problemkontext ausgeführt werden können und welche Konsequenzen damit verbunden sind (Dörner, 1995, S. 234). Planen erfolgt in aktiver Weise und erfordert Aufmerksamkeit (Karnath, 1991, S. 19), planen setzt mnestische und intellektuelle Fähigkeiten voraus (Heisig et al., 1992).

Ein Plan[15] ist dann (im Unterschied zu der Tätigkeit des Planens) „eine geordnete Folge von Handlungsanweisungen und möglichen Handlungsalternativen" (Battmann, 1984, S. 674) bzw. die „kognitive Repräsentation des Ablaufs einer künftigen Handlung" (von Cramon, 1988, S. 251). Pläne können in Analogie zu einem Computerprogramm auch als eine „Hierarchie von Instruktionen" angesehen werden (Miller et al., 1973, S. 25). Pläne haben eine Entlastung des Handelnden zur Folge, „wenn der mit der Erstellung und Durchführung eines Plans verbundene Aufwand geringer ist als eine Lösung mit Hilfe von Ad-hoc-Strategien und / oder durch Planung ein Leistungsniveau erzielt wird, welches ungeplant nicht in dieser Höhe erreicht worden wäre" (a.a.O., S. 675).

An eine Planungsphase wird sich i.a. die Ausführung des Plans anschließen, die wiederum ständig an ihrem Erfolg zu bewerten ist. Handeln und Planen sind also voneinander abhängig und wechseln sich in einem Problemlösungsprozess ab. Pea (1982, S. 6 ff) unterteilt den Planungs- und den Handlungsprozess in vier aufeinander bezogene Teilschritte:

---

[14] Dies kommt in experimentellen Standardsituationen, z.B. den Towers of Hanoi oder dem Wisconsin Card Sorting Test, im Unterschied zum Alltagshandeln nicht entsprechend zum Ausdruck, da hier die Ziele bereits durch die Aufgabenstellung festgelegt sind.

[15] *Plan* ist ein von „Miller, Galanter und Pribram (1960) eingeführter kognitivistischer Grundbegriff, der die Ablauforganisation zielgerichteter Aktivität beschreiben und erklären helfen soll" (Dorsch, 1982, S. 493).

(1) *Repräsentation der Problemsituation* (erforderlich sind eine Repräsentation der Problemsituation, eine Bestimmung des Zielzustandes und des Problems, die Erfassung der Differenzen zwischen beiden Zuständen, die Festlegung von Unterzielen und eine Feststellung der begrenzenden Faktoren), (2) *Konstruktion eines Plans*, um die Unterschiede zwischen Ziel- und gegebenem Problemzustand zu verringern bzw. zu beseitigen, (3) *Ausführung des Plans*, d.h. die Umsetzung eines Planens in eine Abfolge von Handlungen, (4) *Speicherung des Plans* (es wird sozusagen ein Depot an erfolgreich realisierten Plänen angelegt, um diese bei zukünftigen Aufgabenstellungen anwenden zu können).

Dörner (1995, S. 67) nennt fünf Schritte des *Planens und Handelns*, wobei aber auch Rücksprünge denkbar und sinnvoll sind (vgl. Abb. 9.7). Planen ist dabei nur *eine* Station bei der menschlichen Handlungsorganisation.

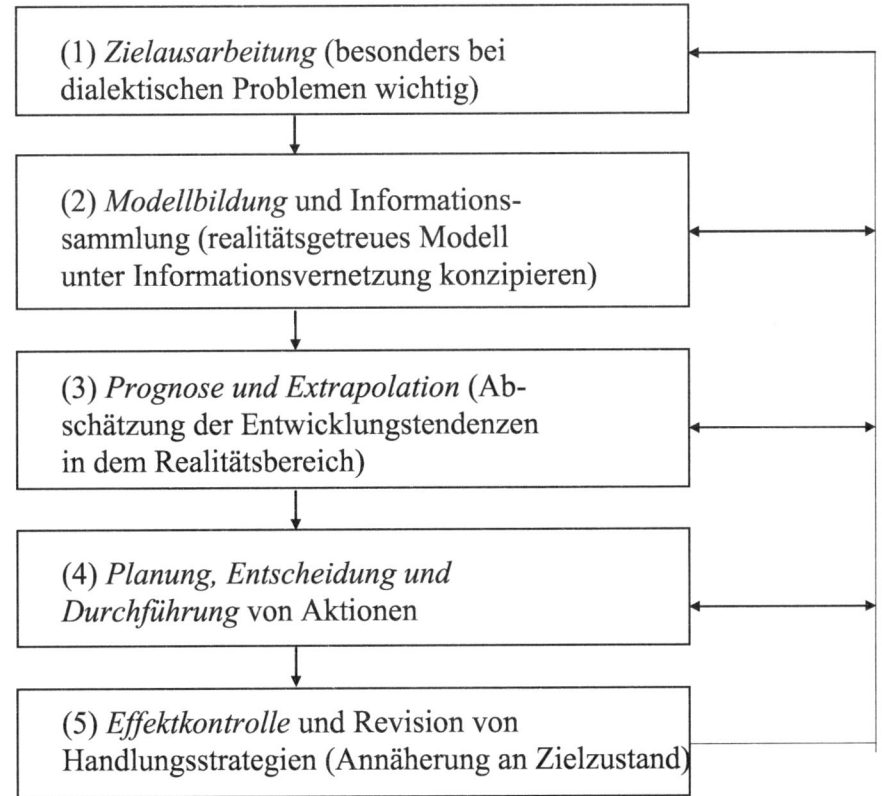

Abbildung 9.7: Stadien der Handlungsorganisation nach Dörner (1995, S. 67)

477

Angesichts einer komplexen Problemsituation verschafft sich das Individuum in einem ersten Schritt zunächst Information über das angestrebte Ziel. Anschließend werden Informationen über die Problemsituation gesammelt und in ein bestehendes Modell der Realität des Individuums eingegliedert. Alternativ hierzu kann der Betroffene auch ein neues Modell konstruieren. Im dritten Schritt wird die zukünftige Situation durch Prognosen und Extrapolationen eingeschätzt. Der vierte Schritt ist der Planungsvorgang selbst („Planen besteht darin, dass man einzelne Aktionen auf ihre Konsequenzen untersucht, Einzelaktionen probeweise zu Ketten zusammenfügt, um dann die Konsequenzen solcher Aktionsketten zu untersuchen ... Planen ist 'Probehandeln'" [Dörner, 1989, S. 235]). Der Handelnde entscheidet sich für eine Alternative und führt diese dann aus (im Grunde müsste dies als eigener Schritt bei der Handlungsorganisation angesehen werden). In einem letzten Schritt wird die Wirksamkeit der Handlung geprüft und die vorherigen Schritte u.U. revidiert.

Funke und Glodowski (1990, S. 144) unterscheiden nur zwischen Planerstellung und Planausführung und benennen die dabei benötigte Basisleistungen (vgl. Tab. 9.2).

Tabelle 9.2: Basiskompetenzen bei Planerstellung und Planausführung (Funke & Glodowski, 1990, S. 144)

Planerstellung	*Planausführung*
Abfolgen erkennen	Planüberwachung
Randbedingungen erkennen	Fehlerdiagnostik
Zwischenzielbildung	Planrevision
Verfügbarkeit von Alternativen	Planverwerfung
Angemessenheit der Auflösung	

Planen und Problemlösen werden oft in synonymer Bedeutung verwendet; vor allem bei Verwendung der Problemtypologie Dörners (1976) liegt eine solche Auffassung nahe, denn Planen ist eine systematische Form des Problemlösens.

Im schulischen Bereich wurde darauf verwiesen, dass Schüler mit Lernproblemen Defizite in Bezug auf Planung und Handlungsregulation aufweisen (vgl.

Kap. 5.4.5). Sie sind schlechter in der Lage, Handlungsziele zu konzipieren, konkurrierende Absichten gegeneinander abzuwägen, einen Handlungsablauf zu entwickeln und auch seine Durchführung entsprechend zu überwachen und zu korrigieren (Lauth & Schlottke, 1992).

Fritz et al. (1997, S. 111) fassen dabei auch die entwicklungspsychologischen Trends zusammen: Danach können drei- bis achtjährige Kinder schrittweise unter Berücksichtigung von Randbedingungen planen und eine Planungstiefe von fünf bis sechs Schritten erreichen. Ab sechs Jahren treten Kontrollprozesse auf, d.h. anfängliche Planungsfehler werden korrigiert. Eine verbale Antizipation von Handlungsschritten vor der Aufgabenbearbeitung ist hingegen noch nicht möglich; handlungsbegleitend kann jedoch Sprache zu Leistungssteigerungen führen.

In einer spielbasierten Trainingsstudie von Fritz at al. (1997) wurde anhand verschiedenster Spielmaterialien bei Kindern mit einem sonderpädagogischen Förderbedarf die Trainierbarkeit mentaler Planungsfähigkeit nachgewiesen. Das Training bestand vorwiegend in der Verbalisierung von Handlungsschritten bei verschiedenen Konstruktionsaufgaben. Zur Messung der Trainingseffekte wurden Variablen-Operationalisierungen eingesetzt, die im Training selbst nicht verwendet wurden (z.B. Tower of Hanoi, Subtest Bilderordnen, Analogie-Geschichten erfinden).

9.6 Erfolgreiche und erfolglose Problemlösungsprozesse

Nicht jeder Problemlösungsversuch ist von Erfolg gekrönt. Die Frage ist, ob man systematische individuelle Unterschiede zwischen erfolgreichen und weniger erfolgreichen Problemlösern finden kann. Dörner (1981) bezeichnet als *Primärfehler* solche, die fast alle Problemlöser in komplexen Systemen machen. Dazu zählen:

(a) *die mangelhafte Berücksichtigung von zeitlichen Abläufen* (z.B. kann sich der Problemlöser in den Untersuchungen zu dem Lohhausen-Problem Informationen holen, Entscheidungen treffen und die Ergebnisse erneut abfragen, bevor er wiederum Entscheidungen trifft [Dörner et al., 1994]. Auffällig ist, dass zwar häufig der Stand der Dinge erfragt wird [z.B. der Stand der Stadtkasse von Lohhausen], nicht aber, wie sich diese in den letzten Jahren entwickelt hat; dadurch ist ein wesentlich geringerer Informationsgehalt gegeben [Dörner, 1981, S. 166]); auch der sog. „Schweinezyklus" ist hierfür indikativ;

(b) *die Schwierigkeiten beim Umgang mit exponentiellen Entwicklungen* (Menschen scheinen eher linear zu denken, die Dynamik exponentieller Verläufe wird fehleingeschätzt) und

(c) *das Denken in Kausalketten anstelle von Kausalnetzen* (dadurch bedingt ist das Zunichte-Machen von Haupteffekten wegen nicht vorgenommener Nebenwirkungsanalysen).

Die für schlechte Problemlöser typischen Fehler sieht Dörner (1981, S. 168 ff) in der Angst vor Misserfolg begründet, die wieder auf erlebtem oder befürchteten Kontrollverlust beruht und aus einer niedrigen Einschätzung eigener Handlungskompetenz resultiert. Typisch sind dabei:

(a) *thematisches Vagabundieren* (interpretiert als Fluchtverhalten, sobald ein Thema schwierig wird),

(b) *Verkapselung* (gemeint ist das Haften an meist unwichtigen Details, wenn diese dem Problemlöser wenig Widerstand bieten),

(c) *sinkende Entscheidungsbereitschaft* (von weniger erfolgreichen Problemlösern werden weniger Entscheidungen als von erfolgreichen getroffen, die Zahl der Entscheidungen stagniert oder sinkt über die Sitzungen hinweg, die Vpn scheinen sich vor Entscheidungen zu fürchten),

(d) *Delegations- und Exkulpationstendenzen* (interpretiert als Versuche, sich der Verantwortung zu entziehen, indem äußere Gründe für Misserfolge gesucht werden bzw. die Entscheidung an andere weitergegeben wird).

Anhand der Analyse von Protokollen zum lauten Denken haben Dörner et al. (1983) in der Lohhausen-Studie mehrere Unterschiede zwischen erfolgreichen und weniger erfolgreichen Problemlösern herausgearbeitet; vgl. auch Putz-Osterloh, 1983, 1995). Diese beziehen sich auf die Phasen der (1) Datensammlung und Problemanalyse, (2) der Zielbildung und Zielbalancierung, (3) der Planung und Absichtsbehandlung sowie der (4) Verarbeitung von Rückmeldungen (Putz-Osterloh, 1995, S. 410):

(1) *Datensammlung und Problemanalyse:* Erfolgreiche Vpn suchen systematischer und beständiger nach Information; sie stellen öfter systembezogene Fragen (s.o. unter a). Dadurch scheinen sie eher ein adäquates Bild der zu bewältigenden Situation aufzubauen als erfolglose Problemlöser. Erfolglose Vpn zeigen Defizite in der Verarbeitung des Vorwissens und vorliegender Daten; erfolgreiche Vpn wiederholen neue oder bereits erhaltene Informationen häufiger, sie speichern dieses Wissen vielfältig verknüpft im Gedächtnis ab, deshalb stehen die Inhalte dann aktiver und besser strukturiert zur Verfügung.

(2) *Zielbildung und Zielbalancierung:* Erfolgreiche Vpn versuchen, ein genaues Bild über die zu erreichenden Zielzustände aufzubauen. Dies bedeutet auch, dass Widersprüche zwischen Teilzielen erkannt werden (z.B. Gewinnmaximierung und Zufriedenheit der Arbeiterschaft) und dass versucht wird, eine Balance zwischen diesen Zielen zu erreichen.

(3) *Planung und Absichtsbehandlung:* Erfolgreiche Vpn treffen mehr absichtsvolle Entscheidungen (s.o. unter c). Sie können zwischen *Wichtigkeit* (welche Bedeutung hat eine Entscheidung für das Gesamtziel), *Dringlichkeit* (wie schnell verläuft eine Entwicklung gegen die gesteckten Ziele) und *Erfolgswahrscheinlichkeit* von Absichten und ihrer Realisierung unterscheiden. Erfolgreiche Vpn zeigen ein stabileres Eingreifverhalten. Erfolglose Vpn wechseln zwischen den Themen- und Problembereichen häufig hin und her, sie wechseln häufig ihre Absichten und wenden sich eher unbedeutenden Systemaspekten zu (s.o. unter b). Erfolglose Vpn planen kurzfristig, während erfolgreiche Vpn längerfristige Pläne, die sich über mehrere Entscheidungsphasen hinziehen können, verfolgen.

(4) *Verarbeitung von Rückmeldungen:* Erfolglose Vpn überprüfen aufgestellte Hypothesen seltener; sie stellen auch seltener richtige Hypothesen auf und verbalisieren seltener relevante Variablenbeziehungen. Erfolgreiche Problemlöser reflektieren das eigene Verhalten selbstkritisch und suchen aktiv nach Verbesserungsmöglichkeiten. Erfolglose Vpn tendieren hingegen dazu, den Misserfolg zu externalisieren oder auf Missstände des Systems zu projizieren (s.o. unter d).

Eine zusätzliche Komplizierung ist zu bedenken: Gerade wenn der Mensch aufgrund von Fehlschlägen gegenüber seinen Planungen selbstkritisch reagieren müsste, verweigert er die Konfrontation mit Information über eigene Erfolglosigkeit und Inkompetenz. Erfolgreiche Problemlöser sollen hingegen seltener Inkonsistenzen abwehren und eher Ungewissheiten ertragen können (festgemacht an der Analyse von Protokollen des „lauten Denkens" durch Roth et al. [1991]).

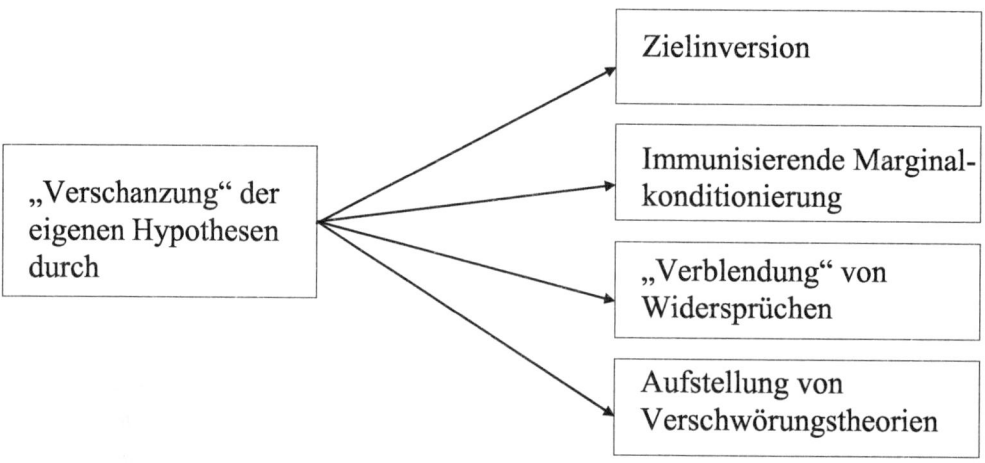

Abbildung 9.8: Methoden zur Verschanzung der eigenen Hypothesen und Aufrechterhaltung eines positiven Selbstkonzepts (Dörner, 1994, S. 39)

Dörner (1994, S. 39) erläutert dabei verschiedene Methoden, mit deren Hilfe es seine Vpn vermieden, aus negativen Rückmeldungen Konsequenzen zu ziehen (vgl. Abb. 9.8).

(1) Ein Ziel lässt sich „invertieren", indem der eigene Misserfolg zum Erfolg umfunktioniert wird (wenn z.B. in der Systemsteuerungsaufgabe Moroland eine Hungersnot produziert wird, die zum Tod vieler Menschen führt, so kann die Vp darauf zynisch reagieren: „Da sterben nur die Alten und Schwachen, und das ist gut für die Bevölkerungsstruktur.")

(2) Bei der „immunisierenden Marginalkonditionierung" wird ein Fehlschlag auf zwar bedauerliche, aber nicht bedeutsame („marginale") Umstände zurückgeführt, die man aber nicht mehr zu beachten braucht, da sie doch nicht wieder eintreten werden.

(3) „Verblendung von Widersprüchen" bezeichnet die Versuche zuzudecken, was den eigenen Zielsetzungen widerspricht (z.B. eine Vp, die sich zuerst zu einer pazifistischen Grundhaltung bekannt hat, führt bei einer Systemsteuerung die

allgemeine Wehrpflicht ein, um die Arbeitslosigkeit zu bekämpfen; um den Widerspruch nicht deutlich werden zu lassen, läuft dies unter der Bezeichnung „freiwillige Wehrpflicht", die auf Einsicht in die Notwendigkeit basiert).

(4) „Verschwörungstheorien" sind oft die ultima ratio, eigene Fehleinschätzungen nicht zugeben zu müssen.

Durch alle diese Mechanismen kann zwar ein halbwegs positives Selbstkonzept aufrechterhalten werden, der Problemlöser ist aber nicht mehr lernfähig.

9.7 Schulische Konsequenzen zum problemlösenden Lernen

> „Die einsichtige Lösung ist ... häufig nicht nur ein
> Zeichen von Transfer oder Anwendung relevanter
> etablierter Prinzipien auf neue Varianten des glei-
> chen Prinzips, sondern die Transferierbarkeit
> selbst ist vielleicht das wichtigste Kriterium der
> Einsicht." (Ausubel et al., 1981, S. 651)

Wie in Kap. 8.6 dargestellt, haben entdeckende Lernformen im schulischen Bereich auch ihren Stellenwert (vgl. Abb. 8.8). Dabei sind zwei Fragen zu diskutieren: Einmal geht es darum, ob in der Schule die allgemeine Fähigkeit zum problemlösenden Denken gefördert werden kann und zum anderen, ob es möglich ist,
sich durch Formen des problemlösenden Lernens bereits vorhandenes Wissen anzueignen.

9.7.1 Problemlösendes Denken

Es ist eine oft zu hörende Plattheit, dass die Schule problemlösendes Denken ver-
hindere. Im Gegensatz hierzu sind seit den klassischen Studien zur Bedeutung
von Kreativität für eine Gesellschaft die situationalen Bedingungen zur Förderung kreativen Denkens bekannt und es ist auch eine sachliche Basis vorhanden,
diese Fähigkeiten im schulischen Kontext systematisch zu fördern (vgl. hierzu
Lukesch, 1997, Kap. 4.2.5).

Darüber hinaus können die Ergebnisse der bisher dargestellten Studien unmittelbar in didaktisch gestaltete Lernarrangements umgesetzt werden. Die für problemlösendes Denken förderlichen oder auch hinderlichen Bedingungen können
anhand des in den experimentellen Studien verwendeten Materials deutlich gemacht werden (vgl. hierzu auch Kap. 5.4.5).

9.7.2 Problemlösendes Lernen

Eine andere Problemstellung bezieht sich darauf, wie man es erreichen kann, dass
für den Lernenden in den unterschiedlichen schulischen Sachbereichen entdeckendes Lernen stattfinden kann. Problemlösen als Lernmethode verlangt vom

Lernenden, dass er Beziehungen höherer Ordnung selbst entdeckt. Allerdings müssen solche Regeln nicht zwingend selbst entdeckt werden, um behalten zu werden (vgl. hierzu den Begriff des geleiteten entdeckenden Lernens in Abb. 8.8); nur sind die Ergebnisse eines solchen Lernvorganges effektiver und werden besser behalten. Eine durch Problemlösen aufgebaute Leistungsmöglichkeit breitet sich auch unmittelbar und ohne Wiederholung auf eine ganze Klasse von Problemen aus. Man kann hierbei von deutlichen Transfereffekten sprechen, die durch entdeckendes Lernen erreicht werden (Worthen, 1973).

In systematischer Perspektive lassen sich folgende Formen problemorientierter Lernaufgaben (im Bereich mathematischer Aufgaben) unterscheiden (Neber, 1997, S. 29): (1) *Generieren von Lösungen* (Anwendungsbedingungen und Regeln sind bekannt oder vorgegeben), (2) *Regeln oder Prozeduren generieren* (Bedingungen und Lösungen sind vorgegeben), (3) *Bedingungen generieren* (Regeln und Lösungen sind vorgegeben) und (4) *vollständige Generierung* (alle Komponenten müssen gefunden werden; man kann hier von entdeckendem Lernen i.e.S. sprechen, während sich die anderen Variationen auf Formen des geleiteten entdeckenden Lernens beziehen). Des weiteren ist natürlich auch die Vorgabe aller drei Komponenten denkbar. Diese Vorgehensweise fällt aber wieder aus dem Rahmen des problemlösenden Lernens heraus und wird in der didaktischen Literatur unter dem Stichwort der „worked examples" (Sweller & Cooper, 1985) oder eben des rezeptiven Lernens behandelt. Die Befunde zur Frage, welche Vorgehensweise zu nachhaltigeren Effekten führt, sind uneinheitlich (Neber, 1997, S. 29), vermutlich weil die aufgebauten bereichsspezifischen Schemata in den einzelnen Studien von unterschiedlicher Qualität sind (d.h. es kann durch „worked examples" auch konditionales Faktenwissen aufgebaut werden und es muss nicht notwendiger Weise solches Wissen Ergebnis entdeckenden Lernens sein). Hierbei ist auch zu beachten, dass eine Lerneinsicht nicht von selbst entsteht, sondern einen breiten Fundus an Sachwissen oder eben eine breite Wissensstruktur voraussetzt (vgl. hierzu den im pädagogischen Kontext oft auffindbaren Matthäus-Effekt).

Allerdings stimmen die Studien von Stark et al. (1995) bzw. Gräsel at al. (1993) skeptisch, ob eine fundierte Wissensbasis tatsächlich hinreichend für Problemlöseprozesse sind. Der Vorwurf, der aus diesen Studien resultiert, besteht darin, dass im schulischen oder akademischen Unterricht Wissen erworben wird, das nicht der Komplexität von Anforderungen des Alltages entspricht. In komplexen Situationen gelingt die Wissensanwendung nicht, das Wissen bleibe „träge". Dabei ist ein Skylla und Charybdis-Problem zu bedenken: Auf der einen Seite sollten Realitätsbereiche möglichst multiperspektivisch und variantenreich dargeboten werden, damit eine vielfältige Wissensrepräsentation entstehen kann, auf der anderen Seite kann gerade diese Komplexität bei den Lernenden zu Überforderung und zu einem ziellos vagabundierenden Lernen führen („cognitive overload").

Nach Gagné (1969, S. 133) muss der Lernende in der Lage sein, das relevante frühere Wissen zu mobilisieren. Ein Problem wird nie im luftleeren Raum gelöst, sondern immer im Zusammenhang mit Erfahrungen des Lernenden, z.B. mit dem Erinnern früher gelernter Begriffe und Regeln. Dieses Wissen muss zur gleichen Zeit gegenwärtig sein oder in enger zeitlicher Folge mobilisiert werden.

Nach Neber (1997) setzt der Erwerb von Fertigkeiten drei integrierte Wissenskomponenten voraus: (1) *Fakten*, z.B. das Wissen um eine Prozedur, eine Rechenregel, ein Gesetz, (2) *Konditionen*, d.h. Wissen um die in einer Situation gegebenen Bedingungen, und (3) *Funktionen*, gesuchter Zustand, Ziel. Im Grunde wird mit dieser Dreiteilung die allgemeine Definition eines Problems (vgl. Kap. 9.1.2) wiederholt und für didaktische Planungen nochmals herausgehoben.

Bereits die Vorgabe von Funktion und situationaler Voraussetzung fördert den Transfer dieser Fähigkeiten. Können jedoch Lernende dieses Wissen selbst generieren (= problemlösendes Lernen), so ergeben sich für die Wissensnutzung weitere positive Transfereffekte. Dies scheint durch die „Konditionalisierung" des Wissens erklärbar zu sein. Die Entwicklung solcher Prozesse kann entweder durch direkte Fragen angeregt werden oder durch geeignete Lernaufgaben, die wissensgenerierende Prozesse erforderlich machen.

Hierbei haben sprachliche Instruktionen oder Fragen durch die Lehrperson (oder auch den Lernenden selbst, vgl. die „Methode des lauten Denkens") die Funktion, dieses Aktualisieren relevanten Wissens anzuregen. Die von außen kommenden Hinweise können das Denken in die gewünschte Richtung „lenken" oder „kanalisieren" (allerdings auch in eine falsche Richtung, ohne dass die Lehrperson dies merken muss).

Die minimalste Form der Lenkung besteht darin, dass der Lernende über das Ziel seiner Tätigkeit informiert wird. Lenkung kann aber auch mehr bedeuten, z.B. dass eine Struktur des Vorgehens beim Problemlösen vorgegeben wird. Lenkung hat dabei die Funktion, die Anzahl der möglichen Hypothesen zur Problemlösung einzuschränken bzw. dass auch ein kritisches Prüfen von Hypothesen angeleitet wird. Es muss also nicht immer nur ein Minimum an Information gegeben werden. Bei wenig oder gar keinen Vorgaben werden viele Probleme gar nicht gelöst werden können. D.h. die Methode des entdeckenden Lernens ist dann nicht zwingend erfolgreich.

In der Studie von Stark et al. (1995) erwies sich das „geleitete Problemlöseverfahren" besonders in schwierigen und variierenden Handlungskontexten bei der Steuerung eines Systems („Jeansfabrik") als erfolgreich. Unter dieser Bedingung wurden auch adäquatere Modelle über die gegebene Situation aufgebaut. Hingegen wurde in einfachen Handlungskontexten (die Problemsituation wurde mehrmals durchlaufen und nicht substantiell variiert) adäquateres Sachwissen aufgebaut.

Die zur Lösung eines Problems erforderliche Zeit wird von dem Umfang der angebotenen Lenkung und der Kapazität des Lernenden abhängen.

10. Lernen ohne Anstrengung? Die Botschaften der geheimen Verführer

Der Erwerb von Wissen und anderen Kompetenzen, ob in der Schule oder in anderen Kontexten, ist eine oftmals mühevolle Angelegenheit. Wer hätte nicht schon gewünscht, sich bei einmaligem Lesen eine beliebige Menge von Vokabeln merken zu können, eine einmal gehörte Regeln souverän anwenden zu können oder auch neue Probleme ohne mentalen Aufwand lösen zu können. Alle Hinweise auf die lernwirksame Gestaltung und Optimierung von Lehrsituationen machen aber die konzentrierte Eigenaktivität eines Lernenden nicht überflüssig, im Gegenteil, sie setzen dessen Bereitschaft voraus, die als effektiv erkannten Lernstrategien aktiv und nicht nur einmal anzuwenden.

Im Unterschied hierzu werden mit einer auffallenden Regelmäßigkeit an Lehrende, Eltern, Schüler, Studenten oder Weiterbildungswillige aus dem betrieblichen Bereich Angebote herangetragen, die mit einer an Superlativen reichen Sprache versprechen, alles einfacher und mit weniger Aufwand haben zu können; das Internet quillt geradezu über mit Versprechungen zum „easy learning", zum „lernbiologisch fundierten Wissenserwerb", zum „hirngemäßen Lernen", zum „Mega-Learning" bei dem „Lernblockaden" abgebaut und ungeahnte persönliche Lernressourcen erschlossen werden können.

In der Zielgruppe der Lehrenden und Lernenden ist ein Teil für solche Versprechungen aufschließbar, schon allein deswegen, da man als Lehrender doch will, dass die Menschen, für die man Verantwortung übernommen hat, in effektivster Weise zu einem Erfolg kommen. Scheint ein Verfahren dann auch noch dem Kriterium der Wissenschaftlichkeit zu genügen (dies wird durch ein für den Laien nicht durchschaubares pseudowissenschaftliches Vokabular vorgespielt), warum sollte man dann diese Methode nicht erproben?

Nicht zu übersehen ist, dass ein Teil der potentiellen Anwender - aus welchen Gründen auch immer - gar nicht kritisch prüfen oder auch nicht prüfen können, ob bei einem Angebot tatsächlich eine seriöse Fundierung oder auch nur ein überzeugender Effizienznachweis vorliegt. Der unausweichliche eigene Misserfolg kann dann wieder zu seltsamen Ausweichstrategien führen, wie z.B. der Intensivierung der eigenen Aus- oder Weiterbildung, durch die man sich dann, versehen mit wohlklingenden Titeln (Trainer, Mastertrainer, Lernsupervisor), gegen die Fährnisse einer pädagogischen Tätigkeit gewappnet fühlt. Oder man wird zum Methodenhopper, indem man die Frustrationen, die man mit einer heilversprechenden Methodik erlitten hat, gegen den Glauben an eine andere eintauscht.

10.1 Suggestopädie und Superlearning

10.1.1 Einleitung

Die Idee eines „Nürnberger Trichters", durch den man sich Wissensinhalte ohne eigene Verarbeitungsleistungen zu eigen machen kann, ist in den 70er Jahren durch die Stichworte „Superlearning" oder „Suggestopädagogik" wieder in die pädagogische Diskussion gekommen. Damit in Zusammenhang steht auch der Versuch, angebliche Ergebnisse der Hirnforschung pädagogisch anzuwenden, wobei dunkel darauf verwiesen wird, dass die Kapazität des menschlichen Gehirns nur teilweise genutzt werde, dass insbesondere die Möglichkeiten der bild- und emotionsverarbeitenden rechten Hemisphäre nicht berücksichtigt werden (Edelmann, 1988).

Diese Ideen werden mit dem Namen des bulgarischen Arztes Georgi Lozanov in Verbindung gebracht, der seine Methode 1955 der Öffentlichkeit vorgestellt haben soll (Edelmann, 1988, S. 34). Dieser selbst soll angeblich zu seiner Methode durch Beobachtungen in Indien angeregt worden sein, wo er bei Yogis Fälle von Hypermnesie (abnorme Gedächtnisleistungen) beobachtet habe.[1] Außerdem habe er sich mit Hypnose beschäftigt, von diesem Thema sei er zum Thema der Suggestion gekommen. Hypermnestische Fälle sollen auch durch Suggestion in einem entspannten Wachzustand hervorzurufen sein, daher der Name „Suggestologie" als Bezeichnung für das Untersuchungsgebiet und „Suggestopädagogik / Suggestopädie" als Bereich der Anwendung dieser Erkenntnisse zu pädagogischen Zwecken.

Neben der Suggestion sollen noch durch sog. Desuggestion bestimmte psychische Sperren abgebaut werden. Diese betreffen vor allem die „Konditionierungsprozesse" (gemeint ist wohl eher der Aufbau von Assoziationen), durch die ein negatives Bild vom Lernen oder den eigenen Lernkapazitäten entstanden sei. Lernbarrieren bestehen auch darin, dass als Selbstschutz die parabewussten und suggestiven Botschaften abgewehrt werden (Edelmann, 1988, S. 39). Angeblich bestehen drei für das Lernen hinderliche Arten von Barrieren:

---

[1] Der von Lozanov angeführten Beleg für hypermnestische Leistungen, wonach Yogis ganze Bücher (Veden) rezitieren könnten, haben im übrigen keinerlei Beweiskraft für besondere Gedächtnisleistungen, sondern sind ein Standardfall in einer illiteraten Gesellschaft. Abgesehen davon, wie konnte Lozanov diagnostizieren, dass diese Bücher fehlerfrei rezitiert werden?

- die kritisch-logische Barriere, dabei wird alles abgewehrt, was den Eindruck mangelnder logischer Fundierung und Zielgerichtetheit aufweist;
- die intuitiv-affektive Barriere, hier wird alles abgewehrt, was nicht Vertrauen und ein Gefühl der Sicherheit vermittelt;
- die ethische Barriere, hier soll alles abgewehrt werden, was nicht in Übereinstimmung mit den ethischen Prinzipien und den kulturellen Normen des Adressaten steht.

Außerdem soll durch einen Prozess der Self-fulfilling-Prophecy dem Lernenden die große Kapazität seines Gedächtnisses nahegebracht werden. Angeblich konnte Lozanov (1978) durch seine Methode spektakuläre Ergebnisse beim Vokabellernen erzielen (s.u.).

10.1.2 Prinzipien der Suggestopädie

Folgende Punkten werden betont:

(1) Autorität des suggestopädagogischen Lehrers: Der Lehrer soll aufgrund seines fachlichen Könnens und seines Prestiges hoch angesehen sein, so wie dies etwa ein Arzt ist (Hinkelmann et al., 1988, S. 46). Die Suggestion von Autorität soll den Lernprozess positiv beeinflussen (hierzu sind auch außerhalb des gegebenen Kontextes Aspekte der Autorität eines Lehrers [French & Raven, 1959] bzw. die für einen Modelllernprozess wesentlichen Aspekte der Modellperson für die Übernahme von Verhaltensweisen zu überlegen).

(2) Infantilisierung: Damit ist gemeint, dass spielerische und kreative Elemente und Handlungsmöglichkeiten, wie sie beim Kind vorhanden sind, auch beim Erwachsenen für den Lernprozess aktiviert und genutzt werden sollen. Der Begriff scheint nicht sehr günstig gewählt. In anderen Publikationen wird jetzt auch mehr die Eigenaktivität und -verantwortlichkeit des Lernenden hervorgehoben (Beitinger et al., 1993, S. 198).

(3) Doppelte Ebene: Damit ist der gleichzeitige bewusste und unbewusste Einfluss des Lehrers auf den Lerner gemeint. Gefordert wird Kongruenz zwischen verbaler und non-verbaler Botschaft (Gestik, Mimik etc.). Auch hier gibt es Anknüpfungspunkte zur traditionellen Lehrforschung (vgl. z.B. den Begriff der Echtheit im Sinne Rogers; Tausch & Tausch, 1971).

(4) Intonation: Diese soll ein wesentliches Element der Suggestion sein und die Gedächtnisleistung fördern. Durch feierliche Intonation soll die Bedeutung einer Informationsquelle hervorgehoben werden und eine höhere Erwartungshaltung geschaffen werden. Ob dies unbesehen für unsere Kultur gilt, ist kritisch zu

hinterfragen, da hier eher negative Erfahrungen mit aufgeplusterten Pseudo-Autoritäten und eine grundlegende Skepsis gegenüber der Usurpation durch Autoritätspositionen vorliegt. Ob sich dies mit dem Begriff der Echtheit verträgt, ist nicht geklärt.

(5) Rhythmus: Durch rhythmische Wiederholung sollen sich Inhalte besser einprägen, dabei sind auch die Intervalle zwischen den einzelnen Aussagen zu beachten. Auch dies findet z.T. in gedächtnispsychologischen Untersuchungen eine gewisse Stütze, danach können sog. externe Hilfen, auch solche, die durch Rhythmus und Reim geschaffen wurden, das Auffinden von Inhalten des Langzeitgedächtnisses erleichtern.

(6) Pseudopassivität und Musikeinsatz: Es soll ein entspannter Ruhezustand hergestellt werden, während dessen sich eine innerlich erhöhte Aufmerksamkeit einstellen kann. Dieser Zustand soll durch speziell ausgesuchte Musik erreicht werden. Während der Musik wird der zu lernende Text verlesen, ohne dass sich der Schüler anzustrengen bräuchte, ihn zu verstehen.

(7) Sequenzierung des Unterrichts: Für den Ablauf einer suggestopädagogischen Sitzung sind beim Fremdsprachenlernen drei Phasen vorgesehen.

- Pre-Session-Phase: Hier soll das Lernmaterial in dramatischer, aber angenehmer Form präsentiert werden. Nach Krag (1989) waren für diese Phase ursprünglich 90 (!) Minuten vorgesehen, später reduzierte Lozanov diese Phase auf 15 bis 20 Minuten. Die Schüler haben die Texte vor sich, u. zw. sowohl in der Fremd- wie auch in der Muttersprache.

- Session-Phase: Diese dauert 45 Minuten. Während zweier Musikphasen (s.u. aktives und passives Konzert) wird das Lernmaterial rhythmisch präsentiert.

- Post-Session-Phase: Das neue Material wird geübt und aktiviert (z.B. durch Spiele oder Lieder). Diese Phase ist zeitlich am intensivsten (ca. 120 Minuten). Hausaufgaben sind nicht vorgesehen. Nach Schiffler (1989) sollen es die Lerner sogar vermeiden, sich bewusst grammatikalische Regeln einzuprägen. Wer dennoch etwas zu Hause tun will, soll sich zwanglos Konversationskassetten anhören bzw. literarische Texte lesen (was im übrigen gar nicht so einfach durchzuhalten ist, wenn man die Sprache nicht versteht).

10.1.3 Praktizierung der Suggestopädie beim Fremdsprachenlernen

Auch hierbei wird eine Reihe von Rezepten propagiert, die mehr oder minder hilfreich sein sollen, bisweilen sehr trivial anmuten und für die nur partiell eine Begründung gefunden werden kann:

(1) Suggestopädagogisches Lehrerverhalten. Den Schülern soll auf bewusst verbaler und unbewusster Ebene nahegebracht werden, dass der Lehrer ihnen sehr viel zumutet und sehr viel von ihnen erwartet (Rosenthal-Effekt).

(2) Neue Identität des Lehrers. Zur Verstärkung der Desuggestion (= Abbau anti-suggestiver Sperren) wählt der Lehrer für sich eine neue Identität und einen neuen Namen aus dem Bereich der Zielsprache.

(3) Umfang des Lehrstoffes. Dem Schüler wird mehr Lehrstoff zugemutet als er bisher bewältigbar erlebt hat.

(4) Aktive Konzertphase. Der fremdsprachige Text wird in Verbindung mit lebhafter klassischer Musik vorgelesen. Der Lehrer passt sich dem Rhythmus an und trägt mit wechselnder Intonation vor. Beim Lerner soll ein Zustand aktiver Aufmerksamkeit stimuliert werden.

(5) Mitleseverfahren. Zur Lernerleichterung wird der Stoff zuerst schriftlich dargeboten. Dies soll eine Orientierungshilfe für den mündlichen Vortrag sein. Daneben kann der Text als Übersetzung in die Muttersprache vorliegen, besonders beim Anfangsunterricht.

(6) Entspannungsübungen. Diese werden vor der pseudo-passiven Konzertphase eingesetzt.

(7) Pseudo-passive Konzertphase. Hier wird getragene Barockmusik eingesetzt. Der Lehrer wiederholt den Textvortrag in ruhiger Originalintonation. Die Lernenden sitzen mit geschlossenen Augen und in entspannter Position (Erzielen des entspannten Aufmerksamkeitszustandes). Dieser Zustand kann auch zum entspannten leisen Nachsprechen genutzt werden.

(8) Atemrhythmus. In der pseudo-passiven Konzertphase soll sich der Lehrer bemühen, die fremdsprachigen Sätze so darzubieten, dass jeweils nach einem Satz eine Pause von 4 Sekunden entsteht, während der ein- und ausgeatmet wird. Der fremdsprachige Satz soll dann während der nächsten 4 Sekunden gesprochen werden, während dessen der Lerner den Atem einhält.

(9) Körperlernen. Der Lehrer begleitet alle neuen Wörter nach Möglichkeit mit Bewegungen. Bei Wörtern, die mit Symbolen assoziiert werden, stellt er diese Symbole mit Gesten dar. Es wird den Schülern auch geraten, sich die neuen Wörter möglichst bildhaft vorzustellen (vgl. hier das Thema der „Mediatoren" aus der Gedächtnispsychologie).

(10) Positives Gruppenklima. Dieses soll durch Gruppen- und Partnerübungen gefördert werden, z.B. werden Lieder in der Zielsprache von der ganzen Gruppe gesungen oder Rollenspiele durchgeführt, bei denen Dialogtexte wiedergegeben werden (wobei auch dies so neu nicht ist).

(11) Peripheres Lernen und Raumausstattung. Auf Wandtafeln wird auf wichtige Sprachregeln etc. verwiesen. Diese können auch zukünftigen Lehrstoff betreffen. Die Lernenden sollen diese Hilfe am Rande wahrnehmen.

(12) Indirekte Fehlerkorrektur. Eine Korrektur soll niemals als Tadel wirken. Eventuell kann dies durch die korrekte Wiederholung durch den Lehrer geschehen (ob dies so ist, bleibt allerdings hypothetisch).

10.1.4 Varianten der Suggestopädie

Es ist zu beobachten, dass für diese und verwandte Methode immer wieder neue Namen generiert werden, ohne dass damit aber wesentliche Neuentwicklungen sondern eher neue individuelle Ansprüche auf Urheberschaft (und Vermarktungsmöglichkeiten) verbunden sind.

10.1.4.1 Superlearning

Dieser marktschreierische Begriff wurde von den amerikanischen Journalistinnen Sheila Ostrander, Nancy Ostrander sowie Lynn Schroeder (1979) eingeführt.[2] Dabei bestehen folgende Unterschiede zu der oben dargestellten Lehrmethode:
(1) Auf einen Lehrer wird verzichtet, statt dessen wird Selbstlernen mit Hilfe von kaufbaren Tonträgern propagiert. Dadurch entfällt ein wesentliches Merkmal des suggestopädagogischen Unterrichts, nämlich der motivierende Lehrervortrag mit seinen Veranschaulichungsmitteln (z.B. Körpersprache).
(2) Es werden Entspannungsübungen als Vorbereitung auf den Lernstoff durchgeführt. Dabei handelt es sich um
 - psychische Entspannungstechniken (z.B. Traumreisen) oder
 - körperliche Entspannungsübungen (autogenes Training oder progressive Muskelrelaxation).

---

[2] Diese Autorinnen sind auch berüchtigt wegen eines anderen Werkes, in dem ebenso grandiose wie unhaltbare Spekulationen über übersinnliche Psi-Phänomene und die Kirlian-Fotografie verbreitet werden (Ostrander & Schroeder, 1970).

Die Effizienz des Lernprozesses soll allein oder zumindest vorwiegend von der Qualität der Entspannung abhängen (diese These ist sicherlich nicht haltbar, da für den Lernerfolg ein Bündel von Bedingungen vorliegt bzw. aufgrund des Yerkes-Dodson'schen Gesetzes eine kurvilineare Beziehung zwischen Entspannung und Lernleistung vorhanden ist).

(3) Der Lernstoff wird - zusätzlich zur Musik - in einem genauen Sprechrhythmus dargeboten, der den Lerner zu einem entsprechenden Atemrhythmus führen soll. Dies wird durch Pausen bewirkt, die im allgemeinen so lang sind wie die Sprechphasen. Auch hier soll in den Pausen aus- und eingeatmet werden und in der Sprechphase der Atem angehalten werden.

Gegenüber den Versprechungen, die durch den Begriff des Superlearning geweckt werden, äußern sich sogar Anhänger der Suggestopädie kritisch: „Es beschreibt die suggestopädagogische Methode in stark verstümmelter Form und weckt zugleich überzogene Erwartungen" (Hinkelmann et al., 1988, S. 10). Auch Edelmann (1988) meint, das Buch von Ostrander und Schroeder habe viel Schaden angerichtet, da es beispielsweise eine Steigerung der Gedächtnisleistung um das Fünf- bis Fünzigfache versprochen habe (Ostrander et al., 1979, S. 20), wobei dies niemals belegt werden konnte.

10.1.4.2 ACT (Acquisition Through Creative Teaching)

Diese Variante der Suggestopädie wurde von dem amerikanischen Fremdsprachenlehrer Lynn Dhority (1986) entwickelt. Seine Beschreibung (a.a.O., S. 58ff) enthält die bereits Lozanow zugeschriebenen Aspekte, darüber hinaus noch etliche pädagogische Selbstverständlichkeiten und Trivialitäten (Spiele, Humor, „globale, input-reiche Präsentation" ...). Auffallend ist, dass eine ganze Reihe von Termini aus dem NLP herangezogen werden, um die Aktivitäten des ACT-Lehrers zu beschreiben (anchoring, pacing, leading, future pacing ...).

Die speziellen Lehrmaterialien („der ACT-Text", a.a.O., S. 103) zeugen von keiner auffallenden Kreativität, d.h. es werden die beim Fremdsprachenlernen üblichen Anregungbedingungen geschaffen (z.B. Dialogformen, Texte und daneben Übersetzungen, Illustrationen, Erläuterungen von Wörtern)[3]. Für die Darbietung neuer Inhalte wird wie bekannt mit Musikunterstützung verfahren („Konzertphasen" sind aber nur für etwa jede achte [!] Stunde vorgesehen). Zur

---

[3] In der deutschen Bearbeitung des Buches von Dhority fallen vor allem die zahlreichen Werbehinweise für die vom gleichen Verlag herausgegebenen Texte auf.

Verarbeitung und Festigung des Lernstoffes wird mit den üblichen Methoden gearbeitet (z.B. Verwendung von Puppen, Chorlesen, individuelles Rollenlesen), wobei auch nicht auf Verständnisüberprüfungen vergessen wird (a.a.O., S. 114). Weitere Festigung des Gelernten wird durch Methoden der sog. sekundären Aktivierung erwartet (z.B. durch Spiele, dramatische Formen, Singen ...; weitere Anregungen finden sich im Anhang), auch dies sind im Grunde sattsam bekannte didaktische Vorgehensweisen.

Auch Angaben zur Evaluation des Verfahrens werden vorgestellt (a.a.O., S. 127). Dieses Kapitel ist aber ein mutiger Beleg der methodischen Inkompetenz des Verfassers. Die vorgestellten Evaluationsergebnisse zeugen von laienhaftem Vorgehen und sind nicht geeignet, einen besonderen Vorteil von Kursen nach diesem Vorgehen zu belegen.

10.1.4.3 Salt

Dieses Akronym steht für *Suggestive, Accelerative Learning and Teching* nach Gritton und Schuster (1986). Gritton war Chemielehrer und Ringkampftrainer an einer amerikanischen Highschool; die durch soziale Probleme belasteten Schüler soll er durch Entspannungsübungen zum Stress- und Angstabbau zum Lernen motiviert haben.

Nach Krag (1989) wird bei S.A.L.T. die Rolle der Entspannungstechniken stärker betont. Vor der mentalen Entspannung erfolge eine ausgedehnte körperliche Entspannung. Dies sei besonders in den USA aufgrund der „Reizüberflutung" notwendig. Die Salt-Methode sollte nach Intention der Initiatoren in den schulischen Alltag integriert werden und nicht Intensivkursen vorbehalten sein.[4]

10.1.5 Evaluationsstudien

Von Lozanov (1978, S. 30 ff) wird als wissenschaftlicher Beleg für die Effektivität seiner Lehrmethode auf sein sog. 1000-Wörter-Experiment verwiesen. In einem 11-Tage-Kurs mit 15 Leuten wurde ein 1000 Wörter umfassendes Vokabular

---

[4] Die Behauptung von Dröber (1986, S. 100), die Zeitschrift der „Society for Suggestive-Accelerative Learning and Teaching" werde vom Psychology Department der Iowa State University herausgegeben, ist im übrigen - wie eine Internet-Recherche ergeben hat - falsch, ist aber ein gutes Beispiel für beinahe erfolgreiches Mimikry.

auf nur einer Sitzung vorgegeben. Die anderen zehn Tage waren der Grammatik und der Sprachanwendung vorbehalten. Nach dem Bericht sollen die Teilnehmer eine phantastische Behaltensquote von über 98 % hinsichtlich der Vokabeln aufzuweisen gehabt haben (Edelmann, 1991, S. 14). Diese Darstellung ist nach Krag (1989) äußerst unglaubwürdig. Allein die Präsentation von 1000 Wörtern nach den suggestopädischen Richtlinien hätte über sieben Stunden dauern müssen und wäre nicht in einer Sitzung zu leisten gewesen. Da keine Kontrollgruppe verwendet wurde, lässt sich auch nichts über die spezifische Wirkung der Methode aussagen. Die Vpn-Gruppe wurde nicht hinreichend beschrieben. Über die Art des Musikeinsatzes ist auch nichts bekannt.

Entsprechende Studien von Edelmann (1988, S. 75) haben wesentlich geringere Effekte aufgewiesen (kurzfristiges Behalten bei 24 [!] Wörtern [und nicht 1000] von 74 %; bei Vergleichsstudien mit herkömmlichen Verfahren waren keine Vorteile des suggestopädagogischen Vorgehens zu finden, das herkömmliche Verfahren hat numerisch sogar besser abgeschnitten; a.a.O., S. 73).

Schuster und Bordon (1976) untersuchten in einem Laborexperiment die Wirkung von Suggestion, Musik und Atemrhythmus. 32 Studenten sollten dabei in 15 Minuten 50 spanische Wörter lernen. Nach dem Versuchsplan konnte der Effekt der drei Bedingungen isoliert und in Kombination mit den jeweils anderen Variablen geprüft werden (allerdings bleiben bei diesem Design nur 4 Vpn pro Zelle übrig). Bei der unmittelbaren Behaltensprüfung erwies sich die Kombination von Musik und Atemrhythmus am effektivsten, nach sechs Wochen schnitten die Studenten mit der suggestiven Lehrerbeeinflussung besser ab.

Schuster et al. (1980) führten zur Überprüfung der Frage der Lernsteigerung bei 48 Psychologiestudenten ein weiteres Experiment durch. Diese konnten sich mittels eines Biofeedback-Gerätes in einen Spannungs- oder Entspannungszustand versetzen (Elektrodenansatz am Stirnmuskel). Die Vpn waren nach dem Ängstlichkeitsniveau in drei Gruppen eingeteilt. Die Lernaufgabe bestand darin, innerhalb von 10 Minuten 25 seltene Wörter der Muttersprache anhand von Erklärungen zu verstehen. Die Mehrzahl der Vpn erzielten bessere Ergebnisse, wenn sie sich vor der Lern- und der Testphase in einem entspannten Zustand befanden und suggestive Informationen vom Versuchsleiter erhalten hatten. Mit der Studie wird aber nur ein Befund zu dem Einfluss von Entspannung auf das Lernen geliefert.

Von Dieterich (1987) werden drei Studien zum Lernen im Entspannungszustand dargestellt.

(a) In einem ersten Experiment wurden den Vpn mit und ohne Entspannungszustand 72 Begriffe dreimal dargeboten. In der Entspannungsbedingung wurden die Vpn darauf verwiesen, sich dem Erlebnis des Atemfeedbacks möglichst ganz hinzugeben, in der Kontrollgruppe wurde die Aufforderung gemacht, sich die Begriffe möglichst gut einzuprägen. Die Ergebnisse zeigen, dass Entspannung im Vergleich zur Konzentration auf den Lerninhalt zu bedeutsam geringeren (!) Lerneffekten führt (es wurden 19 % weniger Begriffe gemerkt). Auch langzeitlich wurde unter der Versuchsbedingung weniger gemerkt als in der Kontrolluntersuchung.

(b) In einer zweiten Untersuchung wurde ohne Kontrollgruppe der Lernverlauf bei einem Sprachkurs (unter Einbezug von Entspannungsinduktion in der Aneignungsphase) untersucht. An dem Experiment nahmen zehn Personen teil. Diese bekamen in sieben Lektionen 1708 Vokabeln präsentiert (dreimalige Präsentation pro Sitzung = ca. 30 Minuten). Über den Kurs hinweg wurden durchschnittlich 1123 Vokabeln angeeignet, wobei hervorgehoben wird, dass in den üblichen einwöchigen Crash-Kursen ein Wortschatz von 750 Wörtern angestrebt wird. Bei Verwendung eines Französisch-Leistungstests ergab sich, dass die Kursteilnehmer besser oder gleich gut wie 81 % der Teilnehmer an einem einjährigen schulischen Sprachkurs waren. Auch die Langzeitergebnisse waren ermutigend. Die fehlende Kontrollgruppe bzw. die mangelnden Angaben zu den Teilnehmern machen die methodischen Probleme dieser Studie deutlich.

(c) In einem dritten Experiment wurde das Erlernen komplexer Inhalte erfasst. Verwendet wurden dabei historische Texte. Drei Treatments waren für jede von drei Versuchsgruppen vorgesehen: (aa) Lernen unter Biofeedback, (bb) Leerbedingung, d.h. nur Entspannung ohne Lehrinhalt, (cc) Lernstoffdarbietung über Kassettenrecorder ohne Entspannungsinduktion. Unterschiede zwischen den Treatments konnten nicht nachgewiesen werden. Man könnte aber auch folgern, dass zumindest die kognitiven Verarbeitungsprozesse durch die Entspannungsinduktion nicht gestört werden.

In Deutschland wurde von Dröber (1986) eine längere Studie mit 15 Studenten vorgenommen (ohne Kontrollgruppe). Diese konnten an 40 Stunden Anfangsunterricht in Französisch an vier Wochenenden teilnehmen. Mit Hilfe von Kassetten konnten sie sich mit der entsprechenden Musik und den mentalen Entspannungstechniken vertraut machen, die zu Unterrichtsbeginn jeweils 15 Minuten lang praktiziert wurden. Danach folgte die sog. aktive und passive Konzertphase mit entsprechender Atemtechnik bei den Lernenden. Obwohl keine Kontrollgruppe verwendet wurde, glaubte Dröber darauf schließen zu können, dass die angewandte Methode der herkömmlichen überlegen sei, da in der Unterrichtszeit doppelt so viele Lektionen geschafft wurden als in einem stundenmäßig gleich langen Normalunterricht.

Von Krag (1989) wurde die Wirkung des suggestopädagogischen Vorgehens bei einem Volkshochschulkurs in Wiesbaden für Japanisch geprüft. Nach den Anmeldungen wurden 50 Personen nach einem Zufallsverfahren und ohne Wissen der Teilnehmer dem herkömmlichen bzw. dem suggestopädagogischen Kurs zugeteilt. Die beiden Fremdsprachenlehrer waren von ihrer Kompetenz her vergleichbar, es wurden auch dieselben Unterrichtsmaterialien verwendet. Nach zehn Wochen wurde ein unangekündigter schriftlicher Sprachtest durchgeführt. Die nach der suggestopädagogischen Methode unterrichteten Personen erzielten eine um ca. 20 % höhere Leistung, dieses Ergebnis konnte auf dem 5 %-Niveau statistisch abgesichert werden. Nicht nachvollziehbar ist, warum Krag (1989, S. 25) in einer anderen Publikation behauptet, seine Untersuchungen hätten die doppelte Lerngeschwindigkeit bei suggestopädagogischem Vorgehen belegt. Die Drop-out-Rate betrug bei der suggestopädagogisch unterrichteten Gruppe acht, bei der Kontrollgruppe 13 Teilnehmer (33 vs. 50 %). Damit wird eine höhere motivierende Wirkung der Methode behauptet. Abschließende Befragungen in einem Interview bestätigten das bessere emotionale Klima in der suggestopädagogischen Gruppe.

Schiffler (1989) hat sich ebenfalls mit der suggestopädagogischen Lehrmethode auseinandergesetzt. In einer ersten Untersuchung wurde hinsichtlich des Fremdsprachenunterrichts die Wirkung von Musik untersucht. Einmal wurden Texte mit den beiden Arten der Musikbegleitung geboten, zum anderen dieselben Texte vom Lehrer vorgetragen und wiederholend auf Tonträger und gegebenenfalls mit Bildern dargeboten. Das Design selbst war relativ aufwendig. Die Ergebnisse zeigten bei 16 Vergleichen vier signifikante Effekte zugunsten der mit Musik angereicherten Lehrmethode. Bei einer zweiten Untersuchung mit suggestopädagogischem Extensiv-Unterricht verringert sich der Musikeffekt noch weiter. Das Verfahren sollte seiner Meinung nach daher vorwiegend bei Intensivkursen zur Anwendung kommen. Ein zusätzlicher Effekt von Entspannungs- und Atemübungen zur Musik konnte nicht belegt werden. Ein einheitlich hoher Lernstandard bei allen suggestopädagogisch unterrichteten Schülern zeigte sich nichEdelmann (1991) berichtet von den Ergebnissen zweier Studien, bei denen es nicht um Sprachenlernen, sondern um den Erwerb psychologischer Inhalte in Form von drei- bzw. viertägigen Kompaktseminaren ging. In einer ersten konnten von einem Lückentext mit 24 Items bei unmittelbarer Prüfung im Schnitt 74 % wiedergegeben werden, wobei von einem großen Leistungsabfall nach 1,5 Monaten gesprochen wird (ohne Zahlenangaben). In einer weiteren vergleichenden Studie konnten keine Unterschiede zwischen herkömmlichen und suggestopädischem Kurs gefunden werden, tendenziell schnitten die Pbn beim herkömmlichen Lernen sogar besser ab. Die Akzeptanz des suggestopädagogischen Lernens war allerdings gut.

Beitinger et al. (1993) evaluierten einen nach suggestopädagogischen Prinzipien gestalteten Weiterbildungskurs in Englisch mit 14 Teilnehmern, wobei Daten einer Kontrollgruppe, die aber unter nicht vergleichbaren Bedingungen unterrichtet wurde, einbezogen wurden. Bei fünf Vergleichen über den Wissensstand ergab sich in zwei Fällen eine Überlegenheit der suggestopädagogischen Gruppe, in zwei der Gruppe mit traditionellem Kurs und in einem Test war kein Unterschied vorhanden, d.h. insgesamt ist ein typischer Nulleffekt vorhanden. Ein Wissenszuwachs ließ sich nach den 13 Kurstagen (52 Unterrichtsstunden) belegen, von phantastischen Wissensgewinnen war aber nichts zu merken (d.h. der Testplafond wurde nie gesprengt). Die Veränderungen in motivationalen Merkmalen wurden positiv eingeschätzt, waren aber von der Größe her minimal.

10.1.6 Bewertung

Betrachtet man diese Ergebnisse (von den zahlreichen offenen Fragen ist dabei abzusehen, z.B. den unbekannten Langzeiteffekten, der Übertragbarkeit von Ergebnissen, die an hochmotivierten und freiwilligen erwachsenen Teilnehmern gewonnen wurden, auf Kinder in einem schulischen Setting, dem Unterschied zwischen dem Erwerb von Vokabeln und dem Verfügen über komplexe Wissensstrukturen), so bleibt von den phantastischen Versprechungen wenig bis nichts übrig. Positiv gewendet ließe sich allenfalls sagen, dass selbst in diesem Setting Lernen nicht verhindert werden kann. Dabei ist nicht zu bestreiten, dass sich die Teilnehmer in dem jeweiligen Kursrahmen wohl fühlen und die Methode positiv werten - also „superfeeling" statt „superlearning", wie Edelmann (1991, S. 17) konstatiert, wobei aber auch das „super" zu relativieren ist.

Genauso wie sich einige der in diesem Kontext als lernwirksam ausgegebenen Prinzipien in der fachlich fundierten Lehr-Lernforschung finden lassen, stehen manche Behauptungen in einem scharfen Gegensatz zu psychologischem Wissen, manche sind auch ethisch bedenklich. In letzterer Hinsicht mag man die Frage stellen, ob eine unkritische Öffnung eines Lernenden gegenüber den als suggestiv gedachten Einflüssen eines Lehrenden Ziel und Mittel pädagogischen Vorgehens sein kann. Die als hinderlich angesehenen Barrieren sind lerngeschichtlich begründet und für die Lebensführung äußerst sinnvoll.

Von den anderen Prinzipien erinnert vieles an alten Wein in neuen Schläuchen. Wenn z.B. das Prinzip des multisensorischen Lernens propagiert wird, so ist dies ein seit langem bekanntes und im Unterricht eingesetztes Lehr- und Lernmittel, man vergleiche hierzu z.B. die verschiedenen Repräsentationsstufen von Begriffen nach Bruner (1973). Auch handlungsorientiertes Lernen, man könnte auch sagen „situiertes Lernen" in Anwendungskontexten ist keine Neuentdeckung, sondern stehendes pädagogisches Prinzip seit der im 19. Und zu Beginn des Jahrhunderts erfolgten Propagierung des Projektunterrichts (Kilpatrick, 1935). Dass die suggestopädagogischen Elemente weder eine „Wunderwaffe" noch neu seien, wurde selbst von einem dieses Verfahren praktizierenden Dozent (Krag, 1989, S. 29) herausgestellt, zumindest in der Kombination der Elemente sieht er jedoch ein innovatives Element.

Die Zusammenhänge zwischen Entspannung und Lernleistung sind offensichtlich nicht linear. Entspannung durch suggestive Methoden zu maximieren, kann daher nicht Endziel pädagogischen Bemühens sein. Sicherlich ist es für Lerner nicht effektiv, in einen angstvoll-erregten Zustand versetzt zu sein, der für höhere Denkprozesse hinderlich ist. Methoden zur Herstellung eines entspannten Wachzustandes bzw. zur Unterbrechung eines unangenehmen Lernklimas (z.B. durch Traumreisen) sollten heute zu dem Standardrepertoire jedes Lehrers gehören.

Die Zumutung eines hohen Lerninputs könnte u.U. im Sinne des Pygmalion-Effektes wirken. Eine Wirkung bei allen Lernenden in diese Richtung ist aber vermutlich nicht gegeben. Man denke hier an misserfolgsorientierte Lerner, die aufgrund ihrer Leistungsbiographie Lernzumutungen systematisch aus dem Weg gehen. Mit diesen müsste pädagogisch völlig anders umgegangen werden als mit erfolgsorientierten Lernern.

Die Verfechter dieses Verfahren scheinen auch nicht über das psychologische Grundwissen zu verfügen, das bei einem fachlich ausgebildeten Pädagogen vorhanden sein sollte; z.B. wird niemals von Interaktionseffekten zwischen Unterrichtsmethode und Lernerpersönlichkeit gesprochen; die Tatsache, dass nicht für jeden Lerner ein bestimmtes methodisches Vorgehen gleich wirksam ist, scheint in die Denkschablone eines allseitig seligmachenden Unterrichts nicht zu passen. Dieses gravierende Unwissen erlaubt es auch, das Rad immer wieder neu zu erfinden, d.h. Selbstverständlichkeiten, die seit langem bekannt sind und praktiziert werden, werden mit dem Gestus des Auserwählten an die gläubige Gemeinde weitergereicht.

Bei der Beschreibung der für einen Lehrer erwünschten Merkmale scheinen Tugendkataloge (Diesterweg, 1838) des 19. Jahrhunderts Pate gestanden zu haben. Sicherlich sind bestimmte Haltungen eines Lehrers seinen Schülern gegenüber lernwirksam (man vergleiche z.B. die Rogers-Variablen, die von Tausch & Tausch [1991] auf den pädagogischen Kontext übertragen wurden).

Der universelle Einsatz bestimmter Musikarten (Barockmusik) zur Stützung des Lernens kann in der gegenwärtigen Situation des Musikkonsums von Jugendlichen wohl kein sinnvolles Rezept sein. Dass für diese Methode aufgeschlossene Erwachsene temporär (z.B. im Rahmen eines VHS-Kurses oder eines Sprachkurses im Ausland) bereit sind, mit Musikunterstützung zu lernen, ist kein Beleg für die allgemeine Einsetzbarkeit dieses Verfahrens.

Die als effektiv geltenden Methodenbestandteile sind auch unabhängig von dem suggestopädagogischen Kontext bekannt und in Verwendung. Die explizit nicht dem Fach Psychologie entsprechende Begriffsbildung und die profunde Unkenntnis des größten Teils lernpsychologisch relevanter Forschungsbefunde der Suggestopädagogen belegen, dass hier Laien am Werk sind, denen man allenfalls ihre Unbedarftheit zugute halten sollte.

10.2 Angewandte Kinesiologie

10.2.1 Einleitung

Dieses Verfahren wird auf den Chiropraktiker Dr. George Goodheart zurückgeführt, der seine Ansichten seit 1964 der Öffentlichkeit vorstellt.[5] Er bezeichnet sich als Forschungsdirektor des von ihm gegründeten „International College of Applied Kinesiology" (ICAK), einer privaten und nicht-universitären Einrichtung (http://www.icak.com/). Zentral in diesem System ist der sog. Muskeltest[6], mit dessen Hilfe man angebliche Blockaden und Ungleichgewichte, die das physische, emotionale und energetische Wohlbefinden beeinträchtigen und die dazu führenden Faktoren (erkrankte Organe, ungeeignete Nahrungsmittel ...) „testen" könne (La Tourelle & Courtenay, 1992, S. 13). Die Kraft eines Muskels solle Aussagen machen über Krankheiten von Organen in der zugehörigen Reflexzone (Federspiel & Herbst, 1966, S. 301). Im Laufe der weiteren Behandlung sei der Muskeltest auch ein Mittel, um dem Klienten Besserungen vor Augen zu führen.

Deutliche Beziehungen sind zur sog. alternativ-esoterischen Szene gegeben, auch wenn sich in letzter Zeit das ICAK gegen eine zu weitgehende Vereinnahmung abzugrenzen versucht.[7] Grundlegend ist die Akzeptanz der ethnomedizinisch-chinesischen Lehre von den Meridianen, welche die Muskeln, Organe und Drüsen des menschlichen Körpers verbinden sollen, sowie die Annahme der Existenz einer „feinstofflichen Energie" (= Qi - universelle Lebenskraft), die

---

[5] Nicht verwechseln darf man diese Praktiken und Gedankengebäude mit der sportwissenschaftlichen oder medizinischen Richtung Kinesiologie, wie sie an diversen Universitäten (z.B. das Department of Kinesiology an der der University of Wisconsin - Eau Claire) vertreten ist. Darunter wird das wissenschaftliche Studium der menschlichen Bewegung und die Anwendung dieser Erkenntnisse im Sportbereich verstanden. Das Publikationsorgan „Kinesiology" hat ebenfalls nichts mit den hier zu besprechenden Ansichten zu tun.

[6] „Applied kinesiology (AK) is a form of diagnosis using muscle testing as a primary feedback mechanism to examine how a person's body is functioning" (http://www.icakusa.com/).

[7] So wird darauf verwiesen (http://www.icak.com/AKIs.htlm), dass angewandte Kinesiologie (AK) keine Art des Pendelns sei, mit dem man den Inhalt von in der Hand gehaltenen Flaschen oder auf die Haut gelegter Pillen testen könne. Ebenso habe AK nichts mit Telepathie bzw. der Anwendung von Kristallen oder Magneten als Behandlungsmethode zu tun. Anwender von AK werben aber gerade mit diesen Möglichkeiten (Gerz, 1991).

allerdings, und dies mag man bedauern, mit physikalischen Methoden nicht nachgewiesen werden könne. Der Muskeltest sei aber dennoch in der Lage, die Blockaden des postulierten Energieflusses herauszubekommen. Durch Berühren der Reflex- und Akupressurpunkte, durch bestimmte Körperbewegungen und Nahrungszusätze könne dann die Selbstheilung des Körpers angeregt werden; versprochen wird allgemein „ein höheres Niveau des psychischen und mentalen, emotionalen und spirituellen Wohlergehens" (La Tourelle & Courtenay, 1992, S. 13).

Beim Muskeltest drückt der Kinesiologe gegen den ausgestreckten Arm bzw. das angewinkelte Bein des Probanden, der Widerstand leisten soll, nach unten. Während dieses Muskeltests legt der Behandler seine andere Hand z.B. auf die Organregion, deren Funktion er prüfen will. (Merkwürdig ist, dass zwar angegeben wird, der Angewandte Kinesiologe übe einen Druck von etwa 2 ½ kg in Richtung Extension des Muskels aus, dass dies aber nicht objektiviert wird.) Zeigt sich der Muskel als „schwach" (d.h. er bewegt sich ca. 5 cm), so weise dies auf Organschwächen, Unverträglichkeiten von Speisen und Getränken hin (die dabei auf die Zunge getropft oder auf die Haut gelegt werden; Gerz, 1991). Mit diesem „Test" soll auch geprüft werden können, welche Spurenelemente dem Klienten fehlen, welche Speisen er verträgt und welche nicht, auch die Verträglichkeit von Medikamenten wird damit ausgetestet. Bisweilen wird dies auch mit Hilfe einer Wünschelrute (Biotensor, eig. eine simple Attrappe) gemacht. Ebenso werden mit dem Muskeltest die Reaktionen einer Testperson auf verbale (z.B. Angstreize) oder averbale Äußerungen des Untersuchers festgestellt (z.B. Farbe, Töne, Fernsehen ... „Der Körper sagt die Wahrheit!").

Dabei werde aber eigentlich nicht die Stärke des Muskels, sondern der „Energiestrom" im Körper geprüft. „Dieser emotionale Stress (löse) im Gehirn in bestimmten Bereichen energetische Kurzschlüsse aus, wodurch diese abschalten. So entstehen die sogenannten neurologischen ‚blinden Flecken', die für die Lernblockaden verantwortlich sind. Mit Hilfe des Präzisionsmuskeltests (!) werden diese Blockaden genau erkannt und ... durch das Arbeiten mit effektiven Stressablösetechniken ... und mit optimalen Integrationsmethoden (z.B. Shifting und Crosscrawl) sanft und mit großem Erfolg behoben ..." (Die Bayerische Schule, 1996 / Heft 9, S. 20).

Im Rahmen der AK haben sich wiederum die unterschiedlichsten Varianten herausgebildet, wobei der Einfallsreichtum in Bezug auf das mehr oder minder phantasiereiche Kreieren neuer Bezeichnungen ohne Ende zu sein scheint. Jede dieser Varianten erlaubt eine neue Aus- und Weiterbildungen, sodass für eine ganze Ausbildung leicht bis zu 20 000 DM bezahlt werden können (Hund, 1998, S. 24). Als Varianten werden genannt:

- Touch for Health (Heilen durch Berührung),
- Biokinesiologie,
- Edu-Kinästhetik (Bewegungspädagogik),
- Brain Gym (Lerngymnastik),
- Energy Training,
- Energy Life Circle,
- Movement Dynamics,
- Mental Kinesiology,
- Gesundheits- und Klinische Kinesiologie,
- Hyperton-X (Sportanwendung)
- Behavioral Kinesiology,
- Psychologische Kinesiologie,
- Kinesiologisch-Kybernetische Strategie (KKS) zur Wirtschaftsberatung.

Die Edu-Kinesiologie (Educational Kinesiology, Edu-K) ist speziell dazu gedacht, die Lernfähigkeit und ihre Voraussetzungen (Gedächtnis, Konzentration) zu verbessern, insbesondere Probleme beim Lesen, Schreiben und Rechnen zu beheben. Entwickelt wurde diese Richtung von Dr. Paul Dennison, der u.a. meinte, zur Heilung oder Behandlung müsse vor allem die Kommunikation zwischen Körper und Gehirn bzw. zwischen der rechten und der linken Gehirnhälfte verbessert werden. Störungen in der Zusammenarbeit der beiden Gehirnhälften, die zu Konzentrationsschwächen und Lernschwierigkeiten führen, sollen deshalb festgestellt und durch Training überwunden werden. Die Edu-Kinesiologie diene zum Abbau von Lernblockaden, zum leichteren Lernen, als Hilfe bei Legasthenie, Rechenschwäche, Auswendiglernen, Sprach- und Sprechproblemen, bei Verhaltensstörungen, Stress und Angst. Am besten sei Edu-K als Präventionsverfahren einzusetzen, also wenn noch gar keine Probleme vorliegen.

Die edu-kinesiologische Behandlung besteht darin, dass „mentale" und körperliche Übungen durchgeführt werden, mit denen der Klient „geerdet", „ausbalanciert" oder vom Stress erleichtert werden soll (z.B. durch sog. Brain-Gym-Übungen). Als Behandlungsmöglichkeit (z.T. auch als diagnostische Methode) werden von Dennison (1981) mehrere Überkreuz-Bewegungsmuster vorgeschlagen. Durch diese könne eine „Integration der rechten und linken Gehirnhälfte" erreicht werden. Als speziell wirkende Bewegungs- und Haltungsmuster werden folgende vorgeschlagen: z.B. auf der Stelle marschieren, die Knie anheben und mit dem jeweils anderen Arm das Knie berühren.

Dennison-Lateralitäsbehandlung (bei homolateraler Entwicklungsstufe): Durchführen von Überkreuzbewegungen während die Augen nach links oben schauen, dann Ausführen homolateraler Bewegungen, während die Augen nach rechts unten schauen (Kopf immer in gerader Position halten). Dann beide Arme seitlich ausstrecken, Handflächen nach vorne gerichtet. Linke Hemisphäre in linker, rechte in rechter Hand sich vorstellen. Beide Hände vorne zusammendrücken, um die beiden Hemisphären zu integrieren.

Cook-Methode: Das linke Bein wird auf das rechte Knie gelegt, die rechte Hand umfasst den linken Fußknöchel. Die linke Hand liegt unter dem Fußballen, so dass die Person eine Art Acht bildet. In dieser Stellung soll die Person eine Minute ausharren, dies trage zur Integration der Gehirnhälften und zum Energieausgleich im Gehirn bei.

Liegende Acht: Der Lehrer malt eine große liegende Acht auf die Tafel. Der Schüler malt die Acht nach, beginnend von der Mittellinie nach links oben gegen den Uhrzeigersinn und dann nach rechts mit dem Uhrzeigersinn jeweils drei Mal mit rechter, drei Mal mit linker Hand, dann mit beiden, zudem werden Augenfolgebewegungen eingesetzt (Anlass hierzu ist die Vermutung, dass Augenbewegungen als Indikatoren für Aktivitäten in einer Hirnhälfte angesehen werden können: wenn man nacht rechts schaut, sei die linke Hälfte aktiv, nach links die rechte ...). Mit dieser Übung werde ein „Abschalten" der rechten Gehirnhälfte verhindert und es gelinge der Person, sich wieder zu zentrieren.

Stimulierung neuro-vaskulärer Kontaktpunkte: Besonders wichtig sind die Punkte zwischen Augenbrauen und Haaransatz (Stirnbeinhöcker). Der Proband solle mit den Fingerbeeren diese Punkte berühren und dabei an stressverursachende Situationen denken. Die Punkte sollen so lange berührt werden, bis der Puls auf beiden Seiten gleichmäßig und synchron sei (1 - 10 Minuten). Durch ein Berühren dieser Punkte werde dem Nervensystem der „Auftrag" gegeben, Veränderungen im vaskulären System auszuführen, d.h. den Puls zu koordinieren und eine bessere Durchblutung der Gehirnrinde zu erreichen. Gleichzeitig sollen dabei die Augen rotiert werden, denn durch den Blick in verschiedene Richtungen bekomme man „Zugang" zu den verschiedenen Teilen des Gehirns.

Einsatz von Affirmationen: Unter einer Affirmation wird ein positiver Gedanke verstanden. Dieser solle im Bewusstsein verankert werden, um negativen Vorstellungen entgegen zu wirken.

Technik des Schläfenklopfens: Damit könnten Affirmationen „verankert" werden; man muss dazu mit den Fingern entlang der temporoshenoidalen Linie (die wie ein Fächer um das Ohr herumläuft) klopfen. Dadurch würde das Körper-Geist-System hereinkommende Sinneswahrnehmungen filtern, so dass man nicht durch zu viele Information erdrückt werde. Bei Affirmationen würden dann diese Botschaften ohne Filter dem Gehirn eingeflößt.

Haltungs- und Bewegungserziehung: Ohne eine ausgeglichene Haltung würden die Erfolge wieder zunichte gemacht. Besonders der Nacken muss frei sein, um Energie zu leiten.

Darüber hinaus werden von Dennison (1981) noch weitere Faktoren zur Energieblockierung identifiziert. Dies seien vor allem falsche Nahrungsmittel (z.B. zu viel Kaffe oder Zucker), Produkte der Kunststoffwelt, das Fernsehen, weil es zwinge, auf „zweidimensionale Weise" zu sehen, und der Kontakt mit den „falschen Menschen" (z.B. solchen, die selbst unter Energieunausgeglichenheit leiden).

10.2.2 Evaluationsstudien

Studien zu dem zentralen diagnostischen Mittel der AK, dem Muskeltest, führen zu dem Schluss, dass dieser ein subjektives Verfahren ist, das weder Objektivität, noch Reliabilität oder gar Validität beanspruchen kann. Unter kontrollierten Bedingungen (Doppelblindstudien) werden nur Zufallsergebnisse erbracht:

An der Universitätsklinik Hamburg-Eppendorf wurde bei 42 Allergiepatienten die Validität der Diagnosen von vier Health Kinesiologists überprüft (Kunz et al., 1997): Diese sollten herausfinden, ob Patienten gegen ein Wespengift allergisch waren, indem sie entweder eine Probe mit einer Kochsalzlösung oder mit Wespengift in die Hand bekamen (jeweils 10 Testungen). Die Inter-Rater-Reliabilität der Diagnosen war unzureichend (d.h. die verschiedenen Kinesiologen sagten bei der gleichen Person Unterschiedliches). Die inhaltlichen Ergebnisse entsprachen dem eines Zufallsexperiments (58% richtig bei Kochsalz, 42% richtig bei Wespengift), d.h. der Muskeltest ist zu einer Diagnose völlig ungeeignet.

- Eine weitere Doppelblindstudie wurde mit Wasser vs. E 605 durchgeführt, wobei im Schnitt genau 10,16 Treffer bei 20 Proben vorhanden waren. D.h., hätte man die Pbn die Substanzen verabreicht, so wäre die Hälfte der Personen, von denen gesagt wurde, sie hätten ein harmloses Mittel in der Hand, vergiftet worden.

In einer weiteren Studie mit drei erfahrenen Kinesiologen wurde der Muskeltest bei elf Personen mit jeweils vier Nährstoffen durchgeführt (Kenney et al., 1988). Heraus kam, dass die Inter-Rater-Reliabilität wieder nicht statistisch abzusichern war, dass es keinerlei Zusammenhang zwischen den Diagnosen der Kinesiologen und biochemischen Tests zum Ernährungsstatus gab sowie dass Placebos nicht von den Zusatzstoffen (z.B. Vitamin A, C ...) unterschieden werden konnten. Die Schlussfolgerung aus dieser Studie war, „that the use of applied kinesiology to evaluate nutrient status is no more useful than random guessing" (a.a.O., 1988).

Kontrollierte Wirkstudien, die methodischen Kriterien genügen und, die aufgestellten Behauptungen stützen würden, liegen nicht vor.[8] Eine Überprüfung der Forschungspapiere des ICAK zwischen 1981 und 1987 hat zu der Schlussfolgerung geführt: „As none of the papers included adequate statistical analyses, no valid conclusions could be drawn concerning their report of findings" (Klinkoski & Leboef, 1990).

Es gibt zwar Studien, die auf einem kinesiologischen Hintergrund durchgeführt wurden, diese sind aber eng und spezifisch. So z.B. wurde mit lernbehinderten Kindern von Khalsa et al. (1988)[9] eine Studie durchgeführt, die zu einem positiven Ergebnis kam. Untersucht wurde, ob die Durchführung von Brain-Gym-Übungen motorische Fähigkeiten verbessern würden (Kriterium: Stork-stand-Test), dies war der Fall - aber daraus kann man nur folgern, dass motorische Übungen motorische Fähigkeiten (Gleichgewicht) fördern; dieses erwartbare Ergebnis kann das System der Edu-K nicht wesentlich stützen.

Auch die ursprünglich behaupteten großen Erfolge der den Ausführungen von Dennison (1981) zugrundeliegenden Programmen von Doman und Delacato zur Förderung von Kindern mit Zerebralparesen haben sich nicht bestätigen lassen; sie sind vielmehr seit 20 Jahren von den akzeptierten Behandlungsverfahren ausgeschlossen (Amorosa, 1997).

Zu den behaupteten *neuropsychologischen und -physiologischen Grundlagen* der Edu-K liegen mehrere Stellungnahmen vor. Danach sind diese Ausführungen ein Wortgemisch ohne sachliche Bedeutung, es könne eventuell zu etwas motivieren, ihm entspricht aber keine Realität: „Für die Repräsentanz intracerebraler Vorgänge in bestimmten einzelnen Muskeln und die Prüfbarkeit des Gehirns ... am Widerstand dieses spezifischen Muskels gibt es keinerlei physiologischen Anhalt" (Ohrt, 1997, S. 4).

---

[8] Ein entlarvender Erfahrungsbericht über die Praxis kinesiologischer Kurse kann unter der Adresse http://www.skeptics.com.au/ nachgelesen werden.

[9] Es muss hier angemerkt werden, dass diese wie auch andere Studien in dem Journal „Perceptual and Motor Skills" veröffentlicht wurden. Dies war früher ein psychologisches Fachjournal, bis sich Verlag und Herausgeber entschlossen haben, Artikel nur mehr gegen Bezahlung zu veröffentlichen. Damit hat diese Zeitschrift ihre wissenschaftliche Reputation verloren.

10.2.3 Bewertung

Auf den ersten Blick ist Edu-Kinesiologie ein attraktives Gedankengebäude. Die Attraktionen bestehen u.a. darin, dass eine völlig neuartige, den bisherigen Erklärungsversuchen widersprechende und (scheinbar) einleuchtende Sicht der Probleme präsentiert wird und den Betroffenen das Stigma des Versagers genommen wird (Walbinger, 1976, S. 52). Und es gibt durchaus Rückmeldungen, nach denen eine kinesiologische Behandlung aus Sicht des Klienten (auch Lehrer) erfolgreich war. Wie ist dies zu erklären?

Eine allgemeine positive Wirkvoraussetzung ist (wie bei jedem therapeutischen Verfahren) die erhaltene und gelungene Zuwendung durch den Behandler, hier also durch den Kinesiologen; allein diese kann eine positive Wirkung bedingen.

Die Hilfesuchenden „werden in ihrem Selbstverständnis aufgewertet und somit enorm entlastet" (Walbinger, 1997, S. 48); zudem kann auch die optimistische Grundhaltung der Behandler ein wichtiges Wirkmoment im Sinne des Rosenthal-Effektes sein.

Die Bewegungsübungen entsprechen einfachen gymnastischen Übungen und können deshalb das Körpergefühl positiv beeinflussen. Gerade bei kleineren Kindern sollte der Einbau von Körperübungen in den Unterricht eine Selbstverständlichkeit sein (Musik- und Bewegungserziehung, Zimmerturnen), aber auch bei älteren kann dies eine auflockernde Wirkung besitzen (Hund, 1998).

Das ist aber alles. Die Effekte selbst gehen nicht über mögliche *Placebowirkungen* hinaus.

Es scheint in dieser Szene auch nicht aufzufallen, dass hier trotz aller Anklänge zu einer beschworenen Spiritualität ein ganz einfaches, *mechanistisches Modell* für die Entstehung von Störungen propagiert wird (aus einer Muskel„antwort" wird umfassend auf eine psychische Befindlichkeit geschlossen). Die dabei auf das Gehirn bezugnehmenden Erklärungen sind als unsinnig erkannt. Die vielfältigen Bedingungen, die zu Lernstörungen führen können, einschließlich des Umfeldes eines Lernenden (z.B. sind systemische Behandlungsgedanken nicht im entferntesten gegeben; Meidinger, 1995) und die differenziert notwendigen pädagogischen Interventionen werden völlig vernachlässigt.

Allerdings sind auch die *Nocebo-Wirkungen* nicht zu vernachlässigen, d.h. durch das Sich-Einlassen auf diese Pseudobehandlungen werden notwendige Interventionen unterlassen und wirksame Behandlungen versäumt (z.B. werden Legasthenie und ihre Ursachen nicht nach fachlichen Standards behandelt), es werden u.U. falsche Medikamente sowie unnötige oder krankmachende Diäten verordnet. In den USA sind auch Todesfälle dokumentiert, in denen aufgrund des Muskeltestergebnisses z.B. die Empfehlung gegeben wurde, die Einnahme von Medikamenten einzustellen (Vitamine statt Insulin bei einem Diabetiker) oder völlig falsche Diagnosen (z.B. in bezug auf Krebs) gestellt wurden (NCAHF Newsletter, 1994). Das Urteil in der Wissenschaft über AK ist denn auch einfach und niederschmetternd: „Applied kinesiology (AK) is a pseudoscientific system" (Barrett, o.J.).

Den Erfolg, den die Edu-Kinesiologie hat, ist vielleicht auch mit den Problemen, die Lehrer in ihrem Beruf antreffen, in Zusammenhang zu bringen. Hier werden einfache Antworten auf komplexe Fragen gegeben. Dies ist auch eine allgemeine Gefahr bei Pädagogen: Der Lehrerberuf ist durch ein hohes Ausmaß an Handlungsorientierung gekennzeichnet, der auch zu Aktionismus ohne entsprechende fachliche Grundlagen führen kann, und genau in diesem Sinn wird in der Edu-Kinesiologie mit einfachsten Mitteln Abhilfe versprochen. Solange dies auch noch ein Wachstumsmarkt ist, bei dem durch die Neuausbildung weiterer Adepten Geld verdient werden kann (wie in einem Pyramidenspiel oder einem System mit Kettenbriefen) und wohlklingende Titel erworben werden können (Diplom-Lern-Berater, Lern-Coach), werden auch aus der Lehrerschaft immer wieder etliche einsteigen und sich ihr Gehalt damit aufbessern wollen.

10.3 Neurolinguistisches Programmieren (NLP)

10.3.1 Einleitung

Das NLP ist mit den Namen Richard Bandler und John Grinder verbunden. Diese haben als psychologische Laien versucht, Aussagen aus Psychologie, Neuro- und Computerwissenschaft miteinander zu verbinden. Die von ihnen entwickelten Vorstellungen sind zwar völlig überzogene alltagspsychologische Chimären, deren Anspruch nur zufällige fachliche Bezüge aufweist, ihre Versprechungen haben aber dazu geführt, dass die von ihnen entwickelten Methoden bzw. deren Verbreitung im Rahmen von Seminaren, „Ausbildungs"kursen, Managertrainings, Organisationsentwicklung, „Therapien" etc. zu einem wirtschaftlichen Erfolg wurden.

Bandler und Grinder (1982) meinten, aus dem Studium berühmter Psychotherapeuten (Milton Erickson, Virginia Satir, Fritz Perls) die Vorgehensweisen extrahieren zu können, die sicher zu bestimmten Veränderungen führten. Dabei wird ausgiebig von der Chomsky'schen Transformationsgrammatik (Chomsky, 1959) Gebrauch gemacht bzw. diese wird als ein normatives Modell für psychische Intaktheit (diagnostizierbar an der Sprache eines Ratsuchenden) instrumentalisiert. Diese Handlungsweisen sind zu einem Konglomerat an Veränderungstechniken zusammengefasst, das den Anspruch erhebt, wirkungsvoll zu sein.

Nicht uninteressant ist zu erwähnen, dass zwischen Bandler auf der einen Seite und Grinder und Konsorten auf der anderen Seite z.Zt. ein Rechtsstreit vor dem Obergericht von Kalifornien in Santa Cruz anhängig ist (http:www.actwin.com/NLP/random/lawsuit-text.htm), wobei Bandler seinem früheren Mitstreiter Vertragsbruch, unfairen Wettbewerb, Missbrauch von Markenzeichen sowie vieles anderes mehr vorwirft und mehrfache Schadenersatzforderungen zwischen 2,5 und 10 Millionen Dollar aufstellt. In dem Klagetext kommt das Selbstverständnis von NLP sehr deutlich zum Ausdruck; hier wird gesagt:

> Neuro-Linguistic Programming (herinafter „NLP") is a technology that generates and utilizes models of human behavior for the purpose of training persons and organizations to better achieve their goals and accelerate their learning processes. NLP *is a commercial product that is marketed for pecuniary profit* in interstate commerce to the general public throughout the United States and abroad (particulary in the United Kingdom) by means including, but not limited to: seminars

and other programs, for which fees are charged; books, tapes and other educational materials that are sold as goods; consulting engagements to companies and individuals, for which fees are charged; certifications of practitioners and trainers of NLP, for which fees are charged and royalties paid; and certifications of other skills and uses of NLP ... (http:www.actwin.com/NLP/random/lawsuit-text.htm)

Die unter dem Stichwort NLP zusammengefassten Praktiken sind also ein illustratives Beispiel für eine naive, andererseits aber beinharte US-amerikanische Geld- und Erfolgsphilosophie.

10.3.2 Prinzipien des Neurolinguistischen Programmierens

Aussagen über die Prinzipien von NLP zu treffen, ist nicht leicht, da es sich um kein konsistentes Lehrgebäude handelt (Weerth, 1992), die illustrativen Beispiele in den Büchern überwiegen und eine metaphernreiche und fachfremde Sprache wird ausgiebig verwendet. Texte von Autoren, die sich explizit als Einführung in das NLP verstehen, sind denn auch willkürliche Kompilationen mit Versatzstücken aus wissenschaftlichen, pseudo- und nicht-wissenschaftlichen Texten (wegen der beanspruchten Neurowurzel besonders beliebt sind hilflos wirkende Anbiederungsversuche an die Hirnforschung).

Von einem deutschen NLP-Zentrums wird folgendes nebulöses Selbstverständnis vertreten:

NLP ist die Kunst, die innere und äußere Welt bewusst mit allen Sinnen wahrzunehmen und gemäß den eigenen reflektierten Werten zu gestalten. ...
NLP bietet ein Spektrum von effektiven Methoden
- für zielorientiertes Handeln,
- für kreative Persönlichkeitsentwicklung,
- für die Schulung der eigenen Intuition auf dem Wege zur Selbsterkenntnis,
- für Achtsamkeit und Verantwortungsbewusstsein in Kontakt mit uns selbst und anderen. (http://www.nlpt.de/)

Von einem österreichischen NLP-Zentrum wird folgende Selbstinterpretation für eine psychotherapeutische Variante des NLP angeboten:

Neuro-Linguistische Psychotherapie (NLPt) ist eine systemisch-imaginative Psychotherapiemethode mit integrativ-kognitivem Ansatz.

> Im Zentrum der Neuro-Linguistischen Psychotherapie (NLPt) steht die zielorientierte Arbeit unter besonderer Berücksichtigung der Repräsentationssysteme, Metaphern und Beziehungsmatrizen der Person. ...
> Ziel der Methode ist es, Menschen beim Erreichen ökologisch verträglicher Ziele[10] zu begleiten und zu unterstützen und die den Krankheitssymptomen zugrundeliegenden subjektiv guten Absichten innerlich durch Wertschätzung so zu positionieren, dass alte Fixierungen an inneres und äußeres unproduktives Verhalten und Einstellungen (!) gelöst und neues subjektiv und intersubjektiv gesundes Verhalten und Einstellungen (!) daraus resultieren können. (http://www.nlpzentrum.at/)

Einige, für den pädagogischen Bereich herausgestrichene NLP-Behauptungen und -Techniken seien herausgehoben; ob sich damit so etwas wie eine „Mental-Pädagogik" (Decker, 1995, S. 73), „Gehirnoptimierung" (a.a.O., S. 103) oder gar „angewandte Neurodynamik" (Bandler, 1997) begründen lässt, muss aber bezweifelt werden. Auch die bisweilen befürchtete Manipulationspotenz dieser Techniken wird sich wohl in Grenzen halten.

Lernertypen: Behauptet wird, dass jeder Mensch einen Wahrnehmungskanal bevorzugt; deshalb gebe es so etwas wie einen visuell, einen auditiv oder einen kinästhetisch orientierten Lerner. Dies könne man an dem Verhalten und dem Sprachgebrauch der Menschen erkennen (Grinder, 1991). Trotz alltagspsychologischer Evidenzen wird die Existenz von Lernertypen in der fachwissenschaftlichen Literatur skeptisch bis ablehnend beurteilt (Weidenmann, 1986, S. 511); wenn Konzeptionen von Lernertypen in der Psychologie diskutiert werden, dann in ganz anderen Kategorien: „Statt überdauernder Lernertypen findet man innerhalb jeder Person eine Vielfalt von Verarbeitungsweisen, deren Einsatz abhängt von der Aufgabe, den wahrgenommenen Informationen, der Erinnerungssituation und anderen Bedingungen" (a.a.O.).

In diesem Rahmen wird *Augenbewegungen* eine besondere Bedeutung zugeordnet (Reuben, 1993, S. 451). Gehen die Augen (bei Rechtshändern) beim Nachdenken usw. nach oben, so wird eine visuelle Verarbeitungsweise vermutet, wobei der Blick nach rechts oben visuell konstruierte Vorstellungen und nach links visuell erinnerte Vorstellungen indizieren soll. Eine Bewegung in horizontaler Richtung nach links soll einer akustisch Verarbeitung (auditiv erinnerte Geräusche) entsprechen, nach rechts werden auditiv konstruierte verbale Klänge und Geräusche angezeigt. Kinästhetisch (und zusätzlich olfaktorische) Kanäle sollen mit Augenbewegungen nach rechts unten in Verbindung stehen. Selbstgespräche

---

[10] Wie sich die hier hergestellte Affinität zur grünen Szene mit der beinharten Verkaufsmethodik und Geldphilosophie des NLP vertragen soll, ist nicht einfach zu durchschauen.

und wörtliche Zitate gehen mit Augenbewegungen nach links unten einher (zur Bewertung dieser Thesen vgl. Kap. 10.3.3).

Rapport: Damit sind alle Maßnahmen im Rahmen zwischenmenschlicher Kommunikation gemeint, mit denen Kontakt zum anderen hergestellt oder aufrechterhalten wird (z.B. Händeschütteln, Anlächeln, ...).

Kongruenz: Kongruent sind Mitteilungen, die keine Widersprüche beinhalten. Kongruente Botschaften sollen auf andere eher überzeugend wirken, inkongruente sollen den anderen eher verunsichern bzw. rufen Reaktionen hervor, die mit der Absicht des Kommunikators nicht in Einklang stehen. Ähnlichkeiten finden sich hier mit den Überlegungen von Watzlawik et al. (1980), die zwischen digitalen und analogen Botschaften unterschieden haben. Allerdings werden mit dieser Forderung nach Kongruenz ganz normale Mittel menschlicher Kommunikation (Ironie, Sarkasmus, Witz) als Problemformen hingestellt.

Kalibrieren (Sich-Einstellen): Gemeint ist die sensorische Feineinstellung auf die Äußerungen eines anderen Menschen. Je besser dies gelingt, desto eher können die Mitteilungen des anderen verarbeitet werden.

Pacing (Matching, Mirroring, Spiegeln, Mitgehen): Das eigene Verhalten wird dem wahrgenommenen Verhalten des anderen angeglichen (z.B. in Bezug auf Sprachgewohnheiten, Körperhaltung, Bewegungsmuster ...). Dadurch soll ein guter Rapport zum anderen hergestellt werden (auf die gegenteilige Wirkung dieser Art des „Nachäffens" verweisen Böke et al. [1987]).

Leading (Führen): Aus dieser kongruenten Situation heraus sei es möglich, den anderen in eine neue Richtung zu bewegen und ihm neue Wege im Denken und Handeln akzeptieren zu lassen. Die angenommene Wirkung dieser Technik beschreibt Reuben (1993, S. 452) mit den Worten: „Beginnt der 'Programmierer' sein Verhalten allmählich in einer bestimmten Richtung zu verändern, entsteht die Tendenz im Klienten, das Gleichgewicht im Regelkreis wiederherzustellen, indem er mit dem eigenen Verhalten dem Partner folgt." Dies ist allerdings eine nicht bewiesene Behauptung.

Overlapping: Ausgegangen wird von der Behauptung, dass jeder Mensch ein bevorzugtes Repräsentationssystem habe. Ist Rapport vorhanden, so kann dieser Mensch auch in ein anderes System geleitet werden.

Ankern (Anchoring): Damit ist das Herstellen assoziativer Reiz-Reaktions-Verbindungen gemeint (fälschlicherweise auch als klassisches Konditionieren bezeichnet; Reuben, a.a.O.), z.B. soll es möglich sein, positive Erfahrungen mit der Berührung eines Hautpunktes zu verbinden, so dass später das Berühren dieses Punktes (z.B. in einer belastenden Situation) dieses positive Erlebnis wieder hervorruft. Auch hier werden Effekte behauptet, die so einfach nicht hergestellt werden können.

Assoziieren und Dissoziieren: Dies sind zwei Varianten des Ankerns, wobei bei der ersten eine Verbindung mit eigenen Erfahrungen geschaffen und mit der zweiten eine Loslösung von den eigenen Gefühlen erreicht werden soll, indem das Erlebnis aus der Perspektive eines anderen gesehen wird.

Umdenken (Reframing): Für ein Ereignis oder eine Verhaltensweise wird ein anderer Rahmen geschaffen, so dass subjektive Bedeutungen und Realitäten damit verändert werden. Eine Variante davon ist der *Win-Win-Austausch*, dies ist ein Verhandlungs-Reframing, wobei zwei Personen zu gegenseitigem Nutzen kooperieren sollen.

Futurepacing (Brückenschlagen in die Zukunft): Zum Abschluss einer eingeleiteten Veränderung wird überlegt, wie diese Veränderung auch später eingesetzt werden kann, wie sich die Veränderung in einer Zielsituation auswirken wird.

Lebens-Wegtherapie (Timeline, Reimprinting): Hier wird versucht, sich die eigene Lebenszeit bzw. einen ausgewählten Abschnitt daraus (z.B. die tägliche Arbeitszeit) auf einem Zeitstrahl vorzustellen, auf dem man beliebig hin- und zurückwandern kann. Damit können angeblich Erlebnisse auch spielerisch verändert werden.

Mit diesem Praktiken ausgestattet, kann sich der „Programmierer" nun auf den Weg machen, die Menschheit zu ihrem Besten zu ändern. Die Versprechungen über die Wirksamkeit dieser Techniken sind großartig (Bandler & Grinder, 1983, S. 14), wieder einmal kann man damit Lernstörungen kurieren, unerwünschte Gewohnheiten eliminieren, Interaktionsstrukturen in eine produktive Richtung verändern oder körperliche Schwierigkeiten und Phobien kurieren. Angesichts dieser Versprechungen „dürfte der Verdacht begründet sein, NLP biete Nahrung für das Agieren von Allmachtsphantasien" (Bremerich-Vos, 1966, S. 36).

10.3.3 Evaluationsstudien

Der Großteil der Literatur, die zum NLP vorliegt, besteht in dem mehr oder minder wortreichen und unkritischen Wiederkäuen subjektiver Evidenzen seiner Begründer: „Von den Autoren des NLP wird eine Reihe unüberprüfter Hypothesen in suggestiver Weise als Tatsachen ausgegeben" (Keller & Revenstorf, 1996, S. 245). Versuche einer kritischen Prüfung des Systems bzw. einzelner Thesen daraus sind hingegen spärlich und meist außerhalb des NLP-Rahmens zu finden.

Eine Prüfung der Annahmen über verschiedene Repräsentationssysteme und diesen zugeordnete Blickrichtungen wurde von Schiermann (1987) vorgenommen. Alle von ihm aufgestellten Hypothesen, z.B. über die Diagnostizierbarkeit des Repräsentationssystems durch einen geschulten Beobachter oder über den Zusammenhang zwischen Repräsentationssystem und Blickrichtung während des Erinnerns, konnten nicht bestätigt werden. Bereits in einer früheren Publikation waren Schiermann und Ringelband (1985, S. 72) zu dem Ergebnis gekommen, dass „keine überzufällige Konstanz im Gebrauch einer bestimmten Sorte Prädikate (vorhanden ist). Es ließen sich auch keine 'Typen' (visuelle, auditive, etc.) feststellen."

Eine Untersuchung in die gleiche Richtung wurde von Bliemeister (1988) vorgenommen, wobei auch dieser Autor zu dem Schluss kommt, „nicht eine der überprüften zentralen Grundannahmen des NLP (kann) Anspruch auf empirische Gültigkeit erheben" (a.a.O., S. 29).

Im Rahmen der Psychotherapie gilt über NLP das Diktum von Grawe et al. (1994, S. 735), dass „bisher jede stichhaltige Wirksamkeitsuntersuchung und damit das Minimalkriterium dafür, dass man von einer wissenschaftlich fundierten Therapieform sprechen kann", fehlt bzw. die einzige systematische Therapiestudie von Krugman et al. (1985) hat in bezug auf Redeangst keinen Effekte im Vergleich zu einer Desensibilisierungs- und einer Kontrollgruppe (ohne Intervention) erbracht.

10.3.4 Bewertung

Es muss deutlich gemacht werden, dass es sich bei dem NLP um kein psychologisch-fachwissenschaftliches Gedankengebäude handelt. Zwar sind Anklänge an Erkenntnisse aus der Psychologie (speziell der Sprachpsychologie[11]) vorhanden, diese werden aber wie beliebige Versatzstücke instrumentalisiert und mit selbsterfundenen Bedeutungen versehen. Revenstorf (1985, S. 254) spricht davon, dass in der Wissenschaft anerkannte Autoren von den NLP-Gründern als Feigenblätter verwendet werden, um von den eigenen Mängeln abzulenken. Zusammenfassend kommt er zu dem Schluss (a.a.O., S. 267f), dass das NLP, abgesehen von dem schuldig gebliebenen Effizienznachweis, aus anderen Bereichen der Klinischen Psychologie bekannte therapeutische Interventionen übernommen hat, ohne dies

---

[11] Zur Kritik des Behauptung von Bandler und Grinder (1976), dass die „Wohlgeformtheit" eines Satzes Kriterium für Krankheit oder Gesundheit sei, vgl. Böke et al. (1987).

kenntlich zu machen bzw. sich mit den fachlichen Hintergründen auseinandergesetzt zu haben, und dass z.T. auch Behauptungen vertreten werden, die anerkann-
ten Ergebnissen z.B. der Kognitiven Therapie widersprechen. Ähnliche Schlussfolgerungen wurden aus pädagogischer Sicht gezogen (Theis-Scholz & Thümmel, 1995, S. 488):

> Komprimiert und leicht verständlich für die Praktiker aufbereitet, finden sich in
> den Leitfäden zum „Megateaching" die zugegeben ansprechend verpackten „Uralt-
> Techniken" der Verhaltensmodifikation wieder. So entspricht das pacing and lea-
> ding einer spezifischen operanten Methode des shaping (positive Verstärkung und
> sukzessive Annäherung an ein Endverhalten), mit deren Hilfe bereits Skinner seine
> Tauben abgerichtet hat. Das Ankern wiederum ist nichts anderes als eine klassi-
> sche Stimulus-Stimulus-Konditionierung und das Reframing wurde bereits Ende
> der siebziger Jahre im Rahmen der Rational-Emotiven-Therapie von Ellis (1977)
> erprobt. Auch die Optimierung von Lernprozessen auf der Basis eines „sinn-
> haften" Zugangs kann spätestens seit den Zeiten der Reformpädagogik zum Ende
> des 19. Jahrhunderts als bekannt vorausgesetzt werden ...

Auch die Versuche, sich von den üblichen wissenschaftlichen Ansprüchen freizu-
sprechen, indem für die eigene Lehre nur ein „Modell-Status"[12] (Grinder, 1985,
S. 18) beansprucht wird, ist nicht akzeptabel, denn auch unter diesem reduzierten
Anspruch muss festgestellt werden, dass die Methoden unter kontrollierten Bedingungen eben nicht funktionieren, d.h. nutzlos sind. Was aber funktioniert, ist -
eventuell unter anderer Bezeichnung - Bestandteil üblicher psychologischer Ver-
änderungsmethoden (z.B. der kognitiven Verhaltenstherapie), allerdings ohne
nebulöse Anklänge.

Eine Affinität zu esoterischen Gedankengebäuden ist (trotz bisweilen versuch-
ter Abgrenzung) deutlich. Von der Watchman Organisation wird NLP in einer
Liste der Kulte und Religionen geführt („the co-founders have been heavily in-
volved with other New Age practices", http://watchman.org/cat952.htm).

---

[12] „Ein Modell ist einfach eine Beschreibung, wie etwas funktioniert, ohne Festlegung darauf,
warum es so sein mag. Eine Theorie hat die Aufgabe, eine Rechtfertigung dafür zu liefern, warum verschiedene Modelle anscheinend mit der Realität übereinstimmen" (Grinder, 1985, S.
18). Gegenüber dem beliebigen Gebrauch des Begriffes „Modellbildung" wenden Böke et al.
(1987, S. 374) ein, er werde so nichtssagend gebraucht, „dass jeder Leser das, was er lesen
möchte, hineinprojizieren kann. Eine neue Terminologie wird eingeführt, die uns glauben läßt,
die Sache des Menschen im Griff zu haben: Wahnbildung statt Modellbildung".

10.4 Rückblick

Die erwähnten Bereiche (Suggestopädie, angewandte Kinesiologie, NLP) sind mehr oder minder eng miteinander verbunden - wer sich auf das eine eingelassen hat, dem wird auch nahegelegt, dass er in dem anderen Bereich gut aufgehoben sei. Dies hat mit Verlagsstrukturen zu tun, mit Gemeinsamkeiten in den Abnehmerkreisen und natürlich auch den Hinweisen der einschlägigen Autoren, die zum gegenseitigen Gebrauch einladen (vgl. z.B. den Untertitel des Buches von Decker [1995]: „Lern- und Organisationsentwicklung mit NLP, Kinesiologie und Mentalpädagogik“).

Bei all diesen Methoden fallen Merkmale auf, die einer rationalen und wissenschaftlichen Begründung fremd sind:

1. *Rückführung eines Verfahrens auf einen genialen Initiator, einen Erleuchteten oder Guru*, der zeitlich oder örtlich in weiter Ferne lokalisiert ist oder zumindest sein sollte. Geheimnisbelastete Wege, wie dieses Wissen dann in die Öffentlichkeit gekommen ist (z.B. im Fall der Suggestopädie), sind zudem hilfreich, den Mythos zu unterstützen. Hemminger und Keden (1971, S. 100) sprechen denn auch in Bezug auf die sog. angewandte Kinesiologie von „Ursprungslegenden“. Um diesen oder diese Gründer, Gurus oder Propheten wird dann ein entsprechender Personenkult betrieben.

2. *Aufbau eines spinnennetzartigen Distributionssystems für Materialien und Ausbildungsangebote, Missionierung und Rekrutierung weiterer Adepten.* Dies alles dient der Erzeugung von Abhängigkeiten durch diverse Verlockungen (werden Sie Trainer und verdienen Sie eine Menge Geld) und durch wohlfeile Belohnungen (z.B. schönklingende Titel, die aber nicht das Papier wert sind, auf dem sie gedruckt sind).

3. *Pseudowissenschaftliche Mimikry.* Dabei werden innerhalb eines Eingeweihtenkreises Methoden nachgebildet, die auch dem Wissenschaftssystem ähneln, z.B. Veröffentlichung von Büchern, Herausgabe von Zeitschriften (z.B. Neues Lernen Journal, Journal of the Society for Accelerative Learning and Teaching, NLP-Practitioner, Multi-Mind - NLP aktuell), Veranstaltung von Tagungen, Gründung von lokalen, nationalen und internationalen „Fach“gesellschaften, Erlass von Ausbildungsrichtlinien etc. Was aber fehlt, ist die kritische Begleitung durch unabhängige und kritische Forschung, wie dies im Wissenschaftssystem üblich ist. Im Grunde wird damit das, was abgelehnt wird (eine rationale Erklärung der Welt), kultisch verehrt.

4. *Verwendung eines psyeudowissenschaftlichen Vokabulars und psyeudowissenschaftlicher Behauptungen.* Hierzu gehören z.B. die verkürzten und unsinnigen Behauptungen, aufgrund der Kenntnis der Spezialisierung der Gehirnhälften Kcnsequenzen für schulisches Lernen ableiten zu können. Dabei sind durchaus Anklänge an „gesunkenes Kulturgut" vorhanden, d.h. Assoziationen an popularisierte Ergebnisse der Wissenschaften. Schon frühzeitig wurden diese, von der Neurophysiologie in keinster Weise stützbaren Behauptungen als „Etikettenschwindel" (Hartge, 1987, S. 20) und wissenschaftliche Zerrbilder bezeichnet. Wichtig scheint auch die Erfindung eines eigenen Fachvokabulars (man vergleiche die Produktion einer Flut von Akronymen, die eine bestimmte Variante einer Methodik bezeichnen sollen), durch dessen Verwendung sich zumindest die Eingeweihten erkennen können; ebenso werden mit bestimmten Begriffen Erkennungssignale für Eingeweihte der Esoterikszene ausgesandt („Spiritualität", „feinstoffliche Energien", „Energieblockade").

5. System zu haben scheint auch die Methode, sich über Literaturverweise einen *äußerlichen Anstrich an Wissenschaftlichkeit* zu verleihen. Dabei können in den Texten und in den Literaturverzeichnissen auch seriöse Werke erscheinen; dies ist sogar notwendig, um den eben nicht wissenschaftlichen Gehalt der anderen Angaben zu kaschieren.

6. *Anknüpfen an esoterische und wegen ihrer Irrationalität letztendlich wissenschaftsfeindliche Überzeugungssysteme* (New Age, die neue Ganzheitlichkeit, holistische Prinzipien, Harmonisierung von Körper und Geist ...). Dabei werden deutliche Angebote an die Anhänger dieser Richtung gemacht, z.B. durch eine Phraseologie, mit der besondere Tiefe suggeriert werden soll, die aber in ihrer intellektuellen Schlichtheit kaum zu überbieten ist („Der Körper lügt nicht", „Wer heilt, hat recht", „Jeder Mensch hat einen anderen Körper"). Aber auch der Verweis auf naheliegende und triviale Erfahrungen wird gern als Mittel der Überzeugung eingesetzt („es ist ein Unterschied, ob wir einen Unterricht in einer kalten Bahnhofshalle erleben oder in einem angenehm ästhetisch gestalteten Raum" - wer wollte dem widersprechen?).

Den Status dieser hier geschilderten Überzeugungssysteme kann man sehr gut in die wissenschaftstheoretischen Überlegungen von Bunge (1967) einbauen (vgl. Abb. 10.1). Danach kann sich *Alltagswissen* nach vier Richtungen weiterentwikkeln (Bunge, 1967, S. 36f):

(1) *Technologisches Wissen*: Technologische Regeln stellen eine Handlungsempfehlungen dar, die zur Erreichung eines Zieles vorgeschlagen werden, u. zw. bei Vorliegen bestimmter Ausgangsbedingungen. Kennwerte über die Effizienz dieser Handlungsempfehlungen sollen vorliegen und das vorgeschla-

gene Verfahren sollte nicht auf Voraussetzungen beruhen, die mit dem Korpus des rationalen Wissens unvereinbar sind (Perrez & Patry, 1982). Eine Begründung durch eine wissenschaftliche Theorie wird nicht vorausgesetzt. Die versuchte Begründung kann sogar falsch sein (ein wissenschaftsgeschichtliches Beispiel dafür ist das Gesetz von Paracelsus, „Feuer muss man mit Feuer bekämpfen", als falsche Begründung für die Wirksamkeit von Sulfonamiden).

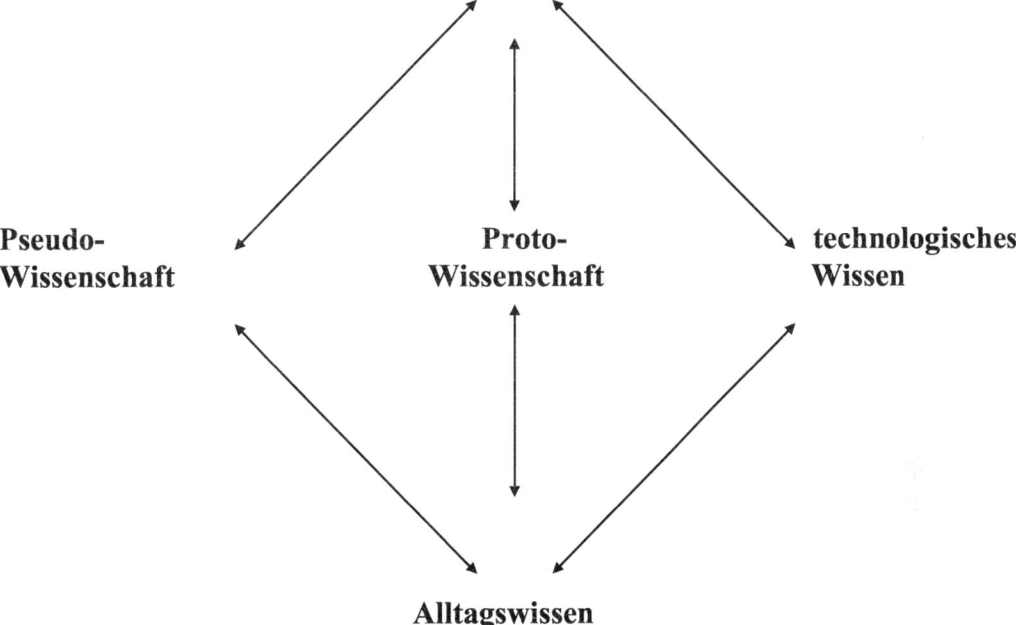

Abbildung 10.1: Entwicklungslinien zwischen Alltagswissen, Pseudowissenschaft, technologischem Wissen und Wissenschaft (Bunge, 1967, S. 36)

(2) *Protowissenschaft*: Damit ist sorgfältiges, aber zielloses Beobachten und Experimentieren gemeint, durch das Aussagen erzielt werden können, die eventuell den Status von Wissenschaftlichkeit (Systematik, Prüfung der Aussagen) erreichen können (als Beispiel ist etwa in Francis Bacons „Novum Organon" der Versuch zu sehen, die Frage zu klären, was ist Wärme? Er mein-

te, man müsse hierzu alle positiven und negativen Instanzen finden und beschreiben - von dort ist es noch ein weiter Weg bis zum heutigen Verständnis von Wärme als Bewegung der Moleküle).

(3) *Wissenschaft, i.S. von einer Erfahrungswissenschaft*: Das sind Satzsysteme, die an Erfahrungstatsachen i.w.S.d.W. geprüft und daran scheitern können. Das Popper'sche Falsifikationskriterium gilt als Abgrenzungskriterium zwischen Erfahrungswissenschaft und z.B. metaphysischen Aussagen. Mit diesen wissenschaftlichen Theorien wird versucht, das Wissen um die Welt zu vermehren. Sie bestehen aus empirisch prüfbaren Hypothesen, Gesetzen und Theorien über verschiedene Sachverhalte.

(4) *Pseudowissenschaft*: Darunter ist ein Korpus von Ansichten, Überzeugungen und Praktiken zu verstehen, deren Anhänger naiverweise oder auch böswilliger Weise dies als Wissenschaft auszugeben versuchen (Beispiele sind Wünschelgänger, Bleigießen, Feng Shui, Bio-Resonanz, Homöopathie, Astrologie ...; vgl. hierzu Goldner [1997], Köthke et al. [1999], Vise, [2000]). Falsch an der Pseudowissenschaft ist nicht nur, dass die Sätze nicht wahr sind - auch die Sätze einer empirischen Wissenschaft sind nur eine Annäherung an die Wahrheit -, aber:

- Pseudowissenschaft begründet ihre Ansichten nicht (bzw. nur mangelhaft), sie stellt einen Bruch mit dem wissenschaftlichen Erbe und dem bisherigen Wissen und gesicherten Erfahrungen dar.
- Pseudowissenschaft verzichtet auf scharfe Tests ihrer Behauptungen (z.B. durch Experimente) und auf methodologische Selbstverständlichkeiten (z.B. werden positive Beispiele herausgegriffen, negative übersehen oder durch Ad-hoc-Hypothesen wegzuerklären versucht). Die Aussagen selbst sind zum Großteil so formuliert, dass sie auch nicht testbar sind.
- Pseudowissenschaft fehlt der Selbstkorrekturmechanismus, die Pseudowissenschaft kann nicht systematisch von neuen Erfahrungen lernen.
- Pseudowissenschaft will letztlich nicht das Wissen über die Welt vermehren, sondern primär Dinge und Menschen beeinflussen. Dies stimmt mit dem Anspruch des technologischen Wissens überein, im Unterschied dazu wird aber auf eine objektive Effizienzüberprüfung (Doppelblindversuche) verzichtet und es wird auch nicht der Versuch unternommen, auf lange Sicht eine Fundierung durch eine erfahrungswissenschaftliche Theorie vorzunehmen.

Vielleicht kann man mit einem Bild die Entwicklung der besprochenen Angebote zum „neuen Lernen" qualifizieren: Die grundsätzliche Unbedarftheit und Unwissenheit in bezug auf eine fachliche Fundierung würde in jedem anderen Wissenschaftsgebiet sofort auffallen. Wenn etwa ein Laie sich daran machte, alle Pflanzen und Gräser zu sammeln und zu beschreiben, so kann das für ihn eine löbliche Beschäftigung sein, er könnte dabei auch durchaus auf Einsichten kommen, die für ihn neu und auch in der Botanik akzeptiert sind, zwingend ist dies aber nicht. Vor allem dürfte es ihm nicht möglich sein, die Botanik als Wissenschaft neu zu erfinden, genauso wie die Ausführungen über pflanzliche Wirkstoffe, die bisweilen von den Anhängern der Hildegard-Medizin geäußert werden (Federspiel & Herbst, 1996), lächerlich wirken, vergleicht man sie mit dem Standardwissen eines chemischen Pharmazeuten.

Letztendlich erinnert all dies an die in Melanesien verbreiteten *Cargo-Kulte* (Jarvie, 1963): Da werden Lichtungen gerodet, Bambusmodelle von Flugzeugen aufgestellt und es wird gebetet, dass endlich eine der glänzenden und großen Maschinen, deren Ladung kultisch verehrt wird, als Bote einer überirdischen Welt landen möge. Im Unterschied dazu ist die rationale Erklärung der empirischen Wissenschaften ein langwieriges und kleinschrittiges Unternehmen, das Abschied von Wunschdenken und von Allmachts- und Größenphantasien erzwingt, dafür aber ein sukzessiv besseres Verständnis der Realität ermöglicht.

Literatur

Ach, N. (1921). Über Begriffsbildung. *Bericht über den 7. Kongreß für experimentelle Psychologie* (zit. n. Rohracher, 1988, S. 356).

Adameit, H., Heidrich, W., Möller, C. & Sommer, H. (1978). *Grundkurs Verhaltensmodifikation.* Weinheim: Beltz.

Adams, J. A. (1976). *Learning and memory. An introduction.* Illinois: Dorsey Press.

Ader, R. & Cohen, N. (1975). Behaviorally conditioned immunosuppression. *Psychosomatic Medicine, 37,* 333-340.

Ader, R., Felten, D. L. & Cohen, N. (Eds.). (1991[2]). *Psychoneuroimmunology.* San Diego: Academic Press.

Aebli, H. (1969). Die geistige Entwicklung als Funktion von Anlage, Reifung, Umwelt- und Erziehungsbedingungen. In H. Roth (Hrsg.), *Begabung und Lernen.* Stuttgart: Klett.

Aebli, H. (1978[11]). *Grundformen des Lehrens. Eine Allgemeine Didaktik auf kognitionspsychologischer Grundlage.* Stuttgart: Klett-Cotta.

Aissen-Crewitt, M. (1987). Eidetik und ästhetische Erziehung. *Psychologie in Erziehung und Unterricht, 32,* 225-228.

Alkon, D. L. (1983). Eine Meeresschnecke als Lernmodell. *Spektrum der Wissenschaft, 1983/9,* 38-49.

Allport, D. A., Antonis, B. & Reynolds, P. (1972). On the division of attention: A disproof of the single channel hypothesis. *Journal of Experimental Psychology, 24,* 225-235.

Alper, T. (1952). The interrupted task method in selective recall: A reevaluation of some recent experiments. *Psychological Review, 59,* 71-88.

Ammer, C., Buggle, F., Wetzel, H. & Wilhelm, U. (1976). *Veränderung von Schülerverhalten.* München: Urban & Schwarzenberg.

Amorosa, H. (1997). Gutachten zur Edu-Kinesiologie. *Staatsinstitut für Schulpädagogik und Bildungsforschung (Arbeitsbericht Nr. 20).*

Amster, H., Keppel, G. & Meyer, A. (1970). Learning and retention of letter pairs as a function of association strength. *American Journal of Psychology, 83,* 22-39.

Amthauer, R. (1973). *Intelligenz-Struktur-Test.* Göttingen:Hogrefe.

Anderson, J. R. (1978). Arguments concerning representations for mental imagery. *Psychological Review, 85,* 249-277.

Anderson, J. R. (1982). Acquisition of cognitive skills. *Psychological Review, 89,* 369-406.

Anderson, J. R. (1983). *The architecture of cognition.* Cambridge, Mass.: Havard University Press.

Anderson, J. R. (1993). *Rules of the mind.* Hillsdale, NJ: Erlbaum.

Anderson, J. C. (1988). *Kognitive Psychologie. Eine Einführung.* Heidelberg: Spektrum der Wissenschaft.

Anderson, J. R. & Bower, G. H. (1972). Recognition and retrieval processes in free recall. *Psychological Review, 79,* 97-123.

Anderson, J. R. & Bower, G. H. (1973). *Human associative memory.* Washington: Winston & Sons.

Anderson, R. C. & Hidde, J. L. (1971). Imagery and sentence learning. *Journal of Educational Psychology, 62,* 526-530.

Arbinger, R. (1984). *Gedächtnis.* Darmstadt: Wissenschaftliche Buchgesellschaft.

Arbinger, R., Frey, A., Hahl, A., Jäger, R. S. & Wosnitza, M. (1998*). Lernen mit Sinn und Verstand.* Landau: Verlag Empirische Pädagogik.

Archer, E. J. (1960). A re-evaluation of the meaning-fulness of all possible CVC trigrams. *Psychological Monogram, 74,* whole No 497.

Argyle, M. (1972). *Soziale Interaktion.* Köln: Kiepenheuer & Witsch.

Argyle, M. & Kendon, A. (1967). The experimental analysis of social performance. *Advances in Experimental Social Psychology, 3,* 55-98.

Atkinson, R. C. (1975). Mnemotechnics in second-language learning. *American Psychologist, 30,* 821-828.

Atkinson, R. C. & Raugh, M. C. (1975). An application of the mnemonic key word method to the acquisition of a Russian vocabulary. *Journal of Experimental Psychology, 1,* 126-133.

Atkinson, R. C. & Shiffrin, R. M. (1968). Human memory: A proposed system and its control process. In K. W. Spence & J. Taylor-Spence (Eds.), *The psychology of learning and motivation* (pp. 89-195). New York: Academic Press.

Ausubel, H. & Schuyler, R. C. (1951). Some modern historians of Britain: Essays in honor of R. C. Schuyler by some of his former students at Columbia University. New York: Dryden Press.

Ausubel, D. P. (1960). The use of advance organizers in the learning and retention of meaningful material. *Journal of Educational Psychology, 51,* 267-272.

Ausubel, D. P. (1968). *Das Jugendalter: Fakten, Probleme, Theorie.* München: Juventa.

Ausubel, D. P., Novak, J. D. & Hanesian, H. (1981²). *Psychologie des Unterrichts* (2 Bd.). Weinheim: Beltz.

Aveling, A. (1911). Brit. Psychol., 4 (zit. n. Rohracher, 1988, S. 356).

Averbach, E. & Coriell, A. S. (1961). Short-term memory in vision. *Bell System Technical Journal, 40,* 309-328.

Ayllon, T. & Azrin, N. (1968). *The token economy.* New York: Appleton-Century-Crofts.

Ayllon, T., Haughton, E. & Hughes, H. B. (1965). Interpretation of symptoms: Fact of fiction?. *Behaviour Research and Therapy, 3,* 1-7.

Azrin, N. H. (1959). Punishment and recovery during fixed-ratio performance. *Journal of Experimental Analysis of Behavior, 2,* 301-305.

Babich, F. R., Jacobson, A. L., Bubash, S. & Jacobson, A. (1965). Transfer of a response to naive rats by injection of ribonucleic acid extracted from trained rats. *Science, 149,* 656-657.

Bacon, F. (1990). Novum Organum. Dt. Neues Organ. Hamburg: Meiner.

Baddeley, A. D. (1986). *Working memory.* Oxford: Oxford University Press.

Baddeley, A. D. (1981). The concept of working memory A view of its current state and probable future development. *Cognition, 10,* 11-23.

Baddeley, A. D. (1972). Retrieval rules and semantic coding in short-term memory. *Psychological Bulletin, 78,* 379-385.

Baddeley, A. D & Hitch, G. (1974). Working memory. In G. H. Bower (Hrsg.), *The psychology of learning and motivation* (vol. 8; pp 47-87). London: Academic Press.

Baddeley, A. D., Thompson, N. & Buchanan, M. (1975). Word length and the structure of short-term Memory. *Journal of Verbal Learning and Verbal Behavior, 9,* 575-589.

Baddeley, A. D., Grant, S., Wight, E. & Thomson, N. (1975). Imagery and visual working memory. In Rabbit & S. Dornic (Eds.), *Attention and performance* (pp. 205-217). London: Academic Press.

Baeriswil, F. (1989). *Verarbeitungsprozesse und Behalten im Arbeitsgedächtnis.* Heidelberg: Asanger.

Bales, R. F. (1950). *Interaction process analysis.* Cambridge, Mass.: Addison-Wesley.

Ballstaedt, S. P., Mandl, H., Schnotz, W. & Tergan, S. O. (1981). Lernstrategien. In S. P. Ballstaedt, W. Schnotz & S. O. Tergan (Hrsg.), *Texte verstehen, Texte gestalten* (S. 250-284). München: Urban & Schwarzenberg.

Bandler, R. (1997). *Unbändige Motivation. Angewandte Neurodynamik. Über NLP, schnelle Veränderungen und vieles mehr.* Paderborn: Junfermann.

Bandler, R. & Grinder J. (1982). *Die Struktur der Magie (I und II).* Paderborn: Junfermann.

Bandler, R. & Grinder J. (1983*). Neue Wege der Kurzzeit-Therapie. Neurolinguistische Programme.* Paderborn: Junfermann.

Bandura, A. & Spence, S. T. (1976). Behavioral approaches to therapy. Morristown, N.J.: General Learning Press.

Bandura, A. (1976). *Lernen am Modell.* Stuttgart: Klett.

Bandura, A. (1977). Self-efficacy: Toward a unifying theory of behavioral change. *Psychological Review, 84,* 191-215.

Bandura, A. (1963, 1969). *Principles of behavior modification.* New York: Bolt.

Bandura, A. (1971). *Social learning theory.* Morristown, N.J.: General Learning Press.

Bandura, A. (1973). *Aggression, a social learning analysis.* Englewood Cliffs.

Bandura, A. (1979). *Sozial-kognitive Lerntheorie.* Stuttgart: Klett-Cotta.

Bandura, A. (1989). Die sozial-kognitive Theorie der Massenkommunikation. In J. Groebel & P. Winterhoff-Spurk (Hrsg.), *Empirische Medienpsychologie* (S. 7-32). München: Psychologie Verlags Union.

Bandura, A. & Walters, R. H. (1963). *Social learning and personality development.* London: Holt, Rinehart & Winston.

Barnes, B. R. & Clauson, E. U. (1975). Do advance organizers facilitate learning? Recommendations for further research based on an analysis of 32 studies. *Review of Educational Research, 45,* 637-659.

Barnes, C. B. & Earnshaw, S. M. (1996). Problems with the savant syndrome: A brief case study. *British Journal of Learning Disabilities, 23,* 124-126.

Barrett, S. (o.J.). Applied Kinesiology: Muscle-testing for "allergies" and "nutrient deficiencies". *http://www.familyinternet.com/*

Bartlett, F. C. (1932). *Remembering*. Cambridge: University Press (Reprint 1964).

Bass, M. & Hull, C. L. (1934). The irridiation of tactile conditioned reflex in man. *Journal of Comparative Psychology, 17,* 47-65.

Battmann, W. (1984). Regulation und Fehlregulation im Verhalten IX: Belastung und Entlasung durch Planung. *Psychologische Beiträge, 26,* 672-691.

Bauer, R. H. (1979). Memory, acquisition, and category clustering in learning disabled children. *Journal of Experimental Child Psychology, 27,* 365-383.

Baumert, J. (1993). Lernstrategien, motivationale Orientierung und Selbstwirksamkeitsüberzeugungen im Kontext schulischen Lernens. *Unterrichtswissenschaft, 21,* 327-354.

Baumert, J. & Köller, O. (1996). Lernstrategien und schulische Leistungen. In J. Möller & O. Köller (Hrsg.), *Emotion und Schulleistung* (S. 137-154). Weinheim: PsychologieVerlags-Union.

Baumert, J., Heyn, S. & Köller, O. (1992). *Das Kieler Lernstrategien-Inventar (KSI)*. Kiel: Institut für die Pädagogik der Naturwissenschaften an der Universität Kiel.

Becker, B. & Vilsmeier, M. (1993). *Tutorielle Tagesplanungsaufgabe (TTP)*. Regensburg, Lehrstuhl für Psychologie VI: Unveröffentlichtes Computerprogramm.

Bee-Göttsche, P. H. (1993). Effekte einer Förderung des Kurzzeitgedächtnisses auf die Entwicklung phonemischer Bewußtheit im Kindergarten. *Psychologie in Erziehung und Unterricht, 40,* 182-190.

Beitinger, G., Mandl, H. & Renkl, A. (1993). Suggestopädagogischer Unterricht - eine empirische Untersuchung zu kognitiven, motivational-emotionalen und sozialen Auswirkungen. *Unterrichtswissenschaft, 21,* 195-213.

Belmont, J. (1967). Perceptual short-term memory in children, retardates, and adults. *Journal of Experimental Child Psychology, 5,* 114-122.

Below, E., Friedrich, H.-F., Kucklick, P. & Mandl, H. (1983). *Lernprobleme Erwachsener im angeleiteten Selbststudium. Eine Fallanalyse zum Lehr-/Lernsystem „Funkkolleg"*. Tübingen: Deutsches Institut für Fernstudien, Hauptbereich Forschung (Arbeitsbericht Nr. 23).

Berch, D. & Evans, R. (1973). Decision processing in childrens recognition memory. *Journal of Experimental Child Psychology, 16,* 148-164.

Berger, P. & Luckman, T. (1967). *The social construction of reality.* London: Allan Lane.

Bergius, R. (1964). Einfache Lernvorgänge. In R. Bergius (Hrsg.), *Allgemeine Psychologie, Lernen und Denken* (S. 147-224) (= Handbuch der Psychologie, Bd. 1, 2). Göttingen: Hogrefe.

Bergius, R. (1968). Analyse der „Begabung": Die Bedingungen des intelligenten Verhaltens. In H. Roth (Hrsg.), *Begabung und Lernen* (S. 229-268). Stuttgart: Klett.

Bergius, R. (1971). *Psychologie des Lernens.* Stuttgart: Kohlhammer.

Bergius, R. (1994). Denken, Denkforschung. In F. Dorsch, H. Häcker & K. H. Stapf (Hrsg.), *Dorsch - Psychologisches Wörterbuch* (S. 148-151). Bern: Huber.

Berliner, D. C. (1971). *Aptitude-treatment-interactions in two studies of learning from lecture instruction* (zit. n. A. Flammer, 1983).

Berlyne, D. E. (1969). The reward-value of indifferent stimulation. In J. T. Topp (Ed.), *Reinforcement and behavior.* New York: Academic Press.

Berlyne, D. E. (1960, 1969). *Conflict, arousal, and curiosity.* New York: Mc Graw Hill (dt. Ausgabe 1974: Konflikt, Erregung, Neugier. Stuttgart: Klett).

Billman, D. & Heit, E. (1988). Observational learning from internal feedback: A simulation of an adaptive learning method. *Cognitive Science, 12,* 587-625.

Birbaumer, N. & Schmidt, R. F. (1999). *Biologische Psychologie.* Berlin: Springer.

Birch, H. G. (1945). The role of motivational factors in insightful problem solving. *Journal of Comparative Psychology, 43,* 259-278.

Birren, J. E. (1964). *The psychology of aging.* Englewood Cliffs, New Jersey: Prentice Hall.

Bjorklund, D. F. (1987). How age-changes in knowledge base contribute to the development of children's memory: An interpretative review. *Developmental Review, 7,* 93-130.

Bjorklund, D. F. & Zeman, B. R. (1982). Children's organization and metamemory awareness in their recall of familiar information. *Child Development, 53,* 799-810.

Blackburn, J. M. (1936). Acquisition of skill: An analysis of learning curves. *IHRB Report, No. 73.*

Blackham, G. J. & Silberman, A. (1975). *Grundlagen und Methoden der Verhaltensmodifikation bei Kindern.* Weinheim: Beltz.

Bliemeister, J. (1988). Empirische Überprüfung zentraler theoretischer Konstrukte des Neurolinguistischen Programmierens (NLP). *Zeitschrift für Klinische Psychologie, 17,* 21-30.

Bliss, J. C., Crane, H. D., Mansfield, P. K. & Townsend, J. T. (1966). Information available in brief tactile presentations. *Perception and Psychophysics, 1*, 273-283.

Bloom, B. A. (1966). *Stability and change in human characteristics*. New York: Wiley.

Bochenski, I. M. (1971[5]). *Die zeitgenössischen Denkmethoden*. München: Francke.

Bock, M. (1980). Angenehme und unangenehme Erfahrungen aus gedächtnispsychologischer Sicht - Bilanz einer 80jährigen Forschung. *Psychologische Beiträge, 22*, 280-292.

Bock, M., Kirberg, A. & Windgasse, T. (1992). Absichtsvolles versus beiläufiges Lernen beim Fernsehen. *Zeitschrift für Entwicklungspsychologie und Pädagogische Psychologie, 24*, 144-155.

Böke, J., Furhmann, H., Kustor, F., Landry, C., Lemche, E., Tomczak, R., Wetzstein, M & Wimmer, B. (1987). Die Magie der Struktur. Zur Kritik des Neuropsychologischen Programmierens (NLP) von Richard Bandler und John Grinder. *Intregrative Therapie, 13,* 366-396.

Borchert, J., Horn, F. & Schmidt, M. (1979). Angstreduktion durch Modellernen bei lernbehinderten Sonderschülern. *Psychologie in Erziehung und Unterricht, 26,* 193-198.

Born, J. & Plihal, W. (2000). Gedächtnisbildung im Schlaf: Die Bedeutung von Schlafstadien und Streßhormonfreisetzung. *Psychologische Rundschau, 51,* 198-208.

Bovbjerg, D., Cohen, N. & Ader, R. (1981). The central nervous system and learning: A strategy for immune regulation. *Immunology Today, 3,* 287-291.

Bousfield, W. A. (1953). The occurence of clustering in the recall of randomly arranged associates. *Journal of General Psychology, 49,* 229-240.

Bower, G. H. (1970). Analysis of a mnemonic device. *American Scientist, 58,* 496-510.

Bower, G. H. (1972). Mental imagery and associative learning. In L. W. Gregg (Ed.), *Cognition in learning and memory* (pp. 51-88). New York: Wiley.

Bower, G. H. & Reitman, J. S. (1972). Mnemonic elaboration in multilist learning. *Jounal of Verbal Learning and Verbal Behavior, 11,* 478-485.

Bower, G. H. & Winzenz, D. (1969). Group structure, coding, and memory for digit series. *Journal of Experimental Psychology Monogram, 80, No.2, Part 2,* 1-17-257, 269.

Bower, G. H., Monteiro, K. P. & Gilligan, S. G. (1978). Emotional mood as a context for learning and recall. *Journal of Verbal Learning & Verbal Behavior, 17,* 573-585.

Bower, G. H., Black, J. B. & Turner, T. J. (1979). Scripts in memory for text. *Cognitive Psychology, 11,* 177-220.

Bower, G. H., Gilligan, G. G. & Monteiro, K. P. (1981). Selectivity of learning caused by affective states. *Journal of Experimental Psychology, 110,* 451-473.

Bowlby, S. (1951). *Maternal care and mental health.* Geneva: World Health Organisation.

Bransford, J. D. & Johnson, M. K. (1972). Contextual prerequisites for understanding: Some investigations of comprehension and recall. *Journal of Verbal Learning and Verbal Behavior, 11,* 717-726.

Brauer, H., Müller, E. & Michelfelder, H. (1995). *Leitfaden Gedächtnistraining.* Stuttgart: Memo-Verlag Ladner.

Breger, L. (1967). Functions of dreams. *Journal of Abnormal Psychology, 72,* 1-28.

Bregman, E. O. (1934). An attempt to modify the emotional attitudes of infants by the conditioned response technique. *Journal of Genetic Psychology, 45,* 169-198.

Bremerich-Vos, A. (1966). Neurolinguistisches Programmieren - eine Kritik. *Forum Supervision, 8,* 36-57.

Breuer, J. & Freud, S. (1895). *Studien über Hysterie.* Frankfurt a.M.: Fischer.

Brezinka, W. (1974). *Grundbegriffe der Erziehungswissenschaft.* München: Reinhardt.

Brezinka, W. (1978). *Metatheorie der Erziehung. Eine Einführung in die Grundlagen der Erziehungswissenschaft, der Philosophie der Erziehung und der Praktischen Pädagogik.* München: Reinhardt.

Brink, T. (1980). Idiot savant with unusual mechanical ability: An organic explanation. *American Journal of Psychiatry, 137,* 250-251.

Broadbent, D. E. (1956). Listening between and during practical auditory distractions. *British Journal of Psychology, 47,* 51-60.

Broadbent, D. E. (1957). A mechanical model for human attention and immediate memory. *Psychological Review, 64,* 205-215.

Broadbent, D. E. (1958). *Perception and communication.* London: Pergamon Press.

Broadbent, D. E. (1989). Lasting representations and temporary processes. In H. L. Roedinger & F. I. M. Craik (Eds.), *Varieties of memory and consciousness: Essays in honor of Endel Tulving* (pp. 211-228). Hillsdale, N.J.: Erlbaum.

Brooks, L. R. (1968). Spatial and verbal components of the act of recall. *Canadian Journal of Psychology, 22,* 349-368.

Brosch, A. (1953). Die Wirkung abrupter Unterbrechungen auf das Gedächtnis bei Kindern. *Wiener Arch. Psychol. Psych. Neurol., 3,* 185-195.

Brown, A. & Scott, M. (1971). Recognition memory for pictures in preschool children. *Journal of Experimental Child Psychology, 11,* 401-412.

Brown, A. L. (1984). Metakognition, Handlungskontrolle, Selbststeuerung und andere, noch geheimnisvollere Mechanismen. In F. E. Weinert (Hrsg.), *Metakognition, Motivation und Lernen* (S. 60-109). Stuttgart: Kohlhammer.

Brown, J. (1958). Some tests of the decay theory of immediate memory. *Quarterly Journal of Experimental Psychology, 10,* 12-21.

Brown, R. & McNeill, D. (1966). The „tip of the tongue" phenomenon. *Journal of Verbal Learning and Verbal Behavior, 5,* 325-337.

Bruner, J. S., Goodnow, J. J. & Austin, G. A. (1956). *A study of thinking.* New York: Wiley.

Bruner, J. S., Oliver, R. R. & Greenfield, P. M. (1966). *Studies in cognitive growth.* New York: Wiley.

Bruner, J. S. (1970). *Der Prozess der Erziehung.* Berlin: Verlin.

Bruner, J. S. (1973). *Beyond the information given: Studies in the psychology of knowing.* New York: Norton.

Bruner, J. S. (1977). Wie das Kind lernt, sich sprachlich zu verständigen. *Zeitschrift für Pädagogik, 23,* 829-845.

Büchel, F. & Perrez, M. (1980). Implementierung eines verhaltenstheoretisch orientierten Mediatorensystems auf der Primarstufe unter Einbezug der Eltern. In H. Lukesch, M. Perrez & K. A. Schneewind (Hrsg.), *Familiäre Sozialisation und Intervention* (S.461-480) . Bern: Huber.

Bühler, K. (1934). *Sprachtheorie.* Jena: Fischer.

Bullens, H. (1982). Zur Entwicklung des begrifflichen Denkens. In R. Oerter & L. Montada (Hrsg.), *Entwicklungspsychologie. Ein Lehrbuch* (S. 425-474). München: Urban & Schwarzenberg.

Bunge, M. (1967). *Scientific research.* New York: Springer.

Bunge, M. (1973). *Method, model and matter.* Dordrecht: Reidel.

Burtt, H. E. (1941). An experimental study of early childhood memory: final report. *Journal of Genetic Psychology, 59,* 435-439.

Buschke, H. (1974). Components of verbal learning in children. *Journal of Experimental Child Psychology, 18,* 488-496.

Bush, R. R. & Mosteller, F. (1955). *Stochastic models for learning.* New York: Wiley.

Buske-Kirschbaum, A. (1995). *Klassische Konditionierung von Immunfunktionen beim Menschen* (= Fortschritte der psychologischen Forschung, Band 28). Weinheim: Beltz, Psychologie Verlags Union.

Calabrese, P. (1994). Neuropsychologische Untersuchungsmethoden. In M. Haupts, H. F. Durwen, W. Gehlen & H. J. Markowitsch (Hrsg.), *Neurologie und Gedächtnis* (S. 29-41). Huber: Bern.

Camstra, B. & Bruggen, J. V. (1986). Schematizing - the empirical evidence. In C. D. Holley & D. F. Danserau (Eds.), *Spatial learning strategies: Techniques, applications, and related issues.* New York: Academic Press.

Carmichael, L. (1926). The development of behavior in vertebrates experimentally removed from the influence of external stimulation. *Psychological Review, 33,* 51-58.

Carmichael, L., Hogan, H. P. & Walter, A. (1932). An experimental study of the effect of language on the reproduction of visually perceived form. *Journal of Experimental Psychology, 15,* 73-86.

Case, R. (1978). Intellectual development from birth to adolescence: A neo-Piagetian interpretation. In R. S. Siegler (Ed.), *Children's thinking. What develops?* Hillsdale, N.J.: Erlbaum.

Case, R., Kurland, D. M. & Goldberg, J. (1982). Operational efficiency and the growth of short-term memory span. *Journal of Experimental Child Psychology, 33,* 386-404.

Cautela, J. R. (1966). Treatment of compulsive behavior by covert sensitization. *Psychological Records, 16,* 33-71.

Chase, W. G. & Simon, H. A. (1973). Perception in chess. *Cognitive Psychology, 4,* 55-81.

Chatterjee, B. B. & Eriksen, C. W. (1962). Cognitive factors in heart rate conditioning. *Journal of Experimental Psychology, 64,* 272-279.

Chenger-Krestovnikova, N. R. (1921).

Cherry, E. C. (1953). Some experiments on the recognition of speech, with one and with two years. *Journal of the Acoustical Society of America, 25,* 975-979.

Chi, M. T. H. (1977). Age differences in memory span. *Journal of Experimental Child Psychology, 23,* 266-281.

Chi, M. T. H. (1978). Knowledge structures and memory development. In R. S. Siegler (Ed.), *Children's thinking: What develops?* (pp. 73-96). Hillsdale, NJ: Erlbaum.

Chi, M. T. H. (1984). Bereichsspezifisches Wissen und Metakognition. In F. E. Weinert (Hrsg.), *Metakognition, Motivation und Lernen* (S. 211-232). Stuttgart: Kohlhammer.

Chiesi, H. L., Spilich, G. J. & Voss, J. F. (1979). Acquisition of domain-related information in relation to high and low domain knowledge. *Journal of Verbal Learning and Verbal Behavior, 18,* 257-273.

Chomsky, N. (1959, 1973). *Syntactic structures.* The Hague: Monton.

Christie, D. J. & Schumacher, G. M. (1975). Developmental trends in the abstraction and recall of relevant versus irrelevant thematic information from connected verbal materials. *Child Development, 46,* 598-602.

Cohen, L. B. (1966). A new introduction to psychology. London: Allen & Union.

Cohen, L. B. & Gelber, E. R. (1975). Infant visual memory. In L. B. Cohen & P. Salapatek (Eds.), *Infant perception: From sensation to cognition (Vol. 1).* New York: Academic Press.

Colapinto, J. (2000). *Der Junge, der als Mädchen aufwuchs.* Düsseldorf: Walter.

Cole, M., Frankel, F. & Sharp, D. (1971). Development of free recall learning in children. *Developmental Psychology, 4,* 109-123.

Collins, A. M.& Loftus, E. R. (1975). A spreading-activation theory of semantic processing. *Psychological Review, 82,* 407-428.

Collins, A. M. & Quilian, M. R. (1969). Retrieval from semantic memory. *Journal of Verbal Learning and Verbal Behavior, 8,* 240-247.

Coltheart, M. & Glicvk, M. J. (1974). Visual imagery: A case study. *Quarterly Journal of Experimental Psychology, 26,* 438-453.

Comenius, J. A. (1978). *Orbis sensualium pictus.* Dortmund: Harenberg (Nachdruck der Ausgabe Nürnberg 1658, 2. Auflage).

Conrad, C. (1972). Cognitive economy in semantic memory. *Journal of Experimental Psychology, 92,* 149-154.

Conrad, R. (1964). Acustic confusion in immediate memory. *British Journal of Psychology, 55,* 75-84.

Craik, F. I. M. (1973). A „level of analysis" view of memory. In P. Pliner, L. Krames & T. M. Alloway (Eds.), *Communication and affect: Language and thought.* New York: Academic Press.

Craik, F. I. M. (1984). Age differences in remembering. In L. R. Squire & N. Butters (Eds.), *Neuropsychology of memory* (pp. 3-12). New York: Guilford.

Craik, F. I. M. & Lockhart, R. S. (1972). Levels of processing: A framework for memory research. *Journal of Verbal Learning and Verbal Behavior, 11,* 671-684.

Craik, F. I. M. & Tulving, E. (1975). Depth of processing and the retention of words in episodic memory. *Journal of Experimental Psychology, 104,* 268-294.

Craik, F. I. M. (1977). Discussion. In A. D. Smith (Chair), *Age-related differences in human memory.* Symposium presented at the meeting of the American Psychological Association. San Francisco (zit. n. Reese, 1979).

Cramon, D. von (1988). Planen und Handeln. In D. von Cramon & J. Zihl (Hrsg.), *Neuropsychologische Rehabilitation* (S. 248-263). Berlin: Springer.

Crick, F. & Mitchison, G. (1983). The function of dream sleep. *Nature, 304,* 111-114.

Crowder, R. G. (1976). *Principles of learning and memory.* Hillsdale, N.Y.: Erlbaum.

Danserau, D. F., McDonald, B. A., Collins, K. W., Garland, J., Holley, C. D., Dieckhoff, G. M. & Selby, H. E. (1979). Evaluation of learning strategy system. In H. F. O'Neil & C. D. Spielberger (Eds.), *Cognitive and affective learning strategies* (pp. 3-43). New York: Academic Press.

Darwin, C. J., Turvey, M. T. & Crowder, R .G. (1972). An auditory analogue of the Sperling partial report procedure: Evidence for brief auditory storage. *Cognitive Psychology, 3,* 255-267.

Davis, R. A. & Moore, C. C. (1935). Methods of measuring retention. *Journal of General Psychology, 12,* 144-155.

Decker, F. (1995). *Die neuen Methoden des Lernens und der Veränderung. Lern- und Organisationsentwicklung mit NLP, Kinesiologie und Mentalpädagogik.* München: Lexika.

De Groot, A. D. (1965). *Thought and choice in chess.* The Hague: Mouton.

Deijen, J. B., Orlebeke, J. F. & Rijsdijk, F. U. (1993). Effect of depression on psychomotor skills, eye movement and recognition memory. *Journal of Affective Disorders, 29,* 33-40.

Dekker, E., Pelser, H. E. & Grön, J. (1957). Conditioning as a cause of asthmatic attacks. *Journal of Psychosomatic Research, 2,* 97-108.

Dekker, E. & Grön, J. (1956). Reproduceable psychogenic attacks of asthma: a laboratory study. *Journal of Psychosomatic Research, 1,* 58-67.

Dempster, F. N. (1981). Memory span: Sources of individual and developmental differences. *Psychological Bulletin, 89,* 63-100.

Dennett, D. (1984). Cognitive wheels: The frame problem of AI. In C. Hookway (Ed.), *Minds, machines and evolution.* Cambridge: Cambridge University Press.

Dennis, W. (1940). The effect of cradling practices upon the onset of walking in Hopi children. *Journal of Genetic Psychology, 56, 77-86.*

Dennison, P. (1981). *Befreite Bahnen.* Freiburg: Verlag für Angewandte Kinesiologie.

Denny, M. R., Frisbey, N. & Weaver, J. (1955). Rotary pursuit performance under alternate conditions of distributed and massed practice. *Journal of Experimental Psychology, 49,* 48-54.

Dethier, V. G. & Stellar, E. (1961). *Animal behavior.* Englewood Cliffs, N.J.: Prentice Hall.

Deutsch, J. A. & Deutsch, D. (1963). Attention: Some theoretical considerations. *Psychological Review, 70,* 80-90.

Dhority, L. (1986). *Moderne Suggestopädie. Der ACT-Ansatz ganzheitlichen Lehrerns und Lernens.* Bremen: PLS - Psychologische Lernsysteme.

Dickes, P. & Steiwer, L. (1977). Ausarbeitung von Lesbarkeitsformeln für die deutsche Sprache. *Zeitschrift für Entwicklungspsychologie und Pädagogische Psychologie, 9,* 20-28.

Diesterweg, A. (1838). *Wegweiser für deutsche Lehrer.* Essen: Bädeker.

Diesterweg, A. (1966). *Die Bayerische Schule.* Heft 9, S. 20.

Dieterich, R. (1987). Lernen im biofeedback-induzierten Entspannungszustand. *Zeitschrift für Pädagogische Psychologie, 1,* 99-111.

Dilts, R., Bandler, R. & Grinder, J. (1985). *Strukturen subjektiver Erfahrung. Ihre Erforschung und Veränderung durch NLP.* Paderborn: Junfermann.

Dörner, D. (1976). *Problemlösen als Informationsverarbeitung.* Stuttgart: Kohlhammer.

Dörner, D. (1994). Vom Umgang mit einer komplexen Welt. In F. Rösler & I. Florin (Hrsg.), *Psychologie und Gesellschaft* (S. 27-43). Stuttgart: Hirzel & Wissenschaftliche Verlagsgesellschaft.

Dörner, D. (1995). *Die Logik des Mißlingens. Strategisches Denken in komplexen Situationen.* Reinbek: Rowohlt.

Dörner, D. (1995). Problemlösen und Gedächtnis. In D. Dörner & E. van der Meer (Hrsg.*), Das Gedächtnis. Probleme - Trends - Perspektiven* (S. 295-320). Göttingen: Hogrefe.

Dörner, D. & Reither, F. (1978). Über das Problemlösen in sehr komplexen Realitätsbereichen. *Zeitschrift für experimentelle und angewandte Psychologie, 25,* 527-551.

Dörner, D., Kreuzig, H. W., Reither, F. & Stäudel, T. (Hrsg.). (1994). *Lohhausen. Vom Umgang mit Unbestimmtheit und Komplexität* (unveränderter Nachdruck der Ausgabe von 1983). Bern: Huber.

Donders, F. C. (1886). Over de snelheid van psychische processen. Onderzoekingen gedaan in het Physiologisch Laboratorium der Utrechtsche Hoogeschool, 1868-1869, tweede reeks, II, 92-120. Übersetzt von W. G. Koster. In W. G. Koster (Ed.). (1969). Attention and performance II. *Acta Psychologica, 30,* 412-431.

Dorsch, F. (Hrsg.). (1982). *Psychologisches Wörterbuch* (10., neubearbeitete Auflage). Bern: Huber.

Dorsch, F. & Becker-Casus, C. (1994). *Psychologisches Wörterbuch* (12., überarb. und erw. Aufl.). Bern: Husel.

Dröber, E. (1986). "Superlearning" an der Hochschule - ein Pilotprojekt. In K. G. Hinkelmann (Hrsg.), *Superlearning und Suggestopädie. Ausgewählte Aufsätze* (S. 79-102). Bremen: Psychologische-Lernsysteme-Verlagsgesellschaft.

Düker, H. (1965). Hat Jaenschs Lehre von der Eidetik heute noch Bedeutung? *Psychologische Beiträge, 8,* 237-253.

Duit, R. (1991). On the role of analogies and metaphors in learning science. *Science Education, 75,* 649-672.

Dumke, D. & Wolff-Kollmar, S. (1997). Lernstrategien in der Beurteilung von Lehrern und Schülern. *Psychologie in Erziehung und Unterricht, 44,* 165-175.

Dumke, D. & Schäfer, G. (1986). Verbesserung des Lernens aus Texten durch trainiertes Unterstreichen. *Psychologie in Erziehung und Unterricht, 33,* 210-219.

Duncan, C. P. (1949). The retroactive effect of electroshock on learning. *Journal of Comparative and Physiological Psychology, 42,* 32-44.

Duncker, K. (1935). *Zur Psychologie des produktiven Denkens.* Berlin: Springer (Nachdruck 1963, 1966).

Duncker, L. (1994). Die Kraft der Imagination. Zur Bedeutung der Phantasie für das Lernen. *Neue Sammlung, 34,* 459-474.

Dunlap, K. (1928). A reversion of the fundamental law of habit formation. *Science, 67,* 360-362.

Dunlap, K. (1942). The technique of negative praxis. *American Journal of Psychology, 55,* 270-273.

Dweck, C. S. & Langer, E. J. (1973). *Personal politics: the psychology of making it.* Englewood Cliffs, N. Y.: Prentice-Hall.

Ebbinghaus, H. (1885). *Über das Gedächtnis. Untersuchungen zur experimentellen Psychologie.* Leipzig: Duncker & Humbolt.

Ebbinghaus, H. (1911). *Grundzüge der Psychologie.* Leipzig: Veit.

Eccles, L. C. (1975). *Das Gehirn der Menschen.* München: Piper.

Eckes, T. (1991). *Psychologie der Begriffe. Strukturen des Wissens und Prozesse der Kategorisierung.* Göttingen: Hogrefe.

Edelmann, W. (1988). *Suggestopädie, Superlearning.* Heidelberg: Asanger.

Edelmann, W. (1991). Suggestopädie - ganzheitliches Lernen? *Unterrichtswissenschaft, 19,* 6-22.

Eder-Sommer, G. (1995). *Geschwindigkeit der Informationsverarbeitung bei älteren Depressiven.* Dissertation. Regensburg: Universität.

Edmondson, K. M. (1994). Concept maps and the development of cases for problem-based learning. *Academic Medicine, 69,* 108-110.

Egan, D. E. & Greeno, J. G. (1974). Theory of rule induction: Knowledge acquired in concept learning, serial pattern learning, and problem solving. In L. D. Gregg (Ed.), *Knowledge and cognition* (pp. 43-104). Potomac: Erlbaum.

Eigler, G. & Nenninger, P. (1985). Zusammenfassungen von Lehrtexten – mündlich / schriftlich. *Unterrichtswissenschaft, 13,* 346-361.

Eigler, G., Jechle, T., Merzinger, G. & Winter, A. (1990). *Wissen und Textproduzieren.* Tübingen: Narr.

Elbing, E. & Ellgring, J. H. (1977). Verminderung der Prüfungsangst durch Modellernen im Klassenzimmer. *Psychologie in Erziehung und Unterricht, 24,* 1-10.

Elio, R. & Anderson, J. R. (1981). Effects of category generalizations and instance similarity on schema abstraction. *Journal of Experimental Psychology: Human Learning and Memory, 7,* 397-417.

Ellis, A. (1977). *Die rational-emotive Therapie.* München Pfeiffer.

Ellis, H. C. & Ashbrook, P. W. (1988). Ressource allocation model on the effects of depressed mood states on memory. In K. Fiedler & J. Forgar (Eds.), *Affect, cognition, and social behaviour* (pp. 25-43). Toronto: Hogrefe.

Engelkamp, J. (1990, 1991). *Das menschliche Gedächtnis. Das Erinnern von Sprache, Bildern und Handlungen.* Göttingen: Hogrefe.

Engelkamp, J. & Krumnacker, H. (1980). Imaginale und motorische Prozesse beim Behalten verbalen Materials. *Zeitschrift für experimentelle und angewandte Psychologie, 27,* 511-533.

Engelkamp, J. & Zimmer, H. D. (1983). Zum Einfluß von Wahrnehmen und Tun auf das Behalten verbalen Materials. *Sprache und Kognition, 2,* 117-127.

Engelmann, S. (1980). Toward the design of faultless instruction: The theoretical basis of concept analysis. *Education Technology, 20,* 28-36.

Entwistle, N. J. (1988). Motivational factors in students' approaches to learning. In R. R. Schmeck (Ed.), *Learning strategies and learning styles* (pp. 21-51). New York: Plenum Press.

Eron, L. D., Huesmann, L. R., Lefkowitz, M. M. & Walder, L. O. (1972). Does television violence cause aggression? *American Psychologist, 27,* 253-263.

Ericsson, K. A. & Smith, J. (1991). (Eds.). *Toward a general theory of expertise. Prospects and limits.* Cambridge: Cambridge University Press.

Ericsson, K. A., Chase, W. G. & Faloon, S. (1980). Acquisition of a memory skill. *Science, 208,* 1181-1182.

Erofeeva, M. P. (1912).

Estes, W. K. (1944). An experimental study of punishment. *Psychological Monographs, 57* (whole No. 263).

Fajnsztejn-Pollack, G. (1973). A developmental study of decay rate in long-term memory. *Journal of Experimental Child Psychology, 16,* 225-236.

Fantz, R. L. (1964). Visual experiences in infants. Decreased attention to familiar patterns relative to novel ones. *Science, 146,* 668-670.

Fass, W. & Schumacher, G. M. (1978). Effects of motivation, subject activity, and readability on the retention of prose materials. *Journal of Educational Psychology, 70,* 803-807.

Faust, E., Helmke, A. & Wender, I. (1979). Einfluss von Modellverhalten und Leistungsangst auf das Leistungs- und Imitationsverhalten von 9 - 10jährigen Schulkindern. *Zeitschrift für Empirische Pädagogik, 3,* 285-296.

Federspiel, K. & Herbst, V. (1996⁴). *Die Andere Medizin. Nutzen und Risiken sanfter Heilmethoden.* Berlin: Stiftung Warentest.

Feierfeil, R. & Wetzel, H. (1980). Mediatorenprogramme: Struktur, Konzepte und Evaluation. In P. F. Schlottke & H. Wetzel (Hrsg.), *Psychologische Behandlung von Kindern und Jugendlichen.* München: Urban & Schwarzenberg.

Feldman, M. P. & Mac Culloch, M. J. (1971*). Homosexual behavior: Therapy and assessment.* Oxford: Pergamon Press.

Ferster, C. B. & Skinner, B. F. (1957). *Schedules of reinforcement.* New York: Appleton.

Fiedler, K. (1985). *Kognitive Strukturierung der sozialen Umwelt: Untersuchungen zur Wahrnehmung kontingenter Ereignisse.* Göttingen: Hogrefe.

Fillmore, C. J. (1968). The case for case. In E. Bach & R. T. Harms (Eds.), *Universals in linguistic theory.* New York: Holt, Rinehart, & Winston.

Fischer, F., Gräsel, C., Kittel, A. & Mandl, H. (1995). *Entwicklung und Untersuchung eines computerbasierten Mappingverfahrens zur Strukturierung komplexer Information* (Forschungsbericht Nr. 57). München: Ludwig-Maximilians-Universität München, Lehrstuhl für Empirische Pädagogik und Pädagogische Psychologie.

Flammer, A. (1983). Externe Gedächtnisse: Krücken, die behindern können. In M. Allemann & E. Spescha (Hrsg.), *Führen, Fördern, Beraten* (S. 192-218). Freiburg: Universitätsverlag.

Flanders, N. A. (1970). *Analyzing teaching behavior.* Reading, Mass.:Addison-Wesley.

Flavell, J. H. (1976). Metacognitive aspects of problem solving. In L. Resnick (Ed.), *The nature of intelligence* (p. 231-235). Hillsdale, N.J.: Lawrence Erlbaum.

Flavell, J. H. (1979). Metacognition and cognitive monitoring: A new area of cognitive-deveopmental inquiry. *American Psychologist, 34,* 906-911.

Flavell, J. H. (Hrsg.). (1983). *Cognitive development.* New York: Wiley.

Flavell, J. H. (1984). Annahmen zum Begriff Metakognition sowie zur Entwicklung von Metakognition. In F. E. Weinert (Hrsg.), *Metakognition, Motivation und Lernen* (S. 23-30). Stuttgart: Kohlhammer.

Flavell, J. H., Beach, D. & Chinsky, J. (1966). Spontaneous verbal rehearsal in a memory task as a function of age. *Child Development, 37,* 284-299.

Flavell, J. H., Friedrichs, A. G. & Hoyt, J. D. (1970). Developmental changes in memorization processes. *Cognitive Psychology, 1,* 324-340.

Fleischmann, U. M. (1984). Gedächtnis. In W. D. Oswald, W. M. Herrmann, S. Kanowski, U. M. Lehr & H. Thomae (Hrsg.), *Gerontologie. Medizinische, psychologische und sozialwissenschaftliche Grundbegriffe* (S. 136-143). Stuttgart: Kohlhammer.

Foerstl, J. (1989). Diskussionsbeitrag zu Treffert (1988). *American Journal of Psychiatry, 146,* 566.

Foppa, K. (1968). *Lernen, Gedächtnis, Verhalten. Ergebnisse und Probleme der Lernpsychologie.* Köln: Kiepenheuer & Witsch.

Frankl, V. (1992). The first published cases of paradoxical intention. *International Forum for Logotherapy, Vol. 15* (1), 2-6.

Freedman, J. L. & Mednick, S. A. (1958). Case of attainment of concepts as a junction of response dominance variouse. *Journal of experimental Psychology, 55,* 463-466.

Freedman, J. L. & Loftus, E. F. (1971). Retrieval of words from long-term memory. *Journal of Verbal Learning and Behavior, 10,* 107-115.

Frege, G. (1892). Über Sinn und Bedeutung. *Zeitschrift für Philosophie und philosophische Kritik, 100,* 25-50.

Freibergs, V. & Tulving, E. (1961). The effect of practice on utilization of information from positive and negative instances in concept identification. *Canadian Journal of Psychology, 15,* 101-106.

Freud, S. (1900). *Traumdeutung.* Frankfurt a.M.: Fischer.

Friedrich, H. F. (1995). Analyse und Förderung kognitiver Lernstrategien. *Empirische Pädagogik, 9,* 115-153.

Friedrich, H. F. & Mandl, H. (1992). Lern- und Denkstrategien - ein Problemaufriß. In H. Mandl & H. F. Friedrich (Hrsg.), *Lern- und Denkstrategien* (S. 3-54). Göttingen: Hogrefe,

Fritz, A., Hussy, A. & Bartels, S. (1997). Ein spielbasiertes Training zur Verbesserung der Planungsfähigkeit bei Kindern. *Psychologie in Erziehung und Unterricht, 44,* 110-124.

Fuchs, R. (1958). Formale Bildung im Lichte der Untersuchungen zum Transfer-Problem. Transfer von Fertigkeiten. *Psychologische Beiträge, 3,* 265-280.

Fuhrer, M. J. & Baer, P. E. (1965). Differential classical conditioning: Verbalization of stimulus contingencies. *Science, 150,* 1479-1481.

Funke, J. & Glodowski, A.-S. (1990). Planen und Problemlösen: Überlegungen zur neuropsychologischen Diagnostik von Basiskompetenzen beim Planen. *Zeitschrift für Neuropsychologie, 2,* 139-148.

Gage, N. L. & Berliner, D. C. (1996, 1979²). *Pädagogische Psychologie.* München: Urban & Schwarzenberg.

Gagné, R. M. (1969, 1970). *Die Bedingungen des menschlichen Lernens.* (2. Aufl.). Hannover: Schroedel.

Galton, F. (1907). *Inquiries into the human faculty and ist development.* New York: Dutton.

Garber, J. & Seligman, M. E. (Hrsg.). (1980). *Human helplessness. Theory and application.* New York: Academic Press.

Gardner, B. T. & Gardner, R. A. (1971). Two way communication with an infant chimpanzee. In A. M. Schrier & F. Stollnitz (Eds.), *Behavior in nonhuman primates* (pp. 117-184). New York: Academic Press.

Gardner, R. A. & Gardner, B. T. (1969). Teaching sign language to chimpanzee. *Science, 165,* 664-672.

Gates, A. (1917). Recitation on a function in memorizing. *Archives of Psychology, 1917, 6, No. 40.*

Gaudig, H. (1917). *Die Schule im Dienste der werdenden Persönlich*keit (Bd. 1). Leipzig: Quelle & Meyer.

Genter, D. & Genter, D. R. (1983). Flowing water or teeming crowds: Mental models of electricity. In D. Genter & A. L. Stevens (Eds.), *Mental models* (pp. 99-129). Hillsdale, NJ: Erlbaum.

Gerald, R. W. (1963). The material basis of memory. *Journal of Verbal Learning and Verbal Behaviour, 2,* 22-33.

Gerz, W. (1991). Applied Kinesiology (AK) - Einsatzmöglichkeiten in der Praxis. *Naturheilpraxis, 8,* 821ff.

Geva, E. (1981*). Flowcharting expository texts and reading comprehension.* University of Illinois (zit. n. Pflugradt, 1985).

Gibson, J. J. (1982). *Wahrnehmung und Umwelt. Der ökologische Ansatz in der visuellen Wahrnehmung.* München: Urban & Schwarzenberg.

Gilbert, J. G. (1941). Memory loss in senescence. *Journal of Abnormal and Social Psychology, 36,* 73-86.

Gillan, D. J., Premack, D. & Woodruff, G. (1981). Reasoning in the chimpanzee: I. Analogical reasoning. *Journal of Experimental Psychology: Animal Behavior Processes, 7,* 1- 17.

Glaze, J. A. (1928). The association value of nonsense syllables. *Journal of Genetic Psychology, 35,* 255-269.

Gleitman, H. (1991). *Psychology.* New York: Norton & Company.

Gloger, K. (2001). Der Mann, der ein Mädchen sein musste. *Stern, 43,* 104.

Gluck, M. A. & Bower, G. H. (1988). From conditioning to category learning: An adaptive network model. *Journal of Experimental Psychology: General, 117,* 227-247.

Glucksberg, S. & Weisberg, R. W. (1966). Verbal behavior and problem solving: Some effects of labeling in a functional fixedness problem. *Journal of Experimental Psychology, 71,* 659-664.

Glynn, S. M. (1989). The teaching with analogies model: Explaining concepts in expository texts. In K. D. Muth (Ed.), *Children's comprehension of narrative and expository text: Research into practice* (pp. 185-204). Neward, DE: International Reading Association.

Gold, A. (1995). *Gedächtnisleistungen im höheren Erwachsenenalter. Der Einfluß von Vorwissen und Aufgabenkomplexität.* Bern: Huber.

Goldner, C. (1997). *Psycho. Therapien zwischen Seriosität und Scharlatanerie.* Augsburg: Pattloch.

Gowin, D. B. (1970). The structure of knowledge. *Educational Theory, 20,* 319-328.

Gräff, P., Fuchs, W. & Pelz, G. (1976). *Praxis der Verhaltensmodifikation in Sonder-, Grund- und Hauptschulen.* Berlin: Marhold.

Gräsel, C., Prenzel, M. & Mandl, H. (1993). Konstruktionsprozesse beim Bearbeiten eines fallbasierten Computerlernprogramms. In C. Tarnai (Hrsg.), *Beiträge zur empirischen pädagogischen Forschung* (S. 55-66). Münster: Waxman.

Graesser, A. C. & Person, N. K. (1994). Question asking during tutoring. *American Educational Research Journal, 31,* 104-137.

Graumann, C. F. (1969). *Denken.* (4. Aufl.). Köln: Kiepenheuer & Witsch.

Grawe, K., Donati, R. & Bernauer, F. (1994). *Psychotherapie im Wandel. Von der Konfession zur Profession.* Göttingen: Hogrefe.

Grell, J. & Grell, M. (1979). *Unterrichtsrezepte.* München: Urban & Schwarzenberg.

Grinder, M. (1992). *NLP für Lehrer.* Freiburg i. Br.: VAK.

Grings, W. S. & Lockart, R. A. (1963). Effects of "anxiety-lessening" instructions and differential set development on the extinction of GSR. *Journal of Experimental Psychology, 66,* 292-299.

Gritton, C. E. & Schuster, D. H. (1986). *Suggestopädie in Theorie und Praxis.* Bremen:PLS.

Groeben, N. (1982). *Leserpsychologie: Textverständnis - Textverständlichkeit.* Münster: Aschendorff.

Groffmann, K. J., Zschintzsch, A., Köster, W. & Messer, J. (1978). Bericht über das Mannheimer Prüfungsangstprojekt. *31. Kongress der Deutschen Gesellschaft für Psychologie in Mannheim, Sept. 1978.*

Groninger, L. D. (1971). Mnemonic imagery and forgetting. *Psychonomic Science, 23,* 161-163.

Guilford, J. P. (1959). *Personality.* New York: McGraw-Hill.

Guiness Buch der Rekorde '98 (1997). Hamburg: Guiness Verlag.

Gummerman, K. & Gray, C. R. (1971). Recall of visually presented material: An unwanted case and bibliography for eidetic imagery. *Psychonomic Monograph Supplements, 4,* 189-195.

Günther, M., Heinze, R. & Schott, F. (1977). *Konzentriert arbeiten - gezielt studieren.* München: Urban & Schwarzenberg.

Guthrie, E.R. (1955, 1935).*The psychology of learning.* New York: Harper.

Guthrie, E. R. (1970). Contiguous conditioning. In W. S. Sahakian (Ed.), *Learning: Systems, models and theories* (pp. 36-56). Chicago: Rand McNally.

Hacker, W. (1986). *Arbeitspsychologie.* Bern: Huber.

Høeg, P. (1994). *Fräulein Smillas Gespür für Schnee.* München: Hanser.

Hagen, J. W. & Kail, R. V. (1973). Facilitation and distraction in short-term memory. *Child Development, 44,* 831-836.

Hajdu, H. (1967). *Die mnemonischen Schriften des Mittelalters.* Amsterdam: Bonset (Reprint der Ausgabe von 1936, Leipzig: Jahrbuch des Deutschen Instituts der Königlich Ungarischen Peter Pazmany Universität).

Hale, S. (1990). A global developmental trend in cognitive processing speed. *Child Development, 61*, 653-663.

Haller, E. P., Child, D. A. & Walberg, H. J. (1988). Can comprehension be taught? A quantitative synthesis of „metakognitive" studies. *Educational Researcher, 17*, 5-8.

Halpern, D. F., Hansen, C. & Riefer, D. (1990). Analogies as an aid to understand and memory. *Journal of Educational Psychology, 82*, 298-305.

Hansen, D. (1965). Short-term memory and presentation rates with young children. *Psychonomic Science, 3*, 253-254.

Hare, R. D. (1970). *Psychopathy: Theory and research.* New York: Wiley.

Harlow, H. F. (1950). Learning and satiation of response in intrinsically motivated complex puzzle performance by monkeys. *Journal of Comparative Physiological Psychology, 43*, 289-294.

Harris, J. E. (1980). Memory aids people use: Two interview studies. *Memory & Cognition, 8*, 31-38.

Harris, F. R., Wolf , M. N & Baer, D. M. (1964). Effects of adult social reinforcement on child behavior. *Young Children, 20*, 6-17.

Hartge, T. (1987). Üben überflüssig? Chancen und Grenzen des "Superlearning". *Pädagogische Beiträge, 39* (11), 16-20.

Hartley, J., Bartlett, S. & Bainswait, A. (1980). Understanding can make a difference - sometimes. *Journal of Educational Research, 73*, 218-224.

Haseloff, O. W. & Jorswieck, E. (1970). *Psychologie des Lernens.* Berlin: de Gruyter.

Hasher, L. & Zacks, R. T. (1979). Automatic and effortful processes in memory. *Journal of Experimental Psychology: General, 108*, 356-388.

Hasselhorn, M. & Lindner-Müller, C. (1995). Kategoriales Organisieren und kumulatives Rehearsal: Zur Entwicklung der kombinierten Nutzung zweier Gedächtnisstrategien. *Zeitschrift für Entwicklungspsychologie und Pädagogische Psychologie, 27*, 139-156.

Hasselhorn, M., Mähler, C. & Grube, D. (1995). Entwicklungsveränderungen und -stabilitäten im Metagedächtnis während der Grundschuljahre. *Empirische Pädagogik, 9*, 33-53.

Havers, N. (1981). *Erziehungsschwierigkeiten in der Schule.* Weinheim: Beltz.

Hayes, K. J. & Hayes, C. (1955). The cultural capacity of chimpanzees. In J. A. Gavan (Ed.), *The nonhuman primates and human evolution* (pp. 110-125). Detroit: Wayne University Press.

Hebb, D. O. (1949). *The organization of behavior: A neurophysiological theory.* New York: Wiley.

Hebb, D. O. & Foord, E. N. (1945). *Journal of Experimental Psychology, 35,* 335-348.

Heckhausen. H. (1980). *Motivation und Handeln.* Berlin: Springer.

Heidbreder, E. (1947). The attainment of concepts: III. The process. *Journal of Psychology, 24,* 93-138.

Heider, F. (1958). *The psychology of interpersonal relations.* New York: Wiley (deutsch 1977: *Psychologie der interpersonalen Beziehungen.* Stuttgart: Klett).

Heijden, A. H. C. van der (1996). Visuelle Aufmerksamkeit. In O. Neumann & A. F. Sanders (Hrsg.), *Aufmerksamkeit* (= Enzyklopädie der Psychologie, C-II-2, S. 7 - 60). Göttingen: Hogrefe.

Heimlich, H. & Wimmer, H. (1977). Hierarchische Rekonstruktionspläne als Bedingung der Gedächtnisentwicklung. *Zeitschrift für Entwicklungspsychologie und Pädagogische Psychologie, 9,* 10-19.

Heine, R. (1914). Über Wiedererkennen und rückwirkende Hemmung. *Zeitschrift für Psychologie, 68,* 161-236.

Heineken, E. (1977). Ordnungsgrad des Lernmaterials und Reproduktionsleistung im Vorschulalter. *Zeitschrift für Entwicklungspsychologie und Pädagogische Psychologie, 9,* 265-269.

Heineken, E. (1980). Ebenen kognitiver Verarbeitung und Reproduktionsleistung im Kindergartenalter. *Zeitschrift für Entwicklungspsychologie und Pädagogisvche Psychologie, 12,* 144-153.

Heinze-Fry, J. A. & Novak, J. D. (1990). Concept mapping brings long-term movement toward meaningful learning. *Science Education, 74,* 461-472.

Hellyer, S. (1962). Supplementary report: Frequency of stimulus presentation and short-term decrement in recall. *Journal of Experimental Psychology, 64,* 650.

Helmholtz, H. von (1850). Messungen über den zeitlichen Verlauf der Zuckung animalischer Muskeln und die Fortpflanzungsgeschwindigkeit der Reizung in den Nerven. *Archiv für Anatomie und Physiologie,* 276-364.

Helmholtz, H. von (1871). Ueber die Zeit welche nötig ist, damit ein Gesichtseindruck zum Bewusstsein kommt. *Berliner Monatsberichte,* 8. Juni 1871, 333-337.

Hemminger, H. & Keden, J. (1997). *Seele aus zweiter Hand. Psychotechniken und Psychokonzerne.* Stuttgart: Quell.

Henri, V. C. (1902). Education de la memoire. *Ann. Psychol. 8.*

Herbert, M. J. & Harsh, C. M. (1944). Observational learning by cats. *Journal of Comparative Psychology, 37,* 81-95.

Hermelin, B. & O'Connor, N. (1990). Art and accuracy: The drawing ability of idiot-savants. *Journal of Child Psychology and Psychiatry, 31,* 217-228.

Hermelin, B., O'Connor, N., Lee, S. & Treffert, D. (1989). Intelligence and musical improvisation. *Psychological Medicine, 19,* 447-457.

Hermelin, B., O'Connor, N. & Lee, S. (1987). Musical inventiveness of five idiot savants. *Psychological Medicine, 17,* 685-694.

Hess, E. H. (1958). Imprinting in animals. *Scientific American, 129,* 81-90.

Higbee, K. L. (1979). Recent research on visual mnemonics: Historical roots and educational fruits. *Review of Educational Research, 49,* 611-629.

Higbee, K. L. (1994). More motivational aspects of an imagery mnemonic. *Applied Cognitive Psychology, 8,* 1-12.

Hilgard, E. R. & Bower, G. H. (1970). *Theorien des Lernens* (2 Bd.). Stuttgart: Klett.

Hilgard, E. R. & Bower, G. H. (1975). *Theory of learning.* Englewood Cliffs, N.J.: Prentice-Hall.

Hilgard, E. R. & Campell, A. A. (1936). The course of acquisition and retention of conditioned eylid responses in man. *Journal of Experimental Psychology, 19,* 227-247.

Hilgard, E. R., Campbell, R. K. & Sears, W. N. (1938). Conditioned discrimination: the effect of knowledge of stimulus-relationships. *American Journal of Psychology, 51,* 498-506.

Hilgard, E. R. & Marquis, D. G. (1940). *Condition and learning.* New York: Appleton.

Hill, A. L. (1975). Idiot savants: Rate of incidence. *Perceptual & Motor Skills, 44,* 161-162.

Hinkelmann, G., Hinkelmann, K. & Ferreboeuf, M. (1988). *Leichter lehren.* Bremen: Psychologische Lernsysteme Vertriebsgesellschaft.

Hiroto, D. S. (1974). Locus of control and learned helplessness. *Journal of Experimental Psychology, 102,* 187-193.

Hitch, J. & Baddeley, A. D. (1976). Verbal reasoning and working memory. *Quarterly Journal of Experimental Psychology, 28,* 603-621.

Hofmann, E. (1953). *Der Einfluß des Zeitabstandes auf die rückwirkene Hemmung.* Unveröff. Dissertation, Wien.

Hoffman, E. & Reeves, R. (1979). An idiot savant with unusual mechanical abilities. *American Journal of Psychiatry, 136,* 713-714.

Hofstätter, P. R. (1957, 1967). *Psychologie.* Frankfurt a. M.: Fischer.

Holland, J. G. & Skinner, B. F. (1971). *Analyse des Verhaltens.* München: Urban & Schwarzenberg.

Holliday, W. G., Brunner, L. L. & Donais, E. L. (1977). Differential cognitive and affectice responses to flow diagrams in science. *Journal of Research in Science Teaching, 14,* 129-138.

Holst, E. v. (1937). Vom Wesen der Ordnung im Zentralnervensystem. *Die Naturwissenschaften, 25,* 625-631, 641-647.

Holst, E. v. (1938a). Neue Versuche zur Deutung der relativen Koordination bei Fischen. *Pfluger's Archiv für Gesamte Physiologie des Menschen und der Tiere, 240,* 1-43.

Holst, E. v. (1938b). Über relative Koordination bei Säugern und beim Menschen. *Pfluger's Archiv für die Gesamte Physiologie des Menschen und der Tiere, 240,* 44-59.

Holst, E. v. (1939). Entwurf eines Systems der locomotorischen Periodenbildung bei Fischen. *Zeitschrift für vergleichende Physiologie, 26,* 481-528.

Holst, E. von & Mittelstaedt, H. (1950). Das Reafferenzprinzip. Wechselwirkungen zwischen ZNS und Peripherie. *Naturwissenschaften, 37,* 464-476.

Holz-Ebeling, F. (1997). Arbeitszeitprobleme vs. Arbeitseffektivitätsprobleme im Studium. Abhängigkeit von Termindruck, psychologischer Stellenwert und Einstufung durch die Betroffenen. *Zeitschrift für Pädagogische Psychologie, 11,* 211-224.

Holz-Ebeling, F. & Buchloh, B. (1995). Verbesserung des Arbeitsverhaltens von Studierenden: Evaluation von Maßnahmen am Beispiel eines Trainingsprogramms. *Zeitschrift für Pädagogische Psychologie, 9,* 197-209.

Homolka, I. (1953). *Gruppenuntersuchungen über die Vergessenskurve.* Wien: Phil. Diss.

Homme, L. (1971). *Probleme in Schulklassen.* Campaign, Ill.: Research Press.

Homme, L., Csanyi, A. P., Gonzales, M. A. & Rechs, J. R. (1974). *Verhaltensmodifikation in der Schulklasse. Ein praxisbezogenes Trainingsprogramm für Lehrer und Studenten.* Weinheim: Beltz.

Hopfeld, J. J. (1982). Neural networks and physical systems with emergent collective computational abilities. *Proceedings of the National Academy of Sciences, 79,* 2554 -2558.

Hörmann, H. (1967^2). *Psychologie der Sprache.* Heidelberg: Springer.

Hovland, C. J. (1940a). Experimental studies in rote learning theory: VI. Comparison of retention following learning to same criterion by massed and distributed practice. *Journal of Experimental Psychology, 26,* 268-587.

Hovland, C. J. (1940b). Experimental studies in rote learning theory: VII. Distribution of practice with varying length of list. *Journal of experimental Psychology, 27,* 271-284.

Howe, M. L. (1991). Misleading children's story recall: Forgetting and reminiscence of the facts? *Developmental Psychology, 27,* 746-762.

Howe, M. J. & Smith, J. (1988). Calendar calculating in ‚idiot savants‘: How do they do it? *British Journal of Psychology, 79,* 371-386.

Huber, A. A. & Rotering-Steinberg, S. (1998). Das Fragenstellen als Ansatz zur Effektivierung Kooperativen Lernens. Eine Studie unter Berücksichtigung des kognitiven Orientierungsstils Gewißheits-/Ungewißheitsorientierung. *Empirische Pädagogik, 12,* 215-233.

Huber, G. L., Sorrentino, R. M., Davidson, M. A., Eppler, R. & Roth, J. W. H. (1992). Uncertainty orientation and cooperative learning: Individual differences within and across cultures. *Learning and Individual Differences, 4,* 1-24.

Hull, C. L. (1920). Quantitative aspects of the evolution of concepts. *Psychol. Monogr., Nr. 123.*

Hull, C. L. (1934). The rat's speed-of-locomotion gradient in the approach to food. *Journal of Comparative Psychology, 17,* 393-422.

Hull, C. L. (1935). The conflicting psychologies of learning - a way out. *Psychological Review 42,* 491-516.

Hund, W. (1998). Edu-Kinestetik als pädagogische Wunderwaffe. *Skeptiker, 11,* 23-26.

Hunter, I. M. L. (1962). An exceptional talent for calculative thinking. *British Journal of Psychology, 53,* 243-258.

Hunter, I. M. L. (1977). An exceptional memory. *British Journal of Psychology, 68,* 155-164.

Hydén, H. (1959). 4. Intern. Congr. of Biochemistry, Vol. II, 64.

Imhof, A. (1988). *Die Lebenszeit. Vom aufgeschobenen Tod und von der Kunst des Lebens.* München: Beck.

Immisch, P. (1972). Ein Versuch zur Verminderung von Angst bei Kindern während des Schulunterrichts. *Schule und Psychologie, 5,* 300-309.

Ingram, R. E. & Smith, T. W. (1984). Depression on internal versus external locus of attention. *Cognitive Therapy and Research, 8,* 139-151.

Irion, A. L. (1949). Reminiscence in pursuit-rotor learning as a function of length of rest and of amount of pre-test-practice. *Journal of Experimental Psychology, 39,* 492-499.

Issing, L. J. & Ullrich, B. (1969). Einfluß eines Verbalisierungstrainings auf die Denkleistung von Kindern. *Zeitschrift für Entwicklungspsychologie und Pädagogische Psychologie, 1,* 32-40.

Ivry, R. (1993). Repräsentationen beim motorischen Lernen. In H. Heuer & S. W. Keele (Hrsg.), *Psychomotorik* (= Enzyklopädie der Psychologie Themenbereich C, Serie 2, Band 3; S. 321-410). Göttingen: Hogrefe.

Jacobson, E. (1938). *Progressive relaxation.* Chicago: University of Chicago Press.

Jacobson, A. L., Babich, F. R., Bubash, S. & Jacobson, A. (1965). Differential-approach tendencies produced by injection of RNA from trained rats. *Science, 150,* 636-637.

Jaensch, E. R. (1927). *Über den Aufbau der Wahrnehmungswelt und die Grundlagen der menschlichen Erkenntnis.* Leipzig: Barth.

Jahoda, M., Lazarsfeld, P. F. & Zeisel, H. (1975). *Die Arbeitslosen von Marienthal.* Frankfurt: Suhrkamp (Reprint: Hirzel, 1933).

James, W. (1890). *Principles of psychology.* New York: Holt (Reprint 1950, New York: Dover Pulications).

Jarvie, J. C. (1963). Theories of Cargo Cults: A critical analysis. *Oceania, 34.*

Jastrow, J. (1890). *The time relations of mental phenomena.* New York: Hodges.

Jechle, T. (1988, 1998). Zur Nutzung von Lernhilfen in Lehrtexten. *Unterrichtswissenschaft, 26,* 15-31.

Jehle, P. (1978). *Trainingskurs Verhaltenstheorie: Grundlagen und Anwendung im Unterricht.* Düsseldorf: Schwann.

Jenkins, J. G. & Dallenbach, K. M. (1924). Obliviscence during sleeping and waking. *American Journal of Psychology, 35,* 605-612.

Jensen, A. & Rohwer, W. (1965). Syntactical mediation of serial and paired-assiciate learning as a function of age. *Child Development, 36,* 601-608.

Johnson-Laird, P. N. (1983). *Mental models: Towards a cognitive science of language, inference, and consciousness*. Cambridge: Cambridge University Press.

Johnson-Laird, P. N. (1989). *The computer and the mind*. London: Fontana Press.

Johnson-Laird, P. N. (1987). The mental representation of the meaning of words. *Cognition, 25,* 189-211.

Jonassen, D. H., Beissner, K. & Yacci, M. (1993). *Structural knowledge. Techniques for representing, conveying and acquiring structural knowledge*. Hillsdale: Erlbaum.

Jörg, S. (1978). *Der Einfluß sprachlicher Bezeichnungen auf das Wiedererkennen von Bildern*. Bern: Huber.

Jörger, K. (1976). *Einführung in die Lernpsychologie*. Freiburg i.B.: Herder.

Jost, A. (1897). Die Assoziationsfestigkeit in ihrer Abhängigkeit von der Verteilung der Wiederholungen. *Zeitschrift für Psychologie, 14,* 436-472.

Jung, C. G. (1911). Wandlungen und Symbole der Libido. Beiträge zur Entwicklungsgeschichte des Denkens (Teil 1). *Jahrbuch psychoanal. Psychopath. Forsch., 3,* 120-127.

Jüngst, K. L. (1992). *Lehren und Lernen mit Begriffsnetzdarstellungen*. Frankfurt a.M.: Afra.

Jüngst, K. L. (1994). Lehren und Lernen von Begriffsinhalten mit Concept Maps - Feldexperimente zur Wirksamkeit von Begriffsnetzdarstellungen bei Zusammenfassung und Wiederholung sowie beim Durcharbeiten. Universität des Saarlandes, Fachrichtung Erziehungswissenschaft (hrsg. von Prof. Dr. P. Strittmatter): *Arbeitsbericht Nr. 64.*

Jüngst, K. L. (1995). Studien zur didaktischen Nutzung von Concept Maps. *Unterrichtswissenschaft, 23,* 229-250.

Kahnemann, D. (1973). *Attention and effort*. Englewood Cliffs, N.J.: Prentice-Hall.

Kail, R. V. (1979). Die Entwicklung des Gedächtnisses. In L. Montada (Hrsg.), *Brennpunkte der Entwicklungspsychologie* (S. 77-89). Stuttgart: Klett.

Kail, R. V. (1995). Processing speed, memory, and cognition. In F. Weinert & W.Schneider (Eds.), *Memory performance and competencies* (pp. 71-110). Hove, UK: Erlbaum.

Kainz, F. (1964). Das Denken und die Sprache. In R. Bergius (Hrsg.), *Allgemeine Psychologie. I. Der Aufbau des Erkennens.2. Halbband: Lernen und Denken* (= Handbuch der Psychologie in 12 Bänden, S. 564-614). Göttingen: Hogrefe.

Kane, S. & Gantzer, S. (1977). Beliebte Aufgaben als Verstärker in einer Sonderschulklasse. Eine Untersuchung zum Premack-Prinzip. *Zeitschrift für Entwicklungspsychologie und Pädagogische Psychologie, 9,* 79-89.

Kanfer, F. H. & Philipps, J. S. (1975). *Lerntheoretische Grundlagen der Verhaltenstherapie.* München: Kindler.

Kanfer, F. H. & Saslow, G. (1969). Behavioral diagnosis. In C. M. Franks (Ed.), *Behavior thearapy: Appraisal and status.* New York: McGraw-Hill.

Karnath, H. O. (1991). Zur Funktion des präfrontalen Cortex bei mentalen Planungsprozesse. *Zeitschrift für Neuropsychologie, 3,* 14-28.

Karmiloff-Smith, A. & Inhelder, B. (1976). If you want to go ahaed, get a theory. *Cognition, 3,* 195-212.

Katz, J. J. & Fodor, J. A. (1963). The structure of semantic theory. *Language - Journal of the Linguistic Society of America, 39,* 170-210.

Katz, J. J. (1966). *The philosophy of language.* New York: Harper & Row.

Katzenberger, L. (1965). Dimensionen des Gedächtnisses. *Zeitschrift für Experimentelle und Angewandte Psychologie, 12,* 451-492.

Kaufman, A., Baron, A. & Kopp, R. E. (1966). Some effects of instructions on human operant behavior. *Psychonomic Monograph Supplements, 1,* 243-250.

Kausler, D. H. (1991[2]). *Experimental psychology, cognition, and human aging.* New York: Springer.

Kawai, M. (1965). Newly acquired precultural behavior of the natural troop of Japanese monkeys on Koshima isle. *Primates, 6.*

Kawai, M. (1975). Precultural behavior of the Japanese monkeys. In G. Kurth & J. Eibl-Eibesfeld (Hrsg.), *Hominisation and behavior* (S. 32-55). Stuttgart: Gustav Fischer.

Kazdin, A. E. (1977). *A review and evaluation.* New York: Plenum Press.

Kelleher, R. T. (1956). Discrimination learning as a fuction of reversal and nonreversal shift. *Journal of experimental Psychology, 51,* 379-384.

Keller, D. & Revenstorf, D. (1996). Das Augenbewegungsmodell des NLP. Physiologische und kognitive Grundlagen. *Hypnose und Kognition, 13,* 225-250.

Keller, G. (1991a[13]). *Lehrer helfen lernen. Lernföderung, Lernhilfe, Lernberatung.* Donauwörth: Auer.

Keller, G. (1991b[4]). *Lernen will gelernt sein! Ein Lerntraining für Schüler.* Heidelberg: Quelle & Mayer.

Keller, G. (1992). Lernförderung in der schulischen Beratung. In H. Mandl & H. F. Friedrich (Hrsg.), *Lern- und Denkstrategien* (S. 151-164). Göttingen: Hogrefe.

Keller, G. (1993). Das Lern- und Arbeitsverhalten leistungsstarker und leistungsschwacher Schüler. *Psychologie in Erziehung und Unterricht, 40,* 125-129.

Keller, G. & Thewalt, B. (1986). *So helfe ich meinem Schulkind. Eine Lern- und Übungshilfe für die ersten Schuljahre.* Heidelberg: Quelle & Mayer.

Keller, G., Binder, A. & Thiel, R. D. (1997[2]). *Sich besser motivieren - erfolgreicher lernen. Lern- und Arbeitsverhaltenstraining (LAT).* Göttingen: Hogrefe.

Kellog, W. N. & Kellog, L. A. (1933). *The ape and the child.* New York: McGraw Hill.

Kendler, H. H. & Kendler, T. S. (1961). Effect of verbalization on reversal shifts in children. *Science, 141,* 1619-1620.

Kendler, T. C. & Kendler, H. H. (1959). Reversal and nonreversal shifts in kindergarten children. *Journal of Experimental Psychology, 58,* 56-60.

Kenney, J. J., Clemens, R. & Forsythe, K. D. (1988). Applied kinesiology unreliable for assessing nutrient status. *Journal of the American Dietic Association, 88,* 698-704.

Keppel, G. & Underwood, B. J. (1962). Proactive inhibition in short-term retention of single items. *Journal of Verbal Learning and Verbal Behavior, 1,* 153-161.

Kern, H. J. (1974). *Verhaltensmodifikation in der Schule.* Stuttgart: Kohlhammer.

Keuchel, I. (1983). Theorien zum Alternsprozeß. In W. D. Oswald & U. M. Fleischmann, *Gerontopsychologie. Psychologie des alten Menschen* (S. 23-68). Stuttgart: Kohlhammer.

Khalsa, G. K., Morris, G. S. & Sifft, J. M. (1988). Effect of educational Kinesiology on static balance of learning disabled student. *Perceptual and Motor Skills, 67,* 52-54.

King, A. (1994). Guiding knowledge construction in the classroom: Effects of teaching children how to question and how to explain. *Americal Educational Research Journal, 31,* 13-17.

Kintsch, W. (1974). *The representation of meaning in memory.* Hillsdale, N.J.: Erlbaum.

Kintsch, W. (1977). On comprehending stories. In M. A. Just & P. Carpenter (Eds.), *Cognitive processes in comprehension* (pp. 33-61). Hillsdale, N.J.: Erlbaum.

Kintsch, W. (1980). Semantic memory: A tutorial. In R. Nickerson (Ed.), *Attention and performance* (Vol. 8, pp. 595-620). Hillsdale: Erlbaum.

Kintsch, W. (1982). *Gedächtnis und Kognition.* Berlin: Springer.

Kintsch, W. & van Dijk, T. A. (1978). Toward a model of text comprehension and production. *Psychological Review, 85,* 363-394.

Kirkhoff, M. (1988). *Mind mapping. Die Synthese von sprachlichem und bildhaften Denken.* Berlin: Synchron.

Kirkpatrik, E. A. (1894). An experimental study of memory. *Psychological Review, 1,* 602-609.

Kilpatrick, W. H. (1935). *The project method, the use of the puposeful act in the educative process.* New York.

Kissel, B. (1981). *Zur Rolle des mnemorischen Wissens in der Gedächtnistätigkeit. Metagedächtnis, Planung von Doppelaufgaben und Behaltensleistung.* Unveröff. Dipl.-Arbeit, Bochum (Ruhr-Universität).

Klar, D. (1973). A production system for counting, substitizing, and adding. In W. G. Chase (Ed.), *Visual information processing* (pp. 527-546). New York: Academic Press.

Klauer, K. C. (1992). *Belastung und Entlastung beom Problemlösen. Eine Theorie des deklarativen Vereinfachens.* Göttingen: Hogrefe.

Klauer, K. J. (1974). *Methodik der Lehrzieldefinition und Lehrstoffanalyse.* Düsseldorf: Schwann.

Klauer, K. J. (1981). Zielorientieres Lehren und Lernen bei Lehrtexten. Eine Metaanalyse. *Unterrichtswissenschaft, 9,* 300-318.

Klauer, K. J. (1996). Über das Lehren des Lernens. In C. Spiel, U. Kastner-Koller & P. Deimann (Hrsg.), *Motivation und Lernen aus der Perspektive lebenslanger Entwicklung* (S. 135-149). Münster: Waxmann.

Kleiter, E. F. (1997). *Film und Aggression - Aggressionspsychologie. Theorie und empirische Ergebnisse mit einem Beitrag zur Allgemeinen Aggressionspsychologie.* Weinheim: Deutscher Studien Verlag.

Klimesch, W. (1979). Vergessen: Interferenz oder Zerfall? Über neuere Entwicklungen der Gedächtnispsychologie. *Psychologische Rundschau, 30,* 110-131.

Klimesch, W. (1991). „Event-related desynchronization" während motorischem Verhalten und visueller Informationsverarbeitung. *Electroencephalography and Clinical Neurophysiology, 42,* 58-65.

Klimesch, W. (1993). Zur Lokalisation episodischer und semantischer Information. In E. Klix, E. Roth & E. van der Meer (Hrsg.*), Kognitive Prozesse und geistige Leistung* (S. 30-40). Berlin: Deutscher Verlag der Wissenschaften.

Klimesch, W. (1995). Gedächtnispsychologische Repräsentationsannahmen und ihre möglichen neuronalen Grundlagen. In D. Dörner & E. van der Meer (Hrsg.*), Das Gedächtnis. Probleme - Trends - Perspektiven* (S. 3-18). Göttingen: Hogrefe.

Klinkoski, B. & Leboef, C. (1990). A review of the research papers published by the International College of Applied Kinesiology from 1981 to 1987. *Journal of Manipulative Physiological Therapy, 13,* 190-194.

Klix, F. (1980). *Erwachendes Denken.* Berlin: Deutscher Verlag der Wissenschaften.

Kobasigawa, A. (1974). Utilization of retrieval cues by children in recall. *Child Development, 45,* 127-134.

Kobasigawa, A., Ransom, C. C. & Holland, C. J. (1980). Children's knowledge about skimming. *Alberta Journal of Educational Research, 26,* 169-182.

Köhler, W. (1898, 1918). Nachweis einfacher Strukturfunktionen beim Schimpansen und beim Haushuhn. *Abhandlungen der Preußischen Akademie der Wissenschaften, Phys.-math. Kl., Nr. 2.*

Köhler, W. (1963). *Intelligenzprüfungen an Anthropoiden.* Berlin: Springer (Reprint: 1921).

Köhler, W. (1933). *Psychologische Probleme.* Berlin: Springer.

Konopak, B., Sheard, C., Longman, D. & Lyman, B. (1987). Incidental versus intentional word learning from context. *Reading Psychology, 8,* 7-21.

Körkel, J. (1987). *Die Entwicklung von Gedächtnis- und Metagedächtnisleistungen in Abhängigkeit von bereichsspezifischen Vorkenntnissen.* Frankfurt a. M.: Lang.

Köthke, D., Rückert, H.-W & Sinram, J. (1999). *Psychotherapie? Psychoszene auf dem Prüfstand.* Göttingen: Hogrefe.

Korsakoff, S. S. (1889). Etude medico-psychologique sur une forme des maladies de la memoire. *Revue Philosophique, 5,* 501-530.

Koukkou, M. & Lehmann, D. (1983). Dreaming: The functional state-shift hypotheses. *British Journal of Psychiatry, 142,* 221-231.

Krag, W. (1989). Verführung in pädagogischer Absicht. Suggestopädie an den Schulen. *Pädagogik, 41,* 24-29.

Krappmann, P. (1993). *Visuelle Aufmerksamkeit und neuronale Netzwerke: Ein interdisziplinärer Ansatz zur Analyse komplexen Problemlöseverhaltens.* Göttingen: Cuvillier.

Krapp, A. (1993). Lernstrategien: Konzepte, Methoden und Befunde. *Unterrichtswissenschaft, 21,* 291-311.

Kreutzer, M. A., Leonhard, C. & Flavell, J. H. (1975). An interview study of children's knowledge about memory. *Monographs of the Society for Research in Child Development, 40,* 1-58.

Kroeber-Riel, W. (1993). *Bild Kommunikation. Imagerysystem für die Werbung.* München: Franz Vahlen.

Kroh, O. (1922). *Subjektive Anschauungsbilder bei Jugendlichen.* Göttingen: Vandenhoeck & Ruprecht.

Kroh, O. (1950). Stichwort „Eidetik". In H. Kleinert (Hrsg.), *Lexikon der Pädagogik, Bd. I.* Bern: Francke.

Krugman, M., Kirsch, I., Wickless, C., Milling, L., Golicz, H. & Toth, A. (1985). Neuro-linguistic programming treatment for anxiety: Magic or myth? *Journal of Consulting and Clinical Psychology, 53,* 526-530.

Kuhl, J. (1992). A theory of self-regulation: Action versus state orientation, self-discrimination, and some applications. *Applied Psychology: An International Review, 41,* 97-129.

Kulhavy, R. W., Schwartz, N. H. & Shaha, S. H. (1983). Spatial representations of maps. *American Journal of Psychology, 96,* 337-351.

Kunz, B., Seeber, N. & Ring, J. (1997). Kinesiologie in der Allergiediagnostik. *Der Hautarzt, 48* (Suppl. 1), 523.

Kyllonen, P. C. & Christal, P. E. (1990). Reasoning ability is (little more than) working-memory capacity. *Intelligence, 14,* 389-433.

Labov, W. (1973). The boundaries of words and their meaning. In C. N. Bailey & R. W. Shuy (Eds.), *New ways of analyzing variation in English* (pp. 340-373). Washington, D.C.: Georgetown University Press.

Lachman, R., Lachman, J. L. & Butterfield, E. C. (1979). *Cognitive psychology and information processing: An introduction.* Hillsdale: Erlbaum.

Lang, L. (1963[4]). *Lehrplan der Volksschule.* Wien: Österreichischer Bundesverlag.

Lange, L. (1888). Neue Experimente über den Vorgang der Einfachen Reaction auf Sinneseindruecke. *Philosophische Studien, 4,* 479-510.

Langer, I., Schulz von Thun, F. & Tausch, R. (1974). *Verständlichkeit in Schule, Verwaltung, Politik und Wissenschaft.* Reinhardt: München.

LaTourelle, M. & Courtenay, A. (1992). *Was ist angewandte Kinesiologie?* Freiburg i.Br.: Verlag für Angewandte Kinesiologie.

Lashley, K. S. (1929, 1950). *Brain mechanism and intelligence: a quantitative study of injuries to the brain.* Chicago, III: University of Chicago Pr.

Lauth, G. W. (1998). Lernstörungen - Bedingungsmomente und Interventionsstrategien. *Verhaltenstherapie und Verhaltensmedizin, 19,* 207-225.

Lauth, G. W. & Schlottke, P. F. (1992). *Training mit aufmerksamkeitsgestörten Kindern: Diagnostik und Therapie.* Weinheim: PVU.

Lefkowitz, M., Blake, R. R. & Mouton, J. S. (1955). Status factors in pedestrian violation of traffic signals. *Journal of Abnormal and Social Psychology, 51,* 704-706.

Leitner, S. (1981[11]). *So lernt man lernen.* Freiburg i.B.: Herder.

Leukel, F. (1968). *Introduction to physiological psychology.* Saint Lois: Mosby.

Levine, M. (1971). Hypothesis theory and nonlearning despite ideal S-R reinforcement contingencies. *Psychological Review, 78,* 130-140.

Lewis, D. J. (1963). *Scientific principles of pychology.* New York: Prentice-Hall.

Liberty, C. & Ornstein, P. (1973). Age differences in organization and recall: The effects of training in categorization. *Journal of Experimental Child Psychology, 15,* 169-186.

Liddell, H. S. (1944). Conditioned reflex method and experimental neurosis. In J. McV. Hunt (Ed.), *Personality and the behaviors* (Vol. I, pp. 389-412). New York: Ronald.

Lieret, J. (1977). Angst des Beifahrers. *ADAC Motorwelt, 9,* 41-43.

Light, L. L. & Zelinski, E. M. (1983). Memory for spatial information in young and old adults. *Developmental Psychology, 19,* 901-906.

Linder, H. (1971[17]). *Biologie.* Stuttgart: Metzlersche Verlagsbuchhandlung.

Loeb, J. (1973). *Forced movements, tropisms, and animal conduct. With a new introduction by Jerry Hirsch.* New York: Dover.

Loftus, E. F. & Loftus, G. R. (1974). Changes in memory structure and retrieval over the course of instruction. *Journal of Educational Psychology, 66,* 315-318.

Loisette, A. (1896). *Assimilative memory or how to attend and never forget*. New York: Funk & Wagnalls (zit. n. Norman, 1973).

Lompscher, J. (1996a). Erfassung von Lernstrategien auf der Reflexionsebene. *Empirische Pädagogik, 10*, 245-275.

Lompscher, J. (1996b). Lernstrategien von Schülern 4., 6. und 8. Klassen. In E. Witruk, G. Friedrich, B. M. Sabisch & D. M. Kost (Hrsg.), *Pädagogische Psychologie im Streit um ein neues Selbstverständnis* (S. 71-77). Landau: Verlag Empirische Pädagogik.

Lorenz, K. (1966[20]). *Das sogenannte Böse. Zur Naturgeschichte der Aggression*. Wien: Borotha - Schoeler.

Lorenz, K. (1935). Der Kumpan in der Umwelt des Vogels. *Journal für Ornithologie, 83*, 137-213 und 289-413.

Losch, S. (2000). *Effekte von Autogenem Training und Lern- und Arbeitstechniken auf Prüfungsängste*. Unveröff. Zulassungsarbeit, Universität Regensburg (Lehrstruhl für Psychologie VI).

Löwe, H. (1971). *Lernpsychologie*. Berlin: VEB Deutscher Verlag der Wissenschaften.

Luchins A. S. (1942). Mechanization in problem solving: The effect of Einstellung. *Psychological Monographs, 54 (whole No. 248)*.

Lüer, G., Werner, S. & Lass, U. (1995). Repräsentation analogen Wissens im Gedächtnis. In D. Dörner & E. van der Meer (Hrsg.*), Das Gedächtnis. Probleme - Trends - Perspektiven* (S. 75-125). Göttingen: Hogrefe.

Luh, C. W. (1922). The conditions of retention. *Psychological Monographs, 31,* whole Nr. 142, 1-87.

Lukesch, H. (1979). Forschungsstrategien zur Begründung einer Technologie erzieherischen Handelns. In J. Brandtstädter, G. Reinert & K. A. Schneewind (Hrsg.), *Pädagogische Psychologie. Probleme und Perspektiven* (S. 329-352). Stuttgart: Klett.

Lukesch, H. (1988). Mass media use, deviant behavior and delinquency. *Communications, 14,* 53-64.

Lukesch, H., Kischkel, K. H., Amann, A., Birner, S., Hirte, M., Kern, R., Moosburger, R., Müller, L., Schubert, B. & Schuller, H. (1989). *Jugendmedienstudie*. Regensburg: Roderer.

Lukesch, H. (1991). Inzidentelles oder systematisches Lernen durch das Fernsehen? Fernsehnutzung und politisches Wissen bei Kindern und Jugendlichen aus Ost und West. *Report Psychologie, 16,* 14-21.

Lukesch, H. (1997[3]). *Einführung in die Pädagogische Psycholgie*. Regensburg: Roderer.

Lukesch, H. (1998). *Einführung in die pädagogisch-psychologische Diagnostik.* (2. vollst. überarb. Aufl.). Regensburg: Roderer.

Lukesch, H. (2000). Gewalt und Medien. In G. Mader, W.-D. Eberwein & W. R. Vogt (Hrsg.), *Konflikt und Gewalt. Ursachen - Entwicklungstendenzen - Perspektiven* (S. 157-188). Münster: agenda (= Band 5 der Schriftenreihe des Österreichischen Studienzentrums für Frieden und Konfliktlösung - ÖSFK (Hrsg.) - Studien für europäische Friedenspolitik).

Luria, A. (1968). *The mind of a mnemonist.* New York: Basic Book.

Mach, E. (1903[4]). *Analyse der Empfindungen und das Verhältnis des Physischen zum Psychischen.* Jena: Fischer.

MacKay, D. G. (1973). Aspects of the theory of comprehension, memory, and attention. *Quarterley Journal of Experimental Psychology, 25,* 22-40.

Madsen, Jr., Charles, H., Becker, W. C. & Thomas, D. R. (1968). Rules, praise, and ignoring: Elements of elementary classroom control. *Journal of Applied Behavior Analysis, 1,* 139-150.

Maier, N. R. F. (1930). Reasoning in humans. I. On direction. *Journal of Comparative Psychology, 10,* 115-143.

Maier, N. R. F. (1930). Reasoning in humans. II. The solution of a problem and its appearance on consciousness. *Journal of Comparative Psychology, 12,* 181-195.

Malleson, N. (1959). Panic and phobia. *Lancet, 1,* 225-227.

Mandl, H. & Hron, A. (1986). Wissenserwerb mit Intelligenten Tutoriellen Systemen. *Unterrichtswissenschaft, 16,* 358-371.

Mandl, H., Friedrich, H. F. & Hron, A. (1986). Psychologie des Wissenserwerbs. In B. Weidenmann, A. Krapp, M. Hofer, G. L. Huber & H. Mandl (Hrsg.), *Pädagogische Psychologie. Ein Lehrbuch* (S. 143-213). München: Urban & Schwarzenberg.

Mandler, G. (1968). Association and organisation: Facts, fancies and theories. In T. R. Dixon & D. L. Horton (Eds.), *Verbal behavior and general behavior theory.* Englewood Cliffs, New Jersey: Prentice Hall.

Markman,, E. M. (1979). Realizing that you don't understand: Elementary school children's awareness of inconsistencies. *Child Development, 50,* 643-655.

Markowitsch, H. J. (1994). Zur Repräsentation von Gedächtnis im Gehirn. In M. Haupts, H. F. Durwen, W. Gehlen & H. J. Markowitsch (Hrsg.), *Neurologie und Gedächtnis* (S. 8-28). Huber: Bern.

Marks, M. R. (1951). Problem solving as a function of the situation. *Journal of Experimental Psychology, 41,* 74-80 (zit. n. Meili, 1968, S. 213).

Marshall, P. (1989). Ein kontrolliertes Training zur Bewältigung von Prüfungsängsten in der Schule. *Psychologie in Erziehung und Unterricht, 31,* 280-287.

Marx, M. H. & Hillix, W. A. (1963). *Systems and theories in psychology.* NewYork.

Masserman, J. M. & Prechtel, C. (1953). Neurosis in monkeys: A preliminary report of experimental observations. *Annuals of the New York Academic Society, 56,* 253-265.

Massaro, D. W. (1972). Perceptual images, processing time and perceptual units in auditory perception. *Psychological Review, 79,* 124-145.

Mathey, F. J. (1984). Fertigkeiten. In W. D. Oswald, W. M. Herrmann, S. Kanowski, U. M. Lehr & H. Thomae (Hrsg.), *Gerontologie. Medizinische, psychologische und sozialwissenschaftliche Grundbegriffe* (S. 113-135). Stuttgart: Kohlhammer.

Matarazzo, J. D. (1965). Psychotherapeutic processes. *Annual Review of Psychology, 16,* 181-224.

Mayer, R. A. (1989). Human nonadversary problem solving. In K. J. Gilhooly (Ed.), *Human and machine problem solving* (pp. 39-56). New York: Plenum Press.

McConnell, J. V. (1962). Memory transfer through cannibalism in planarians. *Journal of Neuropsychiatry, 3 (Monogr. Supplm. 1),* 42-48.

McConnell, J. V., Jacobson, A. L. & Kimble, D. P. (1959). *Journal of Comparative Physiological Psychology, 52,* 1-5.

McCorquodale, K. & Meehl, P. E. (1948). Hypothetical constructs and intervening variables. *Psychological Review, 55,* 95-107.

McCulloch, W. S. & Pitts, W. (1943). A logical calculus of the ideas immanent in nervous activitiy. *Bulletin of Mathematical Biophysics, 5,* 115-133

McDougall, W. (1908). *An introduction to social psychology.* London: Methuen.

Medin, D. & Schaffer, M. (1978). Context theory of classification learning. *Psychological Review, 85,* 207-238.

Meichenbaum, D. H. (1971). Examination of model characteristics in reducing avoidance behavior. *Journal of Personal and Social Psychology, 17,* 198-307.

Meichenbaum, D. H. (1979). *Kognitive Verhaltensmodifikation.* München: Urban & Schwarzenberg.

Meidinger, H. (1995). Kinesiologie - eine neue Therapieform in der Schule. *Report Psychologie, 20,* 16-22.

Meili, R. & Rohracher, H. (Hrsg.). (1968). *Lehrbuch der experimentellen Psychologie.* (2. neu bearb. und erw. Aufl.). Bern: Huber.

Meili, R. (1968). Denken. In R. Meili & H. Rohracher (Hrsg.), *Lehrbuch der experimentellen Psycholgie* (S. 172-234). Bern: Huber.

Meltzer, H. (1930). Individual differences in forgetting pleasant and unpleasant experiences. *Journal of Educational Psychology, 21,* 399-409.

Merikle, P. M. (1980). Selection from visual persistence by perceptual groups and category membership. *Journal of Experimental Psychology-General, 109,* 279-295.

Merz, F. (1969). Der Einfluß des Verbalisierens auf die Leistung bei Intelligenzaufgaben. *Zeitschrift für experimentelle und angewandte Psychologie, 16,* 114-137.

Metcalfe, J. & Shimamura, A. P. (Eds.). (1994). *Metacognition. Kowning about knowing.* Cambridge, Mass.: MIT Press.

Metzger, D. (1988). *Wissensvermittlung per Wissenschaftsshow - Realität oder Utopie?* Unveröff. Dipl.-Arbeit, Psych. Inst. d. FU Berlin (zit. n. Bock et al., 1992).

Metzig, W. & Schuster, M. (1998). *Lernen zu lernen.* Berlin: Springer.

Meyer, M. (1994). *Serielle versus parallele Verarbeitung visueller Information. Eine experimentelle Untersuchung am Beispiel eines Konzentrationstests.* Bonn: Holos.

Meyer, D. E. & Schvaneveldt, R. W. (1971). Facilitation in recognizing pairs of words: Evidence of a dependence between retrieval operations. *Journal of Experimental Psychology, 90,* 227-234.

Michael, B. (1983). *Darbieten und Veranschaulichen. Möglichkeiten und Grenzen von Darbietung und Anschauung im Unterricht.* Bad Heilbrunn: Klinkhardt.

Miler, A. (1960). Vergleich der Vergessenskurven für Reproduzieren und Wiedererkennen von sinnlosem Material. *Zeitschrift für experimentelle und angewandte Psychologie, 7,* 29-38.

Miller, N. E. (1948). Studies of fear as an equirable drive: I. Fear as motivation and fear-reduction as reiforcement in the learning of new responses. *Journal of Psychology 38,* 89-101.

Miller, G. A. (1956). Human memory and the storage of information. *IRE Transactions on Information Theory, IT-2,* 129-137.

Miller, G. A. (1956). The magical number seven, plus or minus two: Some limits on our capacity for processing information. *Psychological Review, 63,* 81-97.

Miller, G. A., Galanter, E. & Pribram, K. H. (1960). *Plans and the structure of behavior.* New York: Holt, Rinehart & Winston (deutsch, 1973: *Strategien des Handelns. Pläne und Strukturen des Verhaltens.* Stuttgart: Klett).

Miller, L. K. (1998). Defining the savant syndrome. *Journal of Developmental and Physical Disabilities, 10,* 73-85.

Miller, N. E. (1951). Learnable drives and rewards. In D. S. Stevens (Ed.), *Handbook of experimental psychology* (pp. 435-472). New York: Wiley.

Miller, P. H. (1990). The development of strategies of selective attention. In D. F. Bjorklund (Ed.), *Children's strategies. Contemporary views of cognitive development* (pp. 157-184). Hillsdale, N.J.: Erlbaum.

Ministerium für Kultus und Unterricht (1929[4]). *Das Reichsvolksschulgesetz.* Wien: Österreichischer Bundesverlag für Unterricht, Wissenschaft und Kunst.

Minsky, M. (1975). A framework for representing knowledge. In P. H. Winston (Eds.), *The psychology of computer vision* (pp. 211-277). New York: McGraw-Hill.

Minsky, M. & Papert, S. (1969). *Perceptrons: An introduction to computational geometry.* Cambridge: MIT Press.

Mirande, M. J. A. (1986). Schematizing: Technique and applications. In C. D. Holley & D. F. Danserau (Eds.), *Spatial learning strategies: Techniques, applications, and related issues.* New York: Academic Press.

Moely, B., Olson, F., Hawles, F. & Flavell, J. (1969). Production deficit in young children's clustered recall. *Developmental Psychology, 1,* 26-34.

Molen, M. W. van der (1996). Energetik und Reaktionsprozess. In O. Neumann & A. F. Sanders (Hrsg.), *Aufmerksamkeit* (= Enzyklopädie der Psychologie, C-II-2, S. 333-401). Göttingen: Hogrefe.

Money, J. & Ehrhardt, A. A. (1972). *Man and woman, boy and girl. The differentiation and dismorphism of gender identity from conception to maturity.* Baltimore: John Hopkins University Press.

Money, J. & Ehrhardt, A. A. (1975). *Männlich – Weiblich. Die Entstehung der Geschlechtsunterschiede.* Reinbek: Rowohlt.

Monghy, R. & Rutkowski, B. (1998). *Es geht ums lernen ... LUS® - Lernen unter Selbstkontrolle nach G. Guttmann.* Wien: Hölder.

Montada, L. (1982). Die geistige Entwicklung aus der Sicht Jean Piagets. In R. Oerter & L. Montada (Hrsg.), *Entwicklungspsychologie. Ein Lehrbuch* (S. 375-424). München: Urban & Schwarzenberg.

Moreno, J. L. (1934). *Who shall survive?* New York: Bacon House Inc..

Moreno, J. L. (1954). *Die Grundlagen der Soziometrie.* Köln: Westdteutscher Verlag.

Moriatry, J., Ring, H. A. & Robertson, M. M. (1993). An idiot savant calendrical calculator with Gilles de la Tourette syndrome: Implications for an understanding of the savant syndrome. *Psychological Medicine, 23,* 1019-1021.

Morey, N. (1959). Attention in dichotic listening: Attentive cues and the influence of instructions. *Quarterly Journal Experimental Psychology, 11,* 56-60.

Morris, P. E. (1978). Sense and nonsense in classical mnemonics. In M. M. Gruneberg, P. E. Morris & R. N. Sykes (Eds.), *Practical aspects of memory* (pp. 155-163). London: Academic Press.

Mowrer, O. H. (1947). On the dual nature of learning - a re-interpretation of „conditioning" and „problem-solving". *Harvard Educational Review, 17,* 102-148.

Müller, B., Reinhardt, J. & Strickland, M. T. (1995^2). *Neural networks. An introduction.* Berlin: Springer.

Müller, G. E. & Pilzecker A. (1900). Experimentelle Beiträge zur Lehre vom Gedächtnis. *Zeitschrift für Psychologie, Ergänzungsband 1.*

Müller, G. E. & Schuman, F. (1899). Experimentelle Beiträge zur Untersuchung des Gedächtnisses. *Zeitschrift für Psychologie, 6,* 81-190, 257-339.

Müller, I. (1938). Zur Analyse der Retentionsstörung durch Häufung. *Psychologische Forschung, 22,* 180-210.

Murdock, B. B. (1962). The serial position effect in free-recall. *Journal of Experimental Psychology, 64,* 482-488.

Murphy, M. D. & Brown, A. L. (1975). Incidental learning in preschool children as a function of level of cognitive analysis. *Journal of Experimental Child Psychology, 19,* 509-523.

Murray, D. J. (1968). Articulation and acoustic confusability in short-term memory. *Journal of Experimental Psychology, 17,* 679-684.

Myers, N. A. & Perlmutter, M. (1978). Memory in years from two to five. In P. A. Ornstein (Ed.), *Memory development in children* (pp. 191-218). Hillsdale: Erlbaum.

Narciss, S., Reischle, K. & Eberspächer, H. (1994). Mentales Training. Quasi-experimentelle Studie zur Erfassung und Modifikation der kognitiven Repräsentation bewegungsstruktureller Merkmale des Schwimmens. In J. Nitsch & R. Seiler (Hrsg.), *Psychologisches Training.* Sankt Augustin: Academia Verlag.

NCAHF (National Council Against Health Fraud) Newsletter (1994). http://www.ncahf.org/-newslett/nl17.3.htlm.

Neber, H. (1997). Wissensgenerierung durch Lernaufgaben: Lernen mit Beispielen und Problemorientierter Erwerb im Bereich technischen Rechnens. *Zeitschrift für Pädagogische Psychologie, 11*, 27-39.

Neidhardt, E. (1995). *Entwicklung des Handlungsgedächtnisses im Alter: Konzeptuelle Aspekte.* Lengerich: Papst.

Neimark, E., Slotnik, N. & Thomas, U. (1971). The development of memorization strategies. *Developmental Psychology, 5*, 427-432.

Neisser, U. (1974). *Kognitive Psychologie.* Stuttgart: Klett.

Neisser, U. & Becklen, R. (1975). Selective looking: Attending to visually specified events. *Cognitive Psychology, 7*, 480-495.

Nelson, K. (1971). Memory development in children: Evidence from non-verbal tasks. *Psychonomic Science, 25*, 346-347.

Nelson, T. O. (1971). Savings and forgetting from longterm memory. *Journal of Verbal Learning and Verbal Behavior, 10*, 568-576.

Nelson, T. O. (1978). Detecting small amounts of information in memory: Savings for non-recognized items. *Journal of Experimental Psychology: Human Learning and Memory, 4*, 453-468.

Newell, A. (1973). Production systems: Models of control structurs. In W. G. Chase (Ed.), *Visual information processing* (pp. 463-526). New York: Academic Press.

Nickel, H., Heinerth, K. & Bittmann, F. (1975). Gibt es wirklich Eidetiker? Untersuchungen mit stereoskopischen Vorlagen an Schulkindern und Studierenden. *Psychologie in Erziehung und Unterricht, 22*, 259-273.

Nitsch, J. H. (1981). Möglichkeiten und Probleme der Streßkontrolle. In J. H. Nitsch (Hrsg.), *Stress. Theorien, Untersuchungen, Maßnahmen.* Bern: Huber.

Noble, C. E. (1952). An analysis of meaning. *Psychological Review, 59*, 421-430.

Noldy, N. E., Stelmack, R. M. & Campbell, K. B. (1990). Eventrelated potentials and recognition memory for pictures and words: The effects of intentional and incidental learning. *Psychophysiology, 27*, 417-428.

Norman, D. A. & Lindsay, P. H. (1972). *Human information processing.* New York: Academic Press.

Norman, D. A. & Rumelhart, D. E. (1978). *Strukturen des Wissens. Wege der Kognitionsforschung.* Stuttgart: Klett-Cotta.

Norman, D. A., Rumelhart, D. E. & LNR Research Group (1975). *Explorations in cognition.* San Francisco: Freeman.

Norman, D. A. (1969). Memory while shadowing. *Quarterly Journal of Experimental Psychology, 21*, 85-93.

Norman, D. A. (1973). *Aufmerksamkeit und Gedächtnis. Eine Einführung in die menschliche Informationsverarbeitung.* Weinheim: Beltz.

Novak, J. D. (1990). Concept maps and Vee diagrams: two metacognitive tools to facilitate meaningful learning. *Instructional Science, 19*, 29-52.

Novak, J. D. & Gowin, D. B. (1984). *Learning how to learn.* New York: Cambridge University Press.

O'Connor, N. (1989). The performance of the 'idiot-savant': implicit and explicit. *British Journal of Disorders of Communications, 24*, 1-20.

O'Connor, N. & Hermelin, B. (1987). Visual memory and motor programmes: Their use by idiot savant artists and controls. *British Journal of Psychology, 78*, 307-323.

O'Connor, N. & Hermelin, B. (1984). Idiot savant calendrical calculators: Math or memory? *Psychological Medicine, 14*, 801-806.

O'Connor, N. & Hermelin, B. (1987). Visual and graphic abilities of the iroat savant artist. *Psychological Medicine, 17*, 79-90.

Oesterreich, R. (1994). *Das Netz erinnerbaren Handelns: Ein Gedächtnismodell.* Heidelberg: Asanger.

Olden, D. L., Thompson, R. K. R. & Premack, D. (1988). Spontaneous transfer of matching by infant chimpanzees (Pan troglodytes). *Journal of Experimental Psychology: Animal Behavior Processes, 14*, 140-145.

Olechowski, R. (1969). *Das alternde Gedächtnis - Lernleistung und Lernmotivation Erwachsener.* Bern: Huber.

Olds, J. & Olds, M. E. (1961). *Brain mechanism and learning.* Oxford: Blackwell.

Ormer, E. B. van (1941). *Psychology and life.*

Ormer, E. B. van (1932). Retention after intervals of sleep and waking. *Archives of Psychology, 21,* 1-49.

Orth, B. (1997). Edu-Kinethetik. Stellungnahme zu den neurologischen Grundlagen der Methode. *Staatsinstitut für Schulpädagogik und Bildungsforschung, Arbeitsbericht Nr. 20,* Anhang.

Ostrander, S. & Schroeder, L. (1970*). Psi. Die wissenschaftliche Erforschung und praktische Nutzung übersinnlicher Kräfte des Geistes und der Seele im Ostblock.* Bern: Scherz.

Ostrander, S., Ostrander, N. & Schroeder, L. (1979). *Leichter lernen ohne Streß. Superlearning. Die revolutionäre Losanow-Methode zur Steigerung von Wissen und Gedächtnis durch müheloses Lernen.* Bern: Scherz.

Oswald, W. & Roth, E. (1978). *Der Zahlen-Verbindungs-Test (ZVT).* Göttingen: Hogrefe.

Ovsianskina, M. (1928). Die Wiederaufnahme unterbrochener Handlungen. *Psychologische Forschung, 11,* 302-379.

Paik, H. & Comstock, G. (1994). The effects of television violence on anti-social behavior: A meta-analysis. *Communication Research, 21,* 516-546.

Paivio, A. (1971). *Imagery and verbal processes.* New York: Holt, Rinehart & Winston.

Paivio, A. (1972). Symbolic and sensory modalities of memory. In M. E. Meyer (Ed.), *The third Western symposium on learning: Cognitive learning.* Bellingham, WA: Western Washington State College.

Paivio, A. (1975). Perceptual comparisons through the mind's eye. *Memory and Cognition, 3,* 635-647.

Paivio, A. (1986). *Mental representation. A dual coding approach.* New York: Oxford University Press.

Paivio, A. & Foth, D. (1970). Imaginal and verbal mediators and noun concreteness in paired-associate learning: The elusive interaction. *Journal of Verbal Learning and Verbal Behavior, 9,* 384-390.

Palmer, S. E. (1977). Hierarchical structure in perceptual representation. *Cognitive Psychology, 9,* 441-474.

Pass, H. (1983). Nachahmung von verbal übermittelten Modellen aggressiver und prosozialer Interaktionen. *Psychologie in Erziehung und Unterricht, 30,* 440-446.

Patry, J.-L. & Perrez, M. (1982). Entstehungs-, Erklärungs- und Anwendungszusammenhang technologischer Regeln. In J.-L. Patry (Hrsg.), *Feldforschung* (S. 389-412). Bern: Huber.

Patti, P. & Lupinetti, L. (1993). Brief report: Implications of hyperlexia in an autistic savant. *Journal of Autistic Developmental Disorders, 23,* 397-405.

Pavlov, I. P. (1928). *Lectures on conditioned reflexes.* New York: Liveright.

Pawlow, I. P. (1953). *Vorlesungen über die Arbeit der Großhirnhemisphäre* (= Sämtliche Werke, Bd. 4). Berlin: Akademie der Wissenschaften.

Pea, R. D. (1982). What is planning development the development of? *New Directions for Child Development. No 18, Dec. 5-27.*

Penfield, W. (1959). The interpretative cortex. *Science, 129,* 1719-1725.

Penfield, W. (1952). Memory mechanism. *Archives of Neurology and Psychiatry, 67,* 178-198.

Perkins, F. T. (1932). Symmetry in visual recall. *American Journal of Psychology, 44,* 473-490.

Perlmutter, M., Metzger, R., Nezworski, T. & Miller, K. (1981). Spatial and temporal memory in 20 and 60 year olds. *Journal of Gerontology, 36,* 59-65.

Perrez, M. (1980). Implementierung neuen Erziehungsverhaltens. Interventionsforschung im Erziehungsstil-Bereich. In K.A. Schneewind & Th. Herrmann (Hrsg.), *Erziehungsstilforschung: Theorien, Methoden und Anwendung der Psychologie elterlichen Erziehungsverhaltens* (S. 245-280). Bern: Huber.

Perrez, M. & Patry, J.-L. (1982). Nomologisches Wissen, technologisches Wissen, Tatsachenwissen - drei Ziele sozialwissenschaftlicher Forschung. In J.-L. Patry (Ed.), *Feldforschung. Methoden und Probleme sozialwissenschaftlicher Forschung unter natürlichen Bedingungen* (S. 45-66). Bern: Huber.

Perrez, M. (1983). Wissenschaftstheoretische Probleme der Klinischen Psychologie: Psychotherapeutische Methoden - zum Stand ihrer metatheoretischen Diskussion. In W.-R. Minsel & R. Scheller (Hrsg.), *Forschungskonzepte der Klinischen Psychologie* (S. 148-163). München: Kösel.

Peters, W. (1914). Gefühl und Erinnerung. Beiträge zur Erinnerungsanalyse. *Kräpelins Pychologische Arbeiten, 1914, 6,* 197-212.

Peterson, L. R. & Peterson, M. J. (1959). Short-term retention of individual items. *Journal of Experimental Psychology, 58,* 193-198.

Pflugradt, N. (1985). *Förderung des Verstehens und Behaltens von Textinformation durch „Mapping"* (Forschungsbericht Nr. 34). Tübingen: Universität Tübingen, Deutsches Institut für Fernstudien.

Piaget, J. (1970). *Psychologie der Intelligenz.* Stuttgart: Rascher.

Piaget, J. & Inhelder, B. (1974). *Gedächtnis und Intelligenz.* Olten: Walter.

Plank, M. (1954). *Untersuchungen über den Anfangsteil der Vergessenskurve.* Phil. Diss. Wien.

Poetzl, O. (1917). Experimentell erregte Traumbilder in ihren Beziehungen zum indirekten Sehen. *Zeitschrift für Neurologie und Psychiatrie, 37,* 278-349.

Polyani, M. (1958). *Person knowledge.* Chicago: University of Chicago Press.

Popper, K. H. (1994[10]). *Logik der Forschung.* Tübingen: Mohr.

Port, K. (1932). Der Einprägungswert der Wahrnehmungsgebiete. Zugleich ein Beitrag zur Methodologie der Gedächtnispsychologie und zur Lehre von den Vorstellungstypen. *Archiv für Psychologie, 82,* 1-104.

Poser, E. G. (1978). *Verhaltenstherapie in der klinischen Praxis.* München: Urban & Schwarzenberg.

Posner, M. I. (1969). Abstraction and the process of recognition. In G. H. Bower (Ed.), *The psychology of learning and motivation* (Vol. 3, pp. 44-96). New York: Academic Press.

Posner, M. I. & Boies, S. (1971). Components of attention. *Psychological Review, 78,* 391-408.

Posner, M. I. & Keele, S. W. (1967). Decay of visual information from a single letter. *Science, 158,* 137-139.

Posner, M. I. & Keele, S. W. (1968). On the genesis of abstract ideas. *Journal of Experimental Psychology, 77,* 353-363.

Posner, M. I. & Keele, S. W. (1970). Retention of abstract ideas. *Journal of Experimental Psychology, 83,* 304-308.

Posner, M. I., Boies, S. J., Eichelmann, W. H. & Taylor, R. L. (1969). Retention of name and visual codes of single letters. *Journal of Experimental Psychology, 79,* 1-16.

Postman, L. & Alper, T. G. (1946). Retroactive Inhibition as a function of time of interpolation of the inhibitor between learning and recall. *American Journal of Psychology, 59,* 439-449.

Postman, L. & Greenbloom, R. (1967). Conditions of a selection in the acquisition of paired-associate lists. *Journal of Experimental Psychology, 73,* 91-100.

Postman, L. & Phillips, L. W. (1965). Short-term temporal changes in free-recall. *Quarterly Journal of Experimental Psychology, 17,* 132-138.

Powell, J. & Azrin, N. (1968). The effects of shock as a punisher for cigarette smoking. *Journal of Applied Behavior Analysis, 1,* 63-71.

Premack, D. (1959). Toward empirical behavior laws: 1. Positive reinforcement. *Psychological Review, 66,* 219-233.

Premack, D. (1975). Putting a face together. *Science, 188,* 228-236.

Premack, D. (1976). *Intelligence in ape and man.* Hillsdale, N.J.: Lawrence Erlbaum.

Premack, D. (1984). Possible general effects of language training on the chimpanzee. *Human Development, 27,* 268-281.

Premack , D. & Woodruff, G. (1978). Does the chimpanzee have a theory of mind? *Behavioral and Brain Sciences, 4,* 515-526.

Premack, D., Woodruff, G. & Kennell, K. (1978). Paper-making test for chimpanzee: Simple control for social cues. *Science, 202,* 903-905.

Pressley, M. (1986). The relevance of the good strategy user model to the teaching of mathematics. *Educational Psychologist, 21* (Special Issue: Learning strategies), 139-161.

Pribram, K.-H. (1978). Consciousness: A scientific approach. *Journal of Indian Psychology, 1,* 95-118.

Putz-Osterloh, W. (1983). Über Determinanten komplexer Problemlöseleistungen und Möglichkeiten zu ihrer Erfassung. *Sprache und Kognition, 2,* 100-116.

Putz-Osterloh, W. (1995). Komplexes Problemlösen. In *Enzyklopädie der Psychologie. Serie Differentielle Psychologie und Persönlichkeitsforschung* (S. 403-434). Göttingen: Hogrefe.

Pylyshyn, Z. W. (1973). What the mind's eye tells the mind's brain: A critique of mental imagery. *Psychological Bulletin, 80,* 1-24.

Rachmann, S. J. (1970). *Verhaltenstherapie bei Phobien.* München: Urban & Schwarzenberg.

Ramsay, A. O. & Hess, D. H. (1954). A laboratory approach to the study of imprinting. *Wilson Bulletin, 66,* 196-206.

Ranschburg, P. (1905). Über die Bedeutung der Ähnlichkeit beim Erlernen, Behalten und bei der Reproduktion. *Journal für Psychologie und Neurologie, 5,* 113-228.

Ranschburg, P. (1911). *Das kranke Gedächtnis.* Leipzig: Barth.

Ratcliff, R. A. & McKoon, G. (1981). Does activation really spread? *Psychological Review, 88,* 454-462.

Raugh, M. C. & Atkinson, R. C. (1975). A mnemonic method for learning a second-language vocabulary. *Journal of Educational Psychology, 67,* 1-16.

Raven, B. H. & French jr., J. R. P. (1958). Group support, legitimate power, and social influence. *Journal of Personality, 26,* 400-409.

Redlich, A. & Schley W. (1978). *Kooperative Verhaltensmodifikation im Unterricht.* München: Urban & Schwarzenberg.

Redlich, A. & Schley W. (Hrsg.). (1982). *Kooperative Verhaltensmodifikation in Familie, Heim und Unterricht.* Hamburg: Materialien aus der Beratungsstelle für soziales Lernen am Fachbereich Psychologie der Universität Hamburg, Bd. 1.

Reed, S. K. (1972). Pattern recognition and categorization. *Cognitive Psychology, 3,* 382-407.

Reese, H. W. (1979). Gedächtnisentwicklung im Verlauf des Lebens - empirische Befunde und theoretische Modelle. In L. Montada (Hrsg.), *Brennpunkte der Entwicklungspsychologie* (S. 90-102). Stuttgart: Klett.

Reeves, L. M. & Weisberg, R. W. (1993). On the concrete nature of human thinking: Content and context in analogical transfer. *Educational Psychology, 13,* 245-258.

Reichenbach, H. (1959). *Modern philosophy of science.* London: Routledge & Kegan Paul.

Rensch, B. (1968). Manipulierfähigkweit und Komplikation von Handlungsketten bei Menschenaffen. In B. Rensch (Hrsg.), *Handgebrauch und Verständigung bei Affen und Frühmenschen* (S. 103-130). Bern: Huber.

Rescorla, R. A. (1980). *Pavlovian second-order conditioning: Studies in associative learning.* Hillsdale, N.J.: Lawrence Erlbaum.

Rescorla, R. A. & Wagner, A. R. (1972). A theory of Pavlovian conditioning: Variations in the effectiveness of reinforcement and non-reinforcement. In A. H. Black & W. F. Prokasy (Eds.), *Classical conditioning II. Current research and theory* (pp. 64-99). New York: Appleton-Century-Crofts.

Restorff, H. von (1933). Analyse von Vorgängen im Spurenfeld. I. Über die Wirkung von Bereichsbildungen im Spurenfeld. *Psychologische Forschung, 18,* 229-342, 270-271.

Restorff, H. von (1935). Analyse von Vorgängen im Spurenfeld. II. Zur Theorie der Reproduktion. *Psychologische Forschung, 21*, 56-112.

Reuben, C. (1993). Neurolinguistisches Programmieren (NLP). In D. Revenstorf (Hrsg.), *Klinische Hypnose* (S. 446-461). Berlin: Springer.

Reuter, P.-E. (1977). ‚Resonse-Cost' - eine praktikable und nützliche Behandlungstechnik zur Unterstützung psychotherapeutischer und sonderpädagogischer Bemühungen. *Praxis der Kinderpsychologie und Kinderpsychiatrie, 26*, 235-240.

Revenstorf, D. (1985). Kritik der "Struktur der Magie". In B. Peter (Hrsg.), *Hynose und Hypnosetherapie nach Milton Erickson: Grundlagen und Anwendungsfelder* (S. 238-270). München: Pfeiffer.

Rheinberg, F. & Donkoff, D. (1993). Lernmotivation und Lernaktivität. *Zeitschrift für Pädagogische Psychologie, 7*, 117-123.

Riemann, D. (1997). Schlaf und Gedächtnis. In H. Schulz (Hrsg.), *Kompendium Schlafmedizin* (II-9). Landsberg: Ecomed.

Rips, L. J., Shoben, E. J. & Smith, E. E. (1973). Semantic distance and the verification of semantic relations. *Journal of Verbal Learning and Verbal Behavior, 12*, 1-20.

Robinson, F. P. (1970). *Effective study* (4th edition). New York: Harper & Row.

Rohracher, H. (1939). *Die Vorgänge im Gehirn und das geistige Lesen: Versuch einer Gehirntheorie.* Leipzig: Barth.

Rohracher, H. (1942). *Die elektrischen Vorgänge im menschlichen Gehirn. Bericht über die Forschungsergebnisse und Versuch einer biologischen und psychologischen Interpretation.* Leipzig: Barth.

Rohracher, H. (1948). *Die Vorgänge im Gehirn und das geistige Leben: Versuch einer Gehirntheorie.* Leipzig: Barth.

Rohracher, H. (1958[6]). *Einführung in die Psychologie.* Wien: Urban & Schwarzenberg.

Rohracher, H. (1965). *Einführung in die Psychologie.* Wien: Urban & Schwarzenberg.

Rohracher, H. (1967). *Die Arbeitsweise des Gehirns und die psychologischen Vorgänge.* München: Barth.

Rohracher, H. (1972). Gedächtnis und Lernen. In R. Meili & H. Rohracher (Hrsg.), *Lehrbuch der experimentellen Psychologie* (S. 115-234). Bern: Huber.

Rohracher, H. (1988[13]). *Einführung in die Psychologie.* München: Psychologie Verlags Union.

Rohrbach, B. & Rohrbach, A. (1993). Die Methode „Synnovation" stellt sich vor. Creativity emerging from computers: The synnovation method. *Marketing Journal, 26,* 50-54.

Rohwer, Jr. W.D. (1966). Constant, syntax and meaning in paired-associate learning. *Journal of Verbal Learning and Verbal Behavior, 5,* 541-547.

Rohwer, W. D. & Bean, J. P. (1973). Sentence effects and noun-pair learning: A developmental interaction during adolescence. *Journal of Experimental Child Psychology, 15,* 521-533.

Rosch, E. (1973). On the internal structure of perceptual and semantic categories. In T. E. Moore (Ed.), *Cognitive development and the acquisition of language* (pp. 11-144). New York: Academic Press.

Rosch, E. (1974). Universals and cultural specifies in human categorization. In R. Breslin, W. Loner & S. Bochner (Eds.), *Cross-cultural perspectives.* London: Sage Press.

Rosch, E. (1975). Cognitive representations of semantic categories. *Journal of Experimental Psychology: General, 104,* 192-233.

Rosch, E. & Mervis, C. B. (1975). Family resemblance: Studies in the internal structure of categories. *Cognitive Psychology, 7,* 573-605.

Rosch, E., Simppson, C. & Miller, C. S. (1976). Structural bases of typically effects. *Journal of Experimental Psychology, Human Perception and Performance, 2,* 491-502.

Rosenblatt, F. (1962). *Principles of neurodynamics.* New York: Spartan.

Rosenbusch, H., Dann, H.-D. & Diegritz, T. (1991). Neuere Untersuchungen zum Gruppenunterricht: Subjektive Theorien von Lehrern zum Gruppenunterricht und die beobachtbare Unterrichtsrealität. In E. Mayer & R. Winkel (Hrsg.), *Unser Konzept: Lernen in Gruppen* (S. 118-133). Hohengehren: Schneider.

Rost, D. (1977). Läßt sich Schulangst im Klassenzimmer durch Modell- bzw. Bekräftigungslernen reduzieren? *Zeitschrift für Empirische Pädagogik, 1,* 14-39.

Ross, G. S. (1980). Categorization in 1- to 2-year-olds. *Developmental Psychology, 16,* 391-396.

Rotering-Steinberg, S. & von Kügelgen, T. (1984). *Fragebogen zum Gruppenunterricht.* Unveröff. Papier. Tübingen: Institut für Fernstudien.

Roth, W. (1961). Lernen in verschiedenen Altersstufen. *Zeitschrift für Experimentelle und Angewandte Psychologie, 8,* 409-417.

Roth, W.-M. & Roychoudhury, A. (1992). The social construction of scientific concepts or the concept map as conscription device and tool for social thinking in high school science. *Science Education, 76*, 531-557.

Roth, T., Meyer, H. A. & Lampe, K. (1991). Sprachgebrauch, Informationsstrukturierung und Verhalten in einer komplexen Problemsituation. *Sprache & Kognition, 10,* 28-38.

Rothkopf, E. Z. (1970). The concept of mathemagenic activities. *Review of Educational Research, 40,* 325-336.

Rothkopf, E. Z. (1973). Struktur und Prozeß: Die Steuerung der Lerntätigkeiten im Unterricht. In W. Edelstein & D. Hopf (Hrsg.), *Bedingungen des Bildungsprozesses.* Stuttgart: Klett.

Rower, W. (1973). Elaboration and learning in childhood and adolescence. In H. Reese (Ed.), *Advances in child development and behavior.* New York: Academic Press.

Rower, W. & Bean, J. (1973). Sentence effects and noun-pair learning: A developmental interaction during adolescence. *Journal of Experimental Child Psychology, 15,* 521-533.

Rumelhart, D. E. (1975). Notes on a schema for stories. In D. G. Bobrow & A. Collins (Eds.), *Representation and understanding* (pp. 211-236). New York: Academic Press.

Rumelhart, D. E. & Norman, D. A. (1978). Das aktive strukturelle Netz. In D. A. Norman, D. E. Rumelhart & LNR-Group, *Strukturen des Wissens.* Stuttgart: Klett-Cotta.

Rundus, D. & Atkinson, R. (1970). Rehearsal processes in free recall: A procedure for direct observation. *Journal of Verbal Learning and Verbal Behavior, 9,* 99-105.

Russell, R. W. (1949). Effects of electroshock convulsions on learning and retention in rats as a function of difficulty of the task. *Journal of Comparative & Physiological Psychology, 42,* 137-142.

Ryle, G. (1949). *The concept of mind.* London: Hutchinson.

Sacks, O. (1987, 1994). *Der Mann, der seine Frau mit einem Hut verwechselte.* Reinbek: Rowohlt.

Salk, L. (1961). Mother's heart beat as an imprinting stimulus. *Transactions of the New York Academy of Sciencees, Series 2/24,* 753-763.

Salter, A. (1949). *Conditioned reflex therapy, the direct approach to the reconstruction of personality.* New York: Creative Age Press.

Sanders, A. F.(1986). Energetical states underlying task performance. In G. R. J. Hockey, A. W. K. Gaillard & M. G. H. Coles (Eds.), *Energetics and human information processing* (pp. 139-154). Dordrecht: Nijhoff.

Sanford, A. J. & Garrod, S. C. (1981). *Understanding written language: Exploration of comprehension beyond the sentence.* New York: Wiley.

Sapir, E. (1929). The status of linguistics as a science. *Language, 5,* 207-214.

Schacter, D. (1987). Implicit memory: History and current status. *Journal of Experimental Psychology: Learning, Memory, and Cognition, 13,* 501-518.

Schaeffer, B. & Wallace, R. (1969). Semantic similarity and the comparison of word meanings. *Journal of Experimental Psychology, 82,* 343-346.

Schank, R. & Abelson, R. (1977). *Scipts, plans, goals, and understanding.* Hillsdale: Erlbaum.

Scharmann, T. (1956). *Arbeit und Beruf.* Tübingen: Mohr.

Schaub, H. & Strohschneider, S. (1992). Die Auswirkungen unterschiedlicher Problemlöseerfahrungen auf den Umgang mit einem unbekannten komplexen Problem. *Zeitschrift für Arbeits- und Organisationspsychologie, 36,* 117-126.

Schäufele, M., Weber, A., Harder, J. & Holzapfel, H.-M. (1991). F-A-G. Fragebogen zur Erfassung subjektiver Gedächtnserfahrung im Alltag. *Praxis der Klinischen Verhaltensmedizin und Rehabilitation, 14,* 147-151.

Scheele, B. & Groeben, N. (1984). *Die Heidelberger Struktur-Lege-Technik (SLT).* Weinheim: Beltz.

Schemann, M. (1995). Diagnose von Wissensstrukturen: Eine empirische Untersuchung. *Unterrichtswissenschaft, 23,* 209-228.

Schenk-Danzinger, L. (1985[20]). *Entwicklungspsychologie* (14. Auflage 1984). Wien: Österreichischer Bundesverlag.

Scheungrab, M. (1993). *Filmkonsum und Delinquenz. Ergebnisse einer Interviewstudie mit straffälligen und nicht-straffälligen Jugendlichen und jungen Erwachsenen.* Regensburg: Roderer.

Schiefele, U. & Schreyer, I. (1994). Intrinsische Lernmotivation und Lernen. Ein Überblick zu Ergebnissen der Forschung. *Zeitschrift für Pädagogische Psychologie, 8,* 1-13.

Schiefele, U. & Winteler, A. (1988). Interesse - Lernen - Leistung. Eine Übersicht über theoretische Konzepte, Erfassungsmethoden und Ergebnisse der Forschung. *Gelbe Reihe: Arbeiten zur Empirischen Pädagogik und Pädagogischen Psychologie, Nr. 14.* München: Institut für Emp. Päd. u. Päd. Psych. der LMU und Institut für Erz.wiss. u. Päd. Psych. der Universität der Bundeswehr München.

Schiefele, U., Wild, K.-P. & Winteler, A. (1995). Lernaufwand und Elaborationsstrategien als Mediatoren der Beziehung von Studieninteresse und Studienleistung. *Zeitschrift für Pädagogische Psychologie, 9,* 181-188.

Schiermann, J. U. (1987). *Die Repräsentation anschaulicher Information. Eine experimentelle Studie zur kognitiven Psychologie über die Identifizierung modalitätsspezifischer Repräsentationssysteme.* Frankfurt a. M.: Lang.

Schiermann, J. & Ringelband, O. (1985). Repräsentationssysteme und Blickrichtungen. Eine empirische Untersuchung zum Neuro-linguistischen Programmieren. *GwG-Info, 61,* 63-67.

Schiffler, C. (1989). *Suggestopädie und Superlearning - empirisch geprüft.* Frankfurt a. M.: Diesterweg.

Schmidt, R. A. (1975). A schema theory of discrete motor skill learning. *Psychological Review, 82,* 225-260.

Schmidt, R. A. (1988). *Motor control and learning: A behavioral emphasis.* Champaign: Human Kinetics Punlishers.

Schneewind, K. A. (1975). *Psychologie - was ist das? Zur Begründung des Wissens vom menschlichen Handeln und Erleben.* Trier: NCO-Verlag.

Schneider, W. (1989). *Zur Entwicklung des Metagedächtnisses bei Kindern.* Bern: Huber.

Schneider, W. & Pressey, M. (1989). *Memory development between 2 and 20.* New York: Springer.

Schneider, W. & Sodian, B. (1988). Metamemory-memory relationships in preschool children: Evidence from a memory-for-location task. *Journal of Experimental Child Psychology, 45,* 209-233.

Schneider, W. & Sodian, B. (1997). Memory strategy development: Lessons from longitudinal research. *Developmental Review, 17,* 442-461.

Schneider, W., Gruber, H., Gold, A. & Opwis, K. (1993). Chess expertise and memory for chess positions in children and adults. *Journal of Experimental Child Psychology, 56,* 328-349.

Schneider, W., Körkel, J. & Weinert, F. E. (1989). Domain-specific knowledge and memory performance: A comparison of high- and low-aptitude children. *Journal of Educational Psychology, 81,* 306-312.

Schneider, W. X. (1994). Neuronale Netzwerke und visuelle Informationsverarbeitung. In (Hrsg.), *Wahrnehmung* (= Enzyklopädie der Psychologie, S. 137-187). Göttingen: Hogrefe.

Schnotz, A. (1988). Textverstehen als Aufbau mentaler Modelle. In H. Mandl & H. Spada (Hrsg.), *Wissenspsychologie* (S. 299-330). Weinheim: Psychologie Verlags Union.

Schnotz, A. (1994). *Aufbau von Wissensstrukturen. Untersuchungen zur Kohärenzbildung beim Wissenserwerb mit Texten.* Weinheim: Beltz.

Schnotz, W. (1982). *Über den Einfluss der Textorganisation auf Lernprozess und Lernergebnisse.* Tübingen: Deutsches Institut für Fernstudien.

Schnotz, W. (1994). Wissenserwerb mit logischen Bildern. In B. Weidenmann (Hrsg.), *Wissenserwerb mit Bildern. Instruktionale Bilder in Printmedien, Film/Video und Computerprogrammen* (S. 95-147). Bern: Huber.

Schöneburg, E., Hansen, N. & Gawelczyk, A. (1990). *Neuronale Netzwerke: Einführung, Überblick und Anwendungsmöglichkeiten.* Haar: Markt und Technik.

Schräder-Naef, R. (1987[3]). *Schüler lernen Lernen.* (3. Aufl.). Weinheim: Beltz.

Schrameier, A. (1990). *Wortbedeutung und Gedächtnis.* Göttingen: Hogrefe.

Schulze, H. (1975). *Das Prinzip Handeln in der Psychotherapie.* Stuttgart: Enke.

Schumann-Hengsteler, R. (1996). Kognitive Entwicklung im Jugendalter. In R. Schumann-Hengsteler & H. M. Trautner (Hrsg.), *Entwicklung im Jugendalter* (S. 77-98). Göttingen: Hogrefe.

Schumann-Hengsteler, R., Scheffler, S. & Trötscher, B. (1993). Gedächtnishilfen im Alltag junger und alter Menschen. *Gerontologie, 26,* 89-96.

Schuster, C. S. & Ashburn, S. S. (1980). *The process of human development.* Boston: Little, Brown.

Schwartz, E. L. (1990). *Computational neuroscience.* Cambridge, MA: MIT Press.

Seiler, R. (1995). *Kognitive Organisation von Bewegungshandlungen.* Sankt Augustin: Academia-Verlag.

Seitz, R. J. (1995). Repräsentation motorischer Fertigkeiten im Gehirn des Menschen. *Psychologische Beiträge, 37,* 239-296.

Selg, O. (1977). *Kooperation und Führung.* Steppach: OSA-Verlag.

Seligman, M. E. (1979). *Erlernte Hilflosigkeit.* München: Urban & Schwarzenberg.

Semon, R. (1908). *Die Mneme als erhaltendes Prinzip im Wechsel des organisierten Geschehens.* Leipzig: Engelmann.

Senter, R. J. & Hoffman, R. R. (1976). Bizarrness as a nonessential variable in mnemonic imagery: A confirmation. *Bulletin of the Psychonomic Society, 7,* 163-164.

Shallice, T. & Warrington, E. K. (1970). Independent functioning of verbal memory stores: A neuropsychological study. *Quarterly Journal of Experimental Psychology, 22,* 261-273.

Shanks, D. R. (1991). Categorization by a connectionist network. *Journal of Experimental Psychology: Learning, Memory and Cognition, 17,* 433-443.

Shephard, R. N. & Metzler, J. (1971). Mental rotation of three-dimensional objects. *Science, 171,* 701-703.

Shulman, H. H. (1972). Semantic confusion errors in short-term memory. *Journal of Verbal Learning and Behavior, 11,* 221-227.

Sinz, R. (1981^3). *Lernen und Gedächtnis.* Stuttgart: Fischer.

Sinz, R. (1979). *Neurobiologie und Gedächtnis: Neuronennetzwerke und Infospeicherung im menschlichen Gehirn.* Berlin: Verlag Volk und Gesundheit.

Skinner, B. F. (1938). *The behavior of organisms.* New York: Appleton-Century.

Skinner, B. F. (1948). „Superstition" in the pigeon. *Journal of Experimental Psychology, 38,* 168-172.

Skinner, B. F. (1950). Are theories of learning necessary? *Psychological Review, 57,* 193-216.

Skinner, B. F. (1953). *Science and human behavior.* New York: MacMillan.

Skinner, B. F. (1961). Teaching machines. *Scientific American, 205,* 90-102.

Slavin, R. E. (1993). Kooperatives Lernen und Leistung. In G. L. Huber (Hrsg.), *Neue Perspektiven der Kooperation* (S. 151-170). Hohengehren: Schneider.

Slavin, R. E. (1983). *Cooperative learning.* New York: Longman.

Sleigh, W. G. (1911). Memory and formal training. *British Journal of Psychology, 4,* 386-457.

Smith, H. P. (19). *Psychology in teaching.* New York: Prentice-Hall.

Smith, E. E. & Medin, D. L. (1981). *Categories and concepts.* Cambridge: Harvard University Press.

Smith, E. E., Shoben, E. J. & Rips, L. J. (1974). Structure and process in semantic memory: A featural model for semantic decisions. *Psychological Review, 81,* 214-241.

Smoke, K. C. (1932). *An objective study of concept formation.* Princeton, N. J.: Psychological Review Corporation.

Solomon, R. L. (1964). Punishment. *American Psychologist, 19,* 239-253.

Sommer, V. (1993). Die evolutionäre Logik der Lüge bei Tier und Mensch. *Ethik und Sozialwissenschaft, 4,* 439-449.

Sommer, V. (1992). *Lob der Lüge. Täuschung und Selbstbetrug bei Tier und Mensch.* München: Beck'sche Verlagsbuchhandlung.

Soyibo, K. (1991). Impacts of concept and vee mappings and three modes of class interaction on students' performance in genetics. *Educational Research, 33,* 113-122.

Spada, H. (Hrsg.). (1992²). *Lehrbuch Allgemeine Psychologie.* Bern: Huber.

Spalding, D. A. (1873). Instinct, with original observations on young animals. *MacMillan's Magazine, 27,* 283-293 (Reprinted: *British Journal of Animal Behaviour, 1954, 2,* 2-11.

Spelke, E., Hirst, W. & Neisser, U. (1976). Skills of divided attention. *Cognition, 4,* 215-230.

Spence, K. W. (1956). *Behavior theory and conditioning.* New Haven: Yale University Press.

Sperling, G. (1960). The information available in brief visual presentations. *Psychological Monographs, 74 (whole No. 498).*

Spilich, G. J., Vesonder, G. T., Chiesi, H. L. & Voss, J. F. (1979). Text processing of domainrelated information for individuals with high and low domain knowledge. *Journal of Verbal Learning and Verbal Behavior, 18,* 275-290.

Spitz, R. A. (1945). Diacritic and coenesthetic organizations; the psychiatric significance of a functional division of the nervous sysdtem into a sensory and emotive part. *Psychoanaltytic Review, 32,*146-162.

Squire, L. R. (1994). Declarative and nondeclarative memory: Multiple brain systems supporting learning and memory. In D. L. Schacter & E. Tulving (Eds.), *Memory systems 1994* (pp. 203-232). Cambridge, Mass.: MIT Press.

Squire, L. R., Knowlton, B. & Musen, G. (1993). The structure and organization of memory. *Annual Review of Psychology, 44,* 453-495.

Staats, A. W. & Staats, C. K. (1963). *Complex human behavior.* New York: Hold, Rinehart & Winston.

Staats, A. W. & Staats, C. K. (1968). Attitudes established by classical conditioning. *Journal of Abnormal and Social Psychology, 57,* 37-40.

Standing, L., Conezio, J. & Haber, R. N. (1970). Perception and memory for pictures: Single-trial learning of 2560 visual stimuli. *Psychonomic Science, 19*, 73-74.

Stark, R., Graf, M., Renkl, A., Gruber, H. & Mandl, H. (1995). Förderung von Handlungskompetenz durch geleitetes Problemlösen und multiple Kontexte. *Zeitschrift für Entwicklungspsychologie und Pädagogische Psychologie, 27*, 289-312.

Staub, E. (1982). *Entwicklung prosozialen Verhaltens. Zur Psychologie der Mitmenschlichkeit.* München: Urban & Schwarzenberg.

Staudinger, U. M. & Baltes, P. B. (1995). Gedächtnis, Weisheit und Lebenserfahrung im Alter: Zur Ontogenese als Zusammenwirken von Biologie und Kultur. In D. Dörner & E. van der Meer (Hrsg*.), Das Gedächtnis. Probleme - Trends - Perspektiven* (S. 433-484). Göttingen: Hogrefe.

Sternberg, S. (1969). The discovery of processing stages. Extension of Donders' method. *Acta Psychologica, 30*, 276-315.

Sternberg, S. (1975). Memory scanning: New findings and current controversies. *Quarterly Journal of Experimental Psychology, 27*, 1-32.

Stirnimann, F. (1973). *Psychologie des ungeborenen Kindes.* München: Kindler.

Stokes, L. C. & Pankowski, M. L. (1988). Incidental learning of aging adults via television. *Adult Education Quarterly, 38*, 88-99.

Stone, C. (1982). *A meta-analysis of advance organizer studies.* Paper presented at the annual meeting of the American Research Association, New York (zit. n. Willerman & Mac Harg, 1991).

Strittmatter, P., Dörr, G., Kirsch, B. & Riemann, R. (1988). Informelles Lernen: Bedingungen des Lernens mit Fernsehen. *Unterrichtswissenschaft, 16*, 3-26.

Sweller, J. & Cooper, G. A. (1985). The use of worked examples as a substitute for problem solving in learning algebra. *Cognition and Instruction, 2*, 59-89.

Swift, J. (1981). *Gullivers Reisen.* Frankfurt a. M.:Insel.

Székely, L. (1945). Zur Psychologie des geistigen Schaffens. *Schweizerische Zeitschrift für Psychologie, 4*, 110-124.

Tarde, G. (1903). *The laws of imitation.* New York: Bolt.

Tausch, A.-M. (1960). Die Auswirkung der Art sprachlicher Verbote erziehender Erwachsener auf das Verhalten von Schulkindern: Eine experimentelle Untersuchung. *Zeitschrift für Psychologie, 164,* 215-254.

Tausch, R. & Tausch, A.-M. (1971). *Erziehungspsychologie.* (6. Aufl.). Göttingen: Hogrefe.

Tausch, R. & Tausch, A.-M. (1973). *Erziehungspsychologie* (7. Auflage; 9. Auflage, 1990). Göttingen: Hogrefe.

Tausch, R. (1991). *Erziehungspsychologie.* (10. Aufl.). Göttingen: Hogrefe.

Taylor, J. A. (1951). The relationship of anxiety to the conditioned eyelid response. *Journal of Experimental Psychology, 41,* 81-92.

Teigeler, P. (1968). *Verständlichkeit und Wirksamkeit von Sprache und Text.* Stuttgart: Nadolski.

Tergan, S.-O. (1983). *Textverständlichkeit und Lernerfolg im angeleiteten Selbststudium.* Weinheim: Beltz.

Tergan, S.-O. (1988). Qualitative Wissensdiagnose - Methodologische Grundlagen. In H. Mandl & H. Spada (Hrsg.), *Wissenspsychologie* (S. 400-422). München: PVU.

Tharp, R. G. & Wetzel, R. J. (1975). *Verhaltensänderungen im gegebenen Sozialfeld.* München: Urban & Schwarzenberg.

Theis-Scholz, M. & Thümmel, I. (1995). Wundertüte oder Mogelpackung? Das Neurolinguistische Programmieren in der Sonderschule. *Zeitschrift für Heilpädagogik, 10,* 485-489.

Thews, G., Mutschler, E. & Vaupel, P. (1980). *Anatomie, Physiologie, Pathophysiologie des Menschen.* Stuttgart: Wissenschaftliche Verlagsgesellschaft.

Thiel, R. D., Keller, G. & Binder, A. (1979). *Arbeitsverhaltensinventar – AVI.* Braunschweig: Westermann.

Thomae, H. (1971). Die Bedeutung einer kognitiven Persönlichkeitstheorie für die Theorie des Alterns. *Zeitschrift für Gerontologie, 4,* 8-18.

Thomas, E. L. & Robinson, H. A. (1972). *Improoving reading in every class: A sourcebook for teachers.* Boston: Allyn & Bacon.

Thomson, D. M. & Tulving, E. (1970). Associative encoding and retrieval: Weak and strong cues. *Journal of Experimental Psychology, 86,* 255-262.

Thompson, C. P., Cowan, T. M. & Frieman, J. (1993). *Memory search by a memorist.* Hillsdale: Lawrence Erlbaum.

Thompson, C. P., Hamlin, V. J. & Roersker, D. L. (1972). A comment on the role of clustering in free recall. *Journal of Experimental Psychology, 94,* 108-109.

Thorndike, E. L. (1898). Animal intelligence. *Psychological Review Monographs,* Suppl. 2, No. 8.

Thorndike, E. L. (1931). *Human learning.* New York: Century Crofts.

Thorndike, E. L. (1932). *The fundamentals of learning.* New York: Teachers College Press.

Thorndike, E. L. (1935). *The psychology of ends, interests and attitudes.* New York: Appleton-Century.

Thurstone, L. L. (1928). The absolute zero in intelligence measurement. *Psychological Review, 35,* 175-197.

Tinbergen, N. (1952). The curious behaviour of the stickleback. *Scientific American, 187,* 22-26.

Tinbergen, N. (1966). *Instinktlehre. Vergleichende Erforschung angeborenen Verhaltens.* Berlin: Pasey.

Tisdale, T. (1990). Zur Bedeutung selbstreflexiver Prozesse beim Problemlösen. In D. Frey (Hrsg.), *Bericht über den 37. Kongress der Deutschen Gesellschaft für Psychologie in Kiel 1990* (S. 151). Göttingen: Hogrefe.

Tolman, E. C. (1932). *Purposive behavior in animals and men.* New York: Appleton-Century-Crofts.

Tolotschinow, I. F. (1903). Contribution à l'étude de la physiologie et de la psychologie des glandes salivaires. Forhändlingar vid Nord. Naturforskare och Läkaremötet.

Tornquist, K. & Wimmer, H. (1977). Meta-Gedächtnis als Bedingung der Gedächtnisentwicklung. *Zeitschrift für Entwicklungspsychologie und Pädagogische Psychologie, 9,* 252-264.

Traxel, W. (1962). Kritische Untersuchungen zur Eidetik. *Archiv für die gesamte Psychologie, 114,* 260-336.

Treffert, D. A. (1988). The idiot savant: A review of the syndrome. *American Journal of Psychiatry, 145,* 563-572.

Treisman, A. (1964). Verbal cues, language and meaning in selective attention. *American Journal of Psychology, 77,* 206-219.

True, R. M. (1949). Experimental control in hypnotic age regression states. *Science, 110,* 583-584.

Tryon, R. C. (1940). Genetic differences in mazelearning ability in rats. *Yearbook of the National Society for the Study of Education, 39,* 111-119.

Tulving, E. (1962). Subjective organisation in free recall of „unrelated" words. *Psychological Review, 69,* 344-354.

Tulving, E. (1972). Episodic and semantic memory. In E. Tulving & W. Donaldson (Eds.), *Organization of memory* (pp. 382-404). New York: Academic Press.

Tulving, E. (1974). Cue-dependent forgetting. *American Scientist, 62,* 74-82.

Tulving, E. & Madigan, S. (1970). Memory and verbal learning. *Annual Review of Psychology, 21,* 437-484.

Tulving, E. & Osler, S. (1968). Effectiveness of retrieval cues in memory for words. *Journal of Experimental Psychology, 77,* 593-601.

Tulving, E. & Pearlstone, Z. (1966). Availability versus accessibility of information in memory for words. *Journal of Verbal Learning and Verbal Behavior, 5,* 381-391.

Tulving, E. & Schacter, D. L. (1990). Priming and human memory systems. *Science, 247,* 301-306.

Underwood, B. J. & Richardson, J. (1956). Some verbal materials for the study of concept formation. *Psychological Bulletin, 53,* 84-95.

Underwood, B. J. (1957). Interference and forgetting. *Psychological Review, 64,* 49-60.

Ungar, G. (1967). Transfer of learned information by brain extracts. *Journal of Biological Psychology, 9,* 12-27.

Urbantschitsch, V. (1901). *Lehrbuch der Ohrenheilkunde.* Berlin: Urban & Schwarzenberg.

van Dijk, T. A. (1977). Context and cogniton: Knowledge frames and speech act comprehension. *Journal of Pragmatics, 1,* 211-232.

van Dijk, T. A. (1977a). Macro structures, knowledge frames, and discourse comprehension. In M. A. Just & P. Carpenter (Eds.), *Cognition processes in comprehension* (pp. 3-32). Hillsdale, N.J.: Erlbaum.

van Dijk, T. A. (1977c). Pragmatic macro-structures in discourse and cognition. In M. de Mey et al. (Eds.), *Communication and cognition.* Ghent: University of Ghent.

van Dijk, T. A. (1977d). *Text and context: Explorations in the semantics and pragmatics of discourse.* London: Longmans.

van Dijk, T. A. (1980). *Textwissenschaft.* München: dtv.

van Dijk, T. A. (1981). *Studies in the pragmatics of discourse.* Paris: Mouton.

Vester, F. (1975). *Denken, Lernen und Vergessen: Was geht in unserem Kopf vor, wie lernt das Gehirn und wann läßt es uns im Stich.* Stuttgart: Deutsche Verlagsanstalt.

Vierlinger, R. (1990). Unpädagogische Nebenwirkungen von Planungsritualen im Unterricht. Fallanalytische Exerzitien aus der Sekundarstufe I. *Pädagogische Welt, 44,* 347-351.

Vierlinger, R. (1993). Anschaulichkeit des Unterrichts vor dem Horizont der Text-Bild-Forschung. In K. Dirscherl (Hrsg.), *Bild und Text im Dialog* (S. 451-466). Passau: Wissen-schaftsverlag Rothe.

Vilsmeier, M. & Fiedler-Breuherr, G. (1996). *Effekte sensorischer Merkmale auf Rekognition und Reproduktion von Videosequenzen und Fotografien.* Regensburg: Unveröffentlichtes Manu-skript.

Visé, M. (1997). *Metagedächtnis, Vorwissen und textbezogenes Lernen: Zur Entwicklung der kurz- und langfristigen Gedächtnisleistung bei Schulkindern* (= Psychologia Universalis, Band 10). Lengerich: Papst.

von Pfaundler, M. (1924). *Physiologie, Ernährung und Pflege der Neugeborenen, einschließlich der lebensschwachen.* München: Bermann.

Vyse, S. A. (2000). *Believing in magic.* Basel: Birkheuser Verlag.

Wahl, D. (Hrsg.). (1995[4]). *Erwachsenenbildung konkret: mehrphasiges Dozententraining - eine neue Form erwachsenendidakltischer Ausbildung von Referendaren und Dozenten.* Wein-heim: Deutscher Studien Verlag.

Walberg, H. J. (1984). Improving the productivity of America's schools. *Education Leadership, 41,* 19-26.

Walbinger, W. (1997). *Edukinesiologie. Ein neuer Heilsweg in der Pädagogik? (Literaturbericht und Kritik).* München: Staatsinstitut für Schulpädagogik und Bildungsforschung (Arbeits-bericht Nr. 20).

Waldmann, M. R. (1997). Wissen und Lernen. *Psychologische Rundschau, 48,* 84-100.

Walen, S. R. (1970). Recall in children and adults. *Journal of Verbal Learning and Verbal Beha-vior, 9,* 94-98.

Watkins, M. J. & Watkins, O. C. (1974). A tactile suffix effect. *Memory and Cognition, 2,* 176-180.

Watson, J. B. & Rayner, R. (2000). Conditioned emotional reactions. *American Psychologist, 55,* 313-317.

Watzlawik, P., Beavin, J. H. & Jackson, D. D. (1980). *Menschliche Kommunikation* (5. unveränd. Auflage, 1. Auflage 1969). Bern: Huber.

Waugh, N. C. & Norman, D. A. (1965). Primary memory. *Psychological Review, 72,* 89-104.

Weerth, R. (1992). *NLP & Imagination. Grundannahmen, Methoden, Möglichkeiten und Gren-zen.* Paderborn: Junfermann.

Wehmeyer, M. L. (1992). Developmental and psychological aspects of the savant syndrome. *International Journal of Disability, Development and Education, 39,* 153-163.

Weidenmann, B. (1986). Psychologie des Lernens mit Medien. In B. Weidenmann, A. Krapp, M. Hofer, G. L. Huber & H. Mandl (Hrsg.), *Pädagogische Psychologie. Ein Lehrbuch* (S. 493-554). München: PVU.

Weidenmann, B. (1988). *Psychische Prozesse beim Verstehen von Bildern.* Bern: Huber.

Weidenmann, B. (1991). *Lernen mit Bildmedien. Psychologische und didaktische Grundlagen.* Weinheim: Beltz.

Weidenmann, B. (1994). Informierende Bilder. In B. Weidenmann (Hrsg.), *Wissenserwerb mit Bildern. Instruktionale Bilder in Printmedien, Film/Video und Computerprogrammen* (S. 9-58). Bern: Huber.

Weinert, F. E. (1984). Metakognition und Motivation als Determinanten der Lerneffektivität: Einführung und Überblick. In F. E. Weinert (Hrsg.), *Metakognition, Motivation und Lernen* (S. 9-21). Stuttgart: Kohlhammer.

Weinert, F. E. (Hrsg.). (1984). *Metakognition, Motivation und Lernen.* Stuttgart: Kohlhammer.

Weinert, F. E. (1979). Entwicklungspsychologische Lern- und Gedächtnisforschung. In L. Montada (Hrsg.), *Brennpunkte der Entwicklungspsychologie* (S. 61-76). Stuttgart: Klett.

Weinert, F. E. & Schrader, F.-W. (1997). Lernen lernen als psychologisches Problem. In Enzyklopädie der Psychologie. *Psychologie der Erwachsenenbildung* (S. 295-336). Göttingen: Hogrefe.

Weingartner, P. (1978²). *Wissenschaftstheorie.* Stuttgart: frommann-holzboog.

Weiß, R. H. (2000). *Gewalt, Medien und Aggressivität bei Schülern.* Göttingen: Hogrefe.

Welch, A. S. & Welch, B. L. (1968). Reduction of morepinephrine in the lower brain-stem by psychological stimulus. *Proceedings of the National Academy of Sciences, 60,* 478-481.

Wellenhofer, W. (1985). *Handbuch der Unterrichtsgestaltung. 9. Schuljahr (Band 9).* München: Oldenbourg.

Wertheimer, M. (1957). *Produktives Denken.* Frankfurt a. M.: Kramer.

Wessels, M. G. (1984). *Kognitionspsychologie.* New York: Harper & Row.

Westmeyer, H. (1973). *Kritik der psychologischen Unvernunft. Probleme der Psychologie als Wissenschaft.* Stuttgart: Kohlhammer.

Whorf, B. L. (1956). *Language, thought, and reality.* Cambridge: Wiley.

Wickelgren, W. A. (1977, 1981). *Learning and memory.* Englewood Cliffs, NJ.: Prentice Hall.

Wieding, J. U. & Schönle, P. W. (1991). Neuronale Netze. *Nervenarzt, 62,* 415-422.

Wiener, N. (1963^2). *Kybernetik. Regelung und Nachrichtenübertragung im Lebewesen und in der Maschine.* Düsseldorf: Econ (Orginal erschienen 1948: *Cybernetics or control and communication in the animal and the machine.* Cambridge, Mass.: MIT Press)

Wild, K.-P. & Schiefele, U. (1994). Lernstrategien im Studium: Ergebnisse zur Faktorenstruktur und Reliabilität eines neuen Fragebogens. *Zeitschrift für Differentielle und Diagnostische Psychologie, 15,* 185-200.

Willerman, M. & Mac Harg, R. A. (1991). The concept map as an advance organizer. *Journal of Research in Science Teaching, 28,* 705-711.

Willoughby, R. R. (1929). Incidental learning. *Journal of Educational Psychoogy, 20,* 671-682.

Willwoll, A. (1926). *Begriffsbildung.* Leipzig: Hirzel.

Wimmer, H. (1976). Aspekte der Gedächtnisentwicklung. *Zeitschrift für Entwicklungspsychologie und Pädagogische Psychologie, 8,* 62-78.

Wimmer, H. (1977). Gedächtnis, Gedächtnisentwicklung und schulisches Lernen. *Unterrichtswissenschaft, 1,* 14-22.

Wimmer, H. (1980). Children's understanding of stories. Assimilation by a general schema for actions of coordination of temporal relations? In F. C. Wilkening, J. Becker & T. Trabasso (Eds.), *Information integration by childen* (pp. 267-290). New Jersey: Lawrence Erlbaum.

Wimmer, H. & Perner, J. (1979). *Kognitionspsycholgie. Eine Einführung.* Stuttgart: Kohlhammer.

Wine, J. (1971). Test anxiety and direction of attention. *Psychological Bulletin, 76,* 92-104.

Winn, B. (1987). Charts, graphs, and diagrams in educational materials. In D. M. Willows & H. A. Houghton (Eds.), The psychology of illustration (pp. 152-198). New York: Springer.

Winn, W. (1993). An account of how readers search for information in diagrams. *Contemporary Educational Psychology, 18,* 162-185.

Winterhoff-Spurk, P. (1983). Fiktionen in der Fernsehnachrichtenforschung. *Media Perspektiven,* 722-727.

Withely, P. L. (1927). The dependence of learning and recall upon prior intellectual activities. *Journal of Experimental Psychology, 10,* 489-508.

Wittgenstein, L. (1953). *Philosophical Investigations (Translated by Anscombe GEM).* New York: MacMillan.

Wolf, M. M., Risley, T. R. & Mees, H. (1964). Application of operant conditioning procedures to the behavior problems of an autistic child: A follow-up and extension. *Behavior Research and Therapy, 1,* 305-312.

Wolfe, J. B. (1936). Effectiveness of token rewards for chimpanzees. *Comparative Psychology Monographs, 12,* 72.

Wolff, D. (1991). Lerntechniken und die Förderung der zweitsprachigen Schreibtätigkeit. *Der fremdsprachige Unterricht: Grundlagen, Unterrichtsvorschläge, Materialien, 2,* 34-39.

Wollen, K. A., Weber, A. & Lowry, D. H. (1972). Bizarrness versus interaction of mental images as determinants of learning. *Cognitive Psychology, 3,* 518-523.

Woloshyn, V. E., Willoughby, T., Wood, E. & Pressley, M. (1990). Elaborative interrogation facilitates adult learning of factual paragraphs. *Journal of Educational Psychology, 82,* 513-524.

Wolpe, J. (1972). *Praxis der Verhaltenstherapie.* Bern: Huber.

Wolpin, M. & Raines, J. (1966). Visual imagery, expected roles and extinction as possible factors in reducing fear and avoidance behavior. *Behaviour Research and Therapy, 4,* 25-37.

Wong, B. Y. L. (1985). Self-questioning instructional research: A review. *Review of Educational Research, 55,* 227-268.

Woodruff, G. & Premack, D. (1979). Intentional communication in the chimpanzee. The development of deception. *Cognition, 7,* 333-362.

Woodward, A., Bjork, R. & Jongeward, R. (1973). Recall and recognition as a function of primary rehearsal. *Journal of Verbal Learning and Verbal Behavior, 12,* 608-617.

Worthen, B. R. (1973). Entdeckende und darbietende Aufgabenrepräsentation in der Grundschulmathematik. In H. Neber (Hrsg.), *Entdeckendes Lernen* (S. 221-242). Weinheim: Beltz.

Wortman, C. B. & Brehm, J. W. (1975). Responses to uncontrollable outcomes: An integration of reactance theory and learned helplessness model. In L. Berkowitz (Ed.), *Advances in experimental social psychology* (Vol. 8, pp. 277-336). New York: Academic Press.

Wottawa, H. & Thierau, H. (1998^2). *Lehrbuch Evaluation.* Bern: Huber.

Wreschner, A. (1910^2). *Das Gedächtnis.* Zürich.

Wucherer, M. (1993). *Große Methodensammlung.* Unveröff. Papier. Weingarten: Pädagogische Hochschule Weingarten (zit. n. Huber & Rotering-Steinberg, 1998, S. 229).

Wyatt, D., Pressley, M., El-Dinary, P. B., Stein, S., Evabs, P. & Brown, R. (1993). Comprehension strategies, worth and credibility monitoring, and evaluations: Cold and hot cognition when experts read professional articles that are important to them. *Learning and Individual Differences, 5,* 49-72.

Vygotski, L. S. (1964). *Denken und Sprechen.* Berlin: Akademie-Verlag.

Yates, F. (1966). *The art of memory.* London: Routledge & Kegan.

Yerkes, R. M. & Dodson, J. D. (1908). The relation of strength of stimulus to rapidity of habit-formation. *Journal of Comparative and Neurological Psychology, 18,* 459-482.

Zeigarnik, B. (1927). Das Behalten erledigter und unerledigter Handlungen. *Psychologische Forschung, 9,* 1-85.

Zeitoun, H. H. (1984). Teaching scientific analogies: A proposed model. *Research in Science and Technology Education, 2,* 107-125.

Zimbardo, P. G. (1995^6). *Psychologie* (deutsche Bearbeitung von S. Hoppe-Graf, B. Keller & I. Engel). Berlin: Springer.